U0601241

中国历代户口、田地、田赋统计

中华书局

图书在版编目（CIP）数据

中国历代户口、田地、田赋统计/梁方仲著. —北京：中华书局，
2025.2（2025.8重印）.（梁方仲著作集）.—ISBN 978-7-101-16945-4

Ⅰ.F129.2

中国国家版本馆 CIP 数据核字第 2025BQ4996 号

书　　名　中国历代户口、田地、田赋统计
著　　者　梁方仲
丛 书 名　梁方仲著作集
责任编辑　王传龙
装帧设计　毛　淳
责任印制　陈丽娜
出版发行　中华书局
　　　　　（北京市丰台区太平桥西里 38 号　100073）
　　　　　http://www.zhbc.com.cn
　　　　　E-mail:zhbc@zhbc.com.cn
印　　刷　北京盛通印刷股份有限公司
版　　次　2025 年 2 月第 1 版
　　　　　2025 年 8 月第 2 次印刷
规　　格　开本/920×1250 毫米　1/32
　　　　　印张 25⅜　插页 5　字数 720 千字
印　　数　3001-5000 册
国际书号　ISBN 978-7-101-16945-4
定　　价　135.00 元

出版说明

　　梁方仲先生（1908—1970），广东广州人，原中山大学教授，是我国当代著名的经济史学家，在中国古代社会经济史研究领域作出了开拓性和奠基性的贡献，尤以明代经济史的研究成就而闻名。1989年，中华书局曾出版《梁方仲经济史论文集》，2008年，又出版了八卷本的《梁方仲文集》，受到学界的欢迎。为了满足新时代学者的需要，我们从后者中选出一批论题集中、美誉度高的佳作，分为四卷出版，即：《明代一条鞭法》《明代粮长制度》《明代赋役与白银》、《中国历代户口、田地、田赋统计》，总名之曰《梁方仲著作集》。我们在旧版基础上做了一些核订，希望能有益于读者朋友们的阅读体验。此次出版，得到中山大学刘志伟先生的热情学术指导，和梁方仲先生后人的大力支持，在此一并致谢。

中华书局编辑部

2024年11月

原出版说明

本书是中山大学历史系梁方仲教授生前多年悉心编纂的遗稿。全书根据我国二十五史、历代政书、部分地方志、文集以及近人所编有关统计材料,将我国自两汉到清代末年约二千年间历代户口、田地、田赋统计数字,经过考核测算,分门别类,综合编辑为二百多份表格,对于一些重要数字,并加以考订注释,具有很大的学术价值。它为研究我国经济、土地、人口的历史提供了重要数据,并为使用这些数据提供了很大的方便。现按原稿付印,以供史学研究工作者参考应用。

目　录

正　编

附　编

别　编

历代户口、田地升降比较统计图

附　录

总　序

古代社会关于计算人口、土地和编造户籍、地籍的历史发展

根据原始社会史和考古学的研究,人类社会对事物数量的计算知识和计算方法的发展程度是极不平衡的:有些落后的部落,直到今天,从事计数时只能到三或五为止。三、五以上的数目,就都说"多"来表达意思。另一方面,有些进步较早的部落,远在旧石器时代晚期和新石器时代,就已经会用刻痕、算筹或结绳等方法来表示数目了。但这些原始的方法用于记录较巨大的数量实在太麻烦;所以,更进一步就用简单符号或图解方式来记录数字。像这一类的遗物在两河流域和埃及的远古文化遗址中都有发现。例如在苏美尔、阿卡德两地(即后来的巴比伦尼亚)发现的泥板,其上面所载的符号,经过考古学家的鉴定,知是在公元前三千年之前由祭司团体记录下来的关于某庙宇的收、支账目。这种具有账单性质的泥板,比现存最古的文字的例证还要古老一些。由此似可证明,在文字的发明过程中,数目字是最先出现的。又如埃及在早期王国(公元前三千年左右)第一王朝开始的时候,计算者已经使用巨大的数目字了。当时埃及语言和文字中,已有特别的名词和符号来表示一万、十万和百万等数字了。远古埃及文字和算术很早得到发展和达到较高的水平,是与测量尼罗河水位并逐年作出记录有密切关系的。

　　至于记数方法,自古巴比伦人一向用来表示数字"位值"的制度,是不大方便的。直到公元前一千年后,他们创用了"零"这个符号,才算是把这困难解决。

　　可见,对大量的数目进行计算和记录,必须有一定的技术条件作基础。但这一技术水平是取决于社会经济的发展程度的。人类的知识依赖于生产力发展的水平,取决于社会的需要。这一规律可以通过人口调查的具体历史来阐明。据我不成熟的意见,人口调查的起源,最初只是计算人数,其后才计算户数。计算土地只不过为了计算财产,所以土地调查的出现又在户口调查之后。试论证如下:

　　这是一件人所常知的事实:从古以来便有些没有定居的游牧部落,他们只有口数的计算,却没有户数和土地的调查。一般地说,在原始社会部落联盟时,已有召集各部落全体或部分壮丁出征的事情发生了。但在父权制尚未建立、个体家庭尚未成为社会上的经济单位以前——亦即原始氏族公社尚未为农村公社所代替以前,以"户"来作计算单位的事情自然是无从发生的。同样的理由,在土地还是"予取予求"的状态下,谁也没有需要对它的数量进行调查计算;只有农村公社土地共有制已为土地私有制所排斥和代替的时候,这个需要才会逐渐加强起来。

　　现存的远古埃及的帕勒摩石碑,也可提供证明。根据碑上的各条铭文,埃及在早期王国第一王朝时,已有"[清查]西、北、东各州的所有人民"等字样的记载。在第二王朝的记事中,又有大致是每隔两年进行一次的人口"清查"共计有十多条以后,才出现了标明是"第七次"和"第八次"的"清查黄金和土地"等字样的记载共两条①。又据李维《罗马史》所载,塞维阿·塔力阿 (rex Servius Tullius,公元前578—前534年) 在王政时期的末年,亦即晚期

―――――――――

① 参看日知选译:《古代埃及与古代两河流域》,生活·读书·新知三联书店1957年版,页3—9。

氏族制（或用恩格斯的说法，"军事民主制"）的末年，对罗马公社氏族制度进行了军事、政治各方面的改革，创立了"国势调查"（census，详下）制度，规定："关于平时及战时职责的履行，始以个人财富的数量为标准，才不如以前一样，以各个人为标准了。"[①]应当略作补充说明：罗马的人口调查和登记，最初只以享有充分政治权利的"罗马人民"（Populus Romanus）的人数为限；可是到了晚期氏族制的末年，自从国势调查制度建立以后，就把全体自由居民（贵族和平民）根据财产的数量分为五类或五级，以决定他们应担承的兵役和租税的义务。财产资格起初是用土地来计算，至公元前312年始用阿斯（钱币名）计算。这又再一次说明了土地调查的出现是在人口调查之后。理由也很明显，因为统治阶级从土地取得财富，必须通过对劳动力的剥削才能实现。所以奴役制的历史比地租还要古老——最早的地租就是采取劳役地租的形态而出现的。《大学》说得好："有人此有土，有土此有财，有财此有用"，正把此中的相互关系及其发生次序摆明白出来了。

自从原始社会崩溃后，私有制一天一天巩固起来。在奴隶制社会里，土地渐成为私有财产中最主要的一种；进入封建社会以后，土地的多寡更往往是占有者的社会身份、等级的重要标志，从而土地占有情况便构成了户口调查和户口登记中一个不可分离的项目。在这一段很长的时期里，土地的登记只是依附于户口登记而存在的。

随着社会生产向前发展，统治阶级对地力的榨取程度，正如对劳动力的剥削加强一样，也不断提高。具体表现为两种情况：其一，人口怎样登记，要看他们跟土地的关系来决定：根据公元前154年罗马的人口调查，适合入军团服务的壮丁数，也就是拥有地产的罗马籍公民，约为324,000名；但到了公元前

---

① 莫尔根：《古代社会》所引，杨东莼、冯汉骥等译，生活·读书·新知三联书店1957年版，页378。

参看恩格斯：《家庭、私有制和国家的起源》，张仲实译，人民出版社1954年版，页124—125。

136年的人口调查,便只有318,000名左右。因为军队的补充有财产资格的限制,丧失了土地的公民就不在成员名额之内了。另一种办法,把一些人口当作土地的附属品而登记下来。本来罗马的人口登记是不包括不自由人和半自由人的。但到了公元四世纪,即晚期帝国时,封建主义的萌芽已经出现了。当时地主承担的赋税和徭役是按照他所占有的土地大小和属于这块土地的居民人数来提供的。由于有些地主企图减轻赋役负担,常有收买大批劳动者和少量土地的情形发生。所以,法令规定了附着于土地的隶农和农业奴隶都必须按照土地登记来登记,一般都附记于人口调查纲目中某块土地之下。如果地主只出卖隶农和农业奴隶而不连同土地出卖,是法律所不允许的。我国南宋末至元代,在江南地区亦有"随田佃户"的情形存在。

其次,以土地登记为主的专门册籍已经设立起来。据史书记载,托勒密王朝的埃及,在公元前三世纪大力发展国营经济的时期,为了巩固国库的收入,对王室土地和其他各类土地及其产品都进行过严密的计算。每年举办大规模的土地登记,在登记中备载:土地状况、地段面积、地段肥瘠程度、所有主的变更、收益、作物性质等等。又如流传下来的发雍绿洲的土地清单和其他文件,对于公元前二世纪末年埃及国有土地经济的衰落,失收土地面积之增加,耕作地段的地租之平均减少等事项,都有详细的说明。但我们应分别清楚,不可把上述"每年举办"的土地登记认作就是那份经过丈量或测量后编造出来的地籍。后者是基本文件,不只有文字说明,且以地图为主,工费非常浩大,一经编成以后,便可以应用至百数十年;至于每年的变动情况,只要在那本册籍上登记下来便够了。把两者严格地区分开来,对我们在后面的讨论是有帮助的。

我国历代户籍、地籍和赋税册的编制和演变过程

上一节根据古代世界史试作的关于户口、土地调查的起源和发展过程的一般推论,证以中国历史情况,也大致相符。

拙作《中国历代户口、田地、田赋统计》一书,所收的资料,始自西汉,迄于清末。西汉以前不在本书范围之内,需要多作补充:

(1) 汉以前的情况

据《禹贡》所载,我国早在公元前二千余年——夏禹时,已有"九州"各地的土地调查。虽然没有土地面积的数字可稽,但关于各地的土壤性质及其贡、赋之等则,以至各地物产的分布,皆有相当详细的记载。至西晋皇甫谧《帝王世纪》等书,始载有夏禹时人口、垦地和不垦地的具体数字和商汤、殷纣时的估计概数;下逮周成王时及平王东迁以后的两周受田人口数等亦各有记载。又如《礼记王制》篇对周代田制及全国提封田地里亩之数皆有记录。而《周礼》所记周代户籍、地籍及赋役册诸制度,见于《天官冢宰》大宰、小宰、宰夫、外府、司会、司书、职内、职岁、职币,《地官司徒》大司徒、小司徒、乡师、乡大夫、族师、载师、闾师、县师、均人、媒氏、遂人、遂师、遂大夫、里宰、土均、土训、廿人、廪人,《夏官司马》大司马、司险、司士、职方氏,《秋官司寇》小司寇、司民,诸职掌中的,尤极严整缜密之至。然以上诸书所记,多未可遽即相信。只有《周礼》一书,其中所记的尚有一部分是春秋、战国以后实际情况,如下面将要谈到的上计制度便是,故应分别看待。

关于商代的人口计算,殷虚卜辞中尚有不少资料可供参证。惜过于零星片段,不适于作统计之用。今试分为用兵、用人牲等几点来谈:按殷代师旅的基层单位,以一百人为一队。卜辞中"登人",殆即临时征集兵员之义。登人少则一千,多则五千,三千人是最常见的,一万以上则少见:仅武丁时代(约公元前1238—前1180年)卜辞中,载有"登帚好三千,登旅一万乎伐羌",是一次征兵竟达一万三千人之众。又据近人考证,武丁二十九年秋,商人与土方、邑方同时作战,三十八天之内,登人之命七下,总数亦达二万三千人。关于战时俘获人数,有"一千五百七十"的记载。商代祭祀用牲时,是人畜并用的,据胡厚宣先生在四十年代的初步计算,记有"伐祭"人数的卜辞,共有五十一次。每次最少用一人，最多百人。复据近人研究的结果，杀羌以祭的人数：最高者为三百人，其次常见者为一百人，百人以内的次数最多。此外，也有“伐二千六百五十六人”和“𠭯千牛千人”卜辞各一片。这些用来作牺牲的人，似为奴隶的身份。又有“辛丑贞……人三千耤”一片，所记乃藉田的人数。记有“田”字的卜辞虽不少，但多指田猎而言；至若关于田地数量的记载，则尚未发见。殷代青铜彝器存世者不少，其铭文亦毫无赐田地的记载。

至西周青铜彝器铭文中，始有土田的数字可稽。当时周王（或高级贵族）每以臣仆及土田等物赏赠其下属。赏田的数量是以“田”为单位来计算。如卯簋、不𡢁簋诸器所记，每次最多不过十田。唯敔簋（大约是夷王时器）云：“易（锡）于敆五十田，于早五十田”，合计为百田，这是赏田的最高记录。此外，田土亦可作抵押或赔偿之用，然为数无多，故不征引。按曶鼎铭文，有“二田”、“五田”和“七田”之分，至于每一田的大小标准如何则尚无法考定。然据本铭考察，知七田每年所产远在禾三十秭以下——按每秭为半秅，当二百秉。《说文》：“秉者，把也。谓刈禾盈一把也”，则七田的收成尚不及六千把，可知一田的面积并不甚大。此外，又有赐“里”，赐“邑”的记事：召卣（康王或孝王时器）云：“王……赏毕土方五十里”，按“里”，本为田土二字之合文。康王时所作之夨簋是1954年6月在江苏丹徒县龙泉乡烟墩山出土的，其铭文颇有残缺，然尚可见所赐山川、田、邑、王人，奠七白所率领的人及庶人等的概数是相当巨大的[①]。东周时鲍𬶍所作的𬶍镈（旧名齐子仲姜镈）记云：“侯氏锡之邑二百又九十又九邑，与𨜒之民人都鄙。”盖言里、邑，则土地与人民并举；至于一里、一邑之人家若干，土地若干，里、邑之关系如何，则众说纷纭，难以具论了。《左传》中关于春秋诸国赏赠、易换和争夺田邑之记载甚多，有可与金文互证者，此不具论。

---

①郭沫若：《〈夨毁〉铭考释》，载《文史论集》，人民出版社1961年版，页308—311。

西周金文中所记赐人民、臣仆、奴隶之数，除以"人"、"夫"计算之外，同时也有以"家"来计算的，这是卜辞中所未见的，亦可以证明计算户数乃后起之事。如令鼎、耳尊、馘簋所记，皆为"臣十家"；唯令簋兼贝、鬲言之，记云："贝十朋，臣十家，鬲百人"；不嫢簋兼记田数云："臣五家，田十田。"麦尊（又名井侯尊）记："锡……臣二百家。"春秋时齐侯镈云："余锡汝……县三百，……造国徒四千为汝敌寮，……余锡汝车马戎兵，厘仆三百又五十家"，则为家数的最高记录。大盂鼎所记："锡女邦司四白，人鬲自御至于庶人六百又五十又九夫；锡夷司王臣十又三白，人鬲千又五十夫"，按"白"也是计算人数的一种单位名称，故上文所记合共为一千七百二十六人，这是关于赐人数的最高记录。俘馘（把战俘左耳割去）人数的最高记录，见于康王时器小盂鼎铭文所记的，前后两次共计为一万七千八百八十二人。

古代人口记录出现于土地记录之先，这一点已通过卜辞和周金文辞的比较研究而获得了证实。从史书上较可信的资料来看，也是如此。

据《国语周语上》记，周宣王三十九年（公元前789年），"宣王既丧南国之师，乃［大］料民［数］于太原"，知西周末年举办过规模相当大的人口调查。

据《春秋》及《左传》所记，春秋中叶以后，鲁、楚、郑三国先后进行了田赋和土地的清查，此中以楚国的规模为最大，其记载亦较具体。《春秋》书鲁国于一百一十余年间对田赋进行了一系列的变革云：宣公十五年（公元前594年），"初税亩"；成公元年（公元前590年），"作丘甲"；哀公十二年（公元前483年），"用田赋"。不管赋法怎样变来变去，如没有亩法作根据是不可能的。所以，当时的田地面积必须经过一番调查，这是不言自喻的了。

《左传》记郑国于公元前539年（鲁昭公四年），"作丘赋"，这是与鲁成公所行的"丘甲"性质基本相同的措施。据旧日经解家的说法，一致认为十六井为一丘，应出戎马一匹，牛一头；惟每丘应出甲士及步卒各若干人，则无一致的定论。

《左传》鲁襄公二十五年（公元前548年），记楚国对土地整理和赋籍编制的办法较详，原文云："蔿掩书土田，度山林，鸠薮泽，辨京陵，表淳卤，数疆潦，规偃猪，町原防，牧隰皋，井衍沃，量入修赋。赋车、籍马，赋车兵、徒卒、甲盾之数。既成，以授子木，礼也。"这是说当时根据土地的性质、形势、位置、用途等划分为各种各类，然后拟订每一种土地所应供应的兵卒、车马和甲盾的数量，故曰"量入修赋"；把调查的结果作为系统的记录，并制为册籍，故曰"书……既成"。这一份册子，具有把兵籍、赋籍与地籍合而为一的功用。

对上引《国语》、《春秋》、《左传》诸条的解释，古今学者无不把它结合着井田制之破坏来谈。但对井田制的理解，今天并无一致的意见：有人认为是农村公社土地共有制，有人认为是奴隶社会时期的土地国有制（亦即为贵族奴隶主的俸田制），也有人认为是封建领主土地占有制或所有制。至于个人对土地的支配和处置的权利，又有享有、占有、所有和使用权种种区别。我对这些问题毫无发言权，但以为诚如诸书所载，则事情之发生先后次序实堪注意：尽管周宣王在即位之初，便已"不籍千亩"，然经过三十多年后，他对于军赋的整顿，还只从清查人口下手；但到了春秋诸国才实行清查地亩的。春秋时，军赋的征发，除依旧计算人数外，又计算田地的面积，这就反映了土地占有的不平均状态早已存在。

另一方面，户籍制度在春秋、战国时又得到了很大发展，具体表现为两方面：首先是，"书社制度"在许多国内已经普遍起来；其次，在上述基础之上，"上计制度"在"战国七雄"中的大半数都付之严格执行了。

本来"社"这个组织，在商、周时便已存在。但至春秋时，鲁、齐、卫、吴、越诸国先后采用了以二十五家为一社的"书社制度"。因为"社之户口，书于版图"——版指户籍，以木版为之；图指地图，所以称为"书社"。当时各国往往以书社赠让他国，或赏赐臣下。赠、赐的方式，是将人民与土地一起转移给对方。数目，由十余至七百不等，有时至千社之多。"社"字有时又与"邑"字通用。社是乡村基层组织，"书社"就是它的户籍制度。

战国时，韩、赵、魏、秦都推行了"上计制度"：郡、县长官必须于每年年底之前将下一年度的民户和税收的数目作出预算，写在木券之上，送呈国君。国君把木券剖为两份，右券由自己收执，左券发还给地方。俟下年度终了时，国君便操右券从事考核官吏之任务完成与否，然后定其升降、赏罚。上计的预算数字，不消说是根据本地历年的实际经验作出来的，也就是说必须先有长期的记录来作根据。但计簿只须开列本地各项目的总数便够，不必像那份存留于本地的户籍原册备开各户的细数。"上计制度"之重要性，在于使中央掌握各地的每年收入概况。至秦、汉时，更加严格执行。然汉宣帝黄龙元年（公元前49年）诏文中已有"上计簿具文而已，务为欺谩，以避其课。御史察计簿非实者按之，使真伪毋相乱"等语谴责。地方与中央在财政上的矛盾是贯串于我国历代王朝的。其后，唐代郡县每年一造的计账，五代、后晋时诸州一季一奏的账籍，宋代诸州县每年一上的帐目奏状，以至明、清时各省每年进呈的奏销册，皆属于"上计"这个系统。唐、宋以后，中央政府或私人就在这个基础之上编纂了各朝财政说明书，如唐代《元和国计簿》、《太和国计》，北宋《景德会计录》、《庆历会计录》、《皇祐会计录》、《治平会计录》、《元祐会计录》，南宋《庆元会计录》、《端平会计录》，明代《万历会计录》，皆为官修之书；唯清代《光绪会计表》、《光绪会计录》，为私家纂述。最后三书今尚存，其有关资料，皆已收入本书；若其他诸书，则早已丧佚了。我国历代正史及官书等所载的各朝户口、田地、田赋的数字，大半就是从这一系统转录过来的。《旧唐书》、《唐会要》等书所录唐代历年户口数，辄标记其为"户部计帐"之数，这真是再清楚不过的了（参看本书甲表21）。

战国中年以前，秦国在政治、经济制度方面一向比东方诸国落后。秦国"户籍相伍"的制度，在献公十年（公元前376年）才建立起来。至孝公六年（公元前356年）后商鞅第一次变法时，又把原来的户籍编制军事化起来，即所谓"什伍连坐法":民五家为保,十家为连。一家有罪,如不举发,则十家连坐。五进法之采进不能不认为接受了东方各国"书社制度"的影响。其后,"上计制度"在秦国也建立起来了。始皇十六年,初令男子书年。二十六年(公元前221年)既完成了统一的事业,乃更名民曰"黔首"。三十一年,使黔首自实田,陈报亩数。经过了这一系列的调查清理以后,秦一统帝国的户籍和地籍便得以完成。《史记》载,公元前206年,刘邦入咸阳,萧何先收取秦的户籍地图,"所以具知天下阨塞,户口多少、强弱之处,民所疾苦者",这该是可信的话。

　　战国及秦代的人口记录早已丧佚不存。但根据当时战争伤亡人数和大工役动员人数等来推测,犹可见其梗概。《帝王世纪》据《战国策》所记苏秦、张仪等游说之词,谓战国时:"秦及山东六国戎卒,尚存五百余万。推〔计〕民口数,尚当千余万。及秦兼诸侯,……其所杀伤,三分居二。犹以余力,……北筑长城四十余万,南戍五岭五十余万,阿房、骊山七十余万",盖谓七国相争,至秦统一时,士卒死伤者至少在三百四十万以上;及统一后,长城、五岭、骊山诸大工役,合计又用一百六十余万人。近人又据《史记秦本纪》,及世家、列传中所记,计算出来:秦国自献公二十一年至始皇十三年(公元前365—前234年),七十年对外战争中,斩敌兵首级共计一百七十余万。因此,他又作出结论,认为战国末年各国战争的目的始以杀戮为主,其前(由西周起,至战国末年之前),则以俘掳为主——而由俘掳至杀戮这一转变,就是由西周以来的"初期封建社会"逐渐过渡到战国末年的"正式封建社会"的证据之一。姑勿论他有无理论根据,但仍不失为有启发性的论点,当然也值得商榷①。因为上首功是秦国兵制中一个彰著的特点。当时诸国用兵,不尽以杀戮为主要目的,甚至有时秦国也不一定如此,如公元前314年,"秦人伐魏,取曲沃而归其人",就只取土地,不杀敌人。又若公元前276年,楚顷襄王收淮、汝东地兵,约十余

---

① 王玉哲:《有关西周社会性质的几个问题》,载《历史研究》1957年第5期。

万,就更不用谈了。

但是,作为战国时代的时代特征之一是人口有了空前增加,这点是肯定的事实。随此而出现的是,城市人口的激增。据《战国策》所载:齐国都临淄有七万户,每户估计不下三男子,可出兵二十一万。韩国宜阳县"城方八里,材士(弓弩手)十万"。到战国末,"千丈之城,万家之邑,相望也"。这些话可能有点浮夸,但未尝不是一部分实际情况的反映。另一方面,当时的土地分类法,往往用距离市郊之远近来作标准。土地的名目比以前大有增添,土地买卖也频繁起来,占有形态也较为复杂。以上各点,不但在史籍上斑斑可考,即在托为先秦诸子的著述中亦有明显的反映:如《管子》中《立政》《乘马》《小匡》《问》《禁藏》《入国》《度地》《地员》《巨乘马》《海王》《国蓄》《山国轨》《山权数》《山至数》《地数》《揆度》《轻重》诸篇,应与《国语齐语》《晏子春秋》内篇《杂上》《司马法》合看;《吕氏春秋》中《上农》《任地》《辩土》《审时》诸篇,不但对于户、地、税册的编制方法记载得相当具体,甚至对于保管方法也有论及。关于人口、土地、赋税政策和行政方面的主张,各学派也是旗帜分明的,如《墨子》:《辞过》《非攻下》《节用上》《下》《耕柱》诸篇;《孟子》:《梁惠王上》《滕文公上》《离娄上》《万章下》《告子下》《尽心下》诸篇;《荀子》:《王制》《富国》诸篇;《商君书》:《去强》《算地》《徕民》诸篇;《韩非子》:《亡征》《五蠹》诸篇,尽管程度各有不同,但鼓吹人口增加和田地垦辟却是大致相同的意见,像后世"人口过剩"或"人口压力"的观点是根本不存在的。

最后,还有两点值得强调地指出来:其一,曾经支配过中国旧社会二千多年以士为首的"士、农、工、商"四民等级这一体系,可以说从战国时起便建立起来了。尽管后代的名称和内容并不完全一致,但大体上可以纳入这个体系以内。自战国后,历代的官吏,主要是从"士"这个阶层提拔出来。士虽列为四民之一,但属于统治、领导阶级,故不但与普通民户有所不同,亦与皇亲、贵戚之通过血缘关系而取得政治地位的有分别。但在享受优免赋役的特殊待遇上，他们和官吏或贵族的利益是一致的，虽则还是有点差别。两晋至唐初，是门阀士族的鼎盛时期；六朝时，士人只凭氏牒家谱，著名于"黄籍"之中，便可免除赋役负担，且得荫庇他人为属户（亦名荫户），以免课役。唐初以后，门阀士族的政治势力渐衰。以后历代官吏，由科举出身者渐众。所以，唐代的不课户，宋、元时的形势户、官宦户，明、清的绅户等，多数是出身于科举之士这个阶层。元代是儒士最受轻视的朝代，但儒户仍得享受蠲免科差的优遇。士多半属于地主阶级，但一般地主多数还够不上士的资格。

自战国后，历代户籍中所登记的民户，基本上是农民阶层：他们或为有小块土地、仅足维持生活的小自耕农，或为自有土地不足、须要佃耕一部分田地的贫农，皆须提供赋役。此外，还有"贫无立锥之地"的完全的佃户，又有"身外更无长物"的雇农，皆只向地主提供地租（或劳动力），但不须向政府缴纳田赋。他们一般是以"附户"或"客户"等名称而附记于有田地的"主户"之后，不与"编户齐民"并列。他们的情况，只有本乡村的里、甲、保长才真正知晓，一般是不呈报上级机关的（只有宋代的"客户"是例外，有种种原因，今不能详）。另一方面，则为人数很少但占地极多的地主阶级，其中有一小部分还参加农业劳动，但大多数是完全脱离生产的坐食阶级。他们也有兼营工商业的。至于合地主、官僚、工商业者为一人的事例，在历史上更是屡见不鲜。

战国后，除了原有的官工、官商以外，私营的工商业者也出现了。工商业的发展和城市的发展有密切关系。历代政府为了维持封建社会的稳定性起见，对于官工、官商，都规定了一定的名额，以保证官营事业得到充分的人力供应，对于私工、私商则加以种种取缔，如汉代"令贾人不得衣丝、乘车，重税租以困辱之"。商贾之隶名"市籍"者，其本人及家属皆不得占有田地，且不准作官。但实际上是："法律贱商人，商人已富贵矣；尊农夫，农夫已贫贱矣。"后世的情况，亦大半类此。

其次,值得注意的一点是兵的身份的变化:战国以前,受教育和服兵役都是贵族特有的权利,平民(通称"庶人")是没有份儿的。贵族是世袭的,其中属于最低阶层的为"士"。战国以后,士之世袭身份和财产已逐渐丧失,随而有新兴的武士和文学、游说之士等区分出现,又由于车战渐趋没落,骑甲士的作用亦大为降低,随之而起的是步兵——于是兵役遂成为全体合格壮丁(不管是贵族或平民)所应尽的义务,征兵制度就这样在各国陆续实行了。自此以后,"军赋"和"田赋"才成为两个不同的概念:前者的征课对象是人,后者的征课对象是物。在这之前,当只有贵族才有权占有土地的时候,军赋和田赋的性质本来是很难区别开来的。

战国末年,各国战争规模日益扩大,于是征兵以外,又有雇佣兵出现——一般是用招募丧失了土地的农民和破了产的小工、商业者的方式,有时或用吸收他国的流民和逃兵的方法来组成的。其发展所致,又影响到征兵的社会身份的降低。

在征兵制度底下,一切壮丁皆须于一定期限内分别履行各种兵役的义务。有人把这个制度称作"全国皆兵",固然是可以的;或名之曰"兵农合一",亦未尝不可。在当时并没有特设的"兵户"。

自东汉末年后,情形便有所不同:三国时有所谓"士家"制度,当时政府新设一种兵籍,亦曰士籍。隶于士籍者,称为士家,又有士伍、军伍、营伍等名。士家终身为兵,世代为兵,不得改业,非有特殊功勋者,不得免除兵籍,婚嫁只限于同类。他们与民户判然划分,而被列入于低贱的社会阶级之中。蜀、吴亡国时所上的户口数字都是兵、民分列的,当由十此故(参看本书甲编表13)。其后,明代的卫所军,一般是由民户中签取得来,其社会地位自亦较胜于三国时之士家;但既编入军籍以后,便世代皆为兵士,不许复改为民,这点却是与士家制相同的。且统率卫所军的卫指挥使司,其长官如指挥同知、指挥金事等以下至百户,多为世袭。可见"世兵"之外,复有"世官"。虽同属军籍,然地位之高下悬殊,皆为前世"注定"的了! 士家和卫军对于自己所耕的屯田,一般是没有所有权的。清代的绿营,亦为世兵制。一人在伍,全家皆编入兵籍。兵有定额。父在,子为余丁,父死,由子替补,世代相承,均与明之卫所军制同(参看本书乙编表49,表57)。

另一方面,东汉末年后,由于国内外各族有了大融合,于是形成了一个战斗总体,如三国时,魏、蜀、吴各用羌兵、胡兵,不过就是东汉以来兵制上的延续,当时吴、蜀两国又常发山越及越嶲夷人为兵,也收到了补充兵源的作用。至如北魏的镇军,西魏、北周时的府兵,辽、金两代的乣军,金代的猛安、谋克,元代的蒙古军及怯薛(宿卫军),以至清代的八旗,皆以统治者本族人为主力,对被征服者进行镇压监视(参看本书甲编表29,表30,表31,表42,表43等)。兵、民异籍以后,各有管领之机构,互不相干涉,如《北史》卷六十论西魏府兵制云:诸军"分团统领,……自相督率,不编户贯",可知兵籍由各团掌握,与管领民户的郡守无关。这种各自为政的户籍制度,使得统一规划无从实现,同时也破坏了户籍的完整性。至元代,"以兵籍系军机重务,汉人不阅其数。虽〔蒙古〕枢密近臣职专军旅者,惟长官一二人知之。故有国百年,而内外兵数之多寡,人莫有知之者",其目的无非为了蒙蔽人民,以便于武力统治。

由上可知,《管子》小匡篇所言:"士之子常为士,农之子常为农,工之子常为工,商之子常为商",这一主张,可以说在我国全部封建史中已取得了基本胜利。

(2) 汉以后的情况

本书所作各表,上起西汉,下迄清末。除鸦片战争后七十年间外,其前皆属于我国封建社会阶段。本节所讨论的,实以这一阶段为中心。与此有关的问题,在前一节已谈得不少,另有许多点则在各表后的"附记"中作出了解释,请读者参看。这里仅作最概括的说明如下:

首先应该指出,历代封建王朝编户籍和地籍的直接目的是为了征兵、征税。但在户籍方面，又具有稳定封建社会的统治秩序的用意；在地籍方面，则又有保障地主阶级的地产权的作用。总之，不外为封建统治政权服务。由于社会各个阶级所受的影响很不相同，所以他们的一般反应也不一样。地主对于土地清查所采取的态度，在保障自己的私有财产权这一点上当然是拥护政府的；但清查和造册的费用，又当别议；至如当兵纳税，那就最好由别人负担。这一阶级经常使用的手段，是买通造册官吏：在"户则"方面，以高作下；在地产方面，则以有为无，以多报少。千方百计，无非是要隐瞒真实情况。一般农民受到地主阶级虚报的拖累，欲求从实登记亦不可得，所以逃亡、抛荒是他们经常采取的对抗方式，最高阶段就是武装起义。匠籍、商籍，对于工商业者的中下层来说，只是一种束缚，所以"放还为民"是他们争取的目标。到了无法支持时，也只能出之逃亡或参加起义了。至于工、商中的上层，通过不等价交换和高利贷，逼得农民和小工商者相率破产，又加强了逃亡和抛荒的严重情况。历史上所载的人口记录，往往有相隔不多年便突然大量减少的。造成这一现象的原因，多半是由于逃亡失记，并不真正是实际人口的减少。

其次，应当明确的是：在初期阶段，古人对于人口、土地和赋税的记录是统统登记在一个本子内的，当时还没有户口册、土地册和税册的区别。三者就是同一件东西。三者之分立，乃是较晚的事情。由于时代的不同，而内容亦异，至于三者的相互关系及其相对位置之转移，都值得我们研究。

从现有的材料看来，汉代的人口调查皆为口数和户数并列。当时，口赋（"算钱"）是国家的主要收入，户赋则指定为列侯、封君的收入。及曹魏至唐，政府收入始以户调为主，所以户数的调查成为政府最关心的事，口数反居于次要的地位。北魏及唐，口数的记录多缺（参看本书甲表1），叵为明证。以户作为课税的单位，一方面固然由于口数难以清查，另一方面是假定在均田制下各户负担租税能力基本相当。东汉以后，豪宗大族势力强大，部曲、私属制度盛行。所以可以看到永嘉南渡时，中原人民多数是随同宗族举室东迁。同时，入居北方的诸族,还需要一段时期才能适合新的环境。如鲜卑"后魏初不立三长,唯立宗主督护,所以人多隐冒,五十、三十家方为一户"。至太和十年(公元486年)才把原来的部落宗主制扬弃了,改用汉法,仿周官遗意,设立三长:五家立一邻长,五邻立一里长,五里立一党长,说明能够清查户数,已很不容易了。

总之,自汉迄唐,八九百年间,政府最着重的是户籍的编制。户籍是当时的基本册籍。关于土地的情况,只是作为附带项目而登记于户籍册中。当时的户籍实具有地籍和税册的作用。偶然也有单独编制的单行地籍或税册,但仅为附属文件或补充文件的性质,并不居于主要地位。

自唐代中叶以后,作为户调制物质基础的均田制已渐趋废止。尤其是宋代以后,私有土地日益发达,土地分配日益不均,因而土地这个因素对于编排户等高下的作用愈形重要。即如宋代主户、客户的划分,就主要根据各户占有土地的多寡、有无来决定的。于是,各种单行的地籍,如方帐、庄帐、鱼鳞图、砧基簿、流水簿、兜簿等便相继逐渐设立起来了。同时,由于原有的户籍多半失实,所以又纷纷增设各种新型的户籍,如户帖、甲帖、结甲册、丁口簿、类姓簿、户产册、鼠尾册等。这时,地籍已逐渐取得了和户籍平行的地位。出于赋役剥削不断加重,逃避赋役的人也不断增多,而隐瞒地亩毕竟比隐瞒人口困难一些;但"就地问粮"却比"编审户则"简便一些,所以自从明代中叶一条鞭法实行摊丁入地以后,鱼鳞图册(地籍)便成为征派赋役的主要根据,而仍依向例编造的赋役黄册(户籍)实际上已退居于次要的位置了。

最好认识这一差别:在封建社会里,土地改变的情形比起人口变动毕竟还又小又慢得多。人口,经常每年都有新生的和死亡的;又随时有迁徙、逃亡、流亡等偶然情形发生。在丁徭的历史条件下,尤关重要的事情是:每年都有不少刚刚达到应役年龄的新丁,须要开始提供徭役;同时也有不少刚刚逾役年龄的老人,从此可以免役。对于这些变动,每年都必须作必要的调整。一般的办法,是由州县派人调查访问,或由人民自报,然后在户籍上注明。

至于土地方面,在当时由于买卖而转手的毕竟是不甚频繁的,且又有税契登记,其情形较易为政府所掌握。它如新垦、坍没、被灾、抛荒等事情,皆属偶然的现象。所有这些改变的情况,只要随时在各户名下的田产项内(或地籍内)作出注明便够。

由此可知,为什么历代对户口调查和户籍编造多数都规定了必须定期举行,但土地调查和地籍编造却只能在很长一个时期内才举行一次。

尽管各封建王朝费了不少心机,先后拟定了各种整顿户籍和地籍的方策,结果尽归失败。它一方面固然无法克服如前所述的社会上各阶级阶层的对抗;另一方面,在政府内部上下级之间也彼此互相欺骗。它本身就充满着两大类无法解决的矛盾:首先是中央和地方上的。在明代施行一条鞭法不久之后,便有许多州县自造“白册”(亦名“实征册”)来征收税粮。这份记录与进呈中央的黄册所载大半是不相符的,与本地鱼鳞图册的记录也是不尽相符的。一般说来,进呈中央的数字比较地方实征数低。这种作法,不只一般贪官污吏为然;甚至有少数所谓“清官”,据说是为了保存本地的财力,也采取同一的方法。矛盾的另一方面,存在于州县上级官和下级吏胥之间,这一现象更为普遍。原来明清时代,在州县衙门里有一批“攒造图册”的专职人员,名曰粮房、帐房、书办、粮差等。他们也任意作弊。其结果是缴存州县官厅的那份实征册,其中所载的多是假名、假户和假地,而自己手中却另有份私册,此中所记的才是税户的真姓名及税地的真正坐落所在,但多数系以任何人都看不懂的记号来代替的。所以如果不是通过粮房,对户口和田地便很难查究,税粮自亦无从征起。由粮房掌握的这份“枕中秘宝”,州县长官是无法过问的。因此粮房的职务总是私下地一手交一手,竟同世袭的一个样。在这种情况之下,地方政府所最关心的只能是税册的整顿及其使用而已,户籍和地籍符合实际情况与否都可以满不在乎了。由明末起,直至辛亥革命以后都是如此。

　　上述各点有不少是可以和本书诸表结合起来看的。如各表所示,历代的记录以户口数字最为齐备,且出现得最早。土地方面,虽两汉时已有,然仅为历朝顷亩之数,尚无分区数字。隋、唐情况亦然。隋代垦田数字特高,当不可信。唐代天宝末年田数系据每户应受田一顷六十余亩推算出来的,并非陈报或丈量的数字。至如三国至南北朝,和辽、金、南宋及元,就连历朝的田亩数也无可考:前一段时期缺载,似或与户调制或均田制各有定额这点有关,因政府据税收总数或户口总数均可推算出田地的大概数量,它自己却没有向人民公开田亩数目的必要;后一段时期缺载,则显然是受了社会各阶层的反抗的阻力,由于辽、金的田制和赋役制度是阶级压迫和民族压迫相结合的产物,所以辽代的"检括",金代的"通检"、"推排",引起被压迫者的强烈反抗,史不绝书。南宋李椿年、朱熹等先后举办的"经界",则遭富户豪家的反抗,不能贯彻。元延祐初年(1314—1315年)的"经理",受了农民武装力量的打击,结果只将河南、江西、江浙三行省的官民荒熟田额清查出来。全国分区田地数字,北宋时始可稽考,然资料尚寥寥无几。直至明洪武和万历初年两次大规模的清丈以后,各地区田亩的记载才丰富起来。

　　关于田赋,唐代始有约略数字可稽。至宋代,记录方法仍甚简陋。两代往往将各种不同的计量单位混合起来登记,造成我们今天统计上的困难(参看乙编表1,表10)。辽、金田赋收数全无可考。元代仅存一两年的岁入粮数(乙编表22)。明、清两代材料就丰富得多了。由于税制趋向统一,税目较为简单,所以记录方法也较为明晰。明代自武宗朝(1506—1521年)以后,历朝各项田赋收数往往不变,田地顷亩数亦然(甲编表60—63)。一方面,我们固然要注意到中国封建社会的田赋一向采取定额制的事实,但明中叶以后政治腐败,制度混乱,是造成田赋册报已成具文的主要原因。

从世界史看中国历史人口、土地和田赋数字记录之丰富及其制度上的特点

在前节,我们已说过人类社会对小量人口进行计算的事情在远古时便已存在;但由于技术上的限制和社会的需要,对于较大规模的人口计算或有计划有组织的人口调查,则最早只能在原始社会时代的末期才会发生;至于把计算或调查的结果作成记录,并制为册籍的形式以便保留,那就不消说是进入了文明时代以后许久的事情了。所以,今天流传下来的关于各国历史上的人口或土地的数字,最早的也是该国在奴隶制形成以后的记录,这是不难理解的。

关于本国历史人口和土地数字的记录,中国今日保全下来的材料的丰富是世界各国中首屈一指的。这点可以首先从我国古时的调查和登记的制度比较完备这一方面来说明,因此,须要与外国的历史进行比较。

首先应该指出,我国古代的人口调查,是古代世界诸国中最全面的。其次,全国各地的定期报告制度和全国统一的调查制度,在我国成立很早。这是我国古时人口调查制度中的两大特点,而为当时外国所不具备的。

据世界古代史记载,人口调查最先出现于两个最古的奴隶制国家——埃及和巴比伦两国。埃及在早期王国时期(约当公元前三千年左右)第三王朝时,便有了每年在国内进行一次人口调查的规定;其后,到了新王国时期(约公元前十六至十二世纪),在第十八王朝、十九王朝及第二十王朝之际,又先后进行过人口和牲畜、家畜的清查和登记,以及奴隶、俘虏人数和庙产的登记和土地清查及税册编制等。但以公元前四世纪至三世纪托勒密王朝时代的土地登记为最有名。

巴比伦最早的人口登记大约在公元前二千二百年左右。以后,公元前五世纪至四世纪时,在阿契美尼德王朝强国统治下,也有关于巴比伦人口的概数。

古史上关于两国这些制度方面的记载尚较为详细,但在数字方面则甚为

缺乏。从现存的埃及的象形文字铭刻和巴比伦（以及后来亚述）的楔形文字铭刻中，亦找不出多少有系统性的全面记载或数字足供佐证。即如流传下来著名的公元前二世纪时埃及发雍绿洲的土地详细清单和其他文件，充其量也只能提供某一地区的局部情况。我们如果把世界古代史上那些记载认作多半是和我国《禹贡》、《周礼》和《帝王世纪》诸书中所记的关于夏禹、西周的情况，皆属于性质相同未足深信的资料，似亦不为过分。

在古代世界史中保存下来的关于一个国家或一个民族的人口调查数字，以《旧约》中《撒母耳记》下及《民数记》两书所记公元前十世纪初年以色列国王大卫命军长约押前往查核以色列诸族民数的记载较为全面，且有详细数字可稽。然所登记的只是限于年二十岁以上，能上阵作战的丁男；又以以色列、犹太、利未诸族为限——唯有利未族丁男是不须作战的。所以还谈不上是全民登记，与现代意义的"人口普查"是不符合的。

到了希腊、罗马时期，情况还是基本相同的。希腊和罗马举办的人口和土地的调查，其目的和最古的奴隶制国家（埃及、巴比伦）一样，是为了财政、军事和选举上的原因。希腊和罗马的法律，把本国的公民按照他们的财产（主要是土地）和收入的多寡，划分成几个阶级（或等级），从而决定了他们社会地位的高低以及在政治上的权利和义务的差别。依照法律的观点，奴隶被当作"不是人"，而是物。他们绝对没有任何权利，当然不在人口调查范围之内。还有外邦人，一般都不能享受公民权的全部，所以也不列入人口调查计算中。因此，现代的学者们只能"通过各种间接资料，如重装兵（hoplite）人数、粮食输入情况等等，推出（希腊在雅典霸权时期）阿提克的居民人数，确定三大类居民——公民、外邦人、奴隶——的对比关系。他们的结论是很不一致的"[1]。塞尔格叶夫教授说得很清楚："关于希腊和罗马各个时代的（以至一般

---

[1] 苏联科学院主编：《世界通史》第二卷上册，中译本，生活·读书·新知三联书店1960年版，页33。

说来整个古代的）奴隶数目的问题,是古代史编纂学上争论最多的问题之一。至于各别城邦的奴隶数目,直接得自希腊人或罗马人的证据,几乎是没有的;奴隶人口的数字,只能从古代作家们的片言只语,一鳞半爪的间接得来。"[①] 不但如此,甚至连希腊、罗马本国自由民中的妇女和儿童也是不予登记的。虽则二十世纪初年亦有人主张,到了罗马帝国时代,在奥古斯都统治时期（公元前28年至公元14年）所进行的三次调查中,已把妇女和儿童都包括进去了;但没有得到当代学者们的同意。

在以欧洲为世界史中心的旧传统影响之下,一向有不少学人把罗马的人口调查制度"census"（有译作"国势清查"或"国势调查"的,见前）评价得很高,认作是古代世界史中最完整和最完备的调查登记制度。直到今天,有许多外国的"人口普查",仍然沿用着"census"这个拉丁名字。其实,罗马时代的"census"既非全民登记,亦非全国登记,仅能说是局部登记罢了。

欧洲中世纪的情况:在封建主义统治一千二百年左右的漫长年月中,欧洲各国的人口调查,可以说是陷入几乎完全停顿的状态。在封建主义初期,略具规模的只有八世纪查理曼大帝的"日课经"（Chalegmagne's Breviary）中的调查资料。但更值得注意的,还是1086年（约当我国北宋元祐元年）英格兰编制的土地调查册,通称为"末日判决簿"（Domesday Book）。这是奉"威廉征服者"的命令进行调查的,时间花了一年左右。目的在确定当时新建立起来的封建社会各阶级、阶层的权利和义务。对各领主及教会的土地和财产进行了登记和承认以后,便要求他们承担各种封建义务和缴纳地税。这个调查对于各种各类的土地和人口都记载得相当详细,但可以肯定,它既不是全国登记,也不是全民登记;因为极北部诸郡是不在登记范围之内的,南部的伦敦、温彻斯特诸城市也是不作调查的。对于各庄园的农民群众中的两大阶层——乡

---

①《古希腊史》,缪灵珠译,高等教育出版社1955年版,页257。

民（villani）和茅舍小农（cottarii或bodarii），也只登记他们的家长，而不是全家人口。根据"末日判决簿"的材料来估计，当时英格兰的人口仅一百五十万人（一说一百八十万），口数尚不及我国西汉时兖州一州户数之多（参看甲编表2）。这份文册制成以后，一直使用到1522年，是年才作第二次调查，重新编制了一份"新末日判决簿"。英国在进入资本主义社会许久以后，于1800年成立人口普查处。翌年，才举行第一次人口普查。此后，虽然实际上已经是每十年举行普查一次；可是每一次仍须有国会法案方能举行。迟至1920年，始用一般立法方式，把十年举行一次的办法确立下来。可见英国定期调查的制度成立甚晚。就是今天英国的人口普查，它的根本目的只不过为资产阶级的利益服务，它的编制方法充满着掩盖真相和歪曲事实的意图，所以其中最关重要的统计资料，如人口的各阶级构成、民族构成等等，多半是不可靠的。

中古时代欧洲各国人口调查有过一个长时期的中断。这方面的政治经济上的原因，由于篇幅所限，无法讨论。但应指出，宗教的阻力曾经是构成欧洲人口调查史上停顿状态的一个重要因素。据《圣经》上说：以色列人核计了人口以后，便招致了"上帝"的愤怒和谴责。这个"福音"给中世纪欧洲社会带来了一种迷信，认为进行人口计算必将引起社会的恶运。甚至在1753年英国下议院内也有议员用这个理由来反对政府调查人口。许多欧、美资本主义国家，直到今天进行"人口普查"时，仍然以教区为调查的地区单位，一切调查登记的任务皆由教会人员来主持。宗教势力和户籍行政勾结得这么密切，乃是我国历史上所没有的。固然，我国古时的"天子"也常奉行"以户籍祭天"的故事；北魏及唐、宋、元诸代都曾经设立专掌释、道等户籍的政府机构，然论其作用远不及欧美那么重要，其影响范围亦大大没有那么广泛深远。

十五世纪以后，已到了欧洲封建社会的末期，人口调查才活跃一些。有几个日耳曼和意大利的城市，为了某种特定目的曾经进行过小规模的调查，如十五世纪中叶纽伦堡为着要作出城被围时对居民粮食供应的计划，举办了全市的人口登记。此皆为临时措施,意义不大。

有许多资产阶级统计学者把1748年(我国清乾隆十三年)在瑞典进行的人口调查认作是举办人口普查最早的国家,其次是:奥国(1754年),挪威(1769年),丹麦(1769及1787年),美国(1790年)。近年更有人认为1624年在英国北美洲属地弗吉尼亚,和1661年在法属加拿大进行的是比瑞典还更早的人口普查。其实,它们所举办的最多只能说是全国规模(或全部)的人口计算或登记,它们的制度是非常简陋的,并不符合于现代人口普查的要求。同时也须要指出,当时它们都是人口很少的国家(或属地),它们的调查也只能是属于小规模的罢了。在制度方面的简陋情况,可以英、法两国为例证。英国的"人口普查"虽说是已开始于1800年,法国的"人口普查"也说是开始于1801年,但像"年龄"这样重要的人口标志,只是到1841年才列入英、法"人口普查"纲要之内的。所以它们的所谓"人口普查",还要落后于自1720年开始至1860年止的俄罗斯的人口检查制度。俄罗斯的人口检查并不包括全体人口,而只包括纳税阶层。它并不计算实际人口,而仅计算所谓编列人口。有些大的地域完全没有包括在人口检查之内。由于编制"人籍"(人口名册)的地主们所关心的是减少税额,因此使计算的完备程度受到损害。直至1897年沙皇俄国实施第一次"人口普查"制度以后,除实际人口外,尚计算编列人口。但在"人口普查"纲要中,根本还没有像"职业地位"这样重要的问题[1]。所以真正合于科学原则的人口普查,只有在真正实行计划经济改造社会的社会主义国家,才可以办到;在资本主义国家中是没有可能的。关于社会主义国家的人口调查,不属本文讨论范围——这里不能不指出的是在历史上古代中国的人口调查制度,毫无疑问是资本主义时代以前世界各国中最先进的,甚至在某些

[1] 参看苏联波雅尔斯基、舒舍林合著:《人口统计学》,毕士林、严健羽译,统计出版社1956年版,页183—186。

方面的规定比之资本主义国家更完备严密得多。

首先是，我国自秦、汉以来，早已建立起全国规模的人口调查制度。关于局部登记的记录，如汉初列侯初封时及后来国除时的户数，《史记》、《汉书》尚保留着相当丰富的资料（本书甲编表12）。汉代历朝人口盛衰的概况，《史》、《汉》两书中亦屡有论列，可惜是过于泛泛，不够具体。现存全国性的记录，以《汉书地理志》所载西汉末平帝元始二年（公元2年）的记载最为全面且最详细。是年不只有全国的民户和民口数，且有各州、郡的户口数字——有些县份，如长安、长陵、茂陵、阳翟、傿陵、宛、成都等县，在注文中各记有户口数，其中一些县的户口数，据注文看来，可能是周末或汉初的原有记录。关于土地方面，《汉志》载有全国东西、南北的面积里数，及提封田145,136,405顷。所谓"提封"，就指全国疆域内的总额，它又分为：邑居、道路、山川、林泽群不可垦田102,528,889顷，可垦[而]不垦田32,290,947顷，定垦田8,270,536顷（参看本书甲编表1，表3）。这一份登记了全国分区户口数字的完整记录，是世界古代史中所仅见的，也就说明了我国是第一个进行全国规模的人口计算的国家。还应附带一提，《汉书·西域传》中对于当时西域诸国的户口数和"胜兵者"（会使用武器的战士）人数，都有详细的记载，可见汉代人口调查多么远到。

后汉的人口计算，不只是全国性的，也是普遍性的。据劳榦的考证，《后汉书郡国志》所引伏无忌所记的户口数仅指"徭役户籍"，《汉官仪》等书所记户口数则并包括免役户在内（参看甲编表5与"编者注"中的按语）。这一情况，和上述1897年沙皇俄国实施"人口普查"后，除计算"实际人口"外，尚计算"编列人口"的情况颇相类似。

自东汉末年起，国内迭经天灾兵燹，又因少数民族杂居内地和不断武装侵扰，北方人民流移死亡者甚众，原有户籍的记录早已和实际情况不符。晋室东渡后，南北对峙的局面逐渐形成。秦、汉以来全国统一的户籍制也遭到严重的破坏。东晋朝廷在南方设立了许多"侨寓郡县"来安置那一批批"举族率户"南下的北人,他们的户籍是与原来土著的户籍截然分开的。其后,北魏建立了均田制,也是"计户"受田征租。由是,自曹魏以来已盛行的户调制遂成为南北双方政府的最主要的收入,随而户数的计算也成为首要的事情,口数计算却无甚重要了。另一方面,两汉按收获量起征的田赋此时也改为按亩或按户来征收,由税率制改为定额租制。州县政府为了完成中央交下来的徭役租税的任务,一般是据册上编定的户口数来摊派;有时为了整顿地方财政,有些州县也进行境内全部户口和田地的实际调查,但它呈报给中央的不一定就是这个调查的数字,它仍然用旧日那个纳税的数字,中央也是无法查出来的。这样一来,中央所能掌握的只是各地的纳税户口和纳税田地的数字,并不是全国的实际数字。历代"正史"、"官书"中,从《三国志》《晋书》以至《清史稿》中的记录,多半是属于这类性质。

然而只要封建王朝有足够条件的话,它往往还是进行全国性的调查的。即如唐代,自从玄宗开元、天宝间大力整理财政以后,便出现了两个年份把课户、课口和不课户、不课口分别地记录出来(参看甲编表21注②)。

明代初年曾经进行过全国性的普遍人口调查,这点有现存的实物文献为证。据明洪武三年(公元1370年)颁行的户帖来分析,又一度说明了当时我国拟定的制度是资本主义时代以前世界上最先进的。帖中登记的项目相当完备。它包括了以下各项:户的种类(民户、匠户等),户主的原来籍贯及现在籍贯,居住所在地(乡、都、保、圩),家中男女、老幼的姓名、年龄和人数,他们和户主的亲属关系等;此外,又登记了家中所有的不动产和动产的数目。这次全国规模的调查,虽然还没有真正取得普遍调查的结果,因为各边远地区如云南、贵州以至两广境内的少数民族都规定不包括在内;但只就调查纲目而论,它确是不止比罗马的"census"全面得多,就是和十八、十九世纪资本主义国家举办的"人口普查"来作比较,它也不失为很全面的。更应注意,户帖所载的项目虽多,但无户则及户役等项;虽亦记有田地顷亩数目,却不记税粮之数,可见户帖是一种纯粹为调查户口而设立的原始文件,而与赋役黄册之兼记徭役、税粮科则的体制和作用各不相同。还有明初的户帖制度规定了一套相当完整的办法,其要点如下:1.户帖的格式和调查纲目,由中央户部作统一的规定,是全国一致的。2.户帖由户部印制,颁发给各州县,州县官领到户帖后,必须派员按户调查,取得各户的口供,然后逐项填入帖上。用术语来说,这里采用的是"访查居民的方法"。一切调查资料是通过对居民本人作访问而直接得来的。3.户帖一式两份。在帖的左端编列字号,加盖户部官印,故名"半印勘合"。调查的项目既填写完毕,便截取户帖一份交给本户收执,另一份缴回户部。户部据此来进行编制全国的户籍。洪武十四年以后的全国黄册就是在这个基础上编造出来的。4.中央派出"不出征的大军"分赴各地"点户比对"。如查出填版失实,其罪在官吏者,官吏处斩;罪在人民,便"拿来充军"。以上一系列的措施中,有许多点和现代人口普查的特征基本上是相同的①。难怪十几年前有些英、美资产阶级学者看到了明代户帖的样本以后,也不得不承认这是世界上"最早试行全面的人口普查的历史证据"了。

我国古代的人口调查,不只是当时世界上规模最大而又最全面的,并且也是最深入细致的。例如隋代的"貌阅",唐代的"团貌",都规定了地方官吏须每年检阅人丁的形貌,来查核他们有无低报年龄及伪报老病种种情况。貌阅的单位,各地集合五党或三党为一"团"(每党一百家),故曰"团貌"。团貌的结果,首先记注于每年编造的"乡账"或各里的"手实"中,并据此以编制每三年一造的户籍。后周亦有团貌,除查阅户口,以防"民家之有奸盗者"外,还要检查民田之增减,以"平均"赋役。

以上对中国历代封建皇朝关于人口、土地调查登记的特点作一简概的介绍,希望读者与本书正、附篇"编者注"及别编各"表说"参看。

---

① 前引《人口统计学》页186—188,"人口普查的特征"。

凡 例

一、内容发凡

1.本书搜集我国自前汉迄清末约二千年间有关户口、田地及田赋的数字,制成统计表,分为正、附两编:正编凡178表,附编37表,共计215表。正编分为甲、乙两编:甲编主要是关于历代户口、田地的总情况和历代户口在地域上的分布;乙编汇集唐、宋、元、明、清五朝总数和各分区的田地、田赋的统计资料。各表均按朝代的先后,并结合内容的性质,加以排列。分区各表的数字,一般至府、州一级为止。

2.附编各表的数字至"县"一级为止,这一编是从南北两大区域甄选出若干重要的府州来进行较细的分析而制成的。对于我国封建社会后期各地区经济发展的不平衡性这个问题或许可以从人口、田地、田赋方面提供一些参考资料。

3.别编包括表说20份,主要系对自西晋迄清某些较重要或较复杂的土地赋役制度之剖析。 方面企图通过表格的形式把各种制度的主要法律规定归纳为较明晰而有联系之系统;另一方面,对制度的内容、意义和作用以至专名等加以文字说明,作为表的补充,统名之曰表说。

4.统计图6份,用条柱或曲线来表现历史上户口、田地数的升降趋势。历代方面3图,系以柱形来表示;理由是材料本身缺乏时间上的连贯性,且各个时期的户口、田地登记制度不尽一致,不好径作直接比较。明、清两代3图用曲线来表示,因为不但各年度之数据比较完整,而且项目和内容也是划一的。

5.我国度量衡制,既因时而异,更随地区不同,如将本书所载的全部皆按统一的标准折算,不只工作量过大,得不偿失,且从方法论角度考虑亦觉得大可不必。今附录"中国历代度量衡变迁表"于编末,供使用者参考。

6.本书所收的统计数字:户口方面,以民户为主;田地方面,以民田为主;田赋方面,以正赋为主。

7.大多数统计表中都有一栏或几栏统计指标,乃系编者按照一定的目的对原材料加工作成的:如各种平均数,升降百分比,分区或部分占全体的比重,以及各类项目(如主客户、官民田、起运粮与存留粮、男丁与女口、乡民与市民等等)之间的比数。类此情形不复在各表中一一注明,以省篇幅。

8.在制订各项统计指标时,本拟多提供些关于阶级关系的参考资料,如本书所作的主客户、官民田、正口与奴婢、课户和不课户的对比诸指标,似亦可能有助于这一问题的探索。可惜由于过去修史者的阶级偏见,这类材料毕竟有限。至于表示升降趋势、分区比重及各种平均数诸指标,也可以作为分析当时当地某种特定状况的推论根据:如册报户口减少与农民逃亡,人口密度与经济发展诸关系。如果结合其他史料来考察,那就用处更大了。在使用各项平均数时,千万不可忘记阶级分析的方法。

9.有些表系根据一定的目的或材料作计算或推算出来的。例如,合计南宋和金在同一时期中的户口数,其目的在试求当时居住在南北地区的全部的登记人口数字(甲编表44)。又如,据《大明一统志》、《读史方舆纪要》等书所记明代中、晚期各府州的里数复以明制每里110户的数目乘之,这种由推算得来的当时各府州的户数(甲编表73)固不一定完全符合于实际情况,但也可提供与同时期的登记数字作比勘之用。

10.比较同一地区在不同时代的户口、田粮数的变动,是一件很有意义的工作。但是,由于历代行政区划屡改,各区疆界变化颇大,很多问题还有待于历史地理工作者的努力解决。关于异代的地区户口比较,本书所有数字(甲编表9—11,及附编各表),仅系示例而已。

11.本书为参考工具书性质,宜尽量提供材料,但求详备,不嫌毛举。诸凡数字的核对,史实的考异,以及专名诠释、版本校勘等,均于附注中记明。材料的不同出处,亦于"资料来源"栏中备列。

12.关于史籍上所载历代户口、田地及田赋等记录的性质和内容,可靠性的程度,所反映的历史实际,及其所包含的种种意义,如阶级结构和剥削情形等,以至历代户地籍、税册之编制制度等事项,尤其是对于十九世纪末叶资产阶级人口论学者对我国人口估计的谬论之驳斥,如不根据当时历史发展过程,加以批判和分析,将无以暴露真相,其大略俱见各表注中。

二、编制体例

1.各统计表,对于所据的原材料,力求绝对忠实,不加改窜,但为了制表技术上的需要,不得不经过一番组织编排及统一项目的工作,总期通过既经济而又醒目的表达形式,使原来记录在充分保全其基本内容的情况之下,以新的面目出现。

2.对于并见于各种史籍而彼此歧异的材料之处理方法,是根据记录的真伪是非,成书的早晚,以及版本的好坏加以衡量,然后定其去取。

3.对于内容大体相同,而所记各有详略的材料,则采用较为完整的一种来作表。

4.同一时期同一项目而来自不同系统的记录,其差异巨大者,则并列之于一表之中,以便对照考察(参看乙编表29)。

5.材料过于零星片段者,或同书不同版本之异文甚多者,或为当代学人之估计及修改数字但尚未成为定论者,皆于各表之中或各表之后附见(请看目录中各表目后之附目,各编编首之说明,及甲编表77,乙编表1—3),不另独立作表。

6.各表尽可能通过核算工作,对原材料所记的数字进行检验。诸如各区分计之和与其总计之间有无出入,各子目分计之和与整项总计之间是否符合,各种平均数有无反常现象等,都是验算的对象,并将其结果于附注中说明。

7.分区各表中各地区的排列次序,不尽依照原书。同一朝代的有关各表,一般以所谓"正史"的地理志或官修制书(如会典)的编排次序为准,以求全部整齐划一,便于比较。但有时也用另一标准作根据,如按照各区输纳税粮数的多寡以定其顺序,以利于将重税地区突出(如乙编表56)。有时把两个不同时期(如前、后汉)的分区,按照其中一个时期的次序统一排列,以便于互相对照(如甲编表4,表8)。

8.甲编中有关各朝代的分区户口数,皆分作两表:其一,仅载第一级行政区(如汉之州,唐之道等);其二,兼载第二级行政区(如汉之郡,唐之府、州等)在内。前一种表多添了"各区占全国的百分比"一栏,其余诸栏系根据后一种表压缩而成。这因为后者份量甚重,这些表有时占数十页篇幅之多,所以把其中各大区的户口数抽出集中,另成一表,对于观察某一时期户口分布的主要面貌,可收一目了然之效。如果要作深入的探讨,便可使用后一种表。甲编表89"中国历代县户口数、每县平均户数及平均口数",又把第一种表中所列各栏的总数抽出集中制成,并添作"每县平均口数"一栏。自前汉迄清,历代登记的县、户、人口及其平均数,可于此表统观。

9.本书各表中"——"号,系表示原材料缺记数字。形成缺数字的原因是多方面的,可能本来没有造报,可能出于册籍的残缺或散佚,或者是传钞刻印时的脱漏。凡缺数字的原因可以肯定时,则于表中附注指出。表中数字右上角有"+"者表示有奇,有"-"者表示不足。

10.本书各表数字,皆经核校,但对于如此巨量的数字,疏漏错误间或不免,尚祈读者指正。

正

编

甲编　中国历代户口、田地的总情况及历代户口的地域分布

说　明

1.本编包括历代总的户口和田地数,分区的户口数,以及根据这些数字而作成的各种统计指标。此中主要的指标是:户口数的升降百分比,各区户口数在总数中所占的比重,各区人口密度,以及县平均户数、户平均口数和每户每口平均田地数等。

2.本编户口各表一般泛指民户。各个时期民户增长的快慢,各地区人口发展的不平衡,都反映着一定的社会经济状况。

3.本编内一些表可作为某一历史时期的阶级结构、民族关系或兵役制度等情况的参考资料,如汉初侯国所领户数,三国的兵户,唐代的课户和不课户,辽代各区出军兵丁数,北宋主客户比较,金代猛安、谋克户及正口和奴婢的比数等。

4.本编表1系关于历代户口、田地数的简要总括。至于历代各朝户口、田地数的详细情况,分别制成断代各表,并均作有每代各朝户口升降百分比一栏统计指标。

5.明、清两代有《实录》可稽,资料比较完整。尤其是《明实录》所记自成系统,备载历年户口、田地、税粮数目,为了避免割裂材料和节省篇幅,所以把

税粮一项也随同户口、田地两项并列,制成本编51—64各表。

6.《清实录》自乾隆朝起即不记每年田地数,而记有清廷所掌握的存仓米谷数。当时仓粮的储备与册报人口的数目在行政上有相当的关系,故于甲表76中并列"存仓米谷数"一栏。这一部分的材料可与该表后附载的明万历初年各直省积谷数及清乾隆年间各直省存仓米谷数,和乙编表5"唐天宝八年各色米粮总数"相参看。

7.本编分区户口数各表,在区域上一般是至府、州(或郡国)一级为止。历代各县户口数,正史例不记载,只能于方志一类书中选出一些重点府、州,作成分县户口统计表,另成附编,列于乙编之后。

8.由于地广区多,且历代的行政区域变迁不一,分区各表的初步工作不得不以断代为主。关于历代各地区户口的升降,本编只作有重点地选出几种类型来作比较(甲表9—11,表37,表39)。本书使用者可按照自己的需要,根据各表提供的材料,再作进一步的比较。

9.本编和乙编各表中所列的各分区次序,不尽依照原书编次,而加以适当地统一安排,以便于前后各表之互相查对。

10.本编某些分区表,计算总数及每大区的"每县平均户数"时,已把原书只记县数而无户数或口数的府州(郡国)剔除在计算之外。

11.各表"每户平均口数"及甲表29中的辽代每户平均出军兵丁数的计算方法,亦如上例处理。

12.宋代各府、州、军的"县数",其中个别包括有寨、镇、津等数在内(甲表38),但所占比例甚小。为统一体例起见,在计算平均数时概不列入。金代的情况不同,大多数府、州、军属下的基层行政单位为寨、镇、关、堡等,所占比重很高,因此不得不把它们包括在"县数"内来计算"每县平均户数"。

13.本编由晋至东魏分区户口数各表(甲表14—20),其中总计和每大区合计均各分别作成(一)、(二)两项,二者是有出入的。

　　大区合计（一）：系编者根据每一大区属下各小区分计的户、口数合计得出；

　　大区合计（二）：系照录原书所记数字。

　　总计（一）：即为诸大区合计（一）相加之和；

　　总计（二）：即为诸大区合计（二）相加之和，或为原书所记之总数。

　　14.在人口密度各表中，面积的计算方法有三个：唐、元、明、清四表（甲表28，表50，表72，表87）承中山大学地理系据顾颉刚先生等编校的《中国历史地图集古代史部分》用"方格求积法"测算得出。前、后汉两表（甲表4，表8），因各郡国（第二级行政区）的面积已有人据杨守敬地图并参照他书用求积仪算出，所以采用了这些估计数字。宋代各路面积系摘自《宋代户口》一文（《历史研究》1957年第3期）。至于晋、隋两代，因史籍只记分区户数而无口数，刘宋和东魏虽有分区口数，可惜顾氏等编校的地图未绘出各区的疆界，尚没有可作估计各区面积的适当的依据，因此，这四代的人口密度只好暂付阙如。

甲表 1   中国历代户口、田地的总数，

年　　　　度		公元(年)	与上次相距年数①	户数(户)	口数(口)	田地(亩)
前汉	平帝元始 2 年	2	—	12,233,062	69,594,978	827,053,600
后汉	光武帝中元 2 年	57	55	4,279,634	21,007,820	—
	明帝永平 18 年	75	18	5,860,573	34,125,021	—
	章帝章和 2 年	88	13	7,456,784	43,356,367	—
	和帝元兴②元年	105	17	9,237,112	53,256,229	732,017,080
	安帝延光 4 年	125	20	9,647,838	48,690,789	694,289,213
	顺帝永和 5 年	140	15	9,698,630	49,150,220	—
	建康元年	144	4	9,946,919	49,730,550	689,627,156
	冲帝永嘉元年	145	1	9,937,680	49,524,183	695,767,620
	质帝本初元年	146	1	9,348,227	47,566,772	693,012,338
	桓帝永寿 3 年	157	11	10,677,960	56,486,856	—
三国						
蜀	刘禅炎兴元年	263		280,000	940,000	
魏	曹奂景元 4 年	263		663,423	4,432,881	—

每户平均口数和每户每口平均田亩数

每户平均口数	每户平均亩数	每口平均亩数	资　料　来　源
4.87	67.61	13.88	户、口两栏据汉书地理志。西汉会要民政1户口,文献通考(以下简称通考)户口1,西汉年纪卷30均同。后汉书志19郡国1注引帝王世纪(以下简称帝王世纪):户数作 13,233,612,口数作 59,194,978(指海第6集顾尚之帝王世纪辑本作"民户口三百二十三万三千六百一十二","口"字乃"千"字之误)。通典食货7,通志食货略1:户数作12,233,000;口数同。册府元龟(以下简称元龟)卷486邦计部户籍:户数同通典,口数作"千九百五十九万四千九百七十八",千万前当脱一"五"字。玉海卷20户口:户、口数同帝王世纪,并注云:户数一作 12,333,662,口数一作 59,594,978。垦田栏据汉书地理志。帝王世纪,西汉会要民政1,通考田赋1,西汉年纪卷30均同。通典食货1作827,053,000亩。按:汉志原记当时天下提封田共 145,136,405顷,其中:邑居道路山川林泽群不可垦的占 102,528,889顷;可垦不垦的占 32,290,947顷;定垦田占 8,270,536顷。
4.91	—	—	后汉书志23郡国5注引伏无忌所记(以下简称伏无忌记),东汉会要卷28民政上户口,通考户口1均同。通典食货7,元龟卷486,通志食货略1:户数作4,270,634;口数同。
5.82	—	—	伏无忌记,东汉会要卷28均同。通考户口1:户数5,860,173;口数同。
5.81	—	—	伏无忌记,东汉会要卷28,通考户口1均同。
5.76	79.25	13.74	伏无忌记,东汉会要卷28,通考户口1及田赋2均同。
5.05	71.96	14.26	伏无忌记,东汉会要卷28:户口数同;垦田数作694,289,223亩,通考户口1所记户数同,同书田赋2所记垦田数作694,289,233亩。
5.07	—	—	后汉书志23郡国5。
4.99	69.33	13.87	伏无忌记,东汉会要卷28,通考户口1及田赋2,陶栋东观汉记辑本(载辑佚丛书)均同。通典食货1载田数同,户数则作9,946,990。通考田赋2所载与通典同。
4.98	70.01	14.05	伏无忌记,东汉会要卷28,通考户口1及田赋2均同。
5.09	74.13	14.57	同上。
5.29	—	—	晋书地理志,通典食货7,通志食货略1均同。帝王世纪,年度作永寿2年;户数16,070,906;口数50,066,856。东汉会要卷28,通考户口1均同帝王世纪。元龟卷486:户数作16,077,906;年度、口数同晋书。
3.36	—	—	通典食货7,通志食货略1,通考户口1,元龟卷486均同。
6.68	—	—	同上。

年　　　度	公元(年)	与上次相距年数①	户数(户)	口数(口)	田地(亩)
吴　　孙皓天纪 4 年	280		530,000	2,300,000	—
西晋　　武帝太康元年	280	123③	2,459,840	16,163,863	—
十六国　前燕	370		2,458,969	9,987,935	
南北朝					
宋　　武帝大明 8 年	464		906,870	4,685,501	—
北魏　明帝熙平年间	516—520		5,000,000+	—	
庄帝永安年间	528—530		3,375,368	—	
北齐　幼主承光元年	577		3,032,528	20,006,880	
北周　静帝大象中	579—580		3,590,000④	9,009,604④	
大定元年	581		3,599,604	—	
陈　　宣帝时	569—582		600,000		
后主祯明 3 年	589		500,000	2,000,000	—
隋　文帝开皇 9 年	589	309⑤	⑥	—	1,940,426,700
炀帝大业 5 年	609	20	8,907,546	46,019,956	5,585,404,000⑦
唐　高祖武德年间	618—626	9—17	2,000,000+	—	—
太宗贞观年间	627—649	18—31	3,000,000−	—	—
高宗永徽元年	650	1—23	3,800,000	—	—
中宗神龙元年	705	55	6,156,141	37,140,000+	—

每户平均口数	每户平均亩数	每口平均亩数	资 料 来 源
4.34	—	—	通典食货7,通志食货略1,通考户口1均同。晋书卷3武帝纪,元龟卷486户数作523,000。孙盛晋阳秋卷2户数作503,000,口数同。
6.57	—	—	晋书地理志。通典食货7,通考户口1户数俱作2,459,804。元龟卷486户数作22,459,804,误多二千万。
4.06	—	—	十六国春秋前秦录(按:通典食货7,通志食货略1,通考户口1所载户数均同,但三书原文口数作"99,987,935",数字过大,显有错误。通鉴卷102口数作"九百九十九万",与十六国春秋基本相同)。
5.17	—	—	通典食货7,通志食货略1,通考户口1,元龟卷486均同。
—	—	—	同上。按各书俱未指明年度,只云:"明帝正光以前,时惟全盛,……则户有五百余万矣。"古今图书集成食货典9作"孝明帝□年"。今姑系于明帝即位至正光元年这一期时间。
—	—	—	同上。按各书俱未指明年份,只云:"及尔朱荣之乱(528—530年),……人户流离,官司文簿,又多散弃。今按旧史户三百三十七万五千三百六十八。"今从古今图书集成食货典9系于孝庄帝永安年间。
6.60	—	—	同上。(周书卷6户数作3,302,528;隋书卷29作3,030,000。)
2.51	—	—	同上。
—	—	—	通典食货7。(通考户口1,通志食货略1俱作3,999,604。)
—	—	—	元龟卷486。
4.00	—	—	通典食货7,通考户口1均同。
—	—	—	通典食货2,通志食货略1,通考田赋2均同。
5.17	627.04	121.37	户、口数见隋书卷29。(通典食货7、通志食货略1、通考户口1;年度俱作大业2年〔606年〕,户数作8,907,536;口数同。)垦田栏通典食货2,通志食货略1,通考田赋2均同。通鉴卷181隋纪5记本年"天下凡有郡190,县1,255,户8,900,000有奇"。又说,这一年民部侍郎裴蕴奏令貌阅,"诸郡计帐进丁203,000(一作243,000),新附口641,500。
—	—	—	通典食货7,元龟卷486均同(原书俱作"二百余万户")。
—	—	—	通典食货7,元龟卷486,新唐书51食货志1,通考户口1均同(各书俱作"不满三百万户")。
—	—	—	通典食货7,通考户口1均同。(旧唐书卷4高宗纪上,唐会要卷84户数同,但年度俱作永徽3年。)
6.03	—	—	资治通鉴(以下简称通鉴)卷208。自神龙元年至会昌5年的详细考释,请参看甲表21。

年　　　度		公元(年)	与上次相距年数①	户数(户)	口数(口)	田地(亩)
	玄宗开元 14 年	726	21	7,069,565	41,419,712	1,440,386,213
	开元 22 年	734	8	8,018,710	46,285,161	—
	天宝元年	742	8	8,525,763	48,909,800	—
	天宝 14 年	755	13	8,914,709	52,919,309	1,430,386,213⑧
	肃宗乾元 3 年	760	5	1,933,174	16,990,386	—
	代宗广德 2 年	764	4	2,933,125	16,920,386	—
	德宗建中元年	780	16	3,805,076	—	⑨
	宪宗元和 15 年	820	40	2,375,400⑩	15,760,000⑩	—
	文宗开成 4 年	839	19	4,996,752	—	—
	武宗会昌 5 年	845	6	4,955,151	—	—
	宣宗大中中	847—859	2—14	—	—	1,168,835,400
五代						
后周	世宗显德 6 年	959	100—112	2,309,812⑪	—	108,583,400⑪
宋	太祖开宝 9 年	976	17	3,090,504	—	295,332,060
	太宗至道 2 年	996	20	4,574,257	—	312,525,125
	真宗景德 3 年	1006	10	7,417,570	16,280,254	186,000,000+
	天禧 5 年	1021	15	8,677,677	19,930,320	524,758,432
	仁宗皇祐 5 年	1053	32	10,792,705	22,292,861	228,000,000+

每户平均口数	每户平均亩数	每口平均亩数	资　料　来　源
5.86	—	34.78	户、口数见旧唐书卷8玄宗纪上。田数见吕夏卿唐书直笔卷4新例须知,数字基本与通典食货2所记天宝中应受田数相同,又原书但作"开元中",今姑系于开元14年。
5.77	—	—	唐六典卷3。
5.74	—	—	旧唐书卷9玄宗纪下。
5.94	160.45	27.03	户、口数见通典食货7,垦田数见通典食货2,通考田赋3,通志食货略1。五代会要卷25载:"自贞观至于开元将及九百万户、五千三百万口、垦田一千四百万顷。"
8.79	—	—	通典食货7。
5.77	—	—	旧唐书卷11代宗纪。
—	—	—	唐会要卷84记是年十二月,定天下两税户之数如左。唯通鉴卷226作:"天下税户3,085,075。"
6.63	—	—	旧唐书卷16穆宗纪。
—	—	—	旧唐书卷17下文宗纪下。
—	—	—	通鉴卷248。
—	—	—	唐书直笔卷4新例须知。
—	47.01	—	元龟卷486,续通典食货10均同。
—	95.56	—	通考户口2,田赋4。续通典食货10户同;食货1作"垦田2,953,320顷"。垦田数两书原作开宝末。按开宝9年即太宗太平兴国元年(十二月改)。
—	68.32	—	户数见太宗实录卷79(续通鉴长编卷40作3,574,257)。垦田数见通考田赋4;续通典食货1作"3,125,251顷"。
2.19	25.08	11.42	户、口数据见宋会要辑稿食货12。垦田数见续通典食货1(原书作景德中,按景德只有4年〔1004—1007年〕,姑系于3年,以便与户、口数作比较,又原书作一百八十六万余顷)。
2.30	60.47	26.33	户、口数宋会要辑稿食货11,通考户口2均同。续通鉴长编卷97户数同;口数作13,930,320。垦田数见通考田赋4;续通典食货1作5,247,584顷。
2.06	21.13	10.23	户、口数见续通鉴长编卷175。垦田数见通考田赋4及续通典食货1(两书均作皇祐中。按皇祐仅有5年〔1049—1053年〕,姑从户、口数的年份,系于5年。又原书作二百二十八万余顷)。

年　　　度	公元(年)	与上次相距年数①	户数(户)	口数(口)	田地(亩)
英宗治平 3 年	1066	13	12,917,221	29,092,185	440,000,000⁺
神宗元丰 6 年	1083	17	17,211,713	24,969,300	461,655,600
神宗元丰 8 年	1085	2	—	—	248,434,900⑫
哲宗元符 3 年	1100	15	19,960,812	44,914,991	—
徽宗大观 4 年	1110	10	20,882,258	46,734,784	—
高宗绍兴 29 年	1159	49	11,091,885	16,842,401	—
孝宗乾道 6 年	1170	10	11,847,385	25,971,870	—
淳熙 7 年	1180	10	12,130,901	27,020,689	—
光宗绍熙 4 年	1193	13	12,302,873	27,845,085	—
宁宗嘉定 16 年	1223	30	12,670,801	28,320,085	—
理宗景定 5 年	1264	41	5,696,989	13,026,532	
宋金合计⑬ 孝宗淳熙 14 年 世宗大定 27 年	1187		19,166,001	69,016,875	
光宗绍熙元年 章宗明昌元年	1190		19,294,800	73,948,158	
光宗绍熙 4 年 章宗明昌 6 年	1193 1195		19,526,273	76,335,485	
元　世祖至元 28 年	1291	27	13,430,322	59,848,964	
文宗至顺元年	1330	39	13,400,699	—	
明　太祖洪武 14 年	1381	51	10,654,362	59,873,305	366,771,549
洪武 24 年	1391	10	10,684,435	56,774,561	387,474,673
洪武 26 年	1393	2	10,652,870	60,545,812	850,769,368⑮
成祖永乐元年	1403	10	11,415,829	66,598,337	—
永乐 11 年	1413	10	9,684,916	50,950,244	—
永乐 21 年	1423	10	9,972,125	52,763,178	—
宣宗宣德元年	1426	3	9,918,649	51,960,119	412,462,600
宣德 10 年	1435	9	9,702,495	50,627,569	427,017,200
英宗正统 10 年	1445	10	9,537,454	53,772,934	424,723,900
代宗景泰 6 年	1455	10	9,405,390	53,807,470	426,733,900

每户平均口数	每户平均亩数	每口平均亩数	资　料　来　源
2.25	34.06	15.12	户、口数见宋会要辑稿食货 11,通考户口 2 同。垦田数见通考田赋 4 及续通典食货 1(两书均作治平中。按治平仅有 4 年〔1064—1067 年〕,姑从户、口数的年份,系于 3 年。又原书作四百四十余万顷)。
1.45	26.82	18.49	户、口数见宋会要辑稿食货 11,通考户口 2 同。垦田数见通考田赋 4。原书作元丰间(1078—1085 年)。
—	—	—	通考田赋 4。
2.25	—	—	宋史地理志。
2.24	—	—	同上。
1.52	—	—	宋会要辑稿食货 11。
2.19	—	—	同上。
2.23	—	—	同上。
2.26	—	—	通考户口 2。
2.24	—	—	同上。
2.29	—	—	续通考户口 1。王圻续文献通考卷 19 户口考同。
⑭	—	—	根据宋会要辑稿食货 11 所载南宋是年户、口数及金史食货志所载是年金户、口数合计得来。
⑭	—	—	根据玉海卷 20 所载南宋是年户、口数及金史食货志所载是年金户、口数合计得来。
⑭	—	—	根据通考户口 2 所载南宋是年户、口数及金史食货志所载是年金户、口数合计得来。
4.46	—	—	元史卷 16 世祖本纪 13(口数不包括游食者 429,118)。
—	—	—	续通考户口 2(原注为户部钱粮户)。王圻续文献通考卷 19 户口考同。
5.62	34.42	6.13	明太祖实录卷 140。续通考户口考所载户、口数同。王圻续文献通考卷 20 户口考所载户、口数亦同。
5.31	36.27	6.82	明太祖实录卷 214。
5.68	79.86	14.05	户、口数见明万历会典户部 6 卷 19。(续通考户口 2 同。续通典食货 10、明史卷 77 食货 1 户数俱作 16,052,860;口数同。)垦田数见明万历会典户部 6 卷 17。(续通考田赋 2 同。明史卷 77 食货 1 作 850,762,300。)
5.83	—	—	明成祖实录卷 26。王圻续文献通考卷 20 户口考同。
5.26	—	—	同上书卷 146。王圻续文献通考卷 20 户口考同。
5.29	—	—	同上书卷 266。
5.24	41.58	7.94	明宣宗实录卷 23。
5.22	44.01	8.43	明英宗实录卷 12。
5.64	44.53	7.90	同上书卷 136。
5.72	45.37	7.93	同上书卷 261。

年　　　度	公元(年)	与上次相距年数①	户数(户)	口数(口)	田地(亩)
英宗天顺 8 年	1464	9	9,107,205	60,499,330	472,430,200
宪宗成化 10 年	1474	10	9,120,195	61,852,810	477,899,000
成化 20 年	1484	10	9,205,711	62,885,829	486,149,800
孝宗弘治 3 年	1490	6	9,503,890	50,307,843	423,805,800⑯
弘治 15 年	1502	12	10,409,788	50,908,672	622,805,881⑯
武宗正德 5 年	1510	8	9,144,095	59,499,759	469,723,300⑰
正德 14 年	1519	9	9,399,979	60,606,220	469,723,300⑰
世宗嘉靖 11 年	1532	13	9,443,229	61,712,993	428,828,400
嘉靖 21 年	1542	10	9,599,258	63,401,252	428,928,400
嘉靖 31 年	1552	10	9,609,305	63,344,107	428,035,800
嘉靖 41 年	1562	10	9,638,396	63,654,248	431,169,400
穆宗隆庆 5 年	1571	9	10,008,805	62,537,419	467,775,000
神宗万历 6 年	1578	7	10,621,436	60,692,856	701,397,628
神宗万历 30 年	1602	24	10,030,241	56,305,050	1,161,894,800
光宗泰昌元年	1620	18	9,835,426⑱	51,655,459⑱	743,931,900⑱
熹宗天启 6 年	1626	6	9,835,426⑱	51,655,459⑱	743,931,900⑱
思宗崇祯年间	1628—1644	2—18	—	—	783,752,400
清　世祖顺治 12 年	1655	11—27	—	14,033,900	387,771,991
顺治 18 年	1661	6	—	19,137,652	526,502,829
圣祖康熙 12 年	1673	12	—	19,393,587	541,562,783
康熙 19 年	1680	7	—	17,094,637	522,766,687
康熙 24 年	1685	5	—	20,341,738	589,162,300
康熙 40 年	1701	16	—	20,411,163	598,698,565
康熙 50 年	1711	10	—	24,621,324	693,034,434

每户平均口数	每户平均亩数	每口平均亩数	资　料　来　源
6.64	51.87	7.81	明宪宗实录卷 12。王圻续文献通考卷 20 户口考户数同，口数作 60,479,330。
6.78	52.40	7.73	同上书卷 136。
6.83	52.81	7.73	同上书卷 259。
5.29	44.59	8.42	户、口数见明孝宗实录卷 46。垦田数见续通典食货 3(孝宗实录卷 46 作 825,488,100 亩)。
4.89	59.83	12.23	户、口数见明孝宗实录卷 194。垦田数见明万历会典户部 6 卷 17。(孝宗实录卷 194 作 835,748,500 亩；续通考田赋 2 作 422,805,800 亩。王圻续文献通考卷 3 田赋考垦田数作 422,805,892 亩。)
6.51	51.37	7.85	明武宗实录卷 70。
6.45	49.97	7.75	同上书卷 181。
6.54	45.41	6.95	明世宗实录卷 145。
6.60	44.68	6.77	同上书卷 269。(王圻续文献通考卷 3 田赋考垦田数作 436,056,261 亩。)
6.59	44.54	6.76	同上书卷 392。
6.60	44.74	6.77	同上书卷 516。
6.25	46.74	7.48	明穆宗实录卷 64。
5.71	66.04	11.56	续通考户口 2 及田赋 2。王圻续文献通考卷 20 户口考及卷 3 田赋考所载户、口、垦田数均同。
5.61	11.58	20.64	明神宗实录卷 379。
5.25	75.64	14.40	明熹宗实录卷 4。
5.25	75.64	14.40	同上书卷 79。
—	—	—	续通考田赋 2。
—	—	27.63	王先谦东华录顺治卷 25。清世祖实录卷 96 所载口数同。
—	—	27.51	同上书康熙卷 1。清通考户口 1 及田赋 1：口数 21,068,609(清通志食货 5 同)；亩数 549,357,640，清通典食货 9 口数作 21,068,600。
—	—	27.92	同上书康熙卷 13。
—	—	30.58	同上书康熙卷 26。
—	—	28.96	同上书康熙卷 36。清通考户口 1 及田赋 2：口数 23,411,448；亩数 607,843,001。清通典食货 9 口数同清通考，食货 1 亩数作 6,078,430 顷有奇。清通志食货 5 口数作 23,417,448。
—	—	29.33	同上书康熙卷 68。
—	—	28.15	同上书康熙卷 88。清通考户口 1 口数作 24,621,334。清通典食货 9 及清通志食货 5 口数均作 24,621,324。

年　　　　度	公元(年)	与上次相距年数①	户数(户)	口数(口)	田地(亩)
康熙 60 年	1721	10	—	25,616,209	735,645,059
世宗雍正 2 年	1724	3	—	26,111,953	890,647,524
雍正 12 年	1734	10	—	27,355,462	890,138,724
高宗乾隆 18 年	1753	19	—	102,750,000	708,114,288
乾隆 31 年	1766	13	—	208,095,796	741,449,550
仁宗嘉庆 17 年	1812	46	—	361,693,379	791,525,196
宣宗道光 13 年	1833	21	—	398,942,036	—
德宗光绪 13 年	1887	54	—	377,636,000	911,976,606
宣统 3 年(1)	1911	24	92,699,185	341,423,867	—
(2)			71,268,651	368,146,520	

编者注　①三国及南、北朝因限于局部地区,难作比较,故相距年数不列入。　　②诸书及元兴,而无永兴。今从《古今图书集成食货典》9 所记,作元兴元年(105 年)。
户数仅较北齐户数多 56 万余户,口数却少了约 1,100 万;因此这两个户、口数应该是皇 9 年任垦田千九百四十万四千二百六十七顷,其下注云:"隋开皇中户总八百九十万户总 890 万余,应是大业 2 年的户数。　　⑦《通典食货》2 在这个数字下注云:"恐本宝中应受田 14,303,862 顷 13 亩。"原注云:"按〔天宝〕14 年有户 8,900,000 余,计定垦顷。"注里所记建中初的垦田数,文义不够明确。如果说,当时各道检核所得的垦田多括出了"百十余万顷",便似与建中元年(780 年)推行两税法时,田税以大历 14 年龟》注明"新得淮南郡县不在其内"。　　⑫《通考田赋》4 云:"(元丰)8 年……诏罢方字仅为方田之数,并未包括全国垦田数。　　⑬我们把宋、金对峙时期两朝户、口数合作每户平均口数。　　⑮这个数字与前后数字相差悬殊。是年《实录》田数无记载。万顷,特别是与《续通考》和《续通典》所载的四百余万顷,相差很大。又弘治 15 年《会他数字完全一样。　　⑰根据《实录》,正德历年田地数俱作 4,697,233 顷。　　⑱根

附记　宋章俊卿《山堂群书考索》(明正德 13 年慎独斋本,以下简称《考索》)卷 63《地理宝末这段时期,《考索》几乎全部抄袭《通典》卷 7《食货》7《历代盛衰户口》的原文,仅作了末的口数作 10,006,880,较《通典》及《周书》、《隋书》所记少了整整 1,000 万口,显是刊刻

每户平均口数	每户平均亩数	每口平均亩数	资　料　来　源
—	—	28.72	同上书康熙卷 108。(清通考户口 1 及清通典食货 9 口数均作 27,355,462〔内滋生人丁不加赋者 467,850〕。清通志食货 5 口数作 25,386,209〔内滋生人丁不加赋者 467,850〕。)
—	—	34.11	同上书雍正卷 5。(清通考户口 1 及田赋 3:口数 25,284,818;亩数 683,791,427。清通典食货 9 及食货 1:口数 24,854,818;亩数 6,837,914 顷有奇。清通志食货 5 口数同清通典。)
—	—	32.54	同上书雍正卷 25。清通典食货 9 口数同。
—	—	6.89	清通考户口 1 及田赋 4。清通典食货 1 亩数同。王先谦东华续录乾隆卷 38 口数作 183,678,259;不载垦田数。
—	—	3.56	口数见东华续录乾隆卷 64;垦田数见清通考田赋 4。清通志食货 1 亩数同。清通典食货 1 亩数作 7,414,495 顷有奇。
—	—	2.19	口数见嘉庆会典卷 11;垦田数见嘉庆会典卷 13。
—	—		东华续录道光卷 28。
—	—	2.41	光绪会典卷 17。
5.45	—		清史稿地理志,未包括内蒙等边区户口数,清续通考口数作 408,182,071。
5.17	—		中国经济年鉴(1934)上册第 3 章据宣统户口调查档册所作的修正数字。

俱作和帝永兴元年。考永兴为桓帝第四次改元时(153 年)的年号;和帝时年号仅有永元　③与汉桓帝永寿 3 年相距年数。　　④北周是于建德 6 年(577 年)灭北齐的。但这里的未包括北齐户口数在内。　　⑤与西晋太康元年相距年数。　　⑥《通典食货》2 载:"开七千五百三十六,按定垦之数,每户合垦田二顷余也。"按,根据同书《食货》7 及他书材料,史非实",认为太大。　　⑧原书俱说明是"应受田"数。　　⑨《通典食货》2 田制下:"天〔田〕之数,每户合一顷六十余亩。至建中初,分遣黜陟使按比垦田田数,都得百十余万数,总共只有"百十余万顷",则未免偏低太甚。如果解释作比较天宝时或其后的垦田数(779 年)定垦之数为准事较为接近。　　⑩原书俱注明"97 州未申户口数"。　　⑪《元田。天下之田已方而见于籍者,至是二百四十八万四千三百四十有九顷云。"可见这一数在一起,用以显示当时宋、金两朝的总户、口数。　　⑭宋、金两朝制度不同,此处不宜于

⑯根据《实录》,弘治元年至 17 年的田地数都是八百余万顷,与《会典》所载的六百余典》作 6,228,058 顷 81 亩,《续通考》作 4,228,058 顷,除了第一个数字一作四、一作六外,其据《实录》,泰昌元年、天启元年、3 年、5 年、6 年各年的户、口及田地数均同。门户口类》记有自"禹平水土"以迄北宋神宗时的历代户口情况。其中关于上古至唐天部分删节。所以,《考索》所记唐中叶以前各年度的户口数完全和《通典》一样,其中仅北齐之误。关于北宋,《考索》记有九个年度的户数,而无口数:

太祖开宝 9 年　　　仁宗天圣 7 年
太宗至道 3 年　　　　嘉祐 8 年
真宗咸平 6 年　　　英宗治平 3 年
　　景德 4 年　　神宗熙宁 10 年
　　天禧 5 年

以上北宋九个年度的户数，请参看甲编表 32。

甲表 2　前汉各州户口数、平均户口数及各州户口数的比重

（元始 2 年,公元 2 年）

州　　别	县数	户　数	口　数	每县平均户数	每户平均口数	户数占诸州总数百分比	口数占诸州总数百分比
诸州总计	1,577	12,356,470*	57,671,401*	7,835.43	4.67	100.00	100.00
司隶	132	1,519,857	6,682,602	11,514.07	4.40	12.30	11.59
豫州	102	1,341,866	6,944,353	13,155.55	5.18	10.86	12.04
冀州	129	1,133,099	5,177,462	8,783.71	4.57	9.17	8.98
兖州	115	1,656,478	7,877,431	14,404.16	4.76	13.41	13.66
徐州	138	1,150,238	5,241,242	8,334.91	4.56	9.31	9.08
青州	119	959,815	4,191,341	8,065.67	4.37	7.77	7.27
荆州	115	668,597	3,597,258	5,813.87	5.38	5.41	6.24
扬州	93	710,821	3,206,213	7,643.24	4.51	5.75	5.56
益州	128	1,024,159	4,784,214	8,001.24	4.67	8.29	8.30
凉州	115	331,260	1,282,013	2,880.52	3.87	2.68	2.22
并州	90	450,432	1,926,876	5,004.80	4.28	3.65	3.34
幽州	162	880,667	3,714,656	5,436.22	4.22	7.13	6.44
朔方	84	313,733	1,673,450	3,734.92	5.33	2.53	2.90
交趾	55	215,448	1,372,290	3,917.24	6.37	1.74	2.38

　资料来源　根据本编表 3 作。

　编者注　＊参看甲表 3 注②。

甲表 3　前汉各州郡国户口数及每县平均户数和每户平均口数

（元始 2 年,公元 2 年）

州别及郡国别①		县数	户数	口数	每县平均户数	每户平均口数
诸州总计		1,577	12,356,470②	57,671,401②	7,835.43	4.67
司隶	京兆尹	12	195,702	682,468	16,308.50	3.49
	左冯翊	24	235,101	917,822	9,795.88	3.90

(甲表 3 续)

州别及郡国别①		县数	户数	口数	每县平均户数	每户平均口数
	右扶风	21	216,377	836,070	10,303.67	3.86
	弘农郡	11	118,091	475,954	10,735.55	4.03
	河内郡	18	241,246	1,067,097	13,402.56	4.42
	河南郡	22	276,444③	1,740,279	12,565.64	6.30
	河东郡	24	236,896	962,912	9,870.67	4.06
	合计	132	1,519,857	6,682,602	11,514.07	4.40
豫州	颍川郡	20	432,491	2,210,973	21,624.55	5.11
	汝南郡	37	461,587④	2,596,148	12,475.32	5.62
	沛　郡	37	409,079	2,030,480	11,056.19	4.96
	梁　国	8	38,709	106,752	4,838.63	2.76
	合计	102	1,341,866	6,944,353	13,155.55	5.18
冀州	魏　郡	18	212,849	909,655	11,824.94	4.27
	巨鹿郡	20	155,951	827,177	7,797.55	5.30
	常山郡	18	141,741	677,956	7,874.50	4.78
	清河郡	14	201,774	875,422⑤	14,412.43	4.34
	赵　国	4	84,202	349,952	21,050.50	4.16
	广平国	16	27,984	198,558	1,749.00	7.10
	真定国	4	37,126	178,616	9,281.50	4.81
	中山国	14	160,873	668,080	11,490.93	4.15
	信都国	17	65,556	304,384	3,856.24	4.64
	河间国	4	45,043	187,662	11,260.75	4.17
	合计	129	1,133,099	5,177,462	8,783.71	4.57
兖州	陈留郡	17	296,284	1,509,050	17,428.47	5.09
	山阳郡	23	172,847	801,288⑥	7,515.09	4.64
	济阴郡	9	290,025⑦	1,386,278	32,225.00	4.78
	泰山郡	24	172,086	726,604	7,170.25	4.22
	东　郡	22⑧	401,297	1,659,028	18,240.77	4.13

（甲表 3 续）

州别及郡国别①		县数	户数	口数	每县平均户数	每户平均口数
	成阳国	4	56,642	205,784	14,160.50	3.63
	淮阳国	9	135,544	981,423	15,060.44	7.24
	东平国	7	131,753	607,976	18,821.86	4.61
	合计	115	1,656,478	7,877,431	14,404.16	4.76
徐州	琅邪郡	51	228,960	1,079,100	4,489.41	4.71
	东海郡	38	358,414	1,559,357	9,431.95	4.35
	临淮郡	29	268,283	1,237,764⑨	9,251.14	4.61
	泗水国	3	25,025	119,114	8,341.67	4.76
	广陵国	4	36,773	140,722	9,193.25	3.83
	楚　国	7	114,738	497,804	16,391.14	4.34
	鲁　国	6	118,045	607,381	19,674.17	5.15
	合计	138	1,150,238	5,241,242	8,334.91	4.56
青州	平原郡	19	154,387	664,543	8,125.63	4.30
	千乘郡	15	116,727	490,720	7,781.80	4.20
	济南郡	14	140,761	642,884	10,054.36	4.57
	北海郡	26	127,000	593,159	4,884.62	4.67
	东莱郡	17	103,292	502,693	6,076.00	4.87
	齐　郡	12	154,826	554,444	12,902.17	3.58
	菑川国	3	50,289	227,031	16,763.00	4.51
	胶东国	8	72,002	323,331	9,000.25	4.49
	高密国	5	40,531	192,536	8,106.20	4.75
	合计	119	959,815	4,191,341	8,065.67	4.37
荆州	南阳郡	36	359,316⑩	1,942,051⑪	9,981.00	5.40
	江夏郡	14	56,844	219,218	4,060.29	3.86
	桂阳郡	11	28,119	156,488	2,556.27	5.57
	武陵郡	13	34,177	185,758	2,629.00	5.44
	零陵郡	10	21,092	139,376	2,109.20	6.61

州别及郡国别①		县数	户数	口数	每县平均户数	每户平均口数
	南　郡	18	125,579	718,540	6,976.61	5.72
	长沙国	13	43,470	235,825	3,343.85	5.43
	合计	115	668,597	3,597,258	5,813.87	5.38
扬州	庐江郡	12	124,383	457,333⑫	10,365.25	3.68
	九江郡	15	150,052	780,525	10,003.47	5.20
	会稽郡	26	223,038	1,032,604	8,578.38	4.63
	丹阳郡	17	107,541	405,170⑬	6,325.94	3.77
	豫章郡	18	67,462	351,965	3.747.89	5.22
	六安国	5	38,345	178,616	7,669.00	4.66
	合计	93	710,821	3,206,213	7,643.24	4.51
益州	汉中郡	12	101,570	300,614	8,464.17	2.96
	广汉郡	13	167,499	662,249	12,884.54	3.95
	犍为郡	12	109,419	489,486	9,118.25	4.47
	武都郡⑭	9	51,376	235,560	5,798.44	4.59
	越巂郡	15	61,208	408,405	4,080.53	6.67
	益州郡	24	81,946	580,463	3,414.42	7.08
	牂牁郡	17	24,219	153,360	1,424.65	6.33
	巴　郡	11	158,643	708,148	14,422.09	4.46
	蜀　郡	15	268,270	1,245,929	17,885.27	4.64
	合计	128	1,024,159	4,784,214	8,001.24	4.67
凉州	陇西郡	11	53,964	236,824	4,905.82	4.39
	金城郡	13	38,470	149,648	2,959.23	3.89
	天水郡	16	60,370	261,348	3,772.13	4.33
	武威郡	10	17,581	76,419	1,758.10	4.35
	张掖郡	10	24,352	88,731	2,435.20	3.64
	酒泉郡	9	18,137	76,726	2,015.22	4.23
	敦煌郡	6	11,200	38,335	1,866.67	3.42

州别及郡国别①	县数	户数	口数	每县平均户数	每户平均口数
安定郡	21	42,725	143,294⑮	2,034.52	3.35
北地郡	19	64,461	210,688	3,392.68	3.27
合计	115	331,260	1,282,013	2,880.52	3.87
并州　太原郡	21⑯	169,863	680,488	8,088.71	4.01
上党郡	14	73,798	337,766	5,271.29	4.57
云中郡	11	38,303	173,270	3,482.09	4.52
定襄郡	12	38,559	163,144	3,213.25	4.23
雁门郡	14	73,138	293,454	5,224.14	4.01
代　郡	18	56,771	278,754	3,153.94	4.91
合计	90	450,432	1,926,876	5,004.80	4.28
幽州　勃海郡	26	256,377	905,119	9,860.65	3.53
上谷郡	15	36,008	117,762	2,400.58	3.27
渔阳郡	12	68,802	264,116	5,733.50	3.84
右北平郡	16	66,689	320,780	4,163.06	4.81
辽西郡	14	72,654	352,325	5,189.57	4.85
辽东郡	18	55,972	272,539	3,100.56	4.87
玄菟郡	3	45,006	221,845	15,002.00	4.93
乐浪郡	25	62,812	406,748	2,512.48	6.48
涿　郡	29	195,607	782,764	6,745.07	4.00
广阳国	4	20,740	70,658	5,185.00	3.41
合计	162	880,667	3,714,656	5,436.22	4.22
朔方　朔方郡	10	34,338	136,628	3,433.80	3.98
五原郡	16	39,322	231,328	2,457.63	5.88
西河郡	36	136,390	698,836	3,788.61	5.12
上　郡	22⑰	103,683	606,658	4,712.86	5.85
合计	84	313,733	1,673,450	3,734.92	5.33
交趾　南海郡	6	19,613	94,253	3,268.83	4.81

（甲表 3 续）

州别及郡国别①	县数	户数	口数	每县平均户数	每户平均口数
郁林郡	12	12,415	71,162	1,034.58	5.73
苍梧郡	10	24,379	146,160	2,437.90	6.00
交趾郡	10	92,440	746,237	9,244.00	8.07
合浦郡	5	15,398	78,980	3,079.60	5.13
九真郡	7	35,743	166,013	5,106.14	4.64
日南郡	5	15,460	69,485	3,092.00	4.49
合计	55	215,448	1,372,290	3,917.24	6.37

资料来源　《汉书》卷28《志》第8《地理》上、下。

　　本表及以下根据历代正史地理志（或州郡志、郡国志）所作出的各表，均系以前开明书店出版的"二十五史"为底本。各表数字均经与"百衲本"的"二十四史"校对，遇有出入，则加注表明之。并吸取古今学者对各史注释、校勘等研究成果，以供读者参考。

编者注　①按《汉书地理志》每以后汉新制，为前汉旧规，故其所记前汉地名及疆域划分之情形，每有讹误或脱漏之处：如称交趾为交州；《志》文郡国条中所注之州名，无朔方、凉州二部，而别以司隶入于十三州之中；又有个别郡国，如武都、陇西、金城等郡，河间、广阳、胶东诸国，注文均失记其所隶属之州别。本表所载司隶校尉部十三刺史部，及其所辖属之郡国，系以顾颉刚等编校的《中国历史地图集古代史部分》第8图《西汉的人民起义和政区划分图》的区划为准。（又参看清钱坫撰徐松集释：《新斠注地里志集释》一书；顾颉刚、史念海：《中国疆域沿革史》，页100—102；顾颉刚氏《两汉州制考》[载《庆祝蔡元培先生六十五岁论文集》下册]。）

　　②这是根据各州分计相加得出的数字。《汉书·地理志》下于分述各州郡地理沿革与户口数后作一总说云："讫于孝平，凡郡国103，县邑1,314，道32，侯国241，……民户12,233,062，口59,594,978，汉极盛矣！"　③王先谦《汉书补注》（以下简称《补注》）："宋祁曰：'户二，邵本作三。'"按：王氏一书系以"汉古本"为主，用"官本"校订，并备录宋祁、三刘（敞、攽、奉世）等诸家校语。所谓"邵本"，乃指邵文伯本。　④卢弼《三国志集解·魏志》卷22《陈群传》载裴松之（刘宋时人）案语，谓汉书地理志记汝南郡有三十余万户。清人徐松已指出裴注所记"与今本异，或字之误"（见王先谦《补注》）。　⑤汪远孙《汉书地理志校本》（以下简称《汉志校本》）作875,421。汪氏并按："毛本"作"二十二"。编者按：汪氏底本系据明人汪文盛刻本，而以他本互校，所云"毛本"乃明毛晋汲古阁本。又补注：朱一新曰："汪本[二十二]作二十一。"　⑥《补注》："徐松曰：'《张敞传》言，山阳郡户九万三千，口五

十万以上,可知宣帝时户口尚不如元始之盛也。"按由宣帝至元始约五十余年,所增户、口,皆在百分之六十以上。　　⑦《补注》:作292,005。　　⑧《汉志校本》,汪氏按:"当作二十三。"　⑨《补注》:"宋祁曰:'口百二十,邵本作百三十。'"　⑩《补注》:作359,116,并注云:"宋祁曰:'户三十当作四十。'"　　⑪《补注》:"汪本口一百作口三百。"　⑫《补注》:作457,323,并注云:"朱一新曰:'汪本二作三';先谦曰:'官本作三。'"　⑬《汉志校本》作405,171。《补注》:"先谦曰:'官本七十下无一字。'"　　⑭清全祖望《汉书地理志稽疑》云:"益州八郡,何尝有武都? 盖凉州之郡也。"清钱大昭《汉书辨疑》亦云武都当属凉州。顾颉刚氏旧著《两汉州制考》及顾颉刚、史念海合著的《中国疆域沿革史》第10章第2节都把武都隶于凉州刺史部。但顾颉刚等编校的《中国历史地图集古代史部分》第8图《西汉的人民起义和政区划分图》却还是以武都划属益州,今从之。(可参阅该地图集附注页10第8图附注四。)　⑮《汉志校本》作142,294,汪氏并按:"十四万二千,二,毛本作三。"《补注》:"朱一新曰:'三,汪本作二。'"　⑯《补注》:"先谦曰:《高纪》'以太原31县为韩国,王韩王信',此云二十一,后有析并。"　⑰《汉志校本》作"二十三"。《补注》同《汉志校本》。

附记　《汉书地理志》注文中下列各县的户口数,就中有些似为汉初上至周末原有的户口记录。兹将这些注文条摘于下,以供参考:

郡　县　别		注文所记沿革及户、口数
京兆尹	长安县	高帝5年置,惠帝元年初城,6年成。户80,800;口246,200。
左冯翊	长陵县	高帝置。户50,057;口179,469。
右扶风	茂陵县	武帝置。户61,087;口277,277。
河南郡		故秦三川郡,高帝更名雒阳,户52,837。 按,地理志正文记元始2年户数为276,444。
颍川郡	阳翟县	夏禹国[都]。周末韩景侯自新郑徙此。户41,650;口109,000。
	傿陵县	户49,101;口261,418。
南阳郡	宛县	户47,547。
蜀　郡	成都县	户76,256。
鲁　国	鲁县	伯禽所封。户52,000。
楚　国	彭城县	古彭祖国。户40,196。

甲表 4   前汉元始二年各郡国人口密度

（公元 2 年）

郡国别	面积（平方公里）	每方公里人口数	郡国别	面积（平方公里）	每方公里人口数
河南郡	11,250	154.7	临淮郡	42,372	29.2
河内郡	18,270	58.4	泗水国	3,375	35.3
河东郡	36,090	26.7	济南郡	7,923	81.1
弘农郡	41,130	11.6	平原郡	1,595	416.6
京兆尹	8,599	79.4	千乘郡	5,481	89.5
左冯翊	14,247	64.4	北海郡	7,830	75.8
右扶风	27,675	30.2	东莱郡	10,872	46.2
颍川郡	10,710	206.4	齐　郡	6,147	90.2
汝南郡	37,097	70.0	甾川国	1,431	158.7
梁　国	5,408	19.7	胶东国	7,425	43.5
沛　郡	36,990	54.9	高密国	1,269	151.7
鲁　国	5,400	112.5	南阳郡	46,170	42.1
魏　郡	10,800	84.2	南　郡	74,250	9.7
巨鹿郡	7,440	111.2	江夏郡	76,518	2.9
常山郡	15,930	42.6	零陵郡	59,778	2.3
中山国	9,234	72.4	桂阳郡	51,390	3.0
信都国	8,253	36.9	武陵郡	116,100	1.6
河间国	3,069	61.1	长沙国	75,510	3.1
清河郡	4,500	194.5	九江郡	37,710	20.7
赵　国	4,050	86.4	丹阳郡	59,700	6.8
广平国	1,199	165.6	庐江郡	44,325	10.3
真定国	1,881	95.0	会稽郡①	83,970②	12.3
陈留郡	10,890	138.6	豫章郡	174,960	2.0
东　郡	13,500	122.9	六安国	10,881	16.4
东平国	3,150	193.0	汉中郡	69,894	4.3
泰山郡	18,000	40.4	巴　郡	135,810	5.2
山阳郡	9,000	89.0	广汉郡	55,953	11.8
济阴郡	6,210	223.2	犍为郡	129,930	3.8
成阳国	3,375	61.0	牂牁郡	183,969	0.8
淮阳国	11,000	89.2	蜀　郡	24,219	51.4
东海郡	22,500	69.3	越嶲郡	108,747	3.8
琅邪郡	23,625	45.7	益州郡	258,320	2.2
楚　国	5,247	94.9	武都郡	25,750	9.1
广陵国	7,467	18.8	陇西郡	26,925	8.8

(甲表 4 续)

郡国别	面积(平方公里)	每方公里人口数	郡国别	面积(平方公里)	每方公里人口数
天水郡	17,000	15.4	广阳国	2,700	26.2
金城郡	59,500	2.5	代 郡	27,750	10.0
安定郡	64,750	2.2	上谷郡	31,250	3.8
北地郡	59,750	3.5	渔阳郡	37,900	7.0
武威郡③	83,250	0.9	右北平郡	36,750	8.7
张掖郡	135,500	0.7	辽西郡	39,750	8.9
酒泉郡	58,250	1.3	辽东郡	83,700	3.3
敦煌郡	149,750	0.3	玄菟郡	84,750	2.6
上党郡	29,770	11.3	乐浪郡	69,750	5.8
太原郡	51,750	13.1	勃海郡	22,725	39.8
上 郡	44,784	13.5	南海郡	95,670	1.0
西河郡	44,010	15.9	苍梧郡	57,510	2.5
五原郡	16,150	14.3	郁林郡	125,190	0.6
云中郡	17,750	9.8	合浦郡	56,970	1.4
定襄郡	17,000	9.6	交趾郡	77,490	9.6
雁门郡	18,900	15.5	九真郡	55,620	3.0
朔方郡	79,775	1.7	日南郡	94,500	0.7
涿 郡	16,020	48.9			

资料来源 "面积":引自《两汉郡国面积之估计及口数增减之推测》一文。

"每方公里人口数":据本编表3的人口数及上引面积数计算而成。

编者注 原表的郡国次序系依《汉书》原文顺序排列,现为便于与后汉的情况互相比较起见,将本表依甲表7之郡国次序排列。又前、后汉郡国名称的更易(如河南郡,后汉称河南尹;淮阳国,后汉称陈国)请参阅甲表9。原表对各区面积的测算,有几点说明,今引录如下:

①"闽中未计入。"

②"若并计冶县所属地及未开辟者,约当今浙江南部及福建全省,应为503,470方公里。"

③"依杨(守敬)图绘其大略,并改以阴山以北为界。"

甲表 5　后汉各朝户口数、每户平

年　　度	公　元	户　数①	口　数	每户平均口数
光武帝中元 2 年	57	4,279,634	21,007,820	4.91
明帝永平 18 年	75	5,860,573	34,125,021	5.82
章帝章和 2 年	88	7,456,784	43,356,367	5.81
和帝元兴元年⑤	105	9,237,112	53,256,229	5.77
安帝延光 4 年	125	9,647,838	48,690,789	5.05
顺帝永建元年	126	9,690,630⑥	49,150,220⑥	5.07
永和 5 年	140	9,698,630⑦	49,150,220⑦	5.07
建康元年	144	9,946,919	49,730,550	5.00
冲帝永嘉元年	145	9,937,680	49,524,183	4.98
质帝本初元年	146	9,348,227	47,566,772	5.09
桓帝永寿 3 年	157	10,677,960	56,486,856	5.29

编者注　①帝王世纪所记光武帝中元 2 年及《后汉书郡国志》5 所记顺帝永和 5 年的户数，汉书郡国志》注摘录得来，故不在本栏内逐条列举。　③《后汉书》120 卷，其中本北宋时始把两书合刻刊行。　④涵芬楼、竹简斋、开明书店等版本《后汉书》，顾尚百衲本《后汉书》注作 31,007,820 口。　⑤两书俱作永兴元年，误。今从《古今图书相同（只户数差 8,000），仅见于陶栋辑《东观汉记》，其他各书俱不载。陶书注明此条　⑦原书刘昭注云：'应劭《汉官仪》曰：'永和中，户至 10,780,000；口 53,869,588.'所殊甚众，舍永嘉多，取永和少，良不可解。皇甫谧（按：《帝王世纪》著者）校核精审，记有"永嘉 2 年"的户数 11,758,771 户及口数 61,086,224 口。但是，《后汉书郡国志》等 3 年之数，而且汉冲帝在位仅一年，是为永嘉元年，并无"永嘉 2 年"的年号。拿

均口数及户口数的升降百分比

户数升降百分比 (以中元 2 年为 100)	口数升降百分比 (以中元 2 年为 100)	资　料　来　源②
100.00	100.00	后汉书③志 23 郡国 5 注引伏无忌所记(以下简称伏无忌记),通考户口 1 同。后汉书志 19 郡国 1 注引帝王世纪(以下简称帝王世纪),户数作 4,271,634,口数同④。通典食货 7,元龟卷 486 邦计部户籍,通志食货略 1,户数俱作 4,270,634;口数俱同。按:帝王世纪户数原写作"四百二十七万千六百三十四","千"字前当掉一"九"字;通典户数原写作"四百二十七万六百三十四","六百"前当掉"九千"两字,元龟、通志遂沿其误。
136.94	162.44	伏无忌记,通考户口 1,户数作 5,860,173(原书作"五百八十六万七十三","百七十三"前掉一"五"字),口数同。
174.24	206.38	伏无忌记,通考户口 1 均同。
215.84	253.51	同上。
225.44	231.77	同上。
226.44	233.96	陶栋辑东观汉记(载辑佚丛书)卷上统计条。
226.62	233.96	后汉书志 23 郡国 5。
232.42	236.72	伏无忌记,陶栋辑东观汉记卷上统计条,通考户口 1 均同。通典食货 1 记顺帝建康元年"定垦田"数,其下注云:该年"户 9,946,990";通记田赋 2 所记户数与通典同。
232.21	235.75	伏无忌记,通考户口 1 同。
218.43	226.42	同上。
249.51	268.88	晋书地理志,通典食货 7,通志食货略 1 均同。帝王世纪作:年度,永寿 2 年;户数,16,070,906⑧;口数,50,066,856⑨。通考户口 1 同帝王世纪。元龟卷 486 户数作 16,077,906;年度、口数同晋书。按:帝王世纪、通考、元龟三书,户数俱作 1,600 余万,显然偏高,当有误。

俱冠有"民户"两字。　　②《东汉会要》卷28《民政》上《户口》所记后汉各年户口数,均从《后汉书》注中辑出,但检视《后汉书顺帝本纪》及《郡国志》注,却未查出此条原文,俟考。又《帝王世纪》,永嘉2年户则多978,771;口[多]7,216,636。[《郡国志》]应载极盛之时,而复非谬记,未详孰是,岂此是顺朝时书,后史即为本乎?"从刘昭这段话看来,《帝王世纪》应仅记有前汉元始2年及后汉中平2年和永寿2年《帝王世纪》所记后汉中平、永寿两个年度的户口数来与刘昭所引"永嘉2年"的户口数比

纪、列传合90卷乃宋范晔撰;志30卷,则为晋司马彪《续汉书》之文。唐以前,本各为书。之辑《帝王世纪》(《指海》第6集)以及《东汉会要》卷28所引《后汉书》注,俱作21,007,820口;惟集成食货典》9校正。　　⑥此两数与《后汉书郡国志》5所记永和5年的户口数几乎完全乃从《后汉书》注所引《帝王世纪》及顾尚之之辑《帝王世纪》仅记有前汉元始2年和后汉中平2年

较,都出入很大。不过,拿《晋书地理志》所记永寿 3 年的户口数来与刘昭引的数字比嘉 2 年"的户口数,当为"永寿二(或三?)年"之误,其与《晋书》所记的数字略有出入,当有传写的错误了。　　⑧此据百衲本《后汉书》,《东汉会要》卷 28 同。涵芬楼、竹简《后汉书》,顾辑《帝王世纪》,及《东汉会要》卷 28(《聚珍版丛书》本)均同,惟中华书局

按　关于东汉户、口数的记载,或认为《后汉书郡国志》注所引伏无忌记这一材料,和同书无忌记所载户、口数仅指"徭役户籍";《汉官仪》等书所记则并包括免役户在内,因

较,则户数只差559户,口数差120,000口,比较接近。我们认为,刘昭所引《帝王世纪》"永乃由于传写错误造成。至于《后汉书郡国志》1所引《帝王世纪》永寿2年的户数,偏高太大,斋、开明书店等版《后汉书》及顾辑《帝王世纪》俱误作26,070,906户。　　⑨以上所举各版1955年版《东汉会要》误作50,067,856口。

所引《汉官仪》、《帝王世纪》以及《晋书地理志》所记这三种材料,乃属于两个不同的系统。伏此,数字较大(参阅《两汉户籍与地理之关系》一文)。

甲表 6　后汉各州户口数、平均户口数及各州户口数的比重

州　别	县数	户　数	口　数	每县平均户口数①	每户平均口数①	户数占诸州总数百分比	口数占诸州总数百分比
诸州总计②	1,160	9,336,665	47,892,413	8,096.94	5.13	100.00	100.00
司隶	106	616,355	3,106,161	5,814.67	5.04	6.60	6.48
豫州	99	1,142,783	6,179,139	11,543.26	5.41	12.24	12.90
冀州③	100	908,005	5,931,919	9,080.05	6.53	9.73	12.39
兖州	80	727,302	4,052,111	9,091.28	5.57	7.79	8.46
徐州	62	476,054	2,791,683	7,678.29	5.86	5.10	5.83
青州③	65	635,885	3,709,803	9,782.85	5.83	6.81	7.75
荆州	117	1,399,394	6,265,952	11,960.63	4.48	14.99	13.08
扬州	92	1,021,096	4,338,538	11,098.87	4.25	10.94	9.06
益州	109	1,525,257	7,242,028	12,556.34	4.75	16.34	15.12
凉州	92	102,491	419,268	1,046.47	4.67	1.09	0.88
并州③	98	115,011	696,765	1,173.58	6.06	1.23	1.45
幽州③	84	396,263	2,044,602	4,717.42	5.16	4.24	4.27
交州	56	270,769	1,114,444	8,205.12	4.12	2.90	2.33

资料来源　根据本编表 7 作。

编者注　①关于平均数的计算方法，请参阅甲表 7 注②。　②请参阅甲表 7 注。
　　　　　③后汉末年袁绍割据冀、青、并、幽四州，仅有"人户百万"（《通鉴》63《汉纪》55"献
帝建安四年"条），而本表四州相加之户数为 2,050,154。

甲表 7　后汉各州郡国户口数及每县平均户数和每户平均口数

（永和 5 年，公元 140 年）

州别及郡国别	县数①	户　数	口　数	每县平均户数②	每户平均口数②
诸州郡（国）总计③（一）	1,160	9,336,665	47,892,413	8,096.94	5.13
（二）	1,180	9,698,630	49,150,220	8,219.98	5.07
司隶					
河南尹	21	208,486	1,010,827	9,927.90	4.85
河内郡	18	159,770	801,558	8,876.11	5.02
河东郡	20	93,543	570,803	4,677.15	6.10
弘农郡	9	46,815	199,113	5,201.66	4.25
京兆尹	10	53,299	285,574	5,329.90	5.36
左冯翊	13	37,090	145,195	2,853.08	3.91
右扶风	15	17,352	93,091	1,156.80	5.36

州别及郡国别	县数①	户 数	口 数	每县平均户数②	每户平均口数②
合计	106	616,355	3,106,161	5,814.67	5.04
豫州					
颍川郡	17	263,440	1,436,513	15,496.47	5.46
汝南郡	37	404,448	2,100,788	10,931.03	5.19
梁国	9	83,300	431,283	9,255.56	5.18
沛国	21	200,495	251,393	9,547.38	1.25
陈国	9	112,653	1,547,572	12,517.00	13.74④
鲁国	6	78,447	411,590	13,074.50	5.25
合计	99	1,142,783	6,179,139	11,543.26	5.41
冀州					
魏郡	15	129,310	695,606	8,620.67	5.38
巨鹿郡	15	109,517	602,096	7,301.13	5.50
常山国	13	97,500	631,184	7,500.00	6.47
中山国	13	97,412	658,195	7,493.23	6.76
安平国	13	91,440	655,118	7,033.85	7.16
河间国	11	93,754	634,421	8,523.09	6.77
清河国	7	123,964	769,418	17,709.14	6.13
勃海郡	8	132,389	1,106,500	16,548.63	8.36
赵国	5	32,719	188,381	6,543.80	5.76
合计	100	908,005	5,931,919	9,080.05	6.53
兖州					
陈留郡	17	177,529	869,433	10,442.88	4.90
东郡	15	136,088	603,393	9,072.53	4.43
东平国	7	79,012	448,270	11,287.43	5.67
任城国	3	36,442	194,156	12,147.33	5.33
泰山郡	12	8,929	437,317⑤	744.08	49.00④
济北国	5	45,689	235,897	9,137.80	5.16
山阳郡	10	109,898	606,091	10,989.80	5.52
济阴郡	11	133,715	657,554	12,155.91	4.92
合计	80	727,302	4,052,111	9,091.28	5.57
徐州					
东海郡	13	148,784	706,416	11,444.92	4.75
琅邪国	13	20,804	570,967	1,600.31	27.45④
彭城国	8	86,170	493,027	10,771.25	5.72

州别及郡国别	县数①	户　数	口　数	每县平均户数②	每户平均口数②
广陵郡	11	83,907	410,190	7,627.91	4.89
下邳国	17	136,389	611,083	8,022.88	4.48
合计	62	476,054	2,791,683	7,678.29	5.86
青州					
济南国	10	78,544	453,308	7,854.40	5.77
平原郡	9	155,588	1,002,658	17,287.56	6.44
乐安国	9	74,400	424,075	8,266.67	5.70
北海国	18	158,641	853,604	8,813.39	5.38
东莱郡	13	104,297	484,393	8,022.85	4.64
齐　国	6	64,415	491,765	10,735.83	7.63
合计	65	635,885	3,709,803	9,782.85	5.83
荆州					
南阳郡	37	528,551	2,439,618	14,285.16	4.62
南　郡	17	162,570	747,604	9,562.94	4.60
江夏郡	14	58,434	265,464	4,173.86	4.54
零陵郡	13	212,284	1,001,578	16,329.54	4.72
桂阳郡	11	135,029	501,403	12,275.36	3.71
长沙郡	13	255,854	1,059,372	19,681.08	4.14
武陵郡	12	46,672	250,913	3,889.33	5.38
合计	117	1,399,394	6,265,952	11,960.63	4.48
扬州					
九江郡	14	89,436	432,426	6,388.29	4.81
丹阳郡	16	136,518	630,545	8,532.38	4.62
庐江郡	14	101,392	424,683	7,242.20	4.19
会稽郡	14	123,090	481,196	8,792.14	3.91
吴　郡	13	164,164	700,782	12,628.00	4.27
豫章郡	21	406,496	1,668,906	19,356.95	4.11
合计	92	1,021,096	4,338,538	11,098.87	4.25
益州					
汉中郡	9	57,344	267,402	6,371.55	4.66
巴　郡⑥	14	310,691	1,086,049	22,192.21	3.50
广汉郡	11	139,865	509,438	12,715.00	3.64
广汉属国	—	37,110	205,652	—	5.54
蜀　郡	11	300,452	1,350,476	27,313.82	4.49

(甲表 7 续)

州别及郡国别	县数①	户　数	口　数	每县平均户数②	每户平均口数②
蜀郡属国	—	111,568	475,629	—	4.26
犍为郡	9	137,713	411,378	15,301.44	2.99
犍为属国	—	7,938	37,187	—	4.68
牂柯郡	16	31,523	267,253	1,970.19	8.48
越巂郡	14	130,120	623,418	9,294.29	4.79
益州郡	17	29,036	110,802	1,708.00	3.82
永昌郡	8	231,897	1,897,344	28,987.13	8.18
合计	109	1,525,257	7,242,028	12,556.34	4.75
凉州					
陇西郡	11	5,628	29,637	511.64	5.27
汉阳郡	13	27,423	130,138	2,109.46	4.75
武都郡	7	20,102	81,728	2,871.71	4.07
金城郡	10	3,858	18,947	385.80	4.91
安定郡	8	6,094	29,060	761.75	4.77
北地郡	6	3,122	18,637	520.33	5.97
武威郡	14	10,042	34,226	717.29	3.41
张掖郡	8	6,552	26,040	819.00	3.97
张掖属国	—	4,656	16,952		3.64
张掖居延属国	—	1,560	4,733⑦		3.03
酒泉郡	9	12,706	—	1,411.78	
敦煌郡	6	748	29,170	124.67	39.00④
合计	92	102,491	419,268	1,046.47	4.67
并州					
上党郡	13	26,222	127,403	2,017.08	4.86
太原郡	16	30,902	200,124	1,931.38	6.48
上　郡	10	5,169	28,599	516.90	5.53
五原郡	10	4,667	22,957	466.70	4.92
定襄郡	5	3,153	13,571	630.60	4.30
雁门郡	14	31,862	249,000	2,275.86	7.81
西河郡	13	5,698	20,838	438.31	3.66
云中郡	11	5,351	26,430	486.45	4.94
朔方郡	6	1,987	7,843	331.17	3.95
合计	98	115,011	696,765	1,173.58	6.06
幽州					
涿　郡	7	102,218	633,754	14,602.57	6.20

（甲表 7 续）

州别及郡国别	县数①	户　数	口　数	每县平均户数②	每户平均口数②
广阳郡	5	44,550	280,600	8,910.00	6.30
代　郡	11	20,123	126,188	1,829.36	6.27
上谷郡	8	10,352	51,204	1,294.00	4.95
渔阳郡	9	68,456	435,740	7,606.22	6.37
右北平郡	4	9,170	53,475	2,292.50	5.83
辽西郡	5	14,150	81,714	2,830.00	5.77
辽东郡	11	64,158	81,714	5,832.55	1.27
辽东属国		—	—		
玄菟郡	6	1,594	43,163	265.67	27.08④
乐浪郡	18	61,492	257,050	3,416.22	4.18
合计	84	396,263	2,044,602	4,717.42	5.16
交州					
南海郡	7	71,477	250,282	10,211.00	3.50
苍梧郡	11	111,395	466,975	10,126.82	4.19
郁林郡	11	—	—	—	—
合浦郡	5	23,121	86,617	4,624.20	3.75
交趾郡	12	—	—	—	—
九真郡	5	46,513	209,894	9,302.60	4.51
日南郡	5	18,263	100,676	3,652.60	5.51
合计	56	270,769	1,114,444	8,205.12	4.12

资料来源　《后汉书》卷 29—33《志》第 19—23《郡国》1—5。

编者注　①原书作"城"，实即与"县"通。

②关于诸州郡（国）及各大区（州）的平均户口数的计算方法，说明如下：

在计算平均户数时，对于只记有县数而无户数的郡，或只有户数而无县数的属国，都剔除在外。前者如，计算交州的每县平均户数时，就把缺记户口数的郁林等两郡的县数也减去不算。平均口数的计算，亦同此例。后者如，计算益州每县平均户数时，就把广汉、蜀郡、犍为三属国的户数（共 156,616 户）也减去不算。

③各州郡（国）户、口总计（一）：系据表内各郡国分计数相加得来。

（二）：《后汉书地理志》原记数字（按，县数原作"县邑道侯国"）。

④陈国及泰山、琅邪、敦煌、玄菟四郡的每户平均口数均偏高，疑各该项的户数或口数有错误。

⑤王先谦《后汉书集解》作 437,311。同书《续汉志集解》第 21《校补》对该郡的口数考证云："官本末一作七。"按王氏《集解》所用为明末毛晋汲古阁本，其云"官

本"乃指乾隆武英殿本。

⑥《后汉书集解》:"《华阳国志》[第1《巴志》]曰:永兴2年(公元154年),巴郡太守但望上疏曰:'谨案《巴郡图经》:……户464,780,口1,870,535.'盖桓帝时,户口增于中兴所载也。"

⑦《后汉书集解续汉志集解》第23上《校补》云:"张掖居延属国口四千七百三十三,官本末三作二。"

甲表 8　后汉永和五年各郡国人口密度

(公元 140 年)

郡国别	面积(平方公里)	每方公里人口数	郡国别	面积(平方公里)	每方公里人口数
河南尹	11,250	89.9	济　阴	7,047	93.3
河　内	18,270	43.9	东　海	21,744	32.5
河　东	36,090	15.8	琅　邪	18,965	30.1
弘　农	36,000	5.5	彭　城	4,419	111.6
京兆尹	15,003	19.0	广　陵	36,000	11.4
左冯翊	14,200	10.2	下　邳	22,500	27.2
右扶风	27,675	3.4	济　南	5,472	82.8
颍　川	11,070	129.8	平　原	10,595	94.6
汝　南	34,470	60.9	乐　安	7,353	57.7
梁　国	5,400	79.9	北　海	14,094	60.6
沛　国	29,970	8.4	东　莱	17,100	28.3
陈　国	10,980	140.9	齐　国	5,400	91.1
鲁　国	5,400	76.2	南　阳	49,958	48.8
魏　郡	12,753	54.5	南　郡	75,897	9.9
巨　鹿	7,560	79.6	江　夏	76,518	3.5
常　山	15,130	41.7	零　陵	59,778	16.8
中　山	16,920	38.9	桂　阳	51,390	9.8
安　平	2,900	225.9	武　陵	114,530	2.2
河　间	6,007	105.6	长　沙	75,510	14.0
清　河	4,500	169.0	九　江	37,710	11.5
赵　国	4,050	46.5	丹　阳	56,875	11.1
勃　海	17,397	63.6	庐　江	42,300	10.0
陈　留	9,036	96.2	会　稽	68,670	7.0
东　郡	10,719	56.3	吴　郡	38,790	18.1
东　平	3,060	146.5	豫　章	174,960	9.5
任　城	1,053	184.4	汉　中	69,930	3.8

(甲表 8 续)

郡国别	面积(平方公里)	每方公里人口数	郡国别	面积(平方公里)	每方公里人口数
泰　山	13,320	32.8	巴　郡	135,900	8.0
济　北	2,555	92.3	广　汉	55,980	9.1
山　阳	7,272	83.3	蜀　郡	24,210	55.8
犍　为	129,930	3.2	五　原	16,150	1.4
牂　牁	183,960	1.5	云　中	17,930	1.5
越　嶲	108,720	5.7	定　襄	15,000	0.9
益　州	159,500	0.7	雁　门	25,000	10.0
永　昌	98,820	19.2	朔　方	79,750	0.1
广汉属国	16,840	12.2	涿　郡	9,900	64.0
蜀郡属国	53,200	8.9	广　阳	3,600	77.9
犍为属国	66,960	0.6	代　郡	22,000	5.7
陇　西	44,775	0.7	上　谷	31,250	1.6
汉　阳	16,750	7.8	渔　阳	37,900	11.5
武　都	25,750	3.2	右北平	36,750	1.5
金　城	41,650	0.5	辽　西	21,930	3.7
安　定	64,750	0.4	辽　东	69,750	1.2
北　地	59,750	0.3	玄　菟	73,654	0.6
张　掖	50,500	0.5	乐　浪	21,600	11.9
武　威	83,370	0.4	辽东属国	57,510	*
酒　泉	58,250	1.0①	南　海	96,230	2.6
敦　煌	149,750	0.2	苍　梧	57,510	8.1
张掖属国	22,750	0.7	郁　林	125,190	*
张掖居延属国	58,250	0.1	合　浦	56,970	1.5
上　党	29,790	4.3	交　趾	25,830	*
太　原	45,360	4.4	九　真	18,540	11.3
上　郡	44,730	0.6	日　南	31,500	3.2
西　河	50,130	0.4			

资料来源　根据《两汉户籍与地理之关系》一文所估计的面积数及本编表 7 的人口数计算而成。

编者注

　①《后汉书郡国志》酒泉只载户数，无口数。本表数字系根据推算出来的口数(详见本编表 10 酒泉郡及该表注④)再得出人口密度。

　*《后汉书郡国志》缺是郡(国)户口数，无从计算。

甲表9　后汉对前汉郡国口数增减之比较(系估计数字)

后汉郡国别	(一)后汉人口数	(二)相当于前汉时所属之郡国	(三)[①]前汉时相当于后汉郡国区域所有之口数	(四)(一)与(三)比较增(+)或减(-)之数	(五)(一)相当于(三)的百分比
河南尹	1,010,827	河南郡	1,740,279	-729,452	58
河内郡	801,558	河内郡	1,067,097	-265,539	75
河东郡	570,803	河东郡	962,912	-392,109	59
弘农郡	119,113	弘农郡(后汉以京兆之湖、华阴属弘农,以弘农之商、上雒属京兆,以弘农之丹水、析属南阳。)	416,632	-297,519	29
京兆尹	285,574	京兆尹(后汉以弘农之商、上雒,以左冯翊之长陵、阳陵属京兆,又省船司空、下邽、南陵、奉明四县,而以湖及华阴属弘农。)	772,490	-486,916	37
左冯翊	145,195	左冯翊(后汉以阳陵、长陵属京兆,又省栎阳、翟道、谷口、鄜、武城、沈阳、褱德、徵、云陵九县。)	846,328	-701,133	17
右扶风	93,091	右扶风	836,070	-742,979	11
颍川郡	1,436,513	颍川郡	2,210,973	-774,460	65
汝南郡	2,100,788	汝南郡(后汉以沛之山桑、城父属汝南,以汝南之长平属陈国,又省阳城县。)	2,637,436	-536,648	80
梁　国	431,283	梁国(后汉以陈留之隔、宁陵,山阳之薄属之,而以甾改名考城属陈留,以杼秋改属沛国,以巳氏改属济阴,新置谷熟县。)	283,561	+147,722	152
沛　国	251,393	沛郡(后汉以梁国杼秋属之,以广戚改属彭城,卜祭改属九江,山桑改属汝南,夏丘改属下邳,城父改属汝南,平阿、义成改属九江,辄与、建成、扶阳、高、高柴、溧阳、东乡、临都、祁乡,后汉均省。)	1,669,222	1,417,829	15

后汉郡国别	（一）后汉人口数	（二）相当于前汉时所属之郡国	（三）①前汉时相当于后汉郡国区域所有之口数	（四）（一）与（三）比较增（＋）或减（一）之数	（五）（一）相当于（三）的百分比
陈 国	1,547,572	淮阳国（后汉以扶沟、圉改属陈留，固省入阳夏。）	960,629	＋586,943	161
鲁 国	411,990	鲁国	607,381	－195,391	68
魏 郡	695,606	魏郡（后汉以广平之曲梁属之，省即裴、武始、邯会、邯沟四县。）	922,064	－226,458	75
巨鹿郡	602,096	巨鹿郡及广平国（后汉以巨鹿之堂阳改属安平，又省广阿、象氏、宋子、临平、贳、新市、安定、敬武、历乡、乐信、武陶、柏乡、安乡十三县。）	962,790	－360,694	63
常山国	631,184	常山郡及真定国（后汉以太原之上艾属之，又省常山郡之石邑、桑中、封斯、关、乐阳、平台六县，而以常山之中丘改属赵国，上曲阳改属中山，又省真定之藁城、肥累、綦蔓诸县。）	888,970	257,786	71
中山国	658,195	中山国（后汉以涿郡之蠡吾，常山之上曲阳，代郡之广昌来属；又省深泽、北新成、新处、陆成诸县。）	768,739	－110,544	86
安平国	655,118	信都国（后汉以巨鹿之堂阳，河间之武遂，涿郡之饶阳、安平、南深泽来属；又以广川改属清河，修属勃海；又省沥、辟阳、武邑、高堤、乐乡、平堤、桃、西梁、东昌诸县。）	442,856	＋212,262	148
河间郡	634,421	河间国（后汉以涿郡之易、武垣、中水、鄚、高阳诸县；勃海之文安、束州、成平、东平舒来属；又省候井、武遂二县。）	460,381	＋174,040	138

后汉郡国别	(一)后汉人口数	(二)相当于前汉时所属之郡国	(三)①前汉时相当于后汉郡国区域所有之口数	(四)(一)与(三)比较增(+)或减(一)之数	(五)(一)相当于(三)的百分比
清河国	760,418	清河郡(后汉以信都之广川属之,省清阳、信成、芯题、束阳、信乡、缭、枣彊、复阳诸县。)	895,924	−135,506	85
赵　国	188,381	赵国(后汉以常山之中丘属之。)	389,616	−201,235	48
勃海郡	1,106,500	勃海郡(后汉以信都之修属之,以文安、束州、成平、东平舒改属河间,省阜城、千童、定、中邑、高乐、参户、柳、临乐、重平、安次、景成、建成、章乡、蒲领诸县。)	616,574	+489,926	179
陈留郡	869,433	陈留郡(后汉以梁国之甾改名考城属之,以淮阳国之圉及扶沟属之,以隝及宁陵改属梁国,又省成安、长罗二县。)	1,916,555	−1,047,122	45
东　郡	603,393	东郡(后汉以寿梁改名寿张属东平,以须昌属东平,以往平属济北,又省黎、利苗、乐昌诸县,而以离狐、廪丘诸县属济阴。)	1,432,798	−829,405	42
东平国	448,270	东平国(后汉以东郡之寿张、须昌、泰山郡之宁阳来属;又分任城、亢文、樊三县置任城国。)	528,509	−80,239	85
任城国	194,156	由东平国分置。	260,562	−66,406	75
泰山郡	437,317	泰山郡(后汉以东海之南城、费改属之,又分卢、蛇丘、成、刚四县置济北国,以宁阳改属东平,又省肥成、柴、东平阳、蒙阴、华、乘丘、富阳、桃山、式诸县。)	808,876	−371,559	54
济北国	235,897	分泰山郡所置,又以东郡之往平来属。	211,937	+23,960	111

后汉郡国别	（一）后汉人口数	（二）相当于前汉时所属之郡国	（三）① 前汉时相当于后汉郡国区域所有之口数	（四）（一）与（三）比较增（＋）或减（一）之数	（五）（一）相当于（三）的百分比
山阳郡	606,091	山阳郡（后汉以薄改属梁国，以单父、成武属济阴，又省都关、城都、黄、爰戚、部成、中乡、平乐、郑、甾乡、栗乡、曲乡、西阳诸县，新置金乡、防东二县。）	626,858	−20,767	97
济阴郡	657,554	济阴郡（后汉以东郡之离狐、廪丘及山阳之单父、成武属之，以梁国之巳氏属之，又省吕都、葭密、秺、乘氏四县。）	1,514,958	−857,404	43
东海郡	706,416	东海郡（后汉以琅邪之赣榆属之，以临沂、即丘、缯改属琅邪，以海西改属广陵，以下邳、曲阳、司吾、良成改属下邳，南城、费改属泰山，省平曲、开阳、阚祺、山乡、建乡、容丘、东安、建阳、于乡、平曲、都阳、部乡、武阳、新阳、建陵、昌虑、都平诸县。）	1,150,207	−443,791	61
琅邪国	570,967	琅邪郡（后汉以城阳国并入，以东海之临沂、即丘、缯属之，以不期、长广、黔陬属东莱，以平昌、朱虚改属北海，以赣榆属东海，省梧成、灵门、虚水、临原、祓、柜、䌷、邞、零段、云、计斤、稻、皋虞、横、魏其、昌、兹乡、箕、桦、高广、高乡、柔、即来、丽、武乡、伊乡、新山、高阳、昆山、参封、折泉、博石、房山、慎乡、驷望、安丘、高陵、临安、石山诸县，又省城阳国之虑县。）	1,506,806	−935,839	38
彭城国	493,027	楚国（后汉以沛国之广戚属之。）	552,681	−59,654	89

后汉 郡国别	(一) 后汉人口数	(二) 相当于前汉 时所属之郡国	(三)① 前汉时相当 于后汉郡国区 域所有之口数	(四) (一)与(三) 比较增(+) 或减(一)之数	(五) (一)相当于 (三)的百分比
广陵郡	410,190	广陵及泗水国(后汉以临淮之东阳、射阳、盐渎、舆、堂邑,以东海之海西属之。又省泗水国,以其县属广陵郡。)	395,175	+15,015	104
下邳国	611,083	临淮郡(后汉以东海之下邳、曲阳、司吾、良成,沛国之夏丘属之;以东阳、射阳、盐渎、舆、堂邑改属广陵,省㒃犹、开阳、赘其、富陵、西平、高平、开陵、昌阳、广平、兰阳、襄平、海陵、乐陵诸县。)	1,311,601	-700,518	47
济南国	453,338	济南郡(后汉以般阳改属齐国,省阳丘、猇、宜成三县。)	596,964	-143,626	76
平原郡	1,002,658	平原郡	664,543	+338,115	151
乐安国	424,075	千乘郡(后汉以齐之利,北海之益、寿光属之。案汉志齐郡有巨定、台乡二县,后汉并省。其地在利县与益县之间。利县、益县晋志并为一县,称利益县,则巨定、台乡故地,固当属乐安国也。后汉又省东邹、湿沃、平安、建信、琅瑰、被阳、昌、繁安、延乡诸县。)	582,544	-158,469	73
北海国	853,604	北海郡及菑川、高密、胶东三国(后汉又以琅邪之平昌、朱虚属之,以北海之益及寿光改属乐安国。又省却北海之剧魁、瓡、平望、平的、柳泉、乐望、饶、桑犊、平城、羊石、乐都、石乡、上乡、新成、成乡、胶阳诸县;高密国之石泉县;菑川国之楼乡县;胶东国之昌武、郁秩、挺、邹卢诸县。)	1,477,325	-623,721	58

后汉 郡国别	（一） 后汉人口数	（二） 相当于前汉 时所属之郡国	（三）① 前汉时相当 于后汉郡国区 域所有之口数	（四） （一）与（三） 比较增（＋） 或减（一）之数	（五） （一）相当于 （三）的百分比
东莱郡	884,393	东莱郡（后汉以琅邪之长广、黔陬、不期属之，省腄、平度、临朐、育犁、不夜、阳乐、阳石、徐乡诸县。）	608,293	＋276,100	145
齐　国	491,765	齐郡（后汉以济南之般阳属之，以利改属北海，省巨定、广饶、昭南、临朐、北乡、平广、台乡诸县。）	461,752	＋30,013	106
南阳郡	2,409,618	南阳郡（后汉以弘农之丹水、析属之，又省杜衍、新都、红阳、乐成诸县。）	2,055,853	＋353,765	117
南　郡	747,604	南郡（后汉以武陵之佷山属之，又省郢、高成二县。）	747,138	＋466	100
江夏郡	265,464	江夏郡	219,218	＋46,246	121
零陵郡	1,001,578	零陵郡（后汉以长沙之烝阳属之，新置昭阳、湘乡二县。）	157,578	＋844,000	636
桂阳郡	501,403	桂阳郡（后汉省阳山，新置汉宁。）	159,488	＋341,915	314
武陵郡	250,913	武陵郡（后汉以佷山属南郡，省无阳、义陵，新置沅南、作唐诸县。）	157,180	＋93,733	160
长沙郡	1,059,372	长沙国（后汉以承阳改属零陵，新置醴陵县。）	217,685	＋841,687	487
九江郡	432,426	九江郡（后汉以沛郡之下蔡、平阿、义成属之，省橐皋、东城、博乡、建阳诸县。）	835,397	－402,971	52
丹阳郡	630,545	丹阳郡	405,170	＋225,375	156

（甲表 9 续）

后汉 郡国别	（一） 后汉人口数	（二） 相当于前汉 时所属之郡国	（三）① 前汉时相当 于后汉郡国区 域所有之口数	（四） （一）与（三） 比较增（＋） 或减（一）之数	（五） （一）相当于 （三）的百分比
庐江郡	424,683	庐江郡及六安国	635,949	—211,266	67
会稽郡	481,196	会稽郡(后汉以其北分置吴郡,又省钱唐、回浦二县,分章安为永宁县。)	516,309	—35,113	93
吴　郡	700,782	分会稽郡北部十三县所置	516,295	＋184,487	136
豫章郡	1,668,906	像章郡	351,965	＋1,316,941	474
汉中郡	267,402	汉中郡	300,614	—33,212	89
巴　郡	1,086,049	巴郡	708,148	＋377,901	153
广汉郡	509,438	广汉郡(后汉分其西北三县置广汉属国。)	459,423	＋50,015	111
犍为郡	411,378	犍为郡(后汉省符、郁鄢、堂琅三县,以汉阳、朱提二县置犍为属国。今案堂琅:刘注云:"省朱提下",郁鄢又在其南,则应属于属国矣。)	366,322	＋45,056	112
牂柯郡	267,235	牂柯郡	153,360	＋113,875	174
蜀郡	1,350,476	蜀郡（分西部四县别置属国都尉。)	913,681	＋436,795	148
越嶲郡	622,418	越嶲郡	408,405	＋214,013	152
益州郡	110,802	益州郡(后汉以其西部份分置永昌郡,省来唯县。)	374,346	—263,544	30
永昌郡	1,897,344	分益州郡不韦、嶲唐、比苏、叶榆、邪龙、云南诸县所置(又新置哀牢、博南二县。)	206,118	＋1,691,226	921
广汉属国	205,652	分广汉郡置	102,826	＋102,826	200
蜀郡属国	475,629	分蜀郡置	332,248	＋143,381	138
犍为属国	37,187	分犍为郡置	123,164	—85,977	30

(甲表 9 续)

后汉郡国别	(一)后汉人口数	(二)相当于前汉时所属之郡国	(三)[①]前汉时相当于后汉郡国区域所有之口数	(四)(一)与(三)比较增(+)或减(-)之数	(五)(一)相当于(三)的百分比
陇西郡	29,637	陇西郡(后汉以金城之枹罕、白石、河关属之,而以上邽、西县改属汉阳,以羌道改属武都,省首都县。)	335,929	-306,292	9
汉阳郡	130,138	天水郡(后汉以陇西之上邽、西县属之,省街泉、罕幵、清水、奉捷等县,戎邑、緜诸二道;新置阿阳、显亲二县。补注陇县后汉省,误。)	304,396	-174,258	43
武都郡	81,728	武都郡(后汉省平乐道、嘉陵道、循成道,以陇西之羌道属之。)	257,084	-175,356	32
金城郡	18,947	金城郡(后汉以枹罕、白石、河关改属陇西郡。)	115,095	-96,148	16
安定郡	29,060	安定郡(后汉以北地之鹑觚属之,以参緣改属北地;以鹑阴、祖厉属武威;又省复累、安俾、抚夷、泾阳、卤、阴密、安定、安武、爰得、眴卷、月支道。)	133,908	-104,848	22
北地郡	18,637	北地郡(后汉以鹑觚与安定之参緣互易,省马领、直路、灵武、昫衍、方渠、除道、五街、归德、回护、略畔、郁郅、义渠道、大要诸县。)	206,423	-187,786	9
武威郡	34,226	武威郡(后汉以安定之鹑阴、祖厉属之,又以张掖之显美属之。)	105,764	-71,538	32
张掖郡	26,040	张掖郡(后汉以显美改属武威,又以居延一城置张掖居延属国。)	70,995	-44,955	37
酒泉郡	12,706[②]	酒泉郡(后汉省天陈县,置延寿县。)	18,137[②]	-5,431[②]	70
敦煌郡	29,170	敦煌郡	38,335	-9,165	76

后汉郡国别	(一)后汉人口数	(二)相当于前汉时所属之郡国	(三)①前汉时相当于后汉郡国区域所有之口数	(四)(一)与(三)比较增(十)或减(一)之数	(五)(一)相当于(三)的百分比
张掖属国	16,952	(续志注云:武帝置属国都尉以处降者,安帝时别领五城。)	—	—	—
张掖居延属国	4,732	由张掖郡分置,领居延一县。	8,873	—4,141	53
上党郡	127,403	上党郡	337,766	—210,363	38
太原郡	200,124	太原郡(后汉以上艾属常山国,以广武、原平属雁门郡,省铍人、汾阳二县。)	583,276	—383,152	34
上 郡	28,599	上郡	606,658	—578,059	5
西河郡	20,838	西河郡(后汉以大城改属朔方,省富昌、驺虞、鹄泽、徒经、广田、鸿门、宣武、千章、增山、武车、虎猛、谷罗、饶、方利、隰成、临水、土军、西都、阴山、觬是、博陵、盐官诸县。)	681,060	—660,222	3
五原郡	22,957	五原郡	231,328	—208,371	10
云中郡	26,430	云中郡(后汉以定襄郡之定襄、成乐、武进属之,省陶林、桢陵、犊和、阳寿诸县,新置箕陵县。)	227,652	—201,222	12
定襄郡	13,571	定襄郡(后汉以雁门郡之中陵、善无属之,以定襄、成乐、武进改属云中,省都武、襄阴、武皋、定陶、武要、复陆诸县。)	66,840	—53,269	20
雁门郡	240,000	雁门郡(后汉以代郡之卤城,太原之广武、原平属之;以中陵、善无改属定襄,省沃阳县。)	331,926	—82,926	75
朔方郡	7,843	朔方郡(后汉以西河之大城属之,省修都、临河、呼道、窳浑、渠搜诸县。)	154,404	—146,561	5

后汉郡国别	(一)后汉人口数	(二)相当于前汉时所属之郡国	(三)①前汉时相当于后汉郡国区域所有之口数	(四)(一)与(三)比较增(＋)或减(－)之数	(五)(一)相当于(三)的百分比
涿　郡	633,724	涿郡(后汉以广阳郡之方城属之;以安平、饶阳、南深泽属安平国、蠡吾属中山国,易、鄚、高阳、中水、武垣属河间;省谷丘、容城、广望、州乡、樊舆、成、利乡、临乡、益昌、阳乡、西乡、阿陵、阿武、高郭、新昌诸县。)	442,911	＋190,813	144
广阳郡	280,600	广阳国(后汉以上谷之昌平、军都,勃海之安次属之;以方城属涿郡,省阴乡县。)	121,426	＋159,174	231
代　郡	126,188	代郡(后汉以广昌改属中山,卤城改属雁门,省延陵、且如、阳原、参合、灵丘诸县。)	247,682	－121,494	51
上谷郡	51,204	上谷郡(后汉以昌平、军都属广阳,省泉上、夷舆、且居、茹、女祁诸县。)	102,024	－50,820	50
渔阳郡	435,740	渔阳郡	264,116	＋171,624	165
右北平郡	53,475	右北平郡	320,780	－267,305	17
辽西郡	81,714	辽西郡(后汉以昌辽、宾徒、徒河属辽东属国,省且虑、新安平、柳城、交黎、阳乐、狐苏、文成、絫诸县。)	305,027	－223,313	27
辽东郡	81,714	辽东郡(后汉以其西部三县分置辽东属国,又以高显、侯城、辽阳属玄菟,又省辽队、险渎、居就、武次诸县。)	181,723	－100,009	45
玄菟郡	43,163	玄菟郡(后汉以辽东之高显、侯城、辽阳属之。)	267,253	－224,090	16

（甲表 9 续）

后汉郡国别	（一）后汉人口数	（二）相当于前汉时所属之郡国	（三）①前汉时相当于后汉郡国区域所有之口数	（四）（一）与（三）比较增（＋）或减（－）之数	（五）（一）相当于（三）的百分比
乐浪郡	257,050	乐浪郡（后汉省提奚、浑弥、吞列、东暆、不而、蚕台、华丽、邪头昧、前莫、夫租等县，新置乐都县。）	244,058	＋12,992	105
辽东属国	—	后汉分辽东、辽西各三城所置。	—	—	—
南海郡	250,282	南海郡	94,253	＋156,029	266
苍梧郡	466,975	苍梧郡	146,160	＋320,815	319
郁林郡	—	郁林郡	71,162		
合浦郡	86,617	合浦郡	78,980	＋7,637	110
交趾郡	—	交趾郡（后汉新置封谿县。按志称十二城，而县名只十一，盖漏马援传中所称之望海县也。）	746,237		
九真郡	209,894	九真郡	166,013	＋43,881	126
日南郡	100,676	日南郡	69,485	＋31,191	145

资料来源　据《两汉郡国面积之估计及口数增减之推测》一文改作而成。后汉口数系永和 5 年（公元 140 年）数，前汉口数系元始 2 年（公元 2 年）数。按该文原表增减数及百分比两栏有多处错误，本表已为一一校正。

又该文原表备记前、后汉郡县隶属关系的变动及属县之增省，然其中有与郡界变动毫无关系者；本表第（二）栏中，仅就其与郡界变动有关者注出，否则不载，如后汉时河南尹曾将前汉河南郡之故市县省去，然其地在荥阳原武二县之间，仍当属于河南尹，因郡界并无变动，故不复注明。至于该文其他笔误之处，亦已为改正。

该文原注　①"前汉郡国的面积不同于后汉，所以将前汉各郡国口数以其县数来除，则所得之数为此郡国中平均一县之口数。然后再依照沿革，计算成前汉时相当于后汉时郡国面积之地方所容纳之人口。"　②此"系户数"。（编者按：后汉酒泉郡口数不详。如根据后汉酒泉所属的凉州的每户平均口数 4.67 口［见甲表 7］来推算，则当时酒泉的口数应为 59,337 口，较前汉时的 76,726 口少 17,389 口；亦即酒泉郡后汉时口数相当于前汉时的 77.34%。）

甲表 10　后汉对前汉西北各郡国口数的比较

郡国别①	（一）后汉永和5年（口）	前汉元始2年②（口）		（四）（一）－（二）（口）	（五）（一）－（三）（口）	（六）（一）相当于（二）的百分比	（七）（一）相当于（三）的百分比
		（二）原郡国疆界内口数	（三）按后汉郡国疆界调整后口数				
陇西郡	29,637	236,824	335,929	－207,187	－306,292	13	9
汉阳郡③	130,138	261,348	304,396	－131,210	－174,258	50	43
武都郡	81,728	235,560	257,084	－153,832	－175,356	35	32
金城郡	18,947	149,648	115,095	－130,701	－96,148	13	16
安定郡	29,060	143,294	133,908	－114,234	－104,848	20	22
北地郡	18,637	210,688	206,423	－192,051	－187,786	9	9
武威郡	34,226	76,419	105,764	－42,193	－71,538	45	32
张掖郡	26,040	88,731	70,995	－41,007	－44,955	54	37
张掖属国	16,952		—		—		—
张掖居延属国	4,732		8,873		－4,141		53
酒泉郡	59,337④	76,726	76,726	－17,389	－17,389	77	77
敦煌郡	29,170	38,335	38,335	－9,165	－9,165	76	76
上党郡	127,403	337,766	337,766	－210,363	－210,363	38	38
太原郡	200,124	680,488	583,276	－480,364	－383,152	29	34
上郡	28,599	606,658	606,658	－578,059	－578,059	5	5
西河郡	20,838	698,836	681,060	－677,998	－660,222	3	3
五原郡	22,957	231,328	231,328	－208,371	－208,371	10	10
云中郡	26,430	173,270	227,652	－146,840	－201,222	15	12
定襄郡	13,571	163,144	66,840	－149,573	－53,269	8	20
雁门郡	249,000	293,454	331,926	－44,454	－82,926	85	75
朔方郡	7,843	136,628	154,404	－128,785	－146,561	6	51

资料来源　根据本编表 3、表 7 及表 9 作。

编者注　①以后汉时的郡国设置及名称为准。　②本栏内："(二)"以《前汉书地理志》所载各郡国口数为据；"(三)"已将郡界变迁一因素考虑过后所得出的估计数。　③前汉时名天水郡。　④《后汉书郡国志》缺酒泉口数。这是根据后汉时凉州(酒泉郡所属)的每户平均口数 4.67 口(见甲表 7)及同一时期酒泉的户数 12,706 户所推算出的口数。

甲表 11　后汉对前汉淮汉以南各郡国口数的比较

郡国别①	(一) 后汉永和 5年(口)	前汉元始2年②(口)		(四) (一)-(二) (口)	(五) (一)-(三) (口)	(六) (一)相当 于(二)的 百分比	(七) (一)相当 于(三)的 百分比
		(二)原郡国 疆界内口数	(三)按后汉 郡国疆界调 整后口数				
广陵郡③	410,190	259,836④	395,175	+150,354	+15,015	158	104
南郡	747,604	718,540	747,138	+29,064	+466	104	100
江夏郡	265,464	219,218	219,218	+46,246	+46,246	121	121
零陵郡	1,001,578	139,378	157,578	+862,200	+844,000	719	636
桂阳郡	501,403	156,488	159,488	+344,915	+341,915	320	314
武陵郡	250,913	185,758	157,180	+65,155	+93,733	135	160
长沙郡	1,059,372	235,825	217,685	+823,547	+841,687	449	487
九江郡	432,426	780,525	835,397	-348,099	-402,971	55	52
丹阳郡	630,545	405,170	405,170	+225,375	+225,375	156	156
庐江郡⑤	424,683	635,949⑥	635,949	-211,266	-211,266	67	67
会稽郡⑦	481,196	1,032,604	516,309	+149,374	-35,113	114	93
吴郡⑦	700,782		516,295		+184,487		136
豫章郡	1,668,906	351,965	351,965	+1,316,941	1,316,941	474	474
汉中郡	267,402	300,614	300,614	-33,212	-33,212	89	89
巴郡	1,086,049	708,148	708,148	+377,901	+377,901	153	153
广汉郡	509,438	662,249	459,423	+52,841	+50,015	108	111
广汉属国	205,652		102,826		+102,826		200
蜀　郡	1,350,476	1,245,929	913,681	+580,176	+436,795	147	148
蜀郡属国	475,629		332,248		+143,381		138
犍为郡	411,378	489,486	366,322	-40,921	+45,056	92	112
犍为属国	37,187		123,164		-85,977		30
牂牁郡	267,253	153,360	153,360	+113,893	+113,893	174	174
越巂郡	622,418	408,405	408,405	+214,013	+214,013	152	152
益州郡⑧	110,802	580,463	374,346	+1,427,683	-263,544	346	30
永昌郡⑧	1,897,344		206,118		+1,691,226		921
南海郡	250,282	94,253	94,253	+156,029	+156,029	266	266
苍梧郡	466,975	146,160	146,160	+320,815	+320,815	319	319
九真郡	209,894	166,013	166,013	+43,881	+43,881	126	126
合浦郡	86,617	78,980	78,980	+7,637	+7,637	110	110
日南郡	100,676	69,485	69,485	+31,191	+31,191	145	145

资料来源　根据本编表3、表7及表9作。

编者注　①以后汉时的郡国设置及名称为准。　　②本栏内:"(二)"以《前汉书地理志》所载各郡国口数为据;"(三)"已将郡界变迁一因素考虑过后所得出的估计数。　　③包括前汉时的广陵郡及泗水国。　　④包括泗水国口数在内。　　⑤包括前汉时的庐江郡及六安国。　　⑥包括六安国口数在内。　　⑦后汉时始分会稽北部为吴郡。　　⑧后汉分益州西部六县为永昌,又有故哀牢之地。参阅甲表9永昌郡第(二)栏内所记。

甲表 12　汉初各侯初封时及国

封 邑	所属郡国	侯 名	初　封　时			国　除　时		
			年月日	公元前	户数	年度	公元前	户数
平阳县	河东郡	懿侯曹参	高祖6年12月①甲申	201	10,600	孝武征和2年	91	23,000
曲逆县	中山国	献侯陈平	12月　　甲申		5,000	孝武元光5年	130	16,000
曲周县②	广平国	景侯郦商	1月　　丙午		4,800	孝景中2年③	148	18,000
颍阴县	颍川郡	懿侯灌婴	1月　　丙午		5,000	孝武建元6年	135	8,400
成县	涿郡	敬侯董渫	1月　　丙午		2,800	孝景初7年	150	5,600
阳都县④	城阳国	敬侯丁复	1月　　戊申		7,800	孝景初2年	155	17,000
东武县	琅邪郡	贞侯郭蒙	1月　　戊午		3,000	孝景初6年	151	10,100
南安县⑤	犍为郡⑤	庄侯宜虎	3月　　庚子		900	孝景中元年	149	2,100
曲城县⑥	东莱郡	圉侯虫达⑦	3月　　庚子		4,000	孝文后2年	162	9,300
柳丘县	勃海郡	齐侯戎赐	6月　　丁亥		1,000	孝景后元年	143	3,000
魏其县	琅邪郡	庄侯周定⑧	6月　　丁亥		1,000	孝景初3年	154	3,000
平县	河南郡	悼侯沛嘉⑨	6月　　丁亥		1,300⑩	孝景中5年	145	2,300⑪
高苑县⑫	千乘郡	制侯丙猜⑬	7月　　戊戌		1,600	孝武建元3年	138	3,200
绛阳县⑭	⑭	齐侯华无害	7月　　戊戌		740	孝景初4年	153	1,500
乐成县⑮	河间国或南阳郡	节侯丁礼	8月　　甲子		1,000	孝武元鼎5年	112	2,400
朝阳县⑯	南阳郡	齐侯华寄	高祖7年3月　壬寅	200	1,000	孝武元朔2年	127	5,000
杜衍县	南阳郡	庄侯王翳⑰			1,700	孝景中5年	145	3,400
邔县	南郡	庄侯黄极忠⑱	高祖12年10月戊戌	195	1,000	孝武元鼎元年	116	4,000

资料来源　《史记》卷18《高祖功臣侯年表》第6;《汉书》卷16《高惠高后文功臣表》第4。
数,《史记》无记载,故国除时下各栏以《汉书》为据。)

编者注　①汉承秦制,仍以十月为岁首,故十二月在正月前。　②钱大昕《廿二史考异》
元4年(公元前137年)置。盖景帝之世,郦寄(商子,字况)以罪免,国除为乡。至孝

除时的户数及其升降百分比

历年	国除时相当于初封时的%	有　关　初　封　时　及　增　封　后　户　数　的　考　证
110	216.98	张锡瑜史表功比说侯第表附考证(以下简称功比说)云:"[曹参]世家云:'万六百三十户',此仅举大数而已。"
71	320.00	功比说:"此曲逆户数也。其初封户牖户数,史所不言,不可得知矣。然据世家,攻[陈]豨、[英]布后,尚有益封,而此亦阙之。"方仲按豨、布之破,在高祖12年(公元前195年)。又文帝初立,益封平三千户(见汉书卷40,王陵传)。故如将文帝即位时又益之三千户也计算在内,则国除时实际增加户数不过一倍(即200%)而已。
53	375.00	功比说:"列传云:'食曲周五千一百户。'又案列传,曲周系以后改食邑号;初封则食涿五千户。"泷川资言史记会注考证(以下简称考证)卷18云:"本传作五千一百户。"周寿昌汉书注校补卷8:"寿昌案南传云,'赐爵列侯,食邑涿郡五千户',盖由君晋爵为侯,尚是虚封,非国封也,但有食邑耳。"
66	168.00	功比说:"据列传,初封止二千五百户。其后击信攻豨破布,又益食二千五百户,乃定食五千户。"
51	200.00	功比说:"八,毛本作五,误。"(按:"毛本"即毛氏汲古阁本。)
46	217.95	
50	336.67	考证:"庆长本,二千作三千,与汉表合。"(按:百衲本汉书亦作"三千户"。)
52	233.33	
39	232.50	
58	300.00	功比说:"汉表千户上有八字,衍。"考证云:"汉表作八千户,误。"(按:百衲本汉书亦作"八千户"。)
47	300.00	
56	176.92	
63	200.00	功比说:"汉表有'五'字。"(按:百衲本汉书亦作"千六百五户"。)
48	202.70	
89	240.00	
73	500.00	
55	200.00	
79	400.00	

(封邑、所属郡国、侯名、初封年月日、初封时户数等栏以《史记》为本,校以《汉书》;国除时户

(以下简称《考异》)卷2《史记》二云:"曲周,《索隐》云,县名,属广平。案,《汉志》,曲周县,武帝建武,复置为县也。"　　③《汉表》云:"孝文元年寄嗣。32年有罪免,户万八千。"考《史记》卷95

《郦商列传》称："孝景中2年寄欲取平原君为夫人。景帝怒,下寄吏,有罪,夺侯。"按 (按:指王隐《晋书》,已佚,今有汤球、黄奭两种辑本)属琅邪。"《考异》:"案,《汉志》,城阳 证)):"阳都,前汉属城阳。"按,前汉时的疆域,城阳国属兖州,琅邪郡属徐州。 帝建元6年(公元前135年)开。应劭曰故夜郎国。建安亦非郡名。"　　⑥《汉表》作曲成。 后改封夜侯,夜即掖,亦属东莱。小司马云《汉志》阙者,非也。又《王子侯表》有曲成侯 按,前汉时疆域,东莱郡属青州,涿郡属幽州。　　⑦百衲本《史记》作"蛊逢",殿本 无蛊姓。"又《楚汉春秋》,围侯作夜侯,夜侯盖改封之号。　　⑧《汉表》作"严侯周止", '师'字形相近,故'致'或误'至'.'嘉'之与'喜',尤多相乱。即如此表合阳侯刘仲, 嘉,《项羽本纪》亦作喜,是也。"周寿昌《汉书注校补》卷8:"工师喜,《史表》作沛嘉。案,工 记》及《汉书》均作"千三百户";殿本《汉书》作"千二百户";今从前者。　　⑪殿本《汉书》作 说)):"'宛'元作'苑'。今据单行《索隐》本所出正文,及《汉表》、《志》改。"杨树达《汉书窥管》卷 ⑬《汉表》作制侯丙猜'。《功比说》:"单行《索隐》本,'制'作'利'。"　　⑭《考异》:"绛 帝封华无害为侯国。"又《汉表》作"终陵"。钱大昕《三史拾遗》云:"当从《史记》作绛阳 ⑮索隐:"《汉志》阙。"《考异》:"案,《汉志》,河间国有乐成县。"《功比说》:"锡瑜案,南阳 "属南阳。"《考异》:"案,济南郡亦有朝阳县,或称东朝阳,《水经注》以为华寄封国也。" 王蓍"。《功比说》作"壮侯王翳";并注云,壮侯,原作庄侯,据《索隐》王侯斩项籍皆谥壮 云《汉表》作'忠',则小司马本不作'忠',传写妄改失真,今不可考矣。"按泷川资言

甲表 13　三国、西晋、南北朝的

年　　　度	公　元	户　数	口　数	每户平均口数
三　国				
蜀　先主章武元年	221	200,000	900,000	4.50
后主炎兴元年	263	280,000	940,000①	3.36
吴　大帝赤乌5年	242	523,000②	2,400,000	4.59
末帝天纪4年	280	523,000③	2,300,000③	4.40
魏　元帝景元4年	263	663,423	4,432,881	6.68
西　晋　　武帝太康元年	280	2,459,840④	16,163,863	6.57
十六国⑤　前燕⑥	370	2,458,969	9,987,935	4.06
南　朝⑦				

孝景中2年恰为孝文元年以来的第32年。　　④唐司马贞《索隐》云：“《汉志》缺，《晋书地道记》国有阳都县，后汉省城阳入琅邪。小司马云《汉志》阙者，非也。”《史记会注考证》(以下简称《考
⑤索隐：“属犍为，建安亦有此县。”《史表功比说》(以下简称《功比说》)：“案，《汉志》，犍为郡，武
《索隐》：“曲成县，《汉志》阙，《表》在涿郡。”《考异》：“案，《汉志》，曲成县属东莱，即此曲城也。其
万岁，中山靖王之子。《表》在涿郡。此又一曲成，小司马误合为一。”《考证》：“《汉志》，曲成属东莱。”
《史记》作“虫达”；上两种版本之《汉表》皆作“虫达”。《考证》：“‘盅’当依《汉表》作‘虫’，古有虫姓，
盖《汉书》避讳，凡“庄”字尽改作“严”。　　⑨《汉表》作“悼侯工师喜”。《功比说》：“案，‘沛’与
‘仲’字，徐广曰一作‘嘉’。嘉后改封代王，而汉兴以来，《诸侯年表》作代王喜。又赤泉侯杨
师，姓；喜，名。《史记》无工字，‘沛嘉’两字与‘师喜’字近而讹。”　　⑩殿本《史记》、百衲本《史
“三千二百户”；百衲本《汉书》作“二千三百户”，今从百衲本。　　⑫《汉表》作“高宛”。《功比
2：“树达案：周明泰《续封泥考略》卷3有高宛邑丞印，则此文‘宛’字是，《史表》作‘苑’者误也。”
阳，《索隐》云，《汉志》阙。案，《水经注浍水篇》云，新田又谓之绛，即绛阳也，盖在绛、浍之阳，汉高
《汉书窦管》：“[杨]树达案：王国维云，齐鲁封泥有绛陵邑丞封泥，则《史记》一误，《汉书》再误也。”
郡有乐成侯国。《考证》：“南阳有乐成县。”按：河间国属冀州，南阳郡属荆州。　　⑯《索隐》：
《考证》：“《水经注》为封济南朝阳县。”按：南阳郡属荆州，济南郡属青州。　　⑰《汉表》作“严侯
之说改；王翳，与《项羽本纪》合，《汉表》作王翳，而《项籍传》亦作翳。　　⑱《功比说》：“《索隐》
《史记会注考证》作“庄侯黄极中”，据说此书乃据日本所传的《史记》古抄本(唐人的卷子本)。

户口数及每户平均口数

资　　料　　来　　源
晋书卷14地理上。通典食货7，元龟卷486，通考户口1均同。(如属同书、同卷的材料，除第一次举出卷数外，以下但记书名。)
三国志蜀志卷3注引蜀书。通典，元龟，资治通鉴卷78，通志食货略1，通考均同。按本条及以下吴天纪4年、十六国前燕、陈后主祯明3年、北齐幼主承光元年等条俱系受降户口数目。
晋书。通典：户数作520,000；口数作2,300,000。元龟，通考与通典同。
晋书卷3武帝纪。元龟卷486同。通鉴卷81户同，不载口数。孙盛晋阳秋(汤球辑本)卷2：户数作503,000，口数同。通典，通志，通考三书：户数均作530,000，口数同晋书。
通典，元龟，通志，通考均同。又三国志魏志武帝纪：汉献帝初平三年，曹操从青州黄巾“受降卒三十余万，男女百余万口”。
晋书。通典、元龟、通志、通考等书户数均作2,459,804(按元龟原作“二千二百四十五万九千八百四”，头两个数字“二千”误衍)，口数同。
十六国春秋辑补卷34。通典，通志，通考均同(按通典等三书口数原作“九千九百九十八万七千九百三十五”，头两个数字“九千”误衍)。通鉴卷102但举约数：“户2,460,000；口9,990,000。”

（甲表 13 续）

年　　度	公 元	户 数	口 数	每户平均口数
宋　武帝大明 8 年	464	906,870⑧	4,685,501⑧	5.16
陈　宣帝时	569—582	600,000	—	—
后主祯明 3 年	589	500,000	2,000,000	4.00
北　朝				
魏　明帝熙平至神龟年间⑨	516—519	5,000,000+⑨	—	—
庄帝永安年间⑩	528—530	3,375,368	—	—
齐　幼主承光元年⑪	577	3,302,528	20,006,886	6.06
周　静帝大象中	579—580	3,590,000⑫	9,009,604⑫	2.51

编者注　①《三国志蜀志》卷 3 注指明这是"男女口"数。此外尚有"带甲将士 102,000，
及注③举出的材料，说明蜀、吴两国系将吏籍、兵籍和一般民籍区别登记的。特
　②《后汉书志》19《郡国》1注引《帝王纪》（百衲本）云："又案正始 5 年（公元 244
明书店等版《后汉书》，顾尚之辑《帝王世纪》，《东汉会要》卷 28，《三国会要》卷 20 等书俱作
显然是将"凡"字误作"九"字），推其民数，不能多蜀矣。"　③《晋书》卷 3 原
女口 2,300,000。《太平御览》卷 96《皇王部》21"西晋世祖武皇帝"引《晋书》同，但"男
余人"。又：吴天纪 4 年户、口数与赤乌 5 年的数字，如果综合各书的记载来看，
　④这是根据《晋书地理志总序》中所记载的数字。另外，我们把同书所载各州
州郡建置沿革，不过，就记有户数的各郡来看，其建置年份最迟不过"太康中"，因
户数。又据《三国志魏书》卷 22《陈群传》裴松之注云："案《晋太康三年地记》，晋户有
大抵编户二百六十余万。"　⑤《太平御览》卷 120《偏霸部》4"后赵石勒"；前赵麟嘉
前秦建元 6 年（公元 370 年，晋太和 5 年）苻坚入邺，阅其图籍所得的户口数。因
数　⑦《通典》卷 7 云："齐氏六王，年代短促，其户口未详。"齐武帝（公元 483—
至于萧梁一代，因侯景之乱，"坟籍亦同灰烬，户口不能详究"。　⑧《通典》原文
州郡户口的分计数，统计得：户 901,769；口 5,174,074。按《宋书州郡志总序》说所
"大较以沈约《宋志》为据"，较我们统计得出的户数约多 390,000 户。　⑨按这
之太康倍而已矣"这一句话推算而得的粗略估计，年份泛指正光前，很不具体，《图
书俱未确指年份，但云系"尔朱之乱"以后的户数，今姑从《图书集成食货典》9 系
化 2 年"，《通志》作"隆化 2 年"。按北齐隆化 2 年正月，齐主传位其太子恒，改元承
户 3,599,604"（按《通志》、《通考》引此，但作"3,999,604"，头一个"9"乃"5"之误），似
尾四位数相同（参见表中），不无可疑之处。又：北周于建德 6 年（577 年）灭北齐，
弱，口数则不及北齐口数之半，很难理解。岑仲勉先生认为北周大象中的户

（甲表 13 续）

资　料　来　源
通典。元龟,通志,通考均同。
通典。元龟,通考均同。按隋书卷 29 地理上云:"逮于陈氏……户六十万",未指明系宣帝时户数。
北史卷 11 隋本纪上。通典,元龟,通志,通考均同。
通典,通志,通考均同。
通典,元龟,通志,通考均同。
周书卷 6 武帝纪下。北史卷 10 周本纪下口数与周书同,户数则作"302,528"(按百衲本、殿本均如此),"三十万"前显系脱去"三百"二字。隋书卷 29 地理上户数作"3,030,000",不载口数。通典、元龟、通志、通考等书均作:户数 3,032,528;口数 20,006,880。通鉴卷 173 载户数 3,032,500,不载口数。
通典,通志,通考均同。元龟户数作 3,599,604,不载口数。

吏 40,000 人"。本条"资料来源"栏所引其他各书均同,仅《元龟》不记将士及吏人数。本注

别值得注意的是,把吏和一般民户分开这一事实,说明这一时期吏是有其独特的身份的。

年,吴大帝赤乌 7 年),扬威将军朱照日所上吴之所领兵户凡十三万二千(按:竹简斋、开

"九十三万二千"。这一数字几乎等于曹魏平蜀时[263 年]魏蜀两国户数的合计[943,423],

文云:"(王)濬……收其图籍,得州 4,郡 43,县 313,户 523,000,吏 32,000,兵 230,000,男

女"之下无"口"字。《晋阳秋》《通典》《通志》《通考》等除并载吏数及兵数外,更载有"后宫五千

可以说是相同的(即户数是 523,000,口数 2,300,000),这可能是户籍长期不修的结果。

郡的分计数相加起来所得出的数字是 2,494,125 户。按《晋书地理志》所载包括东晋时的

此,根据各州郡分计数而得出的合计数,虽然不会是太康元年的,但可以说是太康时期的

3,770,000,吴、蜀户不能居半;而《隋书》卷 29《地理》上《总序》则云,"有晋太康之后,文轨方同,

元年(公元 316 年)刘曜封石勒为赵王,领冀州牧,以 24 郡,户 19 万为赵国。　　⑥这是

此,这也可以视作慕容儁徙都邺称帝起至前燕灭亡止这一时期(352—370 年)前燕的户口

493 年)崔祖思曾说,"案前汉编户千万……今户不能百万……。"(《南史》卷 47《崔祖思传》)

说这里的户口数是根据宋"本史"得来,今检《宋书》则无记载。我们根据《宋书州郡志》所载各

记大致以大明 8 年为正。又《通鉴》卷 129 于大明 8 年末记宋有"户九十四万有奇",并说是

里的 500 余万户,系《通典》根据《魏书地形志总序》中"正光已(以)前,……户口之数,比之晋

书集成食货典》9 作"孝明帝□年",今姑系于明帝即位至正光元年之前一年。　　⑩《通典》等

于庄帝永安年间。　　⑪按《通典》作"崇(应作隆,因避唐玄宗讳改)化 3(2)年",《通考》作"崇

光。　　⑫按《通典》于同卷"(隋)炀帝大业 2 年"户口数下注又说,"后周静帝末授隋禅,有

更详细。不过,这较前记"大象中"户数所多出的尾四位数"9,604",正与"大象中"口数的

但这里所记大象中(579—580 年)的户口数,与北齐原有的户口数比较,户数仅多 290,000

口数未把北齐原有地区的户口数包括在内(见岑著《隋唐史》页 70),可供参考。

甲表 14　西晋太康初年各州户数、平均户数及各州户数的比重

（公元三世纪八十年代）

州　别	县　数	户　数	每县平均户数①	户数占诸州总数百分比
诸州总计（一）	1,232	2,494,125	2,037.68	100.00
（二）	(1,232)	(2,470,305)	(2,018.22)	(100.00)
司州（一）	99	486,100	4,910.000	19.49
（二）	(100)	(475,700)	(4,757.00)	(19.26)
兖州（一）	56	83,300	1,487.50	3.34
（二）	(56)	(83,300)	(1,487.50)	(3.37)
豫州（一）	86	95,696	1,112.74	3.84
（二）	(85)	(116,796)	(1,374.07)	(4.73)
冀州（一）	83	316,000	3,807.23	12.67
（二）	(83)	(316,000)	(3,807.23)	(12.79)
幽州（一）	34	59,200	1,741.18	2.37
（二）	(34)	(59,200)	(1,741.18)	(2.40)
平州（一）	26	18,100	696.15	0.73
（二）	(26)	(18,100)	(696.15)	(0.73)
并州（一）	45	59,200	1,315.56	2.37
（二）	(45)	(59,200)	(1,315.56)	(2.40)
雍州（一）	39	99,500	2,551.28	3.99
（二）	(39)	(99,500)	(2,551.28)	(4.03)
凉州（一）	46	30,700	667.39	1.23
（二）	(46)	(30,700)	(667.39)	(1.24)
秦州（一）	24	31,120	1,296.67	1.25
（二）	(24)	(32,100)	(1,337.50)	(1.30)
梁州（一）	44	80,800	1,836.36	3.24
（二）	(44)	(76,300)	(1,734.09)	(3.08)
益州（一）	44	149,300	3,393.18	5.99
（二）	(44)	(149,300)	(3,393.18)	(6.04)
宁州（一）	45	82,400	1,831.11	3.30
（二）	(45)	(82,400)	(1,831.11)	(3.34)
青州（一）	37	53,000	1,432.43	2.12
（二）	(37)	(53,000)	(1,432.43)	(2.15)
徐州（一）	61	81,021	1,328.21	3.25
（二）	(61)	(81,021)	(1,328.21)	(3.28)
荆州（一）	169	389,548	2,305.02	15.62
（二）	(169)	(357,548)	(2,115.67)	(14.47)

州　别	县　数	户　数	每县平均户数①	户数占诸州总数百分比
扬州(一)	173	310,400	1,794.22	12.45
(二)	(173)	(311,400)	(1,800.00)	(12.61)
交州(一)	53	25,600	568.89	1.03
(二)	(53)	(25,600)	(568.89)	(1.04)
广州(一)	68	43,140	634.41	1.72
(二)	(68)	(43,140)	(634.41)	(1.74)

资料来源　根据本编表 15 作。(请参看该表编者注＊)

编者注　①平均数的计算方法,请参看甲表 7 注②。

甲表 15　西晋太康初年各州郡国户数及每县平均户数

(公元三世纪八十年代)

州别及郡国别	县　数	户　数	每县平均户数②
诸州郡(国)总计(一)①	1,232	2,494,125	2,037.68
(二)	(1,232)	(2,470,305)	(2,018.22)
司　州			
河南郡	12	114,400	9,533.33
荥阳郡	8	34,000	4,250.00
弘农郡	6	14,000	2,333.33
上洛郡	3	17,000	5,666.67
平阳郡	12	42,000	3,500.00
河东郡	9	42,500	4,722.22
汲　郡	6	37,000	6,166.67
河内郡	9	52,000	5,777.78
广平郡	15	35,200	2,346.67
阳平郡	7	51,000	7,285.71
魏　郡	8	40,700	5,087.50
顿丘郡	4	6,300	1,575.00
合计(一)	99	486,100	4,910.10
(二)	(100)	(475,700)	(4,757.00)
兖　州			
陈留国	10	30,000	3,000.00
濮阳国	4	21,000	5,250.00
济阳郡	9	7,600	844.44
高平国	7	3,800	542.86

州别及郡国别	县　数	户　数	每县平均户数②
任城国	3	1,700	566.67
东平国	7	6,400	914.29
济北国	5	3,500	700.00
泰山郡	11	9,300	845.45
合计（一）	56	83,300	1,487.50
（二）	(56)	(83,300)	(1,487.50)
豫　州			
颍川郡	9	18,300③	2,033.33
汝南郡	15	11,500④	766.67
襄城郡	7	18,000	2,571.43
汝阴郡	8	8,500	1,062.50
梁　国	12	13,000	1,083.33
沛　国	9	5,096	566.22
谯　郡	7	1,000	142.86
鲁　郡	7	2,500⑤	357.14
弋阳郡	7	16,700	2,385.71
安丰郡	5	1,100⑥	220.00
合计（一）	86	95,696	1,112.74
（二）	(85)	(116,796)	(1,374.07)
冀　州			
赵　国	9	42,000⑦	4,666.67
巨鹿国	2	14,000	7,000.00
安平国	8	21,000	2,625.00
平原国	9	31,000	3,444.44
乐陵国	5	33,000	6,600.00
渤海郡	10	40,000	4,000.00
章武国	4	13,000	3,250.00
河间国	6	27,000	4,500.00
高阳国	4	7,000	1,750.00
博陵国	4	10,000	2,500.00
清河国	6	22,000	3,666.67
中山国	8	32,000	4,000.00
常山郡	8	24,000	3,000.00
合计（一）	83	316,000	3,807.23
（二）	(83)⑧	(316,000)⑨	(3,807.23)

(甲表 15 续)

州别及郡国别	县 数	户 数	每县平均户数②
幽 州			
范阳国	8	11,000	1,375.00
燕 国	10	29.000	2,900.00
北平郡	4	5,000	1,250.00
上谷郡	2	4,070	2,035.00
广宁郡	3	3,930⑩	1,310.00
代 郡	4	3,400	850.00
辽西郡	3	2,800	933.33
合计(一)	34	59,200	1,741.18
(二)	(34)	(59,200)⑪	(1,741.18)
平 州			
昌黎郡	2	900⑫	450.00
辽东国	8	5,400	675.00
乐浪郡	6	3,700	616.67
玄菟郡	3	3,200	1,066.67
带方郡	7	4,900	700.00
合计(一)	26	18,100	696.15
(二)	(26)	(18,100)⑬	(696.15)
并 州			
太原国	13	14,000	1,076.92
上党郡	10	13,000	1,300.00
西河国	4	6,300	1,575.00
乐平郡	5	4,300	860.00
雁门郡	8	12,600⑭	1,575.00
新兴郡	5	9,000	1,800.00
合计(一)	45	59,200	1,315.56
(二)	(45)	(59,200)⑮	(1,315.56)
雍 州			
京兆郡	9	40,000	4,444.44
冯翊郡	8	7,700	962.50
扶风郡	6	23,000	3,833.33
安定郡	7	5,500	785.71
北地郡	2	2,600	1,300.00
始平郡	5	18,000	3,600.00
新平郡	2	2,700	1,350.00
合计(一)	39	99,500	2,551.28
(二)	(39)	(99,500)	(2,551.28)

州别及郡国别	县　数	户　数	每县平均户数②
凉　州			
金城郡	5	2,000	400.00
西平郡	4	4,000	1,000.00
武威郡	7	5,900	842.86
张掖郡	3	3,700	1,233.33
西　郡	5	1,900	380.00
酒泉郡	9	4,400	488.89
敦煌郡	12	6,300	525.00
西海郡	1	2,500	2,500.00
合计(一)	46	30,700	667.39
(二)	(46)	(30,700)	(667.39)
秦　州			
陇西郡	4	3,000⑯	750.00
南安郡	3	4,300	1,433.33
天水郡	6	8,500	1,416.67
略阳郡	4	9,320	2,330.00
武都郡	5	3,000	600.00
阴平郡	2	3,000	1,500.00
合计(一)	24	31,120	1,296.67
(二)	(24)	(32,100)	(1,337.50)
梁　州			
汉中郡	8	15,000	1,875.00
梓潼郡	8	10,200	1,275.00
广汉郡	3	5,100⑰	1,700.00
新都郡	4	24,500	6,125.00
涪陵郡	5	4,200	840.00
巴　郡	4	3,300	825.00
巴西郡	9	12,000	1,333.33
巴东郡	3	6,500	2,166.67
合计(一)	44	80,800	1,836.36
(二)	(44)⑱	(76,300)	(1,734.09)
益　州			
蜀　郡	6	50,000	8,333.33
犍为郡	5	10,000	2,000.00
汶山郡	8	16,000	2,000.00
汉嘉郡	4	13,000	3,250.00

州别及郡国别	县　数	户　数	每县平均户数②
江阳郡	3	3,100	1,033.33
朱提郡	5	2,600⑲	520.00
越巂郡	5	53,400	10,680.00
牂牁郡	8	1,200	150.00
合计(一)	44	149,300	3,393.18
(二)	(44)	(149,300)	(3,393.18)
宁　州			
云南郡	9	9,200	1,022.22
兴古郡	11	6,200⑳	563.64
建宁郡	17	29,000	1,705.88
永昌郡	8	38,000	4,750.00
合计(一)	45	82,400	1,831.11
(二)	(45)	(82,400)㉑	(1,831.11)
青　州			
齐　国	5	14,000	2,800.00
济南郡	5	5,000	1,000.00
乐安国	8	11,000	1,375.00
城阳郡	10	12,000	1,200.00
东莱国	6	6,500	1,083.33
长广郡	3	4,500	1,500.00
合计(一)	37	53,000	1,432.43
(二)	(37)	(53,000)	(1,432.43)
徐　州			
彭城国	7	4,121	588.71
下邳国	7	7,500	1,071.43
东海郡	12	11,100	925.00
琅邪国	9	29,500	3,277.78
东莞郡	8	10,000	1,250.00
广陵郡	8	8,800	1,100.00
临淮郡	10	10,000	1,000.00
合计(一)	61	81,021	1,328.21
(二)	(61)	(81,021)	(1,328.21)
荆　州			
江夏郡	7	24,000	3,428.57
南　郡	11㉒	55,000	5,000.00
襄阳郡	8	22,700	2,837.50

州别及郡国别	县　数	户　数	每县平均户数②
南阳国	14	24,400	1,742.86
顺阳郡	8	20,100	2,512.50
义阳郡	12	19,000	1,583.33
新城郡	4	15,200	3,800.00
魏兴郡	6	12,000	2,000.00
上庸郡	6	11,448	1,908.00
建平郡	8	13,200	1,650.00
宜都郡	3	8,700	2,900.00
南平郡	4	7,000	1,750.00
武陵郡	10	14,000	1,400.00
天门郡	5	3,100	620.00
长沙郡	10	33,000	3,300.00
衡阳郡	9	21,000㉓	2,333.33
湘东郡	7	19,500	2,785.71
零陵郡	11	25,100	2,281.82
邵陵郡	6	12,000	2,000.00
桂阳郡	6	11,300㉔	1,883.33
武昌郡	7	14,800㉕	2,114.29
安成郡	7	3,000	428.57
合计(一)	169	389,548	2,304.99
(二)	(169)㉖	(357,548)	(2,115.67)
扬　州			
丹阳郡	11	51,500	4,681.82
宣城郡	11	23,500	2,136.36
淮南郡	16	33,400	2,087.50
庐江郡	10	4,200	420.00
毗陵郡	7	12,000	1,714.29
吴　郡	11	25,000	2,272.72
吴兴郡	10㉗	24,000	2,400.00
会稽郡	10	30,000	3,000.00
东阳郡	9	12,000	1,333.33
新安郡	6	5,000	833.33
临海郡	8	18,000	2,250.00
建安郡	7	4,300	614.29
晋安郡	8	4,300	537.50
豫章郡	16	35,000	2,187.50

州别及郡国别	县　数	户　数	每县平均户数②
临川郡	10	8,500	850.00
鄱阳郡	8	6,100	762.50
庐陵郡	10	12,200	1,220.00
南康郡	5	1,400㉘	280.00
合计（一）	173	310,400	1,794.22
（二）	(173)	(311,400)	(1,800.00)
交　州			
合浦郡	6	2,000	333.33
交趾郡	14	12,000	857.14
新昌郡	6	3,000	500.00
武平郡	7	5,000㉙	714.29
九真郡	7	3,000	428.57
九德郡	8	—	—
日南郡	5	600	120.00
合计（一）	53	25,600	568.89
（二）	(53)	(25,600)	(568.89)
广　州			
南海郡	6	9,500	158.33
临贺郡	6	2,500	416.67
始安郡	7	6,000	857.14
始兴郡	7	5,000	714.29
苍梧郡	12	7,700	641.67
郁林郡	9	6,000	666.67
桂林郡	8	2,000	250.00
高凉郡	3	2,000	666.67
高兴郡	5	1,220㉚	244.00
宁浦郡	5	1,220	244.00
合计（一）	68	43,140㉛	634.41
（二）	(68)	(43,140)	(634.41)

资料来源　《晋书》卷 14—15《志》第 4—5《地理》上、下。

　　按《晋书地理志总序》云："太康元年（280 年）平吴，大凡户 2,459,840，口 16,163,863"，其户数与本表据同书所载各郡分计数统计得出的全国总户数 2,494,125 不符。除了可能由于传钞而造成数字讹误的影响外，《晋书地理志》中所记有户数的郡（国），不少是"太康 2 年"、"太康 3 年"以至"太康中"才建置的，因此各郡（国）户数分计相加起来的总数，不同于《总序》所载太康元年的户数，是不足为奇的。又，郑樵《通志》

卷 66《艺文略》第 4《地理》记有"《元康六年(公元 296 年)户口簿记》三卷",今佚。

编者注   ①本表诸州郡(国)总计及各州的合计数均分别为(一)、(二)两项。各州"合计(一)"系根据各该州属下诸郡国的数字相加得来的总数;"合计(二)"系原书所载该州的总数。诸州郡(国)总计(一)和(二),即为各州合计(一)和(二)两项数字各别相加的总和。本编以下各表均仿此例。   ②平均数的计算方法,请参阅甲表 7 注②。③毕沅《晋书地理志新补正》(以下简称《晋志新补正》)同。按毕氏《补正》一书所用底本,自序未有说明,似即为殿本《晋书》;其用以补校此书者,旁采其他史籍及地理书约共三十种,名不备载于此。据百衲本作 28,300。   ④《晋志新补正》同。百衲本作21,500。   ⑤百衲本作 3,500。《晋志新补正》作 7,500。   ⑥百衲本、《晋志新补正》均作 1,200。   ⑦百衲本同。《晋志新补正》作 41,000。   ⑧百衲本、《晋志新补正》均作 82。   ⑨百衲本作 306,000。《晋志新补正》作326,000。   ⑩百衲本、《晋志新补正》均作 3,950。   ⑪百衲本、《晋志新补正》均作 59,020。   ⑫百衲本同。《晋志新补正》作 800;毕氏又案云:"800 一本作 900。"   ⑬百衲本、《晋志新补正》均作 16,100。⑭百衲本、《晋志新补正》均作 12,700。   ⑮百衲本、《晋志新补正》均作 59,300。⑯《晋志新补正》同。百衲本作 4,000。   ⑰百衲本同。《晋志新补正》作 31,000;毕氏又案:"一本作 5,100。"   ⑱百衲本、《晋志新补正》均作 38。   ⑲百衲本同。《晋志新补正》作 52,600;毕氏又案:"一本作 400,误。"   ⑳《晋志新补正》同。百衲本作6,800。   ㉑百衲本、《晋志新补正》均作 83,000。   ㉒百衲本同。《晋志新补正》作 12。   ㉓《晋志新补正》同。百衲本作 23,000。   ㉔《晋志新补正》同。百衲本作 11,200。   ㉕《晋志新补正》同。百衲本作 14,300。   ㉖百衲本、《晋志新补正》均作 167。   ㉗百衲本同。《晋志新补正》作 11。   ㉘百衲本同。《晋志新补正》作 1,200。   ㉙百衲本同。《晋志新补正》作 3,000;毕氏又案:"一本作 5,000。"㉚《晋志新补正》同。百衲本作 1,200。   ㉛百衲本、《晋志新补正》均作 43,120。

甲表 16　刘宋各州户口数、平均户口数及各州户口数的比重

(大明 8 年,公元 464 年)

州　　别	县数	户数	口数	每县平均户数②	每户平均口数②	户数占诸州总数百分比	口数占诸州总数百分比
诸州总计(一)	1,265	901,769	5,174,074	743.42	5.98	100.00	100.00
(二)①	(一)	(一)	(一)	(一)	(一)	(一)	(一)
扬　州(一)	80	247,108	1,605,694	3,088.85	6.50	27.40	31.03
(二)	(80)	(143,296)	(1,455,685)	(1,791.20)	(10.16)		
南徐州(一)	70	71,768	418,078	1,025.26	5.83	7.96	8.08
(二)	(63)	(72,472)	(420,640)	(1,150.35)	(5.80)		

州　别	县　数	户　数	口　数	每县平均户数[2]	每户平均口数[2]	户数占诸州总数百分比	口数占诸州总数百分比
徐　州（一）	43	38,916	211,918	905.02	5.45	4.32	4.10
（二）	(43)	(23,485)	(175,967)	(546.16)	(7.49)		
南兖州（一）	26	20,144	124,934	774.77	6.20	2.23	2.41
（二）	(39)	(31,115)	(159,362)	(797.82)	(5.12)		
兖　州（一）	33	29,340	140,569	889.09	4.79	3.25	2.72
（二）	(31)	(29,340)	(145,581)	(946.45)	(4.96)		
南豫州（一）	43	23,623	150,402	549.37	6.37	2.62	2.91
（二）	(61)	(37,602)	(219,500)	(616.43)	(5.84)		
豫　州（一）	42	22,211	152,433	528.83	6.86	2.46	2.95
（二）	(43)	(22,919)	(150,839)	(533.00)	(6.58)		
江　州（一）	69	53,763	376,986	779.17	7.01	5.96	7.29
（二）	(65)	(52,033)	(277,147)	(800.51)	(5.33)		
青　州（一）	47	39,057	252,768	831.00	6.47	4.33	4.89
（二）	(46)	(40,504)	(402,729)	(880.52)	(9.94)		
冀　州（一）	50	30,686	180,947	613.72	5.90	3.40	4.50
（二）	(50)	(38,076)	(181,001)	(761.52)	(4.75)		
司　州（一）	20	18,675	66,681	1,436.54[2]	4.74[2]	2.07	1.29
（二）	(20)	(—)	(—)	(—)	(—)		
荆　州（一）	48	56,502	264,321	1,177.13	4.96[2]	6.27	5.11
（二）	(48)	(65,604)	(—)	(1,366.75)	(—)		
郢　州（一）	40	29,469	158,587	736.73	5.38	3.27	3.06
（二）	(39)	(29,469)	(158,587)	(755.62)	(5.38)		
湘　州（一）	66	41,698	356,571	631.79	8.55	4.63	6.89
（二）	(62)	(45,089)	(357,572)	(727.24)	(7.93)		
雍　州（一）	68	37,139	157,999	651.56[2]	4.25	4.12	3.05
（二）	(60)	(38,975)	(167,467)	(649.58)	(4.30)		
梁　州（一）	89	15,516	66,625	267.52[2]	4.84[2]	1.72	1.29
（二）	(—)	(—)	(—)	(—)	(—)		
秦　州（一）	39	11,646	51,209	323.50[2]	4.45[2]	1.29	0.99
（二）	(42)	(8,732)	(40,888)	(207.90)	(4.68)		
益　州（一）	122	54,042	249,088	442.97	5.28[2]	5.99	4.81
（二）	(128)	(53,141)	(248,293)	(415.16)	(4.67)		
宁　州（一）	77	9,907	—	128.66	—	1.10	—
（二）	(81)	(10,253)	(—)	(126.58)	(—)		
广　州（一）	138	40,359	188,264	292.46	4.66	4.48	3.63

(甲表 16 续)

州　别	县　数	户　数	口　数	每县平均户数②	每户平均口数②	户数占诸州总数百分比	口数占诸州总数百分比
（二）	(136)	(49,726)	(206,694)	(365.63)	(4.16)		
交　州（一）	48	9,262	—	192.96	—	1.03	—
（二）	(53)	(10,453)	(—)	(197.23)	(—)		
越　州（一）	7	938		134.00	—	0.10	—
（二）	(7)	(938)	(—)	(134.00)	(—)		

资料来源　根据本编表 17 作。

编者注　①原书有些州，其属县数，或户、口数不全，故不据以作出诸州总计数字。
　　　　②这两栏数字的计算方法，请参阅本编说明第 10 条及甲表 7 注②。以下甲表 17、19、20 等均同此。本表每县平均户数：司、雍、秦、梁四州各属下有些郡国只记县数无户数，在计平均数时把这部分郡国的县数别去。每户平均口数：司、荆、梁、秦、益五州各属下有些郡国只记口数无户数，在计平均数时亦把这部分郡国的口数别去。

甲表 17　刘宋各州郡户口数及每县平均户数和每户平均口数

（大明 8 年，公元 464 年）

州别及郡别①	县　数	户　数	口　数	每县平均户数④	每户平均口数④
诸州总计（一）②	1,265	901,769	5,174,074	743.42	5.98
（二）③	(—)	(—)	(—)	(—)	(—)
扬　州					
丹　阳	8	41,010	237,341	5,126.25	5.79
会　稽	10	52,228	348,014	5,222.80	6.66
吴　郡	12	50,488	424,812	4,207.33	8.41
吴　兴	10	49,609	316,173	4,960.90	6.37
淮　南	6	5,362	25,840	893.67	4.82
宣　城	10	10,120	47,992	1,012.00	4.74
东　阳	9	16,022	107,965	1,780.22	6.74
临　海	5	3,961	24,226	792.20	6.12
永　嘉	5	6,250	36,680	1,250.00	5.87
新　安	5	12,058	36,651	2,411.60	3.04
合计（一）	80	247,108	1,605,694	3,088.85	6.50
（二）	(80)	(143,296)	(1,455,685)	(1,791.20)	(10.16)

(甲表 17 续)

州别及郡别①	县 数	户 数	口 数	每县平均户数④	每户平均口数④
南徐州					
南东海	6	5,342	33,058	890.33	6.30
南琅邪	2	2,789	18,697	1,394.50	6.70
晋 陵	6	15,382	80,113	2,563.67	5.21
义 兴	5	13,496	89,525	2,699.20	6.63
南兰陵	2	1,593	10,634	796.50	6.68
南东莞	3	1,424	9,854	474.67	6.92
临 淮	7	3,711	22,886	530.14	6.17
淮 陵	3	1,905	10,630	635.00	5.58
南彭城	12	11,758	68,163	979.83	5.80
南清河	4	1,849	7,404	462.25	4.00
南高平	3	1,718	9,731	572.67	5.66
南平昌	4	2,178	11,741	544.50	5.39
南济阴	4	1,655	8,193	413.75	4.95
南濮阳	2	2,026	8,239	1,013.00	4.07
南太山	3	2,499	13,600	833.00	5.44
济 阳	2	1,232	8,192	616.00	6.65
南鲁郡	2	1,211	6,818	605.50	5.63
合计(一)	70	71,768	418,078	1,025.26	5.83
(二)	(63)	(72,472)	(420,640)	(1,150.35)	(5.80)
徐 州					
彭 城	5	8,627	41,231	1,725.40	4.80
沛 郡	3	5,209	25,170	1,736.33	4.83
下 邳	3	3,099	16,088	1,033.00	5.19
兰 陵	3	3,164	14,597	1,054.67	4.61
东 海	2	2,411	13,941	1,205.50	5.78
东 莞	3	887	7,320	295.67	8.25
东 安	3	1,285	10,755	428.33	8.37
琅 邪	2	1,818	8,243	909.00	4.53
淮 阳	4	2,855	15,363	713.75	5.38
阳 平	3	1,725	13,330	575.00	7.73
济 阴	3	2,305	11,928	768.33	5.17
北济阴	3	927	3,810	309.00	4.11
钟 离	3	3,272	17,832	1,090.67	5.45
马 头	3	1,332	12,310	444.00	9.24
合计(一)	43	38,916	211,918	905.02	5.45
(二)	(43)⑤	(23,485)	(175,967)	(546.16)	(7.49)

州别及郡别①	县 数	户 数	口 数	每县平均户数④	每户平均口数④
南兖州					
广　陵	4	7,744	45,613	1,936.00	5.89
海　陵	6⑥	3,626	21,660	604.33	5.97
山　阳	4	2,814	22,470	703.50	7.99
盱　眙	5	1,518	6,825	303.60	4.50
秦　郡	4	3,333	15,396⑦	833.25	4.62
南　沛	3	1,109	12,970	369.67	11.70
合计(一)	26	20,144	124,934	774.77	6.20
(二)	(39)	(31,115)	(159,362)	(797.82)	(5.12)
兖 州					
泰　山	8	8,177	45,581	1,022.13	5.57
高　平	6	6,358	21,112	1,059.67	3.32
鲁　郡	6	4,631	28,307	771.83	6.11
东　平	5	4,159	17,295	831.80	4.16
阳　平	5	2,857	11,271	571.40	3.95
济　北	3	3,158	17,003	1,052.67	5.38
合计(一)	33	29,340	149,569	839.09	4.79
(二)	(31)	(29,340)	(145,581)	(946.45)	(4.96)
南豫州					
历　阳	5	3,156	19,470	631.20	6.17
南　谯	6	4,432	22,358	738.67	5.04
庐　江	3	1,909	11,997	636.33	6.28
南汝阴	5	2,701	19,585	540.20	7.25
南　梁	9	6,212	42,754	690.22	6.88
晋　熙	5	1,521	7,497	304.20	4.93
弋　阳	6	3,275	24,262	545.83	7.41
边　城	4	417	2,479	104.25	5.94
合计(一)	43	23,623	150,402	549.37	6.37
(二)	(61)	(37,602)	(219,500)	(616.43)	(5.84)
豫 州					
汝　南	11	11,291	89,349	1,026.45	7.91
新　蔡	4	2,774	19,880	693.50	7.17
谯　郡	6	1,424	7,404	237.33	5.20
梁　郡	2	968	5,500	484.00	5.68
陈　郡	4	693	4,113	173.25	5.94
南　颍	2	526	2,365	263.00	4.50

(甲表 17 续)

州别及郡别①	县 数	户 数	口 数	每县平均户数④	每户平均口数④
颍 川	3	649	2,579	216.33	3.97
汝 阳	2	941	4,495	470.50	4.78
汝 阴	4	2,749	14,335	687.25	5.21
陈 留	4	196	2,413	49.00	12.31
合计(一)	42	22,211	152,433	528.83	6.86
(二)	(43)	(22,919)	(150,839)	(533.00)	(6.58)
江 州					
寻 阳	3	2,720	16,008	906.67	5.89
豫 章	12	16,139	122,573	1,344.92	7.59
鄱 阳	6	3,242	10,950	540.33	3.38
临 川	9	8,983	64,805	998.11	7.21
庐 陵	9	4,455	31,271	495.00	7.02
安 城	7	6,116	50,323	873.71	8.23
南 康	7	4,493	34,684	641.86	7.72
南新蔡	4	1,730	8,848	432.50	5.11
建 安	7	3,042	17,686	434.57	5.81
晋 安	5	2,843	19,838	568.60	6.98
合计(一)	69	53,763	376,986	779.17	7.01
(二)	(65)	(52,033)	(277,147)⑧	(800.51)	(5.33)
青 州					
齐 郡	7	7,346	14,889	1,049.43	2.03
济 南	6	5,056	38,175	842.67	7.55
乐 安	3	2,259	14,991	753.00	6.64
高 密	6	2,304	13,802	384.00	5.99
平 昌	5	2,270	15,050	454.00	6.63
北 海	6	3,968	35,995	661.33	9.07
东 莱	7	10,131	75,149	1,447.29	7.42
太 原	3	2,757	24,694	919.00	8.96
长 广	4	2,966	20,023	741.50	6.75
合计(一)	47	39,057	252,768	831.00	6.47
(二)	(46)	(40,504)	(402,729)	(880.52)	(9.94)
冀 州					
广 川	4	3,250	23,614	812.50	7.27
平 原	8	5,913	29,267	739.13	4.95
清 河	7	3,794	29,274	542.00	7.72
乐 陵	5	3,103	16,661	620.60	5.37

州别及郡别①	县　数	户　数	口　数	每县平均户数④	每户平均口数④
魏　郡	8	6,405	33,682	800.63	5.26
河　间	6	2,781	17,707	463.50	6.37
顿　丘	4	1,288	3,851	309.50	3.11
高　阳	5	2,297	14,725	459.40	6.41
勃　海	3	1,905	12,166	635.00	6.39
合计(一)	50	30,686	180,947	613.72	5.90
(二)	(50)	(38,076)	(181,001)	(761.52)	(4.75)
司　州					
义　阳	7	8,032⑨	41,597	1,147.43	5.18
随　阳	4	4,600	—	1,150.00	—
安　陆	2	6,043	25,084	3,021.50	4.15
南汝南	7	—	—	—	—
合计(一)	20	18,675	66,681	1,436.54	4.74
(二)	(20)	(—)	(—)	(—)	(—)
荆　州					
南　郡	6	14,544	75,087	2,424.00	5.16
南　平	4	12,392	45,049	3,098.00	3.64
天　门	4	3,195	—	798.75	—
宜　都	4	1,843	34,220	460.75	18.57
巴　东	7	13,795	45,237	1,970.71	3.28
汶　阳	3	958	4,914	319.33	5.13
南义阳	2	1,607	9,741	803.50	6.06
新　兴	3	2,301	9,584	767.00	4.17
南河东	4	2,423	10,487	605.75	4.33
建　平	7	1,329	20,814	189.86	15.66
永　宁	2	1,157	4,274	578.50	3.69
武　宁	2	958	4,914	479.00	5.13
合计(一)	48	56,502	264,321	1,177.13	4.96
(二)	(48)	(65,604)	(—)	(1,366.75)	(—)
郢　州					
江　夏	7	5,072	23,810	724.57	4.69
竟　陵	6	8,591	44,375	1,431.83	5.17
武　陵	10	5,090	37,555	509.00	7.38
巴　陵	4	5,187	25,316	1,296.75	4.88
武　昌	3	2,546	11,411	848.67	4.48
西　阳	10	2,983	16,120	298.30	5.40

州别及郡别①	县 数	户 数	口 数	每县平均户数④	每户平均口数④
合计(一)	40	29,469	158,587	736.73	5.38
(二)	(39)	(29,469)	(158,587)	(755.62)	(5.38)
湘 州					
长 沙	7	5,684	46,213	812.00	8.13
衡 阳	7	5,746	28,991	820.86	5.05
桂 阳	6	2,219	22,192	369.83	10.00
零 陵	7	3,828	64,828	546.86	16.94
营 阳	4	1,608	20,927	402.00	13.01
湘 东	5	1,396	17,450	279.20	12.50
邵 陵	7	1,916	25,565	273.71	13.34
广 兴	7	11,756	76,328	1,679.43	6.50
临 庆	9	3,715	31,587	412.78	8.50
始 建	7	3,830	22,490	547.14	5.87
合计(一)	66	41,698	356,571	631.79	8.55
(二)	(62)	(45,089)	(357,572)	(727.24)	(7.93)
雍 州					
襄 阳	3	4,024	16,496	1,341.33	4.10
南 阳	7	4,727	38,132	675.29	8.07
新 野	5	4,235	14,793	847.00	3.49
顺 阳	7	4,163	23,163	594.71	5.56
京 兆	3	2,307	9,223	769.00	4.00
始 平	4	2,797	5,512	699.25	1.97
扶 风	3	2,157	7,290	719.00	3.38
南上洛	2	144	477	72.00	3.31
河 南	5	3,541	13,470	708.20	3.80
广 平	4	2,627	6,293	656.75	2.40
义 成	2	1,521	5,101	760.50	3.35
冯 翊	3	2,078	5,321	692.67	2.56
南天水	4	687	3,122	171.75	4.54
建 昌	2	732	4,264	366.00	5.83
华 山	3	1,399	5,342	466.33	3.82
北河南	8	—	—	—	—
弘 农	3	—	—	—	—
合计(一)	68	37,139	157,999	651.56	4.25
(二)	(60)	(38,975)	(167,467)	(649.58)	(4.30)

州别及郡别①	县 数	户 数	口 数	每县平均户数④	每户平均口数④
梁　州					
汉　中	4	1,786	10,334	446.50	5.79
魏　兴	13	—	—	—	—
新　兴	2	—	—	—	—
新　城	6	1,668	7,594	278.00	4.55
上　庸	7	4,554	20,653	650.57	4.54
晋　寿	4	—	—	—	—
华　阳	4	2,561	15,494	640.25	6.05
新　巴	3	393	2,749	131.00	6.99
北巴西	6	—	—	—	—
北阴平	2	506	2,124	253.00	4.20
南阴平	2	407	—	203.50	—
巴　渠	7	500	2,183	71.43	4.37
怀　安	2	407	2,366	203.50	5.81
宋　熙	5	1,385	3,128	277.00	2.26
白　水	6	605	—	100.83	—
南上洛	6	—	—	—	—
北上洛	7	254	—	36.29	—
怀　汉	3	490⑩	—	163.33	—
合计(一)	89	15,516	66,625	267.52	4.84
(二)	(一)	(一)	(一)	(一)	(一)
秦　州					
武　都	3	1,274	6,140	424.67	4.82
略　阳	3	1,359	5,657	453.00	4.16
安　固	2	1,505	2,044	752.50	1.36
西　京	3	693	4,552	231.00	6.57
南太原	1	233	1,156	233.00	4.96
南　安	2	620	3,089	310.00	4.98
冯　翊	5	1,490	6,854	298.00	4.60
陇　西	6	1,561	7,530	260.17	4.82
始　平	3	859	5,441	286.33	6.33
金　城	2	375	1,000	187.50	2.67
安　定	2	640	2,518	320.00	3.93
天　水	2	893	5,228	446.50	5.85
西扶风	2	144	—	72.00	—
北扶风	3	—	—	—	—

(甲表 17 续)

州别及郡别①	县数	户数	口数	每县平均户数①	每户平均口数①
合计(一)	39	11,646	51,209	323.50	4.45
(二)	(42)	(8,732)	(40,888)	(207.90)	(4.68)
益　州					
蜀　郡	5	11,902	60,870⑪	2,380.40	5.11
广　汉	6	4,586	27,149	764.33	5.92
巴　西	9	4,954	33,346	550.44	6.73
梓　潼	4	3,034	21,976	758.50	7.24
巴　郡	4	3,734	13,183	933.50	3.53
遂　宁	4	3,320	—	830.00	—
江　阳	4	1,525	8,027	381.25	5.26
怀　宁	3	1,315	5,950	438.33	4.52
宁　蜀	4	1,643	—	410.75	—
越　嶲	8	1,349	—	168.63	—
汶　山	2	1,107	6,105	553.50	5.51
南阴平	2	1,240	7,597	620.00	6.13
犍　为	5	1,390	4,057	278.00	2.92
始　康	4	1,063	4,226	265.75	3.98
晋　熙	2	785	3,925	392.50	5.00
晋　原	5	1,272	4,960	254.40	3.90
宋　宁	3	1,036	8,342	345.33	8.05
安　固	6	1,120	6,557	186.67	5.85
南汉中	5	1,084	5,246	216.80	4.84
北阴平	4	1,053	6,764	263.25	6.42
武　都	5	982	4,401	196.40	4.48
新　城	2	753	5,971	376.50	7.93
南新巴	6	1,070	2,683	178.33	2.51
南晋寿	5	1,057	1,943	211.40	1.84
宋　兴	3	496	1,943	165.33	3.92
南宕渠	3	504	3,127	168.00	6.20
天　水	3	461	—	153.67	—
东江阳	2	142	740	71.00	5.21
沈　黎	4	65		16.25	
合计(一)	122	54,042	249,088	442.97	5.28
(二)	(128)	(53,141)	(248,293)	(415.16)	(4.67)
宁　州					
建　宁	13	2,562	—	197.08	—

州别及郡别①	县 数	户 数	口 数	每县平均户数①	每户平均口数①
晋 宁	7	637	—	91.00	—
牂 牁	6	1,970	—	328.33	—
平 蛮	2	245	—	122.50	—
夜 郎	4	288	—	72.00	—
朱 提	5	1,010	—	202.00	—
南 广	4	440	—	110.00	—
建 都	6	107	—	17.83	—
西 平	5	176	—	35.20	—
西 河	3	369	—	123.00	—
东河阳	2	152	—	76.00	—
云 南	5	381	—	76.20	—
兴 宁	2	753	—	376.50	—
兴 古	6	386	—	64.33	—
梁 水	7	431	—	61.57	—
合计(一)	77	9,907	—	128.66	—
(二)	(81)	(10,253)	(—)	(126.58)	(—)
广 州					
南 海	10	8,574	49,157	857.40	5.73
苍 梧	11	6,593	11,753	599.36	1.78
晋 康	14	4,547	17,710	324.79	3.89
新 宁	14	2,653	10,514	189.50	3.96
永 平	7	1,609	17,202	229.86	10.69
郁 林	17	1,121	5,727	65.94	5.11
桂 林	7	558	2,205	79.71	3.95
高 凉	7	1,429	8,123	204.14	5.68
新 会	12	1,739	10,509	144.92	6.04
东 官	6	1,332	15,696	222.00	11.78
义 安	5	1,119	5,522	223.80	4.93
宋 康	9	1,513	9,131	168.11	6.04
绥 建	7	3,764	14,491	537.71	3.85
海 昌	5	1,724	4,074	344.80	2.36
宋 熙	7	2,084	6,450	297.71	3.10
合计(一)	138	40,359	188,264	292.46	4.66
(二)	(136)	(49,726)	(206,694)	(365.63)	(4.16)
交 州					
交 趾	12	4,233	—	352.75	—

州别及郡别①	县　数	户　数	口　数	每县平均户数④	每户平均口数④
武　平	6	1,490	—	248.33	—
九　真	12	2,328	—	194.00	—
九　德	11	809	—	73.55	—
日　南	7	402	—	57.43	—
合计(一)	48	9,262	—	192.96	—
(二)	(53)	(10,453)	(—)	(197.23)	(—)
越　州					
合　浦	7	938		134.00	
合计(一)	7	938		134.00	
(二)	(7)	(938)	(—)	(134.00)	(—)

资料来源　《宋书》卷35—38《志》第25—28《州郡》1—4。

编者注　①凡《宋书》于县、户、口三项俱缺数字的各郡,本表一概从略。　②诸州总计及本州合计(一)、(二)的计算方法,参看甲表15注①。　③原书有若干州或全缺县、户、口三项的合计数(如梁州),或缺户、口二项的合计数(如司州),或单缺口一项的合计数(如荆州),故不宜于作出各州总计。　④平均数的计算方法,请参看甲表16注②。　⑤百衲本作34。　⑥百衲本作5。　⑦百衲本作15,296。据清成孺《宋州郡志校勘记》(以下简称《宋志校记》)校注,毛晋汲古阁本作15,296,南监本、北监本、殿本并作15,396。按成氏《校勘记》系以毛本作底本,而校以南、北监本及殿本,并参酌《南齐书》、《三国志注》等书。　⑧百衲本作377,147。　⑨百衲本作8,031。据《宋志校记》,毛本作8,031,殿本作8,032。　⑩百衲本作419。　⑪百衲本作60,876。

甲表 18   北魏一部分州郡的户数及每县平均户数①

(永熙年间,公元 532—534 年)

州 别 及 郡 别	县 数	户 数	每县平均户数
东梁州②			
金城郡	1	286	286.00
安康郡	1	618	618.00
魏明郡	2	318	159.00
合计(一)③	4	1,222	305.50
(二)	(4)	(1,222)	(305.50)
凉 州			
武安郡	1	373	373.00
临杜郡	2	389	194.50
建昌郡	3	657	219.00
番和郡	2	139	69.50
泉城郡	1	72	72.00
武兴郡	3	385	128.33
武威郡	2	340	170.00
昌松郡	3	397	132.33
东泾郡	1	191	191.00
梁宁郡	2	331	165.50
合计(一)	20	3,274	163.70
(二)	(20)	(3,273)	(163.65)
北华州④			
中部郡	4	8,924	2,231.00
敷城郡	3	5,672	1,890.67
合计(一)	7	14,596	2,085.14
(二)	(7)	(11,597)	(1,656.71)

资料来源   《魏书》卷 106《志》第 7《地形》下;《西魏书》卷 7—8《地域考》上、下。

编者注   ①按《魏书地形志》上、中二卷所录乃东魏武定年间(543—550 年)册报之数
(详本编表 20),仅下卷录自北魏永熙(532—534 年)中旧簿,然亦只存以上三州的
户数。《西魏书地域考》所记与《魏志》卷下同,当系据此转录。　　②《西魏书》作
"金州",盖西魏废帝末年(554 年)所易名。　　③合计(一)、(二)的计算方法参看
甲表 15 注①。　　④《西魏书》作"鄜州"(并注"一作敷州"),盖西魏废帝末年所
易名。

甲表 19　东魏各州户口数、平均户口数及各州户口数的比重

（武定年间，公元 543—550 年）

州　　别	县数	户　数	口　数	每县平均户数①	每户平均口数	户数占诸州总数百分比	口数占诸州总数百分比
诸州总计(一)②	821	2,007,966	7,591,654	2,445.49	3.78	100.00	100.00
(二)	(819)	(1,999,786)	(7,703,942)	(2,441.74)	(3.85)	(100.00)	(100.00)
司　州(一)	65	371,674	1,430,335	5,718.06	3.85	18.51	18.84
(二)	(65)	(371,675)	(1,459,835)	(5,718.07)	(3.93)	(18.58)	(18.95)
定　州(一)	24	177,500	834,211	7,395.83	4.70	8.84	10.99
(二)	(24)	(177,501)	(834,274)	(7,395.88)	(4.70)	(8.88)	(10.83)
冀　州(一)	21	125,646	496,602	5,983.14	3.95	6.26	6.54
(二)	(21)	(125,646)	(466,601)	(5,983.14)	(3.71)	(6.28)	(6.06)
并　州(一)	26	112,933	472,740	4,343.58	4.19	5.62	6.23
(二)	(26)	(107,983)	(482,140)	(4,153.19)	(4.46)	(5.40)	(6.26)
瀛　州(一)	18	105,149	451,542	5,841.61	4.29	5.24	5.95
(二)	(18)	(105,549)	(451,542)	(5,863.83)	(4.29)	(5.28)	(5.86)
殷　州(一)	15	77,942	356,976	5,196.13	4.58	3.88	4.70
(二)	(15)	(77,943)	(357,016)	(5,196.20)	(4.58)	(3.90)	(4.63)
沧　州(一)	12	71,803	251,879	5,983.58	3.51	3.58	3.32
(二)	(12)	(71,803)	(251,879)	(5,983.58)	(3.51)	(3.59)	(3.27)
肆　州(一)	11	40,582	181,643	3,689.27	4.48	2.02	2.39
(二)	(11)	(40,582)	(181,633)	(3,689.27)	(4.48)	(2.03)	(2.36)
幽　州(一)	18	39,580	140,936	2,198.89	3.56	1.97	1.86
(二)	(18)	(39,580)	(140,536)	(2,198.89)	(3.56)	(1.98)	(1.82)
晋　州(一)	31	28,250	103,100	911.29	3.65	1.41	1.36
(二)	(31)	(28,349)	(100,039)	(914.48)	(3.53)	(1.42)	(1.30)
怀　州(一)	8	21,740	98,315	2,717.50	4.52	1.08	1.30
(二)	(8)	(21,740)	(98,315)	(2,717.50)	(4.52)	(1.09)	(1.28)
建　州(一)	10	18,904	75,300	1,890.40	3.98	0.94	0.99
(二)	(10)	(18,904)	(75,300)	(1,890.40)	(3.98)	(0.95)	(0.98)
汾　州(一)	10	6,826	31,210	622.60	4.57	0.34	0.41
(二)	(10)	(6,826)	(31,210)	(682.60)	(4.57)	(0.34)	(0.41)
东雍州(一)	8	6,241	30,400	780.13	4.87	0.31	0.40
(二)	(8)	(6,241)	(30,400)	(780.13)	(4.87)	(0.31)	(0.39)
安　州(一)	8	5,405	23,149	675.63	4.28	0.27	0.30
(二)	(8)	(5,405)	(23,149)	(675.63)	(4.28)	(0.27)	(0.30)
义　州(一)	19	3,428	23,065	180.42	6.73	0.17	0.31

州　　别	县数	户　数	口　数	每县平均户数①	每户平均口数	户数占诸州总数百分比	口数占诸州总数百分比
（二）	(19)	(3,428)	(16,724)	(180.42)	(4.88)	(0.17)	(0.22)
南汾州（一）	18	1,932	7,648	107.33	3.96	0.10	0.10
（二）	(18)	(1,922)	(7,648)	(106.78)	(3.98)	(0.10)	(0.10)
南营州（一）	11	1,813	9,036	164.82	4.98	0.09	0.12
（二）	(11)	(1,813)	(9,036)	(164.82)	(4.98)	(0.09)	(0.12)
东燕州（一）	6	1,766	6,319	294.33	3.58	0.09	0.09
（二）	(6)	(1,766)	(6,317)	(294.33)	(3.58)	(0.09)	(0.08)
营　州（一）	14	1,022	4,664	73.00	4.56	0.05	0.06
（二）	(14)	(1,021)	(4,664)	(72.93)	(4.57)	(0.05)	(0.06)
平　州（一）	5	967	3,741	193.40	3.87	0.05	0.05
（二）	(5)	(973)	(3,741)	(194.60)	(3.84)	(0.05)	(0.05)
兖　州（一）	31	88,032	266,791	2,839.74	3.03	4.38	3.51
（二）	(31)	(88,032)	(266,791)	(2,839.74)	(3.03)	(4.40)	(3.46)
青　州（一）	37	79,753	206,593	2,155.49	2.59	3.97	2.72
（二）	(37)	(79,753)	(306,585)	(2,155.49)	(3.84)	(3.99)	(3.98)
齐　州（一）	35	77,391	267,662	2,211.17	3.46	3.85	3.53
（二）	(35)	(77,378)	(269,662)	(2,210.80)	(3.48)	(3.87)	(3.50)
郑　州（一）	9	62,173	274,242	6,908.11	4.41	3.10	3.61
（二）	(9)	(62,173)	(274,242)	(6,908.11)	(4.41)	(3.11)	(3.56)
济　州（一）	15	53,212	134,602	3,547.47	2.53	2.65	1.77
（二）	(15)	(53,214)	(145,284)	(3,547.60)	(2.73)	(2.66)	(1.89)
光　州（一）	14	45,776	160,949	3,269.71	3.52	2.28	2.12
（二）	(14)	(45,776)	(160,050)	(3,269.71)	(3.52)	(2.29)	(2.09)
梁　州（一）	10	44,368	182,903	4,436.80	4.12	2.21	2.41
（二）	(7)	(43,819)	(181,903)	(6,259.86)	(4.15)	(2.19)	(2.36)
豫　州（一）	39	41,170	96,916	1,055.64	2.35	2.05	1.28
（二）	(39)	(41,172)	(96,916)	(1,055.70)	(2.35)	(2.06)	(1.26)
北豫州（一）	12	40,728	182,569	3,394.00	4.48	2.03	2.40
（二）	(12)	(40,728)	(182,551)	(3,394.00)	(4.48)	(2.04)	(2.37)
徐　州（一）	23	40,812	107,837	1,774.43	2.64	2.03	1.42
（二）	(24)	(37,812)	(108,787)	(1,575.50)	(2.88)	(1.89)	(1.41)
西兖州（一）	7	37,407	103,894	5,343.86	2.78	1.86	1.37
（二）	(7)	(37,407)	(103,894)	(5,343.86)	(2.78)	(1.87)	(1.35)
南兖州（一）	21	37,130	115,539	1,768.10	3.11	1.85	1.52
（二）	(21)	(37,130)	(115,539)	(1,768.10)	(3.11)	(1.86)	(1.50)

州　别	县数	户　数	口　数	每县平均户数①	每户平均口数	户数占诸州总数百分比	口数占诸州总数百分比
广　州（一）	15	28,696	96,750	1,913.07	3.37	1.43	1.27
（二）	(15)	(28,696)	(96,780)	(1,913.07)	(3.37)	(1.43)	(1.26)
胶　州（一）	14	26,562	60,382	1,897.29	2.27	1.32	0.80
（二）	(14)	(26,562)	(60,382)	(1,897.29)	(2.27)	(1.33)	(0.78)
洛　州（一）	12	15,679	66,521	1,306.58	4.24	0.78	0.88
（二）	(12)	(15,679)	(66,521)	(1,306.58)	(4.24)	(0.78)	(0.86)
南青州（一）	9	15,024	45,322	1,669.33	3.02	0.75	0.60
（二）	(9)	(15,024)	(45,322)	(1,669.33)	(3.02)	(0.75)	(0.59)
北徐州（一）	4	14,781	40,125	3,695.25	2.71	0.74	0.53
（二）	(5)	(14,781)	(40,125)	(2,956.20)	(2.71)	(0.74)	(0.52)
北扬州（一）	19	9,849	32,133	518.37	3.26	0.49	0.42
（二）	(19)	(9,845)	(32,139)	(518.16)	(3.26)	(0.49)	(0.42)
东楚州（一）	20	6,529	27,192	326.45	4.16	0.33	0.36
（二）	(20)	(6,531)	(27,132)	(326.55)	(4.15)	(0.33)	(0.35)
东徐州（一）	16	6,701	30,665	418.81	4.58	0.33	0.40
（二）	(16)	(6,281)	(30,665)	(392.56)	(4.88)	(0.31)	(0.40)
海　州（一）	19	4,878	23,010	256.74	4.72	0.24	0.30
（二）	(19)	(4,878)	(23,210)	(256.74)	(4.76)	(0.24)	(0.30)
东豫州（一）	17	2,887	10,699	169.82	3.70	0.14	0.14
（二）	(16)	(3,099)	(11,021)	(193.69)	(3.56)	(0.15)	(0.14)
义　州（一）	—	215	322	—	1.50	0.01	③
（二）	(—)	(215)	(322)	(—)	(1.50)	(0.01)	④
颍　州（一）	40	3,561	13,343	89.03	3.75	0.18	0.18
（二）	(40)	(3,601)	(13,343)	(90.03)	(3.71)	(0.18)	(0.17)
谯　州（一）	17	2,616	7,821	153.88	2.99	0.13	0.10
（二）	(17)	(2,617)	(7,821)	(153.94)	(2.99)	(0.13)	(0.10)
北荆州（一）	8	933	4,056	116.63	4.35	0.05	0.05
（二）	(8)	(933)	(4,056)	(116.63)	(4.35)	(0.05)	(0.05)

资料来源　根据本编表 20 作。

编者注　①本表义州只记户数无县数，在计算平均数时把义州户数剔去。　②总计（一）、（二）的计算方法，参看甲表 15 注①。　③、④数值在 0.005 以下。

甲表 20 东魏各州郡户口数及每县平均户数和每户平均口数①

（武定年间，公元 543—550 年）

州别及郡别	县数	户数	口数	每县平均户数③	每户平均口数
诸州郡总计（一）②	821	2,007,966	7,591,654	2,445.49	3.78
（二）	(819)	(1,999,786)	(7,703,942)	(2,441.74)	(3.85)
司　州					
魏　尹	13	122,613	438,024	9,431.77	3.57
阳　平	8	47,444	162,075	5,930.50	3.42
广　平	6	23,750	103,403	3,958.33	4.35
汲　郡	6	29,883	102,997	4,980.50	3.45
广　宗	3	13,262	55,397	4,420.67	4.21
东　郡	7	30,521	107,717	4,360.14	3.53
北广平	3	16,691	91,148	5,563.67	5.46
林　虑	4	13,821	52,372	3,455.25	3.79
顿　丘	4	17,012④	87,063	4,253.00	5.12
濮　阳	4	18,664	55,512	4,666.00	2.97
黎　阳	3	11,980	50,457	3,993.33	4.21
清　河	4	26,033	123,670	6,508.25	4.75
合计（一）	65	371,674	1,430,335	5,718.06	3.85
（二）	(65)	(371,675)	(1,459,835)	(5,718.07)	(3.93)
定　州					
中　山	7	52,592	255,241	7,513.14	4.85
常　山	7	56,890	248,622	8,127.14	4.37
巨　鹿	3	27,172	130,239	9,057.33	4.79
博　陵	4	27,812	135,007⑤	6,953.00	4.85
北　平	3	13,034	65,102	4,344.67	4.99
合计（一）	24	177,500	834,211	7,395.33	4.70
（二）	(24)	(177,501)	(834,274)	(7,395.88)	(4.70)
冀　州					
长　乐	8	35,683	143,145	4,460.38	4.01
勃　海	4	37,972	140,482	9,493.00	3.70
武　邑	5	29,775	144,579	5,955.00	4.86
安　德	4	22,216	68,396	5,554.00	3.08
合计（一）	21	125,646	496,602⑥	5,983.14	3.95
（二）	(21)	(125,646)	(466,601)	(5,983.14)	(3.71)
并　州					
太　原	10	45,006	207,578	4,500.60	4.61

州别及郡别	县数	户数	口数	每县平均户数③	每户平均口数
上　党	5	25,937	404,475	5,187.40	4.03
乡　郡	4	16,210	55,961	4,052.50	3.45
乐　平	3	18,267	68,159	6,089.00	3.73
襄　垣	4	7,513	36,567	1,878.25	4.87
合计(一)	26	112,933	472,740	4,343.58	4.19
(二)	(26)	(107,983)	(482,140)	(4,153.19)	(4.46)
瀛　州					
高　阳	9	30,586	140,107	3,398.44	4.58
章　武	5	38,754	162,870	7,750.80	4.20
河　间	4	35,809	148,565	8,952.25	4.15
合计(一)	18	105,149	451,542	5,841.61	4.29
(二)	(18)	(105,549)	(451,542)	(5,863.83)	(4.29)
殷　州					
赵　郡	5	31,899	148,314	6,379.80	4.65
巨　鹿	4	13,997	58,549	3,499.25	4.18
南　赵	6	32,046	150,113	5,341.00	4.68
合计(一)	15	77,942	356,976	5,106.13	4.58
(二)	(15)	(77,943)	(357,016)	(5,196.20)	(4.58)
沧　州					
浮　阳	4	26,880	98,458	6,720.00	3.66
乐　陵	4	24,998	85,284	6,249.50	3.41
安　德	4	19,925	68,137	4,981.25	3.42
合计(一)	12	71,803	251,879	5,983.58	3.51
(二)	(12)	(71,803)	(251,879)	(5,983.58)	(3.51)
肆　州					
永　安	5	22,748	104,185	4,549.60	4.58
秀　容	4	11,506	47,024	2,876.50	4.09
雁　门	2	6,328	30,434	3,164.00	4.81
合计(一)	11	40,582	181,643	3,689.27	4.48
(二)	(11)	(40,582)	(181,633)	(3,689.27)	(4.48)
幽　州					
燕　郡	5	5,748	22,559	1,149.60	3.92
范　阳	7	26,848	88,707	3,835.43	3.30
渔　阳	6	6,984	29,670	1,164.00	4.25
合计(一)	18	39,580	140,936	2,198.89	3.56
(二)	(18)	(39,580)	(140,536)	(2,198.89)	(3.56)

州别及郡别	县数	户数	口数	每县平均户数③	每户平均口数
晋　州					
平　阳	5	15,734	58,572⑦	3,140.80	3.72
北　绛	2	1,740	6,292	870.00	3.62
永　安	2	2,932	10,540	1,466.00	3.61
北五城	3	212	864	70.66	4.08
定　阳	3	498	1,941	166.00	3.90
敷　城	1	90	359	90.00	3.99
河　西	1	256	1,144	256.00	4.47
五　城	3	411	1,618	137.00	3.94
西　河	3	1,761	4,997	587.00	2.84
冀　氏	2	1,302	5,316	651.00	4.08
义　宁	4	2,478	8,466	619.50	3.42
南　绛	2	836	2,991	418.00	3.58
合计(一)	31	28,250	103,100	911.29	3.65
(二)	(31)	(28,349)	(100,039)	(914.48)	(3.53)
怀　州					
河　内	4	9,905	42,601	2,476.25	4.30
武　德	4	11,835	55,714	2,958.75	4.71
合计(一)	8	21,740	98,315	2,717.50	4.52
(二)	(8)	(21,740)	(98,315)	(2,717.50)	(4.52)
建　州					
高　都	2	6,499	27,635	3,249.50	4.25
安　平	2	5,658	19,557	2,829.00	3.46
泰　宁	4	1,335	5,330	333.75	3.99
长　平	2	5,412	22,778	2,706.00	4.21
合计(一)	10	18,904	75,300	1,890.40	3.98
(二)	(10)	(18,904)	(75,300)	(1,890.40)	(3.98)
汾　州					
西　河	3	5,388	25,388⑧	1,796.00	4.71
吐　京	2	384	1,513	192.00	3.94
五　城	3	257	1,101	85.67	4.28
定　阳	2	797	3,208	398.50	4.03
合计(一)	10	6,826	31,210	682.60	4.57
(二)	(10)	(6,826)	(31,210)	(682.60)	(4.57)
东雍州					
邵　郡	4	52	158	13.00	3.04

州别及郡别	县数	户数	口数	每县平均户数③	每户平均口数
高 凉	2	4,445	21,853	2,222.50	4.92
正 平	2	1,744	8,389	872.00	4.81
合计(一)	8	6,241	30,400	780.13	4.87
(二)	(8)	(6,241)	(30,400)	(780.13)	(4.87)
安 州					
密 云	3	2,231	9,011	743.67	4.04
广 阳	3	2,008	8,919	669.33	4.44
安 乐	2⑨	1,166	5,219	583.00	4.48
合计(一)	8	5,405	23,149	675.63	4.28
(二)	(8)	(5,405)	(23,149)	(675.63)	(4.28)
义 州					
五 城	3	2,100	17,069	700.00	8.13
泰 宁	3	228	1,127	76.00	4.94
新 安	3	394	1,595	131.33	4.05
渑 池	3	166	828	55.33	4.99
恒 农	3	98	543	31.00	5.84
宜 阳	3	169	686	56.33	4.06
金 门	1	278	1,217	278.00	4.38
合计(一)	19	3,428	23,065	180.42	6.73
(二)	(19)	(3,428)	(16,724)⑩	(180.42)	(4.88)
南汾州					
北吐京	4	88	351	22.00	3.99
西五城	3	247	1,118	82.33	4.53
南吐京	1	32	73	32.00	2.28
西定阳	1	42	140	42.00	3.33
定 阳	1	54	190	54.00	3.52
北 乡	2	209	759	104.50	3.63
五 城	2	214	884	107.00	4.13
中 阳	2	468	1,637	234.00	3.50
龙 门	2	578	2,496	289.00	4.32
合计(一)	18	1,932	7,648	107.33	3.96
(二)	(18)	(1,922)⑪	(7,648)	(106.78)	(3.98)
南营州					
昌 黎	3	509	2,658	169.67	5.22
辽 东	2	565	2,634	282.50	4.66
建 德	2	178	814	89.00	4.57

州别及郡别	县数	户数	口数	每县平均户数③	每户平均口数
营　丘	3	512	2,727	170.67	5.33
乐　良	1	49	203	49.00	4.14
合计(一)	11	1,813	9,036	164.82	4.98
（二）	(11)	(1,813)	(9,036)	(164.82)	(4.98)
东燕州					
平　昌	2	450	1,713	225.00	3.81
上　谷	2	942	3,093	471.00	3.28
徧　城	2	374	1,513	187.00	4.05
合计(一)	6	1,766	6,319	294.33	3.58
（二）	(6)⑤	(1,766)	(6,317)	(294.33)	(3.58)
营　州					
昌　黎	3	201	918	67.00	4.57
建　德	3	200	793	66.67	3.97
辽　东	2	131	855	65.50	6.53
乐　良	2	219	1,008	109.50	4.60
冀　阳	2	89	296	44.50	3.33
营　丘	2	182	794	91.00	4.36
合计(一)	14	1,022	4,664	73.00	4.56
（二）	(14)	(1,021)	(4,664)	(72.93)	(4.57)
平　州					
辽　西	3	537	1,905	179.00	3.55
北　平	2	430	1,836	215.00	4.27
合计(一)	5	967	3,741	193.40	3.87
（二）	(5)	(973)	(3,741)	(194.60)	(3.84)
兖　州					
泰　山	6	26,800	91,873	4,466.67	3.43
鲁　郡	6	15,160	47,329	2,526.67	3.12
高　平	4	11,124	25,896	2,781.00	2.33
任　城	3	8,050	21,789	2,683.33	2.71
东　平	7	20,752	61,810	2,964.57	2.98
东阳平	5	6,146	18,094	1,229.20	2.94
合计(一)	31	88,032	266,791	2,839.74	3.03
（二）	(31)	(88,032)	(266,791)	(2,839.74)	(3.03)
青　州					
齐　郡	9	30,848	82,100	3,427.56	2.66
北　海	5	17,587	46,549	3,517.40	2.65

(甲表 20 续)

州别及郡别	县数	户数	口数	每县平均户数③	每户平均口数
乐 安	4	5,916	13,239	1,479.00	2.24
勃 海	3	5,279	13,705	1,759.67	2.60
高 阳	5	6,322	17,667	1,264.40	2.79
河 间	6	5,830	14,818	971.67	2.54
乐 陵	5	7,971	18,515	1,594.20	2.32
合计(一)	37	79,753	206,593	2,155.49	2.59
(二)	(37)	(79,753)	(306,585)⑫	(2,155.49)	(3.84)
齐 州					
东 魏	9	19,130	73,570	2,125.56	3.85
东平原	6	13,929	40,403	2,321.50	2.90
东清河	7	6,810	22,574	972.86	3.31
广 川	3	3,945	11,472⑬	1,315.00	2.91
济 南	6	20,017	68,820	3,336.17	3.44
太 原	4	13,560	50,823	3,390.00	3.75
合计(一)	35	77,391	267,662	2,211.17	3.46
(二)	(35)	(77,378)	(269,662)	(2,210.80)	(3.48)
郑 州					
许 昌	4	25,327	104,463	6,331.75	4.11
颍 川	3	22,044	105,909	7,348.00	4.80
阳 翟	2	14,802	63,870	7,401.00	4.31
合计(一)	9	62,173	274,242	6,908.11	4.41
(二)	(9)	(62,173)	(274,242)	(6,908.11)	(4.41)
济 州					
济 北	3	9,467	29,399	3,155.67	3.11
平 原	4	22,250	59,437	5,562.50	2.67
东 平	2	8,896	25,103	4,448.00	2.81
南清河	3	10,135	13,985	3,378.33	1.38
东济北	3	2,464	6,678	821.33	2.71
合计(一)	15	53,212	134,602	3,547.47	2.53
(二)	(15)	(53,214)	(145,284)⑭	(3,547.60)	(2.73)
光 州					
东 莱	4	19,195	62,044	4,798.75	3.23
长 广	6	15,833	51,567	2,638.83	3.26
东 牟	4	10,748	47,338	2,687.00	4.40
合计(一)	14	45,776	160,949	3,269.71	3.52
(二)	(14)	(45,776)	(160,950)	(3,269.71)	(3.52)

州别及郡别	县数	户数	口数	每县平均户数③	每户平均口数
梁　州					
阳　夏	5	16,549	63,559	3,309.80	3.84
开　封	2	8,207	36,602	4,103.50	4.46
陈　留	3	19,612	82,742	6,537.33	4.22
合计(一)	10	44,368	182,903	4,436.80	4.12
(二)	(7)	(43,819)	(181,903)	(6,259.86)	(4.15)
豫　州					
汝　南	8	15,889	37,061	1,986.13	2.33
颍　川	3	8,396	20,640	2,798.67	2.46
汝　阳	3	7,254	15,245	2,418.00	2.10
义　阳	5	1,790	4,595	358.00	2.57
新　蔡	3	1,917	4,778	639.00	2.49
初　安	4	2,026	5,922	506.50	2.92
襄　城	3	1,446	4,063	482.00	2.81
城　阳	5	546	1,388	109.20	2.54
广　陵	5	1,906	3,224	381.20	1.69
合计(一)	39	41,170	96,916	1,055.64	2.35
(二)	(39)	(41,172)	(96,916)	(1,055.70)	(2.35)
北豫州					
广　武	5	15,596	74,519	3,119.20	4.78
荥　阳	5	21,472	92,310	4,294.40	4.30
成　皋	2	3,660	15,740	1,830.00	4.30
合计(一)	12	40,728	182,569	3,394.00	4.48
(二)	(12)	(40,728)	(182,551)	(3,394.00)	(4.48)
徐　州					
彭　城	6	6,339	23,841	1,056.50	3.76
南阳平	3	3,071	6,358	1,023.67	2.07
蕃　郡	2	4,392	18,842	2,196.00	4.29
沛　郡	3	4,419	12,278	1,473.00	2.78
兰　陵	4	10,424⑮	15,776	2,606.00	1.51
北济阴	3	8,546	21,988	2,848.67	2.57
砀　郡	2	3,621	8,754	1,810.50	2.42
合计(一)	23	40,812	107,837	1,774.43	2.64
(二)	(24)	(37,812)	(108,787)	(1,575.50)	(2.88)
西兖州					
沛　郡	3	7,571	20,314	2,523.67	2.68

州别及郡别	县数	户数	口数	每县平均户数③	每户平均口数
济　阴	4	29,836	83,580	7,459.00	2.80
合计(一)	7	37,407	103,894	5,343.86	2.78
(二)	(7)	(37,407)	(103,894)	(5,343.86)	(2.78)
南兖州					
陈　留	5⑯	6,230	16,749	1,246.00	2.69
梁　郡	2	10,359	25,995	5,179.50	2.51
下　蔡	4	3,362	7,973	840.50	2.37
谯　郡	3	5,132	12,991	1,710.67	2.53
北　梁	2	8,231	41,738	4,115.50	5.07
沛　郡	2	1,848	4,565	924.00	2.47
马　头	3	1,968	5,528	656.00	2.81
合计(一)	21	37,130	115,539	1,768.10	3.11
(二)	(21)	(37,130)	(115,539)⑰	(1,768.10)	(3.11)
广　州					
南　阳	2	7,489	26,728	3,744.50	3.57
顺　阳	2	2,045	7,252	1,022.50	3.55
定　陵	3	3,690	8,756	1,230.00	2.37
鲁　阳	2	245	775	122.50	3.16
汝　南	2	783	2,344	391.50	2.99
汉　广	2	6,200	8,017	3,100.00	1.29
襄　城	2	8,244	42,878	4,122.00	5.20
合计(一)	15	28,696	96,750	1,913.07	3.37
(二)	(15)	(28,696)	(96,780)⑱	(1,913.07)	(3.37)
胶　州					
东　武	3	8,617	18,757	2,872.33	2.18
高　密	5	7,505	16,153	1,501.00	2.15
平　昌	6	10,440	25,472	1,740.00	2.44
合计(一)	14	26,562	60,382	1,897.29	2.27
(二)	(14)	(26,562)	(60,382)	(1,897.29)	(2.27)
洛　州					
洛　阳	2	3,659⑲	15,072	1,829.50	4.12
河　阴	1	2,767	14,715	2,767.00	5.32
新　安	3	490	1,911	163.33	3.90
中　川	2	2,078	8,225	1,039.00	3.96
河　南	1	3,642	14,715	3,642.00	4.04
阳　城	3	3,043	11,883	1,014.33	3.91

州别及郡别	县数	户数	口数	每县平均户数③	每户平均口数
合计(一)	12	15,679	66,521	1,306.58	4.24
(二)	(12)	(15,679)	(66,521)	(1,306.58)	(4.24)
南青州					
东　安	3	4,640	16,551	1,546.67	3.57
东　莞	3	9,620	26,506	3,206.67	2.76
义　塘	3	764	2,265	254.67	2.96
合计(一)	9	15,024	45,322	1,669.33	3.02
(二)	(9)	(15,024)	(45,322)	(1,669.33)	(3.02)
北徐州					
东泰山	2⑳	5,007	16,381	2,503.50	3.27
琅　邪	2	9,774	23,744	4,887.00	2.43
合计(一)	4	14,781	40,125	3,695.25	2.71
(二)	(5)	(14,781)	(40,125)	(2,956.20)	(2.71)
北扬州					
陈　郡	4	3,024	7,669	756.00	2.54
南　顿	4	2,520	7,265	630.00	2.88
汝　阴	3	1,794	8,498	598.00	4.74
丹　阳	4	2,144	7,931	536.00	3.70
陈　留	4	367	775	91.75	2.11
合计(一)	19	9,849	32,138	518.37	3.26
(二)	(19)	(9,845)	(32,139)	(518.16)	(3.26)
东楚州					
宿　豫	4	1,655	7,307	413.75	4.42
高　平	4	920	3,096	230.00	3.37
淮　阳	4	1,617	7,277	404.25	4.50
晋　宁	4	1,222	5,023	305.50	4.11
安　远	2	580	2,382	290.00	4.11
临　沐	2	535	2,107	267.50	3.94
合计(一)	20	6,529	27,192	326.45	4.16
(二)	(20)㉑	(6,531)	(27,132)	(326.55)	(4.15)
东徐州					
下　邳	6	1,148	3,739	191.33	3.26
武　原	3	2,817	20,055	939.00	7.12
郯　郡	4	1,219	3,308	304.75	2.71
临　清	3	1,517	3,563	505.67	2.35
合计(一)	16	6,701	30,665	418.81	4.58
(二)	(16)	(6,281)	(30,665)	(392.56)	(4.88)

州别及郡别	县数	户数	口数	每县平均户数③	每户平均口数
海　州					
东彭城	3	800	3,469	266.67	4.34
东　海	4	1,242	5,904	310.50	4.75
海　西	3	860	3,950	286.67	4.59
沐　阳	4	1,397	7,583	349.25	5.43
琅　邪	3	356	1,371	118.67	3.85
武　陵	2	223	733	111.50	3.29
合计(一)	19	4,878	23,010	256.74	4.72
(二)	(19)	(4,878)	(23,210)㉒	(256.74)	(4.76)
东豫州					
汝　南	5	1,629	6,482	325.80	3.98
东新蔡	4	247	677	61.75	2.74
新　蔡	2	465	1,513	232.50	3.25
弋　阳	1	137	533	137.00	3.89
长　陵	3	387	1,363	129.00	3.52
阳　安	2㉓	22	131	11.00	5.95
合计(一)	17	2,887	10,699	169.82	3.70
(二)	(16)	(3,099)	(11,021)㉔	(193.69)	(3.56)
义　州	—	215	322	—	1.50
合计(一)	—	215	322	—	1.50
(二)	(—)	(215)	(322)	(—)	(1.50)
颍　州					
汝阴、弋阳	7	1,665	6,078	237.86	3.65
北陈留、颍川	5	351	1,272	70.20	3.62
财丘、梁兴	4	283	1,069	70.75	3.78
西恒农、陈南	3	231	864	77.00	3.74
东郡、汝南	2	147	621	73.50	4.22
清河、南阳	3	132	555	44.00	4.20
东恒农	3	119	440	39.67	3.70
新蔡、南陈留	1	257㉕	1,242	257.00	4.83
荥阳、北通	4	177	472	44.25	2.67
汝南、太原	4	87	406	21.75	4.67
新　兴	4	112	324	28.00	2.89
合计(一)	40	3,561	13,343	89.03	3.75
(二)	(40)	(3,601)	(13,343)	(90.03)	(3.71)

州别及郡别	县数	户数	口数	每县平均户数③	每户平均口数
谯　州					
南　谯	4	476	1,734	119.00	3.64
汴　郡	2	253	829	126.50	3.28
龙　亢	2	333	1,066	166.50	3.20
蕲　城	2	324	706	162.00	2.18
下　蔡	2	340	878	170.00	2.58
临　涣	3	709	2,062	236.33	2.91
蒙　郡	2	181	546	90.50	3.02
合计(一)	17	2,616	7,821	153.88	2.99
(二)	(17)	(2,617)	(7,821)	(153.94)	(2.99)
北荆州					
伊　阳	1	48	283	48.00	5.90
新　城	2	331	1,484	165.50	4.48
汝　北	5	554	2,289	110.80	4.13
合计(一)	8	933	4,056	116.63	4.35
(二)	(8)	(933)	(4,056)	(116.63)	(4.35)

资料来源　《魏书》卷 106《志》第 5—6《地形》上、中。

编者注　①北魏永安末年(530 年)尔朱乱后,旧日官司文簿散佚者多,魏收《魏书地形志》上、中两卷所记乃系根据东魏孝静帝武定之世(543—550 年)的册籍。但当时秦雍以西诸州郡(即《地形志》卷下所载 33 州,亦即魏收所谓"沦陷诸州"),已属西魏疆域,而不在东魏版图之内,这一部分的记载俱见《地形志》下卷,乃魏收采录北魏末孝武帝永熙(532—534 年)中旧簿缩籍而成(仅东梁、凉、北华等 3 州,金城等 15 郡载有户数,但缺口数;其余 30 州户、口数全缺)。所以,本表仅以上、中二卷为据,并实事求是地标名为东魏。又上、中二卷所载户、口数全缺的各州、郡,亦一概从略。东魏各州户口失载的原因,据《魏书》所言:"自恒州以下十州,永安以后,禁旅所出,户口之数并不得知。"(《地形志》上卷末语)"自恒州以下二十三州,并缘边新附,地居险远,故郡县户口有时而阙。"(《地形志》中卷末语)　②诸州总计及各州合计(一)(二)的计算方法,参看甲表 15 注①。　③在计算每县平均户数时,把义州户数剔去(因义州无县数)。　④百衲本作 17,022。又王先谦《魏书校勘记》(以下简称王氏《校记》)云:毛氏汲古本(以下简称毛本)作 17,012;宋监本(以下简称宋本)作 17,022。按,王氏系以宋监本作底本,而以毛本通校。　⑤百衲本作 135,070。　⑥百衲本作 466,601。　⑦百衲本作 58,571。王氏《校记》云:毛本作 58,572;宋本作 58,571。　⑧百衲本缺数字。　⑨百衲本作 3。　⑩百衲本作 16,764。　⑪百衲本作 1,932。　⑫百衲本作 206,585。王氏

《校记》云：毛本作306,585；宋本作 206,585。　　⑬百衲本作 13,472。　　⑭王氏《校记》云：毛本作 145,282；宋本作 145,284。　　⑮王氏《校记》云：毛本、宋本俱作"十千四百二十四"，"疑十乃七之讹，不然胡不云一万四百二十四耶"？⑯百衲本作 2。　　⑰百衲本作 105,537。　　⑱王氏《校记》云：毛本作 96,728；宋本作 96,780。　　⑲按：东魏武定 5 年（547 年）杨衒之撰《洛阳伽蓝记》卷 5"城北"条记当时京师（洛阳）户数为 109,000$^+$，并注一作 106,000$^+$ 户。表中数字据《魏书》所记仅为 3,659 户，相去甚远。姑录此以备考。　　⑳百衲本作 3。王氏《校记》云：毛本作 2；宋本作 3；"3"是。　　㉑百衲本缺县数。王氏《校记》云：毛本作县 20，宋本缺。方仲按：从王氏《校记》据宋本所指出之异文，尽与今百衲本合。

㉒百衲本作 22,210。　　㉓百衲本作 1。　　㉔王氏《校记》云：毛本作 11,031；宋本作 11,021。方仲按：百衲本及殿本均作 11,021。　　㉕百衲本作 357。

甲表 21　隋、唐、五代户口数、每户平均口数及户口数的升降百分比

年　度	公　元	户　数	口　数	每户平均口数	户数升降百分数（以开元14年为100）	口数升降百分数（以开元14年为100）	资　料　来　源
隋　文帝开皇9年	589	4,099,604	—	—	57.99	—	通典食货7"炀帝大业2年"户口数下案语。原文论述"大业2年"户数（见下条）较开皇9年"直增四百八十万零七千九百三十二"，"今据以算出（按：这实际上是北周和陈末两者户数的合计数）。查通典食货2在记开皇9年垦田数下的案语有："隋丁中，户总8,907,536"一语。这里显然是误用了大业5年的户数（参看本表下条）。又旧唐书卷4高宗上记"（高）履行奏隋开皇中有户8,700,000"，但通典食货7则作"履行奏隋大业中户有八百九十万"。
炀帝大业5年	609	8,907,546	46,019,956	5.17	126.00	111.11	隋书卷29地理上总序（按我们据隋书地理志所载各郡户数统计得出的诸州郡户数总计为9,070,414；请参看甲表22）。通典食货7及通考户口1：年度作大业2年；户数作8,907,536。口数亦同。
唐　高祖武德年间	618—626	2,000,000⁺	—	—	28.29	—	通典食货7，册府元龟（以下简称元龟）卷486，均同。原书皆作"二百余万户"。

（甲表21续）

年度	公元	户数	口数	每户平均口数	户数升降百分数（以开元14年为100）	口数升降百分数（以开元14年为100）	资 料 来 源
太宗贞观年间①	627—649	3,000,000⁻	—	—	42.44	—	通典食货7,元龟卷486,新唐书卷51食货志1,文献通考（以下简称通考）户口1,均同。各书俱作"不满三百万户"。
高宗永徽元年	650	3,800,000	—	—	53.75	—	通典食货7,通考户口1,旧唐书卷4高宗纪上,唐会要卷84户数,玉海卷20户口,各书户数均同。但后三书均作"永徽3年"。
中宗神龙元年	705	6,156,141	37,140,000⁺	6.03	87.08	89.67	通鉴卷208。旧唐书88苏瓌传,唐会要卷84,户数作6,156,140。元龟卷486,户数作武后神龙元年,失之年;又户数又作6,356,141,后又多20万。以上旧唐书等四书户口数,俱不载口数。
玄宗开元14年	726	7,069,565	41,419,712	5.86	100.00	100.00	旧唐书卷8玄宗纪上,通鉴卷213,均同。唐会要卷84,通考户口1,皇王部卷111皇王部36唐载户口数,太平御览卷111皇王部36唐系于天宝玄宗明皇帝。按,太平御览卷36"唐户口数",把本年户口数系于天宝14年五月癸卯条下。

（甲表 21 续）

年　度	公　元	户　数	口　数	每户平均口数	户数升降百分数（以开元14年为100）	口数升降百分数（以开元14年为100）	资　料　来　源
开元 20 年	732	7,861,236	45,431,265	5.78	111.20	109.69	通典食货7,旧唐书卷8玄宗纪上,元龟卷486,玉海卷20,通鉴卷213,均同。唐会要卷84只载户数。
开元 22 年	734	8,018,710	46,285,161	5.77	113.43	111.75	唐六典卷3。唐会要卷84开元24年,年度作开元24年。元龟只载户数,作8,008,710。
开元 28 年	740	8,412,871	48,143,609	5.72	119.00	116.23	新唐书卷37地理志1,通鉴卷214,均同。但旧唐书卷38口数作48,443,609。
天宝元年	742	8,525,763	48,909,800	5.74	120.60	118.08	旧唐书卷9玄宗纪下,通鉴卷215,均同。通鉴卷237宪宗元和2年条末引来白云:"天宝户总8,385,223",唐会要只载户数,作8,535,763。通典卷7,元龟卷486,户数均作8,348,395(元龟户数备列二项数字,另一数字与会要同),口数均作45,311,272。玉海卷20所载口数同通典。
唐 玄宗天宝 13 年	754	9,619,254	52,880,488	5.50	136.07	127.67	旧唐书卷9玄宗纪下。通考户口1,元龟卷486均只载户数,唐会要卷84,元龟卷486均作9,069,154。通鉴卷217户数同会要,口数则同旧唐书。

（甲表 21 续）

年度	公元	户数	口数	每户平均口数	户数升降百分数（以开元14年为100）	口数升降百分数（以开元14年为100）	资料来源
天宝14年	755	8,914,709②	52,919,309②	5.94	126.10	127.76	通典食货7，王海卷20，均同。通考户口1户数作8,919,309；其千位数及百位数讹误，又该书把"管口总"误作"管田总"。
肃宗至德元年	756	8,018,710③	—	—	113.43	—	唐会要卷84，元龟卷486，均同。通考数字亦同，年度作至德2年。
乾元3年	760	1,933,174②	16,990,386②	8.79	27.35	41.02	通典食货7，并说明系169州所申报的户口（"见到账"），按开元28年户部计账诸州府共328。通考户数作1,933,125；不载口数（通考又引录通典所载是年户数作1,933,134；其十位数讹误）。新唐书食货2户数作1,933,124；口数同。唐会要卷84及元龟卷486只载户数1,931,145。王海卷20，户数作1,931,139；不载口数。
代宗广德2年	764	2,933,125	16,920,386	5.77	41.49	40.85	旧唐书卷11代宗纪。通鉴卷223（万位以下无细数）；元龟卷486，通考户口1，只载户数。
大历中	766—779	1,300,000			18.39		王海卷20。通典食货7作1,200,000户；唯同卷丁中云："自建中初，天下编亩口三十万"，通同卷40职官云："数年前（按指大历末年，天下籍账到省百三十余万"，故知应以百三十万为合。

（甲表21续）

年　度	公　元	户　数	口　数	每户平均口数	户数升降百分数（以开元14年为100）	口数升降百分数（以开元14年为100）	资　料　来　源
德宗建中元年	780	3,805,076	—		53.82	—	唐会要卷84户口，元龟卷486、通考卷12德宗纪上作户口1，均同。旧唐书卷12德宗纪226；通鉴卷226同旧唐书，并冠以"税户"二字，又云："籍兵768,000余人。"通典食货7：土户百八十余万，客户百三十余万"，同书卷22："土户与客户共计得三百余万，比天宝才三分之一，就中浮寄五分有二。"玉海卷20："主户（按应作"土户"）百八十余万，客户百三十余万，共三百二十万，"新唐书食货2：主户三百八十万，客户三十万"，必误。
宪宗元和2年	807	2,440,254④	—	—	34.52	—	旧唐书卷14宪宗纪上，唐会要卷84、录条、通考户口1，通鉴卷237，均同。元龟卷486作2,140,554。各书均有附注云：有71州不申报户口。故仅为唐全中央政府所掌握的两税中户数。
元和15年	820	2,375,400	15,760,000	6.63	33.60	38.05	旧唐书卷16穆宗纪所记"计帐户"数，唐会要纪所记"计户帐"。
元和年间	806—820	2,473,963	—	—	34.99	—	唐会要卷84，元龟卷486、通考卷12穆宗纪，均同。
穆宗长庆元年	821	2,375,805	15,762,432	6.63	33.61	38.06	旧唐书卷16穆宗纪，又云："原不进户军州不在此内。"

（甲表 21 续）

年　度	公　元	户　数	口　数	每户平均口数	户数升降百分数（以开元14年为100）	口数升降百分数（以开元14年为100）	资　料　来　源
长庆年间	821—825	3,944,959	—	—	55.80	—	唐会要卷84,元龟卷480,均同。通考户口1作3,944,595。又旧唐书王彦威奏,及新下文宗纪下,开成2年王彦威奏,均同。唐书卷52食货2,均云:"长庆间户三百三十五万。"
敬宗宝历年间	825—827	3,978,982	—	—	56.28	—	唐会要卷84,元龟卷486,通考卷486,通考户口1,均同。
文宗大和年间	827—836	4,357,575	—	—	61.64	—	唐会要卷84。元龟卷486,作4,357,573。
开成4年	839	4,996,752	—	—	70.68	—	旧唐书卷17下文宗纪下,元龟卷486,通鉴卷246,均同。按:唐会要指明乃户部计账户。
武宗会昌元年	841	2,114,960	—	—	29.92	—	新唐书卷52食货2。
会昌5年	845	4,955,151	—	—	70.09	—	通鉴卷248。唐会要卷84,元龟卷486。新唐书卷52,通考户口1只作"会昌年间数",与通鉴同,但只作"会昌年间数"。
五代后周世宗显德6年	959	2,309,812	—	—	32.67	—	元龟卷486,并注:"新得淮南部县不在内。"续通典食货10所载户数同。

编著注

① 太宗贞观3年(629年),"户部奏言中国人自塞外来归及突厥前后内附,开西界为州县者,男女120余万口;贞观6年(632年),"党项内属后前后归者三十万口"(《旧唐书》卷2—3《太宗纪》上、下,并见《太平御览》卷109《皇王部》34"唐太宗文皇帝")。又,贞观14年(640年),侯君集破高昌,得3郡,5县,22城,户8,046,口17,031,马4,300匹《通典》卷7)。但《旧唐书·高昌传》则作:户8,000,口37,700,马4,300匹。

②天宝14年及乾元3年，《通典》与《通考》还载有课户和不课户、课口和不课口的分计数。据《通典》同卷《食货》7)《丁中》记："按开元25年户令云：诸户主皆以家长为之。户内有课口者为课户，无课口者为不课户。诸视流内九品以上官及男年二十以上、老男、废疾、妻妾、奴婢、客女、部曲，皆为不课口。无夫者为寡妻妾，余准旧令。"今将《通典》所记课户、口数及作出课户及课口所占的%：

年度	总户数	不课户	课户	课户所占%	总口数	不课口	课口	课口所占%
天宝14年	8,914,709	3,565,501	5,349,208	60	52,919,309	44,700,988	8,208,321	15
乾元3年	1,933,174	1,174,592	758,582	39	16,990,386	14,619,587	2,370,799	14

天宝14年课户数据《通考》。《通典》原作"5,349,280"，与不课户数相加，其和与总户数不符，故本书不采用。天宝14年的不课口和课口两项数字相加，其和为52,909,309，较原书所载总口数少了10,000口(《通考》同)，未知哪一项口数记错了。

③本年户数与玄宗开元22年户数完全一样，无疑地是开元22年旧额。

④《旧唐书》卷14《代宗纪》上《太平御览》卷114《皇王部》39《唐宪宗章武皇帝》所引同《册府元龟》、《资治通鉴》、《唐会要》等书大致相同。"[元和2年十二月□]已卯，史官李吉甫撰元和国计簿。总计天下方镇凡48，管州府295，县1,453，户2,440,254。其凤翔、鄜坊、邠宁、振武、泾原、银夏、灵盐、河东、易定、魏博、范阳、沧景、淮西、淄青15道，凡71州不申户口。每岁赋入倚办止于浙江东、西、宣歙、淮南、江南、鄂岳、福建、湖南等8道，合49州，1,440,000户。……"据此，可见元和2年之时，税户和不税户的比数如下：

	户	%
总户数	2,440,254	100.00
税　户	1,440,000	59.01
不税户	1,000,254	40.99

⑤是年七月下令并省天下佛寺。八月，"令天下所拆寺4,600余所，还俗僧尼260,500余人，收充两税户。拆招提兰若40,000余所，收膏腴上田数千万顷，收奴婢为两税户150,000人"(《旧唐书》卷18上《武宗纪》，并参《太平御览》卷115《皇王部》40《唐武宗昭肃皇帝》；《新唐书》卷52《食货2》)。

附记　《旧五代史》卷58《李琪传》记后唐庄宗同光3年(925年)李琪上疏，中云："自贞观至开元将及一千九百万户，五千三百万口，垦田一千四百万顷，比之尧、舜(其上文云："尧、舜时户1,300余万，定垦地约920万顷。"，又极增加。"根据前后文义来看,疏中 1,900 万户绝不是出于传钞之误。

根据本表,自贞观至开元,最高一年的户数不及 850 万,口数不到 5,000 万。唐杜佑认为天宝 14 年的户口数乃"国家之极盛",口数算是约达 5,300 万,但户数也还不到 900 万。同时,根据本表,唐代历年每户平均口数,最低的不下于五口,而最高的至八、九口。如果根据李疏的数字来算,则开元时每户平均不到三口,显然是太低了。总之,李琪疏中所举开元 1,900 万户之数是与一般记载都不符合的。

宋王溥《五代会要》卷 25《租税》中引李琪疏时,便把"一千九百万户",把"比之尧、舜"改为"比之近古"。户数去掉一千万以后,李琪疏中所记开元的户、口、垦田数便很接近于《通典》所记的天宝 14 年户口数(户 8,914,709;口 52,919,309),及天宝中的应受垦田数(14,303,863 顷 13 亩)了。所以,李琪误把天宝作开元,又举其约数言之耳。

甲表 22　隋各州郡户数及每县平均户数

（大业 5 年,公元 609 年）

州别及郡别	县数	户数	每县平均户数③
诸州郡总计(一)① （二）	1,253② (1,255)	9,070,414③ (8,907,546)	7,303.07 (7,097.65)
雍州			
京兆	22	308,499	14,022.68
冯翊	8	91,572	11,446.50
扶风	9	92,223	10,247.00
安定	7	76,281	10,897.29
北地	6	70,690	11,781.67
上郡	5	53,489	10,697.80
雕阴	11	36,018	3,274.36
延安	11	53,939	4,903.55
弘化	7	52,473	7,496.14
平凉	5	27,995	5,599.00
朔方	3	11,673	3,891.00
盐川	1	3,763	3,763.00
灵武	6	12,330	2,055.00
榆林	3	2,330	776.67
五原	3	2,330	776.67
天水	6	52,130	8,688.33
陇西	5	19,247	3,849.40
金城	2	6,818	3,409.00
枹罕	4	13,157	3,289.25
浇河	2	2,240	1,120.00
西平	2	3,118	1,559.00
武威	4	11,705	2,926.25
张掖	3	6,126	2,042.00
敦煌	3	7,779	2,593.00
鄯善	2	—	—
且末	2	—	—
河源	2	—	—
西海	2	—	—
合计(一)	146	1,017,925	7,376.27
梁州			
汉川	8	11,910	1,488.75
西城	6	14,341	2,390.17

州别及郡别	县数	户数	每县平均户数③
房陵	4	7,106	1,776.50
清化	14	16,539	1,181.36
通川	7	12,624	1,803.43
宕渠	6	14,035	2,339.17
汉阳	3	10,985	3,661.67
临洮	11	28,971	2,633.73
宕昌	3	6,996	2,332.00
武都	7	10,780	1,540.00
同昌	8	12,248	1,531.00
河池	4	11,202	2,800.50
顺政	4	4,261	1,065.25
义城	7	15,950	2,278.57
平武	4	5,420	1,355.00
汶山	11	24,159	2,196.27
普安	7	31,351	4,478.71
金山	7	36,963	5,280.43
新城	5	30,727	6,145.40
巴西	10	41,604④	4,160.40
遂宁	3	12,622	4,207.33
涪陵	3	9,921	3,307.00
巴郡	3	14,423	4,807.67
巴东	14	21,370	1,526.43
蜀郡	13	105,586	8,122.00
临邛	9	23,348⑤	2,594.22
眉山	8	23,799	2,974.88
隆山	5	11,042	2,208.40
资阳	9	25,725⑥	2,858.33
泸川	5	1,802	360.40
犍为	4	4,859	1,214.75
越嶲	6	7,448	1,241.33
牂柯	3⑦	—	—
黔安	2	1,460	730.00
合计(一)	223	611,577	2,779.00
豫州			
河南	18	202,230	11,235.00
荥阳	11	160,964	14,633.09

州别及郡别	县数	户数	每县平均户数③
梁郡	13	155,477	11,959.77
谯郡	6	74,817	12,469.50
济阴	9	140,948	15,660.89
襄城	8	105,917	13,239.63
颖川	14	195,640	13,974.29
汝南	11	152,785	13,889.55
淮阳	10	127,104	12,710.40
汝阴	5	65,926	13,185.20
上洛	5	10,516	2,103.20
弘农	4	27,466	6,866.50
淅阳	7	37,250	5,321.43
南阳	8	77,520	9,690.00
渭阳	3	17,900	5,966.67
淮安	7	46,840	6,691.43
合计(一)	139	1,599,300	11,505.76
兖州			
东郡	9	121,905	13,545.00
东平	6	86,090	14,348.33
济北	9	105,660	11,740.00
武阳	14	213,035	15,216.79
渤海	10	122,909	12,290.90
平原	9	135,822	15,091.33
合计(一)	57	785,121	13,779.32
冀州			
信都	12	168,718	14,059.83
清河	14	306,544	21,896.00
魏郡	11	120,227	10,929.73
汲郡	8	111,721	13,965.13
河内	10	133,606	13,360.60
长平	6	54,913	9,152.17
上党	10	125,057	12,505.70
河东	10	157,078⑧	15,707.80
绛郡	8	71,876	8,984.50
文城	4	22,300	5,575.00
临汾	7	71,874	10,267.71
龙泉	5	25,830	5,166.00

（甲表 22 续）

州别及郡别	县数	户数	每县平均户数③
西河	6	67,351	11,225.17
离石	5	24,081	4,816.20
雁门	5	42,502	8,500.40
马邑	4	4,674	1,168.50
定襄	1	374	374.00
楼烦	3	24,427	8,142.33
太原	15	175,030⑨	11,668.67
襄国	7	105,873	15,124.71
武安	8	118,595	14,824.38
赵郡	11	148,156	13,468.73
恒山	8	177,571	22,196.38
博陵	10	102,817	10,281.70
河间	13	173,883	13,375.62
涿郡	9	84,059	9,339.89
上谷	6	38,700	6,450.00
渔阳	1	3,925	3,925.00
北平	1	2,269	2,269.00
安乐	2	7,590	3,799.50
辽西	1	751	751.00
合计（一）	221	2,672,381	12,092.22
青州			
北海	10	147,845	14,784.50
齐郡	10	152,323	15,232.30
东莱	9	90,351	10,039.00
高密	7	71,920	10,274.29
合计（一）	36	462,439	12,845.53
徐州			
彭城	11	130,232	11,839.27
鲁郡	10	124,019	12,401.90
琅邪	7	63,423	9,060.43
东海	5	27,858	5,571.60
下邳	7	52,070	7,438.57
合计（一）	40	397,602	9,940.05
扬州			
江都	16	115,524	7,220.25
锺离	4	35,015	8,753.75

州别及郡别	县数	户数	每县平均户数③
淮南	4	34,278	8,569.50
弋阳	6	41,433	6,905.50
蕲春	5	34,690	6,938.00
庐江	7	41,632	5,947.43
同安	5	21,766	4,353.20
历阳	2	8,254	4,127.00
丹阳	3	24,125	8,041.67
宣城	6	19,979	3,329.83
毗陵	4	17,599	4,399.75
吴郡	5	18,377	3,675.40
会稽	4	20,271	5,067.75
余杭	6	15,380	2,563.33
新安	3	6,164	2,054.67
东阳	4	19,805	4,951.25
永嘉	4	10,542	2,635.50
建安	4	12,420	3,105.00
遂安	3	7,343	2,447.67
鄱阳	3	10,102	3,367.33
临川	4	10,900	2,725.00
庐陵	4	23,714	5,928.50
南康	4	11,168	2,792.00
宜春	3	10,116	3,372.00
豫章	4	12,021	3,005.25
南海	15	37,482	2,498.80
龙川	5	6,420	1,284.00
义安	5	2,066	413.20
高凉	9	9,917	1,101.89
信安	7	17,787	2,541.00
永熙	6	14,319	2,386.50
苍梧	4	4,578	1,144.50
始安	15	54,517	3,634.47
永平	11	34,049	3,095.36
郁林	12	59,200	4,933.33
合浦	11	28,690	2,608.18
珠崖	10	19,500	1,950.00
宁越	6	12,670	2,111.67

(甲表 22 续)

州别及郡别	县数	户数	每县平均户数③
交趾	9	30,056	3,339.56
九真	7	16,135	2,305.00
日南	8	9,915	1,239.38
比景	4	1,815	453.75
海阴	4	1,100	275.00
林邑	4	1,220	305.00
合计(一)	269	944,054	3,509.50
荆州			
南郡	10	58,836	5,883.60
夷陵	3	5,179	1,726.33
竟陵	8	53,385	6,673.13
沔阳	5	41,714	8,342.80
沅陵	5	4,140	828.00
武陵	2	3,416	1,708.00
清江	5	2,658	531.60
襄阳	11	99,577	9,052.45
舂陵	6	42,847	7,141.17
汉东	8	47,192⑩	5,899.00
安陆	8	68,042	8,505.25
永安	4	28,398	7,099.50
义阳	5	45,930	9,186.00
九江	2	7,617	3,808.50
江夏	4	13,771	3,442.75
澧阳	6	8,960⑪	1,493.33
巴陵	5	6,934	1,386.80
长沙	4	14,275	3,568.75
衡山	4	5,063	1,267.00
桂阳	3	4,666	1,555.33
零陵	5	6,845	1,369.00
熙平	9	10,265	1,140.56
合计(一)	122	579,715	4,751.76

资料来源　《隋书》卷 29—31《志》第 24—26《地理》上、中、下。

　　按《隋书地理志》依《禹贡》九州分述隋时郡县,然检诸《隋书》纪、传,殊不能得其证据。疑与当时之实行制度无关。《隋书》既依九州叙述,其时之郡县分部遂无由详知。今据《隋志》所载郡县户口之数,列表如上,以见其时之封疆户口之概况,九州之名称亦仍《隋志》之旧,读者幸勿视此为当时实际之行政区划可耳。

编者注　①(一)系据表中各州分计相加得出之数;(二)系《隋志》原记总数。
②杨守敬《隋书地理志考证附补遗》(以下简称《隋志考证》)记:《隋书》原载隋总县数 1,255,隋总户数 8,907,546,但据各州分计相加所得,"共计县 1,351",户"共计9,002,647"。按杨氏计算数字与本表统计(县数,1,253;户数,9,070,414)亦有出入。计:县数多 98 县,户数少 67,867 户。然杨氏采用宋本。由于版本不同,杨氏的数字与本表统计数比较,县数应少 1 县(见注⑦),户数应多 9,374 户(见注④至⑥及注⑧至⑪)。杨氏数字当有误算或误植之处。　③每县平均户数:雍州属鄯善等 4 郡及梁州属下牂柯郡只记县数无户数,在计平均数时把这部分郡的县数别去。　④百衲本及《隋志考证》均作 41,064;少 540 户。　⑤《隋志考证》作 33,348;多 10,000 户。　⑥百衲本及《隋志考证》均作 25,722;少 3 户。　⑦百衲本及《隋志考证》均作 2;少 1 县。　⑧《隋志考证》作 157,076;少 2 户。　⑨百衲本及《隋志考证》均作 175,003;少 28 户。　⑩百衲本及《隋志考证》均作 47,193;多 1 户。　⑪百衲本及《隋志考证》均作 8,906;少 54 户。

附记　根据《隋书地理志》的区分而统计出的各州户数,其所占隋总户数的百分比如下:

雍州	11.22	青州	5.10
梁州	6.74	徐州	4.38
豫州	17.63	扬州	10.41
兖州	8.66	荆州	6.39
冀州	29.46		

甲表 23　唐贞观十三年各道户口数、平均户口数
及各道户口数的比重
(公元 639 年)

道别	县数	户数	口数	每县平均户数①	每户平均口数①	各道户数占诸道总数百分比	各道口数占诸道总数百分比
诸道总计	1,408	3,041,871	12,351,681	2,201.07	4.31	100.00	100.00
关内道	111	398,066	1,744,628	3,586.18	4.38	13.09	14.12
河南道	145	275,618	1,169,214	1,900.81	4.24	9.06	9.47
河东道	82	271,199	998,493	3,307.30	3.68	8.92	8.08

(甲表 23 续)

道别	县数	户数	口数	每县平均户数①	每户平均口数①	各道户数占诸道总数百分比	各道口数占诸道总数百分比
河北道	160	369,730	1,589,320	2,310.81	4.30	12.15	12.87
山南道	136	180,724	787,697	1,328.85	4.36	5.94	6.38
淮南道	51	91,091	405,737	1,786.10	4.45	2.99	3.29
江南道	179	403,939	1,959,510	2,632.38	4.85	13.28	15.86
陇右道	56	55,956	198,222	999.21	4.20	1.84	1.60
剑南道	231	638,200	2,856,679	2,762.77	4.90	20.98	23.13
岭南道	257	357,348	642,181	1,390.46	2.62	11.75	5.20

资料来源　根据本编表 24 作。

编者注　　①参甲表 24 注①。

甲表 24　唐贞观十三年各道府州户口数及每县平均户数和每户平均口数

（公元 639 年）

道府州别	县数	户数	口数	每县平均户数①	每户平均口数①
诸道总计	1,408	3,041,871	12,351,681	2,201.07	4.31
关内道					
京兆府	18	207,650	923,320	11,536.11	4.45
华　州	2	18,823	88,830	9,411.50	4.72
同　州	9	53,315	232,016	5,923.89	4.35
坊　州	2	7,507	11,671	3,753.50	1.55
丹　州	5	3,194	17,020	638.80	5.33
凤翔府	8	27,282	108,324	3,410.25	3.97
邠　州	4	15,534	64,819	3,883.50	4.17
泾　州	5	8,773	35,921	1,754.60	4.09
陇　州	5	4,571	18,603	914.20	4.07
宁　州	7	15,491	66,135	2,213.00	4.27
原　州	3	2,443	10,512	814.33	4.30
庆　州	8	7,917	35,019	989.63	4.42
鄜　州	5	1,703	51,216	340.60	30.07
延　州	9	9,304	14,176	1,033.78	1.52
绥　州	5	3,163	16,129	632.60	5.10
银　州	4	1,495	7,702	373.75	5.15

道府州别	县数	户数	口数	每县平均户数①	每户平均口数①
夏　州	4	2,323	10,286	580.75	4.43
灵　州	5	4,640	21,462	928.00	4.63
盐　州	2	932	3,969	466.00	4.26
安北府	1	2,006	7,498	2,006.00	3.74
合　计	111	398,066	1,744,628	3,586.18	4.38
河南道					
郑　州	8	18,793	93,937	2,349.13	5.00
陕　州	5	21,171	81,919	4,234.20	3.87
汝　州	3	3,884	17,534	1,294.67	4.51
许　州	9	15,715	72,229	1,746.11	4.60
汴　州	5	57,701	82,879	11,540.20	1.44
蔡　州	10	12,182	60,415	1,218.20	4.96
滑　州	7	13,738	64,960	1,962.57	4.73
陈　州	4	6,367	30,961	1,591.75	4.86
亳　州	8	5,790	33,177	723.75	5.73
颍　州	3	2,905	14,185	968.33	4.88
宋　州	7	11,303	61,720	1,614.71	5.46
曹　州	5	9,244	54,981	1,848.80	5.95
濮　州	5	8,028	44,135	1,725.60	5.12
郓　州	3	4,141	21,692	1,380.33	5.24
济　州	5	6,905	34,510	1,381.00	5.00
泗　州	5	2,250	26,920	450.00	11.96
海　州	4	8,999	43,693	2,249.75	4.86
兖　州	8	9,366	15,428	1,170.75	1.65
徐　州	6	8,162	45,537	1,300.33	5.58
沂　州	5	4,652	23,900	930.40	5.14
密　州	4	3,580	28,593	895.00	7.99
齐　州	8	11,593	61,771	1,449.13	5.33
青　州	7	10,658	56,317	1,522.57	5.28
淄　州	5	6,323	34,425	1,204.60	5.44
莱　州	6	11,568	63,396	1,928.00	5.48
合　计	145	275,618	1,169.214	1,900.81	4.24
河东道					
河中府	5	36,499	173,784	7,299.80	4.76
晋　州	7	21,617	97,505	3,088.14	4.51

道府州别	县数	户数	口数	每县平均户数[①]	每户平均口数[①]
隰　州	6	8,222	38,395	1,370.33	4.67
汾　州	4	34,009	106,384	8,502.25	3.13
慈　州	5	5,245	22,651	1,049.00	4.32
潞　州	10	25,707	116,391	2,570.70	4.53
泽　州	6	10,660	46,732	1,776.67	4.38
沁　州	3	3,956	16,107	1,318.67	4.07
辽　州	4	4,365	88,640	1,091.25	20.31
太原府	14	97,874	200,936	6,991.00	2.10
代　州	5	9,259	36,234	1,851.80	3.91
蔚　州	2	942	3,748	471.00	3.99
忻　州	2	4,987	17,130	2,493.50	3.43
岚　州	3	2,842	11,541	947.33	4.06
石　州	5	3,758	17,402	751.60	4.63
朔　州	1	1,257	4,913	1,257.00	3.91
合　计	82	271,199	998,493	3,307.30	3.68
河北道					
怀　州	9	30,090	126,916	3,343.33	4.22
卫　州	5	11,903	43,682	2,380.60	3.67
相　州	9	11,490	74,766	1,276.67	6.51
魏　州	13	30,440	136,612	2,341.54	4.49
博　州	6	7,682	37,394	1,280.33	4.87
贝　州	9	17,719	90,079	1,968.78	5.08
洺　州	7	22,933	101,030	3,276.14	4.41
邢　州	9	21,985	90,960	2,442.78	4.14
赵　州	9	21,427	85,992	2,380.78	4.01
镇　州	6	26,113	54,543	4,352.17	2.09
冀　州	6	16,023	72,733	2,670.50	4.54
深　州	5	20,156	87,000	4,031.20	4.32
沧　州	10	20,052	95,796	2,005.20	4.78
德　州	8	10,135	52,141	1,266.88	5.14
定　州	11	25,637	86,869	2,330.64	3.39
易　州	5	12,820	63,457	2,564.00	4.95
瀛　州	10	35,605	164,000	3,560.50	4.61
幽　州	10	21,698	102,079	2,169.80	4.70
檀　州	2	1,737	6,468	868.50	3.72

道府州别	县数	户数	口数	每县平均户数[①]	每户平均口数[①]
妫　州	1	476	2,490	476.00	5.23
平　州	1	603	2,542	603.00	4.22
顺　州	1	81	219	81.00	2.70
营　州	1	1,031	4,732	1,031.00	4.59
燕　州	1	500	—	500.00	—
威　州	1	729	4,222	729.00	5.79
崇　州	1	140	554	140.00	3.96
师　州	1	138	568	138.00	4.12
昌　州	1	132	487	132.00	3.69
归义州	1	195	624	195.00	3.20
瑞　州	1	60	365	60.00	6.08
合　计	160	369,730	1,589,320	2,310.81	4.30
山南道					
梁　州	5	6,625	27,576	1,325.00	4.16
凤　州	4	1,957	9,794	489.25	5.00
兴　州	3	1,225	4,913	408.33	4.01
利　州	7	9,628	31,093	1,375.43	3.23
通　州	7	7,898	38,123	1,128.29	4.83
洋　州	4	2,226	18,060	556.50	8.11
合　州	4	14,934	50,210	3,733.50	3.36
集　州	1	1,126	4,017	1,126.00	3.57
巴　州	7	10,933	47,890	1,561.86	4.38
蓬　州	6	9,268	35,566	1,544.67	3.84
璧　州	3	1,492	7,449	497.33	4.99
商　州	5	4,901	21,050	980.20	4.30
金　州	6	14,091	53,029	2,348.50	3.76
开　州	3	2,122	15,504	707.33	7.31
渠　州	4	9,726	21,552	2,431.50	2.22
渝　州	4	12,710	50,713	3,177.50	3.99
邓　州	6	3,754	18,212	625.67	4.90
唐　州	6	4,726	22,299	787.67	4.72
均　州	3	2,829	12,593	943.00	4.45
房　州	4	4,533	21,579	1,133.25	4.76
隋　州	3	2,353	11,898	784.33	5.06
郧　州	3	1,580	7,173	526.67	4.54

道府州别	县数	户数	口数	每县平均户数①	每户平均口数①
复　州	3	1,494	6,218	498.00	4.16
襄　州	7	8,957	45,195	1,279.57	5.05
荆　州	8	10,260	40,958	1,282.50	3.99
硖　州	5	4,300	17,127	860.00	3.98
归　州	3	3,531	20,011	1,177.00	5.67
夔　州	4	7,830	39,550	1,957.50	5.05
万　州	3	5,396	38,867	1,798.67	7.20
忠　州	5	8,319	49,478	1,663.80	5.95
合　计	136	180,724	787,697	1,328.85	4.36
淮南道					
扬　州	4	23,199	94,347	5,799.75	4.07
楚　州	4	3,357	16,262	839.25	4.84
滁　州	2	4,689	21,535	2,344.50	4.59
和　州	2	5,730	33,401	2,865.00	5.83
濠　州	3	2,660	13,855	886.67	5.21
庐　州	4	5,358	27,513	1,339.50	5.13
寿　州	4	2,996	14,718	749.00	4.91
光　州	5	5,649	28,291	1,129.80	5.01
蕲　州	4	10,612	39,678	2,653.00	3.74
申　州	3	4,729	23,061	1,576.33	4.88
黄　州	3	4,896	22,060	1,632.00	4.51
安　州	6	6,338	26,519	1,056.33	4.18
沔　州	2	1,517	6,959	758.50	4.59
舒　州	5	9,361	37,538	1,872.20	4.01
合　计	51	91,091	405,737	1,786.10	4.45
江南道					
润　州	5	25,361	127,104	5,072.20	5.01
常　州	4	21,182	111,606	5,295.50	5.27
苏　州	4	11,859	54,471	2,964.75	4.59
湖　州	5	14,135	76,430	2,827.00	5.41
杭　州	5	30,571	153,720	6,114.20	5.03
越　州	5	25,890	124,010	5,178.00	4.79
台　州	2	6,583	35,383	3,291.50	5.37
婺　州	5	37,819	228,990	7,563.80	6.05
睦　州	3	12,064	59,068	4,021.33	4.90

道府州别	县数	户数	口数	每县平均户数①	每户平均口数①
歙　州	3	6,021	26,617	2,007.00	4.42
处　州	4	12,899	101,606	3,224.75	7.88
建　州	2	15,336	22,820	7,668.00	1.49
宣　州	8	22,537	95,753	2,817.13	4.25
饶　州	4	11,400	59,817	2,850.00	5.25
洪　州	4	15,456	74,044	3,864.00	4.79
虔　州	4	8,994	39,901	2,248.50	4.44
抚　州	3	7,354	40,685	2,451.33	5.53
吉　州	4	15,040	53,285	3,760.00	3.54
江　州	3	6,360	25,599	2,120.00	4.03
袁　州	3	4,636	25,716	1,545.33	5.55
鄂　州	4	3,754	14,615	938.50	3.89
岳　州	4	4,002	17,556	1,000.50	4.39
潭　州	5	9,031	40,449	1,806.20	4.48
衡　州	5	7,330	34,481	1,466.00	4.70
澧　州	5	3,474	25,826	694.80	7.43
朗　州	2	2,149	10,913	1,074.50	5.08
永　州	3	6,348	27,583	2,116.00	4.35
道　州	3	6,613	31,880	2,204.33	4.82
郴　州	5	8,646	49,355	1,729.20	5.71
邵　州	2	2,856	13,583	1,428.00	4.76
连　州	3	5,563	31,094	1,854.33	5.59
黔　州	5	5,913	27,433	1,182.60	4.64
辰　州	7	9,283	39,225	1,326.14	4.23
施　州	3	2,312	10,825	770.67	4.68
巫　州	3	4,032	14,495	1,344.00	3.59
夷　州	4	2,241	8,657	560.25	3.86
思　州	3	2,603	7,599	867.67	2.92
费　州	4	2,709	6,950	677.25	2.57
南　州	3	3,583	10,366	1,194.33	2.89
牂　州	2	—	—	—	—
充　州	8	—	—	—	—
应　州	5	—	—	—	—
琰　州	4	—	—	—	—
牢　州	7	—	—	—	—

道府州别	县数	户数	口数	每县平均户数①	每户平均口数①
合　计	179	403,939	1,959,510	2,256.64	4.85
陇右道					
秦　州	6	5,724	25,073	954.00	4.38
成　州	3	1,546	7,259	515.33	4.70
渭　州	4	1,989	9,028	497.25	4.54
鄯　州	2	1,875	9,582	937.50	5.11
兰　州	3	1,675	7,305	558.33	4.36
河　州	3	3,391	12,655	1,130.33	3.73
武　州	3	1,152	5,381	384.00	4.67
洮　州	2	2,363	8,260	1,181.50	3.50
岷　州	4	4,583	19,239	1,145.75	4.20
廓　州	2	2,020	9,732	1,010.00	4.82
叠　州	1	1,083	4,069	1,083.00	3.76
宕　州	2	140	1,461	70.00	10.44
凉　州	3	8,231	33,030	2,743.67	4.01
甘　州	2	2,926	11,680	1,463.00	3.99
肃　州	3	1,731	7,118	577.00	4.11
瓜　州	2	1,164	4,322	582.00	3.71
伊　州	3	1,332	6,778	444.00	5.09
沙　州	2	4,265	16,250	2,132.50	3.81
西　州	5	6,466	—	1,293.20	—
北庭都护府	1	2,300	—	2,300.00	—
合　计	56	55,956	198,222	999.21	4.20
剑南道					
成都府	16	117,889	740,312	7,368.06	6.28
眉　州	5	36,009	169,755	7,201.80	4.71
绵　州	9	43,904	195,563	4,878.22	4.45
剑　州	7	36,714	190,096	5,244.86	5.18
梓　州	7	45,929	248,394	6,561.29	5.41
阆　州	8	38,949	273,543	4,868.63	7.02
果　州	4	13,510	75,811	3,377.50	5.61
遂　州	3	12,977	65,469	4,325.67	5.05
普　州	6	25,840	67,320	4,306.67	2.61
陵　州	4	17,441	80,110	4,360.25	4.59
资　州	8	29,347	152,139	3,668.38	5.18

(甲表 24 续)

道府州别	县数	户数	口数	每县平均户数①	每户平均口数①
荣　州	6	12,262	56,614	2,043.67	4.62
简　州	3	13,805	75,133	4,601.67	5.44
嘉　州	6	25,085	75,391	4,180.83	3.01
邛　州	6	15,886	72,859	2,647.67	4.59
雅　州	5	10,362	41,723	2,072.40	4.03
泸　州	6	19,116	66,828	3,186.00	3.50
茂　州	4	3,386	53,761	846.50	15.88
翼　州	3	1,602	3,898	534.00	2.43
维　州	3	2,142	—	714.00	—
涂　州	3	2,334	4,261	778.00	1.83
炎　州	3	5,700	—	1,900.00	—
彻　州	3	3,500	—	1,166.67	—
向　州	3	1,602	3,898	534.00	2.43
冉　州	4	1,370	—	342.50	—
穹　州	5	3,436	—	687.20	—
戎　州	6	31,670	61,026	5,278.33	1.93
协　州	3	329	—	109.67	—
曲　州	2	1,094	—	547.00	—
郎　州	7	6,942	—	991.71	—
昆　州	4	1,267	—	316.75	—
盘　州	3	1,960	—	653.33	—
黎　州	2	1,000	—	500.00	
匡　州	2	4,800	—	2,400.00	—
髳　州	4	1,390	—	347.50	—
尹　州	5	1,700	—	340.00	—
曾　州	5	1,207	—	241.40	—
钩　州	2	1,000	—	500.00	—
靡　州	2	1,200	—	600.00	—
裒　州	2	6,470	—	3,235.00	—
宋　州	3	1,930	—	643.33	—
徽　州	2	1,150	—	575.00	—
姚　州	2	3,700	—	1,850.00	—
巂　州	10	23,054	53,618	2,305.40	2.33
松　州	3	612	6,305	204.00	10.30
文　州	2	1,908	8,147	954.00	4.27
扶　州	4	1,928	8,556	482.00	4.44

道府州别	县数	户数	口数	每县平均户数①	每户平均口数①
龙　州	2	1,017	6,149	508.50	6.05
琚　州	2	155	—	77.50	—
盏　州	4	220	—	55.00	—
直　州	2	100	—	50.00	—
位　州	2	100	—	50.00	—
嶂　州	4	200	—	50.00	—
合　计	231	638,200	2,856,679	2,762.77	4.90
岭南道					
广　州	10	12,463	59,114	1,240.30	4.74
韶　州	4	6,960	40,416	1,740.00	5.81
循　州	5	6,891	36,436	1,378.20	5.29
冈　州	2	2,358	8,668	1,179.00	3.67
贺　州	5	6,713	18,628	1,342.60	2.77
端　州	2	4,491	24,303	2,245.50	5.41
新　州	4	7,388	35,025	1,847.00	4.74
康　州	4	4,124	13,504	1,031.00	3.27
封　州	4	2,555	13,777	638.75	5.39
泷　州	4	3,627	9,439	906.75	2.60
春　州	1	5,714	21,061	5,714.00	3.69
藤　州	6	9,236	10,372	1,539.33	1.12
义　州	4	3,225	—	806.25	—
窦　州	5	3,550	—	710.00	—
勤　州	3	682	1,933	227.33	2.83
桂　州	10	32,781	56,526	3,278.10	1.72
昭　州	3	4,918	12,691	1,639.33	2.58
富　州	3	3,349	4,319	1,116.33	1.29
梧　州	4	3,084	5,423	771.00	1.76
蒙　州	3	1,069	—	356.33	—
龚　州	8	13,821	11,138	1,727.63	—
浔　州	3	2,500	6,836	833.33	2.73
宾　州	3	7,485	—	2,495.00	—
澄　州	4	10,868	—	2,717.00	—
象　州	6	11,845	12,521	1,974.17	1.06
柳　州	4	6,674	7,637	1,668.50	1.14
融　州	3	2,794	3,335	931.33	1.19

道府州别	县数	户数	口数	每县平均户数①	每户平均口数①
邕 州	5	8,225	—	1,645.00	—
贵 州	8	28,930	31,996	3,616.25	1.11
横 州	4	1,128	10,734	282.00	9.52
田 州	5	4,168	—	833.60	—
罗 州	5	5,460	8,041	1,092.00	1.47
潘 州	5	10,748	—	2,149.60	—
容 州	7	8,890	—	1,270.00	—
辩 州	4	10,350	—	2,587.50	—
白 州	4	8,206	—	2,051.50	—
牢 州	3	1,641	11,756	547.00	7.16
钦 州	7	14,072	18,127	2,010.29	1.29
禺 州	5	10,748	—	2,149.60	—
瀼 州	4	1,666	—	416.50	—
岩 州	4	1,110	—	277.50	—
安 南	8	17,523	88,788	2,190.38	5.07
武峨州	5	1,850	—	370.00	—
爱 州	7	9,080	36,519	1,297.14	4.02
长 州	4	648	—	162.00	—
欢 州	6	6,579	16,689	1,096.50	2.54
峰 州	3	5,444	6,435	1,814.67	1.18
廉 州	5	1,522	—	304.40	—
雷 州	4	2,458	—	614.50	—
笼 州	7	3,667	—	523.86	—
崖 州	7	6,646	—	949.29	—
儋 州	5	3,956	—	791.20	—
琼 州	5	649	—	129.80	—
振 州	4	819	—	204.75	—
合　计	257	357,348	642,181	1,390.46	2.62

资料来源　《旧唐书》卷 38—41《志》第 18—21《地理》1—4。

编者注　①每县平均户数的计算方法:江南道属下牂州等五州共 26 县,无户数记载（口数亦无）,在计平均数时把这 26 县剔去。

　　　　　每户平均口数的计算方法:河北道燕州,陇右道西州、北庭,剑南道维州等 26 州（计共 54,072 户）,岭南道义州等 23 州（计共 112,523 户）,均只记户数无口数,在计平均数时把这部分州的户数剔去。

甲表 25　唐天宝元年各道户口数、平均户口数及各道户口数的比重

（公元 742 年）

道　别	县数	户　数	口　数	每县平均户数	每户平均口数①	各道户数占总数百分比	各道口数占总数百分比
诸道总计	1,570	8,973,634	50,975,543	5,715.69	5.75	100.00	100.00
京畿道	51	547,425	3,151,299	10,733.82	5.76	6.10	6.19
关内道	80	271,770	1,503,467	3,397.13	5.53	3.03	2.95
都畿道	27	264,120	1,456,848	9,782.22	5.52	2.94	2.86
河南道	165	1,599,441	9,821,847	9,693.58	6.14	17.82	19.28
河东道	102	630,511	3,723,217	6,181.48	5.90	7.03	7.31
河北道	152	1,487,503	10,230,972	9,786.20	6.88	16.57	20.09
山南东道	80	323,144	1,530,825	4,039.30	4.74	3.62	3.01
山南西道	81	275,483	984,624	3,401.02	3.57	3.07	1.93
陇右道	57	121,413	536,361	2,130.05	4.42	1.35	1.05
淮南道	53	390,583	2,275,380	7,369.49	5.83	4.35	4.47
江南东道	97	1,101,450	6,615,977	11,355.15	6.01	12.27	12.99
江南西道	90	605,254	3,723,972	6,725.04	6.15	6.74	7.23
黔中道	48	29,433	159,779	613.19	5.43	0.33	0.31
剑南道	183	937,124	4,099,826	5,120.90	4.39	10.44	8.05
岭南道	304	388,980	1,161,149	1,279.54	4.22①	4.34	2.28

资料来源　根据本编表 26 作。　　　**编者注**　①参甲表 26 注①。

甲表 26　唐天宝元年各道郡户口数及每县平均户数和每户平均口数

（公元 742 年）

道郡州别	县数	户数	口数	每县平均户数	每户平均口数①
诸道总计	1,570	8,973,634	50,975,543	5,715.69	5.75
京畿道					
京兆郡（京兆府）	20	362,921	1,960,188	18,146.05	5.40
华阴郡（华州）	4	33,187	223,613	8,296.75	6.74
冯翊郡（同州）	8	60,928	408,705	7,616.00	6.71
上洛郡（商州）	6	8,926	53,080	1,487.67	5.95

（甲表 26 续）

道郡州别	县数	户数	口数	每县平均户数	每户平均口数[①]
扶风郡(凤翔府)	9	58,486	380,463	6,498.44	6.51
新平郡(邠州)	4	22,977	125,250	5,744.25	5.45
合　计	51	547,425	3,151,299	10,733.82	5.76
关内道					
汧阳郡(陇州)	3	24,652	100,148	8,217.33	4.06
保定郡(泾州)	5	31,365	186,849	6,273.00	5.96
平凉郡(原州)	2	7,349	33,146	3,674.50	4.51
彭原郡(宁州)	5	37,121	224,837	7,424.20	6.06
顺化郡(庆州)	10	23,949	124,236	2,394.90	5.19
洛交郡(鄜州)	5	23,484	153,714	4,696.80	6.55
中部郡(坊州)	4	22,458	120,208	5,614.50	5.35
咸宁郡(丹州)	4	15,105	87,625	3,776.25	5.80
延安郡(延州)	10	18,954	100,040	1,895.40	5.28
灵武郡(灵州)	4	11,456	53,163	2,864.00	4.64
会灵郡(会州)	2	4,594	26,660	2,297.00	5.80
五原郡(盐州)	2	2,929	16,665	1,464.50	5.69
朔方郡(夏州)	3	9,213	53,014	3,071.00	5.75
上郡(绥州)	5	10,867	89,112	2,173.40	8.20
银川郡(银州)	4	7,602	45,527	1,900.50	5.99
宁朔郡(宥州)	2	7,083	32,652	3,541.50	4.61
新秦郡(麟州)	3	2,428	10,903	809.33	4.50
榆林郡(胜州)	2	4,187	20,952	2,093.50	5.00
九原郡(丰州)	2	2,813	9,641	1,406.50	3.43
单于大都护府	1	2,155	6,877	2,155.00	3.19
安北大都护府	2	2,006	7,498	1,003.00	3.74
合　计	80	271,770	1,503,467	3,397.13	5.53
都畿道					
河南郡(河南府)	20	194,746	1,183,092	9,737.30	6.08
临汝郡(汝州)	7	69,374	273,756	9,910.57	3.95

道郡州别	县数	户数	口数	每县平均户数	每户平均口数①
合　计	27	264,120	1,456,848	9,782.22	5.52
河南道					
陕郡(陕州)	6	30,958②	170,238	5,159.67	5.50
弘农郡(虢州)	6	28,249	88,845	4,708.17	3.15
灵昌郡(滑州)	7	71,983	422,709	10,283.29	5.87
荥阳郡(郑州)	7	76,694	367,881	10,956.28	4.80
汝阴郡(颍州)	4	30,707	202,890	7,676.75	6.61
颍川郡(许州)	9	73,347	487,864	8,149.67	6.65
淮阳郡(陈州)	6	66,442	402,486	11,073.67	6.06
汝南郡(蔡州)	10	87,061③	460,205	8,706.10	5.29
陈留郡(汴州)	6	109,876	577,507	18,312.67	5.26
睢阳郡(宋州)	10	124,268	897,041	12,426.80	7.22
谯郡(亳州)	7	88,960	675,121	12,708.57	7.59
彭城郡(徐州)	7	65,170	478,676	9,310.00	7.35
临淮郡(泗州)	4	37,526	205,959	9,381.50	5.49
锺离郡(濠州)	3	21,864	138,361	7,288.00	6.33
东平郡(郓州)	9	83,048	501,509	9,227.56	6.04
济南郡(齐州)	6	62,485	365,972	10,414.17	5.86
济阴郡(曹州)	6	100,352	716,848	16,725.33	7.14
濮阳郡(濮州)	5	57,782	400,648	11,556.40	6.93
北海郡(青州)	7	73,148	402,704	10,449.71	5.51
淄川郡(淄州)	4	42,737	233,821	10,684.25	5.47
东牟郡(登州)	4	22,298	108,009	5,574.50	4.84
东莱郡(莱州)	4	26,998	171,516	6,749.50	6.35
乐安郡(棣州)	5	39,150	238,159	7,830.00	6.08
鲁郡(兖州)	10	87,987	580,608	8,798.70	6.60
东海郡(海州)	4	28,549	184,009	7,137.25	6.45
琅邪郡(沂州)	5	33,510	195,737	6,702.00	5.84
高密郡(密州)	4	28,292	146,524	7,073.00	5.18

道郡州别	县数	户数	口数	每县平均户数	每户平均口数①
合　计	165	1,599,441	9,821,847	9,693.58	6.14
河东道					
河中府河东郡	13	70,800	469,213	5,446.15	6.63
晋州平阳郡	8	64,836	429,221	8,104.50	6.62
绛州绛郡	7	82,204	517,331	11,743.43	6.29
慈州文城郡	5	11,616	62,486	2,323.20	5.38
隰州大宁郡	6	19,455	124,420④	3,242.50	6.40
太原府太原郡	13	128,905	778,278	9,915.77	6.04
汾州西河郡	5	59,450	320,230	11,890.00	5.39
沁州阳城郡	3	6,308	34,963	2,102.67	5.54
辽州乐平郡	4	9,882	54,580	2,470.50	5.52
岚州楼烦郡	4	16,748	84,006	4,187.00	5.02
石州昌化郡	5	14,294	66,935	2,858.80	4.68
定襄郡(忻州)	2	14,806	82,032	7,403.00	5.54
雁门郡(代州)	5	21,280	100,350	4,256.00	4.72
云中郡(云州)	1	3,169	7,930	3,169.00	2.50
马邑郡(朔州)	2	5,493	24,533	2,746.50	4.47
兴唐郡(蔚州)	3	5,052	20,958	1,684.00	4.15
上党郡(潞州)	10	68,391	388,661	6,839.10	5.68
高平郡(泽州)	6	27,822	157,090	4,637.00	5.65
合　计	102	630,511	3,723,217	6,181.48	5.90
河北道					
怀州河内郡	5	55,349	318,126	11,069.80	5.75
魏州魏郡	14	151,596	1,109,873	10,828.29	7.32
博州博平郡	6	52,631	408,252	8,771.83	7.76
相州邺郡	6	101,142	590,196	16,857.00	5.84
汲郡(卫州)	5	48,056	284,630	9,611.20	5.92
清河郡(贝州)⑤	8	100,015	834,757	12,501.88	8.35
巨鹿郡(邢州)	8	70,189	382,798	8,773.63	5.45

道郡州别	县数	户数	口数	每县平均户数	每户平均口数①
广平郡(洺州)	6	91,666	683,280	15,277.67	7.45
常山郡(镇州)	11	54,633	342,134	4,966.64	6.26
信都郡(冀州)	9	113,885	830,520	12,653.89	7.29
饶阳郡(深州)	7	18,825	346,472	2,689.29	18.40
赵郡(赵州)	8	63,454	395,238	7,931.75	6.23
景城郡(沧州)	7	124,024	825,705	17,717.71	6.66
平原郡(德州)	6	83,211	659,855	13,868.50	7.93
博陵郡(定州)	10	78,090	496,676	7,809.00	6.36
上谷郡(易州)	6	44,230	258,779	7,371.67	5.85
范阳郡(幽州)	9	67,242⑥	371,312	7,471.33	5.52
河间郡(瀛州)	5	98,018	663,171	19,603.60	6.77
文安郡(莫州)	6	53,493	339,972	8,915.50	6.36
北平郡(平州)	3	3,113	25,086	1,037.67	8.06
妫川郡(妫州)	1	2,263	11,584	2,263.00	5.12
密云郡(檀州)	2	6,064	30,246	3,032.00	4.99
渔阳郡(蓟州)	3	5,317	18,521	1,772.33	3.48
柳城郡(营州)	1	997	3,789	997.00	3.80
合　计	152	1,487,503	10,230,372	9,786.20	6.88
山南东道					
江陵郡(江陵府)	8	30,392	148,149	3,799.00	4.87
夷陵郡(峡州)	4	8,098	45,606	2,024.50	5.63
巴东郡(归州)	3	4,645	23,417	1,548.33	5.04
云安郡(夔州)	4	15,620	75,000	3,905.00	4.80
澧阳郡(澧州)	4	19,620	93,349	4,905.00	4.76
武陵郡(朗州)	1	9,306	43,760	9,306.00	4.70
南宾郡(忠州)	5	6,722	43,026	1,344.40	6.40
涪陵郡(涪州)	5	9,400	44,722	1,880.00	4.76
南浦郡(万州)	3	5,179	25,746	1,726.33	4.97
襄阳郡(襄州)	7	47,880	252,001	6,840.00	5.27
淮安郡(泌州)	7	42,643	182,364	6,091.86	4.28

道郡州别	县数	户数	口数	每县平均户数	每户平均口数[①]
汉东郡（隋州）	4	23,917	105,722	5,979.25	4.42
南阳郡（邓州）	6	43,055	165,257	7,175.83	3.84
武当郡（均州）	3	9,698	50,809	3,232.67	5.24
房陵郡（房州）	4	14,422	71,708	3,605.50	4.97
竟陵郡（复州）	3	8,210	44,885	2,736.67	5.47
富水郡（郢州）	3	10,246	57,375	3,415.33	5.60
汉阴郡（金州）	6	14,091	57,929	2,348.50	4.11
合　计	80	323,144	1,530,825	4,039.30	4.74
山南西道					
汉中郡（兴元府）	5	37,470	153,717	7,494.00	4.10
洋川郡（洋州）	4	23,849	88,327	5,962.25	3.70
益昌郡（利州）	6	13,910	44,600	2,318.33	3.21
河池郡（凤州）	3	5,918	27,877	1,972.67	4.71
顺政郡（兴州）	2	2,224	11,046	1,112.00	4.97
同谷郡（成州）	3	4,727	21,508	1,575.67	4.55
阴平郡（文州）	1	1,908	9,205	1,908.00	4.82
同昌郡（扶州）	4	2,418	14,285	604.50	5.91
符阳郡（集州）	3	4,353	25,726	1,451.00	5.91
始宁郡（璧州）	5	13,368	54,757	2,673.60	4.10
清化郡（巴州）	9	30,210	91,057	3,356.67	3.01
蓬山郡（蓬州）	7	15,576	53,353	2,225.14	3.43
通川郡（通州）	9	40,743	110,804	4,527.00	2.72
盛山郡（开州）	3	5,660	30,421	1,886.67	5.37
阆中郡（阆州）	9	29,588	132,192	3,287.56	4.47
南光郡（果州）	5	33,604	89,225	6,720.80	2.66
潾山郡（渠州）	3	9,957	26,524	3,319.00	2.66
合　计	81	275,483	984,624	3,401.02	3.57
陇右道					
天水郡（秦州）	6	24,827	109,740	4,137.83	4.42

道郡州别	县数	户数	口数	每县平均户数	每户平均口数①
安昌郡(河州)	3	5,782	36,086	1,927.33	6.24
陇西郡(渭州)	4	6,425	24,520	1,606.25	3.82
西平郡(鄯州)	3	5,389	27,019	1,796.33	5.01
金城郡(兰州)	2	2,889	14,226	1,444.50	4.92
武都郡(阶州)	3	2,923	15,313	974.33	5.24
临洮郡(洮州)	1	2,700	15,060	2,700.00	5.58
和政郡(岷州)	3	4,325	23,441	1,441.67	5.42
宁塞郡(廓州)	3	4,261	24,400	1,420.33	5.73
合川郡(叠州)	2	1,275	7,674	637.50	6.02
怀道郡(宕州)	2	1,190	7,199	595.00	6.05
武威郡(凉州)	5	22,462	110,281⑦	4,492.40	4.91
敦煌郡(沙州)	2	4,265	16,250	2,132.50	3.81
晋昌郡(瓜州)	2	477	4,987	238.50	10.45
张掖郡(甘州)	2	6,284	22,092	3,142.00	3.52
酒泉郡(肃州)	2	2,230	8,476	1,115.00	3.80
伊吾郡(伊州)	3	2,467	10,157	822.33	4.12
交河郡(西州)	5	19,016	49,476	3,803.20	2.60
北庭大都护府	4	2,226	9,964	556.50	4.48
合　计	57	121,413	536,361	2,130.05	4.42
淮南道					
广陵郡(扬州)	7	77,105	467,857	11,015.00	6.07
淮阴郡(楚州)	4	26,062	153,000	6,515.50	5.87
永阳郡(滁州)	3	26,486	152,374	8,828.67	5.75
历阳郡(和州)	3	24,794	122,013	8,264.67	4.92
寿春郡(寿州)	5	35,581	187,587	7,116.20	5.27
庐江郡(庐州)	5	43,323	205,396	8,664.60	4.74
同安郡(舒州)	5	35,353	186,398	7,070.60	5.27
弋阳郡(光州)	5	31,473	198,580	6,294.60	6.31
蕲春郡(蕲州)	4	26,809	186,849	6,702.25	6.97
安陆郡(安州)	6	22,221	171,202	3,703.50	7.70
齐安郡(黄州)	3	15,512	96,368	5,170.67	6.21
义阳郡(申州)	3	25,864	147,756	8,621.33	5.71
合　计	53	390,583	2,275,380	7,369.49	5.83
江南东道					
丹阳郡(润州)	4	102,023	662,706	25,505.75	6.50

道郡州别	县数	户数	口数	每县平均户数	每户平均口数①
晋陵郡(常州)	5	102,633	690,673	20,526.60	6.73
吴郡(苏州)	7	76,421	632,650	10,917.29	8.28
吴兴郡(湖州)	5	73,306	477,698	14,661.20	6.52
余杭郡(杭州)	8	86,258	585,963	10,782.25	6.79
新定郡(睦州)	6	54,961	382,563	9,160.17	6.96
会稽郡(越州)	7	90,279	529,589	12,897.00	5.87
余姚郡(明州)	4	42,207	207,032	10,551.75	4.91
信安郡(衢州)	4	68,472	440,411	17,118.00	6.43
缙云郡(处州)	6	42,936	258,248	7,156.00	6.01
东阳郡(婺州)	7	144,086	707,152	20,583.71	4.91
永嘉郡(温州)	4	42,814	141,690⑧	10,703.50	3.31
临海郡(台州)	5	83,868	489,015	16,773.60	5.83
长乐郡(福州)	10	34,084	75,876	3,408.40	2.23
建安郡(建州)	5	22,770	142,774	4,554.00	6.27
清源郡(泉州)	4	23,806	160,295	5,951.50	6.73
临汀郡(汀州)	3	4,680	13,702	1,560.00	2.93
漳浦郡(漳州)	3	5,846	17,940	1,948.67	3.07
合　计	97	1,101,450	6,615,977	11,355.15	6.01
江南西道					
宣城郡(宣州)	8	121,204	884,985	15,150.50	7.30
新安郡(歙州)	6	38,320	249,109⑨	6,386.67	6.50
豫章郡(洪州)	7	55,530	353,231	7,932.86	6.36
浔阳郡(江州)	3	19,025	105,744	6,341.67	5.56
江夏郡(鄂州)	7	19,190	84,563	2,741.43	4.41
巴陵郡(岳州)	5	11,740	50,298	2,348.00	4.28
鄱阳郡(饶州)	4	40,899	244,350	10,224.75	5.97
南康郡(虔州)	7	37,647	275,410	5,378.14	7.32
庐陵郡(吉州)	5	37,752	377,032	7,550.40	9.98
宜春郡(袁州)	3	27,093	144,096	9,031.00	5.32
临州郡(抚州)	4	30,601⑩	176,394	7,650.25	5.76
长沙郡(潭州)	6	32,272	192,657	5,378.67	5.97
衡阳郡(衡州)	6	33,688	199,228	5,614.67	5.91
零陵郡(永州)	4	27,494	176,168	6,873.50	6.41
江华郡(道州)	5	22,551	139,063	4,510.20	6.71
桂阳郡(郴州)	8	33,175	—	4,146.88	—

(甲表 26 续)

道郡州别	县数	户数	口数	每县平均户数	每户平均口数①
邵阳郡(邵州)	2	17,073	71,644	8,536.50	4.20
合　计	90	605,254	3,723,972	6,725.04	6.15
黔中道					
黔中郡(黔州)	6	4,270	24,204	711.67	5.67
庐溪郡(辰州)	5	4,241	28,554	848.20	6.73
卢阳郡(锦州)	5	2,872	14,374	574.40	5.00
清化郡(施州)	2	3,702	16,444	1,851.00	4.44
潭阳郡(叙州)	3	5,368	22,738	1,789.33	4.24
龙溪郡(奖州)	3	1,672	7,284	557.33	4.36
义泉郡(夷州)	5	1,284	7,013①	256.80	5.46
播川郡(播州)	3	490	2,168	163.33	4.42
宁夷郡(思州)	3	1,599	12,021	533.00	7.52
涪川郡(费州)	4	429	2,609	107.25	6.08
南川郡(南州)	2	443	2,043	221.50	4.61
灵溪郡(溪州)	2	2,184	15,282	1,092.00	7.00
溱溪郡(溱州)	5	879	5,045	175.80	5.74
合　计	48	29,433	159,779	613.19	5.43
剑南道					
蜀郡(成都府)	10	160,950	928,199	16,095.00	5.77
濛阳郡(彭州)	4	55,922	357,387	13,980.50	6.39
唐安郡(蜀州)	4	56,577	390,694	14,144.25	6.91
德阳郡(汉州)	5	69,005	308,203	13,801.00	4.47
犍为郡(嘉州)	8	34,289	99,591	4,286.13	2.90
通义郡(眉州)	5	43,529	175,256	8,705.80	4.03
临邛郡(邛州)	7	42,107	190,327	6,015.29	4.52
阳安郡(简州)	3	23,066	143,109	7,688.67	6.20
资阳郡(资州)	8	29,635	104,775	3,704.38	3.54
越嶲郡(嶲州)	9	40,721	175,280	4,524.56	4.30
卢山郡(雅州)	5	10,892	54,019	2,178.40	4.96
洪源郡(黎州)	3	1,731	7,670	577.00	4.43
通化郡(茂州)	4	2,510	15,242	627.50	6.07
临翼郡(翼州)	3	711	3,618	237.00	5.09
维川郡(维州)	3	2,142	3,198	714.00	1.49
南溪郡(戎州)	5	4,359	16,375	871.80	3.76
云南郡(姚州)	3	3,700	—	1,233.33	—

道郡州别	县数	户数	口数	每县平均户数	每户平均口数①
交川郡（松州）	4	1,076	5,742	269.00	5.34
江源郡（当州）	3	2,146	6,713	715.33	3.13
归诚郡（悉州）	2	816	3,914	408.00	4.80
静川郡（静州）	3	1,577	6,669	525.67	4.23
蓬山郡（柘州）	2	495	2,220⑫	247.50	4.48
恭化郡（恭州）	3	1,189	6,223	396.33	5.23
天保郡（保州）	4	1,245	4,536	311.25	3.64
昭德郡（真州）	4	676	3,147	169.00	4.66
静戎郡（霸州）	4	571	1,861	142.75	3.26
梓潼郡（梓州）	9	61,824	246,652	6,869.33	3.99
遂宁郡（遂州）	5	35,632	107,716	7,126.40	3.02
巴西郡（绵州）	8	65,066	263,352	8,133.25	4.05
普安郡（剑州）	8	23,510	100,450	2,938.75	4.27
巴川郡（合州）	6	66,814	77,220	11,135.67	1.16
应灵郡（龙州）	2	2,992	4,228	1,496.00	1.41
安岳郡（普州）	6	25,693	74,692	4,282.17	2.91
南平郡（渝州）	5	6,995	27,685	1,399.00	3.96
仁寿郡（陵州）	5	34,728	100,128	6,945.60	2.88
和义郡（荣州）	6	5,639	18,024	939.83	3.20
泸川郡（泸州）	5	16,594	65,711	3,318.80	3.96
合　计	183	937,124	4,099,826	5,120.90	4.39
岭南道					
南海郡（广州）	13	42,235	221,500	3,248.85	5.24
始兴郡（韶州）	6	31,000	168,948	5,166.67	5.45
海丰郡（循州）	6	9,525	—	1,587.50	—
潮阳郡（潮州）	3	4,420	26,745	1,473.33	6.05
晋康郡（康州）	4	10,510	17,219	2,627.50	1.64
开阳郡（泷州）	4	3,627	9,439	906.75	2.60
高要郡（端州）	2	9,500	21,120	4,750.00	2.22
新兴郡（新州）	2	9,500	—	4,750.00	—
临封郡（封州）	2	3,900	11,827	1,950.00	3.03
南潘郡（潘州）	3	4,300	8,967	1,433.33	2.09
南陵郡（春州）	2	11,218	—	5,609.00	—
云浮郡（勤州）	2	682	1,933	341.00	2.83
招义郡（罗州）	4	5,460	8,041	1,365.00	1.47

（甲表 26 续）

道郡州别	县数	户数	口数	每县平均户数	每户平均口数①
陵水郡（辩州）	2	4,858	16,209	2,429.00	3.34
高梁郡（高州）	3	12,400	—	4,133.33	—
恩平郡（恩州）	3	9,000	—	3,000.00	—
海康郡（雷州）	3	4,320	20,572	1,440.00	4.76
珠崖郡（崖州）	3	819		273.00	
琼山郡（琼州）	5	649	—	129.80	—
延德郡（振州）	5	819	2,821	163.80	3.44
昌化郡（儋州）	5	3,309		661.80	
万安郡（万安州）	4	2,997	—	749.25	—
朗陵郡（邕州）	7	2,893	7,302	413.29	2.52
贺水郡（澄州）	4	1,368	8,580	342.00	6.27
岭方郡（宾州）	3	1,976	8,580	658.67	4.34
宁浦郡（横州）	3	1,978	8,342	659.33	4.22
浔江郡（浔州）	3	2,500	6,836	833.33	2.73
永定郡（峦州）	3	770	3,803	256.67	4.94
宁越郡（钦州）	5	2,700	10,146	540.00	3.76
怀泽郡（贵州）	4	3,026	9,300	756.50	3.07
临江郡（龚州）	5	9,000	21,000	1,800.00	2.33
象郡（象州）	3	5,500	10,890	1,833.33	1.98
感义郡（藤州）	4	3,980		995.00	—
常乐郡（岩州）	4	1,110		277.50	
龙水郡（宜州）	4	1,220	3,230	305.00	2.65
临潭郡（澧州）	4	1,666	—	416.50	
扶南郡（笼州）	7	3,667	—	523.86	
横山郡（田州）	5	4,168	—	833.60	—
始安郡（桂州）	11	17,500	71,018	1,590.91	4.06
苍梧郡（梧州）	3	1,209	—	403.00	—
临贺郡（贺州）	6	4,552	20,570	758.67	4.52
连山郡（连州）	3	32,210	143,523⑬	10,736.67	4.46
龙城郡（柳州）	5	2,232	11,550	446.40	5.17
开江郡（富州）	3	1,460	8,586	486.67	5.88
平乐郡（昭州）	3	4,918	12,691	639.33	2.58
蒙山郡（蒙州）	3	1,059	5,933	353.00	5.60
循德郡（严州）	3	1,859	7,051	619.67	3.79
融水郡（融州）	2	1,232	—	616.00	—
武郎郡（思唐州）	2	141		70.50	

(甲表 26 续)

道郡州别	县数	户数	口数	每县平均户数	每户平均口数①
乐兴郡(古州)	3	285	—	95.00	—
普宁郡(容州)	6	4,970	17,085	828.33	3.44
定川郡(牢州)	3	1,641	11,756	547.00	7.16
南昌郡(白州)	4	2,574	9,498	643.50	3.69
顺义郡(顺州)	4	509	—	127.25	—
常林郡(绣州)	3	9,773	—	3,257.67	—
郁林郡(郁林州)	4	1,918	9,699	479.50	5.06
宁仁郡(党州)	8	1,149	7,404	143.63	6.44
怀德郡(窦州)	4	1,019	7,339	254.75	7.20
温水郡(禹州)	4	3,180	—	795.00	—
合浦郡(廉州)	4	3,032	13,029	758.00	4.30
连城郡(义州)	3	1,110	7,303	370.00	6.58
安南中都护府	8	24,230	99,652	3,028.75	4.11
玉山郡(睦州)	3	494	2,674	164.67	5.41
承化郡(峰州)	5	1,920	—	384.00	—
九真郡(爱州)	6	14,700	—	2,450.00	—
日南郡(欢州)	4	9,619	50,818	2,404.75	5.28
文扬郡(长州)	4	648	—	162.00	—
唐林郡(福禄州)	3	317	—	105.67	—
忻城郡(芝州)	7	1,200	5,300	171.43	4.42
武峨郡(武峨州)	7	1,850	5,320	264.29	2.88
龙池郡(演州)	7	1,450	—	207.14	—
武曲郡(武安州)	2	450	—	225.00	—
合　计	304	388,980	1,161,149	1,279.54	4.22

资料来源　《新唐书》卷 37—43《志》第 27—33《地理》。

编者注　①本表每户平均口数的计算方法:剑南道云南郡(3,700 户),及岭南道海
丰等 27 郡(计共 113,522 户),只记户数无口数,在计平均数时把这部分郡的户数
别出。　　②《新唐书》百衲本(以下简称百衲本)作 20,958。　　③百衲本作
80,761。　　④百衲本作 134,420。　　⑤肃宗至德元年(756 年)清河户口数,
据《通鉴》卷 217《唐纪》33 所记户数为七万,口十余万,与本表所录天宝时数字比
较,户减了三万多,口减了约七十万。这是安史乱后黄河流域人口锐减的一个例证。
　　⑥百衲本作 67,243。　　⑦百衲本作 120,281。　　⑧百衲本作 241,690。
　　⑨百衲本作 269,109。　　⑩百衲本作 30,605。　　⑪百衲本户数同,口数
作 1,013,口数少于户数,百衲本误。　　⑫百衲本作 2,120。　　⑬百衲本作
143,533。

附记　清岑建功《旧唐书校勘记》系以闻人诠本（据南宋绍兴初年越州本刻）、沈本（沈炳震《新旧唐书合钞》）、丁本（丁子复《合钞补正》）、张本（张登封《旧唐书考证》）等书互相校证。该书卷 20—23《地理志》遇各本所记的户数或口数有异文时，加以列举，间或作按语。岑书所校，与本表根据之开明版及校勘用之百衲本均关系不大。如岑书卷 20 京兆府项下记："'〔旧领〕户口二十万七千六百五十九十二万'，闻本'口'字在'十二万'上。'〔天宝领〕户三百九十六万'，闻本'九'作'三'。'〔天宝领〕口一十六七千一百东京八十八'。按东京二字衍。闻本作'口一百九十六万七千一百八十八'。"今开明版及百衲本均无这些错误。并且，岑书校勘后的数字，其中一些仍是有错误的。《旧志》京兆府所记的旧领户口数，应为户 207,650，口 923,320，则岑书校记所谓"'口'字在'十二万'上"仍误，"口"字应移在"九十二万"上才对。又如上引"〔天宝领〕户三百九十六万，闻本'九'作'三'"这句话中所记的数字就有两处不正确。按：天宝京兆府领户应为三十六万余户，岑书所列的"三百九十六万"固然是错误，但闻本的"三百三十六万"同样也错。当然岑书亦有很多可采之处，本表为了避免征引过繁，故不摘录，请读者自行参看。

道 府 州 别	县 数	乡 数		户 数	
	（元和）	开 元	元 和	开 元	元 和
诸道总计	1,528	12,652	7,138	7,417,185	2,368,775
关内道	131	816	403	710,352	283,778
京兆府	23	△	△	362,909	241,202
华州	3	70	22	30,787	1,437
同州	7	121	140	56,509	4,861
凤翔节度使	14				8,364
凤翔府	9	92	88	44,532	7,580
陇州	5	△	△	6,085	784
泾原节度使	9				△
泾州	5	55	30	15,952	1,990
原州	4	△	△	(8,075)	△
邠宁节度使	20				△
邠州	4	49	49	19,461	2,670
宁州	6	73	△	30,226	1,107
庆州	10	51	△	17,981	△
鄜坊观察使	23				4,347
鄜州	5	51	12	30,185	750
坊州	4	44	12	15,715	1,843
丹州	4	25	12	12,422	816
延州	10	60	18	16,345	938
灵武节度使	10				△
灵州	6	27	△	9,606	△
会州	2	6	△	3,540	△
盐州	2	7	△	3,025	△
夏绥银节度使	14				△
夏州	4	20	8	6,132	3,100
绥州	5	28	12	8,750	8,400
银州	4	19	△	6,120	△
新宥州	1	—	—	—	—

州户数及元和时每县平均户数

806—820 年）

每县平均户数 （元和）	附　　注
2,311①	
3,019	太平寰宇记(以下简称"寰宇记")作关西道。按,寰宇记引用了元和郡县志及十道图的材料,故用以校勘原书。
10,487	△见陇州注。寰宇记本府作雍州,领县 24(开元领县 23),开元户数同。
479	寰宇记县数及开元户数同。
694	寰宇记县数同,户数作 56,599。
842	寰宇记县数及开元户数同。畿辅丛书本(以下简称"畿辅本")开元户数作 44,533。
1,417	△原书:"案前华州、同州、凤翔府俱有乡数,惟京兆府(原作"京北府"误)与此陇州无之,殆由传写遗缺,今不可考。"寰宇记县数同,开元户数作 6,805。
	△原书:"案前凤翔节度使理所下有都管户数,而此与后邠宁、灵武诸节度使理所下无之,皆由传写遗缺。"
398	寰宇记县数同,开元户数作 15,953。畿辅本元和乡数作 3。
	△原书:"案此下志文与户、乡数及州境并传写遗缺。"寰宇记县数同。
	△见泾原节度使注。
668	寰宇记县数作 5,开元户数同。
185	△原书:"案乡数传写缺。"寰宇记县数同,开元户数作 30,228。畿辅本开元乡数作 72。
	△原书:"案元和户、乡数传写缺。"寰宇记县数作 11,开元户数同。
150	寰宇记县数作 6,开元户数同。畿辅本元和乡数作 52。
461	寰宇记县数及开元户数同。
204	寰宇记县数作 5,开元户数作 13,422。畿辅本开元乡数作 35。
94	寰宇记县数及开元户数同。
	△见泾原节度使注。
	△原书:"案元和户、乡数传写缺。"寰宇记县数同。
	△原书:"案元和户、乡数传写缺。"寰宇记县数及开元户数同。
	△原书:"案元和户、乡数传写缺。"寰宇记县数同,开元户数作 3,035。
	△原书:"案此与后振武节度使、丰州都防御使不载都管户数,又银、麟、胜、丰诸州不载元和户、乡数,俱由传写遗缺。"
775	寰宇记县数同,开元户数作 9,200。
1,680	寰宇记县数同,开元户数作 8,715。畿辅本开元户数同寰宇记;元和户数作 840。
	△见夏绥银节度使注。寰宇记县数及开元户数同。
	寰宇记作宥州,领县 4。

道 府 州 别	县 数	乡 数		户 数	
	（元和）	开 元	元 和	开 元	元 和
振武节度使	6				△
单于大都护府	1	—	—	—	—
麟州	3	—	△	—	△
胜州	2	13	△	4,095	△
东受降城	—				
丰州都防御使	2				△
丰州	2	5	△	1,900	△
天德军	—				
中受降城	—				
西受降城	—				
河南道	210	3,370	982	1,439,461	158,710
河南府	26	200	80	127,440	18,799
陕虢观察使	21				27,015
陕州	8	56	16※	47,322	8,700
虢州	6	50	36	17,742	5,236
汝州	7	60	37	26,053	13,079
汴宋节度使	28				31,449
汴州	6	160	53	82,190	8,218
宋州	10	193	82	103,000	5,200
亳州	8	137	61※	70,732	6,502
颍州	4	56	61	28,179	11,529
郑滑节度使	14				22,000
滑州	7	105	△	53,627	8,056
郑州	7	124	18	64,619	13,944
陈许节度使	13				9,329
许州	7	117	57	59,717	5,291
陈州	6	104	31	52,692	4,038
徐泗节度使	16				37,251
徐州	5	92	89	49,702	3,858
宿州	3	△	36	△	8,676
泗州	5	60	50	30,350	4,015
濠州	3	41	42	20,552	20,702
蔡州节度使	19				△

每县平均户数 （元和）	附　　　　　　　　　　注
	△见夏绥银节度使注。
	△见夏绥银节度使注。寰宇记县数同。
	△见夏绥银节度使注。寰宇记县数及开元户数同。
	△见夏绥银节度使注。
	△见夏绥银节度使注。寰宇记县数同。
1,158	
723	寰宇记县数同，开元户数作 194,746。
1,088	寰宇记县数作 6，开元户数同。聚珍本元和乡数作 66，恐误，今用畿辅本。又畿辅本 元和户数作 8,720。
873	寰宇记县数同，开元户数作 17,743。
1,868	寰宇记县数及开元户数同。畿辅本开元户数作 26,052。
1,370	寰宇记本州作开封府，县数同，开元户数作 82,100。畿辅本开元乡数作 161。
520	寰宇记县数及开元户数同。畿辅本元和乡数作 83。
813	寰宇记县数及开元户数同。聚珍本元和乡数作 161，恐误，今用畿辅本。又畿辅本开元 乡数作 138。
2,882	寰宇记县数作 5，开元户数同。
1,151	△原书："案乡数传写缺。"寰宇记县数作 8，开元户数同。
1,992	寰宇记县数及开元户数同。
756	寰宇记县数作 8，开元户数作 19,717。
673	寰宇记县数同，开元户数作 52,697。畿辅本元和乡数作 37。
772	寰宇记县数作 7，开元户数作 16,700。
2,892	△原书："案开元户、乡数传写缺。"寰宇记："唐开元户具徐州。"寰宇记县数作 4，元 和户数同。
803	寰宇记县数作 7，开元户数作 37,526。
6,901	寰宇记本州隶淮南道，县数及开元户数同。
	△原书："案都管户数传写缺。"畿辅本县数作 20。

道 府 州 别	县 数 （元和）	乡 数		户 数	
		开 元	元 和	开 元	元 和
蔡州	11	107	△	51,210	10,263
申州	3	42	21	21,020	614
光州	5	61	62	29,695	1,990
淄青节度使	73				△
郓州	9	63	△	33,389	△
兖州	11	133	△	67,397	△
青州	7	102	△	55,132	△
齐州	9	△	△	49,157	△
曹州	6	149	△	73,161	△
濮州	5	913	△	46,921	△
密州	4	—	—	(28,292)	—
海州	4	40	△	23,728	△
沂州	5	55	△	27,400	△
莱州	4	43	△	23,105	△
淄州	5	71	△	37,404	△
登州	4	36	△	28,533	△
河东道	121	1,392	926	723,367	244,916
河中节度使	37				62,664
河中府	8	△	65	70,207	19,600
绛州	9	176	△	81,988	11,271
晋州	9	148	59	60,853	6,567
慈州	5	30	△	11,275	1,877
隰州	6	48	24	18,583	23,349
河东节度使	47				156,193
太原府	13	245	249	126,840	124,000
汾州	5	114	118	53,076	8,304
沁州	3	13	13	6,580	2,220
仪州	4	19	20	7,995	1,651
岚州	4	22	33	10,726	6,382
石州	5	32	32	9,262	5,020
忻州	2	28	29	14,338	4,204
代州	5	28	40	15,077	2,120

每县平均户数（元和）	附　　　　　注
933	△原书:"案乡数传写缺。"寰宇记县数作 10,开元户数同。畿辅本县数作 12。
205	寰宇记本州作信阳军、隶淮南道,县数及开元户数同。
398	寰宇记本州隶淮南道,县数及开元户数同。
	△原书:"案都管户数传写缺。"
	△原书:"案元和户、县数传写缺。"寰宇记县数作 10,开元户数作 33,387。畿辅本县数作 10;开元乡数作 62。
	△原书:"案元和户、乡数传写缺。"寰宇记县数作 10,开元户数同。
	△原书:"案元和户、乡数传写缺。"寰宇记县数同,开元户数作 55,131。畿辅本开元户数同寰宇记。
	△原书:"案乡数及元和户、乡数并传写缺。"寰宇记县数作 9,开元户数同。
	△原书:"案元和户、乡数传写缺。"寰宇记县数同,开元户数作 74,300。
	△原书:"案元和户、乡数传写缺。"寰宇记县数同,开元户数作 57,783。
	寰宇记县数同。
	△原书:"案元和户、乡数传写缺。"寰宇记县数及开元户数同。
	△原书:"案元和户、乡数传写缺。"寰宇记县数同,开元户数作 37,400。
	△原书:"案元和户、乡数传写缺。"寰宇记县数同,开元户数作 26,990。
	△原书:"案元和户、乡数传写缺。"寰宇记县数同,开元户数作 42,737。
	△原书:"案元和户、乡数传写缺。"寰宇记县数同,开元户数作 20,298。畿辅本开元户数作 18,533。
2,187	
2,450	△原书:"案乡数传写缺。"寰宇记本府作蒲州,县数 11,开元户数同。
1,252	△原书:"案乡数传写缺。"寰宇记县数同,开元户数作 81,986。
730	寰宇记县数同,开元户数作 60,852。
375	△原书:"案乡数传写缺。"寰宇记县数同,开元户数作 12,275。
3,892	寰宇记县数及开元户数同。
9,538	寰宇记本府作并州,县数同,开元户数作 26,800。
1,661	寰宇记县数及开元户数同。
740	
413	寰宇记本州作辽州,县数及开元户数同。畿辅本开元户数作 7,975。
1,506	寰宇记县数及开元户数同。
1,004	寰宇记县数及开元户数同。畿辅本元和户数作 520。
2,102	寰宇记县数同,开元户数作 14,438。
424	寰宇记县数同,开元户数作 15,707。

道 府 州 别	县　数（元和）	乡　数		户　数	
		开 元	元 和	开 元	元 和
蔚州	3	11	12	4,887	1,563
朔州	2	13	16	6,030	729
云州	1	7	△	3,169	△
泽潞节度使	37				26,059
潞州	10	133	120	64,276	17,800
泽州	6	59	50	22,235	3,527
邢州	9	120	33	58,820	3,692
洺州	8	146	△	77,150	△
磁州	4	△	13	△	1,040
河北道	135	1,689	729	1,084,856	185,783
河阳三城怀州节度使	10				△
怀州	5	89	35	45,846	8,741
魏博节度使	43				△
魏州	8	140	45	117,575	6,920
相州	10	151	29	78,000	39,000
博州	6	74	15	37,470	2,430
卫州	5	67	19	30,666	2,777
贝州	10	177	35	84,400	20,102
澶州	4	△	17	(7,300)	3,269
恒冀节度使	44				63,604
恒州	10	87	70	42,694	17,580
冀州	9	185	48	94,120	8,967
深州	4	75	50	42,215	14,097
赵州	9	99	111	51,430	8,157
德州	7	116	25	61,770	9,356
棣州	5	48	17	25,545	5,447
易定节度使	16				27,401
定州	10	130	114	65,460	26,832
易州	6	72	45	37,227	569
沧景节度使	12				△
沧州	7	179	39	98,157	9,514

（甲表 27 续）

每县平均户数 （元和）	附　　　　　　　注
521	寰宇记县数同，开元户数作 4,881。
365	寰宇记县数同，开元户数作 630。畿辅本开元户数作 6,020。
	△原书："元和户、乡数传写缺。"寰宇记县数及开元户数同。
1,780	寰宇记县数及开元户数同。
588	寰宇记县数及开元户数同。
410	寰宇记本州隶河北道，县数及开元户数同。畿辅本元和户数作 3,693。
	△原书："案元和户、乡数传写缺。"寰宇记本州隶河北道，县数同，户数作 7,750。
260	△原书："案此州置自永泰，故不载开元户、乡与……"寰宇记本州作磁州，隶河北道，县数同。
1,548	
	△原书："案此与后魏博节度使都管户数并传写缺。"管怀州，并权管河南府之温县、济源、河阳、汜水、河清五县。
1,748	寰宇记县数同，开元户数作 43,170。畿辅本元和乡数作 31；开元户数作 43,175。
	△见河阳三城怀州节度使注。
865	寰宇记县数作 10，开元户数作 117,175。
3,900	寰宇记县数作 11，开元户数同。
405	寰宇记县数同，开元户数作 37,444。
555	寰宇记县数作 4，开元户数作 30,600。
2,010	寰宇记县数同，开元户数作 81,400。
817	△原书："案此州废，自贞观至大历乃复置，故不载开元户、乡与……"寰宇记县数同。
1,758	寰宇记本州作镇州，县数及开元户数同。
996	寰宇记县数作 9，开元户数同。
3,524	寰宇记县数作 5，开元户数同。
906	寰宇记县数及开元户数同。畿辅本元和乡数作 157。
1,337	寰宇记县数作 8，开元户数同。畿辅本元和乡数作 26。
1,089	寰宇记县数及开元户数同。
2,683	寰宇记县数作 11，开元户数作 25,460。
95	寰宇记县数作 8，开元户数作 44,035。
	△原书："案都管户数传写缺。"
1,359	寰宇记县数作 9，开元户数作 124,024。畿辅本开元户数作 98,557。

道 府 州 别	县　数	乡　数		户　数	
	（元和）	开　元	元　和	开　元	元　和
景州	5	△	15	（11,300）	2,025
（瀛州）	（6）	—	—	（98,018）	—
（莫州）	（6）	—	—	（53,400）	—
（平州）	（3）	—	—	（2,263）	—
山南道	151	417	504	491,917	214,719
襄阳节度使	38				206,849
襄州	7	77	162	36,357	107,107
邓州	7	58	61	38,611	14,104
复州	3	11	15	5,232	7,690
郢州	3	12	23	5,699	11,900
唐州	7	45	87	21,597	40,750
隋州	4	27	△	13,216	12,716
均州	3	20	20	9,859	8,182
房州	4	34	34	14,431	4,400
山南西道节度使	88				△
兴元府	6	△	△	（37,400）	△
洋州	5	48	51	18,889	2,896
利州	5	32	27	11,881	2,444
凤州	3	22	15	3,849	1,358
兴州	3	8	9	2,049	954
成州	3	△	△	4,905	△
文州	2	9	△	1,769	218
扶州	4	14	—	2,195	—
（荆州）	（8）	—	—	（86,800）	—
（峡州）	（5）	—	—	（8,098）	—
（夔州）	（4）	—	—	（15,900）	—
（归州）	（3）	—	—	（4,845）	—
（万州）	（3）	—	—	（5,100）	—
（忠州）	（5）	—	—	（6,722）	—
（开州）	（3）	—	—	（5,660）	—
（达州）	（9）	—	—	（40,742）	—
（渠州）	（5）	—	—	（9,000）	—
（巴州）	（9）	—	—	（30,218）	—

每县平均户数（元和）	附　　　　注
405	△原书:"案是州废,自贞观至贞元乃重置,故不载开元户、乡与……"寰宇记本州作定远军,县数同。
	本州原书缺,此据寰宇记补入。
	本州原书缺,此据寰宇记补入。
	本州原书缺,此据寰宇记补入。
3,834	寰宇记分为山南东道及山南西道。
15,301	寰宇记县数同,开元户数作 89,100。畿辅本元和户数作 107,207。
2,015	寰宇记县数作 9,开元户数作 43,050。
2,563	寰宇记县数同,开元户数作 8,210。
3,967	寰宇记县数同,开元户数作 12,000。畿辅本开元乡数作 19;元和户数作 11,009。
5,821	寰宇记县数作 6,开元户数作 14,800。畿辅本元和户数作 40,740。
3,179	△原书:"案乡数传写缺。"寰宇记县数同,开元户数作 26,900。
2,727	寰宇记县数同,开元户数作 13,700。
1,100	寰宇记县数同,开元户数作 14,442。畿辅本开元户数作 14,432。
	△原书:"案都管户数传写缺。"
	△原书:"案户、乡数传写缺。"寰宇记县数同。
579	寰宇记县数同,开元户数作 13,849。畿辅本元和乡数作 52。
489	寰宇记县数作 6,开元户数作 13,910。
453	寰宇记县数作 4,开元户数作 5,918。畿辅本开元乡数作 32。
318	寰宇记县数同,开元户数作 2,224。畿辅本开元户数作 2,045。
	△原书:"案开元乡数及元和户、乡数并传写缺。"寰宇记本州隶陇右道,县数同,开元户数作 4,727。
109	△原书:"案乡数传写缺。"寰宇记县数及开元户数同。

道 府 州 别	县　数	乡　数		户　数	
	（元和）	开元	元　和	开元	元　和
（蓬州）	（7）	—	—	（15,576）	—
（集州）	（4）	—	—	（4,353）	—
（璧州）	（5）	—	—	（12,368）	—
（金州）	（6）	—	—	（9,670）	—
（商州）	（6）	—	—	（8,926）	—
江南道	157	2,212	1,525	1,334,988	791,736
浙西观察使	37				224,772
润州	6	100	80	91,635	55,400
常州	5	187	△	96,475	54,767
苏州	7	118	△	68,093	10,808
杭州	8	188	△	84,252	51,276
湖州	5	122	△	61,133	43,467
睦州	6	△	△	55,516	9,054
浙东观察使	37				118,440
越州	7	120	145	107,645	20,685
婺州	7	198	200	99,409	48,036
衢州	4	124	107	62,288	17,426
处州	6	76	36	33,278	19,726
温州	4	78	16	37,554	8,484
台州	5	115	△	50,000	△
明州	4	△	△	（42,200）	4,083
鄂岳观察使	25				63,750
鄂州	5	33	37	19,190	28,618
沔州	2	12	12	5,286	2,262
安州	6	35	35	22,222	9,819
黄州	3	28	18	13,073	5,054
蕲州	4	51	51	26,809	16,462
岳州	5	21	△	9,165	1,535
江南西道观察使	38				293,120

每县平均户数 （元和）	附　　　　　　　　注
5,209	寰宇记分为江南东道及江南西道。
9,233	寰宇记县数同，开元户数作 54,500。
10,953	△原书："案乡数传写缺。"寰宇记县数同，开元户数作 102,600。畿辅本开元户数作 96,975。
1,544	△原书："案乡数传写缺。"寰宇记县数作 8,开元户数作 119,500。畿辅本元和户数作 100,808。
6,410	△原书："案乡数传写缺。"寰宇记县数同，开元户数作 86,258。
8,693	△原书："案乡数传写缺。"寰宇记县数同，开元户数作 59,000。
1,509	△原书："案开元、元和乡数传写缺。"寰宇记县数同，开元户数作 22,700。
2,955	寰宇记县数同，开元户数作 64,100。畿辅本开元乡数作 210。
6,862	寰宇记县数同，开元户数作 14,300。畿辅本开元乡数作 189。
4,357	寰宇记县数作 6,开元户数作 27,100。
3,288	寰宇记县数同，开元户数作 19,700。
2,121	寰宇记县数同，开元户数作 16,100。
	△原书："案元和户、乡数传写缺。"寰宇记县数同，开元户数作 21,000。畿辅本开元乡数作 111;元和乡数作 95。
1,021	△原书："案开元户、乡数与元和乡数并传写缺。"寰宇记县数同。
5,724	寰宇记县数作 9,开元户数作 29,700。畿辅本元和户数作 38,618。
1,131	畿辅本元和户数作 2,261。
1,637	寰宇记本州隶淮南道，县数作 7,开元户数作 22,221。
1,685	寰宇记本州隶淮南道，县数同，开元户数作 15,512。
4,116	寰宇记本州隶淮南道，县数同，开元户数作 11,100。
307	△原书："乡数传写缺。"丛书集成本太平寰宇记（以下简称集成寰宇记）县数作 6,开元户数作 17,100。（按集成寰宇记系据古逸丛书本影印，仅补阙五卷又半卷。请看甲表 35 编者按。）

道 府 州 别	县 数	乡 数		户 数	
	（元和）	开 元	元 和	开 元	元 和
洪州	7	94	110	55,405	91,129
饶州	4	20	69	14,062	46,116
处州	7	57	57	32,837	26,260
吉州	5	74	69	34,481	41,025
江州	3	41	49	21,865	17,945
袁州	3	41	41	22,335	17,126
信州	5	△	64	△	28,711
抚州	4	40	50	24,988	24,767
宣歙观察使	20				91,695
宣州	10	167	195	87,231	57,350
歙州	6	72	50	31,961	16,754
池州	4	△	34	(24,600)	17,591
湖南道	110	533	498	300,666	177,612
湖南观察使	34				△
潭州	6	69	69	21,800	15,444
衡州	6	44	44	13,513	18,047
郴*州	8	50	△	32,176	16,437
永州	4	48	45	27,590	894
连州	3	22	22	18,080	5,270
道州	5	60	51	27,440	28,338
邵州	2	30	22	12,320	10,800
福建观察使	24				△
福州	9	66	81	31,067	19,455
建州	5	40	40	20,800	15,480
泉州	4	△	34	50,754	35,571
漳州	3	△	11	1,690	1,343
汀州	3	△	10	(4,680)	2,618
黔州观察使	52				△
黔州	6	11	9	3,963	1,212
涪州	4	26	21	6,909	305
夷州	5	11	△	1,487	△

每县平均户数 (元和)	附　　　　　　　　注
13,018	寰宇记县数作 4,开元户数作 155,500。
11,529	寰宇记县数作 5。
3,751	寰宇记县数作 9,开元户数作 37,600。
8,205	寰宇记县数同。开元户数作 41,000。
5,982	寰宇记县数作 7,开元户数作 19,800。畿辅本开元户数作 22,865。
5,709	寰宇记县数同,开元户数作 23,100。畿辅本元和户数作 17,226。
5,742	△原书:"案此州置自乾元,故不载开元户、乡与……"寰宇记县数同,元和户数转引唐元和十道要略作 2,350。畿辅本元和户数作 28,710。
6,192	寰宇记县数作 5,开元户数作 20,100。畿辅本开元乡数作 48;元和乡数作 51。
5,735	寰宇记县数同,开元户数作 109,790。
2,792	寰宇记县数同,开元户数作 38,320。
4,398	△原书:"案此州置自永泰,故不载开元户、乡与……"寰宇记县数同。
2,065	
	△原书:"案此与后福建观察使都管户数并传写缺。"
2,574	集成寰宇记县数同,开元户数作 57,000。
3,008	集成寰宇记县数同,开元户数作 38,700。
2,055	＊原作"彬",误。△原书:"案乡数传写缺。"集成寰宇记县数同,开元户数作 16,000。畿辅本开元乡数作 15。
224	集成寰宇记县数作 5,开元户数作 15,100。
1,757	集成寰宇记县数同,开元户数作 8,300。畿辅本开元户数作 10,880。
5,668	集成寰宇记县数同,开元户数作 22,551。畿辅本元和户数作 18,338。
5,400	集成寰宇记县数同,开元户数作 18,000。畿辅本元和户数作 10,008。
	△湖南观察使注。
2,162	寰宇记本州隶江南东道,县作 10,开元户数作 34,080。
3,096	寰宇记本州隶江南东道,县数作 8,开元户数作 22,770。
8,893	△原书:"案乡数传写缺。"寰宇记本州隶江南东道,县数同,开元户数作 31,600。畿辅本开元乡数作 34;元和乡数缺;开元户数作 30,754。
448	△原书:"案乡数传写缺。"寰宇记本州隶江南东道,县数同,开元户数作 5,000。畿辅本开元乡数作 11;元和乡数阙。
873	△原书:"案开元户、乡数传写缺。"寰宇记本州隶江南东道,县数同。畿辅本元和乡数作 11。
	△原书:"案都管户数传写缺。"
202	寰宇记本州隶江南西道,县数同,开元户数作 4,200。
76	寰宇记本州隶江南西道,县数同,开元户数作 1,600。
	△原书:"案元和户、乡数传写缺。"寰宇记本州隶江南西道,县数同,开元户数作 1,284。

道 府 州 别	县 数 （元和）	乡 数		户 数	
		开 元	元 和	开 元	元 和
思州	3	10	6	3,443	429
费州	4	△	△	200	△
南州	2	△	△	1,124	△
珍州	3	△	△	2,600	△
溱州	2	△	△	892	△
播州	3	△	△	(100)	△
辰州	5	13	11	5,302	1,229
锦州	5	11	△	3,103	△
叙州	3	△	△	4,940	1,657
溪州	2	△	△	477	889
施州	2	16	16	3,476	1,845
奖州	3	6	6	1,740	349
剑南道	202	1,310	1,346	739,145	159,860
西川节度使	112				△
成都府	10	250	242	137,046	46,010
彭州	4	100	88	50,120	9,887
蜀州	4	88	88	50,026	14,508
汉州	5	106	106	42,500	2,115
邛州	7	62	65	13,052	25,176
简州	3	39	40	20,223	2,522※
资州	8	53	55	18,522	1,499
嘉州	8	53	65	22,912	1,975
戎州	5	25	15	6,787	1,293
雅州	5	22	24	6,589	1,453
眉州	5	65	72	42,836	5,804
松州	2	6	△	720	△
茂州	4	13	△	2,540	690
翼州	3	7	△	1,714	△
维州	3	△	△	765	△
当州	4	△	△	(2,100)	△
悉州	3	△	△	855	△
静州	3	2	△	672	△

每县平均户数 （元和）	附　　　　注
143	寰宇记本州隶江南西道，县数同，开元户数作 1,599。畿辅本开元户数作 3,442。
	△原书："案（开元）乡数及元和户、乡数并传写缺。"寰宇记本州隶江南西道，县数同，开元户数作 4,029。
	△原书："案（开元）乡数及元和户、乡数并传写缺。"寰宇记县数同，开元户数作 443。
	△原书："案（开元）乡数及元和户、乡数并传写缺。"寰宇记本州作西高州，隶江南西道，县数作 4，开元户数作 263。
	△原书："案（开元）乡数及元和户、乡数并传写缺。"寰宇记县数及开元户数同。
	△原书："案开元、元和户、乡数并传写缺。"寰宇记县数同。
246	寰宇记原阙，集成寰宇记亦未补上。畿辅本开元户数作 5,320。
	△原书："案元和户、乡数传写缺。"寰宇记原阙，集成寰宇记亦未补上。
552	△原书："案乡数传写缺。"寰宇记原阙，集成寰宇记亦未补上。
445	△原书："案乡数传写缺。"寰宇记原阙，集成寰宇记亦未补上。
923	寰宇记原阙，集成寰宇记亦未补上。
116	寰宇记本州作业州，隶江南西道，县数同，旧管户 1,672，未注明年代。
1,118	寰宇记分为剑南西道及剑南东道。
	△原书："都管户数传写缺。"
4,601	寰宇记本府作益州，县数同。畿辅本元和乡数作 241。
2,472	寰宇记县数同，开元户数作 55,900。
3,627	寰宇记县数同，开元户数作 56,577。
423	寰宇记县数同，开元户数作 69,005。畿辅本元和户数作 2,112。
3,597	寰宇记县数同，开元户数作 42,107。畿辅本开元乡数作 63。
841	寰宇记县数同，开元户数作 23,060。聚珍本元和户数阙，今用畿辅本补上。
187	寰宇记县数同，开元户数作 29,600。畿辅本元和户数作 2,499。
247	寰宇记县数作 7，开元户数作 34,289。
259	寰宇记县数同，开元户数作 4,500。畿辅本元和乡数作 25。
291	寰宇记县数同，开元户数作 10,890。畿辅本元和户数作 1,452。
1,161	寰宇记县数同，开元户数作 43,500。畿辅本元和户数作 5,084。
	△原书："案是州与翼、维、悉、静诸州仅载开元户、乡，不及元和，盖因已没吐蕃。"寰宇记县数作 3，开元户数作 1,076。管县：嘉诚、交川。
173	△原书："案乡数传写缺。"寰宇记县数同，开元户数作 2,500。
	△见松州注。寰宇记县数作 4，开元户数作 1,000。
	△见松州注。原书："（开元）乡数传写缺。"寰宇记县数同，开元户数 81,179。
	△原书："案户、乡数传写缺。"寰宇记县数作 3。
	△原书："案（开元）乡数传写缺。"见松州注。寰宇记县数作 2，开元户数作 810。
	△见松州注。寰宇记县数作 2，开元户数作 577。

道 府 州 别	县　数	乡　数		户　数	
	（元和）	开　元	元　和	开　元	元　和
柘州	2	△	△	（400）	△
恭州	3	△	△	（1,180）	△
真州	4	△	△	（676）	△
黎州	2	△	5	△	338
嶲州	7	26	30	38,035	16,582
姚州	3	△	△	△	△
协州	3	△	△	229	—
曲州	2	△	△	△	△
东川节度使	69				32,530
梓州	9	26	16	15,478	6,985
剑州	8	25	85	13,976	2,903
绵州	8	113	93	51,480	7,148
遂州	5	65	65	37,377	3,846
渝州	5	17	10	5,962	832
合州	6	42	39	20,067	2,892
普州	6	△	25	32,608	1,652
荣州	6	15	20	4,707	880
陵州	5	47	47	17,955	1,985
泸州	5	37	38	16,807	1,969
龙州	2	6	6	919	329
昌州	4	△	7	△	1,109
（霸州）	（4）	—	—	（570）	—
（保州）	（3）	—	—	（1,240）	—
（果州）	（5）	—	—	（41,300）	—
（阆州）	（9）	—	—	（18,200）	—
岭南道	215	667	375	285,456	149,139
岭南节度使	△				△
广州	13	194	91	64,250	74,099

每县平均户数 （元和）	附　注
	△原书："案户、乡数传写缺。"寰宇记本州作拓州,县数同。
	△原书："案户、乡数传写缺。"寰宇记县数同。
	△原书："案户、乡数传写缺。"寰宇记县数作 3。
169	△原书："案开元户、乡数传写缺。"寰宇记县数作 3。畿辅本元和户数作 330。
2,369	寰宇记县数作 9,开元户数作 47,200。畿辅本元和户数作 16,580。
	△原书："案户、乡数传写缺。"
	△原书："案乡数传写缺。"畿辅本户数作 329,脱年号。
	△原书："案户、乡数传写缺。"
776	寰宇记县数作 10,开元户数作 61,900。
363	寰宇记县数作 7,开元户数作 23,500。畿辅本元和户数作 2,902。
894	寰宇记县数作 9,开元户数作 65,000。
769	寰宇记县数同,开元户数作 35,630。
166	寰宇记本州隶山南西道,县数同,开元户数作 6,900。畿辅本开元乡数作 12;元和户数作 834。
482	寰宇记本州隶山南西道,县数同,开元户数作 26,800。
275	△原书："案乡数传写缺。"寰宇记县数同,开元户数作 25,600。畿辅本开元乡数作 25;元和乡数阙。
147	寰宇记县数同,开元户数作 5,639。畿辅本开元户数作 4,807;元和户数作 881。
397	寰宇记县数同,开元户数作 34,728。
394	寰宇记县数作 6,开元户数作 16,594。畿辅本元和乡数作 37。
165	寰宇记县数同,开元户数作 2,990。畿辅本开元、元和乡数均作 5;开元户数作 917;元和户数作 325。
277	△原书："案此州置自乾元,故不载开元户、乡与……"寰宇记县数同,唐管户作 1,190,未注明年代。
	维州之定廉县唐开元 28 年羌夷内附,因置奉州。天宝 8 年改为天保郡,分定廉县置归顺、云山两县。乾元元年乃改为保州。
1,332	
	△原书："案管县及都管户数传写缺。所列州目与唐书方镇表元和时岭南节度使领二十二州相合,今缺春、新以下十五州。……此元和时十五州所领五十县,可征诸地理志,合封、韶以上七州所领县为八十有六也。"
5,700	寰宇记县数同,开元户数作 43,230。

道 府 州 别	县 数 (元和)	乡 数		户 数	
		开 元	元 和	开 元	元 和
循州	6	△	15	9,525	2,809
潮州	3	16	16	9,329	1,955
端州	2	14	14	8,142	1,795
康州	4	16	△	13,152	△
封州	2	7	7	5,652	811
韶州	6	41	41	20,764	9,666
春州	(4)	—	—	(11,218)	—
新州	(3)	—	—	(250)	—
雷州	(3)	—	—	(4,300)	—
罗州	—	—	—	—	—
高州	(3)	—	—	(5,852)	—
恩州	(3)	—	—	(278)	—
潘州		—	—	—	—
辩州		—	—	—	—
泷州		—	—	—	—
勤州		—	—	—	—
崖州	(5)	—	—	(819)	—
琼州	(5)	—	—	(649*)	—
振州	—	—	—	—	—
儋州	(5)	—	—	(3,300)	—
万安州	(4)	—	—	(121*)	—
桂管经略使	47				△
桂州	10	72	35	26,265	8,660
梧州	3	9	9	1,209	1,871
贺州	6	10	10	2,537	449
昭州	3	11	7	7,003	1,578
象州	3	10	△	3,290	222
柳州	5	14	9	1,374	1,287
严州	2	14	4	1,660	1,016
融州	2	7	5	1,707	242
龚州	5	15	15	2,420	276
富州	3	4	4	1,316	243

(甲表 27 续)

每县平均户数 （元和）	附　注
468	△原书："案乡数传写缺。"寰宇记县数同，开元户数作 12,000。畿辅本元和户数作 2,089。
652	寰宇记县数同，开元户数作 1,800。畿辅本开元户数作 9,327。
898	寰宇记县数同，开元户数作 9,500。畿辅本开元户数作 8,152。
	△原书："案元和户、乡数传写缺。"寰宇记县数同，开元户数作 8,000。
406	寰宇记县数同，开元户数作 800。畿辅本开元户数作 5,653。
1,611	寰宇记县数同，开元户数作 21,000。畿辅本开元户数作 20,264；元和户数作 9,664。
	* 寰宇记作唐管户，未注明年代。
	* 寰宇记作唐旧户，未注明年代。
	△原书："案都管户数传写缺。"
866	寰宇记县数同，开元户数作 17,597。畿辅本元和户数作 8,650。
624	寰宇记县数同，开元户数作 1,160。畿辅本开元户数作 2,209。
75	寰宇记县数同，开元户数作 4,500。
526	寰宇记县数同，开元户数作 2,334。畿辅本开元乡数作 12。
74	△原书："案乡数传写缺。"寰宇记县数同，开元户数作 5,500。畿辅本元和户数作 233。
257	寰宇记县数同，刀元户数作 2,220。畿辅本元和乡数作 7。
508	畿辅本开元户数作 1,160；元和户数作 116。
121	寰宇记县数同，开元户数作 1,333。
55	寰宇记县数同，开元户数作 9,000。
81	畿辅本开元户数作 1,311。

道　府　州　别	县　数	乡　数		户　数	
	（元和）	开　元	元　和	开　元	元　和
蒙州	3	7	7	1,637	272
思唐州	2	△	2	△	61
邕管经略使	33				△
邕州	7	11	△	1,624	△
贵州	4	19	△	3,629	△
宾州	3	11	△	1,895	△
澄州	4	12	△	2,165	△
横州	4	17	△	1,378	△
钦州	5	12	△	2,280	△
浔州	3	5	△	1,716	△
蛮州	3	△	△	△	△
安南都护府	39				△
交州	8	55	56	25,694	27,135
爱州	5	29	8	14,056	5,379
欢州	2	14	6	6,649	3,842
峰州	2	15	8	3,561	1,482
陆州	3	6	3	1,934	231
演州	3	△	3	△	1,450
长州	4	—	—	—	648*
郡州	2	—	—	—	335*
琼州	2	—	—	—	550*
武安州	2	—	—	—	458*
唐林州	—	—	—	—	317*
武定州	—	—	—	—	—
贡州	—	—	—	—	—
（藤州）	（4）	—	—	（2,980）	—
（南仪州）	（3）	—	—	（929）	—
（容州）	（6）	—	—	（2,000）	—
（化州）	（4）	—	—	（142）	—
（白州）	（4）	—	—	（2,500）	—
（郁林州）	（6）	—	—	（1,917）	—
（窦州）	（4）	—	—	（388）	—

（甲表 27 续）

每县平均户数 （元和）	附　注
91	寰宇记县数同，开元户数作 1,059。畿辅本开元户数作 1,627。
31	△原书："案开元户、乡数传写缺。"
	△原书："案都管户数传写缺。"
	△原书："案元和户、乡数传写缺。"寰宇记县作 8，开元户数作 2,890。畿辅本开元乡数作 12。
	△原书："案元和户、乡数传写缺。"寰宇记县数同，开元户数作 3,026。
	△原书："案元和户、乡数传写缺。"寰宇记县数同，开元户数作 1,976。
	△原书："案元和户、乡数传写缺。"寰宇记县数同，开元户数作 1,820。
	△原书："案元和户、乡数传写缺。"寰宇记县数同，开元户数作 1,921。畿辅本开元乡数作 18。
	△原书："案元和户、乡数传写缺。"寰宇记县作 7，开元户数作 2,700。
	△原书："案元和户、乡数传写缺。"寰宇记县数同，开元户数作 1,930。
	△原书："案开元、元和户、乡数传写缺。"
	△原书："都管户数传写缺。"
3,392	寰宇记县数作 7，开元户数 24,232。
1,076	寰宇记县数作 6，开元户数 14,700。畿辅本开元乡数作 25。
1,921	寰宇记县数作 4，开元户数 9,619。
741	寰宇记县数作 5，开元户数 1,920。
77	寰宇记县数作 3，开元户数作 494。寰宇记县数同。
483	△原书："案开元户、乡数传写缺。"
162	＊原书："户六百四十八"；寰宇记："唐户六百四十八"，均未注明年代。寰宇记县数同。
168	＊原书："户三百三十五"，未注明年代。
275	＊原书："户五百五十"，未注明年代。
229	＊原书："户四百五十八"，未注明年代。
	＊原书："户三百一十七"，未注明年代。

道 府 州 别	县 数	乡 数		户 数	
	（元和）	开元	元和	开元	元和
陇右道上	87	147		64,060	
秦州	5	39	—	25,007	—
渭州	4	14	—	5,231	—
武州	3	12	—	3,453	—
兰州	2	15	—	4,000	—
河州	3	14	—	5,289	—
鄯州	3	15	—	6,446	—
廓州	3	△	—	3,964	—
岷州	3	14	—	3,950	—
洮州	2	7	—	3,784	—
叠州	2	11	—	1,277	—
芳州	3	△	—	△	—
宕州	2	6	—	1,659	—
临州	2	△	—	△	—
陇右道下	25	99		56,376	
凉州	5	25	—	26,165	—
甘州	2	17	—	5,440	—
肃州	3	8	—	2,253	—
沙州	2	13	—	6,466	—
瓜州	2	△	△	△	△
伊州②	3	7	—	1,729	—
西州	5	24	—	11,647	—
庭州	3	5	—	2,676	—
淮南道	34			186,541	
（扬州）	（7）	—	—	（61,417）	—
（和州）	（3）	—	—	（21,000）	—
（楚州）	（5）	—	—	（14,748）	—
（舒州）	（5）	—	—	（25,600）	—
（庐州）	（5）	—	—	（22,900）	—
（滁州）	（3）	—	—	（20,100）	—
（寿州）	（6）	—	—	（20,776）	—

每县平均户数 （元和）	附　注
	寰宇记本道不分上下。原书："案唐贞观初分州县为十道，陇右列关内、河南、河东、河北、山南之次，淮南、江南、剑南、岭南之前，是志因元和时久陷西蕃，故移于后。其有开元户、乡而无元和户、乡，亦非传写佚之。"
	寰宇记县数同，开元户数作 24,827。畿辅本开元户数作 20,057。
	寰宇记县数同，开元户数作 6,425。畿辅本开元户数作 5,232。
	寰宇记本州作阶州，县数同。
	寰宇记县数同。
	寰宇记县数同。畿辅本开元户数作 5,283。
	寰宇记县数同。
	△原书："案乡数传写缺。"寰宇记县数同。
	寰宇记县数作 4。
	寰宇记县数同。
	寰宇记县数同。
	△原书："贞观户八百六十二。案是州陷西蕃在高宗时，其天宝郡名，开元户、乡皆未有，故止载贞观户。"
	寰宇记县数同。
	△原书："案是州置自天宝三年，故不载开元户、乡。"
	寰宇记县数作 6。畿辅本开元乡数作 15。
	寰宇记县数同。
	寰宇记县数同。畿辅本开元户数作 2,252。
	寰宇记县数同。
	△原书："案户、乡数传写缺。"寰宇记县数同。
	寰宇记县数同。
	寰宇记县数作 4，开元户数作 19,000。
	寰宇记县数作 3。

资料来源　以《元和郡县[图]志》（广雅书局《聚珍版丛书》本）为依据，以《畿辅丛书》所收
　　　　　　附有张驹贤的考证。张氏以《岱南阁丛书》本与"官本"和"南[监]本"互校，钩稽出
　　　　　　或显属错误的数字，则据《畿辅本》补正入表，并以※号表示之。各版《元和郡县志》均

说明　（一）有（　）号之数字或地名乃据《太平寰宇记》所补入者。　有—号者表示《郡县
　　　　　　△号者表示《郡县志》原缺数字，原注见附注栏中。

　　　　（二）据孙星衍《元和郡县图志阙卷逸文》（《岱南阁丛书》本）所载有以下各州、县，
　　　　　　关内道：商州：商洛县。　　河北道：涿州：归义县，固安县。　　山南道：
　　　　　　淮南道：扬州：江都县，六合县。庐州：合肥县，巢县。和州：含山县。滁
　　　　　　以上各州除涿州及江陵府外，均已据《寰宇记》补入表中。

　　　　（三）表中各节度使、观察使、防御使、经略使、都护府的县数及元和都管户数均

编者注　①每县平均户数的计算：一些府、州只记县数无户数，在计平均数时把这部
　　　　　②按：唐光启元年写本《沙州伊州地志》残卷记有伊州及其管县伊吾、纳职、柔

	户	乡	公廨钱（千）
伊州	1,729	7	730
伊吾县	1,613	4	301.015
纳职县	632	7	215
柔远县	389	1	

　　这里伊州的户、乡数与本表内开元栏下伊州的数字相同。万斯年先生以为《元
　　页84）。

　　但《地志》残卷所列伊吾等三县户、乡数，合计共为户2,634，乡12。这远多于该

孙星衍《岱南阁丛书元和郡县图志》校刊本及乐史《太平寰宇记》校勘之。《畿辅丛书》本每卷末并一些传钞的错漏。凡《畿辅》本与《聚珍》本有出入之处，均摘录入附注栏。其中，《聚珍》本漏去缺者则以《太平寰宇记》补入；两书记载有所不同时，均见附注栏中。

志》及《寰宇记》均缺数字，原书亦未具说明。　有※号者表示系用《畿辅丛书》本数字。　有

皆无乡、户数字：

江陵府：松滋县。夔州：奉节县。峡州：远安县，夷陵县。

州。舒州：怀宁县。楚州。寿州。

据《郡县志》；各道的各栏合计数系编者根据各州数字相加而得。

分县数（503 县）剔出。

远三县的户数、乡数及公廨钱数，兹表列如下：

和郡县志》的所谓"开元户"，一定是根据开元28年的户部计账（万氏辑译：《唐代文献丛考》

《志》所列伊州的总户、乡数，可能是由于计账年份不同所得出的。

甲表 28　唐代各道人口密度

道　　　别	面积（方公里）	人　　　口	每方公里平均人口数
诸道总计	3,694,340	50,975,543	13.80
京畿道	67,900	3,151,299	46.41
关内道	435,940	1,503,467	3.45
都畿道	24,320	1,456,848	58.70
河南道	257,150	9,821,847	38.20
河东道	160,400	3,723,217	23.21
河北道	180,250	10,230,972	56.76
山南东道	184,960	1,530,825	8.28
山南西道	95,750	984,624	10.28
陇右道	803,000	536,361	0.67
淮南道	112,000	2,275,380	20.31
江南东道	210,450	6,615,977	31.44
江南西道	324,550	3,723,972	11.35
黔中道	114,920	159,779	1.39
剑南道	292,990	4,099,826	13.99
岭南道	429,260	1,161,149	2.71*

资料来源　面积数，承中山大学地理系据顾颉刚等编校的《中国历史地图集古代史部分》页 16 第 21 图用方格求积法测算得出。人口数，据本编表 25。

＊岭南道有不少州郡缺记口数，这一方公里平均口数只能反映该道的大致的人口密度。

甲表 29　辽代各道府州军的户数、军兵丁数及

每县平均户数和每户平均出军兵丁数

道府州别①	县数	户数②	军兵丁数③	每县平均户数	每户平均出军兵丁数④
各道府州军合计⑤	125	576,204	1,107,300⑥	4,299	1.94⑦
上京道					
临潢府	10	36,500⑧	40,000⑨	3,650	1.10
祖州	3⑩	4,000	8,000	1,333	2.00
怀州	2	2,500	5,000	1,250	2.00
庆州	1⑪	6,000	12,000	6,000	2.00
泰州	1⑫	700	1,400	700	2.00
长春州	1	2,000	4,000	2,000	2.00
乌州	1	1,000	2,000	1,000	2.00
永州	3	6,400	12,800	2,133	2.00

道府州别①	县数	户数②	军兵丁数③	每县平均户数④	每户平均出军兵丁数④
仪坤州	1	2,500	5,000	2,500	2.00
龙化州	1	1,000	2,000	1,000	2.00
降圣州	1	800	1,500	800	1.88
饶州	3	6,000	12,000	2,000	2.00
徽州⑬	—	10,000	20,000	—	2.00
成州	—	4,000	8,000	—	2.00
懿州	—	4,000	8,000	—	2.00
渭州	—	1,000	2,000	—	2.00
壕州	—	6,000	12,000	—	2.00
原州	—	500	1,000	—	2.00
福州	—	300	500	—	1.67
横州	—	200	400	—	2.00
凤州	—	4,000	1,000	—	0.25
遂州	—	500	1,000	—	2.00
丰州	—	500	1,000	—	2.00
顺州	—	1,000	2,000	—	2.00
阆州	—	1,000	2,000	—	2.00
松山州	—	500	1,000	—	2.00
豫州	—	500	1,000	—	2.00
宁州	—	300	600	—	2.00
镇、维、防三州⑭	—	700	—	—	—
合计	28	104,400	167,200	2,479	1.61
东京道					
辽阳府	9	40,604⑮	14,400⑯	4,512	0.35
开州	1	1,000	2,000	1,000	2.00
盐州⑰	—	300	500	—	1.67
穆州⑰	1	300	500	300	1.67
贺州⑰	—	300	500	—	1.67
定州	1	800	1,600	800	2.00
保州	1	1,000	2,000	1,000	2.00
辰州	1	2,000	4,000	2,000	2.00
卢州	1	300	500	300	1.67
铁州	1	1,000	2,000	1,000	2.00
兴州	—	200	300	—	1.50
汤州	—	500	700	—	1.40

道府州别①	县数	户数②	军兵丁数③	每县平均户数④	每户平均出军兵丁数④
崇州	1	500	1,000	500	2.00
海州	1	1,500	3,000	1,500	2.00
耀州	1	700	1,200	700	1.71
嫔州	—	500	700	—	1.40
渌州	2	2,000	4,000	1,000	2.00
桓州	—	700	1,000	—	1.43
丰州	—	300	500	—	1.67
正州	1	500	700	500	1.40
慕州	—	200	300	—	1.50
通州	4	1,000	—	250	—
同州⑧	1⑫	300	—	300	—
信州	1⑫	1,000	—	1,000	—
宾州	3	1,000	—	333	—
显州	3	300⑲	—	100	—
合计	34	58,804	41,400	1,641	0.74
中京道					
高州	1	5,000	10,000	5,000	2.00
合计	1	5,000⑳	10,000⑳	5,000	2.00
南京道					
析津府	11	102,000㉑	203,000	9,273	1.99
顺州	1	5,000	10,000	5,000	2.00
檀州	2	8,000㉒	16,000	4,000	2.00
涿州	4	34,000㉓	140,000㉓	8,500	4.12
易州	3	57,000	114,000	19,000	2.00
蓟州	3	10,000	20,000	3,333	2.00
景州	1	3,000	6,000㉔	3,000	2.00
平州	3	15,000	30,000	5,000	2.00
滦州	3	10,000	20,000	3,333	2.00
营州	1	3,000	6,000	3,000	2.00
合计	32	247,000	566,000㉕	7,719	2.29
西京道					
大同府	7	38,000	76,000	5,429	2.00
弘州	2	13,000	26,000	6,500	2.00
德州	1	3,000	6,000	3,000	2.00
丰州	1⑩	1,200	2,700	1,200	2.25

（甲表 29 续）

道府州别①	县数	户数②	军兵丁数③	每县平均户数④	每户平均出军兵丁数④
奉圣州	4	16,000	32,000	4,000	2.00
归化州	1	10,000	20,000	10,000	2.00
可汗州	1	3,000	6,000	3,000	2.00
儒州	1	5,000	10,000	5,000	2.00
蔚州	5	41,000	82,000	8,200	2.00
应州	3	16,000	32,000	5,333	2.00
朔州	3	9,000	18,000	3,000	2.00
武州	1	5,000	10,000	5,000	2.00
金肃军	—	300	1,000⑤	—	3.33
河清军	—	500	1,000⑤	—	2.00
合计	30	161,000	322,700	5,340	2.00

资料来源　《辽史》卷 37—41《志》第 7—11《地理》1—5；卷 36《志》第 6《兵卫》下。按本表所载为"京州军"之数，乃出自民间之丁籍者也。

编者注　①本表所列的府、州、军，仅限于《辽史地理志》记有户数的，计共 80 处；不载户数的，不录。按东京、中京两道缺载户数的府、州、军最多：东京道缺嘉州等 22 州、军的户数；中京道则仅有高州三韩一县的户数。　②《地理志》没有记载诸道户数总计及上京等 5 道的分道户数合计。表内各道府州军合计及分道合计乃据各州分计相加得来。　③《兵卫志》记有"五京民丁"总数（按，即各道府州军合计）及上、东、南、西四道的分道合计数，唯中京则仅载高州一州的军兵丁数。原书所记的"五京民丁"总数及上、东、西三道的分道合计数，均与本表根据各州分计相加的总和相符。惟南京道原书所记的该道合计数为"五十六万六千"，若根据该道各州分计相加所得出的总和则为 565,000。　④每县平均数的计算方法：把只记户数无县数的府州那部分户数剔出。每户平均出军兵丁数的计算方法：把只记户数无军兵丁数的府州那部分户数剔出。　⑤由于《辽史地理志》缺记户数的府、州、军太多（参上注①），表中"各道府州军合计"的"户数"是很不全面的。

对于《辽史地理志》缺记户数的府、州、军的户数，今因史料贫乏，只能根据《金史地理志》所载金代各该处的户数来作一粗略的考察。金统治下的旧辽地区，其中一些州县的人户，由于金政府命令迁拨移徙以致发生显著的变动，可以置而不论；又有一些可以说是仍相刂地保畱着辽代的居民状况的州县，它们共有 62 处（以辽代区划为准，则金代相应的州县应为 65 处）。

这 62 处州县，在金代相应地区的户数，统计为 450,758 户；然在《辽史地理志》中皆缺户数的记载。但须注意，金代人口的增长是较速的，以辽金都有户数记载的 19 个州，3 个府的户数相比，可以得出以下的比数：

府州数	金较辽户数增加（＋）或减少（－）
8	＋500％～900％
7	＋100％～400％
5	＋20％～80％
1	－27％

（参看费国庆：《关于"宋代户口"一文辽代部分的意见》，载《历史研究》1958年第8期）

因此，前举的"450,758户"这一数字，对辽代说来，显然是偏高的。

又：关于在辽代时各族人民的户、丁、口数的估计。请参看本表篇末"附记"。

⑥《兵卫志》下"五京乡丁"章，首云："辽建五京：……三京（上、东、中）丁籍可纪者二十二万六千一百，蕃汉转户为多；析津、大同（按即南京、西京）故汉地，籍丁八十万六千七百。契丹本户多隶宫帐部族，其余蕃汉户丁分隶者，皆不与焉。"根据这段话，辽五京籍丁之数应为1,032,800丁。这个数字比之同卷后面所分列的五京州、县的丁数合计之和少了64,500丁，据后面所载：

1. 上京（167,200丁）、东京（41,400丁）、中京高州三韩县（10,000丁），三项合计为218,600丁。

2. 南京（566,000丁）、西京（322,700丁），两项合计为888,700丁。

3. 根据以上两项，五京籍丁合计之数共为1,107,300丁。这与同章（"五京乡丁"）末句所云："大约五京民丁可见（按即可考之意）者一百一十万七千三百为乡兵"正合。

⑦按：辽制，每户应出"军兵丁"2丁。表中大多数府、州每户平均出军兵丁数都为"2.00"丁，合于辽制的规定。但也有一些府、州，其每户平均出军兵丁数低于2丁，此中最突出者为上京道的凤州，平均每4户才出1军兵丁。这可能由于记载失误，也可能出于其他的原因，如优免等。至于每户出2丁以上的，表中凡三见：南京道涿州，西京道丰州及金肃军。涿州每户平均出"4.12"丁，是由于所属四县中的归义县4,000户出80,000丁，以致将全州的平均数拉高了。　⑧《地理志》云："〔临潢府〕户三万六千五百，辖军府州城二十五，统县十。"但所统10县中，渤海、兴仁两县俱无户数记载，其余临潢等8县所记的户数，合计仅为22,500户，较之36,500尚少14,000户。　⑨按临潢府统县10。《兵卫志》仅列临潢等8县丁数，渤海、兴仁两县缺载。　⑩内包括城（越王城）1。　⑪原统县3，其中2县缺户数，此2县不计入。　⑫原统县2，其中1县缺户数，此1县不计入。

⑬自徽州以下至宁州凡16州，皆为"头下军州"。《地理志》云："头下军州，皆诸王、外戚、大臣及诸部从征俘掠，或置生口，各团集，建州县以居之。横帐诸王、国舅、

公主许创立州城,自余不得建城郭。朝廷赐州县额。其节度使朝廷命之,刺史以下皆以本主部曲充焉。官位九品以下及井邑商贾之家,征税多归头下。唯酒税课纳上京盐铁司。"(参看陈述《头下考》) ⑭辽国西北界之边防城。《地理志》云:"镇州、建安军节度。统和 22 年(1004 年)皇太妃奏置。选诸部族二万余骑充屯军……。渤海、女直、汉人配流之家七百余户,分居镇、防、维三州"罗继祖《辽史校勘记》页 118 云:"'镇'字衍。" ⑮《地理志》云:"府曰辽阳,户四万六百四。"但其下分列所统各县户数,9 县中,肃慎、归仁、顺化 3 县无记载,其余辽阳等 6 县所记的户数,合计为 7,200 户,与 40,604 之数相去甚远。 ⑯按辽阳府统县 9。《兵卫志》仅列辽阳等 6 县丁数,肃慎、归仁、顺化 3 县缺载。 ⑰隶开州节度。

⑱"同州",殿本《辽志》作"尚州",误。按尚州另有其地,亦属东京道,《辽志》但云"以渤海户置",户数不具载。 ⑲这是辽大同元年(947)世宗初置州时,"迁东京三百余户以实之"的户数。实际上这不能代表显州的总户数,请注意。

⑳中京道除高州(三韩县)的户数外。其他各州均无户数记载,甚至中京大定府也这样。所以中京道的合计是一个远不完全的数字。 ㉑这是析津府属下 11 县分计数加起来的总和。其中潞县的分计数,百衲本《辽志》作"户六千",据此得出府的总户数为 102,000 户;殿本作"户三千",则府的总户数为 99,000 户。采用百衲本的数字,则每户平均出 2 个"军兵丁",似较正确。 ㉒檀州统县 2:密云县户"五千",行唐县户"三千"。百衲本《辽志》密云县作"户五十","十"乃"千"之讹,今据涵芬楼本。 ㉓按涿州之户数、丁数,乃据《辽史》卷 40《地理志》4 及卷 36《兵卫志》下所载之四属县分计数相加得来,细数如下:

县名	户	丁
范阳	10,000	20,000
固安	10,000	20,000
新城	10,000	20,000
归义	4,000	80,000

　　罗继祖《辽史校勘记》页 112 云:"据《地理志》,归义县'户四千',四千户无出丁八万之理,'八万'殆'八千'之误。"

㉔《辽史地理志》记景州"重熙中置,户三千",《兵卫志》则云"景州遵化县丁六千"。冯家昇《辽史证误三种辽史初校》(页 173)以为《兵卫志》不应把丁数六千系于遵化县,其意盖谓应系于景州。 ㉕《兵卫志》云:"南京……有丁五十六万六千"(按百衲本《辽志》作"有丁丑十六万六千","丑"乃"五"之误),但据其下所分列各州县的丁数来统计,所得为 565,000 丁,少 1,000 丁。我们认为这 1,000 的差数,是出在析津府"潞县丁一万一千"(百衲本、涵芬楼等版均同)应为一万二千之误。按:《地理志》

"潞县……户三千"。如丁数为 12,000,则每户平均出军兵丁数为"4",恰为整数(析津府其他各县的每户平均出军兵丁数均为整数)。又,如照原书所记潞县丁数为"一万一千",则析津府各县加起来的丁数为203,000,每户平均出军兵丁数为1.99。反之,如潞县丁数为"一万二千",则析津府各县丁数合计为204,000,每户平均出军兵丁数为2.00,更为合理。 ㉖"防秋兵"数。

附记 (一)冯家昇《辽史证误三种辽史初校》(页 171—174)对于凡《兵卫志》不记"乡丁"数,而《地理志》记有户数的府州,皆据该府州的户数"二倍之"(按:辽制户出二丁)而推算出丁数。这样推算的结果是可能接近于历史实际的。但是,户与丁之间 1:2 这一比例也并不是绝对的。在求得更确实的证据以前,本表仍忠实于辽史原文,暂不作补缀。

(二)魏特夫格(Karl A. Wittfogel)、冯家昇著:《辽代中国社会史(公元 907—1125 年)》(History of Chinese Society Liao〔907—1125〕),页 58 第 5 表《辽国人口》,对在辽国统治地区下各族人民的户、丁、口数,作出粗略的估计。按:二氏根据《辽史地理志》所记的五京户数,并大致测定各族人口的地理分布状况,从而得出各族的户数。然后按每户二丁及每户五口的标准,来推算各族的丁数及口数(其详情参看原书页 52—58)。兹译载该书第 5 表《辽国人口》如下:

种 族 别	丁	户	口
(1)契丹人	300,000	150,000	750,000
(2)渤海人以外的蕃部(最低估计)	80,000	40,000	200,000
(3)汉人(最低估计)	960,000	480,000	2,400,000
(4)渤海人	180,000	90,000	450,000
总计	1,520,000	760,000	3,800,000

同书页 659—660 对于西辽(1125—1201 年)的户口数亦有估计,其科学性似不高,不录。

甲表 30　辽代御帐亲军数

军别	建　置	骑军(骑)
大帐皮室军①	太祖以行营为宫,选诸部豪健千余人置,为腹心部。太宗增多至如右之数。	300,000
属珊军②	地皇后居守时置,摘蕃汉精锐为之。	200,000
合计③		500,000

资料来源　《辽史》卷 35《志》第 5《兵卫》中;卷 46《志》16《百官》2"南皮室详稳司"条;《钦定续文献通考》卷 124《兵考禁卫兵》。

编者注　①《辽史考证》云:"按《辽志》:晋末契丹主部下兵谓之大帐,有皮室兵,约三万骑。"则太宗时所增已至十倍。参看《宋会要辑稿》第 196 册《蕃夷》1《契丹》载宋太宗端拱二年(989 年)吏部尚书宋琪上疏所言。按皮室,亦作北室,坚利之意,精兵也。

②《辽史考证》云:"按《辽志》:国母述律氏部下谓之属珊,有众二万。"则表中之骑数又为此之十倍。述律氏即阿保机(太祖)之妻,初封地皇后。太宗时,晋号应天太后。厉鹗《辽史拾遗》卷 23《国语解》第 46《兵卫志》"属珊"条云:[陈士元]"《诸夷夷语》曰:应天皇后从太祖征讨,所俘人户有技艺者,置之帐下为属珊,盖比珊瑚之宝云。"或谓属珊即满洲语"舒新"之异译,谓铁凿也。

③邝又铭《辽史兵卫志"御帐亲军""大首领部族军"两事目考源辨误》[载《北京大学学报(人文科学)》1956 年第 2 期]云:

　　1."属珊军"在述律后死去以后便不存在了。《兵卫志》"把它作为一种在辽代长期存在的部队是不对的"。

　　2."皮室军"在太宗时最多只是三万人,《兵卫志》"以为是三十万人骑是不对的"。

　　3.《兵卫志》把"'属珊军'的人马数目也凭空扩大了十倍(即把二万说成二十万),并且把它也算在'御帐亲军'之内,以为共是五十万人骑,更是大错特错的"。

甲表 31　辽代历朝所

宫卫别①	建　置　时　及　所　在　地②
弘义宫	太祖(916—926年)以腹心之卫置,益以渤海俘、锦州户。宫在临潢府,陵在祖州东南。
长宁宫	应天皇太后(太祖后)以辽州及海滨县等户置。宫在高州。世宗分属让国皇帝宫院③。
永兴宫	太宗(927—947年)以太祖平渤海俘户,东京、怀州、云州怀仁县、泽州深河县等户置。宫在游古河侧,陵在怀州南。
积庆宫	世宗(947—951年)以文献皇帝卫从及太祖俘户,及云、高、宜等州户置。宫在土河东,陵在长宁宫北。
延昌宫	穆宗(951—968年)以毂乌尼音"鄂尔多"(国阿辇"斡鲁朵")及祖卜(阻卜)俘户,咸、信、韩等州户置。宫在嘉哩山(纠雅里山)南,陵在上京南。
彰愍宫	景宗(968—982年)以章肃皇帝侍卫及武安州户置。宫在合鲁河,陵在祖州东。
崇德宫	承天太后(景宗后)以乾、显、双三州户置。宫在土河东,陵附景宗乾陵。
兴圣宫	圣宗(983—1031年)以毂乌宁、伊罗干、富僧额(国阿辇、耶鲁碗、蒲速碗)三"鄂尔多"("斡鲁朵")户置④。宫在纽欢和珍(女混活直),陵在庆州西⑤。
延庆宫	兴宗(1031—1055年)以诸"鄂尔多"及饶州户置。宫在高州西,陵在庆州。
太和宫	道宗(1055—1101年)以诸"鄂尔多"御前承应人及兴中府户置。宫在好水泺,陵在庆州。
永昌宫	天祚帝(1101—1125年)以诸"鄂尔多"御前承应人及"春宣州"户置。[考辽史地理志有宣州,属东京道;无"春州"或"春宣州"。]
敦睦宫	孝文皇(道宗)太弟宫也。以文献皇帝承应人及渤海俘,建、沈、岩三州户置。陵在祖州西南。
文忠王府	大丞相晋国王耶律隆运卒,谥文忠,无子。皇族魏王塔布子页噜及天祚帝于额嚕温(魏王贴不子耶鲁及皇子敖鲁斡)继之⑦,拟诸宫例建。文忠王府庙在乾陵侧。
合计⑧	

资料来源　《辽史》卷31《志》第1《营卫》上,及卷35《志》第5《兵卫》中;《钦定续文献通

编者注　①《续通考》云:"太祖以德呼勒(《辽史》作"迭剌")部受禅,分本部为五院、六院,诒谋嗣续。世建宫卫,入则居守,出则扈从,葬则因以守陵;有兵事则丁壮从戎,部族,十万骑军已立具矣!"又《辽史营卫志》上《宫卫》云:"算(百衲本误作"算")斡鲁

②本栏系节录《续通考》原文,并将《辽史》所用的译名附载其后,以括号( )表出之。

③《续通考》按云:"让国皇帝陵曰显陵,在东京道显州。"

④按毂乌宁、伊罗干、富僧额三"鄂尔多"即永兴、积庆、长宁三宫。

⑤《续通考》注:《营卫志》作"在庆州南安",《地理志》作"在州西",今从《地理志》。

⑥《续通考》按云:"以一户二丁计之,惟此丁数缺二千,疑当作一万六千。但以后四十卫志》载各宫正户、转户之数,《兵卫志》载正丁、转丁之数,丁数常倍于户数,是一户

⑦按耶律隆运,本姓韩,名德让。死时年七十一。道宗清宁3年(1057年)以耶鲁

⑧魏特夫格(Karl A. Witffogel)、冯家昇著:《辽代中国社会史(公元907—1125年)》户、丁、骑军数累积起来合计,得出辽一代宫卫:户203,000;丁408,000;骑军

建宫卫骑军数

户		丁		合计		骑军(骑)	平均每户出丁数(丁)	平均若干丁出1骑军(丁)
正	蕃汉转	正	蕃汉转	户	丁			
8,000	7,000	16,000	14,000	15,000	30,000	6,000	2	5
7,000	6,000	14,000	12,000	13,000	26,000	5,000	2	5.2
3,000	7,000	6,000	14,000	10,000	20,000	5,000	2	4
5,000	8,000	10,000	16,000	13,000	26,000	8,000	2	3.25
1,000	3,000	2,000	6,000	4,000	8,000	2,000	2	4
8,000	10,000	16,000	20,000	18,000	36,000	10,000	2	3.6
6,000	10,000	12,000	20,000	16,000	32,000	10,000	2	3.2
10,000	20,000	20,000	40,000	30,000	60,000	5,000	2	12
7,000	10,000	14,000	20,000	17,000	34,000	10,000	2	3.4
10,000	20,000	20,000	40,000	30,000	60,000	15,000	2	4
8,000⑥	10,000	14,000⑥	20,000	18,000	34,000⑥	10,000	1.89	3.4
3,000	5,000	6,000	10,000	8,000	16,000	5,000	2	3.2
5,000	8,000	10,000	16,000	13,000	26,000	10,000	2	2.6
81,000⑨	124,000⑨	160,000	248,000	205,000⑨	408,000⑩	101,000⑩	1.99	4.04

考》卷125《兵考禁卫兵》。按"正户"为契丹人，"蕃户"为契丹人及汉人以外之诸部族。统以皇族，而亲卫缺然，乃立鄂尔多（《辽史》作"斡鲁朵"）法。裂州县，割户丁，以强干弱枝，老弱居守。五京（上、东、中、南、西）、二州（奉圣、平）各提辖司，传檄而集；不待调发州县、朵，太祖置。国语：心腹曰算，宫曰斡鲁朵。"

这因为《续通考》记载较详，而译名则应以《辽史》原译为准也。

万八千总数核之，则四千字不误，当作户七千也。"钱大昕《廿二史考异》卷83《兵卫志》云："《营出二丁也。独永昌宫彼《志》云：'正户八千'，此[《志》]云：'正丁一万四千'，当有一误。"为嗣。天祚立，以敖鲁斡继之，见《辽史》卷82《耶律隆运传》。

(History of Chinese Society Liao〔907—1125〕)，页515认为：《辽史》把历朝所建宫卫的101,000，是和当时史实有矛盾的。他们根据《辽史营卫志》所记历朝宫卫的建置事略（参看本表"建置时及所在地"一栏),认为自圣宗及其以后三帝都严格控制宫卫骑军丁280,000;骑军76,000。兹把他们的估算方法约述如下(假定各宫户、丁、骑军到圣宗止,各宫卫合计:户89,000;丁178,000;骑军46,000。因为圣宗兴长宁宫三个宫的旧户抽调出来组成。

所以,圣宗在位时,辽国宫卫的户、丁、骑军数实际上没有增加。

到天祚止,各宫卫合计:户140,000;丁280,000;骑军76,000;

其中:兴宗、道宗、天祚帝三帝共新增添:户30,000;丁60,000;骑军15,000。

来,只有1/3是新增添的。敦睦宫、文忠王府两者共新增添:户

⑨《辽史营卫志》上《宫卫》云:"凡州38……为正户80,000,蕃汉转户123,000,共史证误三种》页161云:"正户实数,当作81,000,蕃(百衲本误作藩)汉转户实数,

⑩《辽史营卫志》上,末云:"凡诸宫卫人丁408,000,骑军101,000,著帐释宥没入(按:昌宫]所差[少]之[正丁]二千,[丁数]当作四十一万。"参看本表注⑥。

的总数。所以，到辽国最后一帝天祚帝时，估计各宫卫合计的最高数字仅为：户140,000；
的出生率和死亡率相等）：
圣宫的建立，有户30,000，但这30,000户完全是从太宗永兴宫、世宗积庆宫及应天皇太后

兴宗、道宗、天祚帝所建的三个宫，它们的户、丁、骑军数，大约有2/3是从旧建诸宫抽调出
21,000，丁42,000；骑军15,000。这一宫、一府是另外重新建立的。
203,000户"，与本表统计比较，正户、蕃汉转户各少1,000，户数合计少2,000。冯家昇《辽
当作124,000，共205,000户"，与本表统计数字正合。
著帐户，本诸斡鲁朵析出及诸罪没入者），随时增损，无常额。"冯氏书，页163云："若合〔永

甲表 32 北宋各朝户口数、每户

年　　　　　度	公　元	户　　数	口　　数	每户平均口数	户数升降百分比（以真宗咸平 6 年为 100）
太祖建隆元年（得后周领土的户数）	960	967,353	—	—	—
建隆 4 年取荆南得户	963	142,300	—	—	—
平湖南得户	963	97,388	—	—	—
乾德 3 年平蜀得户	965	534,029	—	—	—
开宝 4 年平南汉得户	971	170,263	—	—	—
开宝 8 年克江南得户	975	655,065	—	—	—
开宝 9 年	976	3,090,504	—	—	—
太宗太平兴国 3 年陈洪进献漳泉二州得户	978	151,978	—	—	—
钱俶献吴越得户	978	550,684	—	—	—
太平兴国 4 年平太原得户	979	35,225	—	—	—
太平兴国 5 年至端拱 2 年	980—989	6,499,145	—	—	—
至道 2 年	996	4,574,257	—	—	—
至道 3 年	997	4,132,576	—	—	—
真宗咸平 6 年	1003	6,864,160	14,278,040	2.08	100.00
景德 3 年	1006	7,417,570	16,280,254	2.19	108.06
大中祥符元年	1008	7,908,555	17,803,401	2.25	115.22
大中祥符 2 年	1009	8,402,537			122.41

平均口数及户口数的升降百分比

口数升降百分比(以真宗咸平6年为100)	资　料　来　源
—	宋会要辑稿(以下简称宋会要)第161册食货69户口杂录;续资治通鉴长编(以下简称长编)卷1;玉海卷18郡国;文献通考(以下简称通考)户口2;宋史地理志(以下简称宋志);续通典食货10均同。
—	同上。唯会要作平京南,得户402,300(通考及续通典作乾德元年。方仲按:建隆4年11月癸亥始改元乾德,而平荆南在2月,当采建隆年号为是)。
—	同上。通考及续通典作乾德元年。按:是年3月平湖南,当仍用建隆年号为是。
—	宋会要食货69,长编、通考均同。宋志作534,039,疑误。宋朝事实卷17作"户五十三万四",乃阙文。
—	宋会要、长编、通考、玉海、宋志均同。
—	同上。
—	宋志1;通考户口2;宋会要食货11同。玉海卷18作"户2,508,960"。通考按语云:"此系会要所载本年(开宝9年)主客户数,如前行所载(按指平定诸国所得总户数):开宝8年平江南以前户数出通鉴长编,通算只计2,566,398,与会要不合,当考。"袁震说,自建隆元年到开宝9年,17年间各地户口应有所增长,不应只机械地把削平各国户数加在一起(见袁震:宋代户口,载历史研究1957年第3期)。
—	宋志1。宋会要食货69作120,021户。
—	同上。宋会要食货69作献西浙得户320,933。
—	同上。宋会要食货69作平河东得户35,220。按:太祖、太宗两朝消灭地方政权所得户数共为3,304,285(包括得后周领土的户数)。
—	编者据太平寰宇记统计(详见本编表35及该表注③)。据袁震的统计为6,862,384。历史教学1956年4月号李景林的统计为6,643,672。浙江学报第1卷第2期陈乐素的统计与中国社会经济史集刊第6卷第1期张荫麟的统计同为5,859,551。张陈两氏的统计,对于原书所载主客不分的户数,一概从略,因为他们统计并没有把原书的全部户数包括在内,所以数字特别小。
—	太宗实录卷79。包孝肃奏议卷7"论历代并本朝户口"作4,514,257。长编卷40作3,574,257。
—	宋志1;宋会要食货11;通考户口2均同。
100.00	根据宋会要食货12所载咸平6年较景德3年户数少553,410,口数少2,002,214而计算得出。
114.02	宋会要食货12。章俊卿山堂群书考索卷63地理门户口类作景德4年。
124.69	长编卷70。
—	长编卷72。

年　　　度	公　元	户　数	口　数	每户平均口数	户数升降百分比（以真宗咸平 6 年为 100）
大中祥符 4 年	1011	133,112	541,419	—	—
大中祥符 7 年	1014	9,055,729	21,996,965	2.43	131.93
大中祥符 8 年	1015	8,422,403	18,881,930	2.24	122.70
天禧 3 年	1019	8,545,276	19,471,556	2.28	124.49
天禧 4 年	1020	9,716,716	22,717,272	2.34	141.56
天禧 5 年	1021	8,677,677	19,930,320	2.30	126.42
仁宗天圣元年	1023	9,898,121	25,455,859	2.57	144.20
天圣 7 年	1029	10,162,689	26,054,238	2.56	148.05
天圣 9 年	1031	9,380,807	18,936,066	2.02	136.66
景祐元年	1034	10,296,565	26,205,441	2.55	150.00
景祐 4 年	1037	10,663,027	22,482,518	2.11	155.34
宝元元年	1038	10,114,290			147.35
宝元 2 年	1039	10,179,989	20,595,307	2.02	148.31
庆历 2 年	1042	10,307,640	22,926,101	2.22	150.17
庆历 5 年	1045	10,682,947	21,654,163	2.03	155.63
庆历 8 年	1048	10,723,695	21,830,004	2.04	156.23
皇祐 2 年	1050	10,747,954	22,057,662	2.05	156.58
皇祐 5 年	1053	10,792,705	22,292,861	2.07	157.23
嘉祐 3 年	1058	10,825,580	22,442,791	2.07	157.71
嘉祐 6 年	1061	11,091,112	22,683,112	2.05	161.58
嘉祐 8 年	1063	12,462,317	26,421,651	2.12	181.56
英宗治平元年	1064	12,489,481	28,823,252	2.31	181.95
治平 2 年	1065	12,904,783	29,077,273	2.25	188.00
治平 3 年	1066	12,917,221	29,092,185	2.25	188.18

（甲表 32 续）

口数升降百分比（以真宗咸平 6 年为 100)	资　料　来　源
—	长编卷 76。袁震说:"该年户口与前后数年相较,数字太小,疑误",其说良是。本年平均口数及户口升降百分比均不计算。
154.16	长编卷 83。
132.04	长编卷 86。
136.37	长编卷 94。
159.11	长编卷 96。
139.59	宋会要食货 11;通考户口 2 同。长编卷 97 户数同,口数作 13,930,320。续通志食货 3 户数同,口数作 19,920,320。包孝肃奏议卷 7 只载户数,与会要同。
178.29	长编卷 101,续通志食货 3 均同。
182.48	宋会要食货 11;通考户口 2 同。长编卷 108 户数作 10,562,689。包孝肃奏议卷 7 只载户数,与会要同。
132.62	长编卷 110。
183.54	长编卷 115。
157.46	长编卷 120。
	玉海卷 20 户口。长编卷 123 作 10,104,290。
144.24	同上。（长编卷 125 有误记数字,今不取)
160.57	宋会要食货 11。包孝肃奏议卷 7 只载户数作 10,307,648。
151.66	长编卷 157。
152.93	宋会要食货 11;通考户口 2 户数同,口数作 21,830,064;长编卷 165 户数同,口数作 21,730,064。包孝肃奏议卷 7 只载户数作 10,964,434。
154.49	长编卷 169。
156.13	长编卷 175。
157.18	宋会要食货 11。长编卷 188 户数同,口数作 22,432,793。
58.87	长编卷 195。
185.05	通考户口 2。宋会要食货 11 户数下原注云:"'七'一作'一'",余与通考同。宋志 1 作"主户"22,462,531,显然错误。长编卷 119 户数作 12,462,310。"口"数按长编所记自本年至哲宗元符 2 年各年俱写作"丁"(请参看本编表 33 注 *),仅神宗熙宁 10 年仍写作"口"。玉海卷 20 引史志户数作 12,462,311,口数同。
201.87	长编卷 203。（口数原文作"丁")
203.65	长编卷 206。（同上)
203.75	宋会要食货 11(会要原注"七"一作"九");玉海卷 20;通考户口 2;续通志食货 3;长编卷 208(口作丁),余均同。宋志 1 户数作 14,181,486,口数作 20,506,980。

年　　　　度	公　元	户　　数	口　　数	每户平均口数	户数升降百分比(以真宗咸平6年为100)
治平4年	1067	14,181,485	—	—	206.60
神宗熙宁2年	1069	14,414,043	23,068,230	1.60	209.99
熙宁5年	1072	15,091,560	21,867,852	1.45	219.86
熙宁8年	1075	15,684,529	23,807,165	1.52	228.50
熙宁10年	1077	14,245,270	30,807,221	2.16	207.53
元丰元年	1078	16,402,631	24,326,123	1.48	238.96
元丰初年(甲)		14,852,684①	33,303,889*	2.24	216.38
（乙）		16,569,874	—	—	240.91
元丰3年	1080	16,730,504	23,830,781	1.42	243.74
元丰6年	1083	17,211,713	24,969,300	1.45	250.75
哲宗元祐元年	1086	17,957,092	40,072,606	2.23	261.61
元祐3年	1088	18,289,375	32,163,012	1.76	266.45
元祐6年	1091	18,655,093	41,492,311	2.22	271.78
绍圣元年	1094	19,120,921	42,566,243	2.23	278.56
绍圣4年	1097	19,435,570	43,411,606	2.23	283.15
元符2年	1099	19,715,555	44,364,949	2.25	287.22
元符3年	1100	19,960,812	44,914,991	2.25	290.80
徽宗崇宁元年	1102	20,264,307	45,324,154	2.24	295.22
崇宁2年	1103	20,524,065	45,981,845	2.24	299.00
大观2年	1103	20,648,238	46,173,891	2.24	300.81
大观3年	1109	20,882,438	46,734,784	2.24	304.22
大观4年	1110	20,882,258	46,734,784	2.24	304.22

（甲表 32 续）

口数升降百分比（以真宗咸平 6 年为 100）	资　料　来　源
—	源流至论集卷 10（引自浙江学报第 1 卷第 2 期陈乐素：主客户对称与北宋户部的户口统计）。
161.56	宋会要食货 11。
153.16	宋会要食货 11；长编卷 241 均同。
166.74	宋会要食货 11；通考户口 2；续通志食货 3 均同。长编卷 271 户数作 15,684,129，"丁"数同。
215.77	宋会要食货 11；长编卷 286；宋志 1 均同。宋会要食货 11 户数同，口数作 30,807,211。
170.37	宋会要食货 11；长编卷 295 户数作 16,492,631，"丁"数作 24,326,102。
233.25	通考户口 2 所录元丰 3 年检正中书户房公事毕仲衍经进中书备对内载"天下四京一十八路户口主客数目"，是则当为元丰 3 年以前的户口数。续通典食货 10 亦载有与此项相同之户口主客数，但指明系元丰元年之数字，未知何据。
—	编者据王存元丰九域志（按此书成于元丰 3 年闰九月）统计得出，请参看本编表 36。
166.91	宋会要食货 11；长编卷 310 同。
174.88	宋会要食货 11；玉海卷 20；通考户口 2；续通志食货 3；长编卷 341 均同。
280.66	宋会要食货 11；长编卷 393 均同。宋志 1 户数同，口数作"四十七万二千六百六"，按四十之"十"字当为"千"之误。
225.26	宋会要食货 11。
290.60	宋会要食货 11；通考户口 2；长编卷 468 均同。
298.12	宋会要食货 11；宋志 1 户数同，口数作 42,566,143。
304.04	宋会要食货 11。
310.72	长编卷 519。宋会要食货 11 户数作 17,916,555，误。通考户口 2 户数同，口数作 43,411,606，与绍圣 4 年完全相同。
314.57	宋志 1。宋会要食货 11 载："[元符]3 年天下所升户 245,257，口 550,045"，今据以与元符 2 年之户口数相加，与宋志数字完全符合。
317.44	宋志 1。宋会要食货 69 崇宁元年所升户口数累计相同。通考户口 2 户数作 20,019,050，口数作 43,820,769。
322.05	据崇宁元年户数及宋会要食货 11 崇宁 2 年所升户口累计。
323.39	据崇宁 2 年户数及宋会要食货 11 是年所升户口数累计。
327.32	据大观 2 年户数及宋会要食货 11 及玉海卷 20 是年所升户口数累计。宋会要食货 69 是年所升户数作"234,020"。
327.32	宋志是年口数与大观 3 年相同，户数则与宋会要食货 69 大观 3 年同，当系同一年的数字。

编者注　①这是据《通考户口》2原载元丰3年"天下四京一十八路"主客户口总计数填《通考》及《续通典食货》10于记载主客户数及主客口数外，另记有"丁，主客17,846,873"。复按百岁寓翁《枫窗小牍》(《稗海》第8函中，《丛书集成初编》作宋袁褧撰，袁慎续)卷上未入版图，总户967,353(按此数与本表第一行数字相同)。至开宝末增至2,508,065(按本表太宗太平兴国3年"资料来源"一栏所载太祖太宗两朝消灭地方政权所得数皆在二千万以上。《小牍》所记，当指徽宗宣和[1119—1125年]年间之数，观下文间事，此当指孝宗)主户亦至11,705,600有奇(按甲表34乾道元年户数为11,705,662，应为"北"字之讹，指金人)虏假气游魂，何也?"

附记　宋章俊卿《山堂群书考索》卷63《地理门户口类》记有北宋太祖至神宗六朝九个年完全与表中所列各该年的户数相符。嘉祐8年的户数，《考索》作12,462,311户，与6年及景德4年户数，《考索》仅举约数，原文云："景德4年丁谓言今户741万余，比又：明陈全之《蓬窗日录》(明嘉靖44年太原府刻本)卷3《世务》1《户口》所记历代户天下"、"真宗时"、"神宗时"及"徽宗宣和中"四个年度的户口数。根据表内材料来核口数。唯"徽宗宣和中"(1119—1125年)的户口数，《宋史地理志》系于徽宗大观4年

入。如果把该书所载各路分计数相加起来，则其总和应是：户14,543,264；口32,351,989。又

所载两宋户数，有足与本表及下表相参证者，兹随原文附作按语如下："国初杭、粤、蜀、汉户（按本表开宝9年所引《玉海》记载，作"户2,508,960"）。太宗拓定南北，户犹3,574,257户数共计3,304,285）。此后递增至徽庙有18,780,000之多（按本表徽宗崇宁、大观间户自明）。噫，可谓盛矣！及乘舆南渡，江淮以北悉入房庭。今上（按《小牍》所记，有孝宗乾道年与此正合，然诸书皆未注明其为主户）。生息之繁，视宣和以前仅减七百万耳。尚令此（按

度的户数。其中，开宝9年、至道3年、天禧5年、天圣7年、治平3年、熙宁10年等6年的户数，《宋史地理志》同，与《宋会要辑稿》及《通考》所记稍异（参看表中该年"资料来源"栏）。至于咸平咸平6年增55万余（按：咸平6年即686万余）。"

口数，其中自前汉迄唐一段所引材料，大致不出《通典》范围。关于北宋，《日录》载有"宋太祖定证，前三个年度的数字实为"太祖开宝9年"、"真宗景德3年"及"神宗元丰6年"的户（1114年），《宋会要辑稿食货》69则系于大观3年。

甲表 33　北宋主客户口数

年　　　度	公元	主　户		客　户		总　户
		户	口	户	口	户
太宗　太平兴国 5 年至端拱 2 年	980—989	3,560,797	—	2,547,838	—	6,108,635
真宗　天禧 5 年	1021	6,039,331	—	2,638,346	—	8,677,677
仁宗　天圣元年	1023	6,144,983	19,511,844	3,753,138	5,944,015	9,898,121
天圣 7 年	1029	6,009,896	20,031,926	4,552,793	6,022,312	10,562,689
天圣 9 年	1031	5,978,065	13,210,924	3,402,742	5,725,142	9,380,807
景祐元年	1034	6,067,583	20,123,814	4,228,982	6,081,627	10,296,565
景祐 4 年	1037	6,224,753	15,295,527	4,438,274	7,186,989	10,663,027
宝元 2 年	1039	6,470,095	14,399,905	3,708,994	6,195,402	10,179,989
庆历 2 年	1042	6,671,392	14,831,902	3,636,248	8,094,199	10,307,640
庆历 5 年	1045	6,862,889	15,263,899	3,820,058	6,390,264	10,682,947
庆历 8 年	1048	6,893,827	15,341,723	3,829,868	6,488,341	10,723,695
皇祐 2 年	1050	6,912,997	15,493,541	3,834,957	6,564,121	10,747,954
皇祐 5 年	1053	6,937,380	15,597,450	3,855,325	6,695,411	10,792,705
嘉祐 3 年	1058	6,948,470	15,706,490	3,877,110	6,726,303	10,825,580
嘉祐 6 年	1061	7,209,581	15,875,580	3,881,531	6,807,532	11,091,112
英宗　治平 4 年	1067	9,799,346	—	4,382,139	—	14,181,485
神宗　熙宁 5 年	1072	10,498,869	15,734,197*	4,592,691	6,133,655④	15,091,560
熙宁 8 年	1075	10,682,375	15,896,304*	5,001,754	7,910,861④	15,684,129
元丰元年	1078	10,995,133	16,511,061*	5,497,498	7,815,041④	16,492,631
元丰初年（甲）		10,109,542③	23,426,994③	4,743,144③	9,876,895③	14,852,684⑤
（乙）		10,883,686	—	5,686,188	—	16,569,874
元丰 3 年	1080	11,244,601	16,236,430*	5,485,903	7,594,351*	16,730,504

及客户户口数的比重

口 数①		客户户口数占总户口数%		资 料 来 源②
口	户	户	口	
—		41.7	—	据宋乐史太平寰宇记统计得出。请参看本编表 35 全国总计并注③。
19,930,320		30.4	—	总户口数据宋会要辑稿(以下简称宋会要)食货 11;主户户数据宋史地理志 1(以下简称宋志);客户户数据总户数减去主户户数而得。
25,455,859		37.9	23.4	续资治通鉴长编(以下简称长编)卷 101。
26,054,238		43.1	23.1	长编卷 108;宋会要食货 11 及文献通考(以下简称通考)户口 2,总口数同,总户数作 10,162,689。
18,936,066		36.3	30.2	长编卷 110。
26,205,441		41.1	23.2	长编卷 115。
22,482,516		41.6	32.0	长编卷 120。
20,595,307		36.4	30.1	玉海卷 20;长编卷 125 主户之口数误作 4,399,905,余同。
22,926,101		35.3	35.3	主户户口数据长编卷 138,客户户口数据总户口数减去主户之口数而得(长编卷 138,客户户数作 764,626,口数作 692,833,数字均过小,当有错误)。总户口数据宋会要食货 11。
21,654,163		35.8	29.5	长编卷 157。
21,830,064		35.7	29.7	长编卷 165;宋会要食货 11 及通考户口 2,总户口数同。
22,057,662		35.7	29.8	长编卷 169。
22,292,861		35.7	30.0	长编卷 175。
22,432,793		35.8	30.0	长编卷 188。宋会要食货 11,总户数同;总口数作 22,442,791,盖万位数字"3"误作"4",又单位数"3"误作"1"。
22,683,112		35.0	30.0	长编卷 195。
—		30.9	—	据陈乐素主客户对称与北宋户部的户口统计一文(载浙江学报第 1 卷第 2 期)引源流至论后集(文澜阁本)卷 10。
21,867,852		30.4	28.0	长编卷 241。总户口数宋会要食货 11 同。
23,807,165		31.9	33.2	长编卷 271。宋会要食货 11 及通考户口 2,总户数作 15,684,529,总口数同。
24,326,102		33.3	32.1	长编卷 295。宋会要食货 11,总户数作 16,402,631,总口数作 24,326,123。
33,303,889		31.9	29.7	文献通考户口 2 所录元丰 3 年毕仲衍所进中书备对内载的"天下四京一十八路"主客户口总计数。
—		34.1	—	据王存元丰九域志统计得出,请参看本编表 36。
23,830,781		32.8	31.9	长编卷 310。宋会要食货 11 总户口数同。

年　　　　度	公元	主　户		客　户		总　户
		户	口	户	口	户
元丰 6 年	1083	11,379,174	16,954,206*	5,832,539	8,015,094*	17,211,713
哲宗　元祐元年	1086	11,903,668	27,741,600*	6,053,424	12,331,006*	17,957,092
元祐 3 年⑥	1088	12,134,723	28,533,934*	6,154,652	3,629,083*	18,289,375
元祐 6 年	1091	12,427,111	28,750,455*	6,227,982	12,741,856*	18,655,093
绍圣 4 年	1097	13,068,741	30,344,274*	6,366,829	13,067,332*	19,435,570
元符 2 年	1099	13,276,441	31,061,045*	6,439,114	13,303,904*	19,715,555
以上各年平均⑦		8,690,620	19,244,793	4,586,990	7,805,864	13,277,609

编者注　①本栏("总户口")数字除在"资料来源"栏中说明系原有记录者外,其余都

②本表所引各书:《续资治通鉴长编》只载各年主户及客户的户数和口数,但不载各该
没有主户和客户的分计数(《玉海》有宝元2年的主客户口数;《通考》有元丰初年主客

③据《通考》原注:"主户户数"项下云:"内 419,522 户元(原,下同)供弓箭手、僧院道
户口数"项下云:"内683,883口元供弓箭手、山僙、童行僧道、蜒船居、黎户,今
入 客户数。""客户口数"项下云:"内11,028口元供浮居散户,今入客户(口?)数。"

④自神宗熙宁 5 年(1072 年)以下各年的口数,《长编》原均写作"丁",兹以"＊"号表
字是'口'字之误(请参看袁震:《宋代户口》,载《历史研究》1957 年第 3 期)。

⑤是年主户户数与客户户数相加之和应为14,852,686户,较《通考》原载之总口数

⑥元祐3年客户的户数竟高于口数,是每户尚不及一口,必有错误。或者个别的

⑦主户户数、客户户数及总户数等三栏系表中28个年度数字的平均数;主户口数、
5 年主户及客户全无口数记载,故不列入计算)。

附记　关于宋代主、客户的划分标准,近年来学者几乎一致地认为以下两点是最重要的:
以佃农占多数,也有一部分失业的贫民。其次,需要不需要纳税?主户需要,客户则否
区说来,情形却不尽如此。欧阳修于康定元年(1040 年)撰《原弊》一文论及北宋中年
用己牛而事主田以分利者,不过十余户;其余皆出产租而侨居者曰浮客,而有畬田。"
租(注意非"佃租")而取得侨居和主从的依附关系,自己则从事垦荒,畬田熟后便为
管下都分富家及阙食之家》),法律上是允许他们占田的。与欧阳修同时人吕大钧《民

（甲表 33 续）

口 数①		客户户口数占总户口数%		资 料 来 源②
口	户	口		
24,969,300	33.9	32.1		长编卷 341。宋会要食货 11,通考户口 2 及玉海卷 20,总户口数均同。
40,072,606	33.7	30.8		长编卷 393。宋会要食货 11 及宋志总户口数同。
32,163,017	33.7	11.3		主户之口数及客户之户口数等三栏,据长编 420;主户之户数一栏,据总户数减客户数而得(长编卷 420 主户数误作 2,134,723,掉了一千万)。总户数据宋会要食货 11;同书总口数作 32,163,012。
41,492,311	33.4	30.7		长编卷 468。宋会要食货 11,通考户口 2 及玉海卷 20,总户口数均同。
43,411,606	32.8	30.1		主户之户口数及客户之户数等三栏,据长编卷 493;客户之口数一栏,据总口数减主户之口数而得(长编卷 493,客户之口数误作 3,067,332,掉了一千万)。总户数及总口数皆据宋会要食货 11。
44,364,949	32.7	30.0		长编卷 519。宋会要食货 11,总户数作 17,915,555,误;总口数缺。通考户口 2,总户数同,总口数作 43,411,606。
27,050,657	34.5	32.6		

系编者据"主户"、"客户"两栏数字相加而得。

年的总户口数;其他如《宋会要辑稿》、《玉海》、《文献通考》及《宋史》等书,一般都仅载总户口数,却

户口数,都可以说是例外)。

观、山猺山团傜(猺)、典佃、乔(侨)佃、船居、黎户,不分主客女户,今并附入主户数。""主

入主口数。""客户数"项下云:"内10,522户元供交界浮居散户,蕃部无名目户,今并附

可见官府对主客户籍之编附,不尽依照人民的原供也。

示之,但核其合计数均与其他各书所载各该年的"口"数同。据袁震的考证,《长编》的"'丁'

"14,852,684"多 2 口。

客口得不立户耶？待考。

客户口数及总口数系 24 个年度的平均数(按:总口数原有 25 个年度的数字,但其中天禧

首先是有没有土地？有土地者是主户,其中包括地主和自耕农;没有土地者是客户,其中

——至少不需直接向政府纳税。编者也基本同意以上两点看法,但认为对于相当多的地

全国一般的情形说:"今大率一[主]户之田及百顷者,养客数十家;其间用主牛而出己力者,

(《居士外集》卷 9)可见客户之中,浮客的数目比雇农、佃农还多,他们和主户的关系,是出产

己有。这种人户,似即后来朱熹所说的"地客",与"佃客"不同(《朱文公文集别集》卷9《取会

议》(吕祖谦:《宋文鉴》卷106)中亦说到"招诱客户,使之[多]置田以为主户",可见主户和客户

是可以互相转化的。又据吕氏所言，"转徙不定"，应是客户的一个特点。陈乐素先以充分的注意。其次，说客户不需要直接向政府缴纳"田赋"是正确的，说他不需纳《河东奉使奏草》卷下《乞免浮客及下等人户差科札子》及卷上《贫民差役奏状》）。仁宗皇祐3年行保甲法后，客户也要充保丁（《宋会要辑稿》册172《兵》2页6774）。这都说明客户作佃农，毋宁认作贫农较为全面和确切，因为有无土地并不是客户的最主要的特征，在生产过程中之相对的社会地位，尤其是客户对主户的依附关系着手。客户除了他如客户请借青苗钱时，必须取得主户的合保，政府根据作保主户的家产多少然后一文看来，客户在青黄不接时一向受着主户高利贷的盘剥。又如政府发给赈济米客户被主户奴役的具体情况，如苏洵《田制》（《嘉祐集》卷5)中已略略谈及的，需要更多有的集中情况，恐怕不一定完全稳当。

有些学者认为宋代的客户户口数，根据当时土地兼并的激烈及宋人一些记载来看，官方的统计数字，主户数偏高，客户数偏低（参看华山：《关于宋代的客户问题》，载《历

生说土著或外来,并不是主、客户划分的标准,此说固然有理;但客户的流动性似乎也应给

税便不对了。如河东辽州等处,不只将主户定为十等,同时并将"客户亦定十等"(欧阳修:

间河北诸州以官盐散给坊郭主、客户,俱令纳现钱(韩琦:《韩魏公集》卷13《家传》)。神宗熙宁

是要提供政府徭役并直接向政府纳税的。编者粗浅的见解,以为与其把乡村中的客户认

而贫困穷苦、户列下等则为他们共同的特点。至于划分主、客户之标准,应当首先从两者

有"佃人之田","居人之地","事主田以分利(?)","用主牛"或"用己牛"种种不同情况以外,

决定发给贷款的数目(《宋会要辑稿》册122《食货》4《青苗》)。从韩琦《论青苗》(载《宋文鉴》卷44)

时,客户计口所得之数比一般农户小(《朱文公文集》卷97《刘珙行状》及卷100《劝农文》)。至于

的彻底了解,这应当是我们今后注意的方面。光是根据主客户的比重试图来论证土地占

应较主户户口数为多。并且,就北宋这一时期来说,客户的数量应该是不断增长的。宋代

史研究》1960年第1—2期合刊),但证据和理由似皆欠充足。

甲表 34　　南宋各朝户口数、每户平均口数及户口数的升降百分比

年　　度	公元	户　　数	口　　数	每户平均口数	户数升降百分比(以高宗绍兴29年作100)	口数升降百分比(以高宗绍兴29年作100)	资料来源
高宗绍兴 29 年	1159	11,091,885①	16,842,401①	1.52	100.00	100.00	宋会要辑稿食货 11。
绍兴 30 年②	1160	11,575,733③	19,229,008③	1.66	104.36	114.17	同上。
绍兴 31 年	1161	11,364,377④	24,202,301④	2.13	102.46	143.70	同上。
绍兴 32 年	1162	11,139,854⑤	23,112,327⑤	2.07	100.43	137.23	宋会要辑稿食货 11,玉海卷 20。
孝宗绍兴 32 年⑥	1162	11,584,334	24,931,465	2.15	104.44	148.03	宋会要辑稿食货 11。
隆兴元年	1163	11,311,386	22,496,686	1.99	101.98	133.57	同上。
乾道元年	1165	11,705,662	25,179,177	2.15	105.53	149.50	宋会要辑稿食货 11,玉海卷 20。
乾道 2 年⑦	1166	12,335,450	25,378,648	2.06	111.21	150.68	宋会要辑稿食货 11。
乾道 3 年	1167	11,800,366	26,086,146	2.21	106.39	154.88	同上。
乾道 4 年	1168	11,683,511	25,395,502	2.17	105.33	150.78	同上。
乾道 5 年	1169	11,633,233	24,772,833	2.13	104.88	147.09	同上。
乾道 6 年	1170	11,847,385	25,971,870	2.19	106.81	154.21	同上。
乾道 7 年	1171	11,852,580	25,428,255	2.15	106.86	150.98	同上。
乾道 8 年	1172	11,730,699	25,955,359	2.21	105.76	154.11	同上。
乾道 9 年	1173	11,849,328	26,720,724	2.26	106.83	158.65	同上。
淳熙元年	1174	12,094,874	27,375,586	2.26	109.04	162.54	同上。
淳熙 2 年	1175	12,501,400	27,634,010	2.21	112.71	164.07	同上。
淳熙 3 年	1176	12,132,202	27,619,019	2.28	109.38	163.99	同上。
淳熙 4 年	1177	12,176,807	27,025,758	2.22	109.78	160.46	同上。
淳熙 5 年	1178	12,976,123	28,558,940	2.20	107.97	169.57	同上。
淳熙 6 年	1179	12,111,180	29,502,290	2.44	109.19	175.17	同上。
淳熙 7 年	1180	12,130,901	27,020,689	2.23	109.37	160.43	同上。
淳熙 8 年	1181	11,567,413	26,132,494	2.26	104.29	155.16	同上。
淳熙 9 年	1182	11,432,813	26,209,544	2.29	103.07	155.62	同上。
淳熙 10 年	1183	11,156,184	22,833,590	2.05	100.58	135.57	同上。
淳熙 11 年	1184	12,398,309	24,530,188	1.98	111.78	145.65	同上。

(甲表 34 续)

年　　度	公元	户　　数	口　　数	每户平均口数	户数升降百分比(以高宗绍兴29年作100)	口数升降百分比(以高宗绍兴29年作100)	资料来源
淳熙 12 年	1185	12,390,465	24,393,821	1.97	111.71	144.84	同上。
孝宗淳熙 13 年	1186	12,369,881	24,341,447	1.97	111.52	144.52	宋会要辑稿食货 11。
淳熙 14 年	1187	12,376,522	24,311,789	1.96	111.58	144.35	同上。
淳熙 15 年	1188	11,376,373	24,306,252	2.14	102.56	144.32	同上。
淳熙 16 年	1189	12,907,438	27,564,106	2.14	116.37	163.66	同上。
光宗绍熙元年	1190	12,355,800	28,500,258	2.31	111.39	169.22	玉海卷 20。
绍熙 4 年	1193	12,302,873	27,845,085	2.26	110.92	165.33	文献通考户口 2,续通志食货 3 均同。
宁宗嘉定 11 年	1218	12,669,684			114.22		宋史地理志。
嘉定 16 年	1223	12,670,801	28,320,085	2.24	114.23	168.15	通考户口 2,续通典食货 10,续通志食货 3 均同。
理宗景定 5 年⑧	1264	5,696,989	13,026,532	2.29	51.36	77.34	续文献通考户口 1,续通典食货 10 均同。

编者注

①《建炎以来朝野杂记》甲集(以下简称《朝野杂记》)卷 17,载是年"诸路户 1,109 万余;口 1,684 万余;每 10 户率为 16 口有奇"。又《续通志食货》3,载是年户数作 11,375,733(较《宋会要》的数字多 20 余万),口数同。

②《通考》卷 11《户口》2,户数作 11,375,733,口数同。

③《朝野杂记》卷 17,载是年"户 1,157 万余;口 1,923 万余;每 10 户率为 16 口有奇"。

④《朝野杂记》卷 17,载是年"户 1,136 万余;口 2,420 万余;每 10 户率为 21 口有奇"。

⑤《朝野杂记》卷 17,载是年"户 1,113 万余;口 2,311 万余;每 10 户率为 21 口有奇"。

⑥时孝宗已即位,未改元。另据《宋会要辑稿食货》69,是年各路数字的总计应为:户数 11,473,439,口数 24,641,510。

⑦《通考》卷 11 户口 2,户数同,口数作 25,378,684。《续通志食货》3,口数同《通考》。

⑧时度宗已即位,未改元。

甲表 35　北宋初年各道府州军主客户数及客户所占的百分比^①

（约自太平兴国 5 年至端拱 2 年，公元 980—989 年）

道及府州军别	主　　户	客　　户	总　户　数	客户占总户数的百分比（%）
诸道总计^②	3,560,797^③	2,547,838	6,108,635^④	42
河南道合计	662,694	567,445	1,230,139	46
开封府	90,232	88,399	178,631	49
河南府	42,818	39,139	81,957	48
陕州	12,544	4,899	17,443	28
虢州	4,473	4,679	9,152	51
许州	18,546	21,991	40,537	54
汝州	9,535	14,575	24,110	60
滑州	11,946	1,596	13,542	12
郑州	10,737	6,538	17,275	38
陈州	11,863	11,048	22,911	48
蔡州	18,397	29,560	47,957	62
颍州	15,715	17,300	33,015	52
宋州	21,250	24,200	45,450	53
亳州	30,813	26,297	57,110	46
郓州	15,108	27,724	42,832	65
曹州	19,036	7,598	26,634	29
广济军	5,048	808	5,856	14
濮州	11,726	4,283	16,000	27
济州	14,191	2,843	17,034^⑤	17
单州	19,443	4,339	23,782	18
徐州	16,846	17,580	34,426	51
泗州	7,330	14,596	21,926	67
宿州	112,542	14,693	127,235	12
淮阳军	6,167	10,222	16,389	62
涟水军	1,183	7,341	8,524	86
青州	22,549	28,735	51,284	56
潍州	11,278	10,315	21,593	48
淄州	11,282	18,770	30,052	62
齐州	12,803	19,315	32,118	60
登州	15,456	11,458	26,914	43
莱州	15,023	16,508	31,531	52
兖州	10,210	8,048	18,258	44

道及府州军别	主 户	客 户	总 户 数	客户占总户数的百分比(%)
莱芜监	562	1,889	2,451	77
海州	6,088	7,246	13,334	54
沂州	15,902	20,697	36,599	57
密州	14,052	22,216	36,268	61
关西道合计	212,259⑥	146,636	358,895⑦	41
雍州	34,450	26,276	60,726	43
同州	22,676	4,819	27,495⑧	18
华州	10,169	6,946	17,115	41
凤翔府	26,790	13,315	40,105	33
耀州	19,800	6,108	25,908	24
乾州	7,369	1,756	9,125	19
陇州	10,971	8,606	19,577	44
泾州	12,171	5,298	17,469	30
原州	3,436	3,549	6,985	51
庆州	4,394	7,587	11,981	63
邠州	14,112	5,785	19,897	29
宁州	11,148	6,833	17,981	38
鄜州	8,901	12,968	21,869	59
坊州	4,075	8,080	12,155	66
丹州	4,146	2,638	6,784	39
延州	12,119	4,272	16,391	26
通远军	2,722	2,235	4,957	45
保安军	714	275	989	28
夏州	2,096⑨	19,290⑩	21,386	90
河东道合计	204,993	56,060	261,053	21
并州	26,820	2,502	29,322	9
汾州	15,189	2,039	17,228	12
岚州	2,730	1,472	4,202	35
石州	3,912	2,417	6,329	38
忻州	4,168	3,240	7,408	44
宪州	1,260	569	1,829	31
晋州	20,889	4,766	25,655	19
泽州	13,108	10,131	23,239	44
辽州	2,717	4,754	7,471	64
潞州	17,911	6,961	24,872	28

(甲表 35 续)

道及府州军别	主 户	客 户	总 户 数	客户占总户数的百分比(%)
蒲州	21,888	3,593	25,481	14
解州	7,250	1,477	8,727	17
绛州	39,932	6,638	46,570	14
慈州	5,311	630	5,941	11
隰州	8,758	773	9,531	8
代州	3,567	2,415	5,982	40
威胜军	4,172	327	4,499	7
大通监	2,709	521	3,230	16
平定军	1,256	236	1,492	16
岢岚军	1,032	318	1,350	24
宁化军	414	281	695	40
河北道合计	381,385⑩	205,239	586,624⑪	35
孟州	14,235	7,557	21,792	35
怀州	11,356	3,568	14,924	24
魏州	55,987	20,985	76,972	27
博州	16,207	13,331	29,538	45
相州	11,789	10,126	21,915	46
卫州	8,514	1,968	10,482	19
磁州	10,300	8,302	18,602	45
澶州	19,317	4,223	23,540	18
德清军	88	338	426	79
洺州	15,013	12,893	27,906	46
贝州	16,934	3,473	20,407	17
邢州	15,408	14,410	29,818	48
祁州	4,412	1,023	5,435	19
镇州	38,407	10,570	48,977	22
定州	22,759	1,894	24,653	8
冀州	18,635	3,712	22,347	17
深州	15,488	5,873	21,361	27
德州	11,356	3,568	14,924	24
棣州	15,685	40,493	56,178	72
沧州	22,375	27,315	49,690	55
瀛州	11,364	4,100	15,464	27
莫州	4,530	650	5,180	13
霸州	3,663	1,244	4,907	25

道及府州军别	主　户	客　户	总　户　数	客户占总户数的百分比（%）
保州	2,775	1,000	3,775	26
定远军	2,984	1,239	4,223	29
乾宁军	1,708	299	2,007	15
破虏军	310	82	392	21
平塞军	810	20	830	3
宁边军	5,883	306	6,189	5
保顺军	3,093	677	3,770	18
剑南道合计	566,739⑫	300,749	867,488⑬	35
益州	89,438	42,440	131,878	32
彭州	26,300	7,680	33,980	23
汉州	48,538	10,206	58,744	17
永康军	14,526	5,857	20,383	29
眉州	31,665	31,258	62,923	50
嘉州	5,691	23,207	28,898	80
蜀州	36,254	10,322	46,576	22
简州	10,459	6,010	16,469	36
雅州	80,735	3,826	84,561	5
黎州	332	186	518	36
茂州	273	53	326⑭	16
梓州	37,654	26,261	63,915	41
绵州	28,436	9,280	37,716	25
剑州	7,536	8,304	15,840	52
龙州	890	642	1,532	42
陵州	12,392	13,115	25,507	51
荣州	50,011	16,704	66,715	25
果州	23,249	6,637	29,886	22
阆州	21,746	22,234	43,980	51
遂州	22,047	16,634	38,681	43
普州	1,366	13,144	14,510	91
富顺监	2,298	3,103	5,401	57
昌州	1,180	12,700	13,880	91
怀安军	10,722	2,837	13,559	21
维州	954⑮	5,694⑮	6,648	86
泸州	2,047	2,415⑯	4,462	54
江南道合计	1,100,115	733,842	1,833,957⑰	40

道及府州军别	主　户	客　户	总　户　数	客户占总户数 的百分比(%)
润州	10,647	15,900	26,547	60
升州	44,109	17,570	61,679	28
苏州	27,889	7,306	35,195	21
常州	28,071	27,481	55,552	49
江阴军	7,645	6,906	14,551	47
杭州	61,600	8,857	70,457	13
婺州	2,982	64	3,046	2
明州	10,878	16,803	27,681	61
台州	17,499	14,442	31,941	45
温州	16,082	24,658	40,740	61
福州	48,800	45,670	94,470	48
南剑州	33,830	22,840	56,670	40
建州	46,637	43,855	90,492	48
邵武军	34,391	13,490	47,881	28
泉州	52,056	44,525	96,581	46
漳州⑱	19,730	4,277	24,007	18
汀州⑱	19,730	4,277	24,007	18
兴化军	13,107	20,600	33,707	61
宣州	34,927	12,025	46,952	26
广德军	9,706	1,207	10,913	11
歙州	48,560	3,203	51,763	6
太平州	11,219	2,841	14,060	20
池州	18,381	15,043	33,424	45
洪州	72,350	31,128	103,478	30
筠州	29,396	16,933	46,329	37
饶州	22,805	23,112	45,917	50
信州	28,199	12,486	40,685	31
虔州	67,810	17,336	85,146	20
袁州	44,800	34,903	79,703	44
吉州	58,673	67,780	126,453	54
建昌军	11,002	7,845	18,847	42
江州	12,319	12,045	24,364	49
南康军	14,642	12,306	20,948	46
鄂州	10,470	15,014	25,484	59
岳州	6,298	8,297	14,595	57

（**甲表** 35 **续**）

道及府州军别	主　户	客　户	总　户　数	客户占总户数的百分比（%）
兴国军	12,264	10,996	23,260	47
潭州	18,573	34,333	52,906	65
衡州	6,972	7,522	14,494	52
邵州	6,376	3,696	10,072	37
道州	9,725	7,050	16,775	42
永州	8,148	6,230	14,378	43
全州	5,117	2,462	7,579	32
郴州	6,338	1,162	7,500	15
连州	6,206	7,054	13,260	53
澧州	6,136	5,810	11,946	49
朗州	12,240	3,451	15,691	22
涪州	3,501	8,547	12,048	71
黔州	1,279	2,504	3,783	66
淮南道合计	161,776	216,840	378,616⑲	57
扬州	14,914	14,741	29,655	50
和州	4,789	4,961	9,750	51
楚州	10,578	13,839	24,417	57
舒州	12,842	19,338	32,180	60
庐州	18,817	26,411	45,228	58
蕲州	14,119	14,817	28,936	51
光州	5,251	13,330	18,581	72
滁州	10,839	9,834	20,673	48
濠州	7,447	10,864	18,311	59
寿州⑳	6,997	26,506	33,503	79
泰州	12,188	20,283	32,471	62
通州	8,087	2,700	10,787	25
高邮军	11,628	9,137	20,765	44
天长军	7,148	7,632	14,780	52
建安军	2,055	7,800	9,855	79
黄州	7,342	3,609	10,951	33
汉阳军	1,439	2,280	3,719	61
安州	4,276	8,312	12,588	66
信阳军	1,020	446	1,466	30
山南道合计	173,131	260,581	433,712	60
兴元府	11,364	6,170	17,534	35

道及府州军别	主　　户	客　　户	总 户 数	客户占总户数的百分比(%)
西县	1,743	1,714	3,457	50
三泉县	1,102	1,700	2,802	61
文州	5,357	1,094	6,451⑳	17
兴州	2,222	2,537	4,759	53
利州	4,301	5,399	9,700	56
合州	9,061	17,150	26,211	65
渝州	3,692	16,250	19,942	81
开州	2,686	7,859	10,545	75
达州	2,660	10,331	12,991	80
洋州	7,441	3,699	11,140	33
渠州	4,036	17,759	21,795	81
广安军	6,253	15,463	21,716	71
巴州	1,093	7,659	8,752	88
蓬州	6,144	16,056	22,200	72
集州	2,713	3,239	5,952	54
璧州	719	2,137	2,856	75
金州	3,617	8,415	12,032	70
商州	3,763	1,305	5,068	26
邓州	6,010	14,366	20,376	71
唐州	2,387	5,041	7,428	68
均州	3,792	3,827	7,619	50
房州	4,882	690	5,572	12
随州	3,164	3,049	6,213	49
郢州	1,308	2,658	3,966	67
复州	3,117	4,311	7,428	58
襄州	11,363	15,529	26,892	58
光化军	3,685	3,345	7,030	48
荆州	36,174	27,273	63,447	43
荆门军	1,734	2,306	4,040	57
峡州	2,983	1,418	4,401	32
云安军	4,310	3,490	7,800	45
夔州	3,857	3,230	7,087	46
归州	1,127	1,435	2,562	56
万州	619	1,285	1,904	67
忠州	1,970	16,720	18,690	89

道及府州军别	主　　户	客　　户	总　户　数	客户占总户数的百分比(%)
梁山军	682	4,672	5,354	87
陇右道合计	25,204	35,969	61,173㉒	59
秦州	19,144	24,177	43,321	56
成州	3,760	5,880	9,640	61
渭州	1,231	1,292	2,523	51
阶州	1,069	4,620	5,689	81
岭南道合计	72,501㉓	24,477	96,978㉔	25
柳州	848	2,862	3,710	77
恩州	634	146	780	19
春州	392	13	405	3
龚州	615	252	865	29
韶州	9,802	954	10,756	9
端州	223	620	843	74
循州	6,115	2,224	8,339	27
梅州	1,201	367	1,568	23
英州	4,387	592	4,979	12
南雄州	7,738	625	8,363	7
贺州	4,697	1,762	6,459	27
桂州	16,719	7,719	24,438	32
新州	6,087	121	6,208	2
昭州	3,785	1,340	5,125	26
蒙州	2,577	812	3,389	24
浔州	332	881	1,213	73
梧州	1,188	499	1,687	30
象州	1,134	1,360	2,494	55
融州	1,800	718	2,518	29
直州	1,786	596	2,382	25
崖州	340	11	351	3
雷州	101	5	106㉕	5

资料来源　宋乐史《太平寰宇记》(光绪 8 年金陵书局刻本)。

编者按　乐史进书原序乃上于宋太宗时,但未志年月。从《寰宇记》所载州县建置来考察,可以看出该书所记系以太宗太平兴国(976—983 年)后期(即太平兴国 4 年灭北汉以后)的舆图为主要依据。太宗雍熙(984—987 年)、端拱(988—989 年)间州(军)县的建置或废并,有些已具见《寰宇记》中(如雍熙 4 年以定州博野县建宁边军,端拱元年以滑州黎阳县建通利军);但也有些为该书所略而仍袭太平兴国之旧的(如据《宋史地理志》,雍熙 4 年废深州陆泽县,端拱初以镇州鼓城割隶祁州等,《寰宇记》都未及载)。至于淳化(990—994 年)州县的更置,概未见于《寰宇记》。因此,可以推定《寰宇记》之成书不会早于端拱,亦不迟至淳化,而其所记大约为太平兴国 5 年(980 年)至端拱 2 年(989 年)时事。

又按:金陵书局刻本《太平寰宇记》原缺卷 4《河南道》4 及卷 113—119《江南西道》11—17 凡八卷。国内旧存的《寰宇记》都缺此八卷。杨守敬曾据日本枫山官库藏宋椠残本辑出卷 113—118(其中卷 114 尾缺数页)影印,重刊之于《古逸丛书》中。本表江南道岳、潭、衡、邵、道、永、全、郴、连、澧、朗及兴国军等十二州军即据杨守敬《补阙》五卷半补入。善化陈运溶诋杨氏的《补阙》是伪书,撰《太平寰宇记辨伪》六卷,又别据诸书所引《寰宇记》逸文撰《拾遗》七卷,刻入所著《麓山精舍丛书》中。叶德辉从而附和之(见《书林清话》卷 10"日本宋刻书不可据"条)。按宋刻原本今尚存日本宫内省图书寮中,编者亦曾寓目,陈、叶所说是无根据的(参看余嘉锡《四库提要辨证》卷 7《史部》5《太平寰宇记》篇,及张国淦编著《中国古方志考》页 88—95)。

编者注　①本表目的在提供宋代初年各道府州军客户在总数中所占的百分比的情况,所以我们对原书所载只有总户数而无主户和客户分计的,或者只有主户而客户不详的州、军(主要是边远地区),概予从略,以免影响诸道总计和各州合计的客户所占百分数的正确性。又总户数系编者据原书所载主户及客户之数相加得来。

②(一)本表加入杨守敬《太平寰宇记补阙》五卷半后,仍缺卷 119,内载江南道施、辰、叙、锦、溪五州。今转载《元丰九域志》所记元丰初年(1078—1082 年)各该州的主客户数如下:

	主户	客户	总户数
施州	9,323	9,781	19,104
辰州	5,669	3,244	8,913
沅州(叙州)	7,051	3,514	10,565
合计	22,043	16,539	38,582

按叙州(其前称懿州)在熙宁 7 年(1074 年)改为沅州。8 年锦州废为寨,隶沅州。溪州改为永顺羁縻州,故《元丰九域志》不载,主客户数无考。

(二)原书所列的一些府州,如幽、妫、檀等 16 州及营州等,本已不在宋版图之内;另一些府州,如河北道威州以下 32 州,陇右道郡州以下 6 州等,在宋初已废;但《太平寰宇记》乃因贾耽《十道志》及李吉甫《元和郡县志》之旧,概列其名。上举两类府州,当然不会有宋朝的户口数,本表概予省略。又《记》中大多数羁縻州,如剑南道松州都督府羁縻的山居州等 25 州,戎州都督下之协州 16 州以及茂州、泸州各都督下之羁縻州,到了宋代已"并废省,不欲去之,以备古迹而已"。这些羁縻州的"领户数",实为唐代旧籍,本表一概略去。唯岭南道宜州管羁縻温泉等 12 州,其户数写明是"今领户",本表才把它们计入。　③尚有宥州、滨州、邛州、广州、宾州等五州主户数共 64,569 不包括在总数内,因原书各该州只载主户户数,客户户数不详。　　④另有 390,510 户,是由于原书主客户不分(包括孤老女户、煎盐亭户、部落户、蜑户等共计 325,941 户),或由于仅载主户而缺客户(64,569 户),未包括在本表总计内。否则全国总户数应为 6,499,145。　　⑤另有"孤老女户" 6,217 户。　　⑥原书载宥州主户 200 户,因客户不详,未计入。　　⑦主客户不分的户数 8,861 户,未包括在内。　　⑧另有"河东户"195 户。　　⑨原书但作"汉户"与"蕃户"。本来汉户与蕃户中都可能各有主、客户之别。但一般说来,在这些边区,蕃户不易编审上税,客户较多(参注⑮)。这里姑把"汉户"之数列于"主户"栏内,"蕃户"之数则列于"客户"栏内。　　⑩原书载滨州主户 9,185 户,因客户不详,未计入。　　⑪通利军、易州等 5 州军的总户数共 9,670 户,因主客不分,未计入。　　⑫原书载邠州主户 38,497 户,因客户不详,未计入。　　⑬另有主客户不分的户数 67,525 户,未包括在内。　　⑭另有"部落户"829 户,未包括在内。　　⑮原作"汉税户"54 户,"蕃户税户"900 户,"蕃客户"5,694 户。按税户即主户,即汉蕃主户数共计 954 户,蕃客户数为 5,694 户。　　⑯原作"僚户",今姑列于"客户"栏内。　　⑰另有主客户不分的户数 232,266 户,未包括在内。　　⑱两州数字完全相同。中山大学藏钞本及旧学山房版本亦如是。　　⑲未包括海临、利丰两监的"煎盐亭户"2,060 户在内。　　⑳庆历元年(1041 年)寿州"籍户,主客九万有畸,生齿倍之"(宋祁《景文集》卷 46《寿州风俗记》),约等于本表寿州总户数的三倍。　　㉑另有"部落户"523 户,未包括在内。　　㉒另有太平监主客户共计 1,397 未包括在内。　　㉓原书载广州、宾州主户数共 16,687 户,因客户不详,未计入。　　㉔另有 47,343 户,因主客不分,未计入。　　㉕未包括蜑户 2 户。

本表附录　金陵书局刊《太平寰宇记》系据江西崇仁"乐氏祠堂本"重雕,杨守敬曾推许为"校订颇审"。中山大学图书馆善本室所藏的《太平寰宇记》钞本,有毛子晋及曾钊面城楼等藏印,其中有些数字与金陵书局本互异,兹附录于下,以供参考:

府　州　军　别	主　　　户		客　　　户	
	中山大学藏钞本	与金陵书局刻本比较	中山大学藏钞本	与金陵书局刻本比较
许州(河南道)	28,546	+10,000	21,990	−1
陈州(河南道)	11,863	0	11,040	−8
广济军(河南道)	5,048	0	800	−8
濮州(河南道)	11,720	−6	4,283	0
齐州(河南道)	12,800	−3	19,315	0
登州(河南道)	15,456	0	17,458	+6,000
沂州(河南道)	15,902	0	20,676	−21
同州(关西道)	22,670	−6	4,819	0
泾州(关西道)	12,170	−1	5,298	0
夏州(关西道)	3,096	+1,000	21,386	

(续上表)

府 州 军 别	主　　户		客　　户	
	中山大学藏钞本	与金陵书局刻本比较	中山大学藏钞本	与金陵书局刻本比较
并州(河东道)	26,820	0	2,501	−1
晋州(河东道)	20,889	0	4,776	+10
隰州(河东道)	8,758	0	772	−1
孟州(河北道)	14,235	0	7,559	+2
深州(河北道)	15,488	0	5,872	−1
瀛州(河北道)	11,364	0	3,100	−1,000
保州(河北道)	1,708	−1,067	299	−701
益州(剑南道)	89,438	0	42,404	−36
蜀州(剑南道)	36,154	−100	10,322	0
龙州(剑南道)	896	+6	642	0
荣州(剑南道)	5,011	−45,000	16,704	0
富顺监(剑南道)	2,298	0	3,102	−1
维州(剑南道)	54	0	900①	−5,694
戎州(剑南道)	5,262②	②	5,694②	②
泸州(剑南道)	2,047	0	2,417	+2
江阴军(江南道)	7,645	0	6,909	+3
婺州(江南道)	32,982	+30,000	64	0
福州(江南道)	48,805	+5	45,670	0
广德军(江南道)	9,706	0	1,027	−180
筠州(江南道)	29,399	+3	16,933	0
信州(江南道)	28,199	0	12,408	−78
滁州(淮南道)	10,838	−1	9,834	0
天长军(淮南道)	7,148	0	7,633	+1
汉阳军(淮南道)	2,439	+1,000	2,280	0
三泉县(山南道)	1,102	0	1,070	−630
洋州(山南道)	7,441	0	3,659	−40
蓬州(山南道)	6,144	0	16,059	+3
集州(山南道)	2,713	0	3,235	−4
荆门军(山南道)	1,734	0	2,300	−6
夔州(山南道)	3,857	0	3,203	−27
桂州(岭南道)	16,719	0	7,759	+40
雷州(岭南道)	100	−1	5	0

　　附注　①金陵书局刻本作"蕃户税户"900,"蕃客户"5,694。钞本漏载"蕃客户"数。
　　②钞本原作"汉主户5,262;蕃客户5,694"。金陵书局刻本作"管户夷汉主客都5,263"。此处钞本主客户分列细数,实胜于金陵刻本。

甲表 36　北宋元丰初年各路府州军主客户数及客户所占的百分比

路及府州军别	主　　户	客　　户	总　户　数	客户占总户数的百分比（%）
诸路总计（甲）	9,709,258①	4,332,722①	14,041,980①	31
（乙）	10,883,686	5,686,188	16,569,874	34
东京开封府（甲）	171,324	—	—	—
（乙）	183,770	51,829	235,599	22
京东路合计（甲）	817,983	552,817	1,370,800	40
（乙）	855,130	504,536	1,359,666	37
京东东路	404,092	292,364	696,456	42
青州	67,216	25,846	93,062	28
密州	73,642	76,505	150,147	51
沂州	35,120	24,969	60,089	42
登州	49,560	28,670	78,230	37
莱州	75,281	47,700	122,981	39
潍州	36,806	13,125	49,931	26
淄州	32,519	24,008	56,527	42
淮阳军	33,948	51,541	85,489	60
京东西路	451,038	212,172	663,210	32
兖州	56,178	39,524	95,702	41
徐州	84,870	19,046	103,916	18
曹州	42,358	20,252	62,610	32
郓州	67,260	66,777	134,037	50
济州	41,045	14,453	55,498	26
单州	48,470	11,807	60,277	20
濮州	45,367	14,469	59,836	24
应天府	65,490	25,844	91,334	28
京西路合计（甲）	383,226	268,516	651,742	41
（乙）	479,775	436,865	916,640	48
京西南路	147,871	166,709	314,580	53
襄州	40,772	52,255	93,027	56
邓州	17,370	17,105	34,475	50
随州	12,135	25,977	38,112	68
金州	13,132	23,049	36,181	64
房州	14,118	7,113	21,231	34

路及府州军别	主　户	客　户	总　户　数	客户占总户数的百分比(%)
均州	21,946	5,032	26,978	19
郧州	6,640	24,935	31,575	79
唐州	21,758	11,243	33,001	34
京西北路	331,904	270,156	602,060	45
河南府	78,550②	37,125②	115,675	32
颍昌府	31,675	25,777	57,452	46
郑州	14,744	16,232	30,976	52
滑州	20,959	2,423	23,382	10
孟州	22,742	7,333	30,075	24
蔡州	62,156③	75,930	138,086	55
陈州	25,649	18,584	44,233	42
颍州	45,624	45,784	91,408	50
汝州	24,139	28,236	52,375	54
信阳军	5,666	12,732	18,398	69
河北路合计(甲)	765,130	219,065	984,195	22
(乙)	891,676	340,983	1,232,659	26
河北东路	473,818	194,079	667,897	29
大名府	102,321	39,548	141,869	28
澶州	36,637	19,352	55,989	35
沧州	52,376	4,535	56,911	8
冀州	42,000	9,136	51,136	18
瀛州	31,601	1,726	33,327	5
博州	49,854	23,038④	72,892	32
棣州	30,580	8,363	38,943	22
莫州	13,000	436	13,436	3
雄州	8,707	262	8,969	3
霸州	14,102	957	15,059	6
德州	18,811	18,027	36,838	49
滨州	14,612	31,721	46,333	69
恩州	32,535	22,049	54,584	40
永静军	20,273	13,112	33,385	39
乾宁军	5,263	1,193	6,456	19

路及府州军别	主　户	客　户	总　户　数	客户占总户数的百分比(%)
信安军	318	391	709	55
保定军	828	233	1,061	22
河北西路	417,858	146,904	564,762	26
真定府	69,753	12,854	82,607	16
相州	26,753	21,093	47,846	44
定州	44,530	14,730	59,260	25
邢州	38,936	21,697	60,633	36
怀州	19,234	13,682	32,916	42
卫州	33,843	13,873	47,716	29
洺州	25,107	10,652	35,759	30
深州	33,518	5,250	38,768	14
磁州	20,024	9,101	29,125	31
祁州	21,268	224	21,492	1
赵州	35,481	6,256	41,737	15
保州	21,453	3,420	24,873	14
安肃军	5,097	1,004	6,101	16
永宁军	13,582	9,057	22,639	40
广信军	3,173	180	3,353	5
顺安军	6,106	3,831	9,937	39
陕西路合计(甲)	697,967	264,351	962,318	27
（乙）	971,584	383,660	1,355,244	28
陕西永兴军路	626,412	219,633	846,045	26
京兆府	158,079	65,240	223,312	29
河中府	49,351	5,516	54,867	10
陕州	32,840	11,552	44,392	26
延州	34,918	1,849	36,767	5
同州	69,044	10,556	79,600	13
华州	68,344	11,836	80,180	15
耀州	19,800	6,108	25,910	24
邠州	53,652	6,185	59,837	10
鄜州	19,442	7,674	27,116	28
解州	25,004	3,931	28,985	14

路及府州军别	主　户	客　户	总　户　数	客户占总户数的百分比(%)
庆州	12,638	6,383	19,021	34
虢州	10,606	6,965	17,571	40
商州	18,089	62,336	80,425	78
宁州	33,268	4,106	37,374	11
坊州	8,236	5,043	13,279	38
丹州	7,988	1,847	9,835	19
环州	4,199	2,384	6,583	36
保安军	919	122	1,041	12
陕西秦凤路	345,172	164,027	509,199	32
凤翔府	127,018	44,511	171,529	26
秦州	43,236	23,808	67,044	36
泾州	18,218	7,772	25,990	30
熙州	199	1,157	1,356	85
陇州	15,702	9,072	24,774	37
成州	12,000	2,059	14,059	15
凤州	20,294⑤	17,900	38,194	47
岷州	29,960	7,761	37,721	21
渭州	26,640	10,996	37,636	29
原州	16,840	5,561	22,401	25
阶州	23,936	17,725	41,661	43
河州	295	296	591	50
兰州	419	224	643	35
镇戎军	1,434	2,696	4,130	65
德顺军	7,589	9,152	16,741	55
通远军	1,392	3,337	4,729	71
河东路(甲)	383,148	67,721	450,869	15
(乙)	465,408	110,790	576,198	19
太原府	78,566	27,572	106,138	26
潞州	39,378⑥	13,167	52,545	25
晋州	79,476⑦	4,598	84,074	5
府州	1,262	78	1,340	6

路及府州军别	主　户	客　户	总　户　数	客户占总户数的百分比(%)
麟州	3,790	196	3,986	5
绛州	55,522	6,535	62,057	11
代州	18,779	11,125	29,904	37
隰州	37,836	1,121	38,957	3
忻州	12,471	4,751	17,222	28
汾州	41,655	11,482	53,137	22
泽州	38,991⑧	12,708	51,699	25
宪州	2,741	811	3,552	23
岚州	10,146	1,313	11,459	11
石州	12,624	2,179	14,803	15
辽州	5,578	1,725	7,303	24
丰州	22	136	158	86
威胜军	16,190	7,916	24,106	33
平定军	7,176	257	7,433	3
岢岚军	814	1,692	2,506	68
宁化军	476	640	1,116	57
火山军	1,304	571	1,875	30
保德军	611	217	828	26
淮南路合计(甲)	723,784	355,270	1,079,054	33
(乙)	835,637	521,427	1,357,064	38
淮南东路	409,884	202,681	612,565	33
扬州	29,077	24,855	53,932	46
亳州	86,811	34,068	120,879	28
宿州	57,818	48,060	105,878	45
楚州	59,727	20,018	79,745	25
海州	26,983	20,660	47,643	43
泰州	37,339	7,102	44,441	16
泗州	36,725	17,240	53,965	32
滁州	29,922	10,363	40,285	26
真州	16,790	17,068	33,858	50
通州	28,692	3,247	31,939	10
淮南西路	425,753	318,746	744,499	43

路及府州军别	主　户	客　户	总　户　数	客户占总户数的百分比(%)
寿州	56,063	72,705	128,768	56
庐州	60,136	30,352	90,488	34
蕲州	74,017	38,356	112,373	34
和州	26,163	13,126	39,289	33
舒州	79,050	47,434	126,484	37
濠州	31,837	15,477	47,314	33
光州	25,296	40,662	65,958	62
黄州	32,933	49,005	81,938	60
无为军	40,258	11,629	51,887	22
两浙路(甲)	1,446,406	383,690	1,830,096	21
（乙）	1,418,682	360,271	1,778,953	20
杭州	164,293	38,513	202,806	19
越州	152,585	337	152,922	—
苏州	158,767	15,202	173,969	9
润州	33,318	21,480	54,798	39
湖州	134,612	10,509	145,121	7
婺州	129,751	8,346	138,097	6
明州	57,874	57,334	115,208	50
常州	90,852	45,508	136,360	33
温州	80,489	41,427	121,916	34
台州	120,481	25,232	145,713	17
处州	20,363	68,995	89,358	77
衢州	69,245	17,552	86,797	20
睦州⑧	66,915	9,836	76,751	13
秀州⑨	139,137	0	139,137	0
江南东路(甲)	902,261	171,499	1,073,760	16
（乙）	926,225	201,086	1,127,311	18
江宁府	118,597	49,865	168,462	30
宣州	120,959	21,853	142,812	15
歙州	103,716⑩	2,868	106,584	3
江州	75,888	19,496	95,384	20

（**甲表** 36 **续**）

路及府州军别	主　户	客　户	总　户　数	客户占总户数的百分比(%)
池州	106,657	24,708	131,365	19
饶州	153,605⑪	34,590	188,195	18
信州	109,410⑫	23,207	132,617	17
太平州	41,720	9,277	50,997	18
南康军	55,527	14,969	70,496	21
广德军	40,146	253	40,399	6
江南西路(甲)	871,720	493,813	1,365,533	36
（乙）	835,266	451,870	1,287,136	35
洪州	180,760	75,474	256,234	30
虔州	81,621	16,509	98,130	17
吉州	130,767	142,630	273,397	44
袁州	79,207	50,477	129,684	40
抚州	93,915	61,921	155,836	40
筠州	36,134	43,457	79,591	55
兴国军	40,970	12,890	53,860	24
南安军	34,024	1,775	35,799	5
临江军	68,286	21,111	89,397	24
建昌军	89,582	25,626	115,208	22
荆湖南路(甲)	456,431	354,626	811,057	44
（乙）	475,677	395,537	871,214	45
潭州	175,660	182,164	357,824	51
衡州	74,087	105,963	180,050	59
道州	23,033	13,646	36,684	37
永州	58,625	28,576	87,201	33
郴州	21,912	15,076	36,988	41
邵州	61,841	35,393	97,234	36
全州	29,648	4,737	34,385	14
桂阳监	30,866	9,932	40,848	24
荆湖北路(甲)	350,593	238,709	589,302	41
（乙）	280,000	377,533	657,533	57
江陵府	56,314	133,608	189,922	70

路及府州军别	主　户	客　户	总 户 数	客户占总户数的百分比(%)
鄂州	53,150	72,107	125,257	58
安州	25,524	35,220	60,744	58
鼎州	33,064	8,096	41,160	20
澧州	19,403	39,276	58,679	67
峡州	12,609	32,887	45,496	72
岳州	50,605	46,079	96,684	48
归州	6,877	2,761	9,638	29
辰州	5,669	3,244	8,913	36
沅州	7,051	3,514	10,565	33
诚州	9,734	741	10,475	7
成都府路(甲)	574,630	196,903	771,533	26
（乙）	620,523	243,880	864,403	28
成都府	119,388	49,710	169,098	29
眉州	48,179	27,950	76,129	37
蜀州	65,599	13,328	78,927	17
彭州	57,418	14,999	72,417	21
绵州	106,064	17,085	123,149	14
汉州	61,697	16,843	78,540	21
嘉州	17,720	52,826	70,546	75
邛州	63,049	17,081	80,130	21
黎州	1,797	915	2,712	34
雅州	13,461	9,526	22,987	41
茂州	318	239	557	43
简州	32,638	7,576	40,214	19
威州	1,286	383	1,669	23
陵井监	31,909	15,419	47,328	33
梓州路(甲)	261,585	—	—	—
（乙）	248,481	229,690	478,171	48
梓州	58,707	22,464	81,171	28
遂州	31,651	19,536	51,187	38
果州	38,333	14,085	52,418	27
资州	17,879	21,586	39,465	55

路及府州军别	主　户	客　户	总　户　数	客户占总户数的百分比(%)
普州	9,122	20,378	29,500	69
昌州	5,822	28,641	34,463	83
戎州	12,833	4,186	17,019	25
泸州	2,647	32,417	35,064	92
合州	18,013	18,621	36,634	51
荣州	4,911	11,754	16,665	71
渠州	10,910	9,894	20,804	48
怀安军	24,141⑤	3,184⑬	27,325	12
广安军	10,521	14,751	25,272	58
富顺监	2,991	8,193	11,184	73
利州路(甲)	179,835	122,156	301,991	40
（乙）	189,133	147,115	336,248	44
兴元府	48,567	9,161	57,728	16
利州	5,535	16,644	22,179	75
洋州	32,159	27,138	59,297	46
阆州	36,536	17,701	54,237	33
剑州	20,659	7,586⑭	28,245	27
巴州	8,605	23,261	31,866	73
文州	11,535	573	12,108	5
兴州	3,192	10,052	13,244	76
蓬州	15,212	20,596	35,808	58
政州	3,796	11,426	15,222	75
三泉直隶县	3,337	2,977	6,314	47
夔州路(甲)	68,375	—	—	—
（乙）	75,453	178,908	254,361	70
夔州	7,497	3,716	11,213	33
黔州	790	2,058	2,848	72
达州	6,476	40,165	46,641	86
施州	9,323	9,781	19,104	51
忠州	12,137	23,713	35,850	66
万州	6,457	14,098	20,555	69

路及府州军别	主　户	客　户	总　户　数	客户占总户数的百分比(%)
开州	8,704	16,296	25,000	65
涪州	2,570	15,878	18,448	86
渝州	11,423	29,657	41,080	72
云安军	4,535⑮	6,543	11,078	59
梁山军	3,623	8,654	12,277	70
南平军	617	3,020	3,637	83
大宁监	1,301	5,329	6,630	80
福建路(甲)	645,267	346,820	992,087	35
(乙)	580,136	463,703	1,043,839	44
福州	114,636	96,916	211,552	46
建州	69,126	117,440	186,566	63
泉州	141,199	60,207	201,406	30
南剑州	59,355	60,206	119,561	50
汀州	66,157	15,297	81,454	19
漳州	35,920	64,549	100,469	64
邵武军	58,590	29,004	87,594	33
兴化军	35,153	20,084	55,237	36
广南东路(甲)	347,459	218,075	565,534	39
(乙)	355,986	223,267	579,253	39
广州	64,796	78,465	143,261	55
韶州	53,501	3,937	57,438	7
循州	25,634	21,558	47,192	46
潮州	56,912	17,770	74,682	24
连州	30,438	6,504	36,942	18
贺州	33,938	6,267	40,205	16
封州	1,726	1,013	2,739	37
端州	11,269	13,834	25,103	55
新州	8,480	5,167	13,647	38
康州⑨	8,979	0	8,979	0
南恩州	5,748	21,466	27,214	79
梅州	5,824	6,548	12,372	53

（甲表 36 续)

路及府州军别	主　户	客　户	总　户　数	客户占总户数的百分比(%)
南雄州	18,686	1,653	20,339	8
英州	6,690⑯	1,329	8,019	17
惠州	23,365	37,756	61,121	62
广南西路(甲)	163,418	78,691	242,109	33
（乙)	195,144	63,238	258,382	24
桂州	56,791⑰	9,553	66,344	14
容州	10,229	3,547	13,776	26
邕州	4,870	418	5,288	8
象州	5,435	3,283⑱	8,718	38
融州	2,813⑲	2,845⑳	5,658	50
昭州	15,760	90	15,850	1
梧州	3,914	1,821	5,735	32
藤州	5,070	1,312	6,382	21
龚州	4,553	3,486	8,039	43
浔州	2,229	3,912	6,141	64
贵州	4,022	3,438	7,460	46
柳州	7,294	1,436	8,730	16
宜州	11,550	4,273	15,822	27
宾州	4,612	3,008	7,620	39
横州	3,172	279	3,451	8
化州	6,018	3,255	9,273	35
高州	8,737	3,029	11,766	26
雷州	4,272	9,512	13,784	69
白州	3,727	862	4,589	19
钦州	10,295	257	10,552	2
郁林州	3,542	2,003	5,545	36
廉州	6,601	891	7,492	12
琼州	8,433	530	8,963	6
昌化军	745	90	835	11
万安军	120	97	217	45
朱崖军	340	11	351	3

资料来源　（甲）据《文献通考》卷11《户口》2引毕仲衍《中书备对》。按毕氏此对，进于神宗元丰3年（1080年），仅有东京开封府及各路的主、客户数，没有各州的分计数。

（乙）王存《元丰九域志》。此书成于元丰3年闰九月，书中兼载各州主、客户的分计数。复按徽宗政和3年（1113年）四月详定《九域图志》，蔡攸、何志同言："伏见本所取会到天下户口数类多不实，且以河北二州言之：德州主客户52,599，而口才69,385；霸州主客户22,477，而口才34,716，通二州之数，率三户四口，则户版刊隐不待校而知。"尽管记载失实，但北宋末年户口激增则为事实。这一情况，从上文所开德、霸两州的主客户口数与本表该两州的数字作一比较，亦可得到反映。同年八月徐闳中言："《九域志》在元丰间主客户共一千六百余万［按与表中总户数（乙）正合］，大观（1107—1110年）初已二千九百一万。"（见《宋会要辑稿》册161《食货》69《杂录》）则北宋末约三十年间诸路所增户数较元丰初多了一千二百五十余万。

编者注　①东京开封府、梓州路及夔州路等三项，《通考》所引《中书备对》均缺客户数（甲）。为了求得客户占总户数的百分比的正确，故本表未将该三项的数字计入诸路总计（甲）。如果把这三项的主户数合计501,284加进去，则诸路主户总计（甲）应为10,210,542；诸路总户数（甲）应为14,543,264。又《通考》原引文所记之诸路总计：主客户共14,852,684；主户10,109,542；客户4,743,144；均与原记各路相加之和不符。　②《范文正公集政府奏议》上《答手诏条陈十事》（宋仁宗庆历3年，公元1043年）内载："今河南府主客户七万五千九百余户，仍置十九县，主户五万七百，客户二万五千二百。"上开数字倘取与其前六十余年《太平寰宇记》所载（见甲表35）和其后三十余年《元丰九域志》（见本表）所载该府的数字相比较，则知总户数以庆历年为最低，元丰年最高，其中主户数递年皆有增加，而客户数则或减或增，无一定的趋势。　③《元丰九域志》原注（前七字以下略）："浙本6万作9万。"　④"浙本2万作3万。"　⑤"江、浙本2万俱作3万。"　⑥"江、浙本3万俱作2万。"　⑦"江、浙本7万俱作10万。"　⑧"浙本作严州。"　⑨《九域志》原注："客（户）无。"　⑩"浙本作123,416。"　⑪"江、浙本15万俱作13万。"　⑫"江、浙本俱作12,207。"　⑬"江本3千作5千。"　⑭"江、浙本7千俱作6千。"　⑮"江本4千作7千，浙本作2千。"　⑯"江、浙本6千俱作1千。"　⑰"江、浙本俱作36,790。"　⑱"江、浙本俱作2,282。"　⑲"江、浙本2千俱作3千。"　⑳"江、浙本2千作1千。"

本表附录　本表所据的金陵书局刊《元丰九域志》，系清光绪8年金陵书局据乾隆冯集梧校本刊刻，颇称精审。我们把它与同治7年福建重刊的《聚珍丛书》本（以下简称闽本）及光绪25年广雅书局重刊的《聚珍版全书》本（以下简称粤本）校对，其中有些主客户数颇有出入。闽本与粤本也有互异之处，如临江军客户数，闽本作

21,111(与金陵书局本同)，粤本则作 21,110；又如安州，闽本作 35,220(与金陵书局本同)，粤本作 35,102。同时闽本与粤本均有误植之处，如同把广东南路的"潮州潮阳郡"误作"湖州潮阳郡"。兹把闽本、粤本与金陵书局本互有出入的府州军的主客户数列表附录如下，以供参考：

府州军别	主户		客户	
	聚珍版(闽本、粤本)	较金陵书局本多或少	聚珍版(闽本、粤本)	较金陵书局本多或少
均州(京西南路)	21,946	0	5,033	＋1
乾宁军(河北东路)	5,623	＋360	1,193	0
庆州(永兴军路)	12,638	0	6,382	－1
坊州(永兴军路)	8,236	0	5,403	＋360
成州(秦凤路)	12,000	0	2,659	＋600
通远军(秦凤路)	1,390	－2	3,337	0
晋州(河东路)	79,476	＋1,990	4,598	0
亳州(淮南东路)	86,811	0	34,468	＋400
宿州(淮南东路)	57,818	0	48,006	－54
海州(淮南东路)	26,983	0	26,060	＋5,400
寿州(淮南西路)	56,003	＋5,940	72,705	0
杭州(两浙路)	164,293	0	38,510	－3
衡州(荆湖南路)	74,081	－6	105,963	0
道州(荆湖南路)	23,036	－2	13,646	0
桂阳监(荆湖南路)	38,066	＋7,200	9,982	0

甲表 37　北宋太宗朝及神宗朝各路(道)

太平寰宇记 所记10道①	元丰九域志 所记23路①	主户			客	
		太平兴国末至端拱年间	元丰初年		太平兴国末至端拱年间	元丰
			元丰九域志	通考		元丰九域志
诸路(道)总计		3,560,797	10,883,686	10,210,542	2,547,838	5,686,188
河南道	东京开封府		183,770	171,324		51,829
	京东东路		404,092			292,364
	京东西路	662,694	451,038	817,983	567,445	212,172
	京西北路		331,904	383,226③		270,156
关西道 陇右道	永兴军路	212,259	626,412		146,636	219,633
	秦凤路	25,204④	345,172	697,967	35,969④	164,027
河东道	河东路	204,993	465,408	383,148	56,060	110,790
河北道	河北东路	381,385	473,818	765,130	205,239	194,079
	河北西路		417,858			146,904
剑南道	成都府路	566,739	620,523	574,630	300,749	243,880
	梓州路		248,481	261,585		229,690
江南道	两浙路		1,418,682	1,446,406		360,271
	福建路		580,136	645,267		463,703
	江南东路	1,100,115	926,225	902,261	733,842	201,086
	江南西路		835,266	871,720		451,870
	荆湖南路		475,677	456,431		395,537
	荆湖北路		280,000	350,593		377,533
淮南道	淮南东路	161,776	409,884	723,784	216,840	202,681
	淮南西路		425,753			318,746
山南道	京西南路		147,871	③		166,709
	利州路	173,131	189,133	179,835	260,581	147,115
	夔州路		75,453	68,375		178,908
岭南道	广南东路		355,986	347,459		223,267
	广南西路	72,501	195,144	163,418	24,477	63,238

资料来源　根据本编表 35 及表 36 作。

编者注　①北宋于元丰以前,诸路(道)之制屡易,分合不一。特别是《太平寰宇记》每仍《元和况。如陕州,《寰宇记》列入河南道,《九域志》则隶于永兴军路;又如金州,《寰宇记》属山南是合适的。　②原无记载。　③《通考》所记仅有"京西路",没有分出京西南、北计数。

主客户数及客户占总户数百分比的比较

| 户 | | 总　户　数 | | 客　户　占　总　户　数　的　% | | |
| 初　年 | 太平兴国末至端拱年间 | 元　丰　初　年 | | 太平兴国末至端拱年间 | 元　丰　初　年 | |
通　考		元丰九域志	通　考		元丰九域志	通　考
4,332,722	6,108,635	16,569,874	14,041,930	42	34	31
②		235,599	②		22	—
552,817	1,230,139	696,456	1,370,800	46	42	40
		663,210			32	
268,516③		602,060	651,742③		45	41
264,351	358,895	846,045	962,318	41	26	27
	61,173④	509,799②		59	32	
67,721	261,053	576,198	450,869	21	19	15
219,065	586,624	667,897	984,195	35	29	22
		564,762			26	
196,903	867,488	364,403	771,533	35	28	26
②		478,171	②		48	—
383,690		1,778,953	1,830,096		20	21
346,820		1,043,839	992,087		44	35
171,499	1,833,957	1,127,311	1,073,760	40	18	16
493,813		1,287,136	1,365,533		35	36
354,626		871,214	811,057		45	44
238,709		657,533	589,302		57	41
355,270	378,616	612,565	1,079,054	57	33	33
		744,499			43	
③		314,580	③		53	—
122,156	433,712	336,248	301,991	60	44	40
②		254,361	②		70	—
218,075	96,978	579,253	565,534	25	39	39
78,691		258,382	242,109		24	33

郡国志》之旧,尚存唐代旧领疆土之名。因此,表中10道与23路之对比,仅为一大概的情道,《九域志》隶梓州路;其他还可举出更多的例子。不过,就大多数的府州来说,表中的对比路。　④《寰宇记》所记陇右道各府州,仅秦、成、渭、阶四州有户数。表中数字仅为四州合

甲表 38　北宋各路府州军监户口数及每县平均户数和每户平均口数①

（崇宁元年，公元 1102 年）

路及府州军监别	县　数	户　数	口　数	每县平均户数	每户平均口数
诸路总计	1,265	20,264,307②	45,324,154②	16,019.20	2.34③
京畿路					
开封府	16	261,117	442,940	16,319.81	1.70
合计	16	261,117	442,940	16,319.81	1.70
京东东路					
青　州	6	95,158	162,837	15,859.67	1.71
密　州	5	144,567	327,340	28,913.40	2.26
济南府	5	133,321	214,067	26,664.20	1.61
沂　州	5	82,893	165,230	16,578.60	1.99
登　州	4	81,273	173,484	20,318.25	2.13
莱　州	4	97,427	198,908	24,356.75	2.04
潍　州	3	44,677	109,549	14,892.33	2.45
淄　州	4	61,152	96,110④	15,288.00	1.57
淮阳军	2	76,887	154,130	38,443.50	2.00
合计	38	817,355	1,601,655	21,509.34	1.96
京东西路					
应天府	6	79,741	157,404	13,290.17	1.97
袭庆府	7	71,777	217,734⑤	10,253.86	3.03
徐　州	5	64,430	152,237	12,886.00	2.36
兴仁府	4	35,980	68,931⑥	8,995.00	1.92
东平府	6	130,305	396,063	21,717.50	3.04
济　州	4	50,718	159,137	12,679.50	3.14
单　州	4	61,409	116,969	15,352.25	1.90
濮　州	4	31,747	52,681	7,936.75	1.66
合计	40	526,107	1,321,156	13,152.68	2.51
京西南路					
襄阳府	6	87,307	192,605	14,551.17	2.21
邓　州	5	114,117⑦	297,550	22,823.40	2.61
随　州	3	30,804	67,021	10,268.00	2.18
金　州	5	39,636	65,674	7,927.20	1.66
房　州	2	33,151	47,941	16,575.50	1.45
均　州	2	30,107	44,796	15,053.50	1.49
郢　州	2	47,281	78,727	23,640.50	1.67
唐　州	5	89,955	202,172	17,991.00	2.25

（甲表 38 **续**）

路及府州军监别	县　数	户　数	口　数	每县平均户数	每户平均口数
合计	30	472,358	996,486	15,745.27	2.11
京西北路					
河南府	16	127,767	233,280	7,985.44	1.83
颍昌府	7	66,041	160,193	9,434.43	2.43
郑　州	5	30,976	41,848	6,195.20	1.35
滑　州	3	26,522	81,988	8,840.67	3.09
孟　州	6	33,481	70,169	5,580.17	2.10
蔡　州	10	98,502	185,013	9,850.20	1.88
淮宁府	5	32,094	159,617	6,418.80	4.97
顺昌府	4	78,174	160,628	19,543.50	2.05
汝　州	5	41,587	141,495⑧	8,317.40	3.40
信阳军	2	9,954	20,050	4,977.00	2.01
合计	63	545,098	1,254,371	8,652.35	2.30
河北东路					
大名府	12	155,253	568,976	12,937.75	3.66
开德府	7	31,878	82,826	4,554.00	2.60
沧　州	5	65,851	118,218	13,170.20	1.80
冀　州	6	66,244	101,030	11,040.67	1.53
河间府	3	31,930⑨	60,206	10,643.33	1.89
博　州	4	46,493	91,333⑩	11,623.25	1.96
棣　州	3	39,137	57,234	13,045.67	1.46
莫　州	1	14,560	31,992	14,560.00	2.20
雄　州	2	13,013	52,967	6,506.50	4.07
霸　州	2	15,918	21,516	7,959.00	1.35
德　州	2	44,591	82,025	22,295.50	1.84
滨　州	2	49,991	114,984	24,995.50	2.30
恩　州	3	51,342	85,986	17,114.00	1.67
永静军	3	34,193	39,022	11,397.67	1.14
清　州	1	6,619	12,078	6,619.00	1.82
信安军	7⑪	715	1,437	102.14	2.01
保定军	2⑪	1,029	2,484	514.50	2.41
合计	56	668,757	1,524,314	11,910.95△	2.28
河北西路					
真定府	9	92,353	163,197	10,261.44	1.77
相　州	4	36,340	71,635	9,085.00	1.97
中山府	7	65,935	186,305	9,419.29	2.83

路及府州军监别	县　数	户　数	口　数	每县平均户数	每户平均口数
信德府	8	53,613	95,552	6,701.63	1.78
濬　州	2	3,176	3,202	1,588.00	1.01
卫　州	4	23,304⑫	46,365	5,826.00	1.99
洺　州	5	38,817	73,600	7,763.40	1.90
深　州	5	38,036	83,710	7,607.20	2.20
怀　州	3	32,311	88,185	10,770.33	2.73
磁　州	3	36,491	96,922	12,163.67	2.66
祁　州	3	24,484	49,975	8,161.33	2.04
庆源府	7	34,141	60,137	4,877.29	1.76
保　州	1	27,456	230,234	27,456.00	8.39
安肃军	1	7,197	14,751	7,197.00	2.05
广信军	1	4,445	8,738	4,445.00	1.97
顺安军	1	8,605	16,578	8,605.00	1.93
合计	64	526,704	1,289,086	8,229.75	2.45
河东路					
太原府	10	155,263	1,241,768	15,526.30	8.00
隆德府	8	52,997	133,146	6,624.63	2.51
平阳府	10	75,908	185,254⑬	7,590.80	2.44
绛　州	7	59,903	94,237	8,557.57	1.57
泽　州	6	44,133	91,852	7,355.50	2.08
代　州	4	33,258	159,857	8,314.50	4.81
忻　州	2	18,180	42,232	9,093.00	2.32
汾　州	5	51,697	185,698	10,339.40	3.59
辽　州	4	7,315	—	1,828.75	—
宪　州	1	2,722	7,444	2,722.00	2.73
岚　州	3	13,269	66,224	4,423.00	4.99
石　州	3	15,809	72,929	5,269.07	4.61
隰　州	6	38,284	138,439	6,380.67	3.62
麟　州	1	3,482	8,684	3,482.00	2.49
府　州	1	1,242	3,185	1,242.00	2.56
丰　州	2⑪	153	411	76.50	2.69
威胜军	4	19,962	37,726	4,990.50	1.89
平定军	2	9,306	28,607	4,653.00	3.07
岢岚军	1	2,917	6,720	2,917.00	2.30
宁化军	1	1,718	3,821	1,718.00	2.22
火山军	1⑪	5,045	9,480	5,045.00	1.88

（甲表 38 续）

路及府州军监别	县 数	户 数	口 数	每县平均户数	每户平均口数
保德军	2⑭	963	4,050	481.50	4.21
合计	79	613,532	2,521,761	7,688.24	4.11
永兴军路					
京兆府	13	234,699	537,288	18,053.77	2.29
河中府	7	79,964	227,030	11,423.43	2.84
解 州	3	32,356	113,321	10,785.33	3.50
陕 州	7	47,806	135,701	6,829.43	2.84
商 州	5	73,129	162,524⑮	14,625.80	2.22
虢 州	4	22,490	47,563	5,622.50	2.11
同 州	6	81,011	233,965	13,501.83	2.89
华 州	5	94,750	269,380	18,950.00	2.84
耀 州	6	102,667	347,535	17,111.17	3.39
延安府	7	50,926	169,216	7,275.14	3.32
鄜 州	1	35,401	92,415	35,401.00	2.61
坊 州	2	13,408	40,191	6,704.00	3.00
保安军	—	2,042	6,931	—	3.39
庆阳府	3	27,853	96,433	9,284.33	3.46
环 州	1	7,183	15,532	7,183.00	2.16
邠 州	5	58,255	162,161	11,651.00	2.78
宁 州	3	37,558	122,041	12,519.33	3.25
合计	78	1,001,498	2,779,227	12,813.54⑯	2.78
秦 凤 路					
秦 州	4	48,648	123,022	12,162.00	2.53
凤翔府	9	143,374	322,378	15,930.44	2.25
陇 州	4	28,370	89,750	7,092.50	3.16
成 州	2	12,964	33,995	6,482.00	2.62
凤 州	3	37,796	61,145	12,598.67	1.62
阶 州	2	20,674	49,520	10,337.00	2.40
渭 州	5	26,584	63,512	5,316.80	2.39
泾 州	4	28,411	88,699	7,102.75	3.12
原 州	2	23,036	63,499	11,518.00	2.76
德顺军	1	29,269	126,241	29,269.00	4.31
镇戎军	1	1,961	8,057	1,961.00	4.11
熙 州	1	1,893	5,254⑰	1,893.00	2.78
河 州	1	1,061	3,895	1,061.00	3.67
巩 州	3	4,878	11,857	1,626.00	2.43

路及府州军监别	县　数	户　数	口　数	每县平均户数	每户平均口数
岷　州	3	40,570	67,731	13,523.33	1.67
兰　州	1	395	981	395.00	2.48
合　计	46	449,884	1,119,536	9,780.09	2.49
两　浙　路					
临安府	9	203,574	296,615	22,619.33	1.46
绍兴府	8	279,306	367,390	34,913.25	1.32
平江府	6	152,821	448,312	25,470.17	2.93
镇江府	3	63,657	164,566	21,219.00	2.59
湖　州	6	162,335	361,698	27,055.83	2.23
婺　州	7	134,080	261,678	19,154.29	1.95
庆元府	6	116,140	220,017	19,356.67	1.89
常　州	4	165,116	246,909	41,279.00	1.50
瑞安府	4	119,640	162,710⑱	29,910.00	1.36
台　州	5	156,792	351,955	31,358.40	2.24
处　州	6	108,523	260,536⑲	18,087.17	2.40
衢　州	5	107,903	288,858	21,580.60	2.68
建德府	6	82,341	107,521	13,723.50	1.31
嘉兴府	4	122,813	228,676	30,703.25	1.86
合　计	79	1,975,041	3,767,441	25,000.52	1.91
淮南东路					
扬　州	2	56,485	107,579	28,242.50	1.90
亳　州	7	130,119	183,581	18,588.43	1.41
宿　州	4	91,483	167,379	22,870.75	1.83
楚　州	4	78,549	207,202	19,637.25	2.64
海　州	4	54,830	99,750	13,707.50	1.82
泰　州	2	56,972	117,274	28,486.00	2.06
泗　州	3	63,632	157,351	21,210.67	2.47
滁　州	3	40,026	97,089	13,342.00	2.43
真　州	2	24,242	82,043	12,121.00	3.38
通　州	2	27,527	43,189	13,763.50	1.57
高邮军	2	20,813	38,751	10,406.50	1.86
安东州	1	19,579	40,785	19,579.00	2.08
合　计	36	664,257	1,341,973	18,451.58	2.02
淮南西路					
寿春府	4	126,383	246,381⑳	31,595.75	1.95
卢　州	3	83,056	178,359	27,685.33	2.15

（甲表 38 **续**）

路及府州军监别	县　数	户　　数	口　　数	每县平均户数	每户平均口数
蕲　州	5	114,097	193,116	22,819.40	1.69
和　州	3	34,104	66,371	11,368.00	1.95
安庆府	5	128,350	341,866	25,670.00	2.66
濠　州	2	64,570	153,457	32,285.00	2.38
光　州	4	12,268	156,460	3,067.00	12.75
黄　州	3	86,953	135,916	28,984.33	1.56
无为军	3	60,138	112,199	20,046.00	1.87
合　计	32	709,919	1,584,119	22,184.97	2.23
江南东路					
江宁府	5	120,713	200,276	24,142.60	1.66
宁国府	6	147,040	470,749	24,506.67	3.20
徽　州	6	108,316	167,896	18,052.67	1.55
池　州	6	135,059	206,932	22,509.83	1.53
饶　州	6	181,300	336,845	30,216.67	1.86
信　州	6	154,364	334,097	25,727.33	2.16
太平州	3	53,261	80,137	17,753.67	1.50
南康军	3	70,615	112,343	23,538.33	1.59
广德军	2	41,500	100,722	20,750.00	2.43
合　计	43	1,012,168	2,009,997	23,538.79	1.99
江南西路					
隆兴府	8	261,105	532,446	32,638.13	2.04
江　州	5	84,569	138,590	16,913.80	1.64
赣　州	10	272,432	702,127	27,243.20	2.58
吉　州	8	335,710[21]	957,256	41,963.75	2.85
抚　州	5	161,480	373,652	32,296.00	2.31
袁　州	4	132,299	324,353	33,074.75	2.45
瑞　州	3	111,421	204,564	37,140.33	1.84
兴国军	3	63,422	105,356	21,140.67	1.66
南安军	3	37,721	55,582	12,573.67	1.47
临江军	3	91,699	202,656	30,566.33	2.21
建昌军	2	112,887	185,036	56,443.50	1.64
合　计	54	1,664,745	3,781,613	30,828.61	2.27
荆湖北路					
江陵府	8	85,801	223,284	10,725.13	2.60
鄂　州	7	99,769	140,767[22]	13,824.14	1.45
德安府	5	59,186	143,892	11,837.20	2.43

路及府州军监别	县　数	户　数	口　数	每县平均户数	每户平均口数
常德府	3	58,297	130,865	19,432.33	2.24
澧　州	4	81,673	236,921	20,418.25	2.90
峡　州	4	40,980	116,400	10,245.00	2.84
岳　州	4	97,791	128,450	24,447.75	1.31
归　州	3	21,058	52,147	7,019.33	2.48
辰　州	4	10,730	23,350	2,682.50	2.18
沅　州	4	9,659	19,157	2,414.75	1.98
靖　州	3	18,692	—	6,230.67	—
合　计	49	580,636	1,215,233	11,849.71	2.16
荆湖南路					
潭　州	12	439,988	962,853	36,665.67	2.19
衡　州	5	168,095	308,253㉓	33,619.00	1.83
道　州	4	41,535	86,553	10,383.75	2.08
永　州	3	89,387	243,322	29,795.67	2.72
郴　州	4	39,392㉔	138,599	9,848.00	3.52
宝庆府	2	98,861	218,160	49,430.50	2.21
全　州	2	34,663	106,432	17,331.50	3.07
桂阳军	2	40,476	115,900	20,238.00	2.86
合　计	34	952,397	2,180,072	28,011.68	2.29
福 建 路					
福　州	12	211,552	—	17,629.33	—
建宁府	7	196,566	—	28,080.86	—
泉　州	7	201,406	—	28,772.29	—
南剑州	5	119,561	—	23,912.20	—
漳　州	4	100,469	—	25,117.25	—
汀　州	5	81,454	—	16,290.80	—
邵武军	4	87,594	—	21,898.50	—
兴化军	3	63,157	—	21,052.33	—
合　计	47	1,061,759	—	22,590.62	—
成都府路					
成都府	9	182,090	589,930	20,232.22	3.24
眉　州	4	72,809	192,384	18,202.25	2.64
崇庆府	4	67,835	273,050	16,958.75	4.03
彭　州	3	57,524	—	19,174.67	—
绵　州	5	122,915	230,409	24,583.00	1.87
汉　州	4	120,900	527,252	30,225.00	4.36

路及府州军监别	县　数	户　数	口　数	每县平均户数	每户平均口数
嘉定府	5	71,652	210,472	14,330.40	2.94
邛　州	6	79,279	193,032	13,213.17	2.43
简　州	2	41,888	95,619	20,944.00	2.28
黎　州	1	2,722	9,080	2,722.00	3.34
雅　州	5	27,464	62,378	5,492.80	2.27
茂　州	1	568	1,377	568.00	2.42
威　州	2	2,020	3,013	1,010.00	1.49
仙井监	2	32,853	104,545	16,426.50	3.18
合　计	53	882,519	2,492,541	16,651.30	3.02
潼川府路					
潼川府	10	109,609	447,565	10,960.90	4.08
遂宁府	5	49,132	102,555	9,826.40	2.09
顺庆府	3	55,493	130,313	18,497.67	2.35
资　州	4	32,287	47,219	8,071.75	1.46
普　州	3	32,118	73,221	10,706.00	2.28
昌　州	3	36,456	92,055㉖	12,152.00	2.53
叙　州	4	16,443	36,668	4,112.00	2.23
泸　州	3	44,611	95,410	14,870.33	2.14
合　州	5	48,277	84,484	9,655.40	1.75
荣　州	4	16,667	52,087	4,166.75	3.13
渠　州	3	32,877	63,830	10,959.00	1.94
怀安军	2	29,625	174,985	14,812.50	5.91
宁西军	3	47,057	111,754	15,685.67	2.37
富顺监	13㉗	11,241	23,716	864.69	2.11
合　计	52	561,898	1,535,862	10,589.56	2.73
利　州　路					
兴元府	4	60,284	123,540	15,071.00	2.05
利　州	4	25,373	51,539	6,343.25	2.03
洋　州	3	45,490	98,567	15,163.33	2.17
阆　州	7	43,936	100,907	6,276.57	2.30
隆庆府	6	35,023	107,573	5,837.17	3.07
巴　州	5	23,337	41,516	4,667.40	1.78
文　州	1	12,531	22,078	12,531.00	1.76
沔　州	2	12,430	19,673	6,215.00	1.58
蓬　州	4	27,827	51,472	6,956.75	1.85
政　州	2	3,523	9,294	1,761.50	2.64

路及府州军监别	县 数	户 数	口 数	每县平均户数	每户平均口数
大安军	2^㉚	6,075	10,891	3,037.50	1.79
合计	38	295,829	637,050	7,625.11	2.15
夔州路					
夔州	2	11,213△	—	5,606.50	—
绍兴府	2	2,848△	—	1,424.00	—
施州	2	19,804△	—	9,902.00	—
咸淳府	3	35,950△	—	11,983.33	—
万州	2	20,555△	—	10,277.50	—
开州	2	25,000	—	12,500.00	—
达州	5	40,640△	—	8,128.00	—
涪州	3	18,448△	—	6,149.33	—
重庆府	3	42,080△	—	14,026.67	—
云安军	1	11,075△	—	11,075.00	—
梁山军	1	12,277△	—	12,277.00	—
大宁监	1	6,631△	—	6,631.00	—
合计	27	246,521	—	9,130.41	—
广南东路					
广州	8	143,261△	—	17,907.63	—
韶州	5	57,438△	—	11,487.60	—
循州	3	47,192△	—	15,730.67	—
潮州	3	74,682△	—	24,894.00	—
连州	3	36,943△	—	12,314.33	—
梅州	1	12,370△	—	12,370.00	—
南雄州	2	20,339△	—	10,169.50	—
英德州	2	3,019△	—	1,509.50	—
贺州	3	40,205▲	—	13,401.67	—
封州	2	2,779△	—	1,389.50	—
肇庆府	2	25,103△	—	12,551.50	—
新州	1	13,641△	—	13,641.00	—
德庆府	2	8,979△	—	4,489.50	—
南恩州	2	27,214△	—	13,607.00	—
惠州	4	61,121△	—	15,280.25	—
合计	43	574,286△	—	13,355.49	—
广南西路					
静江府	11	46,343	—	4,213.00	—
容州	3	13,776	—	4,592.00	—

路及府州军监别	县　数	户　数	口　数	每县平均户数	每户平均口数
邕　州	2	5,288	—	2,644.00	—
融　州	1	5,658	—	5,658.00	—
象　州	4	8,717	—	2,179.25	—
昭　州	4	15,880	—	3,970.00	—
梧　州	1	5,720	—	5,720.00	—
藤　州	2	6,422	—	3,211.00	—
龚　州	1	8,039△	—	8,039.00	—
浔　州	1	6,141△	—	6,141.00	—
柳　州	3	8,730△	—	2,910.00	—
贵　州	1	7,460△	—	7,460.00	—
庆远府	4	15,823△	—	3,955.75	—
宾　州	3	7,620	—	2,540.00	—
横　州	2	3,451	—	1,725.50	—
化　州	2	9,373	—	4,686.50	—
高　州	3	11,766	—	3,922.00	—
雷　州	1	13,784	—	13,784.00	—
钦　州	2	10,552	—	5,276.00	—
白　州	1	4,589	—	4,589.00	—
郁林州	2	3,564	—	1,782.00	—
廉　州	2	7,500	—	3,750.00	—
琼　州	4	8,963	—	2,240.75	—
南宁军	3	353	—	284.33	—
万安军	3	270	—	90.00	—
吉阳军	2	251	—	125.50	—
合计	68	236,533	—	3,478.43	—

资料来源　《宋史》卷 85—90《志》第 38—43《地理》1—6。

编者注　①原书(殿本,下同)于所载各府州户口数前俱冠以"崇宁"二字,唯夔州路、广南东路两路属下府州及广南西路部分府州则冠以"元丰"(1078—1085 年)二字〔其中广南东路之贺州为大观 2 年(1108 年)户口数〕,今分别以△号(元丰)及▲号(大观)作标记。又:本表"县数"一栏内,有些州、军项下系寨数、津数或镇数,则分别加以注明。我们在计算"县数"的各路"合计"及"诸路总计"时,都不把寨、津、镇等数包括在内。至于原书所载户、口数俱缺的各府、州、军,本表一概从略。

②此为《宋史》卷 85《地理》1《序》文注中所记"崇宁元年"诸路户口总数,其后并云:"各府州下户口与总数少异,姑两存之。"今按各府州数字相加之和,应为:户 17,301,008;口 35,268,355(每县平均户数则为 13,676.67 户;每户平均口数为

2.33 口)。按:《宋志》所记各府、州户口数,不尽是崇宁元年时的编审数字(参看注①);加以部分府州户数、口数均无记载,而福建、夔州、广南东、西等四路各府州全缺口数,所以,原书所载崇宁元年的总户、口数和我们据各府州分计统计得出的总数,两者之间存有差额是很显然的。又:表中各路合计数字,亦系我们据各府州数字相加得来,原书不载。原书仅载南宋绍兴 32 年两浙等 12 路及淳熙 2 年成都府路的户、口数,别见甲表 39。(参看王鸣盛《蛾术编》卷 38"《宋史地理志》据元丰"条,迮鹤寿按语。)　③诸路每户平均口数的计算:福建路、夔州路、广南东路、广南西路等 4 路(4 路共计 2,119,099 户),及荆湖北路靖州(18,692 户)、河东路辽州(7,315 户),均只记户数无口数,在计平均数时把这部分地区的户数别出。

④百衲本作 98,610。　⑤原书 317,734,据此算出的每户平均口数为4.43,较本路其他府州的平均数,显然偏高,这里用百衲本的数字。　⑥百衲本作 66,931。　⑦百衲本作 114,127。　⑧百衲本作 171,495。　⑨原书作11,930,据此则每县平均户数为 3,976.67,每户平均口数为 5.05。与本路其他府、州的平均数比较,前者偏低,后者偏高。这里用百衲本的数字。　⑩百衲本作 91,323。　⑪寨数。　⑫百衲本作 23,204。　⑬百衲本作 183,254。　⑭津数。　⑮百衲本作 162,534。　⑯由于保安军缺记县数,在计算永兴军路的每县平均户数时,把该军户数别出。　⑰百衲本作 5,245。　⑱百衲本作 262,710。　⑲百衲本作 160,536。　⑳百衲本作 246,382。　㉑原书作 132,290,不但这一数字与袁州的户数(132,299)过于接近,而据此算出的每户平均口数为 7.24,显然偏高。这里用百衲本的数字。　㉒百衲本作 240,767。　㉓原书作 208,253,据此算出的每户平均口数稍为偏低,兹据百衲本的数字。　㉔百衲本作 39,393。　㉕百衲本作 93,055。　㉖镇数。

甲表 39　宋元丰、崇宁、绍兴、嘉定四朝各路户口数的比较

路　别	年　度	户　数	户数升降百分比	口　数	口数升降百分比	每户平均口数	备　注
京畿路	元丰 3 年	235,599	100.00	381,092	100.00	1.62	京畿路仅领一开封府。通考只载主户数,此处是用元丰九域志的户数。
	崇宁元年	261,117	110.83	442,940	116.23	1.70	
京东路△	元丰 3 年	1,370,800	100.00	2,546,677	100.00	1.86	
	崇宁元年	1,343,460	98.01	2,923,311	114.79	2.18	
京西路△（北宋）	元丰 3 年	651,742	100.00	1,102,887	100.00	1.69	
	崇宁元年	1,017,466	156.11	2,280,767	206.80	2.24	

路　别	年　度	户　数	户数升降 百分比	口　数	口数升降 百分比	每户平 均口数	备　　注
京西路 （南宋）	崇宁元年	228,650	100.00	431,090	100.00	—	崇宁元年本路（即京西南路）户数原为472,358,左数乃减去金、唐、邓三州户数后的数字；口数原为996,486,减去上开三州数为左列数字（绍兴10年割三州与金）。
	绍兴 32 年	42,707	18.68	72,956	16.92	1.71	北宋京西路为京西南、北两路十九府州军；南宋只有襄阳、均、房、随、郢、光化六州军而已。
	嘉定 16 年	6,252	2.73	17,221	3.99	2.75	
河北路△	元丰 3 年	984,195	100.00	1,881,184	100.00	1.91	
	崇宁元年	1,195,361	121.45	2,813,390	149.55	2.36	
河东路	元丰 3 年	450,869	100.00	890,659	100.00	1.98	
	崇宁元年	613,532	136.07	2,519,764	282.91	4.11	
陕西路△	元丰 3 年	962,318	100.00	2,761,804	100.00	2.87	
	崇宁元年	1,451,382	150.82	3,898,764	141.16	2.69	
两浙路	元丰 3 年	1,830,096	100.00	3,223,699	100.00	1.76	
	崇宁元年	1,975,041	107.92	3,767,441	116.87	1.91	
	绍兴 32 年	2,243,548	122.59	4,327,322	134.23	1.93	
	嘉定 16 年	2,220,321	121.32	4,029,989	125.01	1.82	据刘克庄后村先生大全集卷 83 玉牒初草,嘉定 12 年本路户2,898,782;口5,839,787;相距四年而户数约多67 万;口数约多 180万,未知何故。
淮南路	元丰 3 年	1,079,054	100.00	2,030,881	100.00	1.88	
	崇宁元年	1,374,170	127.35	2,926,399	144.10	2.12	

路　别	年　度	户　数	户数升降百分比	口　数	口数升降百分比	每户平均口数	备　注
淮南东路	崇宁元年	324,193	100.00	733,912	100.00	—	崇宁元年本路户数原为664,257,左数系减去宿、亳、海、泗州的户数；口数原为1,341,973,左数系减去上开四州的口数。
	绍兴32年	110,897	34.20	278,954	38.00	2.52	
	嘉定16年	127,369	39.29	404,261	55.08	3.17	
淮南西路	崇宁元年	709,919	100.00	1,584,126	100.00	—	
	绍兴32年	52,174	—	82,681	—	—	仅蕲、舒、黄三州户口数,余缺。宋史地理志(以下简称宋志)不载。
	嘉定16年	218,250	30.70	779,612	49.20	3.57	
江南东路	元丰3年	1,073,760	100.00	1,899,455	100.00	1.77	
	崇宁元年	1,096,737	102.14	2,148,587	113.11	1.95	
	绍兴32年	966,428	90.00	1,724,137	90.77	1.78	江州南宋由东路改属西路。
	嘉定16年	1,046,272	97.44	2,402,038	126.46	2.30	
江南西路	元丰3年	1,365,533	100.00	3,075,847	100.00	2.25	
	崇宁元年	1,467,289	107.45	3,643,028	118.44	2.47	
	绍兴32年	1,891,392	138.51	3,221,538	104.74	1.70	
	嘉定16年	2,267,983	166.09	4,958,291	161.20	2.19	
荆湖北路	元丰3年	589,302	100.00	1,212,000	100.00	2.06	
	崇宁元年	580,636	98.53	1,315,233	108.52	2.27	
	绍兴32年	254,101	43.12	445,844	36.79	1.75	京西北路之信阳军南宋改属本路。
	嘉定16年	369,820	62.76	908,934	74.99	2.46	
荆湖南路	元丰3年	811,057	100.00	1,828,130	100.00	2.25	
	崇宁元年	952,398	117.43	2,180,072	119.25	2.29	
	绍兴32年	968,931	119.46	2,136,767	116.88	2.21	宋志户数作 968,930。
	嘉定16年	1,251,202	154.27	2,881,506	157.62	2.30	
福建路	元丰3年	992,087	100.00	2,043,032	100.00	2.06	
	崇宁元年	1,061,759	107.02	—	—	—	宋志缺本路崇宁口数。

路　别	年　度	户　数	户数升降百分比	口　数	口数升降百分比	每户平均口数	备　注
	绍兴 32 年	1,390,566	140.16	2,808,851	137.48	2.03	宋志户数作 1,390,565；口数作 2,828,852。
	嘉定 16 年	1,599,214	161.20	3,230,578	158.13	2.02	嘉定 12 年本路户 1,686,615；口 3,489,618（见后村先生大全集卷 83 玉牒初草），户口数均较通考所载嘉定 16 年数为多。
成都府路	元丰 3 年	771,533	100.00	3,653,748	100.00	4.74	成都府路孝宗淳熙 2 年(1175 年)户口数据宋志载为"户 2,580,000；口 7,420,000"。这两个数字比起左开元丰、崇宁、绍兴、嘉定四个年份的数字都多得太过突出,不可信。
	崇宁元年	882,519	114.33	2,492,541	68.22	2.82	
	绍兴 32 年	1,097,787	142.28	3,155,039	86.35	2.87	
	嘉定 16 年	1,139,790	147.73	3,171,003	86.79	2.78	
潼川府路（梓州路）	元丰 3 年	478,171	100.00	1,413,715	100.00	2.96	通考本路只有主户,此处系元丰九域志户数。
	崇宁元年	561,898	117.51	1,536,862	108.71	2.74	
	绍兴 32 年	805,364	168.43	2,636,476	186.49	3.27	
	嘉定 16 年	841,129	175.91	2,143,728	151.64	2.55	
利州路（北宋）	元丰 3 年	301,991	100.00	648,866	100.00	2.15	
	崇宁元年	295,829	97.96	637,050	98.18	2.15	
利州路（南宋）	崇宁元年	447,469	100.00	915,115	100.00	—	崇宁本路户口数再增加阶、成、岷、凤、金五州户口数,以便与南宋比较。
	绍兴 32 年	371,097	82.93	769,853	84.13	2.07	宋志口数作 769,852。
	嘉定 16 年	401,174	89.65	1,016,111	111.04	2.53	
夔州路	元丰 3 年	246,521	100.00	468,067	100.00	1.90	通考只有主户,此处系元丰九域志户数。

路　别	年　度	户　数	户数升降百分比	口　数	口数升降百分比	每户平均口数	备　注
	崇宁元年	—	—	—	—	—	宋志缺本路崇宁户口数。
	绍兴 32 年	386,978	156.98	1,134,398	242.36	2.93	
	嘉定 16 年	207,999	84.37	279,989	59.82	1.35	
广南东路	元丰 3 年	565,534	100.00	1,134,659	100.00	2.01	
	崇宁元年	—	—	—	—	—	宋志缺本路崇宁户口数。
	绍兴 32 年	513,711	90.84	784,074	69.10	1.53	贺州,大观 2 年自东路改属西路。宋志口数作784,774。
	嘉定 16 年	445,906	78.85	775,628	68.36	1.74	
广南西路	元丰 3 年	242,109	100.00	1,055,587	100.00	4.36	
	崇宁元年	—	—	—	—	—	宋志缺本路崇宁户口数。
	绍兴 32 年	488,655	201.83	1,341,572	127.09	2.75	宋志载本路户口数与宋会辑稿之数同,但作绍兴 22 年,然其他各路均为 32 年,故知 22 年乃 32 年之误。
	嘉定 16 年	528,220	218.17	1,321,207	125.16	2.50	

资料来源　据《宋代户口》(载《历史研究》1957 年第 3 期)附表 2 略加变动后编成。户、口数升降百分比及平均口数两栏数字经校正个别错误之处。该文表系根据《文献通考》卷 11《户口》2 所载元丰 3 年(1080 年)及嘉定 16 年(1223 年);《宋史》卷 85—90《地理》1—6 所载崇宁元年(1102 年);《宋会辑稿食货》69 所载绍兴 32 年(1162 年)的户口数作成。表中户数及口数的升降百分比两栏,原则上系以元丰 3 年作为基期,如缺元丰数,则以崇宁元年作基期。《宋史地理志》卷 4—6 亦记有绍兴 32 年两浙路、淮南东路、江南东、西路、荆湖南、北路、福建路、潼川府路、利州路、夔州路、广南东、西路及淳熙 2 年成都府路的户口数,今将其与《宋会辑稿》所记有出入者,分别于表内注明之;其相同者不注。

编者注　①《通考》元丰 3 年户数:京东、京西、河北、陕西、淮南只记各路总数,其下均无分路数字。因此,本表中这几路的崇宁元年户数,也不依照《宋史地理志》原载,备开其分路细数,而只将其合并一起,求出各路的总数,以便于比较。

甲表 40　宋代各路人口密度

路　　别	年　　度	土地面积 （平方公里）	口　数	每平方公里 口数
京　畿　路	北宋崇宁元年（1102 年）	17,149.79	442,940	25.8
京东东路	北宋崇宁元年	95,994.09	1,604,155	16.7
京东西路	北宋崇宁元年	57,111.95	1,319,156	23.1
京西南路	北宋崇宁元年	111,104.41	996,486	9.0
	南宋嘉定 16 年（1223 年）	81,682.85	17,221	0.2
京西北路	北宋崇宁元年	80,892.73	1,284,281	15.9
河北东路	北宋崇宁元年	60,183.11	1,524,304	25.3
河北西路	北宋崇宁元年	63,403.43	1,289,086	20.3
河　东　路	北宋崇宁元年	131,067.20	2,519,764	19.2
永兴军路	北宋崇宁元年	141,303.14	2,779,237	19.7
秦　凤　路	北宋崇宁元年	126,864.96	1,119,527	8.8
两　浙　路	北宋崇宁元年	122,622.34	3,767,441	30.7
	南宋嘉定 16 年		4,029,989	32.9
淮南东路	北宋崇宁元年	83,232.04	1,341,973	16.1
	南宋嘉定 16 年	54,891.09	404,261	7.4
淮南西路	北宋崇宁元年	96,647.30	1,584,126	16.4
	南宋嘉定 16 年	92,292.01	779,612	8.4
江南东路	北宋崇宁元年	86,134.95	2,148,587	24.9
	南宋嘉定 16 年		2,402,038	27.9
江南西路	北宋崇宁元年	131,688.84	3,643,028	27.7
	南宋嘉定 16 年		4,958,291	37.7
荆湖北路	北宋崇宁元年	123,579.13	1,315,233	10.6
	南宋嘉定 16 年	130,121.01	908,934	7.0
荆湖南路	北宋崇宁元年	128,221.91	2,180,072	17.0
	南宋嘉定 16 年		2,881,506	22.5
福　建　路	北宋元丰 3 年（1080 年）	127,326.09	2,043,032	16.0
	南宋嘉定 16 年		3,230,578	25.4
成都府路	北宋崇宁元年	54,818.37	2,492,541	45.5
	南宋嘉定 16 年		3,171,003	57.8
潼川府路（梓州路）	北宋崇宁元年	55,092.83	1,536,862	27.9
	南宋嘉定 16 年		2,143,728	38.9
利　州　路	北宋崇宁元年	79,516.07	637,050	8.0
	南宋嘉定 16 年	106,580.43	1,016,111	9.5
夔　州　路	北宋元丰 3 年	107,310.88	468,067	4.4
	南宋嘉定 16 年		279,989	2.6

路　　别	年　　　度	土地面积 (平方公里)	口　数	每平方公里 口数
广南东路	北宋元丰 3 年 南宋嘉定 16 年	170,575.75	1,134,659 775,628	6.7 4.5
广南西路	北宋元丰 3 年 南宋嘉定 16 年	238,146.39	1,055,587 1,321,207	4.4 5.5
各路合计	北宋 南宋	2,504,987.65 1,724,356.81	45,324,124 28,320,085	18.1 16.4

资料来源　《宋代户口》(载《历史研究》1957 年第 3 期)。

原注　(1)此表所计算的面积数字只是个大概数,故总数与各路面积加起来的数字略有出入。(编者按:即如江州北宋属江南东路,南宋属江南西路,则此两路的土地面积,南北宋不可能相同。)　(2)本表北宋人口数,以崇宁为代表,其中没有崇宁数字的路分,姑以元丰人口数代之。　(3)本表各路面积,由新华地图社据《宋代地图》代为计算。

甲表 41　金代户口数、每户平均口数及户口数的升降百分比

年　　度	公元	户　　数	口　　数	每户平 均口数	户数升降百 分比(以大定 27 年为 100)	口数升降百 分比(以大定 27 年为 100)
(世宗大定 27 年 (宋孝宗淳熙 14 年)	1187	6,789,449	44,705,086	6.58	100	100
章宗明昌元年 (宋光宗绍熙元年)	1190	6,939,000	45,447,900	6.55	102	102
章宗明昌 6 年[1] (宋宁宗庆元元年)	1195	7,223,400	48,490,400	6.71	106	108
章宗泰和 7 年[2](宋 宁宗开禧 3 年)(一)	1207	7,684,438	45,816,079	5.96	113	102
(二)		8,413,164	53,532,151	6.36	124	120
金末		9,939,000+			146	

资料来源　前四年据《金史》卷 46《志》27《食货》1《户口》。最后一年份据乾隆《续通考》卷 12《户口》按语(参看甲表 46 注①)。

编者注　①本年(明昌 6 年)有明文指出"天下女直契丹汉"户口之数,并记云:"物力钱 2,604,742 贯"。其他各年皆泛作"天下户口"数,未明记各族名称。

②户、口数(一)系《金史》正文所记泰和 7 年数字。户、口数(二)系据正文下小注:"户增于大定 27 年一百六十二万三千七百一十五,口增八百八十二万七千六十

五"一语相较得来。清施国祁《金史详校》卷 4 本条案语亦已指出两数不合,但没有把根据小注计算所应得之数字写出来。

甲表 42　金代猛安、谋克等户口及垦田、牛具数[①]

（世宗大定 23 年,公元 1183 年）

户　别	户　数	口　数			垦田数(亩)	牛具数[②](具)
		总口数	正　口	奴婢口		
猛安、谋克[③]户	615,624	6,158,636	4,812,669	1,345,967	169,038,000+	384,771[④]
在都宗室将军司户	170	28,790	982[⑤]	27,808	368,375+[⑥]	304
迭剌、唐古二部五糺户	5,585[⑦]	127,544[⑧]	109,463	18,081	1,602,417	5,066
合计	621,379	6,314,970	4,923,114	1,391,856	171,008,792+	390,141

资料来源　《金史》卷 46《志》27《食货》1《户口》;卷 47《志》28《食货》2《牛具税》;卷 44《志》25《兵兵制》。(并见乾隆《续通考》卷 1《田赋考》,卷 12《户口考》;及《续通典》卷 2《食货》2《田制中》,卷 10《食货》10《户口丁中》。该两书"猛安、谋克"均作"朋安、穆昆",盖乾隆间改定之音译。这两个名称,在金时已有种种不同的写法。)

编者注　①猛安、谋克最初是金人的一种军事编制,后来又成为金朝地方行政组织的一个组成部分,它与州县处于平行的地位,彼此互不相隶属。

金族初起时,诸部的壮丁皆勒为兵。至行军时才用猛安、谋克为军中将校的称号:猛安就是女真语的千夫(户)长的意义,谋克是百夫(户)长的意义。然其所领部卒之数,是颇不一定的:太祖(完颜旻)收国 2 年(1116 年)命以三百户为一谋克,十谋克为一猛安。"继而诸部来降,率用猛安、谋克之名以授其首领,而部伍其人。"于是"用辽(契丹)人讹里野以北部百三十户为一谋克,汉人王六儿以诸州汉人六十五户为一谋克"。太宗(完颜晟)天会 2 年(1124 年),乃罢是制。熙宗(完颜亶)皇统 5 年(1145 年)又罢辽东汉人、渤海猛安、谋克承袭之制,渐移兵柄于女真人。分猛安、谋克为上、中、下三等。宗室为上,余次之。此后,制度又屡经改变。至世宗(完颜雍)大定 15 年(1175 年),再定猛安、谋克户:每一谋克,户数不过三百;七谋克至十谋克置一猛安。金代末年,诸军缺额严重,至以二十五人为一谋克,四谋克为一猛安(《金史》卷 44《志》25《兵兵制》)。猛安、谋克,皆由世袭,是金代的最基本的军队。

自太祖以后,猛安、谋克制不只是用来作部勒军队的组织,同时也用来作划分地方行政区的单位,更重要的是用来作镇压人民和掠夺外族人的工具。通过括地和屯田的残暴掠夺方式,把汉民的生产资料变成了女真本族及奚、契丹诸族武装集团的生活资料,于是猛安、谋克又以"屯田军"的别名而出现。遍布山东河北河南关西诸路,自设官府,筑寨于村落间,居住处皆不在州县(徐梦莘:《三朝北盟会编》卷 244;宇文懋昭:《大金国志》卷 8《太宗纪》)。对于侵占所得的田地,多数是租给汉人耕种，或由奴隶代耕，猛安、谋克户本身却“不亲稼穑，不令家人农作，尽令汉人佃莳，取租而已”(《金史》卷47《志》28《食货》2《田制》)。

本表是世宗大定23年(1183年)八月尚书省奏上已括定的上京二十二路猛安、谋克户口垦地牛具之数。先是，大定20年世宗因猛安、谋克户富贫差役不均，集议“推排各户物力”，检验评估其户口畜产之多寡。时廷臣有言：“括其奴婢之数，则贫富自见”，且“请俟农隙拘括地土、牛具之数，各以所见上闻”。世宗采用了这一建议。经过两年多的调查，得到了如上表的各项数字(参看《金史食货志》1《通检推排》)。按金大定27年，总户数六百七十余万，总口数四千四百七十余万(见本编表41)，则猛安、谋克户数约占总户数十分之一弱，其口数约占总口数四分之一，比例之高是值得注意的。又据上表计算，平均每谋克327户有余，每猛安9谋克有余。

金代军队的编制，除以遍布中原各地的猛安、谋克为骨干外，又以宗室户驻上京(会宁府)，此即表中之“在都宗室将军司户”；复于东北路迭剌、唐古二部族置乣军五，即表中之“二部五乣户”，其目的端在内外相维。

乣军，起于辽代。平时职责为“分镇边围”，然亦常用以征战。金代乣军之制，多承辽旧，惟数目大减。金代除东北路二部族五乣军外，西北、西南二路乣军之数，据《金史》言其有十，然《兵志》有萌骨乣而无移典乣，《地理志》有移典而无萌骨，今核两《志》列举之名，实际各仅得九个。皆因废置不常，致有此差异。查《地理志》九乣中，贞祐4年(1216年)改为猛安者一，改为谋克者二。金之乣军(乣户)，多以契丹人及往日臣属于契丹之人民充之，故直以异类相看待。其职责本以戍边，至章宗泰和6年(1206年)南征之役，始用之于中原；其后每大举征战，必征发乣军。迨蒙古兴起时，乣军溃去；宣宗南迁，兵势益弱，仅能尽拥猛安户之老稚渡河而已。元代仍保存金乣军旧制，初亦征戍并用，后乃专驻辽东，遂成为乡兵之一种(参看王国维：《元朝秘史之主因亦儿坚考》，载《观堂集林卷》16)。

“乣”字始见于《辽史》，汉字所无。或谓此本为契丹字，音读作都由切，tu(tyu，ti)，即军或战之意。据今传世之契丹字仅有“糺”与“紏”两字，其笔画皆近于“乣”；又据女真文“åå”字之用处，亦与此“乣”字相当。则“乣非汉字，而是从契丹字中演化而来者”之说，似尚可信(罗继祖：《辽史校勘记》，页147)。然南宋后我国史书中此“乣”字多写作“糺”，故亦有人认为“糺”乃汉文“纠”字之别体，吉酉切，音朻，有督察、守备及管束之意(参看谷霁光：《辽金糺军史料试释》；箭内亘：《辽金乣军及金代兵制考》，商务印书馆1932年版，及氏著《元朝制度考》，商务印书馆1934年版，I第3章，两书均陈捷等译)。

按金代户口之名称、种类甚多：民户内有物力者为课役户，亦名物力户，分上、中、下三等，中等之下，尚有次户；无物力者为不课役户。女真(亦作女直)为本户；汉人及契丹等为杂户。(有说女真、契丹及汉户为本户，余为杂户者，似未审。)猛安、谋克之奴婢免为良民止隶本(户)部者为正户；没入官良人隶宫籍监者为官户。又有二税户，

"初,辽人佞佛尤甚,多以良民赐诸寺;分其税,一半输官,一半输寺,故谓之二税户。辽亡,僧多匿其实,抑为贱〔民〕",世宗大定2年(1162年)始诏免二税户为民。大定29年(1189年),遣使分括北京路及中都路二税户,凡有凭验的悉放为良。明昌元年(1190年),北京等路所免二税户,凡1,700余户,13,900余口(参看元好问:《中州集》卷2《李承旨晏》;《金史》卷96《李晏传》)。此外,还有"猎户"、"逃户"、"主户"、"客户"、"佃户"、"奴婢户"等项名称,亦有"良丁"、"驱丁"的分别,驱丁就是军中俘虏及降卒,余不备述(《金史食货志》1《户口》)。但最主要的仍是"民户"(见本编表45—表46)。

②《金史食货志》2《牛具税》云:"牛头税,即牛具税,猛安、谋克女直户所输之税也。其制:每耒牛三头为一'具',限民口二十五〔人〕,受田四顷四亩有奇,岁输粟大约不过一石。官民占田无过四十具。天会3年(1125年)太宗……诏令一耒赋粟一石,每谋克别为一廪贮之。4年,诏内地诸路每牛一具,赋粟五斗,为定制。世宗大定……12年(1172年)尚书省奏,唐古部民旧同猛安、谋克定税,其后改同州县履亩立税,颇以为重,遂命从旧制。(按金制:"凡〔民〕户隶州县者,与隶猛安、谋克,其输纳高下,又各不同。")21年(1181年),……牛头税粟,每牛一头止令各输三斗(按即牛一具输九斗,与上记"不过一石"之数尚符合),又多逋悬,此皆递互隐匿所致。……23年(1183年)七月,……上(世宗)虑版籍岁久,贫富不同,猛安、谋克又皆年少不练时事,一旦军兴,按籍征之,必有不均之患,乃令验实推排,阅其户口畜产之数。"

③猛安数,202;谋克数,1,878。

④《续通典》作"34,771"具,显有脱文。

⑤王圻《续通考》及《续通典》均作"981"口。如据总口数来核算,应以表中"982"之数为正。

⑥王圻《续通考》及《续通典》均作"268,375⁺"亩。

⑦王圻《续通考》卷19〔户口考〕作"5,588"口。

⑧王圻《续通考》及《续通典》均作"137,544"口。如据正口及奴婢口两数之和来核算,应以表中"127,544"口之数为正。

甲表43　　金代猛安、谋克户平均口数、田数及正口和奴婢的比数

户　别	每户平均口数			每户平均亩数	正口占总口数的百分比(%)	奴婢占总口数的百分比(%)
	总口数	正　口	奴　婢			
猛安、谋克户	10.00	7.81	2.19	274.58	78.15	21.85
在都宗室将军司户	169.36	5.78	163.58	2,166.91	3.41	96.59
迭剌、唐古二部乣乣户	22.84	19.60	3.24	286.91	85.82	14.18
合计	10.16	7.92	2.24	275.21	77.96	22.04

资料来源　根据本编表42作。

由上可见在京宗室所占之田地平均面积和奴婢比重均为最高。

甲表 44　宋、金对峙时期南北方户口数和每户平均口数[①]

公　元	年　度	户　数	口　数	每户平均口数
1187	宋孝宗淳熙 14 年	12,376,522	24,311,789	1.96
	金世宗大定 27 年	6,789,449	44,705,086	6.58
	合计	19,165,971	69,016,875	
1190	宋光宗绍熙元年	12,355,800	28,500,258	2.31
	金章宗明昌元年	6,939,000	45,447,900	6.55
	合计	19,294,800	73,948,158	
1193—1195[②]	宋光宗绍熙 4 年 1193 年)	12,302,873	27,845,085	2.26
	金章宗明昌 6 年(1195 年)	7,223,400	48,490,400	6.71
	合计	19,526,273	76,335,485	
1193—1207[②]	宋光宗绍熙 4 年(1193 年)	12,302,873	27,845,085	2.26
	金章宗泰和 7 年(1207 年)[③]	8,413,164	53,532,151	6.36
	合计	20,716,037	81,377,236	
1223—1234	宋宁宗嘉定 16 年(1223 年)	12,670,801	28,320,085	2.24
	金末[④]	9,939,000+	—	—
	合计	22,609,801+		

资料来源　根据本编表 34 及表 41 作。

编者注　①本表是把我们尽可能找到的南宋和金两朝在同一年度或比较接近的年度的户口数加在一起,以显示当时南北方民户的户口数。从本表可见,在公元 1187—1207 约 20 年间,南北方民户的口数,低者约 7,000 万,而最高数则超出 8,000 万,远较自汉起迄明止各朝正史所记的口数为高,这是值得我们注意的。

②由于资料的限制,找不出同一年度的数字,姑且以这两个比较接近的年度合在一起。　③金章宗泰和 7 年的户口数,根据《金史食货志》,可得出两组不同的数字来(参看甲表 41),我们在这里选用了户口数较高的一组数字。　④参看甲表 46 编者注①。按金亡于公元 1234 年。这一年度,《金史》缺记口数,如以每户平均口数 6.50 乘之,则应为 64,593,500,与同年度宋口数合计,便达 92,913,583。

甲表 45　　金代各路民户数、平均户数及各路户数的比重

路　别	县　数	户　数	每县平均户数	户数占诸路总数百分比
诸路总计	1,324	9,879,624	7,461.90	100.00
上 京 路	6	54,184	9,030.67	0.55
咸 平 路	10	71,816	7,181.60	0.73
东 京 路	24	142,733	5,947.20	1.44
北 京 路	51	411,237	8,063.47	4.17
西 京 路	47	458,144	9,747.74	4.64
中 都 路	55	840,576	15,283.20	8.51
南 京 路	206	2,468,125	11,981.19	24.99
河北东路	68	413,540	6,081.47	4.19
河北西路	94	726,560	7,729.36	7.35
山东东路	136	1,101,259	8,097.49	11.15
山东西路	84	476,770	5,675.83	4.82
大名府路	43	494,414	1,149.80	5.00
河东北路	97	452,980	4,669.90	4.57
河东南路	103	785,948	7,630.56	7.96
京兆府路	73	278,626	3,816.79	2.82
凤 翔 路	70	196,121	2,801.73	1.99
鄜 延 路	48	205,809	4,287.69	2.08
庆 原 路	58	193,018	3,327.90	1.95
临 洮 路	51	107,764	2,113.02	1.09

资料来源　根据本编表 46 作。

甲表 46　　金代各路府州军的民户数及每县平均户数①

路 府 州 军 别	县　数②	户　数	每县平均户数
诸路总计	1,324	9,879,624	7,461.90
上京路			
会宁府	3	31,270	10,423.33
肇　州	1	5,375	5,375.00
隆　州	1	10,180	10,180.00
信州(辽)	1	7,359	7,359.00
合　计	6	54,184	9,030.67
咸平路			
咸平府(辽咸州)	8	56,404	7,050.50
韩州(辽)	2	15,412	7,706.00

路 府 州 军 别	县　数②	户　数	每县平均户数
合计	10	71,816	7,181.60
东京路			
辽阳府（辽）	5③	40,604	812.08
澄州（辽海州）	3③	11,935	3,978.33
沈　州（辽）	5	36,892	7,378.40
贵德州（辽）	2	20,896	10,448.00
盖州（辽辰州）	6④	18,456	3,076.00
复　州（辽）	3③	13,950	4,650.00
合计	24	142,733	5,947.20
北京路			
大定府（辽）	13⑤	64,047	4,926.69
利　州（辽）	4⑤	21,296	5,324.00
义州（辽宜州）	4③	30,233	7,558.25
锦　州（辽）	3	39,123	13,041.00
瑞州（辽来州）	4③	19,953	4,988.25
广宁府（辽显州）	3	43,161	14,387.00
懿　州（辽）	2	42,351	21,175.50
兴中府（辽）	7⑥	40,927	5,846.71
建　州（辽）	1	11,439	11,439.00
全　州	1	9,319	9,319.00
临潢府（辽）	5	67,907	13,581.40
庆　州（辽）	1	2,007	2,007.00
兴州（辽北安州）	2	15,970	7,985.00
泰　州	1	3,504	3,504.00
合计	51	411,237	8,063.47
西京路			
大同府（辽）	10⑥	98,444	9,844.40
丰　州（辽）	1	22,683	22,683.00
弘　州（辽）	4④	22,002	5,500.50
净　州	1	5,938	5,938.00
桓　州	1	578	578.00
抚　州（辽）	4	11,380	2,845.00
德兴府（辽奉圣州）	6	80,868	13,478.00
昌　州	1	1,241	1,241.00
宣德州（辽归化州）	2	32,147	16,073.50

路 府 州 军 别	县　数②	户　数	每县平均户数
朔　州(辽)	2	44,890	22,445.00
武　州(辽)	1	13,851	13,851.00
应　州(辽)	3	32,977	10,992.33
蔚　州(辽)	5	56,674	11,334.80
云内州(辽)	3③	24,868	8,289.33
宁边州(辽)	1	6,072	6,072.00
东胜州(辽)	2③	3,531	1,765.50
合　计	47	458,144	9,747.74
中都路			
大兴府(辽析津府)	11③	225,592	2,050.84
通　州	2	35,099	17,549.50
蓟　州(辽)	7④	69,015	9,859.29
易　州(辽)	2	41,577	20,788.50
涿　州(辽)	6③	114,912	19,152.00
顺　州(辽)	1	33,433	33,433.00
平　州(辽)	6③	41,748	6,958.00
滦　州(辽)	6④	69,806	11,634.33
雄　州(宋)	3	20,411	6,803.67
霸　州(宋)	4	41,276	10,319.00
保　州(宋)	2	93,021	46,510.50
安　州(宋顺安军)	3	30,532	10,177.33
遂　州(唐广信军)	1	11,174	11,174.00
安肃州(宋安肃军)	1	12,980	12,980.00
合　计	55	840,576	15,283.20
南京路			
开封府(宋)	30⑦	1,746,210	58,207.00
睢　州(宋拱州)	4③	46,360	11,590.00
归德府(宋应天府)	10⑧	76,389	7,638.90
单　州(宋)	4	65,545	16,386.25
寿　州(宋寿州下蔡县)	3③	8,677	2,892.33
陕　州(宋)	11⑨	41,010	3,728.18
邓　州(宋)	9⑩	24,989	2,776.56
唐　州(宋)	8⑧	11,031	1,378.88
裕　州(宋唐州方城县)	7⑧	8,300	1,185.71
河南府(宋)	13⑧	55,635	4,279.62

路 府 州 军 别	县　数②	户　数	每县平均户数
嵩　州（宋河南府一部分）	8⑧	26,649	3,331.13
汝　州（宋）	6⑤	35,254	5,875.67
许　州（宋）	12⑨	45,587	3,798.92
钧　州（宋许州的一部分）	3③	18,510	6,170.00
亳　州（宋）	11⑪	60,535⑫	5,503.18
陈　州（宋）	7⑤	26,145	3,735.00
蔡　州（宋）	8⑤	36,093	4,511.63
息　州（宋蔡州的一部分）	5③	9,685	1,937.00
郑　州（宋）	10⑥	45,657	4,565.70
颍　州（宋）	15⑬	16,714	1,114.27
宿　州（宋）	12⑭	55,058	4,588.17
泗　州（宋）	10⑩	8,092	809.20
合计	206	2,468,125	11,981.19
河北东路			
河间府（宋）	5⑥	31,691	6,338.20
蠡　州（宋永宁军）	2③	29,797	14,898.50
莫　州（宋）	2③	22,933	11,466.50
献　州（宋河间府乐寿县）	12⑮	50,632	4,219.33
冀　州（宋）	11⑩	3,670	333.64
深　州（宋）	6③	56,340	9,390.00
清　州（宋）	4③	47,875	11,968.75
沧　州（宋）	16⑬	104,774	6,548.38
景　州（宋永静军）	10⑧	65,828	6,582.80
合计	68	413,540	6,081.47
河北西路			
真定府（宋）	12⑥	137,137	11,428.08
威　州（宋真定府井陉县）	1	8,310	8,310.00
沃　州（宋赵州）	8③	38,185	4,773.13
邢　州（宋）	12⑧	80,292	6,691.00
洺　州（宋）	13⑧	73,070	5,620.77
彰德府（宋相州）	10⑪	77,276	7,727.60
磁　州（宋）	11⑭	63,417	5,765.18
中山府（宋）	9④	83,490	9,276.67
祁　州（宋）	3	23,382	7,794.00
浚　州（宋）	4④	29,319	7,329.75

路 府 州 军 别	县　数②	户　　数	每县平均户数
卫　州(宋)	7④	90,112	12,873.15
滑　州(宋)	4④	22,570	5,642.50
合计	94	726,560	7,729.36
山东东路			
益都府(宋青州)	14⑨	118,718	8,479.86
潍　州(宋)	4③	30,989	7,747.25
滨　州(宋)	14⑮	118,589	8,470.64
沂　州(宋)	5⑥	24,035	4,807.00
密　州(宋)	11⑨	11,082	1,007.45
海　州(宋)	9⑧	30,691	3,410.11
莒　州(宋密州和沂州 　　的一部分）	5④	43,240⑯	8,648.00
棣　州(宋)	12⑰	82,303	6,858.58
济南府(宋)	36⑱	308,469	8,568.58
淄　州(宋)	10⑩	128,622	12,862.20
莱　州(宋)	6③	86,675	14,445.83
登　州(宋)	6④	55,913	9,318.83
宁海州(宋登州的一部分)	4④	61,933	15,483.25
合计	136	1,101,259	8,097.49
山东西路			
东平府(宋)	25⑲	118,046	4,721.84
济　州(宋)	6④	40,484	6,747.33
徐　州(宋)	8⑪	44,689	5,586.13
邳　州(宋淮阳军)	3	27,232	9,077.33
滕　州(宋徐州和兖州 　　的一部分）	4③	49,009	12,252.25
博　州(宋)	16⑬	88,046	5,502.88
兖　州(宋)	4	50,099	12,524.75
泰安州(宋兖州的一部分)	4③	31,435	7,858.75
德　州(宋)	10⑨	15,053	1,505.30
曹　州(宋)	4③	12,677	3,169.25
合计	84	476,770	5,675.83
大名府路			
大名府(宋)	23⑳	308,511	13,413.52
恩　州(宋)	10⑩	99,119	9,911.90

路 府 州 军 别	县　数②	户　数	每县平均户数
濮　州(宋)	5⑤	52,948	10,589.60
开　州(宋开德府)	5③	33,836	6,767.20
合计	43	494,414	1,149.80
河东北路			
太原府(宋)	19⑭	165,862	8,729.58
忻　州(宋)	6⑧	32,341	5,390.17
平定州(宋平定军)	5⑥	18,296	3,659.20
汾　州(宋)	7④	87,227	12,461.00
石　州(宋)	10⑧	36,528	3,652.80
葭　州(宋晋宁军)	17㉑	8,864	521.41
代　州(宋)	18⑳	57,690	3,205.00
隩　州(宋火山军)	2③	7,592	3,796.00
宁化州(宋宁化军)	2③	6,100	3,050.00
岚　州(宋)	7⑧	17,557	2,508.14
岢岚州(宋岢岚军)	2㉒	5,851	2,925.50
保德州(宋保德军)	1	3,191	3,191.00
管　州(宋宪州)	1	5,881	5,881.00
合计	97	452,980	4,669.90
河东南路			
平阳府(宋)	11③	136,936	12,448.73
隰　州(宋)	10㉓	25,445	2,544.50
吉　州(宋慈州)	2	13,324	6,662.00
河中府(宋)	11⑧	106,539	9,685.36
绛　州(宋)	13⑪	131,510	10,116.15
解　州(宋)	10⑧	71,232	7,123.20
泽　州(宋)	8④	59,416	7,427.00
潞　州(宋)	12⑧	79,232	6,602.67
辽　州(宋)	5③	15,850	3,170.00
沁　州(宋威胜军)	5③	18,059	3,611.80
怀　州(宋)	10⑩	86,756	8,675.60
孟　州(宋)	6④	41,649	694.15
合计	103	785,948	7,630.56
京兆府路			
京兆府(宋)	22⑮	98,177	4,462.59
商　州(宋)	4④	3,999	999.75

路 府 州 军 别	县 数②	户　数	每县平均户数
虢　州（宋）	8⑪	10,022	1,252.75
乾　州（宋醴州）	7⑯	26,856	3,836.57
同　州（宋）	15⑰	35,561	2,370.73
耀　州（宋）	6④	50,211	8,368.50
华　州（宋）	11⑩	53,800	4,890.91
合　计	73	278,626	3,816.79
凤翔路			
凤翔府（宋）	13⑱	62,302	4,792.46
德顺府（宋德顺军）	11㉔	35,449	3,222.64
平凉府（宋渭州）	11㉕	31,033	2,821.18
镇戎州（宋镇戎军）	13㉖	10,447	803.62
秦　州（宋）	14㉗	40,448	2,889.14
陇　州（宋）	8㉘	16,442	2,055.25
合　计	70	196,121	2,801.73
鄜延路			
延安府（宋）	15㉙	88,994	5,932.93
丹　州（宋）	3㉚	13,078	4,359.33
保安州（宋保安军）	8㉛	7,340	917.50
绥德州（宋绥德军）	14㉜	12,720	908.57
鄜　州（宋）	5㉝	62,931	12,586.20
坊　州（宋）	3㉞	20,746	6,915.33
合　计	48	205,809	4,287.69
庆原路			
庆阳府（宋）	15㉟	46,171	3,078.07
环　州（宋）	13㊱	9,504	731.08
宁　州（宋）	9㊲	34,757	3,861.89
邠　州（宋）	9㊳	47,291	5,254.56
原　州（宋）	5㊴	17,800	3,560.00
泾　州（宋）	7㊵	26,290	3,755.71
边将所管	—	11,205	—
合　计	58	193,018	3,327.90
临洮路			
临洮府（宋熙州）	9㊶	19,721	2,191.22
积石州（宋积石军）	7㊷	5,185	740.71

（甲表 46 续）

路　府　州　军　别	县　数②	户　　数	每县平均户数
洮州(宋)	2㊳	11,337	5,668.50
兰州(宋)	12㊴	11,360	946.67
巩州(宋)	10㊵	36,301	3,630.10
会州(宋)	4㊶	8,918	2,229.50
河州(宋)	7㊷	14,942	2,134.57
合计	51	107,764	2,113.02

资料来源　《金史》卷 24—26《志》第 5—7《地理》上、中、下。

编者注　①《金史地理志》未系年,然所记各地之废置沿革,有迟至金宣宗元光 2 年(1223 年)者,故可推想为金代末年的户数。乾隆《续通考》卷 12《户口》,及《古今图书集成经济汇编食货典》卷 14《户口部备考》6,虽引录《金史地理志》十九路民户数,惟均未考订年份。《续通考》案语云:"以上《金史地理志》所载:十九路户数约共九百九十三万九千有奇(编者按:本表诸路总计仅为 9,879,624 户),较前《食货志》泰和极盛时数(7,684,438 户)尚多二百二十五万五千余户。两《志》互异,故并存之。"　②按金制,府、州、军下各设县及城、堡、寨、镇不等。《金史地理志》所载府、州、军的民户数,系包括该府(州)(军)属下各县及各城、堡、寨、镇等民户的总数。所以本表中"县数"这一栏实际上系指县及城、堡、寨、镇等数,并且都列入"每县平均户数"栏内计算。　③内包括镇 1。　④内包括镇 2。　⑤大定府内包括镇 2。利州府内包括镇 1,寨 1。　⑥内包括镇 3。　⑦内包括镇 15。　⑧内包括镇 4。　⑨内包括镇 7。　⑩内包括镇 6。　⑪内包括镇 5。　⑫《金史》卷 104《温迪军达传》亦载有此数。　⑬内包括镇 11。　⑭内包括镇 8。　⑮内包括镇 10。　⑯殿本《金史》作 45,240,误。清施国祁《金史详校》(按该书以元至正 4 年祖刻本[即江浙板],明嘉靖万历南、北两国子监本,康熙 25 年重修北监本,乾隆 4 年武英殿本等本互较,而以南监本为主)卷 3 上记云:"户南[监本]作 43,240;‘3’北[监本]作‘5’,非。"今按百衲本亦作 43,240,故表中从之。　⑰内包括镇 9。　⑱内包括镇 29。　⑲内包括镇 19。　⑳内包括镇 13。　㉑内寨 8,堡 9,无县。　㉒内包括堡 1。　㉓内包括关 4。　㉔内包括寨 4,堡 1。　㉕内包括镇 5,寨 1。　㉖内包括寨 8,堡 3。　㉗内包括镇 2,寨 3,城 1。　㉘内包括镇 5。　㉙内包括镇 1,寨 5,堡 2。　㉚内包括镇 1,关 1。　㉛内包括镇 2,寨 3,堡 1,城 1。　㉜内包括寨 10,堡 1,城 1,关 1。　㉝内包括镇 1。　㉞内包括镇 7,寨 2,堡 1,城 2。　㉟内包括镇 3,寨 6,堡 3。　㊱堡、寨、镇数。　㊲内包括镇 1,城 1,堡 4。　㊳内包括城 3,堡 3。　㊴内包括镇 3,城 2,堡 3,关 1。　㊵内包括镇 1,寨 4。　㊶内包括寨 2,关 1。　㊷内包括镇 1,寨 3,城 1。

甲表 47　元代户口数及其升降百分比

年度	公元	户数	口数[1]	户数升降 百分比[2]	口数升降 百分比[2]	资料来源
太宗　7 年[3]	1235	873,781	4,754,975	6.62	8.08	元史卷 58 地理 1。
8 年[4]	1236	1,100,000+	—	8.34		元史卷 2 太宗本纪。新元史卷 4 太宗本纪,卷 68 食货 1,元史类编卷 1 世纪 2 均同。
宪宗　2 年[5]	1252	1,200,000+	—	9.04		元史卷 58 地理 1。
世祖中统 2 年	1261	1,418,499	—	10.75		元史卷 4 世祖本纪 1。元史类编卷 2 世祖 1 同。
3 年	1262	1,476,146	—	11.19		元史卷 4 世祖本纪 2。
4 年	1263	1,579,110	—	11.97		同上。元史类编卷 2 世祖 1 同。
至元　元年	1264	1,588,195	—	12.03		同上。
2 年	1265	1,597,601	—	12.11		元史卷 6 世祖本纪 3。
3 年	1266	1,609,903	—	12.20		同上。
4 年	1267	1,644,030	—	12.46		同上。
5 年	1268	1,650,286	—	12.51		同上。
6 年	1289	1,684,157	—	12.75		同上。
7 年	1270	1,939,449	—	14.70		元史卷 7 世祖本纪 4。
8 年	1271	1,946,270	—	14.75		同上。
9 年	1272	1,955,880	—	14.82		同上。
10 年	1273	1,962,795	—	14.87		元史卷 8 世祖本纪 5。
11 年	1274	1,967,898	—	14.91		同上。元史类编卷 2 世祖 1 作 1,967,890。
12 年[6]	1275	4,764,077	—	36.03		同上。元史类编卷 2 世祖 1 同。
13 年[7]	1276	15,788,941	—	119.65		元史类编卷 2 世祖 1。
27 年[8]	1290	13,196,206	58,834,711	100.00	100.00	国朝文类卷 40 经世大典序录版籍。元史卷 58 地理 1 同。
28 年[9]	1291	13,430,322	59,848,964[10]	101.77	101.73	元史卷 16 世祖本纪 13;新元史卷 68 食货 1,元史类编卷 3 世祖 2 载户数同。
30 年	1293	14,002,760	—	106.11		元史卷 17 世祖本纪 14。

（甲表 47 续）

年度	公元	户数	口数①	户数升降百分比②	口数升降百分比②	资料来源
⑪	⑪	11,633,281	53,654,337	88.16	91.19	元史卷 93 食货 1。
文宗至顺元年	1330	13,400,699⑫	—	101.55		元史卷 58 地理 1。

编者注　①每户平均口数：太宗 7 年 5.44；世祖至元 27 年 4.46；28 年 4.46；"世祖之世"，4.61。　②以世祖至元 27 年（即灭宋后三十一年）为 100。　③太宗 6 年甲午灭金，得中原州郡。7 年乙未下诏籍民，自燕京顺天等 36 路得民户如上数。④太宗 8 年复括中州户口，续得户如上数。《元史》系在六月，《新元史》作四月。

⑤《元史地理志》注云："宪宗 2 年壬子又籍之，增户三十余万。"按上文乃承接太宗 7 年乙未之数的后面所说的，今据以得此约数。唯《经世大典序录》"版籍"条云："岁壬子欲验户口登耗，复下诏籍之，视乙未之数增二十余万户"；然其前于乙未年"得户八十余万"一语之后，尚有"屡敕抚民之官，劳来安集，增美者赏，逃亡者罚"数语，则所云壬子年增二十余万者，殆相对于太宗乙未原籍之数并及 8 年所增之数而言，故比《元史》诸书所记少十万。

⑥据《元史世祖本纪》载，至元 12 年元进攻南宋所取得的府、州、军、县以及民户、口数如下：

月份	路　别	府	州	军	县	户	口
3	江东路	2	5	2	43	831,852	1,919,106
5	荆南湖北路	3	11	4	57	803,415	1,943,860（殿本作 1,143,860）
11	江西诸郡		6	4	56	1,051,829	2,076,400
	合计		10		156	2,687,096	5,939,366

⑦据《元史世祖本纪》载，至元 13 年元取得的南宋府、州、军、县以及民户、口数如下：

月份	路　别	府	州	军	县	户	口
1	湖南州郡	1	6	2	40	561,112	1,537,740
2	两浙路	8	6	1	81	2,983,672	5,692,650
	淮西路	2	6		34	513,827	1,021,349
7	淮东路	—	16	—	33	542,624	1,083,217
	合计	11	34	7	188	4,601,235	9,334,956

又载：是年九月，"阿术入觐，[奏上]江、淮及浙东、西，湖南、北等路，[共]得：

府	州	关	监	县	户	口
37	128	1	1	733	9,370,472	19,721,015"

按：这条材料所记府、州等数及户、口数，较注⑤及本注所记各路分计数相加起来得出的总和为大。这可能是前面的乃受降时的数目，而后面那笔则经过了进一步的调查。

⑧《经世大典序录》"版籍"条云："迨南北混一，越十有五年（至元 27 年），再新亡宋版籍，又得一千一百八十四万八百余户。南北之户总书于册者，计一千三百一十

九万六千二百有六,口五千八百八十三万四千七百一十有一,而其山泽溪洞之氓又不与焉。”《续通考》卷18《户口》2载:“[至元]十三年平宋,通得江、淮、浙东、西、湖南、北等路,户九百三十九万四百七十二,口一千九百七十二万一千一十五。”

⑨《元史·世祖本纪》原文云:“[至元28年]户部上天下户数,内郡百九十九万九千四百四十四,江、淮、四川一千一百四十三万八百七十八;口五千九百八十四万八千九百六十四,游食者四十二万九千一百一十八。”又载,司农司上诸路“垦地千九百八十三顷有奇,植桑枣诸树二千二百五十二万七千七百余株,义粮九万九千九百六十石”。又载,“宣政院上天下寺宇四万二千三百一十八区,僧尼二十一万三千一百四十八人。”可见僧尼人数竟占游食者之一半。　⑩不包括“游食者”四十二万九千一百一十八。　⑪《元史食货》1未系年,但云:“故终世祖之世,家给人足,天下为户……,为口……。”　⑫户部钱粮数。

附记　甲、元陆友《研北杂志》(《宝颜堂秘笈》第32册,“研”字亦书作“砚”或“汧”,并通卷下记有元初户口数,原文云:“天下户口之数,太宗即位之8年夏,括户得110万,至世祖至元7年复增30余万户。11年取宋,得户11,840,800余户。26年,合南北之户,总13,196,206,口58,834,711。”根据本表所引《元史》等书的材料来核对,陆氏所记有几处错误:

1. 至元7年户数为1,939,449户,较之至元6年约增26万户,若较太宗8年则约增80余万户。

2. 元平宋之年为至元13年,非11年,据《元史世祖纪》及《续通考》所记,13年平宋,得江、淮、浙东、西、湖南、北等路户9,370,472。又《元史地理志》云:“十三年平宋,全有版图。二十七年又籍之,得户11,840,800有奇。”可见,陆氏所记“十一年取宋”所得户数,实为至元27年对南方民户的重新调查登记数。

3. 陆氏所云“26年,合南北之户”及口数,据《元史地理志》所记则为27年。

乙、据多桑《蒙古史》(冯承钧译,中华书局1962年版,上册,页328—329,引法国人冯秉正[Mailla]《中国通史》)所记:“1290年(至元27年),调查中国户口,计有户1,300万余,口5,900万。”按《元史地理志》所记是年户口数:户13,196,206;口58,834,711。两处数字基本一致。

多桑《蒙古史》又引别纳客忒城(Bénaket)人法忽鲁丁·摩诃末(Fakhruddin Mohammed)所撰《智者之园》说:孛罗丞相使波斯时,“谓中国户籍有人口九百万户”。按孛罗奉使西北诸王,事在世祖至元8年,见《新元史》卷199《爱薛传》。

丙、明陈全之《蓬窗日录》卷3《世务》1《户口》记云:“元世祖混一之初,户13,196,206,口58,834,711,至其末年,口59,848,964,此元之极盛也。”

根据表内《元史》等材料,前两项数字应为元世祖至元27年的户口数。《日录》所云“世祖混一之初”易使人误会为至元13年平宋之年;后一项数字则为至元28年之口数。

甲表 48　元代各省户口数、平均户口数及各省户口数的比重

省别	所属县数		户数	口数	每县平均户数 *		每户平均口数 *	户数占诸省总数百分比	口数占诸省总数百分比
	元史	新元史			元史	新元史			
诸省总计	1,110	1,131	13,867,219	59,519,727	13,427.43	13,618.90	4.47	100.00	100.00
中书省	346	338	1,355,344	3,691,416	3,961.84	4,057.88	2.72	9.77	6.20
岭北等处行中书省	—	—							
辽阳等处行中书省	10	10	84,756	461,424	5,430.90	6,214.25	9.28	0.61	0.78
河南江北等处行中书省	182	175	901,956	4,117,737	4,955.80	5,154.03	4.47	6.50	6.92
陕西等处行中书省	87	88	89,839	769,598	1,604.27	1,663.69	8.57	0.65	1.29
四川等处行中书省	79	91	98,538	615,772	1,564.10	1,449.09	6.25	0.71	1.03
甘肃等处行中书省	—	—	2,812	32,666	—	—	11.62	0.02	0.05
云南诸路行中书省	47	53	—	—	—	—	—	—	—
江浙等处行中书省	144	142	6,326,423	28,736,947	43,378.94	43,989.91	4.89	45.62	48.28
江西等处行中书省	79	77	2,337,191	11,674,542	29,642.47	30,422.54	5.00	16.85	19.62
湖广等处行中书省	136	157	2,670,351	9,419,625	18,227.96	16,949.26	3.53	19.26	15.83
征东等处行中书省	—	—							

资料来源　根据本编表 49 作。

编者注　* 平均数的计算方法,请参看甲表 7 注②。

甲表 49　元代各省路府州户口数及每县平均户数和每户平均口数①

| 省 及 路 府 州 别 | 所属县数② | | 户　　数 | 口　　数 | 每县平均户数 | | 每户平均口数 |
	元史	新元史			元史	新元史	
诸省总计	1,110	1,131	13,867,219	59,519,727	13,427.43③	13,618.91③	4.47
中书省							
大都路	22	26	147,590△	401,350△	6,708.64	5,676.54	2.72
上都路	13	18	41,062	118,191	3,158.62	2,281.22	2.88
兴和路	4	4	8,973	39,495	2,243.25	2,243.25	4.40
永平路	6	6	13,519	35,300	2,253.17	2,253.17	2.61
德宁路	1	1	—	—	—	—	—
净州路	1	1	—	—	—	—	—
泰宁路	1	1	—	—	—	—	—
集宁路	1	1	—	—	—	—	—
应昌路	1	1	—	—	—	—	—
全宁路	1	1	—	—	—	—	—
宁昌路	1	1	—	—	—	—	—
砂井总管府	1	1	—	—	—	—	—
保定路	19	11	75,182	130,940	3,956.95	6,834.73	1.74
真定路	30	31	134,986	240,670	4,499.53	4,354.39	1.78
顺德路	9	9	30,501	124,465	3,389.00	3,389.00	4.08
广平路	11	11	41,446	69,082	3,767.82	3,767.82	1.67
彰德路	3	3	35,246	88,206	11,748.67	11,748.67	2.50
大名路	11	11	68,639	160,369	6,239.91	6,239.91	2.34
怀庆路	6	6	34,993	170,926	5,832.17	5,832.17	4.88
卫辉路	4	4	22,119	127,247	5,529.75	5,529.75	5.75
河间路	23	20	79,266	168,536	3,446.35	3,963.30	2.13
东平路	6	6	44,731	50,147④	7,455.17	7,455.17	1.12
东昌路	6	6	33,102	125,406	5,517.00	5,517.00	3.79
济宁路	16	16	10,545	59,818	659.06	659.06	5.67
曹州	5	5	37,153	195,335	7,430.60	7,430.60	5.26
濮州	6	6	17,316	64,293	2,888.00	2,886.00	3.71
高唐州	3	3	19,104	23,121	6,368.00	6,368.00	1.21
泰安州	4	4	9,540	10,795	2,385.00	2,385.00	1.13
德州	5	5	24,424	156,952	4,884.80	4,884.80	6.43
恩州	—	—	10,545	37,479	—	—	3.55
冠州	—	—	5,697	23,040	—	—	4.04
益都路	21	19	77,164	212,502	3,674.48	4,061.26	2.75
济南路	11	14	63,289	164,885	5,753.55	4,520.64	2.61
般阳府路	12	12	21,530	123,185	1,794.17	1,794.17	5.72
宁海州	2	2	5,713	15,743	2,856.50	2,856.50	2.76

省 及 路 府 州 别	所属县数②		户　数	口　数	每县平均户数		每户平均口数
	元史	新元史			元史	新元史	
大同路	9	5	45,945	128,496	5,105.00	9,189.00	2.80
冀宁路	19	15	75,404	155,321	3,968.63	5,026.93	2.06
晋宁路	52	52	120,620⑤	270,121	2,319.62	2,319.62	2.24
合计	346	338	1,355,344	3,691,416	3,961.84	4,057.88	2.72
岭北等处行中书省和宁路	—	—	—	—	—	—	—
合计	—	—	—	—	—	—	—
辽阳等处中书省							
辽阳路	1	1	3,708*	13,231⑥*	3,708.00	3,708.00	3.57
广宁府路	2	—	4,595++	—	2,297.50	—	
大宁路	7	7	46,006*	448,193*	6,572.29	6,572.29	9.74
东宁路	—	2					
沈阳路	—	—	5,183⑦++	—	—	—	
开元路	—	—	4,367++		—	—	
咸平府	—	—					
合兰府	—	—	20,906++				
合计	10	10	84,765	461,424	5,430.90	6,214.25	5.44
河南江北等处中书省							
汴梁路	38	38	30,018*	184,367*	789.95	789.95	6.14
河南府路	12	12	9,502*	65,751*	791.83	791.83	6.92
南阳府	13	10	692*	4,893	53.23	69.20	7.07
汝宁府	15	10	7,075⑧++	⑨	471.67	707.50	—
归德府	12	12	23,317++		1,943.08	1,943.08	
襄阳路	10	10	5,090++	—	509.00	509.00	
蕲州路	5	5	39,190▲	249,321▲	7,838.00	7,838.00	6.36
黄州路	3	3	14,878▲	36,879▲	4,959.33	4,959.33	2.48
庐州路	11	11	31,746▲	229,457▲	2,886.00	2,886.00	7.23
安丰路	8	8	17,992▲	97,611▲	2,249.00	2,249.00	5.43
安庆路	6	6	35,106▲	219,490▲	5,851.00	5,851.00	6.25
扬州路	11	11	249,466▲	1,471,194▲	22,678.73	22,678.73	5.90
淮安路	12	13	91,022▲	547,377▲	7,585.17	7,001.69	6.01
高邮府	3	3	50,098++	—	16,699.33	16,699.33	—
中兴路	7	7	170,682▲	599,224▲	24,383.14	24,383.14	3.51
峡州路	4	4	37,291▲	93,947▲	9,322.75	9,322.75	2.52

(甲表 49 续)

省及路府州别	所属县数②		户 数	口 数	每县平均户数		每户平均口数
	元史	新元史			元史	新元史	
安陆府	2	2	14,665▲	33,554▲	7,332.50	7,332.50	2.29
沔阳府	2	2	17,766▲	30,955▲	8,883.00	8,883.00	1.74
荆门州	2	2	29,471▲	165,435▲	14,735.50	14,735.50	5.61
德安府	6	6	26,889⑩▲	88,282⑪▲	4,481.50	4,481.50	3.28
合计	182	175	901,956	4,117,737	4,955.80	5,154.03	5.04
陕西等处行中书省							
奉元路	26	25	33,935*	271,399*	1,305.19	1,357.40	8.00
延安路	16	15	6,539*	94,641*	408.69	435.93	14.47
兴元路	4	4	2,149▲	19,378▲	537.25	537.25	9.02
凤翔府	5	5	2,081*	14,908*	416.20	416.20	7.16
邠州	2	2	—	—	—	—	—
泾州	2	2	—	—	—	—	—
开成州	1	1	—	—	—	—	—
庄浪州	—	1	—	—	—	—	—
巩昌府	5	5	45,135*	369,272*	9,027.00	9,027.00	8.18
平凉府	3	3	—	—	—	—	—
临洮府	2	2	—	—	—	—	—
庆阳府	1	1	—	—	—	—	—
秦州	3	3	—	—	—	—	—
陇州	2	1	—	—	—	—	—
宁州	1	1	—	—	—	—	—
定西州(新元史作安定州)	—	2	—	—	—	—	—
镇原州	—	—	—	—	—	—	—
西和州	—	—	—	—	—	—	—
环州	—	—	—	—	—	—	—
金州	—	—	—	—	—	—	—
静宁州	1	1	—	—	—	—	—
兰州	—	1	—	—	—	—	—
会州(新元史作会宁州)	—	—	—	—	—	—	—
徽州	1	1	—	—	—	—	—
阶州	—	—	—	—	—	—	—
成州	—	—	—	—	—	—	—
金洋州	—	—	—	—	—	—	—

省 及 路 府 州 别	所属县数②		户　数	口　数	每县平均户数		每户平均口数
	元史	新元史			元史	新元史	
河州路	3	3	—	—	—	—	—
雅州	5	5	—	—	—	—	—
黎州	1	1	—	—	—	—	—
洮州	1	1	—	—	—	—	—
贵德州	—	—	—	—	—	—	—
茂州	2	2	—	—	—	—	—
脱思麻路			—	—	—	—	—
岷州			—	—	—	—	—
铁州			—	—	—	—	—
礼店文州			—	—	—	—	—
合计	87	88	89,839	769,598	1,604.27	1,663.69	8.57
四川等处行中书省							
成都路	20	19	32,912▲	215,888▲	1,645.60	1,732.21	6.56
嘉定府路	7	7	—	—	—	—	—
广元路	12	13	16,442▲	96,406▲	1,370.17	1,264.77	5.86
顺庆路	9	9	2,821▲	95,156▲	313.44	313.44	33.73
永宁路	1	2	—	—	—	—	—
潼川府	4	7	—	—	—	—	—
重庆路	13	18	22,395▲	93,535▲	1,722.69	1,244.17	4.18
绍庆府	2	2	3,944▲	15,189▲	1,972.00	1,972.00	3.85
怀德府	—	3					
夔州路	7	7	20,024▲	99,598▲	2,860.57	2,860.57	4.97
叙州路	4	4	—	—	—	—	—
马湖路	—	—	—	—	—	—	—
上罗计长官司	—	—	—	—	—	—	—
四十六囤蛮夷	—	—	—	—	—	—	—
合计	79	91	98,538	615,772	1,564.10	1,449.09	6.25
甘肃等处行中书省							
甘州路	—	—	1,550▲	23,987▲	—	—	15.48
永昌路	—	—	—	—	—	—	—
肃州路	—	—	1,262▲	8,679▲	—	—	6.88
沙州路	—	—	—	—	—	—	—
亦集乃路	—	—	—	—	—	—	—
宁夏府路	—	—	—	—	—	—	—
山丹州	—	—	—	—	—	—	—
西宁	—	—	—	—	—	—	—
兀剌海路	—	—	—	—	—	—	—
合计			2,812	32,666			11.62

（甲表 49 续）

省及路府州别	所属县数②		户　数	口　数	每县平均户数		每户平均口数
	元史	新元史			元史	新元史	
云南诸路行中书省⑫	—	—	—	—	—	—	—
合计	47	53	—	—	—	—	—
江浙等处行中书省							
杭州路	8	8	360,850▲	1,834,710▲	45,106.25	45,106.25	5.08
湖州路	5	5	254,345++	—	—	—	—
嘉兴路	1	1	426,656	2,245,742	426,656.00	426,656.00	5.26
平江路	2	2	466,158	2,433,700	233,079.00	233,079.00	5.22
常州路	2	2	209,732	1,020,011	104,866.00	104,866.00	4.86
镇江路	3	3	103,315	623,644	34,438.33	34,438.33	6.04
建德路	6	6	103,481	504,264	17,246.83	17,246.83	4.87
松江府	2	2	163,931++	—	81,965.50	81,965.50	—
庆元路	4	4	241,457	511,113	60,364.25	60,364.25	2.12
江阴州	—	—	53,821	300,177	—	—	5.58
衢州路	5	5	108,567	543,660	21,713.40	21,713.40	5.01
婺州路	6	6	221,118	1,077,540	36,853.00	36,853.00	4.87
绍兴路	6	6	151,234	521,588	25,205.67	25,205.67	3.45
温州路	2	2	187,403	497,848	93,701.50	93,701.50	2.66
台州路	4	4	196,415	1,003,833	49,103.75	49,103.75	5.11
处州路	7	7	132,754	493,692	18,964.86	18,964.86	3.72
宁国路	6	6	232,538	1,162,690	38,756.33	38,756.33	5.00
徽州路	5	5	157,471	824,304	31,494.20	31,494.20	5.23
饶州路	3	3	680,235	4,036,570	226,745.00	226,745.00	5.93
集庆路	3	3	214,538	1,072,690	71,512.67	71,512.67	5.00
太平路	3	3	76,202	446,371	25,400.67	25,400.67	5.86
池州路	6	6	63,547	366,567	11,424.50	11,424.50	5.35
信州路	5	5	132,290	662,258	26,458.00	26,458.00	5.01
广德路	2	2	56,513	330,780	28,256.50	28,256.50	6.01
铅山州	—	—	26,035++	—	—	—	—
福州路	11	9	799,694	3,875,127	72,699.45	88,854.89	4.85
建宁路	7	7	127,254	506,926	18,179.14	18,179.14	3.98
泉州路	7	7	89,060	455,545	12,722.86	12,722.86	5.12
兴化路	3	3	67,739	352,534	22,579.67	22,579.67	5.20
邵武路	4	4	64,127	248,761	16,031.75	16,031.75	3.88
延平路	5	5	89,825	435,869	17,965.00	17,965.00	4.85
汀州路	6	6	41,423	238,127	6,903.83	6,903.83	5.75
漳州路	5	5	21,695	101,306	4,339.00	4,339.00	4.67
合计	144	142	6,326,423	28,736,947	43,378.94	43,989.91	4.89
江西等处行中书省							

省及路府州别	所属县数②		户　数	口　数	每县平均户数		每户平均口数
	元史	新元史			元史	新元史	
龙兴路	6	7	371,436▲	1,485,744▲	61,906.00	53,062.29	4.00
吉安路	5	5	444,083	2,220,415	88,816.60	88,816.60	5.00
瑞州路	2	2	144,572	722,302	72,286.00	72,286.00	5.00
袁州路	3	3	198,563	992,815	66,187.67	66,187.67	5.00
临江路	1	1	158,348	791,740	158,348.00	158,348.00	5.00
抚州路	5	5	218,455	1,092,275	43,691.00	43,691.00	5.00
江州路	5	5	83,977	503,852	16,795.40	16,795.40	6.00
南康路	2	2	95,678	478,390	47,839.00	47,839.00	5.00
赣州路	8	5	71,287	285,148	8,910.88	14,257.40	4.00
建昌路	3	3	92,223	553,338	30,741.00	30,741.00	6.00
南安路	3	3	56,011	303,666	18,670.33	18,670.33	5.42
南丰州	—		25,078	128,900	—	—	5.14
广州路	7	7	170,216	1,021,296	24,316.57	24,316.57	6.00
韶州路	4	4	19,584	176,256	4,896.00	4,896.00	9.00
惠州路	4	4	19,803	99,015	4,950.75	4,950.75	5.00
南雄路	2	2	10,772⑬	53,960	5,386.00	5,386.00	5.01
潮州路	3	3	63,650	445,550	21,216.67	21,216.67	7.00
德庆路	2	2	12,705⑭	32,997	6,352.50	6,352.50	2.60
肇庆路	2	2	33,338	55,429	16,669.00	16,669.00	1.66
英德州	1	1	—	—	—	—	
梅州	1	1	2,478	14,865	2,478.00	2,478.00	6.00
南恩州	2	2	19,373	96,865	9,686.50	9,686.50	5.00
封州	2	2	2,077	10,742	1,038.50	1,038.50	5.17
新州	1	1	11,316	67,896	11,316.00	11,316.00	6.00
桂阳州	1	1	6,356	25,655	6,356.00	6,356.00	4.04
连州	1	1	4,154	7,141	4,154.00	4,154.00	1.72
循州	3	3	1,658	8,290	552.67	552.67	5.00
合计	79	77	2,337,191	11,674,542	29,642.47	30,422.54	5.00
湖广等处行中书省⑮							
武昌路	7	7	114,632▲	617,118▲	16,376.00	16,376.00	5.38
岳州路	3	3	137,508	787,743	45,836.00	45,836.00	5.73
常德路	2	1	206,425	1,026,042	103,212.50	206,425.00	4.97
澧州路	3	3	109,989⑯	1,111,543	36,663.00	36,663.00	10.11
辰州路	4	4	83,223	115,945	20,805.75	20,805.75	1.39
沅州路	3	3	48,632	79,545	16,210.67	16,210.67	1.64
兴国路	3	3	50,952	407,616	16,984.00	16,984.00	8.00

(甲表 49 续)

省及路府州别	所属县数②		户 数	口 数	每县平均户数		每户平均口数
	元史	新元史			元史	新元史	
汉阳路	2	2	14,486	40,866	7,243.00	7,243.00	2.82
归州路	3	3	7,492	10,964	2,497.33	2,497.33	1.46
靖州路	3	3	26,594	65,955	8,864.67	8,864.67	2.48
天临路	5	5	603,501	1,081,010	120,700.20	120,700.20	1.79
衡州路	3	4	113,373	207,523	37,791.00	28,343.25	1.83
道州路	4	4	78,018	100,989	19,504.50	19,504.50	1.29
永州路	3	3	55,666	105,864	18,555.33	18,555.33	1.90
郴州路	6	6	61,259	95,119	10,209.83	10,209.83	1.55
全州路	2	2	41,645	240,519	20,822.50	20,822.50	5.78
宝庆路	2	2	72,309	126,105	36,154.50	36,154.50	1.74
武冈路	3	3	77,207	356,863	25,735.67	25,735.67	4.62
桂阳路	3	3	65,057	102,204	21,685.67	21,685.67	1.57
茶陵州	—	—	36,642	177,202	—	—	4.84
耒阳州	—	—	25,311	110,010	—	—	4.35
常宁州	—	—	18,431	69,402	—	—	3.77
静江路	10	10	210,852	1,352,678	21,085.20	21,085.20	6.42
南宁路	2	2	10,542	24,520	5,271.00	5,271.00	2.33
梧州路	1	1	5,200	10,910	5,200.00	5,200.00	2.10
浔州路	2	2	9,248	30,089	4,624.00	4,624.00	3.25
柳州路	3	3	19,143	30,694	6,381.00	6,381.00	1.60
庆远安抚司	5	6	26,537	50,253	5,307.40	4,422.83	1.89
平乐府	4	4	7,067	33,820	1,766.75	1,766.75	4.79
郁林州	3	3	9,053	51,528	3,017.67	3,017.67	5.69
容州	3	3	2,999	7,854	999.67	999.67	2.62
象州	3	3	19,558	92,126	6,519.33	6,519.33	4.71
宾州	3	3	6,148⑰	38,879	2,049.33	2,049.33	6.32
横州	2	2	4,098	31,476	2,049.00	2,049.00	7.68
融州	2	2	21,393	39,334	10,696.50	10,696.50	1.84
藤州	2	2	4,295	11,218	2,147.50	2,147.50	2.61
贺州	4	4	8,676	39,235	2,169.00	2,169.00	4.52
贵州	—	—	8,891	20,811	—	—	2.34
思明路		2	4,229	18,510	—	2,114.50	4.38
太平路	—	4	5,319	22,186	—	1,329.75	4.17
田州路	—	1	2,991	16,901⑱		2,991.00	5.65
来安路	—	—	—	—	—	—	—

（甲表 49 续）

省及路府州别	所属县数②		户　数	口　数	每县平均户数		每户平均口数
	元史	新元史			元史	新元史	
镇安路	—	—	—	—	—	—	
雷州路	—	3	89,535	125,310	—	29,845.00	1.40
化州路	3	3	19,749	52,317	6,583.00	6,583.00	2.65
高州路	3	3	14,675	43,493	4,891.67	4,891.67	2.96
钦州路	2	2	13,559	61,393	6,779.50	6,779.50	4.53
廉州路	2	2	5,998	11,686	2,999.00	2,999.00	1.95
乾宁安抚司	7	7	75,837	128,184	10,833.86	10,833.86	1.69
南宁军	3	3	9,627	23,652	3,209.00	3,209.00	2.46
万安军	2	2	5,341	8,686	2,670.50	2,670.50	1.63
吉阳军	1	1	1,439	5,735	1,439.00	1,439.00	3.99
定远府	—	10	—	—	—	—	
合计	136	157	2,670,351	9,419,625	18,227.96	16,949.26	3.53
征东等处行中书省⑫							

资料来源　《元史》卷 58—63《志》10—15《地理》1—6；《新元史》卷 46—51《志》13—18《地理》1—6。

编者注　①《元史》及《新元史》所载户数及口数，除个别有出入外，其余尽同。本表户数及口数二栏皆以《元史》为据，其与《新元史》（两书皆用开明版本）有出入者另作注说明。各行中书省合计及诸省总计俱按《元史》数字计算。　②包括各路的直辖县数及各路属下各府州所辖县数。凡各路户口数原书阙载者，则其所辖府州县数皆从该省合计数中剔除而不计入该省每县平均户数合计项内。　③"各省合计"及每省合计的每县平均户数，在计算时，把一些路只记县数无户数或只记户数无县数的这一部分地区的数字剔出。　④百衲本《元史》作 50,247。　⑤百衲本作 120,630。　⑥百衲本作 33,231。　⑦新元史作 5,180。　⑧《新元史》作 3,414。　⑨《新元史》作 33,751。　⑩百衲本《元史》作 10,923。　⑪百衲本作 36,218。　⑫此处缺户、口数，一概从略。　⑬百衲本作 10,792。　⑭百衲本作 13,705。　⑮本行中书省尚有其他番司，因缺县数及户、口数，一概从略。　⑯百衲本作 209,989。　⑰百衲本作 6,248。　⑱百衲本作 18,901。

　　＊宪宗 2 年（1252 年）数。　△世祖至元 7 年（1270 年）抄籍数。　▲世祖至元 27 年（1290 年）抄籍数。　＋＋文宗至顺元年（1330 年）钱粮户。

甲表 50　元代各省人口密度①

省　　别	面　积(平方公里)	口　　数	每平方公里口数
诸省总计	7,549,200	59,519,727	7.75②
中书省	933,300	3,691,416	3.96
辽阳等处行中书省	1,417,500	461,424	0.33
河南江北等处行中书省	473,400	4,117,737	8.70
陕西等处行中书省	2,666,700	769,598	0.29③
四川等处行中书省	284,400	615,772	2.17
甘肃等处行中书省	548,100	32,666	0.06④
江浙等处行中书省	315,000	28,736,947	91.23
江西等处行中书省	271,800	11,674,542	42.95
湖广等处行中书省	639,000	9,419,625	14.74

资料来源　面积数,承中山大学地理系据顾颉刚等编校的《中国历史地图集古代史部分》页21第29图用方格求积法测算得来。口数,见本编表48。

编者注　①岭北等处行中书省、云南诸路行中书省、征东等处行中书省,因缺口数未列入。　②由于陕西、甘肃两省的人口密度的计算,受到条件限制,偏差颇大(详见下注③、④),故未将该两省列入"各省合计"的每平方公里口数来计算。③陕西省原辖4路、5府、27州、12属州、88属县,但《元史地理志》只记有奉元、延安、兴元三路及凤翔、巩昌两府的户口数,其余各路、府、州等的户口数均缺,所以表内陕西省的口数(769,598口)并不是该省的全部人口。因此,表内陕西省的每平方公里口数(0.29口)是偏低的。　④甘肃省原辖7路、2州、5属州,但《元史地理志》只记有甘州、肃州两路的户口数,其余各路、州的户口数均缺,因此,该省的每平方公里口数大大偏低。

甲表 51　明太祖朝户口、田地及税粮数①

（洪武 14 年及 24 年,公元 1381 年及 1391 年）

年度	公元	户	口	田地(百亩)	田赋 麦米豆谷(石)	绸绢布(匹)	钱钞(锭)	资料来源②
洪武14年	1381	10,654,362	59,873,305	3,667,715	26,105,251	—	222,036	太祖实录卷140
24年	1391	10,684,435	56,774,561	3,874,746	32,278,983	646,870	4,052,764	太祖实录卷214

编者注　①按《明太祖实录》仅有以上两年户口、田地、田赋的记载,其历年增垦田亩数别见本书乙编表28。　②自本表起迄本编表65止均据北京图书馆所藏《明实录》钞本(以下简称原本)作成,另以北京大学等处所藏的钞本共三种校之。

甲表 52　明成祖朝

（洪武 35 年至永乐 22 年，

年　　　度	公　元	户	口
洪 武 35 年①	1402	10,626,779 *	56,301,026
永 乐 元 年	1403	11,415,829	66,598,337
2 年	1404	9,685,020	50,950,470
3 年	1405	9,689,260	51,618,500
4 年	1406	9,687,859	51,524,656
5 年	1407	9,822,912 *	51,878,572②
6 年	1408	9,443,876③	51,502,077
7 年	1409	9,637,261	51,694,769
8 年	1410	9,605,755	51,795,255
9 年	1411	9,533,692	51,446,834
10 年	1412	10,992,436	65,377,633
11 年	1413	9,684,916	50,950,244
12 年	1414	9,689,052 *	51,618,209
13 年	1415	9,687,729	51,524,436
14 年	1416	9,822,757	51,878,172
15 年	1417	9,443,766	51,501,867
16 年	1418	9,637,061	51,694,549
17 年	1419	9,605,553⑦	51,794,935
18 年	1420	9,533,492	51,446,434
19 年	1421	9,703,360	51,794,228
20 年	1422	9,665,133	52,688,691⑨
21 年	1423	9,972,125 *	52,763,178
22 年⑩	1424	10,066,080	52,468,152
平 均 数		9,867,204	53,165,705

编者注　＊与前历史语言研究所本（以下简称史言所本）之数目微有出入（凡二数相
①按朱棣于建文4年（1402年）七月即位，仍称洪武35年。　②原本（指北京图书馆
据史言所本校正。　④原本作："三千一百万五十四百五十八石"，此据史言所本
⑥史言所本作1,443,365。　⑦史言所本作9,655,553。　⑧原本作22,248,673，
年七月成祖病死，仁宗嗣位，未改元。本年数字本应放在仁宗朝表中，但因《仁宗实
不合而为一。

户口及税粮数

公元 1402—1424 年）

田　赋				资　料　来　源
粮　（石）	丝　绵　（斤）	布　帛　（匹）	绵　花　绒　（斤）	
30,459,823	269,400	56,744	14,821	成祖实录卷 15
31,299,704	379,215 *	105,426 *	162,249	卷 26
31,874,371	241,283 *	396,195	276,352	卷 37
31,133,993	213,563②	1,329,563 *	514,113	卷 49
30,700,569	299,133	1,363,593	195,952	卷 62
29,824,436	262,415	1,303,925	446,069	卷 74
30,469,293	257,811	1,607,903	220,981	卷 86
31,005,458④	299,870	1,020,904	237,511	卷 99
30,623,138	250,897	1,034,638	636,111	卷 111
30,718,814⑤	254,065	1,330,968	169,370	卷 123
34,612,692	382,970	292,519	138,156	卷 135
32,352,244 *	226,968	1,878,828	389,370	卷 146
32,574,248	226,960	1,186,784	240,371	卷 159
32,640,828	226,992	1,535,837	241,568	卷 171
32,511,270	227,035	1,723,902	241,715	卷 183
32,695,864	128,759	240,251	410,544	卷 195
31,804,385	246,751	1,143,365⑥	412,286	卷 207
32,428,673⑧	246,507	1,206,887	583,324	卷 219
32,399,206	246,560	1,211,883	583,340	卷 232
32,421,831 *	223,342 *	225,417 *	69,159	卷 244
32,426,739	223,693	224,666	69,310	卷 254
32,373,741	223,696	225,183	69,575	卷 266
32,601,206	223,697	140,352	69,575	仁宗实录第 2 册（1940 年南京影印本卷 5 下）
31,824,023	251,373	903,727	274,880	

差在总值 1%以内者，皆不将异文详记，下表均仿此，唯有勘误价值者，不在此例）。

本，下同）内阙，此据史言所本填入。　③原本作："九百四十四万三千八百七十六"，此校正。　⑤原本作："三千七十一万八千一八百一十四石"，此据史言所本校止。疑误，此据史言所本校正。　⑨原本作 58,688,591，疑误，此据史言所本校正。　⑩是录》是年记载尚无田地数，且田赋项目仍与成祖朝同，而与洪熙元年略异，故各分别列表，

甲表 53　明仁宗朝户

（洪熙元年，

年　度	公　元	户①	口	田　地（百亩）	田	
					米麦（石）	丝（斤）
洪熙元年	1425	9,940,566	52,083,651	4,167,707	31,800,243	179,133

编者注　＊（一）北京图书馆、前史言所及北大所藏的钞本皆无洪熙元年的有关记载，明代各表一一校勘。（二）按明成祖以永乐22年七月死，八月丁巳长子朱高炽即实录》所记的永乐22年数字列入成祖朝表中，而以《宣宗实录》所记洪熙元年之数作成熙年份的记载，则与宣宗朝的内容一致。　①原书误写作"口"。

甲表 54　明宣宗朝户

（宣德元年至 9 年，

年　度	公　元	户	口	田　地①（百　亩）	田	
					米麦（石）	丝（斤）
宣德元年	1426	9,918,649	51,960,119	4,124,626	31,312,839	178,300
2 年	1427	9,909,906	52,070,885	3,943,343	31,250,110	179,144
3 年	1428	9,916,837	52,144,021	4,113,137	30,249,936	174,034
4 年	1429	9,848,393	53,184,816	4,501,565②	81,331,351②	179,315
5 年	1430	9,778,419	51,365,851	4,140,680	30,610,898	179,628
6 年	1431	9,705,397	50,565,259	4,180,462	30,300,315	178,662
7 年	1432	9,633,294	50,667,805	4,244,928	29,102,685	187,007
8 年	1433	9,635,862	50,628,346	4,278,934	28,957,227	180,867
9 年	1434	9,702,322	50,627,456	4,270,161	28,524,732	175,084
平均数		9,783,231	51,468,284	4,199,760	30,182,233	179,116

编者注　①单位以下之数值本表从略。　②与史言所本之数目微有出入（相差在作 84,164。

口、田地及税粮数 *

公元 1425 年）

赋					资料来源
绵（斤）	布（匹）	绢（匹）	绵花（斤）	折色钞（锭）	
232,734	129,720	94,569	243,147	434,168	宣宗实录卷 12

今据江苏国学图书馆传钞本（1940年南京影印本）补入。此书错误甚多，故未用以与本编
皇帝位，以明年为洪熙元年，其年（1425年）五月辛巳死，登位期间尚不满一年。今以《仁宗
本表；这因为《仁宗实录》所载该年份的项目和内容是与成祖朝相同的；而《宣宗实录》关于洪

口、田地及税粮数

公元 1426—1434 年）

赋①					资料来源
绵（斤）	布（匹）	绵花（斤）	绢（匹）	折色钞（锭）	
230,396	129,720	240,911	94,599	74,113	宣宗实录卷 23
230,378	129,720	237,968	91,179	77,133	卷 34
224,984	128,393	239,087	95,364	75,459	卷 49
230,416	129,852	238,221	95,457	77,319	卷 60
230,440	129,847	242,234	94,138	77,391	卷 74
221,718	129,754	242,482	94,027	76,962	卷 85
303,368	129,983	242,399③	89,164④	105,671	卷 97
231,987②	130,033	242,754	91,627	74,253	卷 107
232,068	130,006	242,809	100,631	25,360	卷 115
237,306	129,701	240,985	94,021	73,740	

1%以内）。 ③北京图书馆本作 243,399，疑误，此据史言所本校正。 ④史言所本

甲表 55　明英宗朝(正统)

(宣德 10 年至正统 14 年,

年　度	公　元	户	口	田　地②	田	
				(百　亩)	米麦(石)	丝(斤)
宣 德 10 年	1435	9,702,495	50,627,569	4,270,172	28,499,160	152,281
正 统 元 年	1436	9,713,407	52,323,993	4,373,187	26,713,057	55,293
2 年	1437	9,623,510	51,790,316	4,323,180	26,979,143	57,470
3 年	1438	9,704,145	51,841,182	4,322,125	27,036,776	56,887
4 年	1439	9,697,890	51,740,390	4,323,150	27,066,285	56,968
5 年	1440	9,686,707	51,811,758	4,322,468	27,079,421	17,000
6 年	1441	9,667,440	52,056,290	4,317,742③	27,069,361	57,726
7 年	1442	9,552,737	53,949,951	4,242,118	27,085,921	〃
8 年	1443	8,557,650	52,993,882	4,242,818	27,100,926	57,735
9 年	1444	9,549,058	53,655,066	4,249,516	27,134,213	57,716
10 年	1445	9,537,454	53,772,934	4,247,239	27,155,958	57,571
11 年	1446	9,528,443	53,740,321	4,245,699	27,014,779	64,109
12 年	1447	9,496,265	53,949,787	4,248,705	26,197,238	64,520
13 年	1448	9,530,933	53,534,498	4,153,218	26,722,902	113,767
14 年	1449	9,447,175	53,171,070	4,350,763	24,212,143	64,379
平均数		9,533,021	52,730,601	4,282,140	26,871,152	66,077

编者注　①本表各栏内之"〃",代表"同上"。　②单位以下之数值,本表从略。
此据史言所本填入。

甲表 56　明代宗朝(景泰)

(景泰元年至 7 年,

年　度	公　元	户	口	田　地①	田	
				(百　亩)	米麦(石)	丝(斤)
景泰元年	1450	9,588,234②	53,403,954	4,256,303②	22,720,360	64,272
2 年	1451	9,504,954	53,433,830	4,156,375	23,320,780	64,385
3 年	1452	9,540,966	53,507,730	4,266,862	26,469,679	64,365
4 年	1453	9,384,334	53,369,460	4,627,036	26,602,618	64,229
5 年	1454	9,406,347	53,811,196③	4,267,341④	26,840,653	64,673
6 年	1455	9,405,390	53,807,470	4,267,339	26,853,931	64,184
7 年	1456	9,404,655	53,712,925	4,267,449	26,849,159	64,141
平均数		9,462,126	53,578,081	4,249,815	25,665,311	64,321

编者注　①单位以下之数值本表从略。　②与史言所本之数目微有出入(相差在
④原本作4,627,341,疑误,此据史言所本校正。　⑤原本作"一十八万六千一

户口、田地及税粮数①

公元 1435—1449 年）

赋②					资料来源
绵(斤)	布(匹)	绵花(斤)	绢(匹)	折色钞(锭)	
231,834	130,571	242,268	140,890	25,360	英宗实录卷 12
186,108	143,898	188,029	190,704	76,885	卷 25
186,115	〃	187,996	187,447	76,900	卷 37
186,129③	143,904	188,015	187,978	76,877	卷 49
186,159	143,907	188,012	186,228	77,644	卷 62
184,929	〃	188,014	186,319	77,132	卷 74
185,035③	143,908	188,026	185,971	77,184	卷 87
185,036	143,918	188,088	187,040	77,780	卷 99
185,267	〃	189,252	192,681	77,391④	卷 111
185,297	143,978	189,243	192,479	77,533	卷 124
185,372	144,003	189,536	192,867	77,668	卷 136
185,406	158,179	206,182	192,813③	202,392	卷 148
185,035	130,814	173,252	188,008	202,379	卷 161
185,461	450,271	189,712	188,128	78,160	卷 173
185,562	392,043	189,731	191,791	178,347	卷 186
188,583	180,074	192,357	186,090	97,309	

③与史言所本之数目微有出入（相差在 1% 以内）。　　④北京图书馆本万位数字脱落，

户口、田地及税粮数

公元 1450—1456 年）

赋①					资料来源
绵(斤)	布(匹)	绵花(斤)	绢(匹)	折色钞(锭)	
185,612	130,819	245,110	189,123	177,925	英宗实录卷 199
185,630	144,541	461,371	191,745	161,798	卷 211
185,683	305,296	190,202	189,360	78,380	卷 224
185,710	131,106	185,016	192,483	78,324	卷 236
186,106②	197,747	190,263	193,234	79,448	卷 248
186,189⑤	406,924②	191,175	192,847	79,484	卷 261
186,197	131,370	245,481	193,303	79,470	卷 273
185,875	206,829	244,088	191,728	104,968	

1% 以内）。　　③原本(指北京图书馆本)作 54,811,196，疑误，此据史言所本校正。
百八十万六千一百八十九斤"。

（天顺元年至 7 年，

年　　度	公　元	户	口	田　　地① （百　亩）	田	
					米麦(石)	丝(斤)
天顺元年	1457	9,406,288	54,338,476	4,241,403	26,848,464②	113,706
2 年	1458	9,469,340	54,205,069	4,263,599	16,852,695③	64,320
3 年	1459	9,410,339	53,710,308	4,199,028	26,845,117	57,844
4 年	1460	9,420,033④	53,747,400	4,262,748	26,852,575	58,013
5 年	1461	9,422,323	53,748,160	4,242,010	26,287,376	113,634
6 年	1462	9,309,966	54,160,634	4,245,983	24,716,887	57,833
7 年	1463	9,385,213	56,370,250	4,293,503	26,629,492	114,139
平均数		9,403,357	54,325,757	4,249,753	26,363,318	82,784

编者注　①单位以下之数值本表从略。　②史言所本作 16,848,464。　③本
有出入(相差在 1% 以内)。

（天顺 8 年至成化 22 年，

年　　度	公　元	户	口	田　　地② （百　亩）	田	
					米(石)	麦(石)
天顺 8 年	1464	9,107,205	60,499,330	4,724,302	22,028,485	4,320,175
成化元年	1465	9,105,960	60,472,540	4,727,426	22,028,465	4,321,533
2 年	1466	9,202,718⑦	60,653,724	4,727,185	22,301,154	4,350,189
3 年	1467	9,111,688	59,929,455⑨	4,778,706	21,956,921	4,553,010
4 年	1468	9,113,648	61,615,850	4,755,031	22,047,907	4,610,064⑦
5 年	1469	9,119,888	61,727,584	4,776,572	22,057,281	4,328,444
6 年	1470	9,119,891	61,819,814	4,776,721	22,048,578	4,256,293
7 年	1471	9,119,912	61,819,945	4,778,931	22,059,870	4,312,196
8 年	1472	9,119,970	61,821,232	4,778,950	22,070,560	4,313,610
9 年	1473	9,120,161⑦	61,823,480	4,778,980	22,076,860	4,332,190
10 年	1474	9,120,195	61,852,810	4,778,990	21,597,810	4,341,270
11 年	1475	9,120,251	61,852,891	〃	22,044,550	4,352,428
12 年	1476	9,120,263	61,853,281	4,778,995	22,131,337	4,330,060
13 年	1477	9,120,278	61,853,581	4,778,997	22,126,480	4,344,540
14 年	1478	9,126,272	61,832,193	4,778,980	22,076,860	4,332,196

户口、田地及税粮数
公元 1457—1463 年）

赋①					资料来源
绵(斤)	布(匹)	绵花(斤)	绢(匹)	折色钞(锭)	
186,119	131,373	245,080	194,489	79,475	英宗实录卷 285
186,219	131,458	262,186	193,728	79,463	卷 298
186,240	131,483	262,188	193,847	79,438	卷 310
186,241	131,496	262,289	193,580	79,403	卷 323
186,190	131,534②	245,240	193,434	79,451	卷 335
186,191	123,533	245,636	193,390	78,606	卷 347
178,721	131,550	345,794	194,210	78,952	卷 360
185,132	130,347	266,916	193,811	79,255	

项数目与前后各年相悬殊,疑为错误,故不算在平均数内。　④与史言所本之数目微

口、田地及税粮数①
公元 1464—1486 年）

赋②						资料来源
丝(斤)	绵(两)	布(匹)	绵花(斤)	绢(匹)	折色钞(锭)	
92,762③	105,000	827,554④	300,565④	293,170⑤	1,210,833⑥	宪宗实录卷 12
92,781	〃	〃	300,540	〃	857,418	卷 24
92,763	〃	637,514	296,465⑧	289,196⑦	313,952	卷 37
90,955	〃	827,514	285,918	270,187	313,552	卷 49
92,596	〃	862,737	281,128	284,476	824,521⑦	卷 61
92,681	〃	850,739⑩	282,312	284,891	〃	卷 74
92,686	〃	861,002⑦	283,120	284,910⑦	834,520	卷 86
92,691	〃	861,220	283,280	285,100	834,630	卷 99
92,690	〃	879,100	202,108	285,210	834,330	卷 111
92,700	〃	879,200	282,300	〃	835,030	卷 123
〃	〃	879,250	282,390⑦	285,300	〃	卷 136
92,703	〃	〃	〃	285,290	〃	卷 148
92,730	〃	〃	〃	285,310	〃	卷 160
〃	〃	879,360	282,393	285,319	〃	卷 173
92,701	〃	879,200	282,300	285,213	〃	卷 185

年　度	公　元	户	口	田　地② (百　亩)	田	
					米(石)	麦(石)
15 年	1479	9,210,690	71,850,132	4,778,950	22,075,012	4,313,611
16 年	1480	9,127,928	62,456,993	4,779,972	22,139,858	4,342,580
17 年	1481	9,128,119	62,457,997	4,779,985	22,135,760	4,345,986
18 年	1482	9,222,389	62,452,677	4,780,688⑦	22,146,277	4,316,287
19 年	1483	9,202,389	62,452,806	4,782,081	22,146,695	4,634,020
20 年	1484	9,205,711	62,885,829	4,861,498	22,157,263	4,621,998
21 年	1485	9,205,860	62,885,930	4,881,121	22,159,490	4,422,094
22 年	1486	9,214,144	65,442,680	4,881,900	22,160,445	4,622,899
平均数		9,146,327	62,361,424	4,783,650	22,077,127	4,392,073

编者注　①本表各栏内之""",代表"同上"。　②单位以下之数值,本表从略。
入。　④原本残缺,此据前北大国学研究所本填入。　⑤原本载"二十九万",
入。但此数与以后各年数目相悬殊,故暂不计入平均数内。　⑦与史言所本之
50,939,455。　⑩史言所本作800,739。　⑪原本作"二千八百万一千七百九十

甲表 59　**明孝宗朝户**

（成化 23 年至弘治 17 年,

年　度	公　元	户	口	田　地 (百　亩)	田	
					米(石)	麦(石)
成化 23 年	1487	9,102,630	50,207,134	1,253,821③	19,563,967	6,757,362
弘治元年	1488	9,113,630	50,207,934⑤	8,253,881	19,566,856	6,779,453
2 年	1489	9,406,393	50,302,769	8,254,881	18,767,984	7,986,264
3 年	1490	9,503,890	50,307,843	"	19,848,994	7,995,376
4 年	1491	9,807,173	50,503,356	8,255,881	18,946,897	7,986,358
5 年	1492	9,901,965	50,506,325	"	19,786,949	7,898,459
6 年	1493	9,906,937	50,539,561	"	18,987,694	7,947,659
7 年	1494	9,909,725	50,614,196	8,256,881	19,879,784	8,945,964
8 年	1495	10,100,279	50,678,953	8,266,781	18,986,894	8,764,894
9 年	1496	10,201,183	50,727,539	8,267,881	19,878,964	8,965,978
10 年	1497	10,205,358	50,765,185⑦	"	17,989,687	8,796,798
11 年	1498	10,304,374	50,805,375	8,267,981	18,978,797	8,697,849
12 年	1499	10,306,285	50,827,568	8,268,987	19,698,698	8,879,867

（甲表 58 续）

赋②						资料来源
丝（斤）	绵（两）	布（匹）	绵花（斤）	绢（匹）	折色钞（锭）	
92,692	〃	879,100	281,798①	285,210	834,330	宪宗实录卷 198
92,777	〃	825,194	259,712	286,110	844,200	卷 210
〃	〃	825,186	259,810	286,225	844,300⑦	卷 222
92,778	〃	616,063	259,818	286,634	842,291	卷 235
92,824	〃	693,697	282,682	286,633	842,606	卷 247
96,440	〃	571,663	258,248	288,446	514,368	卷 259
96,705	〃	643,710	281,810	288,449	514,390	卷 273
96,762	〃	641,663	273,317	288,876	734,358	卷 285
93,158	105,000	800,292	276,817	286,023	756,294	

③原本（指北京图书馆本）万位数字脱落，此据前北大国学研究所档案会《明实录》第三册填以下缺，此据前北大国学研究所本填入。　　⑥原本残缺，此据前北大国学研究所本填数目微有出入（相差在1%以内）。　　⑧原本税目作"绵花绒"。　　⑨史言所本作八斤"，史言所本亦同，疑误。

口、田地及税粮数①

公元 1487—1504 年）

赋②					资料来源
丝（斤）	绵（斤）	布（匹）	绵花（斤）	绢（匹）	
37,801	2,703,550④	1,151,779	246,300	190,749	孝宗实录卷 8
36,703	2,652,964	〃	231,200	178,697	卷 21
〃	2,652,946	〃	〃	〃	卷 33
36,705	〃	〃	〃	〃	卷 46
〃	〃	〃	〃	〃	卷 58
36,703	〃	〃	〃	〃	卷 70
〃	〃	〃	131,200	〃	卷 83
〃	〃	〃	〃	〃	卷 95
〃	〃⑥	〃	〃	〃	卷 107
〃	〃	〃	〃	〃	卷 120
〃	〃⑩	〃	〃	〃	卷 132
〃	〃	〃	〃	〃	卷 145
〃	1,652,946	〃	〃	〃	卷 157

年　　度	公　元	户	口	田　地 （百　亩）	田	
					米（石）	麦（石）
13 年	1500	10,402,519	50,858,937	8,269,981	18,969,789	8,978,979
14 年	1501	10,405,831	50,895,236	8,269,992	19,897,979	8,989,798
15 年	1502	10,409,788	50,908,672	8,357,485	18,965,496	8,978,969
16 年	1503	10,503,874	50,981,289	8,307,489	19,897,689	8,989,897
17 年	1504	10,508,935	60,105,835	8,416,862	18,989,897	8,798,989
平均数		10,000,043	51,152,428	8,279,382	19,311,279	8,396,606

编者注　①本表各栏内之"〃"，代表"同上"。　　②单位以下之数值，本表从略。年之数相悬殊，疑有错误，暂不计入平均数内。　　④上列三本所载单位，均作本作"二二百六十五万二千九百四十六斤五两三钱"，此据史言所本校正。　　⑦与本校正。　　⑨原本作26,703，疑误，此据史言所本校正。　　⑩原本作1,151,079，

甲表 60　明武宗朝户

（弘治 18 年至正德 15 年，

年　　度	公　元	户	口	田　地③ （百　亩）	田	
					米（石）	麦（石）
弘治 18 年	1505	12,972,974④	59,919,822	4,697,233	22,167,376	4,626,648
正德元年	1506	9,151,773	46,802,050⑤	〃	〃	〃
2 年	1507	9,144,056	55,906,806	〃⑥	〃	〃
3 年	1508	9,143,709	59,425,208	〃	〃	〃
4 年	1509	9,143,919	59,514,145	〃	〃	〃
5 年	1510	9,144,095	59,499,759	〃	〃	〃
6 年	1511	9,152,180	60,446,135⑦	〃	〃	〃
7 年	1512	9,181,754	60,590,309	〃	〃	〃
8 年	1513	9,370,452	63,284,203	〃	〃	〃
9 年	1514	9,383,552	62,123,334	〃	〃	〃
10 年	1515	9,383,148	62,573,730	〃	〃	〃
11 年	1516	9,380,123	62,573,736	〃	〃	〃
12 年	1517	9,379,090	62,627,810	〃⑩	〃⑪	〃
13 年	1518	9,379,182⑦	62,664,295⑦	〃⑫	〃	〃
14 年	1519	9,379,081	62,695,812	〃	〃	〃
15 年	1520	9,399,979	60,606,220	〃⑬	〃	〃
平均数		9,274,406	60,078,336	4,697,233	22,167,376	4,626,648

（甲表 59 续）

赋②					资料来源
丝(斤)	绵(斤)	布(匹)	绵花(斤)	绢(匹)	
〃	〃	〃	〃	〃	卷 169
〃⑨	〃	〃⑩	〃	〃	卷 182
〃	〃	〃	〃	〃	卷 194
〃	〃	〃	〃	〃	卷 206
〃	〃	〃	〃	〃	卷 219
36,764	2,322,425	1,151,779	165,372	179,367	

③原本(指北京图书馆本)与北大图书馆本及前北大国学研究所本均作此数,但与以下各"两",与其他各年不同,故不计入平均数内。　⑤史言所本作50,107,934。　⑥原史言所本之数目微有出入(相差在1%以内)。　⑧原本作2,552,946,疑误,此据史言所疑误,此据史言所本校正。

口、田地及税粮数①

（公元 1505—1520 年）②

赋③					资料来源
丝(斤)	绵(斤)	布(匹)	绵花(斤)	绢(匹)	
31,553	169,600	1,666,460	112,894	126,767	武宗实录卷 8
〃	〃	〃	〃	〃	卷 20
〃	〃	〃	〃	〃	卷 33
〃	〃	〃		〃	卷 45
〃	〃	〃	〃	〃	卷 58
〃	〃	〃	〃	〃	卷 70
〃	〃	〃	〃⑧	〃	卷 82
〃	〃	〃	〃	〃⑨	卷 95
〃	〃	〃	〃		卷 107
〃	〃	〃			卷 119
〃	〃	〃	〃	〃	卷 132
〃	〃	〃	〃		卷 144
〃	〃	〃	〃	〃	卷 156②
〃	〃	〃	〃		卷 169②
〃		〃			卷 181
〃	〃		〃		卷 194
31,553	169,600	1,666,460	112,894	126,767	

编者注　①本表内之"〃",代表"同上"。　　②原本(指北京图书馆本)正德12年十二本表从略。　　④原本与史言所本及前北大国学研究所本均作此数,但与其他各1,697,233,疑误,此据史言所本校正。　　⑦史言所本与前北大国学研究所档案⑨史言所本作129,600。　　⑩史言所本作4,697,432,误,此据前北大国学研究所之误。　　⑫史言所本作1,697,233,误,此据前北大国学研究所《实录》第六册校正。学研究所本均作"一百六十九万七千二百三十三顷",当系4,697,233之误。

甲表61　明世宗朝户

（嘉靖元年至41年,

年　度	公元	户	口	田　地③ （百　亩）	田	
					米(石)	麦(石)
嘉靖元年	1522	9,721,652	60,861,273	4,387,526	18,224,670	4,625,773
11年	1532	9,443,229	61,712,993	4,288,284	〃	〃
21年	1542	9,599,258	63,401,252	4,289,284	18,224,777	4,625,822
31年	1552	9,609,305④	63,344,107	4,280,358	18,224,774	4,625,821⑤
41年	1562	9,638,396	63,654,248	4,311,694⑥	〃⑦	〃
平均数		9,602,368	62,594,775	4,311,429	18,224,733	4,625,802

编者注　①本表内之"〃",代表"同上"。　　②本朝每隔十年有一记载。　　③单位"凡"字为"九"字之误,此据史言所本校正。　　⑤原本作4,635,821,疑误,此据所本校正。　　⑧原本作123,206,疑误,此据史言所本校正。

甲表62　明穆宗朝户

（隆庆元年至5年,

年　度	公元	户	口	田　地② （百　亩）	田	
					米(石)	麦(石)
隆庆元年④	1567	10,008,805	62,537,419	4,677,750	13,098,609⑤	2,320,313
2年	1568	〃	〃	〃	19,847,864⑥	4,620,626
3年	1569	〃	〃	〃	22,197,219	〃
4年	1570	〃	〃	4,677,650	〃⑨	〃
5年	1571	〃	〃	4,677,750	〃	〃
平均数		10,098,805	62,537,419	4,677,710	19,907,626	4,160,563

编者注　①本表内之"〃",代表"同上"。　　②单位以下之数值,本表从略。　　③除⑤原本(指北京图书馆本,下同)作"一千三百九万八十六百九石",此据史言疑误,此据史言所本校正。　　⑧原本作130,398,疑误,此据史言所本校正。校正。　　⑩原本作"六千二万五千六百九十四",此据史言所本校正。　　⑪史

月缺全卷,13年十二月缺页,以上两年记录,系根据史言所本。　③单位以下之数值
年相悬殊,疑有错误,暂不计入平均数内。　⑤史言所本作47,802,050。　⑥原本作
会《明实录》第六册所载之数目微有出入(相差在1%以内)。　⑧史言所本作132,894。
《实录》第五册校正。　⑪史言所本与前北大国学研究所本皆作12,167,376,当系22,167,376
⑬原本作"百六十九万七千二百六十九万七千二百三十三项",史言所本及前北大国

口、田地及税粮数①
公元 1522—1562 年)②

赋③					资料来源
丝绵(斤)	布(匹)	绵花绒(斤)	绢(匹)	土苎(斤)	
73,170	133,206	246,559	320,459	65	世宗实录卷21
〃	〃	〃	〃	〃	卷 145
73,172	〃	〃	〃	〃	卷 269
〃	〃	〃	〃	〃	卷 392
〃	〃⑧	〃	〃	〃	卷 516
73,171	133,206	246,559	320,459	65	

以下之数值本表从略。　④原本(指北京图书馆本)作"户凡百六十九千三百五",
史言所本校正。　⑥史言所本作4,301,694。　⑦原本作18,214,774,疑误,此据史言

口、田地及税粮数①
公元 1567—1571 年)

赋②						资料来源
丝③(斤)	绵(两)	布(匹)	绵花绒(斤)	绢(匹)	折色钞(锭)	
36,943	192,937	312,845	123,314	160,199	4,798,001	穆宗实录卷15
73,886	385,874	625,690	246,628	320,398	9,596,002	卷 27
〃	〃⑦	〃⑧	〃	〃	〃	卷 40
〃	〃	〃⑩	〃⑪	〃	〃⑫	卷 52
〃	〃	〃	〃	〃	〃	卷 64
66,497	347,287	563,121	221,965	288,358	8,636,40?	

元年及2年作"丝"外,其他各年均称"农桑丝"。　④本年奉诏蠲免,故田赋诸项特少。
所本校正。　⑥与史言所本之数目微有出入(相差在1%以内)。　⑦原本作383,874,
⑨原本作"二千二百一十九万七千二百一十九万七千二百二十九石六斗",此据史言所本
言所本作241,328。　⑫史言所本作2,306,002。

甲表 63 明神宗朝户

（万历 30 年，

年　　底	公　元	户	口	田　　地① （百　亩）	田		
					夏税米(石)	麦(石)	秋粮米(石)
万历 30 年②	1602	10,030,241	56,305,050③	11,618,948	133,403	4,534,043	23,701,801

编者注 ①单位以下之数值，本表从略，又本年"田地"一项，原称作"官民田土"。

十万五千五十口半"。由于有"半口"的存在，可见当时的记录乃为供应赋役户口之

甲表 64 明熹宗朝户

（泰昌元年至天启 6 年，

年　　度	公　元	户	口	田地③ （百　亩）	田		
					米(石)	麦(石)	丝绵(斤)
泰昌元年	1620	9,835,426	51,655,459	7,439,819	21,493,563	4,300,082	11,197
天启元年	1621	〃	〃	〃	〃	〃	〃
3 年	1623	〃	〃	〃	〃⑤	〃	〃
5 年	1625	〃	〃⑧	〃	〃	〃	〃
6 年	1626	〃	〃	〃	〃	〃	〃
平均数		9,835,426	51,655,459	7,439,319	21,493,563	4,300,082	11,197

编者注 ①本表内之"〃"，代表"同上"。 ②天启 2 年原无记载。天启 4 年原书已

之旧，然亦无本年户口、田地税粮数之记载。又影印本卷数与北京图书馆、前史言

启 3 年作"布"外，其他各年均称作"绵布"。 ⑤原文附载"内天启 3 年拨给定陵

地应减绢 115 匹 1 丈 9 尺"等字。 ⑦影印本作卷37。 ⑧原文作"五

61。 ⑪原书万位数字已脱落。 ⑫影印本作卷74。

口、田地及税粮数

公元 1602 年）

赋①							资料来源
丝绵(斤)	丝(斤)	绵布(匹)	绵花绒(斤)	绢(匹)	阔梭布(匹)	土苎(匹)	
314,644	224	362,411	374,878	148,129	33,000	47,774	神宗实录卷 379

②本年记载北京图书馆本缺,此根据史言所本作。　　③原文作"男妇共计五千六百三
数,而非全民数目。

口、田地及税粮数①

公元 1620—1626 年)②

赋③							资料来源
丝绵折绢(匹)	布④(匹)	绵花绒(斤)	苎麻(斤)	苎麻布(匹)	洞蛮麻布(条)	租税钞(锭)	
206,282	129,521	121,216	96	3,428	259	81,137	熹宗实录卷 4
〃	〃	〃	〃	〃	〃	〃	卷 17
〃⑥	〃	〃	〃	〃	〃	〃	卷 42⑦
〃	〃	〃⑨	〃	〃	〃	81,130	卷 66⑩
〃	〃	〃⑪	〃	〃	〃	〃	卷 79⑫
206,282	129,521	121,216	96	3,428	259	81,134	

佚。1940年影印江苏国学图书馆传钞本据《两朝从信录》《熹宗旧纪》等书补入各卷,已非原书
所等处钞本之卷数不同,详见下附注。　　③单位以下之数值,本表从略。　　④除天
(即神宗陵名)香火地应减米302石"等字。　　⑥原文附载"内天启3年拨给定陵香火
千一百六十五万五千四百五十九口半"。　　⑨原书个位数字已脱落。　　⑩影印本作卷

甲表65　明代历朝户口、田地的总平均数

朝代	户	口	田地(百亩)	资料来源
太祖朝	10,669,399	58,323,933	3,771,231	明太祖实录卷140及214所载洪武14年(1381年)及24年(1391年)数字平均。
成祖朝	9,867,204	53,165,705	—	明成祖实录卷15、26、37、49、62、74、86、99、111、123、135、146、159、171、183、195、207、219、232、244、254、266、仁宗实录卷5所载洪武35年至永乐22年(1402—1424年)数字平均。
仁宗朝	9,940,566	52,083,651	4,167,707	宣宗实录卷12载洪熙元年数字。
宣宗朝	9,783,231	51,468,284	4,199,760	宣宗实录卷23、34、49、60、74、85、97、107、115所载宣德元年至9年(1426—1434年)数字平均。
英宗朝(正统)	9,533,021	52,730,601	4,282,140	英宗实录卷12、25、37、49、62、74、87、99、111、124、136、148、161、173、186所载正统14年(1435—1449年)数字平均。
代宗朝(景泰)	9,462,126	53,578,081	4,249,815	英宗实录卷199、211、224、236、248、261、273所载景泰元年至7年(1450—1456年)数字平均。
英宗朝(天顺)	9,403,357	54,325,757	4,249,753	英宗实录卷285、298、310、323、335、347、360所载天顺元年至7年(1457—1463年)数字平均。
宪宗朝	9,146,327	62,361,424	4,783,650	宪宗实录卷12、24、37、49、61、74、86、99、111、123、136、148、160、173、185、198、210、222、235、247、259、273、285所载成化22年(1464—1486年)数字平均。
孝宗朝	10,000,043	51,152,428	8,279,382	孝宗实录卷8、21、33、46、58、70、83、95、107、120、132、145、157、169、182、194、206、219所载成化23年至弘治17年(1487—1504年)数字平均。
武宗朝	9,274,406	60,078,336	4,697,233	武宗实录卷8、20、33、45、58、70、82、95、107、119、132、144、156、169、181、194所载弘治18年至正德15年(1505—1520年)数字平均。
世宗朝	9,602,368	62,594,775	4,311,429	世宗实录卷21、145、269、392、516所载嘉靖元年(1522年)、11年(1532年)、21年(1542年)、31年(1552年)、41年(1562年)数字平均。
穆宗朝	10,008,805	62,537,419	4,677,710	穆宗实录卷15、27、40、52、64所载隆庆元年至5年(1567—1571年)数字平均。
神宗朝	10,030,241	56,305,050	11,618,948	神宗实录卷379载万历30年(1602年)数字。
熹宗朝	9,835,426	51,655,459	7,439,319	熹宗实录卷4、17、42、66、79所载泰昌元年(1620年)、天启元年(1621年)、3年(1623年)、5年(1625年)、6年(1626年)数字平均。

甲表 66　明代历朝每户平均口数及每户每口平均田地数

朝　　　代	每户平均口数	每户平均田地数(亩)	每口平均田地数(亩)
太祖朝	5.47	35.3	6.5
成祖朝	5.39	—	—
仁宗朝	5.24	41.9	8.0
宣宗朝	5.26	42.9	8.2
英宗朝(正统)	5.53	44.9	8.1
代宗朝(景泰)	5.66	44.9	7.9
英宗朝(天顺)	5.78	45.2	7.8
宪宗朝	6.82	52.3	7.7
孝宗朝	5.12	82.8	16.2
武宗朝	6.48	50.6	7.8
世宗朝	6.52	44.9	6.9
穆宗朝	6.25	46.7	7.5
神宗朝	5.61	115.8	20.6
熹宗朝	5.25	75.6	14.4

资料来源　根据本编表 65 作。

甲表 67　明代历朝户口、田地的升降百分比

(以洪武朝作 100)

朝　　　代	户　　(%)	口　　(%)	田　地(%)
太祖朝	100.00	100.00	100.00
成祖朝	92.48	91.16	—
仁宗朝	93.17	89.30	110.51
宣宗朝	91.69	88.25	111.36
英宗朝(正统)	89.35	90.41	113.55
代宗朝(景泰)	88.68	91.86	112.69
英宗朝(天顺)	88.13	93.14	112.69
宪宗朝	85.72	106.92	126.85
孝宗朝	93.73	87.70	219.54
武宗朝	86.93	103.01	124.55
世宗朝	90.00	107.32	114.32
穆宗朝	93.81	107.22	124.04
神宗朝	94.01	96.54	308.09
熹宗朝	92.18	88.57	197.27

资料来源　根据本编表 65 作。

甲表68　明太祖朝分区户口数

（洪武14及24年，公元1381及1391年）

直隶及布政使司别	户		口	
	洪武14年	洪武24年	洪武14年	洪武24年
总　　计	10,654,362①	10,684,435②	59,873,305③	56,774,561
直隶④	1,935,045	1,876,638	10,241,002	10,061,873
十三布政使司合计	8,719,315	8,807,817	49,232,283	46,712,688
浙江	2,150,412	2,282,404	10,550,238	8,661,640
江西	1,553,924	1,566,613	8,982,481	8,105,610
北平	338,517	340,523	1,893,403	1,980,895
湖广	785,549	739,478	4,593,070	4,091,905
福建	811,369	816,830	3,840,250	3,293,444
山东	752,365	720,282	5,196,715	5,672,543
山西	596,240	593,065	4,030,454	4,413,437
河南	314,785	330,294	1,891,087	2,106,991
陕西	285,355	294,503	2,155,001	2,489,805
四川	214,900	232,854	1,464,515	1,567,654
广东	705,632	607,241	3,171,950	2,581,719
广西	210,267	208,040	1,463,119	1,392,248
云南	⑤	75,690	⑤	354,797

资料来源　14年之数根据《明太祖实录》卷140，24年据《实录》卷214。

编者注　①如据各地区分计相加之和，应为"10,654,360"。　②如据各地区分计相加之和，应为"10,684,455"。　③如据各地区分计相加之和，应为"59,473,285"。　④所领十四府，四州。十四府：应天、苏州、松江、常州、镇江、庐州、凤阳、淮安、扬州、徽州、宁国、池州、太平、安庆。四州：广德、徐州、滁州、和州。　⑤时云南布政使司尚未置立，至洪武15年始置。

甲表 69 明洪武、弘治、万历三朝分区户口数和每户平均口数*

直隶府州及布政使司别	户数			口数			每户平均口数		
	洪武 26 年（1393 年）	弘治 4 年（1491 年）	万历 6 年（1578 年）	洪武 26 年（1393 年）	弘治 4 年（1491 年）	万历 6 年（1578 年）	洪武 26 年	弘治 4 年	万历 6 年
总计△	10,652,870	9,113,446	10,621,436	60,545,812	53,281,158	60,692,856	5.68	5.85	5.71
北直隶									
顺天府		100,518	101,134		669,033	706,861		6.66	6.99
永平府		23,539	25,094		228,944	255,646		9.73	10.19
保定府		50,639	45,713		582,482	525,083		11.50	11.49
河间府		42,548	45,024		378,658	419,152		8.90	9.31
真定府		59,439	74,738		597,673	1,093,531		10.06	14.63
顺德府		21,614	27,633		181,825	281,957		8.41	10.20
广平府		27,764	31,420		212,846	264,898		7.67	8.43
大名府		66,207	71,180		574,972	692,058		8.68	9.72
延庆州		1,787	2,755		2,544	19,267		1.42	6.99
保安州		445	772		1,560	6,445		3.51	8.35
合计	334,792①	394,500	425,463	1,926,595④	3,430,537	4,264,898	5.75	8.70	10.02
南直隶									
应天府	163,915	144,368	143,597	1,193,620	711,003	790,513	7.28	4.92	5.51
苏州府	491,514	535,409	600,755	2,355,030	2,048,097	2,011,985	4.79	3.83	3.35
松江府	249,950	200,520	218,359	1,219,937	627,313	484,414	4.88	3.13	2.22
常州府	152,164	50,121	254,460	775,513	228,363	1,002,779	5.10	4.56	3.94
镇江府	87,364	68,344	69,039	522,383	171,508	165,589	5.98	2.51	2.40
庐州府	48,720	36,548	47,373	367,200	486,549	622,698	7.54	13.31	13.14
凤阳府	79,107	95,010	111,070	427,303	931,108	1,203,349	5.40	9.80	10.83
淮安府	80,689	27,978	109,205	632,541	237,527	906,033	7.84	8.49	8.30
扬州府	123,097	104,104	147,216	736,165	656,547	817,856	5.98	6.31	5.56

（甲表 69 续）

直隶府州及布政使司别	户数			口数			每户平均口数		
	洪武 26 年（1393 年）	弘治 4 年（1491 年）	万历 6 年（1578 年）	洪武 26 年（1393 年）	弘治 4 年（1491 年）	万历 6 年（1578 年）	洪武 26 年	弘治 4 年	万历 6 年
徽州府	125,548	7,251	118,943	592,364	65,861	566,948	4.72	9.08	4.77
宁国府	99,732	60,364	52,148	532,259	371,543	387,019	5.34	6.16	7.42
池州府	35,826	14,091	18,377	198,574	69,478	84,851	5.54	4.93	4.62
太平府	39,290	29,466	33,262	259,937	173,699	176,085	6.62	5.89	5.29
安庆府	55,573	46,050	46,609	422,804	606,089	543,476	7.61	13.16	11.66
广德州	44,267	45,043	45,296	247,979	127,795	221,053	5.60	2.84	4.88
徐州	22,683	34,886	37,841	180,821	354,311	345,766	7.97	10.16	9.14
滁州	3,944	4,840	6,717	24,797	49,712	67,277	6.29	10.27	10.02
和州	9,531	7,450	8,800	66,711	67,016	104,960	7.00	9.00	11.93
合计	1,912,914	1,511,843	2,069,067	10,755,938	7,983,519	10,502,651	5.62	5.28	5.08
十三布政使司									
浙江	2,138,225	1,503,124	1,542,403	10,487,567	5,305,843	5,153,005	4.90	3.53	3.34
江西	1,553,923	1,363,629	1,341,005	8,982,481	6,549,800	5,859,026	5.78	4.80	4.37
湖广	775,851	504,870	541,310	4,702,660	3,781,714	4,398,785	6.06	7.49	8.13
福建	815,527	506,039	515,307	3,916,806	2,106,060	1,738,793	4.80	4.16	3.37
山东	753,894	770,555	1,372,206	5,255,876	6,759,675	5,664,099	6.97	8.77	4.13
山西	595,444	575,249	596,097	4,072,127	4,360,476	5,319,359	6.84	7.58	8.92
河南	315,617	436,843	633,067	1,912,542	2,614,398	5,193,602	6.06	5.98	8.20
陕西	294,526	306,644	394,423	2,316,569	3,912,370	4,509,067	7.87	12.76	11.41
四川	215,719	253,803	262,694	1,466,778	2,598,460	3,102,073	6.80	10.24	11.81
广东	675,599	467,390	530,712	3,007,932	1,817,384	2,040,655	4.45	3.89	3.85
广西	211,263	459,640	218,712	1,482,671	1,676,274	1,186,179	7.02	3.65	5.42
云南	59,576	15,950	135,560	259,270	125,955	1,476,692	4.35	7.90	10.89

（甲表 69 续）

直隶府州及布政使司别	户　数			口　数			每户平均口数		
	洪武 26 年（1393 年）	弘治 4 年（1491 年）	万历 6 年（1578 年）	洪武 26 年（1393 年）	弘治 4 年（1491 年）	万历 6 年（1578 年）	洪武 26 年	弘治 4 年	万历 6 年
贵州	②	43,367	43,405	②	258,693	290,972		5.97	6.70
合计	8,405,164	7,207,103	8,126,906	47,863,279	41,867,102	45,925,307	5.69	5.81	5.65

资料来源 明《万历会典》卷 19《户部》6《户口总数》。

编者注 ＊《明史地理志》亦记有以下三个年份南、北直隶州府及十三布政使司的户、口数（唯户口总数则载在《食货志》中），其中有些数字与《会典》所记有出入，今附录于下：

洪武 26 年：浙江户数作 1,138,225；江西口数作 8,982,482；湖广口数作 4,602,660。

弘治 4 年：南直隶常州府户数作 50,131；安庆府口数作 616,089；河南户、口数均与山西同，当系出于抄录错误。

万历 6 年：北直隶真定府口数作 193,531；南直隶凤阳府口数作 1,202,349；扬州府口数作 817,056；广东口数作 5,040,655。

△《明史食货志》记有以上三个年份户口总数，但不记分区之数。据《食货志》所载，"洪武 26 年天下户" 16,052,860，"六百万"当记为"六十万"之误，其余记录全同《会典》。

① 洪武朝尚未建都北京，时北直隶府州合称为"北平布政使司"，故该年仅有该司合计而无各府分计之数。

② 贵州布政使司洪武时尚未成立，至永乐 11 年始置。

甲表 70　明洪武、弘治、万历三朝各分区户口占其总数的百分比

直隶府州及布政使司别	户（%）			口（%）		
	洪武 26 年（1393 年）	弘治 4 年（1491 年）	万历 6 年（1578 年）	洪武 26 年（1393 年）	弘治 4 年（1491 年）	万历 6 年（1578 年）
总计	100.00	100.00	100.00	100.00	100.00	100.00
北直隶						
顺天府		1.10	0.95		1.26	1.16
永平府		0.26	0.24		0.43	0.42
保定府		0.56	0.43		1.09	0.87
河间府		0.47	0.42		0.71	0.69
真定府		0.65	0.70		1.12	1.80
顺德府		0.24	0.26		0.34	0.46
广平府		0.30	0.30		0.40	0.44
大名府		0.73	0.67		1.08	1.14
延庆州		0.02	0.03		*	0.03
保安州		*	0.01		*	0.01
合计	3.14①	4.33	4.01	3.18①	6.44	7.03
南直隶						
应天府	1.54	1.58	1.35	1.97	1.33	1.30
苏州府	4.61	5.88	5.66	3.89	3.84	3.32
松江府	2.35	2.20	2.06	2.01	1.18	0.80
常州府	1.43	0.55	2.40	1.28	0.43	1.65
镇江府	0.82	0.75	0.65	0.86	0.32	0.27
庐州府	0.46	0.40	0.45	0.61	0.91	1.03
凤阳府	0.74	1.04	1.05	0.71	1.75	1.98
淮安府	0.76	0.31	1.03	1.04	0.45	1.49
扬州府	1.15	1.14	1.39	1.22	1.23	1.35
徽州府	1.18	0.08	1.12	0.98	0.12	0.93
宁国府	0.94	0.66	0.49	0.88	0.70	0.64
池州府	0.34	0.15	0.17	0.33	0.13	0.14
太平府	0.37	0.32	0.31	0.43	0.33	0.29
安庆府	0.52	0.51	0.44	0.70	1.14	0.90
广德州	0.41	0.50	0.43	0.41	0.24	0.36
徐州	0.21	0.38	0.36	0.30	0.66	0.57
滁州	0.04	0.05	0.06	0.04	0.09	0.11
和州	0.09	0.08	0.08	0.11	0.13	0.17

直隶府州及	户(%)			口(%)		
布政使司别	洪武 26 年 (1393 年)	弘治 4 年 (1491 年)	万历 6 年 (1578 年)	洪武 26 年 (1393 年)	弘治 4 年 (1491 年)	万历 6 年 (1578 年)
合计	17.96	16.59	19.48	17.77	14.98	17.30
十三布政使司						
浙江	20.07	16.49	14.52	17.32	9.96	8.49
江西	14.59	14.96	12.63	14.84	12.29	9.65
湖广	7.28	5.54	5.10	7.77	7.10	7.25
福建	7.66	5.55	4.85	6.47	3.95	2.86
山东	7.08	8.46	12.92	8.68	12.69	9.33
山西	5.59	6.31	5.61	6.73	8.18	8.76
河南	2.96	4.79	5.96	3.16	4.91	8.56
陕西	2.77	3.36	3.71	3.83	7.34	7.42
四川	2.02	2.78	2.47	2.42	4.88	5.11
广东	6.34	5.13	5.00	4.97	3.41	3.36
广西	1.98	5.04	2.06	2.45	3.15	1.95
云南	0.56	0.18	1.28	0.43	0.24	2.43
贵州	②	0.48	0.41	②	0.49	0.48
合计	78.90	79.08	76.51	79.05	78.58	75.67

资料来源　根据本编表 69 作。

编者注　＊数值在 0.005 以下。

　　①见甲表 69 注①。　　　②见甲表 69 注②。

甲表 71　明洪武、弘治、万历三朝分区户口数的升降百分比

(以洪武 26 年作 100)

直隶府州及	户数升降百分比(%)			口数升降百分比(%)		
布政使司别	洪武 26 年	弘治 4 年	万历 6 年	洪武 26 年	弘治 4 年	万历 6 年
总计	100.00	85.55	99.70	100.00	88.00	100.24
北直隶	100.00	117.83	127.80	100.00	178.06	221.37
南直隶						
应天府	100.00	88.07	87.60	100.00	59.57	66.23
苏州府	100.00	108.93	122.23	100.00	86.97	85.43
松江府	100.00	80.22	87.36	100.00	51.42	39.71

直隶府州及布政使司别	户数升降百分比(%)			口数升降百分比(%)		
	洪武 26 年	弘治 4 年	万历 6 年	洪武 26 年	弘治 4 年	万历 6 年
常州府	100.00	32.94	167.23	100.00	29.45	129.31
镇江府	100.00	78.23	79.02	100.00	32.83	31.70
庐州府	100.00	75.02	97.24	100.00	132.50	169.58
凤阳府	100.00	120.10	140.40	100.00	217.90	281.61
淮安府	100.00	34.67	135.34	100.00	37.55	143.24
扬州府	100.00	84.57	119.59	100.00	89.18	111.10
徽州府	100.00	5.78	94.74	100.00	11.12	95.71
宁国府	100.00	60.53	52.29	100.00	69.80	72.71
池州府	100.00	39.33	51.30	100.00	34.99	42.73
太平府	100.00	75.00	84.66	100.00	66.82	67.74
安庆府	100.00	82.86	83.87	100.00	143.35	128.54
广德州	100.00	101.75	102.32	100.00	51.53	89.14
徐州	100.00	153.80	166.83	100.00	195.95	191.22
滁州	100.00	122.72	170.31	100.00	200.48	271.31
和州	100.00	78.17	92.33	100.00	100.46	157.34
合计	100.00	79.03	108.16	100.00	74.22	97.65
十三布政使司						
浙江	100.00	70.30	72.13	100.00	50.59	49.13
江西	100.00	87.75	86.30	100.00	72.92	65.23
湖广	100.00	65.07	69.77	100.00	80.42	93.54
福建	100.00	62.05	63.19	100.00	53.77	44.39
山东	100.00	102.21	182.02	100.00	128.61	107.77
山西	100.00	96.61	100.11	100.00	107.08	130.63
河南	100.00	138.41	200.58	100.00	136.70	271.55
陕西	100.00	104.11	138.92	100.00	168.89	194.34
四川	100.00	117.65	121.78	100.00	177.15	211.49
广东	100.00	69.18	78.55	100.00	60.42	67.84
广西	100.00	217.57	103.53	100.00	113.06	80.00
云南	100.00	26.77	227.54	100.00	48.58	569.56
贵州	—	—	—	—	—	—
合计	100.00	85.75	96.69	100.00	87.47	95.95

资料来源　根据本编表 69 作。

甲表 72　明代南、北直隶及各布政使司人口密度

直隶府州及布政使司别	面积（平方公里）	洪武 26 年		弘治 4 年		万历 6 年	
		口数	每平方公里人口数	口数	每平方公里人口数	口数	每平方公里人口数
总计	3,298,462	60,545,812	19.07①	53,281,158	16.15	60,692,856	18.40
北直隶	135,432	1,926,595	14.23	3,430,537	25.33	4,264,898	31.49
南直隶	224,208	10,755,938	47.97	7,983,519	35.61	10,502,651	46.84
浙江布政使司	91,692	10,487,567	114.38	5,305,843	57.87	5,153,005	56.20
江西布政使司	153,900	8,982,481	58.37	6,549,800	42.56	5,859,026	38.07
湖广布政使司	362,232	4,702,660	12.98	3,781,714	10.44	4,398,785	12.14
福建布政使司	120,852	3,916,806	32.41	2,106,060	17.43	1,738,793	14.39
山东布政使司	132,840	5,255,876	39.57	6,759,675	50.89	5,664,099	42.64
山西布政使司	146,448	4,072,127	27.81	4,360,476	29.77	5,319,359	36.32
河南布政使司	147,090	1,912,542	13.00	2,614,398	17.77	5,193,602	35.31
陕西布政使司	457,164	2,316,569	5.07	3,912,370	8.56	4,502,067	9.85
四川布政使司	419,580	1,466,778	3.50	2,598,460	6.19	3,102,073	7.39
广东布政使司	197,964	3,007,932	15.19	1,817,384	9.18	2,040,655	10.31
广西布政使司	211,896	1,482,671	7.00	1,676,274	7.91	1,186,179	5.60
云南布政使司	373,396	259,270	0.69	125,955	0.34	1,476,692	3.95
贵州布政使司	123,768	②		258,693	2.09	290,972	2.35

资料来源　面积数,承中山大学地理系据顾颉刚等编校的《中国历史地图集古代史部分》页 22 第 30 图用方格求积法测算得出。口数,见本编表 69。

编者注　①计算此数字时,面积总计中已减去贵州布政使司的面积,理由请看下注②。　②贵州布政使司,永乐 11 年始置。在此以前,其地虽分属湖广、云南、四川三司,但并无户口册报之数。因此,不能把贵州面积分计入湖广等三司项下,来计算该三司的人口密度。如这样做,无异于将湖广等三司的每平方公里平均口数扯低。

甲表 73   明天顺初年及嘉靖、隆庆年间各司府县的里数及估计户数

直隶府州及布政使司别①	大明一统志		读史方舆纪要	
	里数△	估计户数*	里数	估计户数*
总计	64,854.5	7,133,995	68,929.5	7,582,245
京师(北直隶)②	2,784	306,240	3,026	332,860
顺天府	723	79,530	732	80,520
大兴县	36	3,960	36	3,960
宛平县	75	8,250	75	8,250
良乡县	25	2,750	25	2,750
固安县	38	4,180	38	4,180
永清县	21	2,310	21	2,310
东安县	44	4,840	44	4,840
香河县	10	1,100	10	1,100
通州	32	3,520	32	3,520
三河县	35	3,850	35	3,850
武清县	28	3,080	28	3,080
漷县	15	1,650	15	1,650
宝坻县	32	3,520	32	3,520
霸州	31	3,410	31	3,410
文安县	34	3,740	34	3,740
大城县	23	2,530	22	2,420
保安县	6	660	6	660
涿州	46	5,060	46	5,060
房山县	16	1,760	16	1,760
昌平县③	27	2,970	27	2,970
顺义县	27	2,970	27	2,970
怀柔县	14	1,540	14	1,540
密云县	19	2,090	19	2,090
蓟州	16	1,760	26	2,860
玉田县	18	1,980	18	1,980
丰润县	22	2,420	22	2,420
遵化县	20	2,200	20	2,200
平谷县	13	1,430	13	1,430
保定府	379	41,690	370	40,700
清苑县	24	2,640	14	1,540
满城县	11	1,210	11	1,210
安肃县	16	1,760	16	1,760

直隶府州及布政使司别①	大明一统志		读史方舆纪要	
	里数△	估计户数*	里数	估计户数*
定兴县	21	2,310	21	2,310
新城县	36	3,960	36	3,960
雄县	17	1,870	17	1,870
容城县	6	660	6	660
唐县	22	2,420	22	2,420
庆都县	8	880	8	880
博野县	21	2,310	21	2,310
蠡县	27	2,970	27	2,970
完县	18	1,980	18	1,980
祁州	14	1,540	14	1,540
深泽县	11	1,210	12	1,320
束鹿县	17	1,870	17	1,870
安州	22	2,420	22	2,420
高阳县	14	1,540	14	1,540
新安县	11	1,210	11	1,210
易州	38	4,180	38	4,180
涞水县	25	2,750	25	2,750
河间府	310	34,100	310	34,100
河间县	25	2,750	25	2,750
献县	24	2,640	24	2,640
阜城县	25	2,750	25	2,750
肃宁县	13	1,430	13	1,430
任丘县	32	3,520	32	3,520
交河县	14	1,540	14	1,540
青县	6	660	6	660
兴济县	10	1,100	10	1,100
静海县	15	1,650	15	1,650
宁津县④	22	2,420	22	2,420
景州	28	3,080	28	3,080
吴桥县	11	1,210	11	1,210
东光县	7	770	7	770
故城县	8	880	8	880
沧州	27	2,970	27	2,970
南皮县	9	990	9	990

直隶府州及布政使司别①	大明一统志		读史方舆纪要	
	里数△	估计户数*	里数	估计户数*
盐山县	23	2,530	23	2,530
庆云县	11	1,210	11	1,210
真定府	498	54,780	500	55,000
真定县⑤	13	1,430	14	1,540
井陉县	13	1,430	13	1,430
获鹿县	12	1,320	12	1,320
元氏县	17	1,870	17	1,870
灵寿县	13	1,430	13	1,430
藁城县	14	1,540	14	1,540
栾城县	12	1,320	12	1,320
无极县	13	1,430	13	1,430
平山县	22	2,420	21	2,310
阜平县	11	1,210	11	1,210
定州	34	3,740	34	3,740
新乐县	11	1,210	11	1,210
曲阳县	25	2,750	25	2,750
行唐县	22	2,420	22	2,420
冀州	17	1,870	17	1,870
南宫县	20	2,200	20	2,200
新河县	12	1,320	12	1,320
枣强县	17	1,870	17	1,870
武邑县	23	2,530	23	2,530
晋州	17	1,870	17	1,870
安平县	14	1,540	14	1,540
饶阳县	17	1,870	17	1,870
武强县	14	1,540	14	1,540
赵州	17	1,870	17	1,870
柏乡县	10	1,100	10	1,100
隆平县	11	1,210	13	1,430
高邑县	10	1,100	10	1,100
临城县	13	1,430	13	1,430
赞皇县	12	1,320	12	1,320
宁晋县	18	1,980	18	1,980
深州	17	1,870	17	1,870

（甲表 73 续）

直隶府州及布政使司别①	大明一统志		读史方舆纪要	
	里数△	估计户数*	里数	估计户数*
衡水县	7	770	7	770
顺德府	144	15,840	144	15,840
邢台县	28	3,080	28	3,080
沙河县	19	2,090	19	2,090
南和县	13	1,430	13	1,430
任县	13	1,430	13	1,430
内丘县	18	1,980	18	1,980
唐山县	14	1,540	14	1,540
平乡县	13	1,430	13	1,430
巨鹿县	13	1,430	13	1,430
广宗县	13	1,430	13	1,430
广平府	184	20,240	184	20,240
永年县	29	3,190	29	3,190
曲周县	28	3,080	28	3,080
肥乡县	26	2,860	26	2,860
鸡泽县	9	990	9	990
广平县	17	1,870	17	1,870
成安县	34	3,740	34	3,740
威县	8	880	8	880
邯郸县	27	2,970	27	2,970
清河县	6	660	6	660
大名府	339	37,290*	579	63,690*
元城县	6	660	39	4,290
大名县	11	1,210	19	2,090
魏县	36	3,960	50	5,500
南乐县	20	2,200	35	3,850
清丰县	25	2,750	45	4,950
内黄县	20	2,200	34	3,740
浚县	40	4,400	50	5,500
滑县	67	7,370	92	10,120
开州	68	7,480	101	11,110
长垣县	46	5,060	78	8,580
东明县	⑥	⑥	36	3,960
永平府	181	19,910	181	19,910

直隶府州及布政使司别①	大明一统志		读史方舆纪要	
	里数△	估计户数*	里数	估计户数*
卢龙县	15	1,650	15	1,650
迁安县	29	3,190	29	3,190
抚宁县	17	1,870	17	1,870
滦州	67	7,370	67	7,370
乐亭县	27	2,970	27	2,970
昌黎县	26	2,860	26	2,860
直隶隆庆州⑦⑧	14	1,540	14	1,540
永宁县	5	550	5	550
直隶保安州⑨	7	770	7	770
南京(南直隶)⑩	12,854.5	1,413,995	13,691	1,506,010
应天府⑪	1,083.5	119,185	1,099	120,890
上元县	203	22,330	203	22,330
江宁县	110⑫	12,100	110⑫	12,100
句容县	251	27,610	252	27,720
溧阳县	226	24,860	226	24,860
溧水县	252	27,720	255	28,050
高淳县	⑥	⑥	12	1,320
江浦县	24.5	2,695	24	2,640
六合县	17	1,870	17	1,870
凤阳府(中都)	535	58,850	530	58,300
凤阳县	36	3,960	36	3,960
临淮县	47	5,170	47	5,170
怀远县	40	4,400	40	4,400
定远县	32	3,520	22	2,420
五河县	15	1,650	25	2,750
虹县	16	1,760	16	1,760
寿州	43	4,730	43	4,730
霍丘县	22	2,420	12	1,320
蒙城县	18	1,980	18	1,980
泗州	45	4,950	42	4,620
盱眙县	31	3,410	31	3,410
天长县	12	1,320	20	2.200
宿州	51	5,610	51	5,610
灵璧县	38	4,180	38	4,180

直隶府州及布政使司别①	大明一统志		读史方舆纪要	
	里数△	估计户数*	里数	估计户数*
颍州	32	3,520	32	3,520
颍上县	13	1,430	13	1,430
太和县	21	2,310	21	2,310
亳县⑬	23	2,530	23	2,530
淮安府	665	73,150	611	67,210
山阳县	101	11,110	102	11,220
清河县	36	3,960	36	3,960
盐城县	93	10,230	83	9,130
安东县	49	5,390	4	440
桃源县	43	4,730	43	4,730
沭阳县	67	7,370	67	7,370
海州	93	10,230	93	10,230
赣榆县	56	6,160	56	6,160
邳州	47	5,170	47	5,170
宿迁县	54	5,940	54	5,940
睢宁县	26	2,860	26	2,860
扬州府	1,005	110,550	958	105,380
江都县	118	12,980	180	19,800
仪真县	14	1,540	14	1,540
泰兴县	118	12,980	108	11,880
高邮州	85	9,350	85	9,350
宝应县	27	2,970	27	2,970
兴化县	72	7,920	72	7,920
泰州	177	19,470	177	19,470
如皋县	41	4,510	42	4,620
通州	170	18,700	170	18,700
海门县	183	20,130	83	9,130
苏州府	3,436	377,960	4,071	447,810
吴县	440	48,400	511	56,210
长洲县	639	70,290	741	81,510
吴江县	530	58,300	566	62,260
昆山县	444	48,840	338	37,180
常熟县	542	59,620	514	56,540
嘉定县	730	80,300	950	104,500

直隶府州及布政使司别①	大明一统志		读史方舆纪要	
	里数△	估计户数*	里数	估计户数*
太仓州	⑥	⑥	231	25,410
崇明县	111	12,210	220	24,200
松江府	1,440	158,400	1,685	185,350
华亭县	820	90,200	840	92,400
娄县	⑥	⑥	—	—
上海县	620	68,200	621	68,310
青浦县	⑥	⑥	224	24,640
常州府	1,508	165,880	1,619	178,090
武进县	408	44,880	408	44,880
无锡县	360	39,600	414	45,540
宜兴县	340	37,400	340	37,400
江阴县	400	44,000	400	44,000
靖江县	⑥	⑥	57	6,270
镇江府	566	62,260	566	62,260
丹徒县	270	29,700	270	29,700
丹阳县	160	17,600	160	17,600
金坛县	136	14,960	136	14,960
庐州府	274	30,140	285	31,350
合肥县	56	6,160	55	6,050
舒城县	42	4,620	42	4,620
庐江县	19	2,090	19	2,090
无为州	47	5,170	47	5,170
巢县	17	1,870	17	1,870
六安州	66	7,260	66	7,260
英山县	27	2,970	27	2,970
霍山县	⑥	⑥	12	1,320
安庆府	330	36,300	285	31,350
怀宁县	52	5,720	52	5,720
桐城县	63	6,930	65	7,150
潜山县	67	7,370	60	6,600
太湖县	68	7,480	68	7,480
宿松县	56	6,160	16	1,760
望江县	24	2,640	24	2,640
太平府	216	23,760	216	23,760

（甲表 73 续）

直隶府州及布政使司别①	大明一统志		读史方舆纪要	
	里数△	估计户数*	里数	估计户数*
当涂县	169	18,590	169	18,590
芜湖县	35	3,850	35	3,850
繁昌县	12	1,320	12	1,320
池州府	86	9,460	97	10,670
贵池县	29	3,190	39	4,290
青阳县	16	1,760	17	1,870
铜陵县	16	1,760	15	1,650
石埭县	10	1,100	10	1,100
建德县	9	990	9	990
东流县	6	660	7	770
宁国府	487	53,570	445	48,950
宣城县	217	23,870	217	23,870
南陵县	87	9,570	85	9,350
泾县	64	7,040	64	7,040
宁国县	58	6,380	18	1,980
旌德县	42	4,620	42	4,620
太平县	19	2,090	19	2,090
徽州府	679	74,690	679	74,690
歙县	215	23,650	215	23,650
休宁县	205	22,550	205	22,550
婺源县	164	18,040	164	18,040
祁门县	46	5,060	46	5,060
黟县	24	2,640	24	2,640
绩溪县	25	2,750	25	2,750
直隶徐州⑧	105	11,550	105	11,550
萧县	42	4,620	43	4,730
沛县	36	3,960	36	3,960
丰县	17	1,870	17	1,870
砀山县	18	1,980	18	1,980
直隶滁州⑧	12	1,320	12	1,820
全椒县	12	1,320	12	1,320
来安县	7	770	7	770
直隶和州⑧	41	4,510	41	4,510
含山县	17	1,870	17	1,870

直隶府州及布政使司别①	大明一统志		读史方舆纪要	
	里数△	估计户数*	里数	估计户数*
直隶广德州⑧	127	13,970	127	13,970
建平县	110	12,100	110	12,100
山东布政使司	5,618	617,980	5,990	658,900
济南府	1,414	155,540	1,513	166,430
历城县	42	4,620	42	4,620
章丘县	100	11,000	100	11,000
邹平县	57	6,270	57	6,270
淄川县	60	6,600	60	6,600
长山县	61	6,710	63	6,930
新城县	42	4,620	42	4,620
齐河县	27	2,970	27	2,970
齐东县	46	5,060	46	5,060
济阳县	45	4,950	45	4,950
禹城县	53	5,830	56	6,160
临邑县	32	3,520	32	3,520
长清县	41	4,510	44	4,840
肥城县	23	2,530	30	3,300
青城县	31	3,410	31	3,410
陵县	23	2,530	32	3,520
泰安州	66	7,260	97	10,670
新泰县	21	2,310	21	2,310
莱芜县	34	3,740	42	4,620
德州	32	3,520	34	3,740
德平县	32	3,520	30	3,300
平原县	44	4,840	46	5,060
武定州	98	10,780	98	10,780
阳信县	66	7,260	70	7,700
海丰县	25	2,750	43	4,730
乐陵县	47	5,170	56	6,160
商河县	60	6,600	68	7,480
滨州	78	8,580	78	8,580
利津县	34	3,740	40	4,400
沾化县	35	3,850	24	2,640
蒲台县	59	6,490	59	6,490

（甲表 73 续）

直隶府州及布政使司别①	大明一统志		读史方舆纪要	
	里数△	估计户数*	里数	估计户数*
兖州府	862	94,820	1,110	122,100
嶧阳县	22	2,420	22	2,420
曲阜县	15	1,650	16	1,760
宁阳县	36	3,960	26	2,860
邹县	30	3,300	39	4,290
泗水县	24	2,640	24	2,640
滕县	59	6,490	87	9,570
峄县	33	3,630	36	3,960
金乡县	24	2,640	33	3,630
鱼台县	24	2,640	27	2,970
单县	37	4,070	42	4,620
成武县	17	1,870	25	2,750
济宁州	52	5,720	54	5,940
嘉祥县	11	1,210	14	1,540
巨野县	26	2,860	35	3,850
郓城县	18	1,980	24	2,640
东平州	26	2,860	33	3,630
汶上县	36	3,960	48	5,280
东阿县	21	2,310	24	2,640
平阴县	16	1,760	19	2,090
阳谷县	22	2,420	39	4,290
寿张县	13	1,430	15	1,650
曹州	29	3,190	74	8,140
曹县	30	3,300	48	5,280
定陶县	20	2,200	19	2,090
沂州	112	12,320	150	16,500
郯城县	48	5,280	62	6,820
费县	61	6,710	75	8,250
东昌府	400	44,000	462	50,820
聊城县	23	2,530	24	2,640
堂邑县	17	1,870	17	1,870
博平县	13	1,430	18	1,980
茌平县	36	3,960	36	3,960
莘县	14	1,540	14	1,540

直隶府州及布政使司别①	大明一统志		读史方舆纪要	
	里数△	估计户数*	里数	估计户数*
清平县	15	1,650	16	1,760
冠县	21	2,310	27	2,970
临清州	32	3,520	41	4,510
丘县	25	2,750	27	2,970
馆陶县	22	2,420	30	3,300
高唐州	34	3,740	40	4,400
恩县	32	3,520	37	4,070
夏津县	30	3,300	31	3,410
武城县	20	2,200	20	2,200
濮州	21	2,310	36	3,960
范县	11	1,210	12	1,320
双城县	9	990	10	1,100
朝城县	25	2,750	26	2,860
青州府	1,726	189,860	1,716	188,760
益都县	267	29,370	267	29,370
临淄县	66	7,260	61	6,710
博兴县	76	8,360	76	8,360
高苑县	31	3,410	31	3,410
乐安县	99	10,890	95	10,450
寿光县	133	14,630	132	14,520
昌乐县	98	10,780	98	10,780
临朐县	110	12,100	110	12,100
安丘县	182	20,020	182	20,020
诸城县	180	19,800	180	19,800
蒙阴县	50	5,500	50	5,500
莒州	208	22,880	208	22,880
沂水县	143	15,730	143	15,730
日照县	83	9,130	83	9,130
莱州府	673	74,030	664	73,040
掖县	83	9,130	82	9,020
平度州	136	14,960	136	14,960
潍县	93	10,230	86	9,460
昌邑县	95	10,450	94	10,340
胶州	93	10,230	93	10,230

直隶府州及布政使司别①	大明一统志		读史方舆纪要	
	里数△	估计户数*	里数	估计户数*
高密县	88	9,680	88	9,680
即墨县	85	9,350	85	9,350
登州府	543	59,730	525	57,750
蓬莱县	65	7,150	66	7,260
黄县	50	5,500	50	5,500
福山县	28	3,080	29	3,190
栖霞县	52	5,720	42	4,620
招远县	53	5,830	48	5,280
莱阳县	140	15,400	141	15,510
宁海州	82	9,020	80	8,800
文登县	73	8,030	69	7,590
山西布政使司	4,294	472,340	4,315	474,650
太原府	997	109,670	860	94,600
阳曲县	95	10,450	83	9,130
太原县	67	7,370	55	6,050
榆次县	107	11,770	70	7,700
太谷县	83	9,130	83	9,130
祁县	45	4,950	45	4,950
徐沟县	19	2,090	19	2,090
清源县	28	3,080	28	3,080
交城县	43	4,730	42	4,620
文水县	79	8,690	79	8,690
寿阳县	30	3,300	30	3,300
盂县	22	2,420	22	2,420
静乐县	28	3,080	30	3,300
临县	15	1,650	⑭	⑭
石州	40	4,400	⑥	⑥
宁乡县	13	1,430	⑭	⑭
河曲县	7	770	7	770
平定州	22	2,420	23	2,530
乐平县	10	1,100	10	1,100
忻州	63	6,930	63	6,930
定襄县	20	2,200	20	2,200
代州	41	4,510	41	4,510

直隶府州及布政使司别①	大明一统志		读史方舆纪要	
	里数△	估计户数*	里数	估计户数*
五台县	15	1,650	15	1,650
繁峙县	26	2,860	19	2,090
崞县	39	4,290	38	4,180
岢岚州	11	1,210	11	1,210
岚县	12	1,320	10	1,100
兴县	12	1,320	12	1,320
保德州	5	550	5	550
平阳府	1,627	178,970	1,646	181,060
临汾县	151	16,610	152	16,720
襄陵县	72	7,920	72	7,920
洪洞县	89	9,790	91	10,010
浮山县	17	1,870	70	7,700
赵城县	37	4,070	37	4,070
太平县	54	5,940	54	5,940
岳阳县	18	1,980	18	1,980
曲沃县	68	7,480	68	7,480
翼城县	84	9,240	84	9,240
汾西县	15	1,650	15	1,650
蒲县	9	990	9	990
蒲州	87	9,570	87	9,570
临晋县	64	7,040	61	6,710
荥河县	38	4,180	32	3,520
猗氏县	51	5,610	50	5,500
万泉县	40	4,400	37	4,070
河津县	36	3,960	34	3,740
解州	31	3,410	31	3,410
安邑县	95	10,450	95	10,450
夏县	68	7,480	66	7,260
石楼县	13	1,430	⑭	⑭
闻喜县	66	7,260	66	7,260
平陆县	51	5,610	66	7,260
芮城县	39	4,290	40	4,400
绛县	40	4,400	40	4,400
垣曲县	27	2,970	19	2,090

直隶府州及布政使司别①	大明一统志		读史方舆纪要	
	里数△	估计户数 *	里数	估计户数 *
霍州	20	2,200	20	2,200
灵石县	25	2,750	19	2,090
吉州	23	2,530	21	2,310
乡宁县	17	1,870	16	1,760
隰州	31	3,410	31	3,410
大宁县	11	1,210	10	1,100
永和县	11	1,210	10	1,100
绛州	52	5,720	52	5,720
稷山县	77	8,470	73	8,030
汾州府	133	14,630	311	34,210
汾阳县	⑥	⑥	95	10,450
孝义县	30	3,300	30	3,300
平遥县	58	6,380	58	6,380
介休县	45	4,950	45	4,950
石楼县	⑭	⑭	13	1,430
临县	⑭	⑭	17	1,870
永宁州	⑥	⑥	40	4,400
宁乡县	⑭	⑭	13	1,430
直隶潞州⑮	170⑧	18,700⑧	607	66,770
长治县	⑥	⑥	170	18,700
长子县	90	9,900	93	10,230
屯留县	61	6,710	25	2,750
襄垣县	83	9,130	83	9,130
潞城县	92	10,120	80	8,800
壶关县	96	10,560	87	9,570
黎城县	43	4,730	37	4,070
平顺县	⑥	⑥	32	3,520
直隶泽州⑧	167	18,370	167	18,370
高平县	155	17,050	153	16,830
阳城县	94	10,340	100	11,000
陵川县	90	9,900	92	10,120
沁水县	50	5,500	54	5,940
直隶沁州⑧	66	7,260	66	7,260
沁源县	26	2,860	15	1,650

直隶府州及布政使司别①	大明一统志		读史方舆纪要	
	里数△	估计户数*	里数	估计户数*
武乡县	49	5,390	36	3,960
直隶辽州⑧	27	2,970	30	3,300
榆社县	32	3,520	32	3,520
和顺县	22	2,420	23	2,530
大同府	124	13,640	123	13,530
大同县	26	2,860	26	2,860
怀仁县	9	990	8	880
浑源县	11	1,210	11	1,210
应州	20	2,200	20	2,200
山阴县	7	770	7	770
朔州	8	880	8	880
马邑县	5	550	4	440
蔚州	16	1,760	16	1,760
广灵县	8	880	9	990
广昌县	4	440	4	440
灵丘县	10	1,100	10	1,100
河南布政使司	2,784	306,240	3,950	434,500
开封府	857	94,270	1,162	127,820
祥符县	124	13,640	75	8,250
陈留县	35	3,850	48	5,280
杞县	62	6,820	123	13,530
通许县	12	1,320	25	2,750
太康县	16	1,760	36	3,960
尉氏县	16	1,760	26	2,860
洧川县	17	1,870	17	1,870
鄢陵县	16	1,760	29	3,190
扶沟县	8	880	29	3,190
中牟县	23	2,530	37	4,070
阳武县	34	3,740	54	5,940
原武县	12	1,320	23	2,530
封丘县	31	3,410	43	4,730
虞城县	8	880	⑭	⑭
睢州	21	2,310	⑭	⑭
永城县	16	1,760	⑭	⑭

直隶府州及布政使司别①	大明一统志		读史方舆纪要	
	里数△	估计户数*	里数	估计户数*
鹿邑县	10	1,100	⑭	⑭
宁陵县	4	440	⑭	⑭
归德州	13	1,430	⑥	⑥
延津县	20	2,200	27	2,970
兰阳县	25	2,750	38	4,180
仪封县	15	1,650	21	2,310
新郑县	19	2,090	29	3,190
陈州	10	1,100	62	6,820
商水县	9	990	14	1,540
西华县	13	1,430	26	2,860
项城县	7	770	7	770
沈丘县	⑥	⑥	6	660
许州	26	2,860	48	5,280
临颍县	14	1,540	24	2,640
襄城县	21	2,310	32	3,520
郾城县	13	1,430	25	2,750
长葛县	22	2,420	35	3,850
禹州	64	7,040	76	8,360
密县	23	2,530	27	2,970
郑州	31	3,410	36	3,960
荥阳县	13	1,430	23	2,530
荥泽县	13	1,430	16	1,760
河阴县	5	550	11	1,210
汜水县	10	1,100	14	1,540
考城县	3	330	⑭	⑭
柘城县	3	330	⑭	⑭
河南府	554	60,940	611	67,210
洛阳县	87	9,570	88	9,680
偃师县	30	3,300	36	3,960
巩县	25	2,750	29	3,190
孟津县	22	2,420	29	3,190
宜阳县	55	6,050	68	7,480
永宁县	64	7,040	64	7,040
新安县	16	1,760	18	1,980

直隶府州及布政使司别①	大明一统志		读史方舆纪要	
	里数△	估计户数*	里数	估计户数*
渑池县	28	3,080	28	3,080
登封县	40	4,400	44	4,840
嵩县	47	5,170	56	6,160
卢氏县	32	3,520	32	3,520
陕州	34	3,740	35	3,850
灵宝县	50	5,500	59	6,490
阌乡县⑯	24	2,640	25	2,750
怀庆府	315	34,650	478	52,580
河内县	102	11,220	216	23,760
济源县	70	7,700	76	8,360
修武县	47	5,170	62	6,820
武陟县	46	5,060	74	8,140
孟县	31	3,410	31	3,410
温县	19	2,090	19	2,090
卫辉府	212	23,320	230	25,300
汲县	38	4,180	40	4,400
胙城县	22	2,420	35	3,850
新乡县	50	5,500	50	5,500
获嘉县	27	2,970	27	2,970
淇县	26	2,860	26	2,860
辉县	49	5,390	52	5,720
彰德府	289	31,790	299	32,890
安阳县	84	9,240	84	9,240
临漳县	39	4,290	39	4,290
汤阴县	43	4,730	42	4,620
林县	33	3,630	35	3,850
磁州	38	4,180	40	4,400
武安县	34	3,740	35	3,850
涉县	18	1,980	24	2,640
归德府	⑥	⑥	174	19,140
商丘县	⑥	⑥	27	2,970
宁陵县	⑭	⑭	7	770
鹿邑县	⑭	⑭	34	3,740
夏邑县	⑥	⑥	14	1,540

（甲表 73 **续**）

直隶府州及布政使司别①	大明一统志		读史方舆纪要	
	里数△	估计户数*	里数	估计户数*
永城县	⑭	⑭	24	2,640
虞城县	⑭	⑭	8	880
睢州	⑭	⑭	40	4,400
考城县	⑭	⑭	11	1,210
柘城县	⑭	⑭	9	990
汝宁府	219	24,090	379	41,690
汝阳县	9	990	33	3,630
真阳县	⑭	⑭	15	1,650
上蔡县	16	1,760	36	3,960
新蔡县	3	330	12	1,320
西平县	12	1,320	27	2,970
确山县	7	770	12	1,320
遂平县	11	1,210	28	3,080
信阳州	6	660	17	1,870
罗山县	15	1,650	21	2,310
光州	17	1,870	12	1,320
光山县	34	3,740	38	4,180
固始县	77	8,470	77	8,470
息县	12	1,320	28	3,080
商城县	⑥	⑥	23	2,530
南阳府	338	37,180	617	67,870
南阳县	9	990	22	2,420
镇平县	4	440	4	440
唐县	6	660	50	5,500
泌阳县	5	550	40	4,400
桐柏县	⑥	⑥	18	1,980
南召县	⑥	⑥	20	2,200
邓州	7	770	37	4,070
内乡县	22	2,420	22	2,420
新野县	7	770	22	2,420
淅川县	⑥	⑩	18	1,980
裕州	16	1,760	32	3,520
舞阳县	20	2,200	44	4,840
叶县	20	2,200	33	3,630

直隶府州及布政使司别①	大明一统志		读史方舆纪要	
	里数△	估计户数*	里数	估计户数*
汝州⑰	84	9,240	92	10,120
鲁山县	23	2,530	46	5,060
郏县	44	4,840	46	5,060
宝丰县	40	4,400	40	4,400
伊阳县	31	3,410	31	3,410
陕西布政使司	2,330	256,300	2,542	279,620
西安府	1,192	131,120	1,292	142,120
长安县	55	6,050	55	6,050
咸宁县	82	9,020	82	9,020
咸阳县	12	1,320	12	1,320
泾阳县	50	5,500	50	5,500
兴平县	17	1,870	17	1,870
临潼县	52	5,720	52	5,720
渭南县	66	7,260	86	9,460
蓝田县	19	2,090	19	2,090
鄠县	23	2,530	23	2,530
盩厔县	40	4,400	40	4,400
高陵县	14	1,540	14	1,540
富平县	44	4,840	44	4,840
三原县	31	3,410	34	3,740
醴泉县	21	2,310	21	2,310
华州	49	5,390	49	5,390
华阴县	34	3,740	34	3,740
蒲城县	67	7,370	67	7,370
商县⑱	12	1,320	28	3,080
商南县	⑥	⑥	15	1,650
洛南县	10	1,100	20	2,200
山阳县	⑥	⑥	12	1,320
镇安县	8	880	18	1,980
同州	39	4,290	39	4,290
朝邑县	82	9,020	82	9,020
郃阳县	70	7,700	70	7,700
韩城县	50	5,500	50	5,500
澄城县	64	7,040	64	7,040

(甲表 73 续)

直隶府州及布政使司别①	大明一统志		读史方舆纪要	
	里数△	估计户数*	里数	估计户数*
白水县	28	3,080	28	3,080
耀州	18	1,980	18	1,980
同官县	22	2,420	22	2,420
乾州	27	2,970	27	2,970
武功县	16	1,760	16	1,760
永寿县	10	1,100	11	1,210
邠州	27	2,970	17	1,870
淳化县	33	3,630	33	3,630
三水县	⑥	⑥	11	1,210
长武县	⑥	⑥	12	1,320
凤翔府	211	23,210	212	23,320
凤翔县	40	4,400	40	4,400
岐山县	29	3,190	29	3,190
宝鸡县	44	4,840	44	4,840
扶风县	32	3,520	33	3,630
郿县	18	1,980	18	1,980
汧阳县	13	1,430	13	1,430
麟游县	17	1,870	17	1,870
陇州	18	1,980	18	1,980
汉中府	53	5,830	108	11,880
南郑县	5	550	5	550
褒城县	2	220	2	220
城固县	10	1,100	10	1,100
洋县	10	1,100	10	1,100
西乡县	5	550	5	550
凤县	6	660	6	660
宁羌州	⑥	⑥	4	440
沔县	2	220	5	550
略阳县	1	110	4	440
兴安州	⑥	⑥	4	440
平利县	1	110	8	880
石泉县	1	110	8	880
洵阳县	4	440	17	1,870
汉阴县	2	220	7	770

直隶府州及布政使司别①	大明一统志		读史方舆纪要	
	里数△	估计户数*	里数	估计户数*
金州	4	440	⑥	⑥
白河县	⑥	⑥	8	880
紫阳县	⑥	⑥	5	550
延安府	359	39,490	355	39,050
肤施县	27	2,970	27	2,970
安塞县	20	2,200	20	2,200
甘泉县	23	2,530	23	2,530
安定县	9	990	9	990
保安县	8	880	8	880
宜川县	23	2,530	23	2,530
延川县	9	990	9	990
延长县	10	1,100	10	1,100
青涧县	10	1,100	10	1,100
鄜州	51	5,610	51	5,610
洛川县	64	7,040	60	6,600
中部县	24	2,640	24	2,640
宜君县	38	4,180	38	4,180
绥德州	10	1,100	10	1,100
米脂县	13	1,430	13	1,430
葭州	8	880	8	880
吴堡县	3	330	3	330
神木县	5	550	5	550
府谷县	4	440	4	440
庆阳府	123	13,530	123	13,530
安化县	32	3,520	32	3,520
合水县	18	1,980	18	1,980
环县	4	440	4	440
宁州	48	5,280	48	5,280
真宁县	21	2,310	21	2,310
平凉府	125	13,750	125	13,750
平凉县	23	2,530	23	2,530
崇信县	5	550	5	550
华亭县	8	880	8	880
镇原县	20	2,200	20	2,200

（甲表 73 续）

直隶府州及布政使司别①	大明一统志		读史方舆纪要	
	里数△	估计户数＊	里数	估计户数＊
开城县	9	990	⑥	⑥
泾州	17	1,870	17	1,870
灵台县	20	2,200	20	2,200
静宁州	11	1,210	11	1,210
庄浪县	7	770	7	770
隆德县	5	550	5	550
固原州	⑥	⑥	9	990
巩昌府	221	24,310	241	26,510
陇西县	32	3,520	32	3,520
安定县	19	2,090	19	2,090
会宁县	12	1,320	12	1,320
通渭县	16	1,760	16	1,760
漳县	6	660	6	660
宁远县	17	1,870	17	1,870
伏羌县	12	1,320	12	1,320
西和县	7	770	7	770
成县	6	660	4	440
秦州	49	5,390	49	5,390
秦安县	10	1,100	10	1,100
清水县	6	660	6	660
礼县	⑥	⑥	19	2,090
阶州	21	2,310	21	2,310
文县	⑥	⑥	3	330
徽州	6	660	6	660
两当县	2	220	2	220
临洮府	46	5,060	86	9,460
狄道县	25	2,750	25	2,750
渭源县	4	440	4	440
兰县⑲	7	770	7	770
金县	10	1,100	10	1,100
河州	⑥	⑥	40	4,400
四川布政使司	1,324	145,640	1,603.5	176,385
成都府	230	25,300	243	26,730
成都县	14	1,540	24	2,640

直隶府州及布政使司别①	大明一统志		读史方舆纪要	
	里数△	估计户数*	里数	估计户数*
石泉县	3	330	⑭	⑭
华阳县	11	1,210	17	1,870
双流县	5	550	5	550
郫县	8	880	8	880
温江县	6	660	6	660
新繁县	4	440	4	440
新都县	9	990	5	550
彭县	7	770	7	770
崇宁县	3	330	3	330
灌县	6	660	6	660
金堂县	8	880	8	880
仁寿县	13	1,430	13	1,430
井研县	3	330	3	330
资县	13	1,430	13	1,430
内江县	16	1,760	16	1,760
安县	7	770	7	770
简县⑳	14	1,540	11	1,210
资阳县	⑥	⑥	7	770
崇庆州	12	1,320	12	1,320
新津县	7	770	7	770
汉州	9	990	9	990
什邡县	4	440	4	440
绵竹县	7	770	7	770
德阳县	7	770	7	770
绵州	6	660	6	660
罗江县	3	330	3	330
彰明县	3	330	3	330
茂州	4	440	4	440
汶川县	5	550	5	550
威州	9	990	9	990
保县	4	440	4	440
保宁府	60	6,600	68	7,480
阆中县	10	1,100	10	1,100
苍溪县	6	660	6	660

（甲表 73 续）

直隶府州及布政使司别^①	大明一统志		读史方舆纪要	
	里数[△]	估计户数[*]	里数	估计户数[*]
南部县	9	990	9	990
江油县	2	220	⑭	⑭
广元县	2	220	3	330
昭化县	2	220	2	220
剑州	3	330	3	330
梓潼县	2	220	1	110
巴州	18	1,980	26	2,860
通江县	6	660	6	660
南江县	⑥	⑥	2	220
顺庆府	111	12,210	106	11,660
南充县	10	1,100	11	1,210
西充县	8	880	8	880
蓬州	6	660	7	770
营山	3	330	2	220
仪陇县	6	660	7	770
广安州	20	2,200	11	1,210
岳池县	15	1,650	15	1,650
渠县	10	1,100	11	1,210
邻水县	⑥	⑥	17	1,870
大竹县	33	3,630	17	1,870
夔州府	67	7,370	74	8,140
奉节县	4	440	4	440
巫山县	3	330	3	330
大昌县	2	220	2	220
大宁县	3	330	3	330
云阳县	9	990	9	990
万县	4	440	4	440
开县	7	770	7	770
梁山县	10	1,100	10	1,100
新宁县	7	770	7	770
建始县	5	550	5	550
达县^②	13	1,430	13	1,430
东乡县	⑥	⑥	5	550
太平县	⑥	⑥	2	220

直隶府州及布政使司别①	大明一统志		读史方舆纪要	
	里数△	估计户数*	里数	估计户数*
重庆府	380	41,800	414	45,540
巴县	91	10,010	92	10,120
江津县	37	4,070	38	4,180
璧山县	⑥	⑥	12	1,320
永川县	25	2,750	25	2,750
荣昌县	27	2,970	21	2,310
大足县	37	4,070	37	4,070
安居县	⑥	⑥	13	1,430
綦江县	3	330	4	440
南川县	4	440	4	440
长寿县	27	2,970	27	2,970
黔江县	2	220	2	220
合州	41	4,510	41	4,510
铜梁县	32	3,520	41	4,510
定远县	10	1,100	14	1,540
忠州	7	770	7	770
酆都县	4	440	4	440
垫江县	12	1,320	12	1,320
涪州	11	1,210	10	1,100
武隆县	2	220	2	220
彭水县	8	880	8	880
遵义府	⑥	⑥	20	2,200
遵义县	⑥	⑥	—	—
桐梓县	⑥	⑥	10	1,100
真安州	⑥	⑥	—	—
绥阳县	⑥	⑥	10	1,100
仁怀县	⑥	⑥	—	—
叙州府	204	22,440	224	24,640
宜宾县	28	3,080	28	3,080
南溪县	19	2,090	19	2,090
庆符县	6	660	6	660
富顺县	92	10,120	92	10,120
长宁县	17	1,870	17	1,870
高县	17	1,870	17	1,870

直隶府州及布政使司别①	大明一统志		读史方舆纪要	
	里数△	估计户数*	里数	估计户数*
戎县	12	1,320	⑥	⑥
筠连县	4	440	4	440
珙县	9	990	9	990
兴文县	⑥	⑥	12	1,320
隆昌县	⑥	⑥	20	2,200
直隶潼川州⑧	5	550	6	660
射洪县	3	330	3	330
中江县	5	550	5	550
盐亭县	3	330	3	330
遂宁县	17	1,870	17	1,870
蓬溪县	6	660	6	660
安岳县	26	2,860	19	2,090
乐至县	⑥	⑥	7	770
直隶眉州⑧	21	2,310	21	2,310
彭山县	5	550	5	550
丹棱县	5	550	4	440
青神县	4	440	4	440
直隶邛州⑧	⑥	⑥	10	1,100
大邑县	⑭	⑭	7	770
蒲江县	⑭	⑭	7	770
直隶嘉定州⑧	10	1,100	10	1,100
峨眉县	6	660	6	660
夹江县	15	1,650	15	1,650
洪雅县	⑥	⑥	3	330
犍为县	8	880	8	880
荣县	7	770	7	770
威远县	4	440	4	440
邛县	10	1,100	⑥	⑥
大邑县	7	770	⑭	⑭
蒲江县	5	550	⑭	⑭
直隶泸州⑧	70	7,700	70	7,700
纳溪县	3	330	3	330
江安县	20	2,200	20	2,200
合江县	7	770	7	770

直隶府州及布政使司别①	大明一统志		读史方舆纪要	
	里数△	估计户数*	里数	估计户数*
直隶雅州⑧	⑥	⑥	4	440
名山县	⑥	⑥	3	330
荣经县	⑥	⑥	2	220
芦山县	⑥	⑥	3	330
龙安府	⑥	⑥	7	770
平武县	⑥	⑥	2	220
江油县	⑭	⑭	2	220
石泉县	⑭	⑭	3	330
马湖府	—	—	8	880
屏山县	—	—	3	330
平彝长官司	—	—	1	110
蛮夷长官司	—	—	2	220
沐川长官司	—	—	2	220
镇雄军民府	—	—	1	110
乌蒙军民府	—	—	1	110
乌撒军民府	—	—	1	110
东川军民府⑧	—	—	1	110
永宁宣抚司	—	—	7	770
九姓长官司	—	—	5	550
太平长官司	⑥	⑥	2	220
松潘卫			25	2,750
小河守御千户所			1	110
叠溪守御军民千户所	—	—	10	1,100
酉阳宣抚司	⑥	⑥	13	1,430
石耶洞长官司	⑥	⑥	2	220
平茶洞长官司			3	330
邑梅洞长官司	⑥	⑥	5	550
石砫宣抚司	⑥	⑥	3	330
四川行都指挥使司	—	—	70.5	7,755
建昌卫军民指挥使司	—	—	4	440
建昌前卫指挥使司	—	—	5	550
守御礼州后千户所	⑥	⑥	1	110

直隶府州及布政使司别①	大明一统志		读史方舆纪要	
	里数△	估计户数*	里数	估计户数*
守御礼州中中千户所	⑥	⑥	1	110
守御打冲河中前千户所	—	—	2	220
守御德昌千户所	—	—	1	110
昌州长官司	—	—	2	220
威龙长官司	—	—	1	110
普济长官司	—	—	1	110
宁番卫军民指挥使司	—	—	3	330
守卫冕山桥千户所	—	—	1	110
越巂卫军民指挥使司	—	—	3.5	385
邛部长官司	—	—	1	110
镇西千户所	⑥	⑥	1	110
盐井卫军民指挥使司	—	—	24	2,640
马剌长官司	—	—	1	110
会川卫军民指挥使司	—	—	18	1,980
湖广布政使司	3,072.5	337,975	3,475.5	382,305
武昌府	265	29,150	267	29,370
江夏县	63	6,930	63	6,930
武昌县	39	4,290	39	4,290
嘉鱼县	12	1,320	12	1,320
蒲圻县	30	3,300	30	3,300
咸宁县	16	1,760	16	1,760
崇阳县	11	1,210	11	1,210
通城县	15	1,650	15	1,650
兴国州	44	4,840	46	5,060
大冶县	29	3,190	29	3,100
通山县	6	660	6	660
汉阳府	26	2,860	26	2,860
汉阳县	6	660	6	660

(甲表 73 续)

直隶府州及布政使司别①	大明一统志		读史方舆纪要	
	里数△	估计户数*	里数	估计户数*
汉川县	20	2,200	20	2,200
黄州府	520	57,200	529	58,190
黄冈县	86	9,460	86	9,460
麻城县	135	14,850	120	13,200
黄陂县	46	5,060	46	5,060
黄安县	⑥	⑥	23	2,530
蕲水县	46	5,060	46	5,060
罗田县	49	5,390	49	5,390
蕲州	64	7,040	64	7,040
广济县	52	5,720	53	5,830
黄梅县	42	4,620	42	4,620
直隶安陆州②	11⑧	1,210⑧	210	23,100
钟祥县	⑥	⑥	21	2,310
京山县	31	3,410	31	3,410
潜江县	⑭	⑭	23	2,530
荆门州	⑭	⑭	63	6,930
当阳县	⑭	⑭	5	550
直隶沔阳州⑨	42	4,620	42	4,620
景陵县	25	2,750	25	2,750
德安府	63	6,930	76	8,360
安陆县	7	770	7	770
云梦县	3	330	3	330
应城县	7	770	9	990
孝感县	26	2,860	29	3,190
随州	12	1,320	18	1,980
应山县	8	880	10	1,100
岳州府	260	28,600	260	28,600
巴陵县	57	6,270	57	6,270
临湘县	8	880	8	880
华容县	18	1,980	18	1,980
平江县	50	5,500	50	5,500
澧州	31	3,410	31	3,410
安乡县	10	1,100	10	1,100
石门县	25	2,750	25	2,750

直隶府州及布政使司别①	大明一统志		读史方舆纪要	
	里数△	估计户数*	里数	估计户数*
慈利县	61	6,710	61	6,710
荆州府	361.5	39,765	273.5	30,085
江陵县	124	13,640	125	13,750
公安县	32	3,520	23	2,530
石首县	25	2,750	31	3,410
当阳县	5	550	⑭	⑭
荆门州	63	6,930	⑭	⑭
监利县	33	3,630	32	3,520
松滋县	21	2,310	21	2,310
枝江县	7	770	8	880
彝陵州	4	440	7	770
长阳县	3	330	3	330
宜都县	4.5	495	4	440
远安县	1.5	165	2	220
归州	6	660	6	660
兴山县	⑥	⑥	2	220
巴东县	9.5	1,045	9.5㉓	1,045
潜江县	23	2,530	⑭	⑭
襄阳府	85	9,350	223	24,530
襄阳县	19	2,090	35	3,850
宜城县	7	770	17	1,870
南漳县	13	1,430	12	1,320
枣阳县	5	550	45	4,950
谷城县	15	1,650	48	5,280
光化县	6	660	37	4,070
均州	8	880	29	3,190
房县	3	330	⑭	⑭
竹山县	2	220	⑭	⑭
上津县	2	220	⑭	⑭
郧县	5	550	⑭	⑭
郧阳府	⑥	⑥	138	15,180
郧县	⑭	⑭	41	4,510
房县	⑭	⑭	15	1,650
竹山县	⑭	⑭	49	5,390

直隶府州及布政使司别①	大明一统志		读史方舆纪要	
	里数△	估计户数*	里数	估计户数*
竹溪县	⑥	⑥	7	770
上津县	⑭	⑭	8	880
郧西县	⑥	⑥	8	880
保康县	⑥	⑥	10	1,100
长沙府	391	43,010	441	48,510
长沙县	28	3,080	35	3,850
善化县	16	1,760	20	2,200
湘阴县	39	4,290	42	4,620
湘潭县	19	2,090	21	2,310
浏阳县	70	7,700	71	7,810
醴陵县	27	2,970	28	3,080
宁乡县	17	1,870	21	2,310
益阳县	22	2,420	22	2,420
湘乡县	71	7,810	71	7,810
攸县	23	2,530	48	5,280
安化县	10	1,100	12	1,320
茶陵州	49	5,390	50	5,500
常德府	110	12,100	110	12,100
武陵县	45	4,950	45	4,950
桃源县	31	3,410	31	3,410
龙阳县	29	3,190	29	3,190
沅江县	5	550	5	550
衡州府	262.5	28,875	283	31,130
衡阳县	51	5,610	51	5,610
衡山县	21	2,310	21	2,310
耒阳县	28	3,080	38	4,180
常宁县	7	770	7	770
安仁县	28	3,080	28	3,080
酃县	14	1,540	14	1,540
桂阳州	63.5	6,985	63	6,930
临武县	25	2,750	33	3,630
蓝山县	25	2,750	28	3,080
永州府	170	18,700	170	18,700
零陵县	28	3,080	28	3,080

（甲表 73 续）

直隶府州及布政使司别①	大明一统志		读史方舆纪要	
	里数△	估计户数*	里数	估计户数*
祁阳县	13	1,430	13	1,430
东安县	8	880	8	880
道州	35	3,850	35	3,850
宁远县	62	6,820	62	6,820
江华县	4	440	4	440
永明县	20	2,200	20	2,200
宝庆府	119.5	13,145	130	14,300
邵阳县	46	5,060	46	5,060
新化县	24	2,640	24	2,640
城步县	⑥	⑥	13.5㉔	1,485
武冈州	43	4,730	40	4,400
新宁县	6.5	715	6.5㉕	715
辰州府	168	18,480	168	18,480
沅陵县	58	6,380	58	6,380
卢溪县	12	1,320	12	1,320
辰溪县	8	880	8	880
溆浦县	34	3,740	34	3,740
沅州	27	2,970	27	2,970
黔阳县	22	2,420	22	2,420
麻阳县	7	770	7	770
直隶郴州⑧	12	1,320	12	1,320
永兴县	20	2,200	20	2,200
宜章县	7	770	7	770
兴宁县	14	1,540	14	1,540
桂阳县	15	1,650	15	1,650
桂东县	4	440	4	440
直隶靖州⑧	22	2,420	23	2,530
会同县	27	2,970	27	2,970
通道县	5	550	5	550
绥宁县	33	3,630	33	3,630
天柱县	⑥	⑥	8	880
施州军民指挥使司	3	330	3	330
江西布政使司	10,193	1,121,230	10,310.5	1,134,155

直隶府州及布政使司别①	大明一统志		读史方舆纪要	
	里数△	估计户数*	里数	估计户数*
南昌府	1,566	172,260	1,720	189,200
南昌县	499	54,890	643	70,730
新建县	197	21,670	113	12,430
丰城县	354	38,940	377	41,470
进贤县	198	21,780	242	26,620
奉新县	151	16,610	150	16,500
靖安县	30	3,300	38	4,180
武宁县	51	5,610	59	6,490
宁县⑳	86	9,460	98	10,780
瑞州府	600	66,000	604	66,440
高安县	296	32,560	300	33,000
上高县	175	19,250	175	19,250
新昌县	129	14,190	129	14,190
南康府	216	23,760	217	23,870
星子县	24	2,640	28	3,080
都昌县	59	6,490	59	6,490
建昌县	133	14,630	84	9,240
安义县	⑥	⑥	46	5,060
九江府	82	9,020	82	9,020
德化县	16	1,760	16	1,760
德安县	18	1,980	18	1,980
瑞昌县	14	1,540	14	1,540
湖口县	17	1,870	17	1,870
彭泽县	17	1,870	17	1,870
饶州府	1,162	127,820	1,237	136,070
鄱阳县	337	37,070	340	37,400
余干县	260	28,600	260	28,600
乐平县	273	30,030	273	30,030
浮梁县	112	12,320	120	13,200
德兴县	83	9,130	83	9,130
安仁县	97	10,670	97	10,670
万年县	⑥	⑥	64	7,040
广信府	472	51,920	724	79,640
上饶县	108	11,880	208	22,880

直隶府州及布政使司别①	大明一统志		读史方舆纪要	
	里数△	估计户数*	里数	估计户数*
玉山县	57	6,270	57	6,270
弋阳县	71	7,810	73	8,030
贵溪县	110	12,100	210	23,100
铅山县	57	6,270	57	6,270
永丰县	69	7,590	69	7,590
兴安县	⑥	⑥	50	5,500
建昌府	523	57,530	495	54,450
南城县	284	31,240	274	30,140
南丰县	139	15,290	115	12,650
新城县	76	8,360	78	8,580
广昌县	24	2,640	24	2,640
泸溪县	⑥	⑥	4	440
抚州府	1,345	147,950	1,453	159,830
临川县	625	68,750	625	68,750
崇仁县	225	24,750	225	24,750
金溪县	201	22,110	183	20,130
宜黄县	72	7,920	68	7,480
乐安县	222	24,420	232	25,520
东乡县	⑥	⑥	120	13,200
吉安府	2,225	244,750	1,924	211,640
庐陵县	600	66,000	603	66,330
泰和县	242	26,620	260	28,600
吉水县	431	47,410	432	47,520
永丰县	329	36,190	26	2,860
安福县	236	25,960	234	25,740
龙泉县	63	6,930	63	6,930
万安县	98	10,780	98	10,780
永新县	184	20,240	184	20,240
永宁县	42	4,620	24	2,640
临江府	1,086	119,460	936	102,960
清江县	268	29,480	253	27,830
新淦县	548	60,280	225	24,750
新喻县	270	29,700	276	30,360
峡江县	⑥	⑥	182	20,020

直隶府州及布政使司别①	大明一统志		读史方舆纪要	
	里数△	估计户数*	里数	估计户数*
袁州府	494	54,340	494	54,340
宜春县	150	16,500	150	16,500
分宜县	109	11,990	109	11,990
萍乡县	131	14,410	131	14,410
万载县	104	11,440	104	11,440
赣州府	359	39,490	358.5	39,435
赣县	112	12,320	112	12,320
雩都县	17	1,870	15	1,650
信丰县	5	550	6.5⑤	715
兴国县	53	5,830	59	6,490
会昌县	5	550	9	990
安远县	5	550	4	440
宁都县	137	15,070	125	13,750
瑞金县	8	880	8	880
龙南县	4	440	5	550
石城县	13	1,430	9	990
定南县	⑥	⑥	4	440
长宁县	⑥	⑥	2	220
南安府	63	6,930	66	7,260
大庾县	20	2,200	20	2,200
南康县	32	3,520	32	3,520
上犹县	11	1,210	7	770
崇义县	⑥	⑥	7	770
浙江布政使司	10,869	1,195,590	10,635	1,169,850
杭州府	1,240	136,400	940	103,400
钱塘县	161	17,710	161	17,710
仁和县	373	41,030	373	41,030
海宁县	484	53,240	184	20,240
富阳县	75	8,250	75	8,250
余杭县	71	7,810	71	7,810
临安县	46	5,060	46	5,060
于潜县	9	990	9	990
新城县	12	1,320	12	1,320
昌化县	9	990	9	990

直隶府州及布政使司别①	大明一统志		读史方舆纪要	
	里数△	估计户数*	里数	估计户数*
严州府	350	38,500	318	34,980
建德县	86	9,460	86	9,460
桐庐县	53	5,830	53	5,830
淳安县	93	10,230	61	6,710
遂安县	64	7,040	64	7,040
寿昌县	36	3,960	36	3,960
分水县	18	1,980	18	1,980
嘉兴府	1,465	161,150	1,465	161,150
嘉兴县	381	41,910	381	41,910
秀水县	232	25,520	232	25,520
嘉善县	186	20,460	186	20,460
崇德县	207	22,770	207	22,770
桐乡县	178	19,580	178	19,580
平湖县	121	13,310	121	13,310
海盐县	160	17,600	160	17,600
湖州府	1,202	132,220	1,226	134,860
乌程县	267	29,370	267	29,370
归安县	309	33,990	309	33,990
长兴县	257	28,270	257	28,270
德清县	211	23,210	210	23,100
武康县	65	7,150	65	7,150
安吉州	93	10,230	64	7,040
孝丰县	⑥	⑥	54	5,940
绍兴府	1,238	136,180	1,235	135,850
山阴县	211	23,210	211	23,210
会稽县	131	14,410	131	14,410
萧山县	142	15,620	141	15,510
诸暨县	175	19,250	175	19,250
余姚县	302	33,220	300	33,000
上虞县	148	16,280	148	16,280
嵊县	99	10,890	99	10,890
新昌县	30	3,300	30	3,300
宁波府	936	102,960	936	102,960
鄞县	451	49,610	451	49,610

直隶府州及布政使司别①	大明一统志		读史方舆纪要	
	里数△	估计户数*	里数	估计户数*
慈溪县	208	22,880	208	22,880
奉化县	149	16,390	149	16,390
定海县	96	10,560	96	10,560
象山县	32	3,520	32	3,520
台州府	594	65,340	642	70,620
临海县	188	20,680	180	19,800
黄岩县	156	17,160	156	17,160
天台县	42	4,620	42	4,620
仙居县	95	10,450	95	10,450
宁海县	113	12,430	113	12,430
太平县	⑥	⑥	56	6,160
金华府	1,258	138,380	1,225	134,750
金华县	217	23,870	205	22,550
兰溪县	332	36,520	269	29,590
东阳县	212	23,320	202	22,220
义乌县	153	16,830	145	15,950
永康县	145	15,950	123	13,530
武义县	92	10,120	93	10,230
浦江县	107	11,770	103	11,330
汤溪县	⑥	⑥	85	9,350
衢州府	778	85,580	773	85,030
西安县	163	17,930	165	18,150
龙游县	215	23,650	215	23,650
常山县	103	11,330	106	11,660
江山县	126	13,860	127	13,970
开化县	171	18,810	160	17,600
处州府	959	105,490	1,040	114,400
丽水县	115	12,650	115	12,650
青田县	146	16,060	146	10,060
缙云县	108	11,880	190	20,900
松阳县	106	11,660	106	11,660
遂昌县	74	8,140	74	8,140
龙泉县	166	18,260	165	18,150
庆元县	59	6,490	59	6,490

（甲表 73 续）

直隶府州及布政使司别①	大明一统志		读史方舆纪要	
	里数△	估计户数*	里数	估计户数*
云和县	59	6,490	59	6,490
宣平县	60	6,600	60	6,600
景宁县	66	7,260	66	7,260
温州府	849	93,390	835	91,850
永嘉县	284	31,240	280	30,800
瑞安县	138	15,180	128	14,080
乐清县	168	18,480	168	18,480
平阳县	241	26,510	241	26,510
泰顺县	18	1,980	18	1,980
福建布政使司	3,537	389,070	3,765	414,150
福州府	418	45,980	718	78,980
闽县	40	4,400	180	19,800
侯官县	40	4,400	180	19,800
长乐县	33	3,630	115	12,650
福清县	36	3,960	123	13,530
连江县	24	2,640	35	3,850
罗源县	14	1,540	16	1,760
古田县	48	5,280	53	5,830
闽清县	8	880	7	770
永福县	36	3,960	9	990
怀安县	27	2,970	⑥	⑥
福宁县⑰	53	5,830	⑥	⑥
福安县	36	3,960	⑭	⑭
宁德县	23	2,530	⑭	⑭
兴化府	221	24,310	222	24,420
莆田县	209	22,990	209	22,990
仙游县	12	1,320	13	1,430
直隶福宁州②	⑥	⑥	53	5,830
宁德县	⑬	⑬	23	2,530
福安县	⑪	⑪	36	3,900
建宁府	987	108,570	960	105,600
建安县	204	22,440	154	16,940
瓯宁县	232	25,520	199	21,890
建阳县	219	24,090	210	23,100

(甲表 73 续)

直隶府州及布政使司别①	大明一统志		读史方舆纪要	
	里数△	估计户数*	里数	估计户数*
崇安县	86	9,460	87	9,570
浦城县	163	17,930	158	17,380
松溪县	25	2,750	68	7,480
政和县	34	3,740	59	6,490
寿宁县	24	2,640	25	2,750
延平府	583	64,130	483	53,130
南平县	133	14,630	97	10,670
将乐县	76	8,360	—	—
沙县	130	14,300	114	12,540
尤溪县	122	13,420	109	11,990
顺昌县	55	6,050	58	6,380
永安县	67	7,370	65	7,150
大田县	⑥	⑥	40	4,400
汀州府	320	35,200	319	35,090
长汀县	54	5,940	51	5,610
宁化县	70	7,700	51	5,610
上杭县	62	6,820	45	4,950
武平县	23	2,530	19	2,090
清流县	79	8,690	56	6,160
连城县	32	3,520	33	3,630
归化县	⑥	⑥	45	4,950
永定县	⑥	⑥	19	2,090
邵武府	323	35,530	329	36,190
邵武县	171	18,810	171	18,810
光泽县	55	6,050	55	6,050
泰宁县	50	5,500	51	5,610
建宁县	47	5,170	52	5,720
泉州府	208	22,880	303	33,330
晋江县	49	5,390	129	14,190
南安县	47	5,170	48	5,280
同安县	34	3,740	48	5,280
惠安县	35	3,850	35	3,850
安溪县	16	1,760	16	1,760
永春县	14	1,540	14	1,540

直隶府州及布政使司别①	大明一统志		读史方舆纪要	
	里数△	估计户数*	里数	估计户数*
德化县	13	1,430	13	1,430
漳州府	477	52,470	319	35,090
龙溪县	194	21,340	102	11,220
漳浦县	94	10,340	52	5,720
龙岩县	95	10,450	24	2,640
长泰县	32	3,520	12	1,320
南靖县	62	6,820	17	1,870
漳平县	⑥	⑥	24	2,640
平和县	⑥	⑥	12	1,320
诏安县	⑥	⑥	22	2,420
海澄县	⑥	⑥	43	4,730
宁洋县	⑥	⑥	11	1,210
广东布政使司	3,409	374,990	3,513	386,430
广州府	1,249	137,390	1,502	165,220
南海县	351	38,610	350	38,500
番禺县	139	15,290	139	15,290
顺德县	165	18,150	165	18,150
东莞县	183	20,130	183	20,130
新安县	⑥	⑥	20	2,200
三水县	⑥	⑥	51	5,610
增城县	95	10,450	183	20,130
龙门县	⑥	⑥	17	1,870
香山县	36	3,960	36	3,960
新会县	238	26,180	238	26,180
新宁县	⑥	⑥	60	6,600
从化县	⑥	⑥	18	1,980
清远县	17	1,870	17	1,870
连州	17	1,870	17	1,870
阳山县	6	660	6	660
连山县	2	220	2	220
肇庆府	396	43,560	389	42,790
高要县	99	10,890	98	10,780
高明县	⑥	⑥	18	1,980
四会县	62	6,820	30	3,300

直隶府州及布政使司别①	大明一统志		读史方舆纪要	
	里数△	估计户数*	里数	估计户数*
广宁县	⑥	⑥	12	1,320
新兴县	55	6,050	55	6,050
阳春县	24	2,640	24	2,640
阳江县	50	5,500	50	5,500
恩平县	⑥	⑥	22	2,420
德庆州	63	6,930	62	6,820
封川县	14	1,540	14	1,540
开建县	4	440	4	440
泷水县	25	2,750	⑥	⑥
直隶罗定州⑧	⑥	⑥	25	2,750
东安县	⑥	⑥	15	1,650
西宁县	⑥	⑥	10	1,100
韶州府	71	7,810	71	7,810
曲江县	36	3,960	36	3,960
英德县	9	990	9	990
乐昌县	15	1,650	15	1,650
仁化县	5	550	5	550
乳源县	4	440	4	440
翁源县	2	220	2	220
南雄府	51	5,610	51	5,610
保昌县	44	4,840	44	4,840
始兴县	7	770	7	770
惠州府	175	19,250	192	21,120
归善县	45	4,950	45	4,950
博罗县	55	6,050	55	6,050
长宁县	⑥	⑥	6	660
永安县	⑥	⑥	7	770
海丰县	40	4,400	40	4,400
龙川县	8	880	8	880
长乐县	10	1,100	10	1,100
兴宁县	7	770	7	770
河源县	10	1,100	10	1,100
和平县	⑥	⑥	4	440
潮州府	495	54,450	317	34,870

直隶府州及布政使司别①	大明一统志		读史方舆纪要	
	里数△	估计户数*	里数	估计户数*
海阳县	300	33,000	30	3,300
潮阳县	43	4,730	36	3,960
揭阳县	134	14,740	78	8,580
程乡县	18	1,980	19	2,090
饶平县	⑥	⑥	27	2,970
惠来县	⑥	⑥	30	3,300
大埔县	⑥	⑥	20	2,200
平远县	⑥	⑥	4	440
普宁县	⑥	⑥	14	1,540
澄海县	⑥	⑥	55	6,050
镇平县	⑥	⑥	4	440
高州府	164	18,040	164	18,040
茂名县	46	5,060	46	5,060
电白县	12	1,320	12	1,320
信宜县	15	1,650	15	1,650
化州	37	4,070	37	4,070
吴川县	27	2,970	27	2,970
石城县	27	2,970	27	2,970
雷州府	288	31,680	288	31,680
海康县	150	16,500	150	16,500
遂溪县	48	5,280	48	5,280
徐闻县	90	9,900	90	9,900
廉州府	86	9,460	76	8,360
合浦县	36	3,960	36	3,960
钦州	10	1,100	10	1,100
灵山县	30	3,300	30	3,300
石康县	10	1,100	⑥	⑥
琼州府	434	47,740	413	45,430
琼山县	103	11,330	103	11,330
澄迈县	54	5,940	54	5,940
临高县	67	7,370	67	7,370
定安县	34	3,740	34	3,740
文昌县	38	4,180	18	1,980
会同县	7	770	7	770

直隶府州及布政使司别①	大明一统志		读史方舆纪要	
	里数△	估计户数*	里数	估计户数*
乐会县	12	1,320	12	1,320
儋州	46	5,060	46	5,060
昌化县	9	990	9	990
万州	31	3,410	30	3,300
陵水县	9	990	9	990
崖州	15	1,650	15	1,650
感恩县	9	990	9	990
广西布政使司	1,138.5	125,235	1,281	140,910
桂林府	349	38,390	344	37,840
临桂县	129	14,190	129	14,190
兴安县	20	2,200	20	2,200
灵川县	50	5,500	50	5,500
古田县	10	1,100	⑥	⑥
修仁县	2	220	⑭	⑭
荔浦县	3	330	⑭	⑭
阳朔县	13	1,430	13	1,430
全州	89	9,790	89	9,790
灌阳县	8	880	8	880
永宁州	⑥	⑥	10	1,100
永福县	12	1,320	12	1,320
义宁县	13	1,430	13	1,430
平乐府	15	1,650	28	3,080
平乐县	6	660	6	660
恭城县	1	110	1	110
富川县	2	220	2	220
贺县	6	660	6	660
荔浦县	⑭	⑭	5	550
修仁县	⑭	⑭	2	220
昭平县	⑥	⑥	3	330
永安州	⑥	⑥	3	330
梧州府	222.5	24,475	221	24,310
苍梧县	33	3,630	33	3,630
藤县	44	4,840	44	4,840
容县	16	1,760	16	1,760

直隶府州及布政使司别①	大明一统志		读史方舆纪要	
	里数△	估计户数 *	里数	估计户数 *
岑溪县	7.5	825	7	770
怀集县	4	440	4	440
郁林州	43	4,730	43	4,730
博白县	33	3,630	32	3,520
北流县	20	2,200	20	2,200
陆川县	15	1,650	15	1,650
兴业县	7	770	7	770
浔州府	96	10,560	96	10,560
桂平县	24	2,640	24	2,640
平南县	36	3,960	36	3,960
贵县	36	3,960	36	3,960
柳州府	205	22,550	205	22,550
马平县	7	770	7	770
洛容县	5	550	5	550
柳城县	12	1,320	12	1,320
罗城县	50	5,500	50	5,500
怀远县	9	990	9	990
融县	70	7,700	70	7,700
来宾县	9	990	9	990
象州	10	1,100	10	1,100
武宣县	8	880	8	880
宾州	15	1,650	15	1,650
迁江县	2	220	2	220
上林县	8	880	8	880
庆远府	146	16,060	141	15,510
宜山县	37	4,070	37	4,070
天河县	18	1,980	18	1,980
河池州	18	1,980	18	1,980
思恩县	22	2,420	22	2,420
荔波县	16	1,760	12	1,320
南丹州	19	2,090	19	2,090
东兰州	12	1,320	12	1,320
那地州	3	330	2	220
忻城县	1	110	1	110

（甲表 73 续）

直隶府州及布政使司别①	大明一统志		读史方舆纪要	
	里数△	估计户数*	里数	估计户数*
思明府	6	660	1	110
上思州	—	—	⑭	⑭
忠州	1	110	⑭	⑭
禄州	—	—	⑥	⑥
西平州	—	—	⑥	⑥
思明州	1	110	⑭	⑭
上石西州	1	110	⑥	⑥
下石西州	1	110	1	110
凭祥县⑰	2	220	④	⑥
南宁府	78	8,580	97	10,670
宣化县	41	4,510	41	4,510
隆安县	⑥	⑥	10	1,100
横州	15	1,650	15	1,650
永淳县	7	770	7	770
新宁州	⑥	⑥	—	—
上思州	⑭	⑭	20	2,200
归德州	⑥	⑥	1	110
果化州	⑥	⑥	1	110
忠州	⑭	⑭	1	110
下雷州	⑥	⑥	1	110
武缘县	15	1,650	⑭	⑭
太平府	9	990	58	6,380
崇善县	2	220	16	1,760
左州	—	—	4	440
养利州	—	—	2	220
永康县⑱	—	—	1	110
上石西州	⑥	⑥	1	110
太平州	4	440	4	440
思城州	—	—	2	220
安平州	—	—	5	550
万承州	—	—	4	440
全茗州	—	—	1	110
镇远州	—	—	1	110
思同州	1	110	4	440

（甲表 73 续）

直隶府州及布政使司别①	大明一统志		读史方舆纪要	
	里数△	估计户数*	里数	估计户数*
茗盈州	1	110	1	110
龙英州	—	—	2	220
结安州	—	—	1	110
结伦州	—	—	1	110
都结州	—	—	1	110
上下冻州	—	—	1	110
思明州	⑭	⑭	1	110
陀陵县	—	—	4	440
罗阳县	1	110	1	110
思恩军民府⑧	⑥	⑥	20	2,200
武缘县	⑭	⑭	15	1,650
镇安府	2	220	2	220
直隶归顺州	⑥	⑥	1	110
直隶田州⑧	⑥	⑥	10	1,100
上林县	⑥	⑥	1	110
恩城州	⑥	⑥	6	660
上隆州	⑥	⑥	4	440
直隶泗城州⑧	⑥	⑥	2	220
程县	⑥	⑥	1	110
直隶利州	⑥	⑥	2	220
直隶奉议州	—	—	2	220
直隶向武州⑧	⑥	⑥	7	770
富劳县	⑥	⑥	2	220
直隶都康州	⑥	⑥	2	220
直隶江州⑧	3	330	2	220
罗白县	⑥	⑥	1	110
直隶思陵州	2	220	2	220
直隶龙州	5	550	5	550
直隶凭祥州⑧⑳	⑥	⑥	2	220
安隆长官司	⑥	⑥	1	110
云南布政使司	559	61,490	643	70,730
云南府	79	8,690	79	8,690
昆明县	26	2,860	27	2,970
富民县	3	330	3	330

（甲表 73 续）

直隶府州及布政使司别①	大明一统志		读史方舆纪要	
	里数△	估计户数*	里数	估计户数*
宜良县	4	440	4	440
罗次县	3	330	3	330
晋宁州	5	550	5	550
归化县	2	220	1	110
呈贡县	4	440	4	440
安宁州	10	1,100	10	1,100
禄丰县	3	330	3	330
昆阳州	4	440	4	440
三泊县	2	220	3	330
易门县	3	330	3	330
嵩盟州③	9	990	9	990
杨林县	1	110	⑥	⑥
曲靖军民府	41	4,510	41	4,510
南宁县	3	330	3	330
亦佐县	2	220	2	220
沾益州	14	1,540	14	1,540
陆凉州	8	880	8	880
马龙州	4	440	4	440
罗雄州③	3	330	3	330
寻甸府	7	770	7	770
临安府	63	6,930	73	8,030
石屏州	8	880	8	880
建水州	8	880	8	880
阿迷州	12	1,320	12	1,320
宁州	7	770	7	770
通海县	2	220	2	220
河西县	4	440	4	440
嶍峨县	7	770	15	1,650
蒙自县	15	1,650	15	1,650
新平县	⑥	⑥	2	220
新化州	⑥	⑥	—	—
澂江府	16	1,760	15	1,650
河阳县	6	660	6	660
江川县	2	220	2	220

（甲表 73 续）

直隶府州及布政使司别[①]	大明一统志		读史方舆纪要	
	里数△	估计户数*	里数	估计户数*
阳宗县	2	220	2	220
新兴州	2	220	2	220
路南州	3	330	3	330
邑市县	1	110	⑥	⑥
广西府	31	3,410	31	3,410
师宗州	6	660	6	660
弥勒州	16	1,760	16	1,760
维摩州	9	990	9	990
广南府[⑧]	6	660	6	660
富州	2	220	2	220
元江军民府	8	880	8	880
因远罗必甸长官司	8	880	8	880
楚雄府	34	3,740	35	3,850
楚雄县	10	1,100	10	1,100
广通县	4	440	4	440
定远县	5	550	5	550
定边县	5	550	5	550
碌嘉县	1	110	2	220
南安州	5	550	5	550
镇南州	4	440	4	440
姚安军民府	8	880	8	880
姚州	4	440	4	440
大姚县	4	440	4	440
武定军民府	23	2,530	23	2,530
石旧县	4	440	⑥	⑥
和曲州	7	770	11	1,210
元谋县	5	550	5	550
禄劝州	3	330	7	770
南甸县	4	440	⑥	⑥
景东府	8	880	8	880
镇沅府	5	550	5	550
大理府	128	14,080	150	16,500
太和县	66	7,260	66	7,260
赵州	8	880	8	880

直隶府州及布政使司别①	大明一统志		读史方舆纪要	
	里数△	估计户数*	里数	估计户数*
云南县	15	1,650	15	1,650
邓川州	12	1,320	12	1,320
浪穹县	25	2,750	35	3,850
宾川州	⑥	⑥	12	1,320
云龙州	2	220	2	220
鹤庆军民府⑧	—	—	13	1,430
剑川州	18	1,980	18	1,980
顺州	3	330	3	330
丽江军民府	29	3,190	28	3,080
通安州	13	1,430	12	1,320
宝山州	6	660	6	660
兰州	4	440	4	440
巨津州	6	660	6	660
永宁府	4	440	4	440
直隶北胜州	15	1,650	15	1,650
永昌军民府	⑥	⑥	24	2,640
保山县	⑥	⑥	9	990
永平县	⑥	⑥	7	770
腾越州	⑥	⑥	8	880
蒙化府	⑥	⑥	30	3,300
顺宁府⑧	⑥	⑥	2	220
云州	⑥	⑥	4	440
澜沧卫军民指挥使司	3	330	—	—
蒗蕖州	3	330	—	—
金齿军民指挥使司	9	990	⑥	⑥
孟定府②	—	—	5	550
孟艮御夷府	19	2,090	13	1,430
大候州	4	440	⑥	⑥
威远御夷州	4	440	4	440
湾甸御夷州	5	550	5	550
镇康御夷州	6	660	4	440
贵州布政使司	88	9,680	189	20,790
贵阳军民府	⑥	⑥	65	7,150

(甲表 73 续)

直隶府州及布政使司别①	大明一统志		读史方舆纪要	
	里数△	估计户数*	里数	估计户数*
新贵县	⑥	⑥	6	660
贵定县	⑥	⑥	4	440
定番州	⑥	⑥	4	440
程番长官司	⑭	⑭	1	110
小程番长官司	⑭	⑭	10	1,100
韦番长官司	⑭	⑭	10	1,100
方番长官司	⑭	⑭	1	110
洪番长官司	⑭	⑭	1	110
卢番长官司	⑭	⑭	1	110
上马桥长官司	⑭	⑭	1	110
小龙番长官司	⑭	⑭	1	110
大龙番长官司	⑭	⑭	10	1,100
大华长官司	⑥	⑥	1	110
罗番长官司	⑭	⑭	1	110
卢山长官司	⑭	⑭	1	110
金筑安抚司	⑥	⑥	10	1,100
木瓜长官司	⑥	⑥	1	110
麻响长官司	⑥	⑥	1	110
开州	⑥	⑥		—
广顺州	⑥	⑥		—
贵州宣慰使司	—	—	9	990
水东长官司	—	—	1	110
中曹蛮夷长官司	—	—	1	110
青山长官司	—	—	1	110
札佐长官司	—	—	1	110
龙里长官司	—	—	1	110
白纳长官司	—	—	1	110
底寨长官司	—	—	1	110
乖西蛮夷长官司	—	—	1	110
养龙坑长官司	—	—	1	110
安顺军民府	⑥	⑥		—
镇宁州③	⑭	⑭		—
永宁州	⑥	⑥		—
普安州③	⑭	⑭		—

直隶府州及布政使司别①	大明一统志		读史方舆纪要	
	里数△	估计户数*	里数	估计户数*
都匀卫军民指挥使司㉞	—	—	9	990
清平县	⑥	⑥	1	110
都匀长官司	—	—	1	110
邦水长官司	—	—	1	110
平浪长官司	—	—	1	110
平洲六洞长官司	—	—	1	110
乐平长官司	—	—	1	110
平定长官司	—	—	1	110
丰宁长官司	—	—	1	110
合江州陈蒙烂土长官司	—	—	1	110
麻哈州	⑥	⑥	—	—
独山州	⑥	⑥	—	—
平越军民府	—	—	3	330
黄平州	⑥	⑥	—	—
余庆县	⑥	⑥	1	110
瓮安县	⑥	⑥	1	110
湄潭县	⑥	⑥	—	—
杨义长官司	—	—	1	110
黎平府	28	3,080	29	3,190
永从县	2	220	2	220
潭溪蛮夷长官司	3	330	3	330
八舟蛮夷长官司	2	220	2	220
洪舟泊里蛮夷长官司	4	440	4	440
曹滴洞蛮夷长官司	6	660	6	660
古州蛮夷长官司	2	220	2	220
西山阳洞蛮夷长官司	2	220	2	220
湖耳蛮夷长官司	1	110	2	220
亮寨蛮夷长官司	1	110	1	110
欧阳蛮夷长官司㉟	1	110	1	110
新化蛮夷长官司	1	110	1	110

直隶府州及布政使司别①	大明一统志		读史方舆纪要	
	里数△	估计户数*	里数	估计户数*
中林验洞蛮夷长官司	1	110	1	110
赤溪湳洞蛮夷长官司	1	110	1	110
龙里蛮夷长官司	1	110	1	110
思南府	17	1,870	17	1,870
安化县	⑥	⑥	2	220
水德江长官司	4	440	1	110
蛮夷长官司	—	—	1	110
婺川县	4	440	4	440
思印江长官司	4	440	⑥	⑥
沿河祐溪长官司	3	330	3	330
朗溪蛮夷长官司	2	220	2	220
印江县	⑥	⑥	4	440
思州府	9	990	8	880
都坪峨异溪蛮夷长官司	4	440	4	440
都素蛮夷长官司	2	220	2	220
施溪长官司	1	110	1	110
黄道溪长官司	2	220	1	110
镇远府	11	1,210	11	1,210
镇远县	⑥	⑥	3	330
施秉县	1	110	1	110
偏桥长官司	2	220	2	220
邛水十五洞蛮夷长官司	5	550	5	550
镇远金容金达蛮夷长官司	3	330	⑧	⑥
铜仁府	12	1,320	13	1,430
铜仁县	⑥	⑥	5	550
省溪长官司	1	110	1	110
提溪长官司	1	110	1	110

（甲表 73 续）

直隶府州及布政使司别①	大明一统志		读史方舆纪要	
	里数△	估计户数*	里数	估计户数*
大万山长官司	1	110	1	110
乌罗长官司	3	330	4	440
平头著可长官司	1	110	1	110
铜仁长官司	5	550	⑥	⑥
石阡府	11	1,210	6	660
石阡长官司	5	550	—	—
龙泉县	⑥	⑥	2	220
苗民长官司	2	220	2	220
葛彰葛商长官司	2	220	2	220
龙泉坪长官司	2	220	⑥	⑥
龙里卫军民指挥使司	—	—	1	110
大平伐长官司	—	—	1	110
新添卫军民长官使司	—	—	18	1,980
新添长官司	—	—	1	110
小平伐长官司	—	—	6	660
把平寨长官司⑧	—	—	2	220
丹平长官司	—	—	4	440
丹行长官司	—	—	5	550
直隶普安州⑧	—	—	⑭	⑭
直隶镇宁州⑨	—	—	⑭	⑭
直隶安顺州	—	—	⑥	⑥

资料来源　明李贤编《大明一统志》（中山大学图书馆善本室藏天顺万寿堂刊本。该书浙江布政使司缺一页〔临海、黄岩、天台三县〕，福建布政使司缺三卷〔福州、建宁、泉州三府所属各县〕，今俱从弘治慎独斋刊本补上）；清顾祖禹编《读史方舆纪要》（中华书局版）。

编者注　*每里作 110 户计算，里是明代的基层行政单位。　△茅元仪《武备志》卷 189—203《占度载度方舆》1—15 记明末县以下基层村里组织，或称"里"，或称"屯"，亦有作"屯社"或"社"的。明初朱元璋实行移民屯垦的措施，移民到了新区，按屯编制。至于"里"或"社"，乃沿袭元代里社之名，然亦加以新的编制。所记各县里、屯等数与《一统志》颇有出入。如顺天府 27 县中，即有 5 县的里（或屯等）数两书互异。
①本栏所有区域的名称均依据《大明一统志》（以下简称《一统志》）。《一统志》缺

者则据《读史方舆纪要》(以下简称《纪要》)。按《一统志》90卷,李贤等奉敕撰。天顺5年(1461年)四月,书成奏进,镂板颁行。然后来诸刻本内常有涉及嘉靖、隆庆时所建置,盖后人已有所续入,亦不尽出天顺之旧。复按顾祖禹生于明崇祯4年,卒于清康熙31年(1631—1692年),所著《纪要》一书,草于明末,其初稿刊于康熙5年(1666年),犹遵用明《一统志》例。其后改写定本,刊行全书,所用地名遂不得不改从清代。据顾氏《纪要》卷首"凡例"云:"编户多寡不同,大约以嘉隆间为断。"今凡《纪要》与《一统志》有出入之处加注说明如下。又两书虽全缺里数的府、州、县仍照录其地名于表中,但指挥使司、安抚司或长官司则不列入。

② 《纪要》作直隶。又同书卷10《直隶》1记云:"〔直隶〕总为里3,200有奇,夏秋二税大约601,152石有奇",较我们据北直隶属下府、州、县的里数分计所统计出来的直隶总里数3,026约多二百。

③ 《纪要》作昌平州。

④ 《纪要》作宁津卫。

⑤ 《纪要》作真定府。

⑥ 不见载本书的县(或州)。

⑦ 《纪要》作延庆州。

⑧ 本州系直隶州,其数字不包括属下各县(军民府同此)。

⑨ 《纪要》无"直隶"二字。

⑩ 《纪要》作江南布政使司。又同书卷19《江南》1记云:"〔江南布政使司〕总为里13,743,夏秋二税大约5,995,043石有奇",较表中据该布政使司属下府州县的里数分计计算得出来的总里数13,691多出52。

⑪ 《纪要》作江宁府。

⑫ 《纪要》原作:"编户36坊、厢,74里。"按明制:人户在城曰坊,近城曰厢,在乡、都曰里,皆为一百一十户。

⑬ 《纪要》作亳州。

⑭ 本县(州)原书隶属他府。

⑮ 《纪要》作潞安府。

⑯ 《纪要》作閺乡府。

⑰ 《纪要》作直隶州。

⑱ 《纪要》作商州。

⑲ 《纪要》作兰州。

⑳ 《纪要》作简州。

㉑ 《纪要》作达州。

㉒ 《纪要》作安陆府。

㉓原书作"九里有奇"。

㉔《纪要》作"一十三里有奇"。

㉕原书作"六里有奇"。

㉖《纪要》作宁州。

㉗《一统志》作福宁县,隶福州府。

㉘《纪要》作永康州。

㉙《一统志》作凭祥县,隶思明府。

㉚《纪要》作嵩明州。

㉛《纪要》作罗平州。

㉜《纪要》作孟定蛮夷府。

㉝《一统志》作直隶州。

㉞《纪要》作都匀府。

㉟《纪要》作欧阳寨蛮夷长官司。

㊱《纪要》作把平寨长官司。

甲表 74　清顺治、康熙、雍正三朝的人丁及田地数

(顺治 8 年至雍正 12 年,公元 1651—1734 年)

年　　度	公　元	人丁(丁)	田地＊(亩)	资　料　来　源①			
				清实录		王先谦东华录	
顺治 8 年	1651	10,633,326	290,858,461②	世祖　卷61		顺治　卷17	
9 年	1652	14,483,858	403,392,504	卷70		卷19	
10 年	1653	13,916,598	388,792,636③	卷79		卷21	
11 年	1654	14,657,205	389,693,500	卷87		卷23	
12 年	1655	14,033,900	387,771,991	卷96		卷25	
13 年	1656	15,412,776	478,186,000④	卷105		卷27	
14 年	1657	18,611,996	496,039,830	卷113		卷29	
15 年	1658	18,632,881	498,864,074	卷122		卷31	
16 年	1659	19,008,913	514,202,234	卷130		卷33	
17 年	1660	19,087,572	519,403,830	卷143		卷35	
18 年	1661	19,137,652	526,502,829⑤	圣祖　卷5		康熙　卷1	
康熙元年	1662	19,203,233	531,135,814	卷7		卷2	
2 年	1663	19,284,378	534,967,510	卷10		卷3	
3 年	1664	19,301,624	535,859,325	卷13		卷4	
4 年	1665	19,312,118	538,143,754	卷17		卷5	
5 年	1666	19,353,134	539,526,236	卷20		卷6	

（甲表 74 续）

年　　度	公　元	人丁（丁）	田地＊（亩）	资　料　来　源①	
				清实录	王先谦东华录
6 年	1667	19,304,381⑥	541,147,354	卷 24	卷 7
7 年	1668	19,366,227	541,035,087	卷 27	卷 8
8 年⑦	1669	19,388,769	543,246,357	卷 31	
9 年	1670	19,396,453	545,505,681	卷 34	卷 10
10 年	1671	19,407,587	545,917,018	卷 37	卷 11
11 年	1672	19,431,567	549,135,638	卷 40	卷 12
12 年	1673	19,393,587	541,562,783	卷 44	卷 13
13 年	1674	17,246,472	530,875,662	卷 51	卷 14
14 年	1675	16,075,552	507,345,863	卷 58	卷 16
15 年	1676	16,037,268	486,423,392	卷 64	卷 18
16 年	1677	16,216,357	498,346,253	卷 70	卷 20
17 年	1678	16,845,735	506,479,287	卷 78	卷 22
18 年	1679	16,914,256	513,635,341	卷 87	卷 24
19 年	1680	17,094,637	522,766,687	卷 93	卷 26
20 年	1681	17,235,368	531,537,260	卷 99	卷 28
21 年	1682	19,432,753	552,356,884	卷 106	卷 30
22 年	1683	19,521,361	561,583,768	卷 113	卷 32
23 年	1684	20,340,655	589,162,337	卷 118	卷 34
24 年	1685	20,341,738	589,162,337	卷 123	卷 36
25 年	1686	20,341,738	590,343,867⑧	卷 128	卷 38
26 年	1687	20,349,341	590,418,484	卷 132	卷 40
27 年	1688	20,349,341	590,418,484⑨	卷 138	卷 42
28 年	1689	20,363,568	593,181,364	卷 143	卷 44
29 年	1690	20,363,568	593,268,427	卷 149	卷 46
30 年	1691	20,363,568	593,268,427	卷 153	卷 48
31 年	1692	20,365,783	597,345,634	卷 157	卷 50
32 年	1693	20,365,783	597,345,634	卷 161	卷 52
33 年	1694	20,370,654	597,526,854	卷 165	卷 54
34 年	1695	20,370,654	597,526,854	卷 169	卷 56
35 年	1696	20,410,382	598,645,467	卷 178	卷 58
36 年	1697	20,410,682⑩	598,606,834	卷 186	卷 60
37 年	1698	20,410,693	598,677,534	卷 191	卷 62
38 年	1699	20,410,896	598,688,534	卷 196	卷 64
39 年	1700	20,410,963	598,698,554	卷 202	卷 66

年　　度	公　元	人丁(丁)	田地*(亩)	资　料　来　源①	
				清实录	王先谦东华录
40 年	1701	20,411,163	598,698,565	卷 206	卷 68
41 年	1702	20,411,380	598,699,363	卷 210	卷 70
42 年	1703	20,411,480	598,690,565	卷 214	卷 72
43 年	1704	20,412,380	598,719,662	卷 218	卷 74
44 年	1705	20,412,560	598,890,352	卷 223	卷 76
45 年	1706	20,412,560	598,895,053	卷 227	卷 78
46 年	1707	20,412,560	598,329,362	卷 231	卷 80
47 年	1708	21,621,324	621,132,132	卷 235	卷 82
48 年⑦	1709	21,921,324	631,134,434	卷 240	
49 年	1710	23,312,236⑪	663,113,224	卷 244	卷 86
50 年	1711	24,621,324⑫	693,034,434	卷 248	卷 88
51 年	1712	24,623,524	693,044,455	卷 252	卷 90
52 年	1713	23,647,679⑬	693,088,969	卷 257	卷 92
53 年	1714	24,741,546	695,076,490	卷 261	卷 94
54 年	1715	24,796,087	695,076,490⑭	卷 266	卷 96
55 年⑦	1716	24,921,446	725,065,490	卷 270	
56 年	1717	24,932,449	725,075,490	卷 276	卷 100
57 年	1718	24,973,449	725,091,190	卷 282	卷 102
58 年	1719	25,020,969	726,782,250	卷 286	卷 104
59 年	1720	25,029,949	726,812,250	卷 290	卷 106
60 年	1721	25,386,209⑮	735,645,059	卷 295	卷 108
61 年	1722	25,763,498	851,099,240	世宗　卷 2	雍正　卷 1
雍正元年	1723	25,734,864	890,187,962	卷 14	卷 3
2 年	1724	26,111,953⑯	890,647,524	卷 27	卷 5
3 年⑦	1725	26,112,414	896,582,747	卷 39	
4 年	1726	26,390,899	896,865,417	卷 51	卷 9
5 年	1727	26,508,995⑯	863,629,146	卷 64	卷 11
6 年	1728	26,521,690	865,253,620	卷 66	卷 13
7 年	1729	26,659,259	873,221,580⑰	卷 89	卷 15
8 年	1730	26,332,457	878,176,017	卷 101	卷 17
9 年	1731	26,302,933	878,619,080	卷 113	卷 19
10 年	1732	26,364,855	881,378,086	卷 126	卷 21
11 年	1733	26,348,775	889,041,640	卷 138	卷 23
12 年	1734	27,355,462	890,138,724	卷 150	卷 25

编者注　＊包括"田、地、山、荡"四类土地。康熙以后并包括"畦地"数(顺治畦地数分列,请参看注②及④)。　①本表数字以《清实录》为主要依据。王先谦《东华录》(光绪年间上海广百宋斋校印本)乃自《实录》中撮要辑录而成,其所载人丁、田地数与《实录》所记基本相同,惟间有脱漏讹误之处,别立注以说明之。　②本年(顺治8年)至12年,每年另有畦地22,980个(顺治10年畦地数,《实录》、《东华录》均作22,988个,末一"8"字,疑误。又《东华录》顺治8年作畦地22,980亩,亩字系个之误)。　③《东华录》作"38,887,926项36亩"。　④本年(顺治13年)至17年,每年另有畦地22,643个(17年,《实录》、《东华录》均作22,642个,最后一"2"字当系"3"字之讹)。　⑤《清通考》卷1作549,357,654亩。　⑥《东华录》作"19,364,881","881"乃"381"之讹。　⑦本年人丁、田地数,《东华录》缺载。⑧《东华录》项数以下作"六千七亩有奇","千"字乃"十"字之讹。　⑨《东华录》作"百九十万四千一百八十四项……","百九十万"前脱一"五"字。　⑩《东华录》作"22,410,682","22"乃"20"之误。　⑪《东华录》误作"23,311,236"。　⑫《清通典》卷9同,惟《清通志》卷19作24,621,334口。　⑬自本年(康熙52年)起至雍正12年,原两书俱作人丁若干,又永不加赋滋生人丁若干,表中数字为两项相加之和。兹将各年该两项人丁分计数附列于下:

	人　丁	永不加赋滋生人丁
康熙52年	23,587,224	60,455
53年	24,622,524	110,022
54年	24,622,524	173,563
55年	24,722,424	199,022
56年	24,722,424	210,025
57年	24,722,424	251,025
58年	24,722,424	298,545
59年	24,720,404	309,545
60年	24,918,359(《东华录》误作29,148,359)	467,850
61年	25,309,178	454,320
雍正元年	25,326,307	408,557
2年	25,510,115	601,838
3年	25,565,131	547,283

	人　丁	永不加赋滋生人丁
雍正 4 年	25,579,675	811,224
5 年	25,656,118(《东华录》误"八"为"人")	852,877
6 年	25,660,980	860,710
7 年	25,799,639	859,620
8 年	25,480,498	851,959
9 年	25,441,456	861,477
10 年	25,442,664	922,191
11 年	25,412,289	936,486
12 年	26,417,932	937,530

⑭《东华录》误作"6,590,764 顷 90 亩"。　　⑮《东华录》所记该两年(康熙 60 年及雍正 5 年)"人丁"数有误,参见上注⑬。又:《清通典》卷 9 及《清通志》卷 85 记康熙 60 年人丁数与《实录》同,惟《清通考》作 27,355,462 口。　　⑯《清通考》卷 19 作 25,284,818 口;《清通典》卷 9 及《清通志》卷 85 均作 24,854,818 口。⑰是年(雍正 7 年)田地数,《东华录》缺载。

甲表 75　清顺治、康熙、雍正三朝每朝及每十年平均人丁数、田地数及每丁平均亩数

年　度	公　元	人　丁	田地(亩)	每丁平均亩数
顺治朝 8—18 年	1651—1661	16,092,425	444,882,535	27.65
康熙朝元—61 年	1662—1722	20,645,245	600,042,690	29.06
元—10 年	1682—1671	19,337,790	539,648,414	27.91
11—20 年	1672—1681	17,249,080	518,810,817	30.08
21—30 年	1682—1691	20,176,763	584,316,438	28.96
31—40 年	1692—1701	20,393,765	598,176,046	29.33
41—50 年	1702—1711	21,394,913	620,122,958	28.98
51—61 年	1712—1722	24,894,255	726,582,488	29.18
雍正朝元—12 年	1723—1734	26,397,880	882,811,795	33.44

资料来源　根据本编表 74 作。

甲表 76　清乾隆、嘉庆、道光三朝的人口数及存仓米谷数

（乾隆 6 年至道光 30 年，公元 1741—1850 年）

年　　度	公元	口　数	存仓米谷数① （石）	资　料　来　源		备　　考
				清实录	王先谦 东华续录	
乾　隆 6 年	1741	143,411,559	31,721,903	高宗实录 卷 157	乾隆卷 14	"口数"包括"大小男妇"，下同。"存仓米谷数"，原文载有石以下的细数，本表概省去。
7 年	1742	159,801,551	29,620,652	卷 181	卷 16	
8 年	1743	164,454,416	29,620,652	卷 207	卷 18	
9 年	1744	166,808,604	32,088,937	卷 231	卷 20	
10 年	1745	169,922,127	35,586,613	卷 255	卷 22	
11 年	1746	171,896,773	25,054,814	卷 281	卷 24	
12 年	1747	171,896,773	32,738,410	卷 305		东华续录无记载。按：实录所记是年口数与上一年完全相同。
13 年	1748	177,495,039	31,018,751	卷 331		东华续录无记载。实录所记是年口数与下一年完全相同。
14 年	1749	177,495,039	32,199,501	卷 355	卷 30	
15 年	1750	179,538,540	33,190,900	卷 379	卷 32	
16 年	1751	181,811,359	27,341,275	卷 405	卷 34	
17 年	1752	182,957,277	26,672,803	卷 429		东华续录无记载。
18 年	1753	183,678,259	29,020,824	卷 453	卷 38	
19 年	1754	184,504,493	31,114,160	卷 479	卷 40	
20 年	1755	185,612,881	32,966,101	卷 503	卷 42	"存仓米谷数"，东华续录作"32,966,301"。
21 年	1756	186,615,514	30,191,158	卷 529	卷 44	
22 年	1757	190,348,328	31,954,733	卷 553		东华续录无记载。
23 年	1758	191,672,808	29,959,320	卷 577	卷 48	
24 年	1759	194,791,859	31,784,840	卷 603	卷 50	
25 年	1760	196,837,977	31,979,841	卷 627	卷 52	
26 年	1761	198,214,555	34,723,175	卷 651	卷 54	
27 年	1762	200,472,461	34,093,273	卷 677	卷 56	口数，清通典 9 同。清通考 19 作 200,473,275 口。

（甲表 76 续）

年　度	公　元	口　数	存仓米谷数① (石)	资　料　来　源		备　考
				清实录	王先谦 东华续录	
乾 隆 28 年	1763	204,299,828	34,043,612	卷 701	卷 58	"口数"，东华续录作 "204,209,828"。
29 年	1764	205,591,017	34,698,843	卷 725	卷 60	
30 年	1765	208,993,224	33,389,684	卷 751		东华续录无记载。
31 年	1766	208,095,796	36,962,436	卷 775	卷 64	
32 年	1767	209,839,540	38,619,224	卷 801	卷 66	
33 年	1768	210,837,502	39,969,741	卷 825		同上。
34 年	1769	212,023,042	37,579,703	卷 849	卷 70	
35 年	1770	213,613,163	35,793,437	卷 875	卷 72	
36 年	1771	214,600,356	33,097,045	卷 899	卷 74	
37 年	1772	216,467,258	37,872,349	卷 923	卷 76	
38 年	1773	218,743,315	41,249,012	卷 949	卷 78	
39 年	1774	221,027,224	860,510	卷 973	卷 80	
40 年	1775	264,561,355	30,958,090	卷 999	卷 82	
41 年	1776	268,238,181	40,302,592	卷 1023	卷 84	
42 年	1777	270,863,760	41,454,324	卷 1047		同上。
43 年	1778	242,965,618	39,457,889	卷 1073	卷 88	
44 年	1779	275,042,916	28,872,958	卷 1097	卷 90	
45 年	1780	277,554,431	37,725,569	卷 1121		同上。
46 年	1781	279,816,070	40,219,849	卷 1147	卷 94	
47 年	1782	281,822,675	41,739,433	卷 1171	卷 96	
48 年	1783	284,033,785	41,349,831	卷 1195	卷 98	口数，清通典 9 同。清通 考 19 作 284,033,755。
49 年	1784	286,331,307	39,827,316	卷 1221	卷 100	"存仓米谷数"，东华续 录作"39,107,316"。
50 年	1785	288,863,974	39,175,630	卷 1245	卷 102	
51 年	1786	291,102,486	37,464,154	卷 1271	卷 104	"口数"，东华续录作 "391,102,286"，乃字 之讹误。按故宫"户 部档案"所记与实 录同。
52 年	1787	292,429,018	37,556,978	卷 1295	卷 106	

年　　度	公　元	口　数	存仓米谷数① (石)	资　料　来　源		备　　考
				清实录	王先谦 东华续录	
乾　隆 53 年	1788	294,852,089	42,494,194	卷 1319	卷 108	
54 年	1789	297,717,496	43,209,918	卷 1345		东华续录无记载。
55 年	1790	301,487,115	45,486,610	卷 1369	卷 112	
56 年	1791	304,354,110	45,752,581	卷 1393	卷 114	
57 年	1792	307,467,279	45,643,551	卷 1419	卷 116	
58 年	1793	310,497,210	44,185,923	卷 1443	卷 118	
59 年	1794	313,281,795	45,003,397	卷 1467	卷 120	东华续录所记是年"口数"及"存仓米谷数"与清实录所记乾隆 60 年的数字完全一样。
60 年	1795	296,968,968	39,753,175	卷 1493		东华续录无记载。
嘉　庆　元　年	1796	275,662,044	37,206,539	仁宗实录卷 12	嘉庆卷 2	
2 年	1797	271,333,544	31,335,999	卷 25	卷 4	
3 年	1798	290,982,980	30,757,762	卷 36	卷 6	
4 年	1799	293,283,179	31,380,799	卷 56	卷 8	
5 年	1800	295,237,311	29,575,296	卷 77	卷 10	
6 年	1801	297,501,548	30,483,879	卷 92	卷 12	
7 年	1802	299,749,770	31,184,052	卷 106	卷 14	
8 年	1803	302,250,673	30,548,273	卷 124	卷 16	是年"民数、谷数","湖北、陕西、福建三省未经查报"。
9 年	1804	304,461,284	29,706,247	卷 138	卷 18	
10 年	1805	332,181,403	29,411,999	卷 155	卷 20	是年"民数、谷数","福建、陕西未经查报"。
11 年	1806	335,369,469	28,113,030	卷 172	卷 22	"口数",东华续录作"335,309,469"。
12 年	1807	338,262,130	30,218,182	卷 190	卷 24	
13 年	1808	350,291,724	30,483,879	卷 205	卷 26	"存仓米谷数",东华续录作"30,483,874"。
14 年	1809	352,900,024	33,528,853	卷 223	卷 28	
15 年	1810	345,717,214	31,443,177	卷 237	卷 30	

年　　度	公元	口　　数	存仓米谷数① (石)	资　料　来　源		备　　考
				清实录	王先谦 东华续录	
嘉庆 16 年	1811	358,610,039	33,390,605	卷 252	卷 32	
17 年	1812	333,700,560	33,588,585	卷 264	卷 34	
18 年	1813	336,451,672	33,704,468	卷 281	卷 36	
19 年	1814	316,574,895	30,802,869	卷 301	卷 38	
20 年	1815	326,574,895	30,802,869	卷 314	卷 40	
21 年	1816	328,814,957	32,651,043	卷 325	卷 42	
22 年	1817	331,330,433	34,097,710	卷 337	卷 44	
23 年	1818	348,820,037	35,563,144	卷 352	卷 46	
24 年	1819	301,260,545	36,773,554	卷 365	卷 48	
25 年	1820	353,377,694	36,713,138	宣宗实录卷 11		东华续录无记载。
道 光 元 年	1821	355,540,258	35,120,009	卷 27	道光卷 4	
2 年	1822	372,457,539	35,355,249	卷 47	卷 6	
3 年	1823	375,153,122	34,896,666	卷 63	卷 8	是年"民数、谷数"，"直隶武清等三十一州县、江苏、福建台湾等处未经咨报"。"口数"，东华续录作"375,151,122"。
4 年	1824	374,601,132	32,884,462	卷 77	卷 10	是年"民数"，"直隶三河等州县、福建台湾府未报"；"谷数"，"江苏、福建未报"。
5 年	1825	379,885,340	32,610,160	卷 93	卷 12	
6 年	1826	380,287,007	32,702,483	卷 112		东华续录无记载。
7 年	1827	383,696,095	31,552,769	卷 131	卷 16	
8 年	1828	386,531,513	32,982,254,	卷 149	卷 18	
9 年	1829	390,500,650	33,806,160	卷 163	卷 20	
10 年	1830	394,784,681	34,054,172	卷 182	卷 22	
11 年	1831	395,821,092	33,686,342	卷 203		同上。
12 年	1832	397,132,659	32,234,557	卷 228	卷 26	
13 年	1833	398,942,036	30,555,715	卷 247	卷 28	
14 年	1834	401,008,574	29,914,776	卷 261		同上。
15 年	1835	401,767,053	30,531,982	卷 276	卷 32	

（甲表 76 续）

年　度	公元	口　数	存仓米谷数① （石）	资　料　来　源		备　考
				清实录	王先谦 东华续录	
道光 16 年	1836	404,901,448	29,676,074	卷 292	卷 34	是年"民数、谷数"，"福建、湖南册报未到"。
17 年	1837	405,923,174	30,350,315	卷 304	卷 36	
18 年	1838	409,038,799	30,828,804	卷 317	卷 38	
19 年	1839	410,850,639	31,615,400	卷 329	卷 40	是年"民数、谷数"，"湖南、福建二省暨台湾府册报未到"。
20 年	1840	412,814,828	32,369,625	卷 343	卷 42	是年"民数、谷数"，"福建、湖南未报"。
21 年	1841	413,457,311	32,061,540	卷 364	卷 44	
22 年	1842	414,686,994	32,149,030	卷 387	卷 46	
23 年	1843	417,239,097	32,018,021	卷 400	卷 48	
24 年	1844	419,441,336	32,379,814	卷 412	卷 50	是年"民数、谷数"，"福建未据册报"。
25 年	1845	421,342,730	32,301,218	卷 424	卷 52	
26 年	1846	423,121,129	32,493,301	卷 437	卷 54	"口数"，东华续录作"421,121,129"。
27 年	1847	424,938,009	31,503,125②	卷 450	卷 56	是年"民数"，"福建、台湾未报"；"谷数"，江苏未报。"口数"，东华续录作"424,938,900"。
28 年	1848	426,737,016	29,274,284	卷 462	卷 58	是年"福建谷数,台湾府民数未报"。
29 年	1849	412,986,649	25,726,606	卷 475	卷 59	
30 年	1850	414,493,899	27,492,420	文宗实录卷 24	咸丰卷 6	是年"民数、谷数"，"江苏、福建等处未经册报"。

编者注　①《清实录》及《东华录》自乾隆起不载田地数。今列其所载存仓米谷数及明万历初年各直省积谷数于此表中，以供读者参考。　②《东华续录》原作"三千一百五十万三千一百五十万三千一百二十五石"，"三千一百五十万"重见，必为衍文。

附记　（一）明神宗万历年间各直省积谷总计 1,151,964 石，而清代乾、嘉、道三朝清廷所掌握的存仓米谷数通常在 3,000 万石以上（乾隆 55—57 年［1790—1792 年］三年存仓米谷数最高，均在 4,500 万石以上；亦有些年份在 3,000 万石以下者，如乾隆 7 年、18 年、44 年，嘉庆 5 年、9—11 年，道光 16 年、24 年、28—30 年等）。兹将明万历初年各直省积谷数分列如下（见《万历会计录》卷 43）：

区域	积谷数（石）	区域	积谷数（石）
各直省总计	1,151,964	四 川	63,710
山 东	144,354	福 建	61,300
河 南	140,100	山 西	57,500
南直隶	131,830	陕 西	57,500
湖 广	126,600	广 东	31,240
北直隶	109,100	云 南	25,450
江 西	97,380	广 西	16,420
浙 江	88,400	贵 州	1,080

以上各省顺序系按积谷数的大小来排列，又南、北直隶，原书只载各府州的分计数，本表南直、北直数字乃据各分计相加得出。

（二）《清通考》卷 36《市籴考》5 记有乾隆 13 年"议定各省［常平］仓谷存贮额数"，今引录于下（《乾隆会典》卷 12《户部积贮》亦记有各省常平仓积谷数，但未记明定制年份。又，《会典》记直隶应贮谷作 1,154,524 石，较《清通考》所记少 100 万石，以各省合计数核之，《会典》误）：

直省别	应贮谷数（石）	直省别	应贮谷数（石）	直省别	应贮谷数（石）
各直省合计	33,792,330+	山 东	2,959,386	湖 南	702,133
		河 南	2,310,999	四 川	1,029,800
直 隶	2,154,524	陕 西	2,733,010	福 建	2,566,449
奉 天	1,200,000	甘 肃	3,280,000	广 东	2,953,661
江 苏	1,528,000	浙 江	2,800,000	广 西	1,274,378
安 徽	1,884,000	江 西	1,370,713	云 南	701,500
山 西	1,315,837	湖 北	520,935	贵 州	507,010

按：以上各省常平仓应贮谷额数，其中云南、陕西、甘肃三省系以"乾隆 13 年以前现额为准"；福建、广东、贵州三省"以现存之谷作为定额"；其余直隶等 13 省"悉以雍正年间旧额为准"。

又，《清通考》云："通计一十九省应贮谷 33,792,330 石有奇，较之乾隆 13 年（1748 年）以前现额 48,110,680 石有奇，计减贮谷 14,318,350 石。"

（三）《清通考》卷 37《市籴考》6 记有"乾隆 31 年（1766 年）以前各省节次奏报［常平仓］现存谷数"，"其社仓、义仓之［谷］数亦附见焉"，今引录于下：

直省别	常平仓实存谷数(石)	社仓实存谷数(石)	义仓实存谷数(石)	备　考
各直省合计	30,532,286+	8,234,042+	995,968+	
直隶	1,975,275+	396,524+	484,700+	
奉天	241,618+	93,614+		常平仓系米数;社仓系豆、谷、杂粮数。
江苏	1,271,857+	323,751+	475,850+ *	义仓系"两淮盐义仓"。
苏松布政使司属	563,513+ *	231,889+ *		常平仓系"谷并米抵谷"数。
江淮布政使司属	708,344+ *	91,862+△		常平仓系"谷并米、麦、豆抵谷"数。
安徽	1,235,708+△	505,285+ *		常平仓系"谷、米、杂粮"数。
山西	2,303,263+	579,643+		常平仓系"谷、米、豆"数。
山东	2,563,305+ *	186,048+		
河南	2,391,000+ *	643,111+		
陕西	2,156,610+ *	620,870+		常平仓系"谷并杂粮抵谷"数。
甘肃	1,831,711+▲	31,677+		
浙江	463,435+	260,481+	6,060+	义仓,原作"盐义仓";又所存系米数。
江西	1,341,921+	731,768+	5,358+	义仓,原作"关义仓"。
湖北	763,579+	654,003+	24,000	常平仓:内米15,579+石,余为谷并小麦抵谷数。
湖南	1,438,349+	532,537+		
四川	1,856,437+	900,518+		常平仓、社仓均系谷及杂粮数。
福建	2,689,718+ *	492,657+		
广东	2,901,576+ *	422,471+△		
广西	1,380,121+ *	258,276+		
云南	844,355+	569,896+		常平仓系谷、麦数;社仓系谷、杂粮数。
贵州	881,848+	30,912+		常平仓系米数,社仓数内有米1,086+石。

按.各省各仓实存谷数的奏报年度不一,今以＊代表乾隆30年,△代表29年,▲代表28年;无记号者悉为31年奏报数。江苏省常平、社仓数字系据苏松、江淮两司分计数相加得出,原书不载。

又:河南省另有漕仓实存数641,090余石;山西省归化等厅预备军需平粜数197,339余石,俱未计入各该省存谷数内。

甲表 77　清咸丰、同治两朝的人口数
（自道光 30 年起至同治 12 年止，公元 1850—1873 年）

年　度	公　元	东华续录原载口数	赵泉澄氏考正后的口数①	补造口数	补造之年	对考正有关的补充说明①	
						补造地区	补造后尚未册报的地区①
道光②30 年	1850	414,493,899	429,913,134	15,437,135	咸丰元年	甘肃	福建属之台湾府。
咸丰元年	1851	432,164,047	431,894,047③	—	—	—	福建之台湾府、广西属之永安州。
2 年	1852	334,403,035	379,180,257	44,494,303	咸丰 5 年	江苏	福建之台湾府、湖南、湖北、广西属之全州、永安州。
				282,919	咸丰 4 年	巴里坤、乌鲁木齐等处	
3 年	1853	297,626,556	318,227,760	20,313,601	咸丰 5 年	福建	安徽、江苏、福建之台湾府、湖北、广西之全州、永安州。
				287,643	咸丰 4 年	巴里坤、乌鲁木齐等处	
4 年	1854	298,152,503	318,845,626	20,400,669	咸丰 7 年	福建	同上。
				292,454		巴里坤、乌鲁木齐等处	
5 年	1855	293,740,282	318,845,752	20,509,228	咸丰 8 年	福建	安徽、江苏、福建之台湾府、湖北、广西之全州、永安州、富川县、桂平县、贵州属之八寨等 21 厅州县。
				4,298,880	咸丰 7 年	贵州（八寨等 21 厅州县在外）	
6 年	1856	275,117,661	300,294,805	20,574,339	咸丰 9 年	福建	安徽、江苏、江西之奉新等 40 州县、福建之台湾府、湖北、广西之全州等 20 州县、贵州属之八寨等 21 厅州县。
				4,301,086	咸丰 7 年	贵州（八寨等 21 厅州县在外）	

（甲表77续）

年　度		东华续录原载口数	赵泉澄氏考正①后的口数	对考正有关的补充说明①			
年	公元			补造口数	补造之年	补造地区	补造后尚未册报的地区①
7年	1857	242,372,140	291,601,918④	301,719	咸丰8年	巴里坤,乌鲁木齐等处	安徽、江苏、江西之奉新等40州县,福建之全州等20州县,广西属之全州等20州县,贵州之八寨等21厅州县。
8年	1858	293,887,502	314,626,071	20,686,533	咸丰9年	福建	直隶属之保定等10府、安徽、江苏、福建属之台湾府、巴里坤、乌鲁木齐等处、广西、云南、贵州之八寨等21厅州县。
				23,931,340	咸丰8年	河南	
				310,073	咸丰8年	巴里坤,乌鲁木齐等处	
9年	1859	291,148,743	291,148,743	20,738,569	咸丰11年	福建	直隶属之保定等10府、安徽、福建、巴里坤、乌鲁木齐、齐、广西、云南、贵州。
10年	1860	260,924,675	281,892,743	—	—	—	直隶之保定等10府、安徽、江西、浙江之仁和等20州县、福建之台湾府、巴里坤、乌鲁木齐、广西、云南、贵州之都匀、镇远2府及八寨等18厅州县。
				20,968,068	同治2年	福建	
11年	1861	266,889,845	287,936,857	21,047,012	同治3年	福建	直隶之保定等10府、安徽、浙江、福建之台湾府、广西、云南、贵州、巴里坤、乌鲁木齐、镇之都匀、镇远2府及八寨等17厅州县。

（甲表 77 续）

年　度	公元	东华续录原载口数	赵泉澄氏考正后的口数①	对考正有关的补充说明①			
				补造口数	补造之年	补造地区	补造后尚未册报的地区①
同治元年	1862	255,417,324	276,591,592	21,174,268	同治 4 年	同上	直隶之保定等 10 府、江苏、浙江、安徽、福建之台湾府、广西、云南、贵州之兴义、都匀、镇远 3 府及普安等 22 厅州县。
2 年	1863	233,958,435	258,076,889	21,273,063	同治 5 年	同上	直隶之保定等 10 府、江苏、浙江、福建之台湾府、陕西、甘肃、巴里坤、乌鲁木齐、广西、云南、贵州。
				2,845,391		奉天	
3 年	1864	237,507,707	256,744,109	19,236,382	同治 8 年	福建	同上。
4 年	1865	237,458,005	260,697,717	714,546	同治 5 年	直隶之承德府	同上（只贵州今作"贵州之大定等府"）。
				19,346,698	同治 9 年	福建	
				3,178,468	同治 5 年	贵州之 7 府及 25 厅州县	
5 年	1866	⑤	255,957,082④	19,455,268⑦	同治 10 年	福建	直隶之保定等 10 府、安徽、江苏、福建之台湾府、陕西、甘肃、巴里坤、乌鲁木齐、广西、云南、贵州。
6 年	1867	236,636,585	256,236,827	19,600,242	同治 11 年	同上	同上（只直隶之保定等 10 府今作"直隶之保定等 11 府"）。

（甲表 77 续）

年度 公元	东华续录原载口数	赵泉澄氏考正后的口数①	对考正有关的补充说明①			
			补造口数	补造之年	补造地区	补造后尚未册报的地区
7年 1868	238,180,135	257,925,204	19,745,069	同上	同上	同上（但直隶仍为"10府"）。
8年 1869	239,011,321	258,907,049	19,896,728	同上	同上	同上。
9年 1870	268,040,023	271,798,461	20,152,657	同上	同上	
			2,952,479	光绪元年	奉天	
10年 1871	272,354,831	273,110,831[8]	20,211,286	同治 11 年	福建	
11年 1872	274,636,014	274,636,014	—	—	—	
12年 1873	277,133,224	277,133,224	—	—	—	

编者注　①见赵泉澄《咸丰东华录人口考正》及《同治东华录人口考正》二文（载《齐鲁学报》第 1,2 期）。按赵氏以清代档案中各省人口册报折及户部册报来与《东华录》《东华销册》所记口数比较，发现《东华录》并末将补造的口数计入。②时清文宗实录已嗣立，尚末改元。③据《户部奏销册》。④《户部奏销册》。⑤原书缺。（见注①）原载总额为 432,164,047；但各省区加之和则为 431,894,047。⑥或作255,957,042。⑦或作19,455,228。⑧《户部奏销册》原载总额与各省分计相加之和不符。

甲表 78　清顺治、康熙、雍正、乾隆(初、中期)四朝各直省人丁数 *

直省别	顺治18年(1661年)	康熙24年(1685年)	雍正2年(1724年)	乾隆14年(1749年)	乾隆18年(1753年)	乾隆22年(1757年)	乾隆27年(1762年)	乾隆32年(1767年)
各直省总计①	21,068,609	23,411,448	25,284,818	177,495,039	102,750,000	190,348,328	200,473,275	209,839,546
直隶	2,857,692	3,196,866	3,406,843	13,933,258	9,374,217	14,377,168	16,132,454	16,690,573
奉天	5,557	26,227	42,210	406,511	221,742	428,056	674,735	713,485
江苏②	} 3,453,524②	2,657,750	2,673,208	20,972,437	12,628,987	22,638,766	23,284,397	23,779,812
安徽		1,314,431	1,357,573	21,567,929	2,435,361△	22,431,982	22,848,480	23,355,141
山西	1,527,632	1,649,666	1,768,657	9,509,266	5,162,351	9,654,234	10,239,907	10,468,349
山东	1,759,737	2,110,973	2,278,305	24,011,829	12,769,872	24,745,549	25,292,683	25,634,566
河南	918,060	1,432,376	2,049,417	12,847,909	7,114,346	16,034,412	16,398,607	16,562,889
陕西③	} 2,401,364③	2,241,714	2,164,656	6,734,158	3,851,043	7,081,846	7,297,415	7,348,565
甘肃④		273,292④	302,763④	5,709,526	2,133,222	5,941,699	7,470,927	11,537,539
浙江	2,720,091	2,750,175	2,758,713	11,877,436	8,662,808	14,625,677	15,612,356	16,523,736
江西	1,945,586	2,126,407	2,172,587	8,428,205	5,055,251	9,108,615	11,609,611	11,540,369
湖北⑤	} 759,604⑤	443,040	453,007	7,527,486	4,568,860	7,957,304	8,137,947	8,399,652
湖南		303,812	341,300	8,672,433	4,336,332	8,762,726	8,854,608	8,907,022
四川	16,096	18,509	409,310	2,506,780	1,368,496	2,682,893	2,802,999	2,958,271
福建	1,455,808	1,395,102	1,429,203	7,620,429	4,710,339	7,977,686	3,065,288	8,094,294
广东	1,000,715	1,109,400	1,307,866	6,460,638	3,969,248	6,699,517	6,818,931	6,938,855
广西	115,722	179,454	202,711	3,687,725	1,975,619	3,850,136	3,972,653	4,706,176
云南	117,582	158,557	145,240	1,946,173	1,003,058	2,014,483	2,088,746	2,148,597
贵州	13,839	13,697	21,388	3,075,111	1,418,848	3,335,579	3,411,148	3,441,656

资料来源　《清朝文献通考》卷19《户口》1。

编者注　﹡关于清代西藏等地区的户口数,请参考本编表86。

①右方横栏中所记历年各直省总计都是《清实通考》原载的数字,如据各年诸分计数相加而得出的总数,则以下6年是与上载颇有不同的:康熙24年23,401,448;雍正2年25,284,957;乾隆14年177,495,239;乾隆18年92,760,000;乾隆27年201,013,892;乾隆32年209,749,547。

②昌府同辖于江南省。

③清初同辖于陕西总督之下。康熙8年,自陕西省分设甘肃省。

④原书作"巩昌布政使司"的人口数,盖仍袭康熙6年(1667年)的旧称。按:清初仍明制,陕西布政使司共领府八。康熙3年(1664年)分陕西为左、右二布政使司,其右布政使司驻巩昌,领巩昌、领凯昌、临洮、平凉、庆阳四府。6年改右布政使司为甘肃布政使司;8年再改名为甘肃布政使司。⑤清初同辖于湖广省。△这一数字,与乾隆其他年度相较,偏低太甚,当是原书有脱漏。因此影响该年各省分计数之和大大偏低。

甲表79　清顺治、康熙、雍正、乾隆四朝各直省人丁数占其总数的百分比

直省别	顺治18年(%)	康熙24年(%)	雍正2年(%)	乾隆14年(%)	乾隆18年*(%)	乾隆22年(%)	乾隆27年(%)	乾隆32年(%)
各直省总计	100.00	100.00	100.00	100.00	100.00	100.00	100.00	100.00
直隶	13.56	13.66	13.47	7.85	9.12	7.55	8.05	7.95
奉天	0.03	0.11	0.17	0.23	0.22	0.23	0.34	0.34
江苏	16.39	11.35	10.57	11.82	12.29	11.89	11.61	11.33
安徽	16.39	5.61	5.37	12.15	2.37△	11.79	11.39	11.13
山西	7.25	7.05	6.99	5.36	5.02	5.07	5.11	4.99
山东	8.35	9.02	9.01	13.53	12.43	13.00	12.61	12.22
河南	4.36	6.12	8.11	7.24	6.92	8.43	8.18	7.89
陕西	11.40	9.58	8.56	3.79	3.75	3.72	3.64	3.50
甘肃	11.40	1.17	1.20	3.21	2.08	3.12	3.73	5.50
浙江	12.91	11.75	10.91	6.69	8.43	7.68	7.79	7.87
江西	9.23	9.08	8.59	4.75	4.92	4.79	5.79	5.50
湖北	3.61	1.89	1.79	4.24	4.45	4.18	4.06	4.00
湖南	3.61	1.30	1.35	4.89	4.22	4.60	4.42	4.24
四川	0.08	0.08	1.62	1.41	1.33	1.41	1.40	1.41
福建	6.91	5.96	5.65	4.29	4.58	4.19	4.02	3.86
广东	4.75	4.74	5.17	3.64	3.86	3.52	3.40	3.31
广西	0.55	0.77	0.80	2.03	1.92	2.02	1.98	2.24
云南	0.56	0.68	0.57	1.09	0.98	1.06	1.04	1.02
贵州	0.07	0.06	0.08	1.73	1.38	1.75	1.70	1.64

资料来源　根据本编表78作。

编者注　*本年《清通考》所记各直省总计和我们据各直省分计数相加得出的总数相差较大（差额为9,990,000人丁，见甲表78注①），此处系用《清通考》原记总计数作基数。如以各直省分计相加之和作基数，则各直省所占百分比分别为：直隶10.11、奉天0.24、江苏13.61、安徽2.63、山西5.57、山东13.77、河南7.67、陕西4.12、甘肃2.30、浙江9.34、江西5.45、湖北4.93、湖南4.67、四川1.48、福建5.10、广东4.28、广西2.13、云南1.08、贵州1.52。△请参看上表△。

甲表 80　清顺治、康熙、雍正、乾隆四朝各直省人丁数的升降百分比

（以顺治 18 年作 100）

直省别	顺治18年	康熙24年	雍正2年	乾隆14年	乾隆18年	乾隆22年	乾隆27年	乾隆32年
各直省总计	100.00	111.12	120.01	842.47	487.69*	903.46	951.53	995.98
直　隶	100.00	111.87	119.22	487.57	328.03	503.10	564.53	584.06
奉　天	100.00	471.96	759.58	7,315.30	3,990.32	7,703.00	12,142.07	12,839.39
江　苏	⎫100.00	115.02	116.72	1,231.79	436.20△	1,305.07	1,335.82	1,364.84
安　徽	⎭							
山　西	100.00	107.99	115.78	622.48	337.93	631.97	6,703.12	685.27
山　东	100.00	119.96	129.47	1,364.51	725.67	1,406.21	1,437.30	1,456.73
河　南	100.00	156.02	223.23	1,399.46	774.93	1,746.55	1,786.22	1,804.12
陕　西	⎫100.00	104.73	102.75	518.19	249.20	542.34	615.00	786.47
甘　肃	⎭							
浙　江	100.00	101.11	101.13	436.66	318.47	537.70	573.96	607.47
江　西	100.00	109.29	111.67	433.20	259.83	468.17	596.72	593.16
湖　北	⎫100.00	98.32	104.57	2,132.68	1,172.35	2,201.15	2,237.03	2,278.38
湖　南	⎭							
四　川	100.00	114.99	2,542.93	15,573.93	8,502.09	16,068.07	17,414.26	18,378.92
福　建	100.00	95.83	98.17	523.45	323.55	547.99	554.01	556.00
广　东	100.00	110.86	130.69	645.60	396.64	669.47	681.41	693.39
广　西	100.00	55.07	175.17	3,186.71	1,707.21	3,327.05	3,432.93	4,066.79
云　南	100.00	134.85	123.52	1,655.16	853.07	1,713.26	1,776.42	1,827.32
贵　州	100.00	98.97	154.55	22,220.62	10,252.53	24,102.75	24,648.80	24,869.25

资料来源　根据本编表 78 作。

编者注　* 如据各直省分计之和 92,760,000 人丁（参甲表 78 注①）未计，则这一百分比是 440.27%。　△请参

△ 看甲表 73 注△。

甲表 81　清乾隆十八年各直省户、丁口数及每户平均丁口数

(公元 1753 年)

直　省　别*	户　　数	丁　口　数	每户平均丁口数
各直省总计	38,845,354①	103,050,000②	2.65
直　隶	3,071,975	9,374,217	3.06
盛　京	59,212	221,742	3.74
江　苏	5,478,287	12,618,987	2.30
安　徽	4,136,125	12,435,361	3.00
山　西	1,779,247	5,162,351	2.90
山　东	4,539,957	12,769,872	2.81
河　南	3,029,528	7,114,346	2.35
陕　西	1,033,177	3,851,043	3.73
甘　肃	1,002,518	2,133,222	2.13
浙　江	3,043,786	8,662,808	2.85
江　西	2,185,195	5,055,251	2.31
湖　北	1,756,426	4,568,860	2.60
湖　南	1,664,721	4,336,332	2.60
四　川	750,785	1,368,496	1.82
福　建	1,127,746	4,710,399	4.18
广　东	1,241,940	3,969,248	3.20
广　西	943,020	1,975,619	2.09
云　南	371,284	1,003,058	2.70
贵　州	629,835	1,718,848	2.72

资料来源　《乾隆会典》(图书集成印书局本)卷9《户部户口》。按原书载明此为据"奏报民数册"计得之户数及口数,自直隶以下各省之数字,皆记云人丁各若干户,各若干口,可见"丁"、"口"二字通用。

编者注　*乾隆时西藏地区的户口数,请参看甲表86附注△。

①表中各直省户数和口数的总计,都是照录原书的数字,但如果把各省的分计数相加起来,其总和如下:户数 37,844,764;口数 103,050,060。罗尔纲《太平天国革命前的人口压迫问题》引《乾隆会典》(未注明版本)户数总计作"37,844,754",当系据各省分计统计出来的数字。但罗文贵州省户数误作"629,825",少了 10 户,故各直省分计的总和,亦差 10 户。

②《清实录》及王先谦《东华续录》乾隆卷 38 载是年口数为 183,678,259(参看本编表 76)。《清朝文献通考》卷 19《户口》1,载是年人丁数为 102,750,000 口(参看本编表 78 及乙编表 73)。

甲表 82　清乾隆（后期）、嘉庆、道光、咸丰四朝各直省丁口数

直　省　别	乾隆 51—56 年平均(1786—1791 年)	嘉庆 17 年 (1812 年)	道光 10—19 年平均(1830—1839 年)	道光 20—30 年平均(1840—1850 年)	咸丰元年 (1851 年)
各直省总计	296,991,000	361,693,379	403,221,700	421,266,092	431,894,047
直　隶	23,219,000	27,990,871	22,277,000	22,927,455	23,455,213
奉　天	821,667	942,003	2,158,600	2,412,455	2,581,951
吉　林	153,000	307,981	322,900	325,455	326,723
江　苏	31,907,333	37,843,501	41,960,700	43,482,545	44,302,621
安　徽	29,153,833	34,168,059	37,155,400	37,508,000	37,630,968
山　西	13,288,333	14,004,210	14,768,100	15,011,273	15,692,683
山　东	22,971,167	28,958,764	31,235,400	32,468,273	33,266,055
河　南	21,198,333	23,037,171	23,687,000	23,827,909	23,927,764
陕　西	8,441,333	10,207,256	11,960,000	12,042,727	12,009,543
甘　肃	15,165,333	15,193,125	15,382,100	15,421,273	15,440,297
巴里坤、乌鲁木齐	118,333	161,750	214,900	249,636	278,349
浙　江	22,124,167	26,256,784	28,476,900	29,322,364	30,106,857
江　西	19,509,000	23,046,999	24,478,400	24,508,455	24,516,010
湖　北	19,711,667	27,370,098	32,237,500	33,441,545	33,809,892
湖　南	16,308,167	18,652,507	19,641,700	20,289,455	20,647,752
四　川	8,884,667	21,435,678	34,945,500	41,224,545	44,751,964
福　建	12,646,833	14,779,158	18,001,800	19,390,000	20,098,556
广　东	16,175,667	19,174,030	24,643,100	27,048,091	28,388,716
广　西	6,482,500	7,313,895	7,561,200	7,732,818	7,823,096
云　南	3,543,667	5,561,320	6,728,900	7,209,636	7,403,447
贵　州	5,167,000	5,288,219	5,384,600	5,422,182	5,435,590

资料来源　乾隆、道光两朝数字据严中平等编《中国近代经济史统计资料选辑附录》所载乾隆 51—56 年［人口统计表(1)］、道光 10—30 年［统计表(2)至(5)］各年人口数用算术平均数计算得来。原书以"千人"作单位。本表在计算平均数时，一概化为个位，尾数四舍五入。嘉庆 17 年数字据《嘉庆会典》卷 11。咸丰元年据赵泉澄《咸丰东华录人口考正》(载《齐鲁学报》第 1 期)所引咸丰元年户部原册并经赵氏补正后的数字作。

编者按　《中国近代经济史统计资料选辑附录》逐载有嘉庆 24 年、25 年［统计表(2)］，及咸丰 2 年至 11 年［统计表(6)至(7)］的数字，但每年均有几省漏报从而缺去口数，故亦无各直省总计数，因此我们不据以作出这两朝的平均数。又该书所载咸丰元年数［统计表(5)］，其分省口数及各直省总计数均全，但由于"单位"系"千人"，百位以下数尽略，我们为提供更详尽的资料计，所以选用赵泉澄的材料。

甲表 83　清乾隆(后期)、嘉庆、道光、咸丰四朝
各直省丁口数占其总数的百分比

直　省　别	乾隆 51—56年平均(1786—1791 年)	嘉庆 17 年(1812 年)	道光 10—19年平均(1830—1839 年)	道光 20—30年平均(1840—1850 年)	咸丰元年(1851 年)
各直省总计	100.00	100.00	100.00	100.00	100.00
直　隶	7.82	7.74	5.52	5.44	5.43
奉　天	0.28	0.26	0.54	0.57	0.60
吉　林	0.05	0.08	0.08	0.08	0.08
江　苏	10.74	10.46	10.41	10.32	10.26
安　徽	9.82	9.45	9.21	8.90	8.71
山　西	4.47	3.87	3.66	3.55	3.63
山　东	7.73	8.01	7.75	7.71	7.70
河　南	7.14	6.37	5.87	5.66	5.54
陕　西	2.84	2.82	2.97	2.86	2.78
甘　肃	5.11	4.20	3.81	3.66	3.58
巴里坤、乌鲁木齐	0.04	0.04	0.05	0.06	0.07
浙　江	7.45	7.26	7.06	6.96	6.97
江　西	6.57	6.37	6.07	5.82	5.68
湖　北	6.64	7.57	7.99	7.94	7.83
湖　南	5.49	5.16	4.87	4.82	4.78
四　川	2.99	5.93	8.67	9.79	10.36
福　建	4.26	4.09	4.46	4.60	4.65
广　东	5.45	5.30	6.11	6.42	6.57
广　西	2.18	2.02	1.89	1.84	1.81
云　南	1.19	1.54	1.67	1.71	1.71
贵　州	1.74	1.46	1.34	1.29	1.26

资料来源　根据本编表 82 作。

甲表 84　清乾隆(后期)、嘉庆、道光、咸丰四朝
各直省丁口数的升降百分比
（以乾隆 51—56 年平均作 100）

直省别	乾隆 51—56 年平均(1786—1791 年)	嘉庆 17 年 (1812 年)	道光 10—19 年平均(1830—1839 年)	道光 20—30 年平均(1840—1850 年)	咸丰元年 (1851 年)
各直省总计	100.00	121.79	135.77	141.85	145.42
直隶	100.00	120.55	95.94	98.74	101.02
奉天	100.00	114.65	262.71	293.60	314.23
吉林	100.00	201.30	211.05	212.72	213.54
江苏	100.00	118.60	131.51	136.28	138.85
安徽	100.00	117.20	127.45	128.66	129.08
山西	100.00	105.39	111.14	112.97	118.09
山东	100.00	126.07	135.98	141.34	144.82
河南	100.00	108.67	111.74	112.40	112.88
陕西	100.00	120.92	141.68	142.66	142.27
甘肃	100.00	100.18	101.43	101.69	101.81
巴里坤、乌鲁木齐	100.00	136.69	181.61	210.96	235.23
浙江	100.00	118.68	128.71	132.54	136.08
江西	100.00	118.14	125.47	125.63	125.67
湖北	100.00	138.85	163.55	169.65	171.52
湖南	100.00	114.38	120.44	124.41	126.61
四川	100.00	241.27	393.32	464.00	503.70
福建	100.00	116.86	142.34	153.32	158.92
广东	100.00	118.54	152.35	167.21	175.50
广西	100.00	112.83	116.64	119.29	120.68
云南	100.00	156.94	189.89	203.45	208.92
贵州	100.00	102.35	104.21	104.94	105.20

资料来源　根据本编表82作。

甲表 85　清同治、光

年度	公元	直隶（千人）	奉天（千人）	吉林（千人）	江苏（千人）	安徽（千人）	山西（千人）	山东（千人）	河南（千人）	陕西（千人）	甘肃（千人）	巴里坤、乌鲁木齐（千人）	浙江（千人）	江西（千人）
同治元年	1862	995	2,835	330	—	—	16,286	34,117	23,933	—	15.476	—	—	24.488
同治2年	1863	996	—	331	—	—	16,324	34,244	23,934	—	—	—	—	24,489
同治3年	1864	999	2,858	331	—	—	16,154	34,343	23,934	—	—	—	—	24,487
同治4年	1865	715	2,874	331	—	—	16,186	34,497	23,935	—	—	—	—	24,489
同治5年	1866	716	2,888	332	—	—	16,218	34,598	23,935	—	—	—	6,378	24,491
同治6年	1867	①	2,902	333	—	—	16,248	34,665	23,936	—	—	—	6,403	24,493
同治7年	1868	716	2,922	333	—	—	16,282	34,717	23,936	—	—	—	6,430	24,496
同治8年	1869	716	2,937	334	—	—	16,309	34,780	23,937	—	—	—	6,453	24,498
同治9年	1870	717	2,952	334	—	—	16,329	34,890	23,938	—	—	—	6,468	24,500
同治10年	1871	718	2,969	335	—	—	16,392	34,985	23,939	—	—	—	6,483	24,502
同治11年	1872	719	2,982	336	—	—	16,360	35,100	23,940	—	—	—	6,643	24,505

绪两朝各直省口数

湖北(千人)	湖南(千人)	四川(千人)	福建(千人)	台湾(千人)	广东(千人)	广西(千人)	云南(千人)	贵州(千人)	根 据 材 料
31,372	20,992	51,266	21,174	—	29,242	—	—	4,085	同治元年户部清册(1006号)。案是年福建人口至同治4年补报。又案是年贵州兴义、都匀、镇远3府,并普安等22厅州县,古州等10卫人口因战事未造报。
31,526	20,995	51,859	21,273	—	29,261	—	—	—	同治2年户部清册(1008号)。
31,667	20,996	52,452	19,236	—	29,286	—	—	—	同治3年户部清册(1010号)。
31,809	20,996	53,045	19,347	—	29,295	—	—	3,178	同治4年户部清册(1012号)。案是年直隶承德府人口及贵州人口系至同治5年补报,福建人口系至同治9年补报。又案是年贵州人口只系贵阳7府,仁怀等4厅,归化、水城2通判,定番等8州,永宁等17县,大塘、罗斛2州判民数,其大定等府厅州因战事未造报。
31,920	20,997	44,729	—	—	29,301	—	—	—	同治5年户部清册(1013号)。
32,026	20,997	45,322	19,600	—	29,311	—	—	—	同治6年户部清册(1015号)。案是年福建人口系同治11年补报。
32,113	20,998	45,915	19,745	—	29,322	—	—	—	同治7年户部清册(1017号)。案是年福建人口系同治11年补报。
32,202	20,998	46,509	19,897	—	29,538	—	—	—	同治8年户部清册(1019号)。案是年福建人口系同治11年补报。
32,289	20,998	55,454	20,053	—	29,489	—	—	3,287	同治9年户部清册(1020号)。案是年奉天人口系至光绪元年补报,福建人口系至同治11年补报。又案是年及同治10年、11年贵州兴义、都匀、镇远3府,八寨等27厅州未造报。
32,380	20,990	56,408	20,211	—	29,507	—	—	3,289	同治11年户部清册(1021号)。
32,409	20,999	57,393	20,376	—	29,523	—	—	3,292	同上。

年度	公元	直隶（千人）	奉天（千人）	吉林（千人）	江苏（千人）	安徽（千人）	山西（千人）	山东（千人）	河南（千人）	陕西（千人）	甘肃（千人）	巴里坤,乌鲁木齐（千人）	浙江（千人）	江西（千人）
同治12年	1873	719	3,003	336	—	—	16,384	35,219	23,941	—	—	—	6,982	24,507
同治13年	1874	721	3,019	337	19,823	—	16,394	35,338	23,942	—	—	—	10,843	24,509
光绪元年	1875	721	3,037	338	19,941	—	16,405	35,463	23,942	—	—	—	11,361	24,512
光绪2年	1876	723	3,054	338	20,058	—	16,419	35,567	23,943	—	—	—	11,414	24,515
光绪3年	1877	723	3,793	339	20,188	—	16,433	35,657	23,944	—	—	—	11,466	24,518
光绪4年	1878	724	4,068	340	20,324	—	15,557	35,731	22,114	—	—	—	11,500	24,521
光绪5年	1879	724	4,134	345	20,463	—	15,569	35,902	22,115	—	—	—	11,541	24,525
光绪6年	1880	724	4,176	—	20,644	—	14,587	35,998	22,115	—	—	—	11,558	24,527
光绪7年	1881	725	4,208	342	20,784	—	14,349	36,095	22,115	—	—	—	11,572[②]	—
光绪8年	1882	726	4,243	398	20,905	—	12,211	36,248	22,116	—	—	—	11,589	24,534

(甲表 85 续)

湖北（千人）	湖南（千人）	四川（千人）	福建（千人）	台湾*（千人）	广东（千人）	广西（千人）	云南（千人）	贵州（千人）	根 据 材 料
32,561	20,999	58,344	20,636	—	29.545	—	—	3,957	同治 12 年户部清册（1022 号）。
32,650	21,000	59,396	20,649	—	29,558	—	—	4,171	光绪元年户部清册（1023 号）。案是年贵州兴义、都匀、镇远 3 府,八寨等 20 厅州未造报。
32,754	21,000	60,448	21,036	—	29,572	—	—	4,484	同上。案是年福建人口系至光绪 2 年始补报。又是年贵州都匀、镇远 2 府,八寨等 16 厅州未造报。
32,859	21,000	61,500	21,130	—	29,592	—	—	4,487	光绪 2 年户部清册（1024 号）。案是年福建人口系至光绪 3 年补报。又案是年贵州都匀、镇远 2 府,八寨等 14 厅州未造报。
32,950	21,001	62,451	21,238	—	29,614	—	—	4,490	光绪 3 年户部清册（1025 号）。案是年福建人口系至光绪 4 年补报。又案是年贵州都匀、镇远 2 府,八寨等 7 厅州县未造报,下年度同。
33,037	21,002	63,503	21,439	—	29,632	—	—	4,493	光绪 4 年户部清册（1026 号）。案是年吉林、福建人口系至光绪 5 年补报。
33,122	21,002	64,560	21,647	—	29,651	—	—	4,608	光绪 5 年户部清册（1027 号）。案是年吉林、福建人口系至光绪 6 年补报。又案是年贵州都匀 1 府,八寨等 13 厅州未造报。
33,206	21,002	65,611	—	—	29,672	—	—	4,739	光绪 6 年户部清册（1028 号）。案是年贵州为全省造报人口,以后贵州所造报人口均为全省数。
33,285	21,002	66,662	22,276	—	29,695	—	—	—	光绪 8 年户部清册（1029 号）。
33,365	21,003	67,713	22,676	—	29,706	—	—		光绪 8 年户部清册（1029 号）。案是年吉林、福建人口系至光绪 9 年补报。

年度	公元	直隶（千人）	奉天（千人）	吉林（千人）	江苏（千人）	安徽（千人）	山西（千人）	山东（千人）	河南（千人）	陕西（千人）	甘肃（千人）	巴里坤、乌鲁木齐（千人）	浙江（千人）	江西（千人）
光绪9年	1883	726	4,284	402	21,026	—	10,744	36,355	22,100	—	—	—	11,606	24,538
光绪10年	1884	725	4,323	414	21,161	—	10,909	36,454	22,117	8,094	—	—	11,637	24,541
光绪11年	1885	725	4,369	449	21,260	—	10,793	36,546	22,117	8,277	—	—	11,685	24,541
光绪12年	1886	726	4,409	448	21,347	—	10,847	36,631	22,117	8,396	—	—	11,691	24,554
光绪13年	1887	727	4,451	449	21,409	—	10,658	36,694	22,118	8,404	—	—	11,703	24,559
光绪14年	1888	728	4,490	448	21,472	—	10,984	36,817	22,118	8,405	—	—	11,720	24,567
光绪15年	1889	729	4,538	420	21,532	—	11,034	36,859	22,119	8,405	—	—	11,745	24,570
光绪16年	1890	729	4,566	480	21,584	—	11,059	36,984	22,119	8,407	—	—	11,774	24,574
光绪17年	1891	551	4,617	①	21,643	—	11,071	37,096	22,119	8,413	—	—	11,792	24,579
光绪18年	1892	731	4,665	551	21,741	—	—	37,151	22,120	8,422	—	—	11,812	24,584
光绪19年	1893	732	4,725	626	21,852	—	10,912	37,279	22,120	8,431	—	—	11,825	24,593
光绪20年	1894	767	3,082	626	21,974	—	11,051	37,438	22,121	8,473	—	—	11,843	24,599
光绪21年	1895	836	2,404	638	22,085	—	11,104	37,476	22,121	8,495	—	—	11,852	24,604
光绪22年	1896	837	—	632	22,228	—	11,191	37,593	22,121	8,510	—	—	11,866	24,608
光绪23年	1897	735	4,957	779	22,336	—	11,493	37,714	22,122	8,547	—	—	11,884	24,613
光绪24年	1898	736	4,643	—	22,390	—	11,531	37,789	22,123	8,592	—	—	11,900	24,617

湖北（千人）	湖南（千人）	四川（千人）	福建（千人）	台湾*（千人）	广东（千人）	广西（千人）	云南（千人）	贵州（千人）	根 据 材 料
33,438	21,003	68,969	—	—	29,717	—	—	—	光绪 9 年户部清册(1030 号)。案是年吉林人口系至光绪 10 年补报。
33,519	21,004	70,021	23,503	—	29,753	—	—	—	光绪 10 年户部清册(1033 号)。案是年吉林、福建人口系至光绪 11 年补报。
33,600	21,005	71,074	—	—	29,740	—	—	—	光绪 11 年户部清册(1034 号)。
33,682	21,006	72,126	24,345	—	29,751	—	—	4,804	光绪 13 年户部清册(1036 号)。
33,763	21,006	73,179	24,740	3,200	29,763	—	—	4,807	同上。案是年吉林、福建人口系至光绪 14 年补报。
33,836	21,007	74,231	24,849	—	29,774	7,509	—	4,811	光绪 14 年户部清册(1037 号)。案是年吉林、福建、广西人口系至光绪 15 年补报。
33,912	21,008	75,283	24,934	—	29,786	—	—	4,816	光绪 15 年户部清册(1039 号)。案是年吉林、福建人口系至光绪 16 年补报。
33,994	21,008	76,336	25,007	—	29,800	—	—	4,821	光绪 16 年户部清册(1040 号)。案是年吉林、福建人口系至光绪 17 年补报。
34,112	20,935	76,336	—	—	29,811	—	—	4,827	光绪 17 年户部清册(1043 号)。
34,159	21,009	77,388	25,159	—	29,826	—	—	4,831	光绪 19 年户部清册(1044 号)。
34,254	21,009	78,441	25,235	—	29,839	—	—	4,836	同上。是年吉林、福建人口系至光绪 20 年补报,山西人口系至光绪 21 年补报。
34,340	21,010	79,493	25,630	—	29,852	—	—	4,841	光绪 20 年户部清册(1047 号)。案是年福建人口系至光绪 21 年补报。
34,427	21,011	80,546	20,026	—	29,866	—	—	4,845	光绪 21 年户部清册(1049 号)。案是年吉林、福建人口系至光绪 22 年补报。
34,518	21,011	82,811	—	—	29,881	—	—	4,850	光绪 22 年户部清册(1051 号)。
34,614	21,012	83,780	26,838	—	29,897	—	—	4,854	光绪 24 年户部清册(1052 号)。
34,716	21,174	84,749	—	—	29,900	—	—	4,859	③

资料来源　严中平等编《中国近代经济史统计资料选辑》(下简称原书)《附录》,统计表(7)

编者注　＊按:清政府于光绪 11 年把台湾府从福建省划出,设立台湾省。又乙表 78 此处既无数字亦无"?"号,未知何故。　②朱寿朋《光绪朝东华录》"光绪8年壬午"分滋生民数,计男女大小11,571,937丁口",与本表所引"户部清册"数字基本相同。

至表(13)。台湾省数字据《台湾通史户役志》补入。

注 40 载有嘉庆16年及道光23年台湾人口数。　　①原书凡缺数字的均打上"?"号,但

(原第46卷,中华书局1958年版第2册页33,总页1297)二月"壬午。浙江奏报光绪7年

　　③原书未注明出处。

甲表 86　清宣统年间调查(公元 1912 年汇造)之户口数的修正*

直 省 别	户 数	口 数			每户平均口数
		男	女	男女合计	
华北	15,178,399	43,408,661	35,742,586	79,151,247	5.22
直隶全省	5,187,758	14,773,617	11,947,736	26,721,353	5.15
京师内城	83,806	292,013	164,489	456,502	5.45
京师外城	55,281	214,986	89,618	304,604	5.51
内外城合计	139,087	506,909	254,107	761,106	5.47
顺天府属	700,281	1,971,273	1,682,937	3,654,210	5.22
其他九府六直隶州四口厅	4,150,020	11,824,636	9,625,865	21,450,501	5.17
京城廿四旗	103,722	134,757	149,334	284,091	2.74
内务府三旗	4,580	100,669	53,102	153,771	33.57
京营四郊	74,192	195,821	147,545	343,366	4.61
左翼四处	854	2,373	2,130	4,503	5.27
右翼五处	783	1,252	1,731	2,983	3.81
东陵各旗营	4,206	10,260	9,528	19,788	4.70
西陵各旗营	1,620	4,988	4,968	9,956	6.15
马兰镇所属	968	3,411	2,479	5,890	6.08
泰宁镇所属	2,975	7,797	5,913	13,715	4.61
直隶提督所属	532	1,109	1,186	2,295	4.31
密云驻防	1,915	4,138	3,706	7,844	4.10
山海关驻防	2,023	4,134	3,200	7,334	3.63
山东全省	5,380,277	15,960,856	13,595,832	29,556,688	5.49
户口均有报告之各州县	4,932,002	14,631,855	12,463,804	27,095,659	5.49
未报口数之七州县	445,870	1,321,871	1,125,955	2,447,826	5.49
青州及德州驻防	2,405	7,130	6,073	13,203	5.49
山西全省	2,097,082	5,810,855	4,288,280	10,099,135	4.82
陕西全省	1,605,342	4,403,501	3,670,512	8,074,013	5.03
各府州厅县	1,601,444	4,393,231	3,661,176	8,054,407	5.03
西安驻防	3,898	10,270	9,336	19,606	5.03
甘肃全省	907,940	2,459,832	2,240,226	4,700,058	5.18
各府州厅县	906,639	2,455,166	2,236,454	4,691,620	5.17
凉州驻防	794	2,149	1,956	4,105	5.17
宁夏驻防	607	2,517	1,816	4,333	7.13
华中	27,380,357	76,884,930	63,124,502	140,009,432	5.11
江苏全省	5,397,738	14,072,470	11,810,866	25,883,336	4.80

| 直 省 别 | 户 数 | 口 数 | | | 每户平均口数 |
		男	女	男女合计	
江宁三十五属	3,213,483	9,104,796	7,444,641	16,549,437	5.15
江苏四府一州三十七属	2,170,128	4,839,343	4,344,794	9,184,137	4.23
江北提督所属清河县	11,072	30,784	24,313	55,097	4.97
江宁驻防	1,816	4,657	4,150	8,807	4.85
京口驻防	1,239	2,890	2,968	5,858	4.73
安徽全省	3,241,018	8,954,846	7,274,206	16,229,052	5.01
河南全省	4,661,566	13,826,775	12,283,156	26,109,931	5.60
户口均有报告之八十一州县	3,933,375	11,668,707	10,366,309	22,035,016	5.60
未报口数之二十州县	727,041	2,156,364	1,915,066	4,071,430	5.60
开封驻防	790	1,704	1,781	3,485	4.40
湖北全省	4,938,625	14,981,695	12,664,956	27,646,651	5.60
六十八州厅县	4,932,533	14,968,871	12,653,314	27,622,185	5.60
荆州驻防	6,092	12,824	11,642	24,466	4.01
四川全省	9,141,410	25,049,144	19,091,318	44,140,462	4.83
一百四十四州县	9,118,621	24,999,621	19,071,542	44,071,154	4.83
滨江五十五属船户	18,704	39,625	11,001	50,626	2.70
成都驻防	3,985	9,907	8,775	18,682	4.69
华南	24,321,835	67,238,401	55,427,008	122,665,409	5.04
浙江全省	4,251,383	9,808,637	8,263,589	18,072,226	4.25
各州县及商埠	4,249,349	9,805,795	8,260,589	18,066,784	4.25
杭州驻防	1,977	2,740	2,500	5,240	2.65
乍浦驻防	57	102	100	202	3.54
福建全省	2,515,756	6,871,738	5,628,528	12,500,266	4.97
全省各州县	2,445,833	6,693,789	5,510,473	12,204,262	4.99
南台厦门及三都各商埠	68,009	175,524	116,072	291,596	4.29
福州驻防	1,914	2,425	1,983	4,408	2.30

直 省 别	户 数	口 数			每户平均口数
		男	女	男女合计	
江西全省	3,439,873	9,481,823	7,495,206	16,977,029	4.94
全省八十一属	3,386,328	9,312,190	7,413,495	16,725,685	4.94
各属商埠	36,825	138,052	73,226	211,278	5.73
各属船户	16,720	31,581	8,485	40,066	4.40
湖南全省	4,349,371	13,108,577	10,294,415	23,402,992	5.38
报有户口数之七十属	3,980,327	12,161,646	9,550,551	21,712,203	5.45
未报口数之九属	369,044	1,126,429	884,861	2,011,290	5.45
贵州全省	1,771,533	4,635,966	4,066,998	8,702,964	4.91
云南全省	1,548,034	3,863,753	3,346,135	7,209,888	4.66
广东全省	5,052,418	15,232,022	12,778,542	28,010,564	5.54
全省九十四属	5,041,780				
广州驻防	10,638				
广西全省	1,393,467	4,235,885	3,553,595	7,789,480	5.59
各府州县	1,155,313				
各土司州县	207,028				
柳州府怀远县人户	31,126				
东三省	2,777,174	10,262,312	8,153,402	18,415,714	6.63
奉天全省	1,707,642	6,093,637	4,924,880	11,018,517	6.45
已报户口之五十属	1,640,373	5,853,488	4,731,143	10,584,631	6.45
未报之金州醴泉两属	65,614	234,023	189,187	423,210	6.45
未报口数之抚松县	1,359	4,847	3,919	8,766	6.45
未报户数之安图县	296	1,279	631	1,910	6.45
吉林全省	800,099	3,151,611	2,386,794	5,538,405	6.92
三十七府州县	748,082	3,069,304	2,324,440	5,393,744	7.21
全省各旗属	52,017	82,307	62,354	144,661	2.78
黑龙江省	269,433	1,017,064	841,728	1,858,792	6.90
新疆全省	471,205	1,117,078	968,262	2,085,340	4.57
报有户口之三十八属	435,878	1,024,223	891,635	1,915,858	4.40
未报口数之库车直隶州	16,936	39,842	34,676	74,518	4.40
塔尔巴哈台所属	5,177	13,922	9,482	23,404	4.52
伊犁驻防	9,178	27,321	24,015	51,426	5.60
伊犁蒙旗	4,036	11,770	8,364	20,134	4.99
热察绥	653,632	1,931,635	1,594,302	3,525,937	5.39

直 省 别	户 数	口 数			每户平均口数
		男	女	男女合计	
热河	574,432	1,732,031	1,433,939	3,165,970	5.51
承德朝阳两府及赤峰直隶州	502,958	1,563,108	1,261,216	2,824,324	5.62
热河所属卓昭两盟蒙旗	71,474	168,923	172,723	341,646	4.78
察哈尔	26,718	55,529	55,459	110,988	4.15
都统所属各旗群台站及驻防	13,070	23,283	22,500	45,783	3.50
锡林郭勒盟所属各蒙旗	13,606	32,157	32,880	65,037	4.78
霍硕特新厄鲁特及厄鲁特	42	89	79	168	4.00
绥远	52,482	123,926	125,053	248,979	4.74
绥远城驻防	2,765	6,588	5,359	11,947	4.32
归绥土司	572	1,188	931	2,119	3.74
归化城土默特	6,419	15,171	15,512	30,683	4.78
乌兰察布盟各蒙旗	6,812	16,099	16,462	32,561	4.78
伊克昭盟各蒙旗	35,914	84,880	86,789	171,669	4.78
川滇边务所属	97,748	256,374	207,930	464,304	4.75
康定巴安登柯三府十二属	25,698	67,401	54,665	122,066	4.75
林葱孔撒等五土司	7,727	20,266	16,437	36,703	4.75
乍了察木多等五处	15,449	40,520	32,863	73,383	4.75
其余喀木部分户口估计	48,874	128,187	103,965	232,152	4.75
青海	68,323	166,995	161,127	328,122	4.80
青海蒙古二十九旗	5,555	13,129	13,424	26,553	4.78
青海住牧刚咱七族	947	1,826	1,803	3,629	3.83
青海寺庙信徒	21	4,390	—	4,390	209.0
玉树等土司四十族	61,800	147,650	145,900	293,550	4.75
外蒙古	72,368	148,000	176,770	324,770	4.49
库伦所属	41,180	71,100	114,943	186,043	4.52
图盟	6,287	16,524	21,585	38,109	6.06
车盟	28,932	37,681	58,477	96,158	3.32

（甲表 86 续）

直 省 别	户 数	口 数			每户平均口数
		男	女	男女合计	
沙毕	5,961	16,895	34,881	51,776	8.68
乌里雅苏台所属	13,762	28,664	27,329	55,993	4.07
三音诺彦部落	7,338	⎫	⎫	⎫	⎫
札萨克图汗部落	2,246	⎬ 28,150	⎬ 26,839	⎬ 54,989	⎬ 4.07
乌梁海	3,932	⎭	⎭	⎭	⎭
寄居官兵商民	246	514	490	1,004	4.07
科布多所属	17,426	48,236	34,498	82,734	4.75
新土尔扈特等各旗下	2,118	5,102	3,645	8,747	4.13
哈萨克各游牧	11,819	⎫	⎫	⎫	⎫
汉民	48	⎬ 34,064	⎬ 25,704	⎬ 59,768	⎬ 5.03
杜尔伯特等四部落	3,421	7,118	5,149	12,267	3.59
附喇嘛	20	1,952	—	1,952	97.6
额鲁特蒙古	3,240	7,657	7,830	15,487	4.78
阿拉善额鲁特旗	1,522	3,597	3,678	7,275	4.78
额济纳旧土尔扈特旗	1,718	4,060	4,152	8,112	4.78
西藏(卫藏及阿里)△	244,370	616,823	543,935	1,160,758	4.75
全国总计	71,268,651	202,038,866	166,107,654	368,146,520	5.17
二十二行省合计	70,128,970	198,911,382	163,415,760	362,327,142	5.17
本部十八省合计	66,880,591	187,531,992	154,294,096	341,826,088	5.11
二十二行省以外各区域合计	1,139,681	3,127,484	2,691,894	5,819,378	5.11
四川户口采用宣统末年最后报告之全国总计	71,332,465	205,486,583	168,736,505	374,223,088	5.25
四川户口采用最后报告之二十二行省合计	70,192,784	202,359,099	166,044,611	368,403,710	5.25
四川户口采用最后报告之本部十八省合计	66,944,405	190,979,709	156,922,947	347,902,656	5.20

资料来源 《中国经济年鉴》(1934 年)上册第 3 章《人口》第 1 节《清末以来各种人口统计之总分析》第 1 表《修正民国元年内务部汇造宣统年间民政部调查户口统计表》。

编者注 ＊按：清宣统年间(1909—1911 年)民政部曾进行户口调查，但这一工作未及完成，清政府便被推翻了。民国元年(1912 年)五月内务部根据所存清民政部过去三年之户口调查档案，来汇造户籍册。由于宣统末年已有口数报告之省区比之已有户数报告者为少，所以民国元年汇造之户籍册，其内容当然不甚完全，尤以口数为甚。

《中国经济年鉴》编者根据"清民政部具奏之第一、第二两次调查人户总数折单及汇造之两次查报户数清册，与内务部民国元年汇造之户籍表册各一份，加以详细研究，并参照《民政部户口调查及各家估计》一文（载《社会科学杂志》第 3 卷第 3 期，1932 年 9 月；第 4 卷第 1 期，1933 年 3 月）所补充之两种间接资料（一为各省奏报宪政成绩奏折中所提及之户数、口数；一为《清史稿》上所记载之民政部户口调查结果）将内务部汇造之户数及口数总表切实比较厘订"，从而编制出这一修正户口总表。表后附有长达数万字的说明，兹不转载。

△关于西藏地方的户口数，据乾隆 2 年(1737 年)理藩院造册：

	达赖喇嘛所辖	班禅所辖	合　计
寺庙（所）	3,150[+]	327	3,477[+]
喇嘛（人）	302,500[+]	13,700[+]	316,200[+]
百姓（户）	121,438	6,752	128,190

（转引自魏源《西藏后记》，载《小方壶斋舆地丛钞》第 3 帙）

据此，乾隆初年前藏和后藏地区的喇嘛人数约有 32 万，百姓户数约 13 万。这只能认为是西藏地方贵族集团向清廷册报的数字。

上举各数，尽管不够确实和完备，却提供若干情况和进一步考察的线索。至于宣统年间西藏的户口数，已见本表。在国民党反动统治时期，伪主计部对西藏人口的估计数为 1,000,000 人。根据 1954 年 11 月 1 日发表的"中华人民共和国国家统计局关于全国人口调查登记结果的公报"，西藏地方和昌都地区在 1953 年 6 月 30 日 24 时的人口数为 1,273,969 人。

甲表87　清代各直省人口密度

直省别	面积（平方公里）	每平方公里人口数									
		顺治18年	康熙24年	雍正2年	乾隆18年	乾隆32年	乾隆51—56年年平均均数	嘉庆17年	道光10—19年年平均均数	道光20—30年年平均均数	咸丰元年
各直省总计	5,352,480	4.93*	5.48*	5.92*	24.06*	49.14*	55.49	67.57	75.32	78.70	80.69
直　隶	325,296	8.78	9.83	10.47	28.82	51.31	71.38	86.05	68.48	70.48	72.10
奉　天	125,064	0.04	0.21	0.34	1.77	5.70	6.57	7.53	17.26	19.29	20.65
吉　林	754,920						0.20	0.41	0.43	0.43	0.43
江　苏	98,820	｝13.22	26.89	27.05	127.80	240.64	322.88	382.95	424.62	440.02	448.32
安　徽	162,324		8.10	8.36	16.13	143.88	179.60	210.49	228.90	231.07	231.83
山　西	150,984	10.12	10.93	11.71	34.19	69.33	88.01	92.75	97.81	99.42	103.94
山　东	147,744	11.91	14.22	15.42	86.43	173.51	155.48	196.01	211.42	219.76	225.16
河　南	159,408	5.76	8.99	12.86	44.63	103.90	132.98	144.52	148.59	149.48	150.11
陕　西	189,540	｝3.57	11.83	11.42	20.32	38.77	44.54	53.85	63.10	63.54	63.36
甘　肃	482,760		0.57	0.63	4.42	23.90	31.41	31.47	31.86	31.94	31.98
巴里坤、乌鲁木齐	327,240						0.36	0.49	0.66	0.76	0.85
浙　江	97,200	27.98	28.29	28.38	89.12	170.00	227.61	270.13	292.97	301.67	309.74
江　西	181,440	10.72	11.72	11.97	27.86	63.60	107.52	127.02	134.91	135.08	135.12
湖　北	181,440	｝1.88	2.44	2.50	25.18	46.29	108.64	150.85	177.68	184.31	186.34
湖　南	223,560		1.36	1.53	19.40	39.84	72.95	83.43	87.86	90.76	92.36
四　川	532,980	0.03	0.03	0.77	2.57	5.55	16.67	40.22	65.57	77.35	83.97
福　建	116,640	12.48	11.96	12.25	40.38	69.40	108.43	126.71	154.34	166.24	172.31

（甲表87续）

直省别	面积（平方公里）	每平方公里人口数									
		顺治18年	康熙24年	雍正2年	乾隆18年	乾隆32年	乾隆51—56年平均数	嘉庆17年	道光10—19年平均数	道光20—30年平均数	咸丰元年
广东	232,280	4.29	4.76	5.61	17.01	29.74	69.34	82.19	105.64	115.95	121.69
广西	226,800	0.51	0.79	0.89	8.71	20.75	28.58	32.25	33.34	34.10	34.49
云南	453,840	0.26	2.88	0.32	2.20	4.70	7.76	12.17	14.73	15.78	16.21
贵州	173,200	0.08	0.08	0.12	7.96	19.31	29.00	29.68	30.22	30.43	30.50

资料来源　面积数，承中山大学地理系据顾颉刚等校编《中国历史地图集古代史部分》页23第31图用方格求积法测算得出。口数，见本编表78及表82。

编者注　＊计算本年数字时，已从全国面积总计中将原缺口数记录之吉林及巴里坤，乌鲁木齐减去。又：同治、光绪丙朝历年未造报人口数的省区达七，八省以上，缺漏太多，故不作统计。

甲表 88　清嘉庆二十五年各府州人口密度

（公元 1820 年）

府　　州	人　　口	面积(平方公里)	密　　度
直隶统部	19,164,733		
顺天府	2,934,449	23,100	127.03
保定府	1,705,163	9,900	172.24
永平府	670,849	12,000	55.90
河间府	1,615,955	8,700	185.74
天津	1,600,822	12,600	127.05
正定府	1,255,247	14,700	85.39
顺德府	952,310	6,300	151.16
广平府	1,225,408	6,900	177.59
大名府	1,964,872	7,200	272.89
宣化府	838,537	17,400	48.19
承德府	783,867		
遵化直隶州	702,316	5,400	130.06
易州直隶州	220,952	6,300	35.07
冀州直隶州	1,289,218	4,500	286.49
赵州直隶州	766,999	3,000	255.67
深州直隶州	266,458	2,700	98.69
定州直隶州	371,311	2,100	176.81
盛京统部	2,491,438		
兴京	8,151	34,200	0.24
奉天府	1,314,971	101,700	12.93
锦州府	434,126	15,000	28.94
吉林	566,574	108,600	5.21
黑龙江	167,616	228,300	0.73
江苏统部	26,395,252		
江宁府	1,874,018	7,200	260.28
苏州府	5,473,348	5,100	1,073.21
松江府	2,631,590	4,200	626.57
常州府	3,895,772	8,700	447.79
镇江府	2,194,654	4,200	522.54
淮安府	1,637,591	18,600	88.04
扬州府	3,267,522	16,200	201.69
徐州府	1,840,194	15,600	117.96
太仓直隶州	1,772,230	3,300	537.04

府　　州	人　　口	面积(平方公里)	密　　度
海州直隶州	585,480	6,600	88.71
通州直隶州	982,974	9,000	109.22
海门直隶厅	239,879		
安徽统部	32,057,444		
安庆府	1,760,094	13,500	130.38
徽州府	2,474,839	9,600	257.80
宁国府	3,433,321	10,500	326.98
池州府	2,754,622	8,700	316.62
太平府	1,479,440	3,600	410.96
庐州府	3,547,579	6,300	563.11
凤阳府	4,355,566	12,000	345.68
颍州府	3,967,593	12,600	314.89
滁州府	599,511	3,900	153.72
和州直隶州	428,215	2,400	178.42
广德直隶州	551,118	3,300	167.01
六安直隶州	1,433,357	6,000	238.89
泗州直隶州	1,568,867	9,600	163.43
山西统部	14,597,428		
太原府	2,086,640	16,500	126.46
平阳府	1,397,546	12,300	113.62
蒲州府	1,398,811	3,300	423.88
潞安府	940,514	9,000	104.50
汾州府	1,807,377	15,000	120.46
泽州府	899,698	8,700	103.41
大同府	764,923	19,200	39.84
宁武府	238,692	6,000	39.78
朔平府	536,066	27,000	19.85
平定直隶州	640,484	8,100	79.07
忻州直隶州	366,146	5,400	67.80
代州直隶州	513,135	8,700	58.98
保德直隶州	140,769	3,300	42.66
霍州直隶州	351,147	3,000	117.05
解州直隶州	799,521	3,730	214.34
绛州直隶州	1,017,312	5,400	188.39
隰州直隶州	134,045	6,300	21.28
沁州直隶州	266,811	5,700	46.81

府　　州	人　口	面积(平方公里)	密　　度
辽州直隶州	212,715	4,500	47.27
归化城六厅	120,776		
山东统部	28,541,467		
济南府	3,899,106	14,100	276.53
兖州府	2,554,958	12,600	202.78
东昌府	1,613,090	3,000	537.69
青州府	3,318,763	13,200	251.42
登州府	1,912,501	17,100	111.84
莱州府	3,374,017	10,500	321.33
武定府	2,191,389	13,200	166.01
沂州府	2,181,379	6,000	363.56
泰安府	2,461,966	10,500	234.47
曹州府	3,177,027	11,700	271.54
济宁直隶州	889,350	3,300	269.50
临清直隶州	967,911	3,000	332.64
河南统部	23,598,089		
开封府	3,427,660	12,000	285.64
陈州府	2,209,535	9,000	245.50
归德府	3,287,886	11,100	296.21
彰德府	1,367,793	7,800	175.36
卫辉府	1,579,765	9,300	169.87
怀庆府	1,802,761	6,600	273.15
河南府	1,711,415	14,400	118.85
南阳府	2,316,877	29,100	79.62
汝宁府	1,934,957	14,400	134.37
许州直隶州	1,298,515	4,200	309.17
陕州直隶州	537,403	9,000	59.71
光州直隶州	1,352,321	12,300	109.94
汝州直隶州	831,197	7,800	106.56
陕西统部	11,976,079		
西安府	2,962,547	19,200	154.29
延安府	638,352	33,300	19.17
凤翔府	1,348,428	13,200	102.15
汉中府	1,541,634	28,800	53.53
榆林府	515,264	12,600	40.89
兴安府	1,214,239	15,600	77.84

府　　州	人　口	面积(平方公里)	密　　度
同州府	1,805,219	10,500	171.93
商州直隶州	752,483	16,800	44.79
乾州直隶州	342,642	2,100	163.16
邠州直隶州	257,719	3,000	85.91
鄜州直隶州	313,840	11,400	27.53
绥德直隶州	283,712	7,800	36.37
甘肃统部	11,145,352		
兰州府	2,189,321	31,800	68.85
巩昌府	1,638,403	30,000	54.61
平凉府	2,070,228	9,000	230.03
庆阳府	986,033	24,000	41.08
宁夏府	1,211,480	33,300	36.38
甘州府	282,496	12,000	23.54
凉州府	284,131	47,400	5.99
西宁府	208,603	26,700	7.81
镇西府	35,759	48,900	0.73
泾州直隶州	740,938	7,500	98.80
泰州直隶州	666,790	15,900	41.93
阶州直隶州	285,243	16,500	17.28
肃州直隶州	319,768	31,500	10.15
安西直隶州	77,873	109,800	0.71
迪化直隶州	103,052	82,800	1.25
浙江统部	27,352,014		
杭州府	3,189,838	6,300	506.32
嘉兴府	2,805,120	3,900	719.26
湖州府	2,566,137	5,400	475.21
宁波府	2,354,674	4,500	523.26
绍兴府	5,389,830	9,300	579.55
台州府	2,763,407	11,700	236.19
金华府	2,549,446	6,900	369.48
衢州府	150,936	8,400	17.97
严州府	1,457,146	9,000	161.91
温州府	1,933,655	9,900	195.32
处州府	1,150,088	15,000	76.67
玉环厅(属温州府)	81,752		
江西统部	23,060,347		

府　　州	人　　口	面积(平方公里)	密　　度
南昌府	4,623,058	17,100	270.35
饶州府	1,773,171	12,600	141.12
广信府	1,445,352	12,000	120.44
南康府	1,276,725	4,800	265.98
九江府	1,064,165	5,100	208.66
建昌府	1,455,997	8,100	179.75
抚州府	1,531,498	10,800	141.81
临江府	1,270,842	3,900	325.86
瑞州府	1,018,367	4,500	226.30
袁州府	768,056	8,700	88.28
吉安府	2,969,883	13,800	215.21
赣州府	2,414,820	22,800	105.91
南安府	618,993	7,500	82.53
宁都直隶州	824,226	6,900	119.45
湖北统部	26,734,038		
武昌府	6,509,669	16,500	394.53
汉阳府	3,577,216	14,400	248.42
黄州府	3,435,548	16,800	204.49
安陆府	3,325,215	13,200	251.91
德安府	1,987,553	12,000	165.63
荆州府	3,020,874	14,400	209.78
襄阳府	1,829,006	18,600	98.33
郧阳府	587,141	25,800	22.76
宜昌府	733,625	20,100	36.49
施南府	919,981	18,300	50.27
荆门直隶州	808,208	9,300	86.90
湖南统部	18,523,735		
长沙府	4,290,086	37,200	115.32
岳州府	1,709,497	10,500	162.81
宝庆府	1,624,155	20,700	78.46
衢州府	2,321,431	15,600	148.80
常德府	1,219,755	12,000	101.65
辰州府	898,954	13,500	66.59
沅州府	537,396	7,200	74.64
永州府	1,629,946	19,800	82.32
永顺府	643,095	11,400	56.41

府　　州	人　口	面积(平方公里)	密　　度
澧州直隶州	1,033,980	15,300	67.58
桂阳直隶州	773,353	6,900	112.08
靖州直隶州	608,467	8,700	69.93
郴州直隶州	997,021	10,500	94.95
乾州直隶州	35,604	1,500	23.74
凤凰直隶州	74,755	2,100	35.59
永绥直隶州	25,396		
晃州直隶州	57,165	1,500	38.11
四川统部	28,048,795		
成都府	5,484,272	10,800	507.80
重庆府	3,017,957	29,700	101.61
保宁府	962,702	31,500	30.56
顺庆府	2,055,493	13,200	155.72
叙州府	1,735,814	18,900	91.84
夔州府	861,059	21,600	39.86
龙安府	833,168	12,300	67.73
宁远府	1,266,273	50,100	25.27
雅州府	857,044	184,500	4.64
嘉定府	2,065,421	12,900	160.11
潼州府	1,801,863	17,100	105.37
绥定府	1,124,850	18,600	60.48
眉州直隶州	763,518	2,700	282.78
邛州直隶州	612,046	4,500	136.01
泸州直隶州	446,055	6,000	74.34
资州直隶州	953,738	9,900	96.34
绵州直隶州	1,103,625	7,800	141.49
茂州直隶州	396,999	15,600	25.45
忠州直隶州	496,648	7,800	63.67
酉阳直隶州	461,579	12,000	38.46
叙永直隶厅	203,088	6,300	32.23
松潘直隶厅	79,258	38,700	2.04
石砫直隶厅	93,569		
杂谷直隶厅	261,437		
太平直隶厅	82,196		
懋功屯务厅		16,800	
福建统部	18,108,349		

府　　州	人　口	面积(平方公里)	密　度
福州府	2,476,193	15,000	165.08
兴化府	493,433	3,900	126.52
泉州府	2,381,429	7,500	317.52
漳州府	3,336,729	10,200	327.13
延平府	853,347	14,400	59.26
建宁府	3,193,410	14,400	221.76
邵武府	630,997	9,000	70.11
汀州府	1,485,903	17,400	85.40
福宁府	751,660	9,000	83.52
台湾府	1,786,883	35,400	50.47
永春直隶州	389,948	5,100	76.46
龙岩直隶州	328,419	7,200	45.61
广东统部	21,197,741		
广州府	5,799,261	18,900	306.84
韶州府	1,021,482	15,900	64.24
惠州府	2,194,896	30,000	73.16
潮州府	2,180,905	14,400	151.45
肇庆府	2,516,149	18,600	135.28
高州府	2,335,516	15,600	149.71
廉州府	444,870	16,200	27.40
雷州府	654,256	7,800	83.88
琼州府	1,324,068	34,500	38.38
南雄直隶州	332,161	3,300	100.65
连州直隶州	298,500	6,000	49.76
嘉应直隶州	1,314,050	9,000	146.01
罗定直隶州	674,816	6,900	97.79
佛冈直隶厅	52,299	3,300	15.84
连山直隶厅	54,512	5,100	10.68
广西统部	7,429,120		
桂林府	1,040,573	24,300	42.82
柳州府	939,399	17,400	53.98
平乐府	858,238	19,800	43.35
梧州府	687,308	12,000	57.28
浔州府	640,754	12,300	52.09
南宁府	795,214	12,600	63.11
庆远府	480,856	25,200	19.08

府　　州	人　　口	面积（平方公里）	密　　度
思恩府	496,928	16,200	30.67
泗城府	326,617	17,100	19.10
太平府	301,544	16,200	18.61
镇安府	287,421	3,600	79.84
郁林直隶州	561,435	10,500	53.45
云南统部	4,499,489		
云南府	942,689	12,000	78.55
大理府	566,035	22,800	24.83
临安府	405,296	25,500	15.89
楚雄府	384,440	15,600	24.64
澂江府	303,445	3,900	77.81
广南府		8,100	
顺宁府	114,165	17,700	6.45
曲靖府	448,553	21,300	21.05
丽江府	317,359	68,400	4.63
普洱府		55,800	
永昌府	169,053	32,700	5.17
开化府	259,216	14,100	18.38
东川府		7,800	
昭通府		17,400	
广西直隶州	103,050	13,500	7.63
武定直隶州	79,045	8,100	9.76
元江直隶州		9,900	
镇沅直隶州			
景东直隶厅	23,576	6,900	3.41
蒙化直隶厅	126,125	5,100	24.73
永北直隶厅	58,877	11,700	5.03
腾越直隶厅（属永昌府）	201,521		
贵州统部	5,292,998		
贵阳府	741,009	17,700	41.86
安顺府	769,775	12,900	59.67
都匀府	222,232	15,300	14.52
镇远府	550,334	11,700	47.04
思南府	335,882	12,300	27.30
石阡府	95,164	900	105.73
思州府	126,191	2,700	46.74

府　　州	人　　口	面积(平方公里)	密　　度
铜仁府	131,261	3,000	43.75
黎平府	272,898	11,100	24.58
大定府	553,791	17,100	32.38
兴义府	309,481	9,600	32.24
遵义府	591,598	16,200	36.52
平越直隶州	367,608	6,300	58.35
松桃直隶厅	113,823	2,400	47.43
普安直隶厅	74,705	4,650	16.06
仁怀直隶厅	34,284	2,700	12.69
新疆统部			
伊犁	20,565	54,300	0.38
库尔喀喇乌苏	228	19,500	0.01
塔尔巴哈台	35,211	82,800	0.43
乌鲁木齐			
古城			
巴里坤			
哈密	13,293	90,600	0.15
吐鲁番	8,709	70,800	0.12
喀喇沙尔	28,011		
库车	12,148	23,700	0.51
阿克苏	34,607		
乌什	5,083	20,400	0.25
喀什噶尔	66,413		
叶尔羌	56,495		
和阗	44,603	213,300	0.21

资料来源　黄盛璋《清代前期人口分布图说明》附表《人口分布数据》(油印本)。"密度"一拦，经过核算后，改动了原油印本十几处计算未尽精确或打印错误的数字。

编者按　原表"人口"数系采自《嘉庆一统志》所记全国及各分区的"滋生人丁"数。至于《一统志》所记各区的屯丁、灶丁等数，原表均未计入，所以和乙编表 78 的数字稍有出入。黄先生此表对于各统部的总面积及其人口密度未作计算，当然有技术上的充分理由。统部即行省之别名(时新疆尚未正式建省)。

　　又：各统部人口总数系《一统志》原记数字。如据各府州分计相加，则下列各统部的总人口数应如下：

安徽 28,354,122　山西 14,633,128　山东 28,541,457　河南 23,658,085　甘肃 11,100,118　浙江 26,392,029　江西 23,055,153　湖北 26,734,036　湖南 18,480,056　四川 28,019,672　福建 18,108,351　广西 7,416,287　云南 4,502,445　贵州 5,290,036

甲表 89　中国历代县户口数、每县平均户数及平均口数

朝代别	纪　年	公　元	县　数	户　数	口　数	每县平均户数	每县平均口数①
前汉②	元始 2 年	2	1,577	12,356,470	57,671,401	7,835.43	36,570.32
后汉③	永和 5 年	140	（一）1,160	9,336,665	47,892,413	8,096.94	41,286.56
			（二）1,180	9,698,630	49,150,220	8,219.98	41,652.73
西晋④	太康元年	280	（一）1,232	2,494,125		2,037.68	
			（二）1,232	2,470,305		2,018.22	
刘宋⑤	大明 8 年	464	1,265	901,769	5,174,074	743.42	4,090.18
东魏⑥	武定年间	543—550	（一）821	2,007,966	7,591,654	2,445.49	9,246.84
			（二）819	1,999,786	7,703,942	2,441.74	9,406.52
隋⑦	大业 5 年	609	（一）1,253	9,070,414		7,303.07	
			（二）1,255	8,907,546		7,097.65	
唐⑧	贞观 13 年	639	1,408	3,041,871	12,351,681	2,201.07	8,772.50
唐⑨	天宝元年	742	1,570	8,973,634	50,975,543	5,715.69	32,468.50
北宋⑩	崇宁元年	1102	1,265	20,264,307	45,324,154	16,019.20	35,829.37
金⑪			1,324	9,879,624		7,461.90	
元⑫			（元史）1,110	13,867,219	59,519,727	13,427.43	53,621.38
			（新元史）1,131	13,867,219	59,519,727	13,618.91	52,625.75
明⑬	万历 6 年	1578	1,138	10,621,436	60,692,856	9,333.42⑭	53,332.91
清⑮	乾隆 18 年	1753	1,305	38,845,354	103,050,000	29,766.55⑭	78,965.52

资料来源　根据本编表 3、7、15、17、20、22、24、26、38、46、49、81，《明史》卷 40《地理志序》，卷 77《食货志》1，及《清史稿》卷 54、55、58—75《地理志》1、2、5—22 作。

编者注　①本栏下所载历代每县平均口数，系据表中各该年的口数和县数相除得出。　②系据《汉书》卷 28《地理志》上、下所载该年各州郡国县、户、口数相加得出的数字。请参看甲表 3 及该表注⑤。　③（一）系据《后汉书》卷 29—33《郡国志》1—5 所载该年各州郡国县、户、口数相加得出的数字；（二）《后汉书郡国志》原记总数。请参看甲表 7 及该表注②、③。　④（一）系据《晋书》卷 14—15《地理志》上、下所载该年各州郡国县、户数相加得出的数字；（二）《晋书地理志》原记总数。请参看甲表 15 及该表①、②两注。　⑤系据《宋书》卷 35—38《州郡志》1—4 所载该年各州郡县、户、口数相加得出的数字。请参看甲表 17 及该表①、②、③、

④四注。　　⑥(一)系据《魏书》卷106《地形志》上、中所载该年各州郡县、户、口数相加得出的数字;(二)《魏书地形志》原记总数。请参看甲表20及该表①、②、③三注。　　⑦(一)系据《隋书》卷29—31《地理志》上、中、下所载该年各州郡县、户数相加得出的数字;(二)《隋书地理志》原记总数。请参看甲表22及该表①、②、③三注。　　⑧系据《旧唐书》卷38—41《地理志》1—4所载该年各道府州县、户、口数相加得出的数字。请参看甲表24及该表注①。　　⑨系据《新唐书》卷37—43《地理志》所载该年各道郡(州)县、户、口数相加得出的数字,请参看甲表26。　　⑩县数系据《宋史》卷85—90《地理志》1—6所载各路府州军监县数相加得出的数字;户、口数系《宋史地理志》序文注中所记该年之全国总户、口数,请参看甲表38及该表注①、②。　　⑪系据《金史》卷24—26《地理志》上、中、下所载各路府州(军)县、户数相加得出的数字。请参看甲表46及该①、②两注。⑫《元史》县数据《元史》卷58—63《地理志》1—6所载各省路府州县数相加得出的数字;《新元史》县数据《新元史》卷46—51《地理志》1—6所载各省路府州县数相加得出的数字;户、口数均据《元史地理志》所载各省路府州户、口数相加得出的数字。请参看甲表49及该表注①—③。　　⑬县数系《明史》卷40《地理志序》文中原记总县数;户、口数系《明史》卷77《食货志》1原记该年总户、口数。

⑭明代万历6年和清代乾隆18年的每县平均户数,系据表中所载各该年的户数和县数相除得出。　　⑮乾隆18年县数系据《清史稿》卷54、55、58—75《地理志》1、2、5—22所载光绪年间各直省县数,参照乾隆18年以后变动情况调整得出。今列表如下(乾隆18年以后所置直省从略):

直省别	清史稿地理志所记光绪年间县数	调整后县数	备　　　考
直　隶	104	105	清史稿卷54地理志1直隶下云:"光绪33年升赤峰县为直隶州",故加1县。
奉　天	33	33	
江　苏	60	60	
安　徽	51	51	
山　西	85	85	
山　东	96	96	
河　南	96	96	

(续上表)

直省别	清史稿地理志所记光绪年间县数	调整后县数	备　考
陕　西	73	73	
甘　肃	47	47	
浙　江	75	76	清史稿卷65地理志12浙江下云："康熙36年舟山置定海县。……道光21年升定海为直隶厅"，故加1县。
江　西	74	76	清史稿卷66地理志13江西下云："乾隆19年升赣州甯都县为直隶州；38年升赣州定南县为厅"，故加2县。
湖　北	60	60	
湖　南	64	64	
四　川	118	119	清史稿卷69地理志16四川下云："光绪……34年……升巴安县为巴安府"，故加1县。
福　建	57	61	清史稿卷70地理志17福建下云："光绪13年升台湾府为行省，与福建分治"；同书卷71地理志18台湾下又云："雍正元年……领县4"，故加4县。
广　东	79	79	
广　西	49	49	
云　南	41	41	
贵　州	34	34	
总　计	1,296	1,305	

户、口数系清《乾隆会典》卷9《户部户口》所载该年各直省总户、口数。请参看甲表81及该表注①、②。

乙编　唐宋元明清田地、田赋概况

说　　明

1.史籍所载田赋制度,宋以前但有赋率,而不记赋额。唐杜佑曾据租庸调法所规定的税率及天宝间的计账户和课丁数来估计天宝初年的赋税收数,已采入本编表1—2中。此外,唐代中叶后田赋租税收数,虽偶有记载,然皆零碎不堪。至于唐以前各封建王朝的赋额,资料更缺,故本编自唐代始。

2.关于田地的统计材料,本编所载以各地区的分计数为主,各朝历年田地总数已收入甲编。

3.明代各朝历年税粮数,已收入甲编表53—66,此处不重见(参看甲编说明第5)。本编明代税粮各表,以分区数为重点。

4.本编各表关于田地的记录,除有特别标明者以外,皆为民田。历代田地的划分,以官民田为主(参看乙表10、26、40);在官田这一大类中又可分为各种田地,如职田、屯田、学田等,本编皆择要收录(乙表11、12、47、49、64、85、86)。

5.本编各表所载田赋之数,亦以民粮或民赋银为主。他如屯粮、漕粮、学田租等也选择录入(乙表5、13、14、27、46—56、85、86)。

6.宋代赋役制度,备极复杂繁琐。本编中仅有表8、表10所记夏秋二税之收数能确定其为纯粹属于田赋范围者。其余宋代租税收入各表,虽不尽出于田赋之内,然因当时盛行"改折"、"支移"种种办法,亦多与田赋发生关系。且史书记录甚为混淆不清,使读者无法洞晓,今试作初步之编排和分析,以钱、银、绢、布等项之收入为中心,企图对于宋代货币势力之开始抬头及丝织手工业之相当发展两点之论证有所帮助。

7. 明末边饷与辽饷的巨额支出,是明统治政权加强田赋榨取的重要方法之一。本编"明代九边兵饷额数"及明末三朝田赋加派数(乙表58—60),可供研究明末农民起义的同志参考。

8. 乙表57"明代各镇军马额数"可与明代边饷一表相参证,所以收入本编。当然,该表也可提供作为研究明代军户的参考材料。

9. 本编包括的统计指标,主要是把各地区的田地、田赋数进行各方面的比较,如升降百分比(乙表34、38、63、67、69);在诸地区总数中所占的比重(乙表11、12、14、18、33、37、62、68);亩田平均税粮数(乙表36、49、67、70—74、84、85);以及官田与民田、税粮的起运存留、田赋的正额与耗羡等之间的比数(乙表10、40、56、64、83、88、89)。

10. 一些表(乙表32、70—76、89)主要是为了提供关于某朝各地区每户、每口平均亩数,每人平均负担税粮数,及每亩平均税粮数等情况,所以将已见于甲编各表中之户口数与本编之田亩数及税粮数一并列出,以便比较。

11. 本编表5"唐天宝八年各色米粮总数"一表,请与甲编表76"清代乾隆、嘉庆、道光三朝的人口数及存仓米谷数",以及表后附记明万历初年各直省积谷数及清乾隆年间各直省存仓米谷数合看,甲表76的记载说明了明、清两代中央政权所掌握的米谷数是大为削减了,这不外是货币经济成分在封建社会末期日形发达的客观反映。

乙表 1　唐天宝中户税、地税及租庸调估计收入数 *

(1)　户税、地税估计收入数

税　别	计账户(户)	税　率	估计收入数
户税钱	8,900,000	每户 250 钱	2,225,000+ 贯
地税(义仓)		每亩 2 升,每户垦田以 70 亩计算	12,460,000+ 石

(2)　租庸调估计收入数

地　区　别	课丁(丁)	租			庸　调		
		税物	税率	估计收入数	税物	税率	估计收入数
出丝绵郡县	3,700,000+	粟	每丁 2 石	7,400,000+ 石	绢	每丁 2 匹	7,400,000+ 匹
					绵	每丁 3 两	1,850,000+ 屯
出布郡县(江南、江北合计)	4,500,000+				布	每丁 2 端 1 丈 5 尺	10,350,000+ 端
江北纳粟	2,600,000+	粟	每丁 2 石	5,200,000+ 石			
江南租粟折布	1,900,000+	布	每丁 3 端	5,700,000+ 端①			
总计	8,200,000+	粟		12,600,000+ 石	绢		7,400,000+ 匹
		布		5,700,000+ 端②	绵		1,850,000+ 屯
					布		10,350,000+ 端②

资料来源　《通典》卷 6《赋税》下《大唐》。撰者杜佑根据唐天宝(公元 742—756 年)中计账户及课丁的大约数乘当时之平均税率所作之估计。

编者注　* 宋吕夏卿《唐书直笔》卷 4《新例须知税赋》记有天宝中税赋入数;《文献通考》卷 23《国用考》1 所记亦同。如以吕氏《唐书直笔》与杜佑之估计数比较,有相合者,亦有互异者。附录如下,并加"备考"一栏以说明之:

税　物	税入数	备　考
"租钱"(缗)	2,000,000+	按天宝时,租只纳粟或折布,未有折钱者,故知此处当系指"户税钱"。又吕氏原书作"二百余万缗",乃举其约数,与杜氏之户税钱估计实合。
"粟"(斛)	19,800,000+	这项数字,较杜氏所估计的租粟收入多 7,200,000 石。如果说,它也包括"地税"收入的粟在内,则又少 5,200,000 石。
"庸调绢"(匹)	7,400,000+	与杜氏估计数合。

"绵"（屯）　1,800,000⁺　较杜氏估计数少 50,000 屯,但吕氏原书乃举约数
而言,基本上还是相同的。

"布"（端）　10,350,000⁺　与杜氏估计数合。

又如果说,吕氏对江南出布郡县的租粟,不予折布（按:江南租粟折布 570 万
端,吕氏书未见列入）,仍按每丁 2 石计算,那么,全部租粟总计,亦不过 1,640 万
石,比 1,980 万石还短欠 340 万石。

①这是江南诸州租粟折布应纳之数。

②租布与庸调布共计 16,050,000⁺ 端。

附记　《资治通鉴》卷 237《唐纪》53 元和 2 年（公元 807 年）末"是岁,李吉甫撰《元和
国计簿》上之"条下注引"宋白曰:'《国计簿》比较数……'"云云,今将其大要表列
如下:

	天宝	元和	元和较天宝少	备　考
州郡	315	295		原文云:"天宝州郡 315,元和见管总 295,比较天宝应供税州郡计少 95。"
供税州郡			−97	
户数	8,385,223	2,440,254		原文云:"天宝户总 8,385,223,元和见在户总 2,440,254。比较天宝数,税户通计少 1,944,699（按,《通典》卷 7 记天宝 14 载管户总 8,914,709,其中课户数据甲表 21 注 ③ 为 5,349,208）。"
税户			−1,944,699	
岁入	52,300,000⁺	35,151,228	−17,148,770	单位:天宝为"端、匹、屯、贯、石";元和为"贯、石"。岁入项目及税物:天宝为"租税、庸、调"的"粟、绢、布、丝、绵、钱";元和为"两税、榷酒、斛斗、盐利、茶利"。

乙表 2　唐天宝中岁入钱粟布绢绵之数及其用途

(1)　岁入钱数及其用途

钱　（贯）	用　　途
总计　2,000,000⁺	
1,400,000⁺	诸道州官课料及市驿马
600,000⁺	添充诸军州和籴军粮

(2)　岁入粟数及其用途与所输仓库

粟　（石）	用 途 及 所 输 仓 库 地 点
总计　25,000,000⁺	
3,000,000⁺	折充绢布添入两京库
3,000,000⁺	回充米豆供尚食及诸司官厨等料，并入京仓
4,000,000⁺	江淮回造米转入京充官禄及诸司粮料
5,000,000⁺	留当州官禄及递粮
10,000,000⁺	诸道节度军粮及贮备当州仓

(3)　岁入布绢绵数及其用途与输往地点

布 绢 绵（端匹屯）	用 途 及 输 往 地 点
总计　27,000,000⁺	
13,000,000⁺	入西京（长安）
1,000,000⁺	入东京（洛阳）
13,000,000⁺	诸道兵赐及和籴并边远小州便充官料邮驿等费

资料来源　《通典》卷 6《赋税》下《大唐》。

按唐制：罗、锦、绫、缎、纱、縠、绝、绸之属，以四丈为匹；布则五丈为端；绵则六两为屯。钱以千文为贯，亦称作缗。

乙表 3　唐建中年间税户、籍兵数及钱谷收支数

（公元 780 年—783 年）

(1)　建中元年税户、籍兵及钱谷数

（公元 780 年）

税　　户	3,085,076 户
籍　　兵	768,000⁺ 人
税　　钱	10,898,000⁺ 缗①
谷	2,157,000⁺ 斛

资料来源　《资治通鉴》卷226《唐纪》42。

编者注　①《通鉴》于上列四项数字前冠以"天下"两字。惟核以本表(2)〔见下〕的数字,则知税钱及谷两数仅为供京师地区的钱谷数。其中,《通鉴》所记税钱接近1,090万缗,《通典》所记仅约950万缗,相差约140万缗,可能是前数包括了各种土地附加税如青苗地头钱等在内。

(2)　建中初年钱谷数及内外费用

	税　　钱*		税　米　麦	
	贯	%	石	%
总计	30,000,000⁺	100.00	16,000,000⁺	100.00
供外费	20,500,000⁺	68.33	14,000,000⁺	87.50
供京师	9,500,000⁺	31.67	2,000,000⁺	12.50

资料来源　《通典》卷6《赋税》下《大唐》。

编者注　*《通鉴》卷225《唐纪》41代宗大历14年(779年)记:"大历末,计一岁所入总1,200万缗,而盐利居其太半。"宋吕夏卿《唐书直笔》卷4《新例须知税赋》记云:"大中(847—859年)中,税钱8,592,061缗990文。"又,《通鉴》卷249引《续皇王宝运录》云:"宣宗大中7年(853年)十二月,度支奏:'自河、湟平(大中5年事),每岁天下所纳钱925万余缗,内550万余缗租税,82万余缗榷酤,278万余缗盐利。'"此则就收入的来源和种类言之,又可见税钱数屡有增加。

乙表4　唐天宝八年各道屯粮数及其百分比

(公元749年)

道　别	屯　　粮		屯　数①	所　在　地
	岁入数(石)	百分比(%)		
关内道	563,810	29.46	258	北使2,盐州监牧4,太原1,长春10,单于31,定远40,东城45,西城25,胜州14,会州5,盐池太原州4,夏州2,丰安27,中城41。
河北道	403,280	21.07	208	幽州至渝关。
河东道	245,880	12.85	131	大同军40,横野军42,云州37,朔州3,蔚州3,岚州1,蒲州5。
河西道	260,088	13.59	156	亦水全大山。
陇右道	440,902	23.03	172	渭州至西使。
河南道	②	—	107	陈州至寿州。
剑南道	②	—	9	嶲州8,松州1。
合　计	1,913,960	100.00	1,041	

资料来源　"屯粮岁入数"引《通典》卷 2《食货》2《田制》下《屯田》"天宝 8 年(公元749年)天下屯收[数]",并据以作成各道屯收占全国合计的百分比。

　　　　　　"屯数"及"所在地"两栏据《玉海》卷 177《食货屯田》所引"《六典》天下诸州屯"作(按:今本《六典》已佚去这项记载)。《六典》乃开元 23 年(735 年)知政事张九龄等撰,27 年李林甫注成,书中所记当为开元间事。今附其所载屯数及屯田所在地于本表,以备参考(关于《六典》一书的性质及有无明令施行等问题,学者意见不一,此不具论)。

编者注　①《通典》卷 2 记云:"大唐开元 25 年令,诸屯隶司农寺者,每三十顷以下二十顷以上为一屯;隶州镇诸军者,每五十顷为一屯。"可见地方所领各屯之面积大于中央所领各屯之面积。　　②原无记载。

乙表 5　唐天宝八年各色米粮总数*

(公元 749 年)

道及仓别	和籴 (石)	诸色仓粮 (石)	正仓粮 (石)	义仓粮 (石)	常平仓粮 (石)	"天下诸色米"总计①(石)
十道合计②	1,139,530		42,126,184③	63,177,660③	4,602,220	96,062,220④
关内道	509,347		1,821,516	5,946,212	373,570⑤	8,650,645
河南道			5,825,414	15,429,763	1,212,464	22,467,641
河东道	110,229		10,589,180⑥	7,309,610	535,386	18,544,405
河北道			1,821,516	17,544,600	1,663,778	21,029,894
山南道			143,882	2,871,668	49,190	3,064,740
淮南道			688,252	4,840,872	81,152	5,610,276
江南道			978,825	6,739,270	602,030⑦	8,320,125
陇右道	148,204		372,780	200,034	42,850	763,868
剑南道			223,940	1,797,228	10,710	2,031,878
河西道	371,750		702,065	388,403	31,090⑧	1,493,308
诸仓合计②		12,656,620				12,656,620
北仓(西京长安)		6,616,840				6,616,840
太仓 (长安)		71,270				71,270
含嘉仓 (东京洛阳)		5,833,400				5,833,400
太原仓(河南道陕县)		28,140				28,140

（乙表 5 续）

道及仓别	和籴（石）	诸色仓粮（石）	正仓粮（石）	义仓粮（石）	常平仓粮（石）	"天下诸色米"总计（石）
永丰仓（关内道华阴县）		83,720				83,720
龙门仓（河东道龙门县）		23,250				23,250

资料来源　《通典》卷 12《食货》12《轻重》；《文献通考》卷 21《市籴考》2。

编者注　*《唐六典》卷 3《户部》"仓部掌固"条记义仓及常平仓之运用云："凡义仓之粟，唯荒年给粮，不得杂用。凡常平仓所以均贵贱。"

按《通典》卷 26《职官》8《诸卿》中《太府卿》载："凡天下仓库：和籴者为常平仓，正租为正仓，地子为义仓。"杜氏原注云："天宝 8 载（公元 749 年）通计天下仓粮屯收并和籴等见（现）数，凡 196，062，220 石。"比表中总数刚多出一亿，未知孰是？按天宝 8 载"天下屯收"亦不过 1，913，960 石（《通典》卷 2《田制》下《屯田》），即使将此数与本表总数相加，所增仍有限；且屯粮似应已列入"诸色仓粮"内。

①本栏各道的分计数，系编者据上面各栏数字统计得出，原书不载。　②表中各栏的"十道合计"（或"诸仓合计"）各数均据《通典》、《通考》两书原载的数目填入。　③如据十道的分计数相加起来，其和应为：

正仓粮　23，167，370 石　（较原书所记"合计"数少 18，958，814 石）
义仓粮　63，067，660 石　（较原书所记"合计"数少 110，000 石）

按：正仓粮，据各道分计相加之和与原书"合计"，相去如此悬殊，除可能有传抄讹误的影响外，更可能是这两数的内涵是不一样的。原两书所载"正仓总42，126，184 石"或系指年正租应入贮各正仓的数额；而各道分计的正仓粮则仅为起运他地后尚存留于本仓的粮数。因为，前一数字（四千余万石）实际上必定包括了相当大一部分"诸色仓粮"（即如含嘉等仓以下共 4 仓皆为收贮漕粮以转馈两都的仓库，亦可为证）在内。　④请注意，这不包括"诸色仓粮"数在内。

如据十道的分计数相加，其和应为：91，976，780 石（少 4，085，440 石）。

如据左面四栏（和籴、正仓粮、义仓粮、常平仓粮）的"十道合计"数相加，其和应为：111，045，594 石（多 14，983，374 石，差额更大，主要应由于这一正仓粮总数实际包括有"诸色仓粮"数在内的影响）。　⑤《通典》北宋本作"375，570"，据此，则十道分计相加之和较原载总数多 2，000 石，今从通行本（《通考》同）。

⑥此据《通考》。《通典》作"3，589，180"，盖将"一千"误为"三"。　⑦此据《通考》。《通典》阙载。　⑧此据《通典》北宋本校正，通行本误作"1，663，778"石，与河北道数完全相同。《通考》数字与《通典》北宋本同，无误。

乙表 6　北宋至道末年及天禧末年实收租税数

项　目 *	单　位	实　收　数		(2)对(1)增减数①
		(1)至道末年①	(2)天禧末年②	
谷	石	31,707,000	32,782,000	+1,075,000
钱	贯	4,656,000	7,364,000	+2,708,000
绢	匹	1,625,000	1,615,000	−10,000
𫄨绸	匹	273,000	181,000	−92,000
布	匹	282,000	338,000	+56,000
丝线	两	1,410,000	905,000	−505,000
绵	两	5,170,000	3,995,000	−1,175,000
茶	斤	490,000	1,668,000	+1,178,000
黄铁③	斤	300,000	350,000	+50,000
刍茭	围	30,000,000	18,999,950	−11,000,050
蒿	围	2,680,000	1,680,000	−1,000,000
薪	束	280,000	—	
炭	秤	530,000	26,000	−504,000
鹅翎杂翎	茎	620,000	749,000	+129,000
箭簳	只	890,000	1,360,000	+470,000

资料来源　《文献通考》卷 4《田赋》4《历代田赋之制》。按至道为太宗年号(公元995—997 年),天禧为真宗年号(公元 1017—1021 年)。

编者注　*据原书载称,租税有谷,帛,金铁,物产四类:"谷"之品有七:粟,稻,麦,黍,穄,菽,杂子;"布帛丝绵"之品有十:罗,绫,绢,纱,𫄨,绸,杂折,丝线,绵,布蒿;"金铁"之品有四:金,银,铁镴,铜铁钱;"物产"之品有六:六畜,齿革翎毛,茶盐,竹木,麻草,刍茭,果药,油纸,薪,炭,漆,蜡,杂物。又据原书称,所记"皆[为]逾十万之数者,他物不复记"(《宋会要辑稿》册 162《食货》70《赋税杂录》所载品类名目更详细)。

①"至道末年"及"(2)对(1)增减数"两栏内的数字,原书在各数字之后均作"余",惟"至道末年"的刍茭则为三千余万围。据洪迈《容斋随笔三笔》卷 2"国家府库"条,知为至道 3 年(997 年),所记各项数字与《通考》基本相同,偶有出入之处,则由误植或项目合并所致,故不作校勘记。

②(一)原书仅载至道末年,及天禧末年对至道末年增减的数字,此栏系根据该两栏之数作出。

　(二)除栏内数字系据增减数作出外,原书尚载有下列各数:鞋 816,000 余量,麻皮397,000 余斤,盐 577,000 余石,纸 123,000 余幅,芦藤 260,000 余张。以上五项,皆为天禧末年所收之数;至道末年收数中无此五项。后按本栏各项相加之和,为 72,062,950;连上列五项数量合计,亦不过 74,235,950,此数尚不及乙表 7 天禧末岁入数(150,850,000)之半。

③《容斋随笔三笔》作"黄蜡"。

乙表 7　北宋岁出入总数

年度	公元(年)	计量单位	岁　　入	岁　　出	备　　　考
真宗大中祥符 8 年	1015	贯石匹斤	73,720,768		计入两税钱帛粮斛22,764,132，丝绵鞋草22,836,636，茶盐酒税榷利钱帛金银28,120,000。
天禧末	1021 前	贯石匹斤近	150,850,000	126,775,200	宋史食货志原文云："而赢数不预焉。"
仁宗皇祐元年	1049	贯石匹斤	126,251,964	126,251,964	玉海云："所出无余。"又云："天下财赋出入，凡金币丝纩薪刍之类皆在其数。"
英宗治平 2 年	1064	贯石匹斤	116,138,405	120,343,174	宋史食货志云："非常出者又11,521,278；是岁诸路积160,292,093，而京师不预焉。"

资料来源　《玉海》卷 185《会计》，《宋史》卷 179《食货志》第 132《食货》下《会计》。

曾巩《南丰文集》卷 22《议经费札子》云："天下岁入，皇祐治平皆一亿万（按即万万）以上，岁费亦一亿万以上"，但从上表可知自天禧末已超过一万万的数字了。

乙表 8　北宋熙宁十年夏秋二税现催额及其百分比

（公元 1077 年）

税物及计量单位	夏　　税	秋　　税	二税合计①	夏税占合计的百分比(%)	秋税占合计的百分比(%)
总额(贯、石、匹、斤、两……)②	16,962,695	35,048,334	52,011,029	③	③
银(两)	31,940	28,197	60,137	53.11	46.89
钱(贯)	3,852,817	1,733,002	5,585,819	68.98	31.02
斛斗(石)④	3,435,785	14,451,472	17,887,257	19.21	80.79
匹帛(匹)	2,541,300	131,023	2,672,323	95.10	4.90
丝绵(两)	5,844,861	5,495	5,850,356	99.91	0.09
杂色⑤(斤、两、石、角……)⑥	1,255,992	1,944,301	3,200,293	③	③
草(束)	—	16,754,844	16,754,844	—	100.00

资料来源　《文献通考》卷 4《田赋》4。关于元丰时各路二税现催额细数，请参阅本编表 10。

编者注

①本栏数字,仅"总额"一项为原书所载,其他各项分计乃我们据夏、秋二税各分项相加而得。

②原书把不同计量单位的数字总起来计算,本来是没有意义的,为保存文献原来面貌,姑仍照录。

③计量单位不一,无比较意义。

④原书作"斛斗"。按同卷云:"凡岁赋:谷以石计",按宋代"斛斗"二字常用于漕粮、和籴,乃指谷而言。

⑤夏税杂色包括:"茶、盐、蜜、鞠、麸、面、椒、黄蜡、黄蘗、甘草、油子、菜子、蓝、纸、苎麻、楠木、柴、茢、铁、地灰、红花、麻皮、鞋、板、瓦。"共25项。

秋税杂色包括:"茶、盐、酥、蜜、青盐、鞠、油、椒、漆、蜡、枣、苎麻、柿子、木板、瓦、麻皮、柴、炭、蒿、茅、茭、草、蒲席、铁、翎毛、竹、木、芦蓧、鞋。"共29项。

⑥夏税计量单位原书作:"斤、两、石、角、筒、秤、张、塌、条、檐(与担通)、围、束、量、口。"

秋税计量单位原书作:"斤、两、石、口、根、束、领、茎、条、竿、只、檐(与担通)、量。"

按:北宋时仅有成都府路及梓州路对于某些税物用担作为衡量单位。

乙表9　北宋元丰八年各项税物岁入岁出数

(公元1085年)

税物及计量单位	岁　入	岁　　出	差额(-)或余额(+)	岁出相当于岁入的百分比(%)
金(两)	4,300	1,600	+2,700	37
银(两)	57,000	117,000	-60,000	205
钱(千)	48,480,000①	50,300,000②	-1,820,000	104
绸绢(匹)	1,510,000	1,680,000	-170,000	111
谷(石)	24,450,000	23,710,000	+740,000	97
草(束)	7,990,000	16,100,000	-8,110,000	202

资料来源　苏辙《栾城后集》卷15《元祐会计录收支叙》(《文献通考》卷24《国用考》2亦转录此叙)。按同卷《元祐会计录序》云:"凡会计之实,取元丰之8年",则本叙所载的岁入、岁出数乃系元祐元年(1086年)前一年的数字。

《宋史》卷203《艺文志》2《史》"故事类"载:"李常:《元祐会计录》三卷。"盖此书乃苏辙与李常分撰。按元祐2年七月诏户部修会计录,大约于元祐6年前后完成。

编者注　①原注云:"除米盐钱后得此数。"　　②原注云:"并言未破应在及泛支给赐得此数。"

乙表 10　北宋元丰年间＊分区官，民田数及其百分比，与夏秋二税现催额

路　别	田　地①						二税现催额②（贯，石，匹，斤，两……）		
	合计（亩）	民田（亩）	官田（亩）	民田占额的地总额的百分比（%）	官田占额的地总额的百分比（%）	各区官民田合计占诸路合计的总计的（%）	合　计③	夏　税	秋　税④
诸路总计	461,655,557	455,316,361	6,339,296	98.63	1.37	100.00	52,010,939③	16,962,595③	35,066,374⑬
开封府	11,384,831	11,333,167	51,664	99.55	0.45	2.47	4,055,087	998,924	3,056,163
京东路	26,719,361	25,828,460	890,901	96.67	3.33	5.79	3,000,901	1,555,880	1,445,021
京西路	21,283,526	20,562,638	720,888	96.61	3.39	4.61	4,063,870	1,440,932	2,622,938
河北路	27,906,656	26,956,008	950,648	96.59	3.41	6.05	9,152,000④	1,393,983	7,758,107
陕西路	44,710,360	44,529,838	180,522	99.60	0.40	9.68	5,805,114	1,110,105	4,695,009
河东路	11,170,660	10,226,730	943,930	91.55	8.45	2.42	2,372,187	403,395	1,968,792
淮南路	97,357,133	96,868,420	488,713	99.50	0.50	21.09	4,223,784	2,558,249	1,665,535
两浙路	36,344,198	36,247,756	96,442	99.73	0.27	7.87	4,799,122	2,790,767	2,008,355
江南东路	42,944,878	42,160,447	784,431	98.17	1.83	9.30	3,963,169	2,004,947	1,958,222
江南西路	45,223,146	45,046,689	176,457	99.61	0.39	9.80	2,220,625⑤	748,728	1,471,937
荆湖南路	33,204,055	32,426,796	777,259	97.66	2.34	7.19	1,816,612	448,364	1,368,248
荆湖北路	25,988,507	25,898,129	90,378	99.65	0.35	5.63	1,756,078	515,207	1,240,871⑥
福建路	11,091,990	11,091,453	537	99.995	0.005	2.40	1,010,650⑦	186,292	844,358
成都路	21,612,777	21,606,258	6,519	99.97	0.03	4.68	926,732	75,800	850,932
梓州路	⑧	⑧	⑧			—	834,187⑨	238,983	593,204
利州路	1,288,089	1,178,105	109,984	91.46	8.54	0.28	665,306	186,724	478,582
夔州路	224,720	224,497	223	99.90	0.10	0.05	141,182⑩	74,209	66,873
广南东路	3,145,490	3,118,518	27,072	99.14	0.86	0.68	765,715	135,764	629,951
广南西路	55,180	12,452	42,728	22.57	77.43	0.01	438,618	95,342	343,276

资料来源　《文献通考》卷4《田赋》4。

编者注　＊原书注云："右以上系元丰年间检正中书户房公事毕仲衍挍进《中书备对》内所述天下四京，一八路暨

田,并将夏、秋二税见(现)催额数目。

① 原书仅将田分为"官田"与"民田"两类,但据同卷稍前的记载,我们似确定了前一类田就是民田。

② 《通考》卷4云:"凡岁赋:谷以石计,钱以缗(按与贯通)计,帛以匹计,金、银、丝绵以两计,蒱苇、薪蒸以围计,藁秸以国计,他物各以其数。"原书对于这些计量单位的数量一概混合起来。由此也可见当日记录方法的幼稚(参阅本编表8编者注②)。

③ 据各路分合计相加得出(原书只载有熙宁10年[1077年]诸路总计夏秋二税现催总额)。由于原书所载河北、江南西、福建、梓州等5路之二税之二税现催总额与各该路夏秋两税两份额相加之和,因此,本表诸路总计二税现催额亦与夏税、秋税两税两份额相加之和不符(前者少18,030)。

④ 河北路合计,较本路夏税、秋税两份额之和少90。

⑤ 江南西路合计,较本路夏税、秋税两税两份额之和少40。

⑥ 原书作:"1,368,248",盖误把荆湖南路之数列于此处。今数乃从荆北路总额减去夏税得出。

⑦ 福建路合计,较本路夏税、秋税两份额之和少20,000。

⑧ 原书注:"梓州路田为山崖,难计顷亩。"

⑨ 梓州路合计,较本路夏税、秋税两份额之和多2,000。

⑩ 夔州路合计,较本路夏税、秋税两份额之和多100。

乙表 11　北宋熙宁三年至九年诸路水利田数

（公元 1070—1076 年）

东京及各路别	处	田　数（亩）	各区占总计百分比（%）
东京开封府	25	1,574,929	4.37
京东东路	71	884,938①	2.46
京东西路	106	1,709,176	4.74
京西南路	727	1,155,879	3.20
京西北路	283	2,180,266	6.05
河北东路	11	1,945,156②	5.40
河北西路	34	4,020,904	11.16
河东路	114	471,981	1.31
永兴军路	19	135,391	0.38
秦凤路	113	362,779③	1.01
两浙路	1,980	10,484,842	29.09
淮南东路	533	3,116,051	8.65
淮南西路	1,761	4,365,110	12.11
江南东路	510	1,070,266	2.97
江南西路	997	467,481	1.30
荆湖北路	233	873,330	2.42
荆湖南路	1,473	115,114	0.32
福建路	212	302,471	0.84
成都府路	29	288,387	0.80
梓州路	11	90,177	0.25
利州路	1	3,130	0.01
夔州路	274	85,466	0.23
广南东路	407	59,773	0.17
广南西路	879	273,889	0.76
总　　计	10,803④	36,036,886⑤	100.00

资料来源　《宋会要辑稿》册 151《食货》61 上。按天圣至熙宁间，全境分为十八路，至元丰初年始分为二十三路，今据原文所载亦分为二十三路，似可为元丰初年记录之证；然原文之首系以"《中书备对》司农寺自熙宁 3 年至 9 年终"等字。大约各地报数确是起自熙宁 3 年迄 9 年终；这是王安石农田水利法推行后的成果。迨元丰 3 年(1080 年)《中书备对》进呈时，又依据当时诸路的划分加以改编。

《宋史》卷 173《食货》上 1《农田》，及《通考》卷 6《田赋水利田》，均仅载总计，而无分区之数。

编者注　①内官地 28,550 亩。　　②内官地 27 亩。　　③内官地 162,953 亩。
④这是我们根据各项分计加起来的实计数字，与原书所载总计 10,793 处稍

有出入。　　⑤这是实计数，与原书所载总计 36,117,888 颇有出入，原书记云：
"内官地[总共]191,530 亩"，此数与注①至③合计之数正合，可见此时期的水利田
以民田地为主，官地亩数仅占总计的 1.07%。这一情况，和王安石农田水利法的
具体布置有密切的关系。

<h2>乙表 12　北宋熙宁年间诸路职田数①</h2>

（公元 1068—1076 年）

东京及各路别	田　数（亩）	各区占总计的百分比（%）
东京开封府	59,298	2.52
京东路	213,293	9.08
京西路	200,575	8.54
河北路	335,396	14.28
河东路	159,528	6.79
陕西路	325,244	13.85
两浙路	171,376	7.30
淮南路	202,345	8.62
江南东路△	88,850	3.78
江南西路△	66,087	2.81
荆湖北路	81,617	3.48
荆湖南路	54,598	2.32
福建路	53,856	2.29
成都府路	79,092	3.37
梓州路	54,664	2.33
利州路	46,688	1.99
夔州路	47,270	2.01
广南东路△	55,070	2.35
广南西路△	53,850	2.29
总　　计	2,348,697②	100.00

资料来源　《宋会要辑稿》册 151《食货》61 上。

编者注　宋代的职田系由唐制沿袭下来的田制。宋廷用职田的地租收入以补官俸
之"不足"，美其名曰"养廉"，其实不过是一种优待封建官僚的制度。

①原书注明系转录自神宗元丰 3 年（1080 年）毕仲衍所上之《中书备对》，但关于这
　一段的记事并未系年。查原书前一页载有水利田之数（见乙表 11），亦系录自
　《中书备对》，并系以熙宁 3—9 年等字。考真宗咸平（998—1003 年）中，令阁馆
　检校故事，申定职田之制。仁宗庆历（1041—1048 年）中，诏限职田，有司始申定其
　数。神宗熙宁间复诏详定职田（见《宋史》卷 172《职官志》12《职田》及《续通典食货》1，

《续通志食货略》)。再从大行政区分为十八路这点来看,似可以把本表的记录定于熙宁年间。

②这是我们根据各项分计加起来的总计数,原书所载的总计数为 2,348,695。

△原书分别写作"江东路"、"江西路"、"广东路"、"广西路"。

乙表 13　北宋太平兴国六年岁漕定额及治平二年漕运实数

（公元 981 年及 1065 年）

漕河别	供应漕米地区	太平兴国 6 年岁漕定额①				治平 2 年漕运实数(石)
		秔米(石)	豆②(石)	粟(石)	合计(石)	
汴　河③	江南、淮南、两浙、荆湖	3,000,000	1,000,000	—	4,000,000	5,755,000
黄　河	陕西诸州	—	300,000	500,000	800,000	—
惠民河	陈、颍、许、蔡、光、寿六州	—	200,000	400,000	600,000	267,000
广济河	京东十七州	—	—	120,000	120,000	740,000
合　计		3,000,000	1,500,000	1,020,000	5,520,000④	6,762,000

资料来源　(1)太平兴国 6 年:据《宋会要辑稿》册 144《食货》46《水运》;《玉海》卷 182《食货漕运》;《文献通考》卷 25《国用》3《漕运》;《宋史》卷 175《食货》上 3《漕运》。

(2)治平 2 年:据《宋会要辑稿》册 144《食货》46《水运》;《宋史》卷 175《食货》上 3《漕运》。

编者注　①按北宋开国之初,岁运漕粟,未立定额。太祖开宝 5 年(972 年)令汴、蔡两河公私船运江淮米数十万石以给兵食。太宗初即位,两浙既定,所在雇民舟输送,骤增至 400 万石。太宗太平兴国 6 年(981 年)始定四河运粮数共 550 万石(详见上表);至道(995—997 年)初年,汴河运米达 580 万石;淳化 4 年(993 年),东南 6 路漕运上供米额 620 万石(见乙表 14)。真宗景德 4 年(1007 年),又定汴河岁额 600 万石(《玉海》记作景德 3 年,似指下诏之年;而《宋史》诸书则记其实行之年,故迟一年耳)。真宗大中祥符(1008—1016 年)初年竟至 700 万石。据《宋会要辑稿》云,此为最高之数。仁宗天圣 4 年(1027 年)闰五月戊申,诏自 5 年后,暂减江淮岁漕米 50 万石。其后,黄河岁漕益减耗,仅运菽 30 万石;至仁宗嘉祐 4 年(1059 年)诏罢黄河运菽,自是,岁漕仅汴、惠民、广济三河而已。大约嘉祐(1056—1063 年)中年之前,岁运总额仍以 600 万石为准,但每岁短欠不下六七万石。英宗治平 2 年(1065 年),汴河等三河实运点数达 676 万 2 千石(亦见上表)。然据神宗熙宁 7 年(1074 年)张方平所言,知是时上供年额本分为:汴河 600 万石,广济河 62 万石,惠民河 60 万石;虽实运远不逮此,然与治平 2 年之数又颇异矣。至哲宗元祐 6 年(1091 年),三河实运数只 450 万石,而欠折多至 30 余万石。盖平时积逋及沿途损耗者多也(参见乙表 27)。

北宋都大梁(开封),故四漕河中,以汴河所运为最多。四河之间,每有"临时移易"——盖宋代赋税制度,每行"支移"、"折变"以从事调剂:"其输有常处,而以有余补不足,则移此输彼,移近输远,谓之支移;其入有常物,而一时所须,则变而取之,使其直轻重相当,谓之折变。"更因水旱灾荒,亦时有蠲免;而各河运额或减或罢(如仁宗庆历[1041—1048 年]中年,诏减广济河岁漕 10 万石;嘉祐 4 年,又诏罢黄河漕运),是以总额虽屡图制定,而实运各数往往变动不居。

②《宋会要辑稿》、《玉海》均作"豆",《通考》及《宋史食货志》作"菽"。菽,众豆之总名。

③关于汴河岁运的分路细数,请参看本编表 14。

④原四书(见"资料来源")均作"5,500,000 石",盖举其约数罢了。

乙表 14　北宋淳化四年东南六路漕运上供米额 *

(公元 993 年)

路　　别	送纳地点①	上供米(石)	各路占总额百分比(%)
六路总额	汴京、南京畿	6,200,000	100.00
	内:汴京	4,850,000	
	南京畿	1,350,000	
淮南路	汴京、咸平、尉氏、太康	1,500,000	24.19
	内:汴京	1,250,000	
	咸平、尉氏	200,000	
	太康	50,000	
江南东路	汴京、拱州②	991,100	15.99
	内:汴京	746,100③	
	拱州	245,000	
江南西路	汴京、南京④	1,208,900	19.50
	内:汴京	1,008,900	
	南京	200,000	
荆湖南路⑤	汴京	650,000	10.48
荆湖北路⑤	汴京	350,000	5.65
两浙路	汴京、陈留、雍丘	1,500,000⑥	24.19
	内:汴京	845,000	
	陈留	403,352	
	雍丘	251,648	

资料来源　《宋会要辑稿》(以下简称《会要稿》)册 142《食货》42《漕运》2。

编者注　* 宋沈括《梦溪笔谈》卷 12《官政》2"发运司岁供京师米"条亦记有东南六路岁供漕米额数,但没有详细记明各路上供米的送纳地点,而且也没有记明年份。

按沈括所撰《梦溪笔谈》成书于哲宗元祐 8 年(1093 年),书中所记当为是年以前的

政事。沈书所记,与本表所引《会要稿》的材料有两处互异:

(1)六路供米总额:沈书记云:"发运司岁供京师米,以六百万石为额";但"通〔计〕余美,岁入六百二十万石"。沈书把二十万石认为额外美余之数。

(2)淮南路上供米额,沈书作"1,300,000 石",较《会要稿》少 200,000 石(其他五路的供米额,两书尽同)。

①本栏内所记咸平、尉氏、太康、陈留、雍丘等五地均为开封府属县。

又原书(指《会要稿》,下同)因传写之讹,南京畿误作"南京幾",尉氏误作"尉民",雍丘误作"雍兵"。

②按拱州,本开封府襄邑县,崇宁 4 年(1105 年)始建为州。

③原书作"745,100"。这样,不但汴京、拱州两起合计为 990,100 石,较原书及《梦溪笔谈》所记江南东路供米额 991,100 石少了 1,000 石,而且,本路与其他五路输往汴京的米数相加之和亦仅为 4,849,000 石,较《会要稿》原书所记的汴京总额 4,850,000 石亦少了 1,000 石。可见,江南东路送纳汴京的上供米应为 746,100 石。

④淳化 4 年时本名归德军,属河南道。至真宗景德 3 年(1006 年)升为应天府;大中祥符 7 年(1014 年)始建为南京,属京东路。

⑤原书分别省称作"湖南"及"湖北"。

⑥原书作"1,550,000 石",乃传写之误。理由是:(1)本路输往汴京、陈留、雍丘等三地的米额合计为 1,500,000 石,而《梦溪笔谈》所记本路上供米额亦为 1,500,000 石;(2)如作"1,550,000 石",则六路供米数相加之和便成为 6,250,000 石,较《会要稿》原书所记的总额 6,200,000 石多了 50,000 石。

乙表 15　北宋熙宁九年诸路上报司农寺免役钱物收支及应在现在数

(公元 1076 年)

路　　别	收 (贯、石、匹、两)	支 (贯、石、匹、两)	应在钱物* (贯、石、匹、两)	现在钱物△ (贯、石、匹、两)
诸路总计	10,414,553①	6,487,688②	2,693,020③	8,879,267④
开封府界	112,953	77,140	17,494	80,858
京东东路	513,477⑤	285,581	90,287	394,271
京东西路	474,606	300,470	45,867	367,226
京西南路	283,962	203,360	33,120	232,790
河北东路	513,014	319,702	50,510	462,181
河北西路	623,903	329,779	91,480	594,875
河东路	525,372	296,205	102,356	572,935
永兴军等路	954,132	520,634	91,882⑥	772,861
秦凤等路	413,422	259,431	48,358	361,157

（乙表 15 续）

路　　别	收 （贯、石、匹、两）	支 （贯、石、匹、两）	应在钱物* （贯、石、匹、两）	现在钱物△ （贯、石、匹、两）
两浙路	805,844⑦	689,020	331,226	541,652
淮南东路	494,830	306,958	176,053	232,026
淮南西路	348,200	242,145	141,086	203,303
江南东路⑧	386,856	228,338	188,618	267,682
江南西路	390,661	199,259	296,509	534,386
荆湖北路	318,664	253,032	273,289	200,717
荆湖南路	395,883	189,391	112,230	667,084
福建路	374,398	189,186	93,514	530,065
成都路	660,949	431,945	52,733	369,232
梓州路	340,066	231,245	38,560	243,782
利州路	420,975	173,402	14,039	246,899
夔州路	228,936	177,918	4,128	201,925
广南东路	230,354	146,861	159,220	87,517
广南西路	206,396	124,868	145,587	102,255

资料来源　《宋会要辑稿》（以下简称《会要稿》）册 157《食货》65《免役》；同书册 158《食货》66《免役》亦有同年记载；两者间有异文，本表择善而从，并为作注记明于下。

编者注　原书（指《会要稿》）收、支两总项内记有"金、银、钱、斛、匹帛、牒子（末一目唯支项下有之，疑即"度牒"，梓州路"现在钱物"数字末尾之计量单位中有一"道"字，当指此物）等项名目，他们的计量单位也是混合起来记载的，故无法确定每一项目各收支若干。为节省篇幅起见，不再在表中一一注明。但从各路的分记检查，知道实际上以"钱"为主，"斛"（即谷）次之，匹帛又次之，其他项目并不常见。

　　计量单位：钱以贯计（间亦作缗，开封府收数贯后尚有一"文"字），谷以石（斛同）计，布帛以匹计，金、银、丝绵均以两计；尚有"束"（现河北东、西路"见在"数后），当为草的单位；河东路"支"数后有一"片"字，可能指的亦是牒子。

　　表中"应在钱物"，及"现在钱物"两栏，据原书在诸路总数中作"应在银钱斛匹帛"；诸路分记中或作"应在钱"，或简作"应在"（"现在"的书法亦与此相类似）。我们改作上两栏标题，以归一律。

　　*所谓"应在钱物"，就是各路应上供中央，但暂时存留于本地方之中央专款。陈傅良《赴桂阳军拟奏事札子第2》云："[宋初]以天下留州钱物尽名系省，然非尽取之也。当是时输送毋过上供，而上供未尝立额。郡置通判，以其支收之数上之计司（户部），谓之应在。"（《止斋先生文集》卷 19）

　　△"现在钱物"，系指各路现有钱物之数（参看《会要稿》册 127《食货》11《版籍》

绍兴 5 年 [1135 年] 五月八日记事），亦即库存数，这是历年收支相抵后结存的累计数，它并不就等于当年收支的差额。按免役法于熙宁 4 年十月一日正式颁布，令诸路通行，是此法之行已五年于兹矣。又因上供数本无定额（见上引陈文），而收支数是专指地方收支抑上供中央之数亦在其内，我们也无法确定，因而对于上列四栏数字，找不出它们彼此间的关系来。据前书同年十月记事，知当时诸司及州县另作"旁通册"，其体制已无可考。

　　按除广南东、西路以外，所有各路之现在数均大于应在数。

①此为原书所载之总数，据各路分计之和应为 10,017,853。

　　原书总数下又分为：

金、银、钱、斛、匹帛	10,414,352 贯、硕（石）、匹、两
丝绵	201 两
共计	10,414,553 贯、硕、匹、两

②此为原书所载之总数，据各路分计之和，应为 6,175,870。

③此为原书所载之总数，据各路分计之和，应为 2,598,146。

④此为原书所载之总数，据各路分计之和，应为 8,267,679。

⑤此中又分为：

钱	513,318 贯
丝绵	159 两
共计	513,477 贯、两

　　《会要稿》册 157《食货》65 误作 513,476，今从册 158 的数字。

⑥原书（册 157、158 并同）这一笔数（91,882）之后，还有"钱 91,804 贯"等字。后一笔数可能是代表在前项数字之中钱贯所占之数，两数相减后剩下来之"78"则为他物；然亦可能是衍误之文，因前一笔数尾后所记之单位，仅用一"贯"字，不似尚有他项税物在内。

⑦《会要稿》册 157 在这一笔数字之后，又有"见在钱 541,652 贯"等字样，唯册 158 无之，此数当为其下"见在钱 541,652 贯"（见两浙路后第 4 栏中）之重文，应删去。

⑧《会要稿》册 157 误作河南东路，今依册 158 改正。

附记　京东西路现在钱物数，河北东路支数，河北西路收数及应在钱物数，《会要稿》册 157 及册 158 所载微有差异，表中这几处的数字都用册 157 的记载，册 158 的异文以其无关重要，不复注出。

乙表 16   北宋宣和元年诸路上供钱物数

(公元 1119 年)

路　　别	上供钱物 (贯、匹、两)	路　　别	上供钱物 (贯、匹、两)
诸路总计	15,042,414	荆湖北路	427,277
		荆湖南路	423,229
京东路	1,772,124	福建路	722,467
京西路	96,351	成都路	45,725
河北路	175,464	利州路	32,518
陕西路	150,790	夔州路	120,389
两浙路	4,435,788	潼川路	52,120
两淮南路	1,111,643	广南东路	188,030
江南东路	3,920,421	广西路	91,980
江南西路	1,276,098		

资料来源　《文献通考》卷23《国用考》1引陈傅良语,原文又云:"而斛斗地杂科不与焉。"按《止斋先生文集》未载上引这一段文字,然《文集》卷19《赴桂阳军拟奏事札子第2》,卷20《吏部员外郎初对札子第1》,对于宋代上供之沿革有颇详尽的记载,择述如下:上供之名,始于唐之中叶。宋初惩藩镇割据专赋之弊,以各地留州钱物尽改名"系省"(中央"尚书省"),然并非全数取去,当是时诸道上供未尝立有定额。至真宗大中祥符元年始立诸路上供岁额。熙宁新法,增额一倍。崇宁3年(1104年)重修上供格,增至十数倍;至于其他杂敛,则有:熙宁时之封椿钱,元丰5年(1082年)后之无额上供,宣和时之经制钱,绍兴时之总制钱,均至绍熙(1190—1194年)初年仍为定额。最后,又以系省、不系省,有额、无额上供,赡军等钱,均拨为月椿大库,亦迄绍熙时仍为定额,而折帛、和买之类尚不在内。可见自北宋末年起赋税剥削愈来愈重。

乙表 17　两宋历朝岁出入缗钱数

年度	公元	岁入 说明	岁入 缗钱(贯)	岁出 缗钱(贯)	岁出 说明
宋初	960—997	两倍于唐。这是约指晚唐两税法时的财政收入而言。按，唐建中初行两税法时岁入缗钱3,000万余贯。以后税钱收入减少，宣宗河湟年税钱为860万余贯上下，大中7年后河湟后增为925万余贯[参乙表3,(2)]。	16,000,000+	1,500,000	中都(京师)吏禄、兵廪一年之费。
太宗至道中	996		12,000,000+		
真宗天禧末	1021以前		26,500,000+		
仁宗嘉祐间	1056—1063		36,800,000+		
神宗熙宁	1068—1077		50,600,000+		
神宗熙宁元丰间	1068—1085	合青苗、免役、市易等钱共计：	60,000,000+	4,320,000	按户部"月支36万"算出。
哲宗元祐初	1086之后	除新政之苛急，岁入尚达	48,000,000+		按"国家月费95万"算出。
徽宗宣和初	1119后			11,400,000	据吕颐浩奏："宣和中户部支费每月不过90万"计出。
徽宗宣和中	1119—1125			10,800,000-	据"宣和中户部支费每月不过90万"计出。
徽宗宣和末	1125前			26,400,000	据庆元2年(1196年)姚愈疏"宣和末用220万"推算。
高宗南渡初	1127后		10,000,000-	9,600,000	按"月支80万"算出。
高宗绍兴3年	1133			19,200,000	据绍兴8年宰执言"[国家]月费160万"推算。
高宗绍兴末	1162前	合经制、总制、月桩三钱、茶、盐、酒课、抗冶、榷货、籴本、和买共入。	60,000,000		

（乙表17续）

年　度	公　元	岁　入 说　明	缗钱（贯）	岁　出 缗钱（贯）	岁　出 说　明
孝宗隆兴元年	1163			$16,800,000^-$	据绍熙元年（1190年）何澹等言：淳熙16年较本年户部岁支"增120余万"算出。
孝宗乾道4年	1168			$55,000,000^+$	是年度支赵不敌言："方今内外支用岁约五千五百万缗有奇。"
孝宗淳熙14年前后	1187前后	经制660万⁺，总制780万⁺，月桩400万⁺，茶盐等4,490万⁺，上供200万，共计：	65,300,000		据朝野杂记所载，至光宗绍熙（1190—1194年）年间大致亦如此数。
孝宗淳熙16年	1189	除内藏出入之数，及四川钱引16,102,263道，均不复稽考外，其归朝廷、隶户部，及四总领所、诸处兵马截留共：	68,001,200①		
宁宗庆元初年	1195—1196		60,000,000	14,000,000	户部月支不下二百十万，大略官俸居十之一，吏禄居十之二，兵廪居十之七（庆元2年销此额愈言）。
宁宗开禧2年	1206	是年叶适上宁宗皇帝札子三云："而东南之赋遂以8千万缗为额焉。"②	80,000,000		

资料来源　《建炎以来朝野杂记》甲集卷14《财赋》1"国初至绍熙天下岁收数"条，《宋会要辑稿》册148《食货》56引《续会要》，《玉海》卷185《会计》，《文献通考》卷24《国用考》2，《文献通考》卷30《国用考历代同用》，《古今图书集成》册695《经济汇编食货典》卷243—246《国用部汇考》3—6《宋》1—4。以上各书记载，每有小小歧异之处，今经核校后，择善而从，不为一一注出，以省篇幅。

编者注

①《宋会要辑稿》册148《食货》56载:"今总天下财赋,凡六千八百万一千二百万贯(按后一"万"字当衍),内(见下列分数)":

朝廷	9,651,100+贯
户部	18,723,100+贯
四总[领]所	29,006,000+贯
诸戎兵马归明归正等处	16,620,000+贯

按户部岁收一千八百余万贯,岁支亦一千八百余万贯,见《宋会要辑稿》册148《食货》148页5805,5809)。其前,北宋真宗咸平6年(1003年)户部岁入13,731,229,均为"贯,石,匹,斤"合计(见《宋会要辑稿》册127《食货》12、册161《食货》69《户口杂录》)。由此可知,至南宋后,各项税物,多已折钱,且钱贯的收数大为激增。又,总领是南宋时期设立的官,其职掌是筹运诸州应办的军马钱粮,也负有拘催的责任。总领所凡四:淮东、淮西、湖广、四川。

②见《大心先生文集》卷1。据叶适所记孝宗末年,即淳熙10年(1183年)以后全国铸钱总收入已达8千余万(见《水心先生文集》卷4《奏议实谋》;又参看同卷《财总论》二),其收支分数如下:

收(钱贯)

茶盐榷货	24,000,000
经总制钱	15,000,000
上供和买折帛	10,000,000+
四川钱引	33,000,000+
合　计	82,000,000+

支(钱贯)

户部经费	15,000,000+
四屯驻兵	60,000,000+
	75,000,000+

乙表 18　南宋绍兴三十一年各路上供钱银数及其百分比

（公元 1161 年）

路府别	上　供　钱①		上　供　银①	
	贯	%	两	%
各路府合计	1,628,323②	100.00	241,630	100.00
京西路	4,680	0.29		
浙东路	67,694	4.16		
浙西路	154,830	9.51		
淮东路	78,291	4.81		
淮西路	243,119	14.93		
江东路	181,170	11.13		
江西路	150,610	9.25		
湖北路	281,600	17.29	82	0.03
湖南路	280,111	17.20		
福建路	32,674	2.00	163,262③	67.57
成都府	380	0.02		
利州路	9,739	0.59	9,978	4.13
夔州路			36,881	15.26
潼川府	37,057	2.28		
广东路	41,498	2.54	30,822	12.76
广西路	64,870	4.00	605	0.25

资料来源　《宋会要辑稿》册 156《食货》64《上供》。

编者注

①钱以贯计，银以两计，原书所载贯、两以下之数值，本表采四舍五入。又，夔州路
上供金 480 两，广东路上供金 15 两，不列入表内。

②按自北宋以来，东南各路每年上供钱以二百万为额，故《建炎以来朝野杂记》甲
集卷 14《国初至绍熙天下岁收数》云："今东南岁入之数，独上供钱二百万缗，此
祖宗旧制也。"本年仅得一百六十余万缗，当为实收之数。

③同《宋会要辑稿》册 156 页 6130 载："绍兴 3 年福建路建州南剑州每年合发上供
等银数内：建州 21,606 两，南剑州 33,081 两。"

乙表 19　宋代各路租税收入中的匹帛数 *

路　别	罗(匹)	绫(匹)	绢(匹)	䌷(匹)	绸(匹)	布(匹)	丝绵(两)
诸路(府)总计	860	14,291[1]	2,935,586[2]	47,861	415,570[3]	487,847[4]	9,115,421[5]
开封府			46,372		3,851		170,633
京东东路			282,840[6]		33,253[7]	49,837[8]	
京东西路		4,032	207,589		21,574		469,332
京西南路			18,500[9]		2,514	60,961[10]	62,928
京西北路			298,259	42	3,530△		508,415[11]
河北东路		7,315					618,804
河北西路			230,910[12]		40,753[12]		955,008
河东路				22,729[13]	52,988	151,116[14]	86
永兴军路						800△[15]	101
秦凤路						305△	1,226
两浙路	860		673,009		104,256		2,004,800
淮南东路			40,646	2,149	10,537	10,422[16]	662,835
淮南西路		2,871	39,038	2,247	8,301	2,398[17]	452,595
江南东路			383,659[18]		62,288[19]	9,896[20]	1,198,244[21]
江南西路			105,538[22]		25△	2,808	344,784
荆湖北路			131,137[23]		24,506[24]	15,581[25]	198,101
荆湖南路			45	20,694		73,772	
福建路			28,545				
成都府路			63,760		11,703	4,554	831,505
梓州路			213,396[26]		19,840[27]		431,384[28]
利州路			111,650[29]		11,676[30]	22△[31]	194,670[32]
夔州路		83	19,440[33]		4,722[34]		94,439
广南西路						105,647	

资料来源　《宋会要辑稿》册 156《食货》64《匹帛》。按原书卷首右下方题曰:"始[太祖]乾德 5 年(967 年),记[孝宗]乾道 8 年(1172 年)。"这一题语应当指的是同卷后半部所载杂编而言,因检查那一部分的记载,其起讫年代正相合。从本文分为二十三路来看,可能是元丰以后至北宋末的记载。

编者注　＊1.《通典》卷6《食货》6《赋税》下：“［唐制］布帛皆阔尺八寸，长四丈为匹，布五丈为端，绵六两为屯，丝五两为绚，麻三斤为緵。”《唐六典户部》卷3：“罗、绵、绫、缎、纱、縠、绝、绸之属以四丈为匹，布则五丈为端，绵则六两为屯，丝则五两为纩，麻乃三绩为緵。”（按：《六典》前一“绵”字疑或为“锦”字之误，但他书亦作“绵”字，很可能系指以丝绵织成之衣料；后一“绵”字则指原丝绵。丝绵织成之衣料以长度计，丝绵则以重量计。）至于宋代布帛的规格，我们只找到关于绢的记载。《宋史》卷175《食货》上3《布帛》记：“自周显德（954—959年）中，令公私织造，并须幅广二尺五分，民所输绢匹重十二两，疏薄、短狭、涂粉、入药者禁之；河北诸州军，重十两，各长四十二尺。宋因其旧。”

2. 表内数字有△号者为秋粮，无符号者除已加注说明者外，均为夏税。诸路（府）总计各数，系原书所载，如据各路（府）夏秋二税数字相加，则其：

① 实计应为 14,301。

② 实计应为 2,894,333。

③ 实计应为 416,317。

④a. 实计应为 488,119，其中包括有：275,220 匹，102,459 匹端，110,418 端，22 段。

b. 原书总计的单位为“匹端”。

⑤ 实计应为 9,199,890。

⑥ 原书夏、秋二税分列：夏 263,194，秋 19,646。

⑦ 原书夏、秋二税分列：夏 25,532，秋 7,721。

⑧ 原书作“京东路”，今作京东东路与西路的合计。又原书夏、秋二税分列：夏 279，秋 49,558。

⑨ 原书夏、秋二税分列：夏 18,497，秋 3。

⑩ 单位“匹端”。

⑪ 原书夏、秋二税分列：夏 508,023，秋 392。

⑫ 原文作：“绢：……京西南路……北路……西路夏 230,910 匹；淮南东路……。”又“绸：……河东路……西路夏 40,753 匹；两浙路……”，按宋代诸路虽先后分合不一，但从无“京西西路”及“河西路”之称，可知原文定有脱误。根据原文所载诸路路名来看，这显然是元丰末年区划为23路之制度（这里仅少一广南东路）。元丰23路中带有“西路”之名者计5路：京东西路、河北西路、淮南西路、江南西路、广南西路。再从原文“绢”、“绸”两项下列的各路来检查，已经载有京东西、淮南西、江南西3路的数字（参看本表“绢”、“绸”两栏）。所以我们把原文列于京西（绢）和河东（绸）之下的“西路”均确定其为河北西路而不认为广南西路，其理由是：1. 按照当时史籍，对各路路名习惯上的排列，河北西路一般是厕于京西南、北路和河东路之间，即放在比较前列；

广南西路则一般列在诸路之末。2. 更重要的,从当时手工业发达的程度和生产上分布的情况来看,河北路系"蚕丝织纴之所出"(《宋史地理志》),河北西路属下各府州的土贡,庆源、信德、卫、深、保等府州都贡绢,而洺州、广信军等则贡绸。反观广南西路的土贡,以金、银、藤器等为主,无一府州贡绢绸者。

⑬原书夏、秋二税分列:夏22,726,秋3。

⑭原书夏、秋二税分列:夏109,618端,秋41,498匹端。

⑮单位"端"。

⑯原书夏、秋二税分列:夏9,918,秋504。

⑰原书夏、秋二税分列:夏2,389,秋9。

⑱原书夏、秋二税分列:夏367,011,秋16,648。

⑲原书夏、秋二税分列:夏62,067,秋221。

⑳原书夏、秋二税分列:夏9,310,秋586。

㉑原书未注明是夏税或秋税。

㉒原书夏、秋二税分列:夏105,478,秋60。

㉓原书夏、秋二税分列:夏122,064,秋9,073。

㉔原书夏、秋二税分列:夏11,753,秋12,753。

㉕原书夏、秋二税分列:夏12,910,秋2,671。

㉖原书夏、秋二税分列:夏121,308,秋92,088。

㉗原书夏、秋二税分列:夏14,060,秋5,780。

㉘原书夏、秋二税分列:夏307,650,秋123,734。

㉙原书夏、秋二税分列:夏65,860,秋45,790。

㉚原书夏、秋二税分列:夏9,046,秋2,630。

㉛单位"段"。

㉜原书夏、秋二税分列:夏156,506,秋38,164。

㉝原书夏、秋二税分列:夏17,176,秋2,264。

㉞原书夏、秋二税分列:夏4,676,秋46。

乙表20　南宋绍兴中年东南诸路岁起绢绫罗绅匹数

路别	绢(匹)				绸(匹)			绫罗绅(匹)				总计(匹)
	上供	准衣福衣	天申大礼	合计	上供	准衣福衣	合计	绫	罗	绅	合计	
各路合计	1,530,000	397,000	90,150	2,660,000①	314,300	76,000	390,000②	8,700	20,000	3,000	30,000③	3,080,000④
浙东	438,000+	53,000+	8,000+	499,000	80,000+	8,000+	88,000		20,000		20,000	607,000
浙西	381,000+	138,000+	10,000+	529,000	92,000+	16,000+	108,000	8,700			8,700	645,700
淮东			40,950	40,950								40,950
淮西			3,700	3,700								3,700
江东	406,000+	139,000+	8,000+	553,000	90,000+	37,000+	127,000					680,000
江西	305,000+	67,000+	8,000+	380,000	52,000+	15,000+	67,000					447,000
湖北					300+		300					300
湖南			400	400						3,000	3,000	3,400
广东			4,600	4,600								4,600
广西			6,500	6,500								6,500

资料来源　李心传《建炎以来朝野杂记》甲集卷14《财赋》1《东南折帛钱》。

编者注

①此为原书所载之数,据各路分计之和应为2,017,150。

②原书所载数字,据各路分计之和应为390,300。

③原书作"绫罗绅三万余匹",据各路分计之和的具体数字是31,700。

④原书载:"其准衣、福衣,及天申大礼,与绫罗绸(绸?)总52万匹有奇,皆起正色;其他绢、绸256万余匹,约折钱1,700余万缗,而绵不与焉。"按准衣、福衣、冬赐衣,高宗建炎元年(1127年)五月臣宰上言,请以五月二十一日为天申节,见《宋史》卷112《礼志》15《嘉礼》3。

乙表 21　南宋绍兴年间各地上供和买绢布匹帛岁额

地　　　别		税物	匹　　　数		备　　　考
宋会要辑稿	朝野杂记		宋会要辑稿	朝野杂记	
两浙、江南、湖南、川、广	浙东西、江东西、淮东西、湖南、两广	绢	2,730,000+	2,660,00	内两浙路上供和买绸绢岁额为 1,170,000 匹。建炎 3 年（1129 年）始折纳钱，每匹 2,000 文。绍兴 2 年（1132 年）户部请诸路上供丝帛并半折钱，如两浙例，于是江、淮、闽、广、荆、湖折帛钱自此始。
江浙、湖北、夔路①	浙东西、江东西、湖北	绸	390,000+	390,000	
东川、湖南	婺州②、浙西、湖南	绫罗绝	70,000+	30,000+	据朝野杂记分计：浙东罗 2 万匹，浙西绫 8 千 7 百匹，湖南绝 3 千匹，实共 31,700 匹。
成都府		锦绮	1,800+		朝野杂记谓此"皆正色"。
四川、广西路		布	770,000+		

资料来源　《宋会要辑稿》册 156《食货》64《折帛钱》。

　　《建炎以来朝野杂记》甲集卷 14《财赋》1《东南折帛钱》。

　　此表请与前两表参看。按宋和买，亦名预买，始于太宗太平兴国 7 年（982 年），见范镇《东斋记事补遗》；《通考》卷 20《市籴考》1 亦可参看。

编者注　①夔路应为夔州路之简称。　　②婺州（明清时之金华府），属浙东路。

乙表 22　元代岁入粮数

省　　　别	粮　　（石）			各区占总计的百分比（%）（以元史材料为据）
	元史、新元史、续通考载①	图书集成载②		
	未系年	成宗大德 3 年（1299 年）	泰定帝泰定 2 年（1325 年）	
总计	12,114,707	12,114,708	12,114,708	100.00
腹里	2,271,449	2,271,449	2,271,449	18.75
行省合计	9,843,258③	9,843,258④	9,843,258③	81.25
辽阳	72,066	9,840,068*	72,066	0.59

（乙表 22 续）

省　别	粮　（石）			各区占总计的百分比(%)(以元史材料为据)
	元史、新元史、续通考载①	图书集成载②		
	未系年	成宗大德 3 年（1299 年）	泰定帝泰定2 年(1325 年)	
河南	2,591,269	2,541,269 *	2,591,269	21.39
陕西	229,023	229,023	229,023	1.89
四川	116,574	116,574	116,574	0.96
甘肃	60,586	60,586	60,586	0.50
云南	277,719	277,719	277,719	2.29
江浙	4,494,783	4,494,780 *	4,494,783	37.10
江西	1,157,448	1,157,448	1,157,448	9.56
湖广	843,787	843,787	843,787	6.97

资料来源　《元史》卷 93《志》第 42《食货》1《税粮》。

《新元史》卷 68《志》第 35《食货》1《税法》。

《续通考》卷 1《田赋》1。本表所据系乾隆敕撰本。王圻《续文献通考》卷 2《田赋考》略有出入如下：

总计 12,114,708，辽阳 98,468，河南 2,541,269，江浙 4,494,780。

《图书集成经济汇编食货典》卷 128《赋役部汇考》18。

编者注　①三书所载数字，除《新元史》总计误作 12,014,708 外，其余完全相同。又三书均未系年。　②《图书集成》载元代岁入粮数凡两见（如表）。泰定 2 年数字可以说与《元史》所载完全相同（仅总计差 1 石）。大德 3 年的数字，总计、腹里及行省合计均与泰定 2 年数字相同；在各行省的分项数字中，亦仅辽阳、河南、江浙三省的数字有出入（以 * 号表示）。大德 3 年上述辽阳等三省的数字显为误写（如辽阳一省的数字即几乎与行省合计相等，似系误抄王圻《续通考》所致）。　③各行省分计相加的实数为 9,843,255，相差 3 石。如把辽阳末一位数字"6"，依照王圻《续通考》改为"8"，则尚差 1 石。　④辽阳、河南、江浙三省的分计数有错误。

附记　《元史》卷 33《文宗纪》2，天历 2 年(1329 年)赋粮 10,960,053 石。

按　本表元代岁入粮数三栏，虽然所据材料不同，又或未系年，或所记年度不同，但核其数字，自总计以至各省分计，基本上完全相同，其中极个别的数字有出入，肯定是传写之讹误（如"大德 3 年"之"辽阳"粮数，显系"行省合计"数的重出而又个别数字误写了），因此，这三栏数字可以说是元成宗大德年间所定的额数，而为以后各朝所承袭的。

乙表 23　元代科差总数

年　　度	公　元	丝(斤)	绢(匹)	绵(斤)	布(匹)	包银等钞①(锭)	贝②(索)
世祖中统 4 年	12631	712,171③				56,158③	
至元 2 年	1265	986,912④			85,412	56,874④	
至元 3 年	1266	1,053,226				59,085	
至元 4 年	1267	1,096,489				78,126	
文宗天历元年	1328	1,098,843	350,530	72,015	211,223	989	1,133,119
天历 2 年	1329	884,450⑤	407,500	70,645			

资料来源　自中统 4 年至天历元年据《元史》卷 93《志》42《食货》1《科差》,并校以《新元史》(以下简称《新史》)卷 68《志》35 食货 1 科差。两史有相异之处,另作注说明。

　　天历 2 年据《元史》卷 33《文宗纪》2。《新史》注文云:"旧〔《史》〕《纪》,天历 2 年赋入之数:金 30,027 定(按《元史文宗纪》作"327"铤,《新史》疑误),银 1,169 定,钞 9,297,830 定",按以上三项为全年"赋入"之总数,似不专属于科差,故不列入本表;至《新史》所载丝,帛(旧纪作"币帛",按帛为丝织品之总名,今系之于"绢"一栏下),棉之数,则分别列入本表中。又《元史食货志》载"粮 10,960,053 石",《新史》注文中未引。

编者注　①中统 4 年,至元 4 年,原文均作"钞",天历元年原文作"包银差发钞"。按 1 锭为 50 两。包银乃差发之一种,有人说就是古代之庸;中统 4 年诏得以钞折纳,详见《别编》表说 14。　　②《元史》卷 12《世祖纪》9 至元 19 年(1282 年)九月,"定云南税赋,用金为则(标准),以贝子折纳:每金一钱,直(值)贝子二十索。"陈全之《蓬窗日录》(嘉靖刊)卷 1《寰宇》1《云南》云:"贸易用贝,贝俗谓贝:以一为庄,四庄为手,四手为苗,五苗为索,索盖八十贝也。"又,乾隆《续通考》卷 9《钱币考》至元 13 年条亦可参看。　　③《新史》注文云:"旧《纪》作:丝 706,401 斤,钞 49,487 锭。"编者按:《元史》卷 5《世祖纪》2 所记数与《新史》注文同。　　④《新史》注云:"旧《纪》作:丝 988,280 斤,钞 57,682 锭。"编者按:百衲本及殿本《元史》卷 6《世祖纪》3 均作:"丝 986,288 斤,包银钞 57,682 锭",丝数与《新史》注文不合,不知《新史》是否误书,抑所据的版本不同?　　⑤《新史》注作"八十八万四千四百五斤","五"后疑脱一"十"字。

附记　关于元代的垦田或赋田数字,史书缺乏记载。《元史》记有元仁宗时"经理"田土后河南等四省官民荒熟田数及夏税钞数,附在这里,以备参考:

元文宗天历元年河南等四行省官民荒熟田数及夏税钞数

（公元 1328 年）

行　省　别	官民荒熟田（亩）	行　省　别	夏税中统钞（锭）①
河　南	118,076,900	湖　广	19,378
江　西	47,469,300	江　西	52,895
江　浙	99,508,100	江　浙	57,830
合　计	265,054,300②	合　计	149,273③

资料来源　《元史》卷 93《志》42《食货》1《经理》及《税粮》篇。《新元史》卷 68《食货志》1《税法》；卷 69《志》2《田制》。

编者注　①中统钞每 50 贯（或两）为 1 锭。本栏所录以"锭"为单位，原书所载"贯"数从略。　②按河南等三省官民荒熟田亩数《新元史食货志》不载；《元史》亦仅记三省的分计数字，表中合计数是我们把三省的数字相加得来的。　③《新》、旧《元史》原文同作："江南三省天历元年夏税钞数总计中统钞 149,273 锭 33 贯"；然据以上三省分计数相加之和仅为 130,103 锭，不知错在哪里。

说明　本表"官民荒熟田"亩数，系经过仁宗延祐元年（1314 年）"经理"以后，并经过其后"核实"得来的。这其间激发了一次农民起义的英勇斗争，略述如下：所谓"经理"，就是土地陈报。《新元史食货志》2《田制》云："民田，则经理之法最为元之秕政，所谓自实田是也。"延祐元年（1314 年），铁木迭儿为中书右丞相（首相），奏请经理田粮，始自江浙以及江东、西。时平章政事（贰丞相）章闾（亦作张驴）言："经理大事，世祖已尝行之。但其间欺隐尚多，未能尽实：以熟田为荒地者有之，惧差而析户者有之，富民买贫民田而仍其旧名输税者亦有之。由是岁入不增，小民告病。若行经理之法，俾有田之家及各位下（王公等）寺观学校〔东南〕财赋等田一切从实自首，庶几税入无隐，差徭亦均。"（《元史志》1《经理》）十月，命章闾等往江浙，尚书你咱马丁等往江西，左丞相士英等往河南经理分行各省，括田增税。为了镇压人民的反抗，"仍命行御史台分台镇遏，枢密院以军防护焉"。又定赏罚的条例："先期揭榜示民，限四十日以其家所有田自实于官。或以熟为荒，以田为荡，或隐占逃亡之产，或盗官田为民田，指民田为官田，及僧道以田作弊者，并许诸人首告（检举）"，量事轻重论罪。由于"期限猝迫，贪刻用事，富民黠吏并缘为奸，以无为有，虚具于籍者往往有之，于是人不聊生，盗贼并起"。延祐 2 年（1315 年）八月，江西赣州民蔡五九起义于宁都，攻克福建汀州宁化县，称王号。"南方骚动，远近惊惧。"时御史台臣言："蔡五九之变，皆由你咱马丁（一作昵匝马丁）经理田粮，与郡县横加酷暴，逼抑至此。新丰一县，撤民庐千九百区，夷（平）墓扬骨，虚张顷亩，流毒居民，乞罢经理及冒括田租。"仁宗乃下诏免三省自实田租二年。同年，又命河南自实田，自延祐 5 年为始，每亩止科其半（以上参看《元史》卷 25《仁宗纪》2；卷 175《张珪传》；卷 205《奸臣传铁木迭儿》；陈邦瞻：《元史纪事本末》卷 20《铁木迭儿之奸》）。至泰定（1324—1327 年）、天历（1328—1329 年）间，又尽革虚增之数。据《元史食货志》所载，河南等三省官民荒熟田"数之可考者"如上表。这三省田数和《明会典》所载洪武 26 年（1393

年)各该省份的田额数还是相差不多的。

关于元代夏税钞需要说明的有以下两点:

其一,《元史食货志税粮》云:"元之取民,大率以唐为法。其取于内郡者,曰丁税,曰地税,此仿唐之租庸调也。取于江南者,曰秋税,曰夏税,此仿唐之两税也。"其实,元代江南所行之夏秋二税,乃是沿袭宋之旧名。至于内郡之丁税、地税,根本与唐制毫无关涉。因为唐之租庸调是以计口受田之课丁为课税对象;唐之地税原属租庸调以外之税。元既无计口授田之事,故其丁税、地税皆与唐制不同(参看李剑农,《宋元明经济史稿》页262)。

其二,元初江南各地,除江东浙西以外,皆只征秋税,不征夏税。至元贞2年(1296年)始令江南各地皆征夏税。夏税原以米、麦为主,是为"本色";但亦得以绵、绢、布、丝等杂物折纳,是为"折色";其后,多以钞折纳,各地折钞率是不同的。关于这段历史沿革,《元史食货志》云:"秋税、夏税之法,行于江南。初,世祖平宋时(至元13年1276年),除江东浙西《新史志税法》作浙东,疑误)〔二路〕(据《新史》补入),其余独征秋税而已。至元19年(1282年)用姚元之请(《新史》作"用柳州总管姚文龙言"),命江南税粮依宋旧制,折输绵绢杂物。是年二月,又用耿左丞言(《新史》作"中书右丞耿仁"),令输米三〔分〕之一,余并入钞以折焉。以七百万锭(《新史》作"七万锭")为率,岁得美(超额)钞十四万锭(按此数与表中三省合计数字甚接近);其输米者,止用宋斗斛,盖以宋一石当今(元)七斗故也。28年(1291年),又命江淮寺观田,宋旧有者免〔秋〕租,续置者输〔夏〕税,……。成宗贞元2年(1296年)始定征江南夏税之制,于是秋税止命输租〔米〕;夏税则输以木绵、布、绢、丝、绵等物,其所输之数,视〔秋〕粮以为差(高下):粮一石,或输〔中统〕钞三贯,二贯,一贯,或一贯五百文,一贯七百文。输三贯者,若江浙省婺州等路,江西省龙兴等路是已。输一贯者,若福建省泉州等五路是已。输一贯五百文者,若江浙省绍兴路,福建省漳州等五路是已。皆因其地利之宜,人民之众,酌其中数而取之(以上三语,《新史》不载;唯《新史》云:"江西各路秋税纳粮,有用现行斛斗,比宋文思院斛抵一斛半者,故免其夏税。两广以盗贼多,民失业,亦免之。"此数语则为《元史》所未载。按《新史》乃据自《元典章》卷24《租税》"起征夏税"条)。独湖广则异于是。初,阿里海牙(《新史》作"阿里海涯";姚燧:《牧庵集》卷13《湖广行省左丞相》〔阿尔哈雅〕《神道碑》记定税法事颇详,文繁不录)。克湖广时(至元12年,1275年),罢宋夏税,依中原例,改科门摊,每户一贯二钱,盖视夏税增钞五万余锭矣(按表中湖广夏税仅一万九千余锭)。大德2年(1298年),宣慰使张国纪请科夏税,于是湖湘重罹其害,俄诏罢之。3年,又改门摊为夏税,而并征之,每石计二贯四钱之上,视江浙江西为差重云。"今按折钞率虽以湖广省为独重,然其税收数反较江西江浙两省低甚。

又,《新史》云:"〔江南〕秋税、夏税之法,但征田税,无丁税。"按历代田赋收数,皆以秋粮为大宗,夏税是比较小的。

乙表24　元代赏赐诸王贵戚户丝户钞数

诸王后妃公主勋臣别	丝户			仁宗延祐6年(1319年)		江南户钞				附注
	分拨年份	地点	户数	实有户数	丝(斤)	分拨年份	地点	户数	钞(锭)	
诸王:										
大祖叔、苍里黄官人位	太宗8年丙申(1236年)	宁海州	10,000	4,532	1,812	世祖至元18年辛巳(1281年)	南丰州	11,000	440	
弟、搠只哈撒儿大王子淄川王位	太宗8年丙申	般阳路	24,493	7,954	3,656	世祖至元13年丙子(1276年)	信州路	30,000	1,200	
哈赤温大王子济南王位	太宗8年丙申	济南路	55,200	21,785	9,648	世祖至元18年辛巳	建昌路	65,000	2,600	新元史脱记江南户钞各项,且将丝数误记为钞。
斡真那颜位	太宗8年丙申	益都路等处	62,156	28,301	11,425	世祖至元18年辛巳	建宁路	71,377	2,855	廿二史考异(下简称考异)卷86 元史大宗纪云:"益都"应作平滦州。
孛罗古爵大王子广宁王位	太宗8年丙申	恩州	11,603	2,420	1,359	世祖至元18年辛巳	铅山州	18,000	720	元史卷117 作别里古台,所记较详,可参考。
长子、木赤大王位	太宗8年丙申	平阳	41,302							元史卷117 木赤赤传。
	太宗10年戊戌(1238年)	真定晋州	10,000			世祖至元18年辛巳	永州	60,000	2,400	晋州,新元史误作普州,钞数又误作3,400锭。

（乙表 24 续）

诸王后妃公主勋臣国别	五户丝			仁宗延祐6年(1319年)		江南户钞				附　注
	分拨年份	地点	户数	实有户数	丝(斤)	分拨年份	地点	户数	钞(锭)	
次子,茶合䚟大王位	太宗8年丙申(1236年)	太原	47,330							
	太宗10年戊戌(1238年)	真定深州	10,000	17,211	6,838	世祖至元18年辛巳	澧州路	67,330	2,693	
第三子,大宗子定宗位	太宗8年丙申(1236年)	大名	68,593	12,835	5,193					
第四子,睿宗子阿里哥大王位,兀鲁赤太子	太宗8年丙申	真定路	80,000	15,028	5,013	世祖至元18年辛巳	抚州路	104,000	4,160	
第五子,兀鲁赤太子(无嗣)第六子,阔列坚太子子河间王位	太宗8年丙申	河间路	45,930	10,140	4,479	世祖至元18年辛巳	衡州路	53,930	2,157	
太宗子,合丹大王位	世祖至元3年(1266年)改拨①	郑州		2,356	936	世祖至元18年辛巳	常宁州	2,500	100	①元史卷6世祖纪3,至元2年闰五月丁卯,分南京属州,郑州隶合丹;钧州隶明里;蔡州隶海都,睢州隶李罗亦。

（乙表 24 续）

诸王后妃公主勋臣级别	五户丝					江南户钞				附注
	分拨年份	地点	户数	实有户数（仁宗延祐6年（1319年））	丝（斤）	分拨年份	地点	户数	钞（锭）	
灭里大王位	世祖至元3年改拨①	钧州	1,584	2,496	997					
合失大王位	世祖至元3年改拨①	蔡州	3,816	388	154					
阔出太子位	世祖至元3年改拨①	睢州	5,214	1,937	764					
阔端太子位	太宗8年丙申（1236年）	东京路	47,741	17,825	3,524	世祖至元18年辛巳	常德路	47,740	1,909	
睿宗长子、宪宗次子、阿速台大王位	宪宗3年癸丑（1253年）查过	卫辉路	3,342	2,280	916					
子、世祖次子、裕宗宗位										
裕宗妃伯蓝也怯赤						仁宗延祐3年丙辰（1316年）	江州路德化县	29,750	1,190	
裕宗子、顺宗子、武宗	宪宗7年丁巳（1257年）	怀孟	11,273②			成宗大德8年甲辰（1304年）	瑞州路	65,000	2,600	②此据百衲本元史殿本作11,272。又参看元史卷21成宗纪4,大德8年8十月。

（乙表24 续）

诸王后妃公主勋臣别	五　户　丝					江　南　户　钞				附　注
	分拨年份	地点	户数	仁宗延祐6年(1319年) 实有户数	丝(斤)	分拨年份	地点	户数	钞(锭)	
子,旭烈兀大王位										
阿里不哥大王位(见前)	宪宗7年丁巳	彰德路	25,056	2,929	2,201					
末哥大王位	宪宗7年丁巳	河南府	5,552	809	333	世祖至元18年辛巳(1281年)	茶陵州	8,052	324	
拔绰大王位	宪宗7年丁巳	真定蠡州	3,347	1,472	612	世祖至元18年辛巳	耒阳州	5,347	213	元史卷117牙忽都传可参看。
岁哥都大王位	宪宗2年壬子(1252年)追认	济南等外	5,000	50	20					
世祖长子,朵儿只太子位③										③原书载:"摸里江南无分拨户。"
次子,裕宗后位						世祖至元18年辛巳	龙兴路	105,000	4,200	
又,四怯薛伴当						世祖至元18年辛巳	瑞州上高县	8,000	330	
安西王忙哥剌位						世祖至元18年辛巳	吉州路	65,000	2,600	
北安王那木罕位						世祖至元22年乙酉(1285年)	临江路	65,000	2,600	

（乙表24续）

诸王后妃公主勋臣区别	五户丝 分拨年份	五户丝 地点	五户丝 户数（仁宗延祐6年（1319年）实有户数（斤））	江南户钞 分拨年份	江南户钞 地点	江南户钞 户数	江南户钞 钞（锭）	附注
平远王阔阔出位				泰定帝泰定元年甲子（1324年）	永福县	13,604	544	本位"岁赐"条内记云："银五十锭，折钞一千锭。"
西平王奥鲁赤位				成宗大德7年癸卯（1303年）	南恩州	13,604	544	同上。
爱牙赤大王位				仁宗皇庆元年壬子（1312年）	邵武路光泽县	13,604	544	同上。
镇南王脱欢位				仁宗皇庆元年	福州路宁德县	13,604	544	同上，但"岁赐"下脱去一千锭五十锭"折钞"五字。按新元史本位记载全阙。
云南王忽哥赤				仁宗皇庆元年	福州路福安县	13,604	544	本位"岁赐银五十锭，折钞一千锭"。
忽都帖木儿太子位				仁宗皇庆元年壬子	泉州路南安县	13,604	544	
裕宗长子、晋王甘麻剌位		益都①	29	仁宗皇庆元年壬子（1312年）	南康路	65,000		①"益都"二字之前，原书冠以"阔阔不花所管"六字。
又、遥里哥儿不花湘宁王					湘乡县	65,000	2,600	

（乙表24续）

诸王后妃公主勋臣国别	五户丝 分拨年份	五户丝 地点	五户丝 户数	仁宗延祐6年(1319年) 实有户数	丝(斤)	江南户钞 分拨年份	江南户钞 地点	江南户钞 户数	钞(锭)	附注
顺宗子，阿木哥魏王位						仁宗皇庆元年壬子	庆元路	65,000	2,600	
武宗子，明宗位						仁宗延祐2年乙卯(1315年)	湘潭州	65,000	2,600	
合丹大王位	宪宗8年戊午(1258年)	济南	200⑤	193	77					⑤漏籍户。
阿鲁浑察大王	宪宗7年丁巳(1257年)	广平	30	5⑥	2⑥					⑥此为延祐3年实有户数。
霍里极大王，阿剌帖木儿豫王	宪宗7年丁巳(1257年)	广平等处	150	87⑥	34⑥	明宗天历元年戊辰(1328年)	江西行省南康路			原无户、钞等项记载。
合计			578,941	153,033	59,993			1,223,650	46,355	
后妃公主大斡耳朵：太祖四大斡耳朵：										
大斡耳朵	宪宗5年乙卯(1255年)	保定路	60,000	12,693	5,207	世祖至元18年辛巳(1281年)	赣州路	20,000	800	参看日本箭内亘著元朝斡耳朵考第2节。
第二斡耳朵	宪宗7年丁巳(1257年)	河间青城县	2,900	1,556	657	世祖至元18年辛巳	赣州路	15,000	600	
第三斡耳朵	宪宗2年壬子(1252年)查认过	真定等处	318⑦	121	48	世祖至元18年辛巳	赣州路	21,000	840	⑦畸零户。

（乙表 24 续）

诸王勋臣公主后妃别	五户丝 分拨年份	五户丝 地点	五户丝 户数	仁宗延祐6年(1319年) 实有户数	丝(斤)	江南户钞 分拨年份	江南户钞 地点	江南户钞 户数	钞(锭)	附注
第四斡耳朵	宪宗2年壬子查认过	真定等处	283	116	46					
又、八不别及妃子位	世祖至元25年戊子(1288年)	河间清州	510		204⑧					⑧原书末记明何年。
世祖四斡耳朵:										
大斡耳朵						成宗大德3年己亥(1299年)	袁州路宜春县	10,000	1,600	
						世祖至元21年甲申(1284年)	袁州路分宜县	4,000	160	
第二斡耳朵						成宗大德4年庚子(1300年)	袁州路萍乡州	42,000	1,680	
第三斡耳朵						成宗大德10年丙午(1306年)	袁州路宜春县	29,750	1,190	
第四斡耳朵						成宗大德10年丙午	袁州路万载县	29,750	1,190	
顺宗后位						成宗大德2年戊戌(1298年)	⑨	32,500		⑨原书末记所在地。
武宗斡耳朵:										
真哥皇后位						仁宗延祐2年乙卯(1315年)	湘阴州	42,000	1,680	新元史脱去"真哥皇"后位"五"字。

（乙表 24 续）

诸王后妃公主勋臣户别	五户丝			仁宗延祐6年(1319年)		江南户钞				附注
	分拨年份	地点	户数	实有户数	(斤)	分拨年份	地点	户数	钞(锭)	
完者台皇后公主位										
阿普伦公主位	世祖至元6年己巳(1269年)	葭州等处	300⑩			仁宗延祐2年乙卯	潭州路衡山县	29,750	1,190	⑩种田户。
赵国公主位	太宗8年丙申(1236年)	高唐州	20,000	6,729	2,399	世祖至元18年辛巳(1281年)	柳州路	27,000	1,080	元史卷118特薛禅传所记差详,可参考。
鲁国公主位	太宗8年丙申	济宁路	30,000	6,530	2,209	世祖至元18年辛巳	汀州	40,000	1,600	
昌国公主位	太宗8年丙申		12,652	3,531	2,766	世祖至元18年辛巳	广州路	20,070	1,080	
鄂国公主位	太宗8年丙申	濮州	30,000	5,968	1,836	世祖至元18年辛巳	横州等处	40,000	1,600	
塔出驸马	宪宗2年壬子(1252年)元查	真定等处	270⑪	232	95					⑪畸零户。
带鲁罕公主位				630⑫	254					⑫代支户。殿本作620,今据百衲本。
大雷公主位	太宗8年丙申(1236年)	延安府	9,796	1,809⑬	722					⑬代支户。
奔武古儿驸马	世祖至元17年庚辰年(1280年)		573⑭	56	22					⑭银户。

（乙表 24 续）

诸王后妃公主勋臣位别	五户丝					江南户钞				附注
	分拨年份	地点	户数	实有户数（仁宗延祐6年1319年）	丝（斤）	分拨年份	地点	户数	钞（锭）	
独木干公主位	宪宗7年丁巳(1257年)	平阳	1,100	560	224	世祖至元18年辛巳	梅州程乡县	1,400	56	
合计			168,702	40,531	16,689			404,220	16,346	
勋臣：										
木华黎国王	太宗8年丙申(1236年)	东平	39,019	8,354	3,343	世祖至元18年辛巳	韶州等路	41,019	1,640⑮	⑮原作丝（斤）数，似应折合为钞（锭）数方合。
字罗先峰	太宗8年丙申	广平等处	100⑯	70	28					⑯种田户。
行丑儿	太宗8年丙申	大名	100⑯	38	15					
阔阔不花先锋	宪宗2年壬子(1252年)元查	益都等处	275⑯	127	15					⑰畸零户。
撒吉思不花先锋	宪宗2年壬子元查	汴梁等处	291	127	15					
阿里侃断事官	宪宗2年壬子元查	济宁等处	35	35	14					
乞星歹拔都	太宗8年丙申(1236年)	东平	100	100	40					
字罗海拔都	宪宗2年壬子元查	德州等处	153	153	61					
拾得官人	宪宗2年壬子元查	东平等处	112⑰		84					⑱此据殿本，百衲本作"32"，当误。
伯纳官人	宪宗2年壬子元查	东平等处	52⑱	40	18					

（乙表 24 续）

诸王后妃公主勋臣别	五户丝			仁宗延祐6年(1319年)		江南户钞				附注
	分拨年份	地点	户数	实有户数	丝(斤)	分拨年份	地点	户数	钞(锭)	
笑乃带帖木先锋	太宗8年丙申(1236年)	东平	100	78	31					
带孙郡王	太宗8年丙申	东平东阿县	10,000	1,675	720	世祖至元18年辛巳(1281年)	韶州路乐昌县	17,000	428	
瑥里答儿薛禅	太宗8年丙申	泰安州	20,000	5,971	2,425	世祖至元18年辛巳	桂阳州	21,000	840	
木赤台郡王	太宗8年丙申	德州	20,000	7,146	2,948	世祖至元18年辛巳	连州路	21,000	840	
阿儿思兰兰官人						世祖至元18年辛巳	浔州路	3,000	120	
字鲁古妻佟氏	太宗8年丙申	真定	100	39	15					
八答子	太宗8年丙申	顺德路	14,087	4,446	2,406	世祖至元18年辛巳	钦州路	15,087	603⑲	⑲此据百衲本、殿本作"602"。
右手万户三投下字罗台万户	太宗8年丙申	广平路洺水州	17,333	4,733	1,738	世祖至元18年辛巳	全州路清湘县	17,919	716	元史卷157张文谦传记太宗时邢州一路分二千户为食邑事。
术不台驸马	太宗8年丙申	广平路磁州	9,457	2,407	989	世祖至元22年乙酉(1285年)	全州路录事司	9,876	395	
斡阔烈阇里必	太宗8年丙申	广平路	15,807	1,703	680	世祖至元20年癸未(1283年)	全州路灌阳县	16,157	646	

（乙表 24 续）

诸王后妃公主勋臣 别	五　户　丝		仁宗延祐6年(1319年)			江　南　户　钞				附　注
	分拨年份	地点	户数	实有户数	丝(斤)	分拨年份	地点	户数	钞(锭)	
左手九千户合丹大息千户	太宗8年丙申	河间路齐东县	1,023	366	160	世祖至元18年辛巳(1281年)	藤州苍梧县	1,244	9	
也速不花等四千户	太宗8年丙申	河间路陵州	1,317	559	223					
也速兀儿等三千户	太宗8年丙申	河间路宁津县	1,775	722	288	世祖至元18年辛巳	藤州等处	3,732	288⑳	⑳原作丝(斤)数,似应记其折钞(锭)数方合。
帖柳兀秃千户	太宗8年丙申	河间路临邑县	1,450	354	206	世祖至元18年辛巳	藤州	1,244	49	考异卷90元史食货志3引伯颜传谓加赐"以藤州等处4,977户"。
和斜温两投下一千二百户	太宗8年丙申	曹州	10,000	1,928	748	世祖至元18年辛巳	贵州	10,500	420	
忽都虎官人	宪宗2年壬子(1252年)查认过	广平等处	4,000			世祖至元18年辛巳	韶州曲江县	5,309	212	

（乙表 24 续）

诸王后妃公主勋臣别	五户丝					江南户钞				附注
	分拨年份	地点	户数	实有户数（仁宗延祐6年(1319年)）	丝(斤)	分拨年份	地点	户数	钞(锭)	
灭古赤	太宗8年丙申(1236年)	凤翔府	130②			世祖至元22年乙酉(1285年)	永州路祁阳县	5,000	200	②实有户数。
塔思火儿赤	太宗8年丙申	东平								
	宪宗2年壬子(1252年)续查户共②		680	389	155					②原文云："丙申年分拨东平种田户，并王子王子续查户，共680户。"
塔丑万户	宪宗2年壬子元查	平阳等处	186	81	37					
察罕官人	宪宗2年壬子元查	怀孟等处	3,606	560	224					
孛罗等官人	宪宗2年壬子元查	保定等处	415			世祖至元27年庚寅(1290年)				
	宪宗7年丁巳(1257年)分拨	卫辉路诸州	1,100	1,099	449	成宗大德6年壬寅(1302年)③		4,000	160	③原文载："至元27年,大德6年,分拨4千户,今但取其最后一年为据。"
速不台官人	宪宗7年丁巳分拨	许梁等处	1,100	577	230	世祖至元20年癸未(1283年)	钦州灵山县	1,600	64	
宿敦官人	宪宗7年丁巳分拨	真定	1,100	64	28					

（乙表24续）

诸王后妃公主勋臣类别	五　　　户　　　丝					江　南　户　钞				附　注
	分拨年份	地点	户数	仁宗延祐6年(1319年)		分拨年份	地点	户数	钞(锭)	
				实有户数	丝(斤)					
也苦昔千户	宪宗7年丁巳分拨	东平等处	1,100	295	118	世祖至元18年辛巳(1281年)	梅州	1,400	56	
阿可儿	宪宗3年癸丑(1253年)㉒	益都路高苑县	1,000	196	78					㉒此据百衲本、殿本作"癸丑年"。
伯八千户	宪宗7年丁巳(1257年)㉓	太原	1,100	351	140					
兀里羊哈歹千户	宪宗8年戊午(1258年)	东平等处	1,000	479	191					㉓神田户。
秃薛官人	宪宗7年丁巳(1257年)	兴元等处	600㉔	200	80					
塔察儿官人	宪宗2年壬子(1252年)元查	平阳	200	200	80					
折米思拔都儿	太宗8年丙申(1236年)	怀孟等处	100	50	20					
揉虎官人	宪宗7年丁巳(1257年)	平阳	1,000	600	240					
孛哥帖木儿	太宗8年丙申(1236年)㉕	真定等处	58		23					㉕此据百衲本、殿本作"丁巳年"。
也速鲁干户	宪宗2年壬子(1252年)	真定路	169	40	16					
镇海相公	宪宗2年壬子元查	保定	95	53	21					

（乙表 24 续）

诸王后妃公主勋臣别	五户丝分拨年份	地点	户数	实有户数	丝（斤）	江南户钞分拨年份	地点	户数	钞（锭）	附注
				仁宗延祐6年（1319年）						
按察儿官人	宪宗2年壬子	太原等处	550	98	29					
按摊官人	世祖中统元年庚申（1260年）元查	平阳路	60㉗	40	16					㉗种田户。
阿鲁鲁拨都㉘	宪宗2年壬子（1252年）查	大名等处	310	301	120					㉘此据百衲本、殿本作"阿木鲁拨都"。
孛罗口下裹大纳	宪宗2年壬子元查	广平等处	82	30	12					
忒木台行省	宪宗2年壬子元查	大同等处	751	255	110					
撒秃千户						世祖至元20年癸未（1283年）	浔州	3,000	120	
也可大傅	宪宗2年壬子元查	上都	540	300	120					
送嗣官人	太宗8年丙申（1236年）	大名清丰县	1,713	1,307	507					
卜迟埕拨都儿	宪宗2年壬子（1252年）元查	怀孟	88	40	16					
黄兀儿诸海	太宗8年丙申（1236年）	平阳	144	100	40					

（乙表 24 续）

诸王后妃公主勋臣别	五　户　丝			仁宗延祐6年(1319年)		江　南　户　钞				附　注
	分拨年份	地点	户数	实有户数	丝(斤)	分拨年份	地点	户数	钞(锭)	
怯来千户	宪宗2年壬子(1252年)元查					世祖至元20年癸未	洞州路	3,000	120	
哈剌口温	宪宗2年壬子元查	真定	32							
曳剌中书兀图撒罕里	宪宗2年壬子元查	大都等处	870	449	117					
矢帖木	宪宗2年壬子元查	曹州	34	34						
矢帖温						世祖至元19年壬午(1282年)	梅州安仁县	4,000	160	
扎八忽娘子										
鱼儿泊八剌千户	成宗大德元年丁酉(1297年)	真定等处	1,000	600㉒	240㉒					㉒延祐3年实有户数。
昔宝赤						世祖至元21年甲申(1284年)	衢州路安仁县	4,000	160	考异㉒延祐卷90云："昔宝赤,谓掌鹰者。"
八剌哈赤						世祖至元21年甲申	台州路天台县	4,000	160	
阿塔赤						世祖至元21年甲申	常德路沅江县	4,000	160	
必阇赤						世祖至元21年甲申	袁州路万载县	3,000	120	

（乙表24续）

诸王后妃公主勋臣名别	五户丝			仁宗延祐6年(1319年)		江南户钞				附注
	分拨年份	地点	户数	实有户数	丝(斤)	分拨年份	地点	户数	钞(锭)	
贵赤						世祖至元21年甲申	和州历阳县	4,000	160	
欧列赤						世祖至元21年甲申	婺州永康县	50	20	
八儿赤不鲁古赤						世祖至元21年甲申	衡州路酃县	600	24	
阿速拔都						世祖至元21年甲申	卢州等处	3,409	136	
也可怯薛						世祖至元21年甲申	武冈路武县	5,000	200	按"怯薛"为护卫军。钱大昕诸史拾遗卷5"兵志2"条对此四人有考证。
忽都答儿怯薛						世祖至元21年甲申	武冈路新宁县	5,000	200	
帖古迭儿怯薛						世祖至元21年甲申	常德路龙阳县	5,000	200	
月赤察儿怯薛						世祖至元21年甲申	武冈路绥宁县	5,000	200	
玉龙帖木儿千户						世祖至元20年癸未(1283年)	澧州	3,000	120	
别苫干户						世祖至元20年癸未	澧州	3,000	120	

（乙表 24 续）

诸王后妃公主勋臣别	五户丝				江南户钞				附注
	分拨年份	地点	户数	仁宗延祐6年(1319年)实有户数(斤)	分拨年份	地点	户数	钞(锭)	
懂兀儿王	宪宗2年壬子(1252年)元查	大明(名)等处	33					200③	③原文云："延祐2年为始,支中统钞二百锭,无城池。"
霍木海	大宗8年丙申(1236年)	真定	100						
哈剌赤秃秃哈					世祖至元21年甲申(1284年)	饶州路	4,000	160	
添都虎儿	宪宗2年壬子(1252年)元查	大都	14						
贾答剌罕	宪宗2年壬子元查	真定	55						
阿剌博儿赤	宪宗2年壬子元查	大名	20						
忽都那颜	宪宗2年壬子元查	真定	27						
忽辛火者	宪宗2年壬子元查	真定	22						
大必木儿	宪宗2年壬子元查	大都	84						
布八儿火赤	宪宗2年壬子元查								

（乙表24续）

诸王后妃公主勋臣名别	五户丝			仁宗延祐6年(1319年)	江南户钞				附注
	分拨年份	地点	户数	实有户数 丝(斤)	分拨年份	地点	户数	钞(锭)	
塔兰营人	宪宗2年壬子元查	大宁	3						
蟊剌哈儿	宪宗2年壬子元查	保定	21						
昔里吉万户	宪宗2年壬子元查	大都	79						
清河县达鲁花赤也速	宪宗2年壬子元查	大名	20						
塔剌浑刘元帅	宪宗2年壬子元查	顺德	19						
怯薛台蛮子	宪宗2年壬子元查	泰安州	7						
必阇赤汪古台	宪宗2年壬子元查	许粱等处	46						
阿剌浑万户	宪宗2年壬子元查	保定	1						
徐都官人	宪宗2年壬子元查	大都	31						
西川城左翼蒙古汉军万户脱力万失									新元史作"十一户"。本条及以下三条新元史缺。
伯要歹千户									

（乙表 24 续）

诸王后妃公主勋臣别	五户丝			仁宗延祐6年(1319年)		江南户钞			钞（锭）	附注
	分拨年份	地点	户数	实有户数	丝（斤）	分拨年份	地点	户数		
典送儿										⑩原载"地五百顷"，此数令不列入合计，总计内亦不计算。
燕帖木儿太平王						明宗天历元年戊辰(1328年)	江东道太平路	500⑩		
合计		188,181	935,824	49,680	20,667				259,146	10,426
				243,254	97,349					
总计									1,887,016	67,807

资料来源：《元史》卷95《志》卷44《食货》3《岁赐》。按《新元史》卷77《志》44《食货》10《赐赉》上即据前书改编，除《序》文及小注略有参考价值外，并无新增材料，且祗录之处甚多，今摘录其尤甚者数条入本表"附注"栏内以示例，其余不备举。此表请与《表况》14相参看。

附记　元朝对于宗族姻勋、赏赐甚厚。《新》、旧《元史》把它分为三大表：一为五户丝，一为江南户钞，一为岁赐。后这一项亦只岁例，乃是金、银、钞、帛实物，以其与本表关系较小，故不列入表中。

户丝和户钞制的重要意义，在于它把一部分的民户从中央专制政权手里分给封建贵族，听从后者的剥削。

五户丝起源较早，它的征收只限于山东、西、河南、北等北方地区。户钞制的历史较迟，它只行于江南地区。故名"江南户钞"。

元初，诸王及后妃，公主，各有采分地。太宗（窝阔台8年丙申岁(1236年)曾诏以"中原诸州民户分赐诸王贵戚"耶律楚材谏言："裂土分民，易生嫌隙，不如多以金帛与之。"大宗从其言："逐天下赋税：每[民户]二户出丝一斤，以给国用（按即"系官丝"）。[民户]五户出丝一斤，以给诸王，功臣汤沐之资（按即"五户丝"）。这是五户丝的起源，它规定了诸王、勋戚等不得擅向丝户征收，但由当地专官司代征，年终之时如其额以另诸王人等《元史》卷2《太宗纪》卷146《列传》33《耶律楚材》。及世祖中统元年(1260年)定入籍科条例：全科系官，五户系官、每户系丝一斤，五户丝系官户同，唯不纳包银(参看本书《表况》14)。

外另有包银四两。止纳系官五户丝的规定，元右河北王挥《秋涧先生大全文集》卷80《中堂事记》上载云：诸纳下五户丝社（译语以阿合答木儿），自来就征于州郡，堂议……奏准皆输大都总藏，每岁各投下差官赴省验数关支。其法：每户科丝二十二两四钱，二户计该丝二斤十一两八钱。其二斤即系纳正丝，内正丝、色丝各七分，投下每丝剩余六两钱偿至五户丝满二斤三两。"

汇南户钞之征候，据《续文献通考》卷16《职役考》。至元13年(1276年)平定江南之后。至元20年(1283年)正月江南民户拨赐诸王、贵戚、功臣、附马得江南分地者，千一万户瓦赐额当于行之中输出百姓中的丝料差项目，故江南侣有户钞，而无户丝。户钞之名，加之以"丝钞"，复盖以官帑，更盖以中原无户丝。至成宗年间(1295—1307年)，复以官帑，加盖以"中统宝钞"二贯。按中统钞有两种：一为中统交钞，沼送于中统元年六月，以丝为本，具有准备金的注质，故亦名为"丝钞"，它的单位以两计，其下为钱。一是中统元宝钞，亦简称元宝钞，印造于中统元年十月，以银为本，以银两为交钞一贯为交钞一两同值。

然不论宝钞或元宝钞，如折合为白银五锭，亦即原定宝钞值降至五分之一。乾隆《续通考》按语云：《食货志》所载户钞之目，凡万户者必为白银五十锭折钞一千锭，户多户少，悉如此载，未见有万万户而百锭者(指上引《世祖纪》卷10中语)。已初命如此，后乃增至四倍耶?"殊不知中统宝钞折钞、户多户少，恋此初载乃折价升降斑以后之实际折合数。关于户钞值与银价折价降低之律各律做。世祖时原定宝钞一贯值钞一两，至至元二十四年又改定至元宝钞一贯，值至元宝钞税已增至二十倍。故知成宗年间户钞税率已增五倍；造

法。"第六节《释辕》(吴氏著)(读史札记)页297—302)。

受赐者人数，据《续通考》计算，大宗8年，诸王受赐者十一人，公主四人，勋臣二十四人。原注云："此丙申年受赐之人。恐其后有裁汰者或者不在此数。"又有入作过计算，说至元18年以江南民户分赐诸王大等，先后受赐者诸王十六人、后妃、公主九人、勋臣三十六人。诸王所受赐户，多在一万户以上，亦有多至十万户者。勋臣自四万户以下至数百，数千至数十至峰以下不等。本表今未细分，因知每民户分析者尚多，如《元史》卷124《列传》11《速哥传》户赐若干至数百，峰州、数千人、峰人盗杀其良马，至是兼以峰之。……《(大宗)乙未(7年，公元1235年)之钞户籍元，前赐峰我已入官籍，更赐山西户三百"。《元史》卷12《世祖纪》9，至元19年正月，"拨信州民四百八户为诸王柏木儿。"像这些记记，都是《食货志》所缺失的。

今若无室分赐民户的过程，知自大宗至世祖元年间的"改拨"，中经世宗时之"查认"，直至成宗大德年间仍续有分拨之数，此可为注意者也。

乙表 25 元代的赐田

(1) 元代历朝所赐诸王公主百官寺院田地数①

年　度	公　元	诸王公主 （亩）	功臣百官 （亩）	寺　院 （亩）	合　计 （亩）
宪宗朝	1251—1259		107,300		107,300
世祖朝	1260—1294		46,400	65,000	111,400
成宗朝	1295—1307		64,000	91,000	155,000
武宗朝	1308—1311	150,000	148,000	80,000	378,000
仁宗朝	1312—1320		14,800	67,000	81,800
英宗朝	1321—1323		10,000		10,000
泰定朝	1324—1327	10,000	503,000	140,000	653,000
文宗朝②	1328—1332	80,000	65,000	55,000	200,000
顺帝朝②	1333—1368	35,000	521,200	16,200,000+	16,756,200
合　计		275,000	1,479,700	16,798,000	18,552,700

说明

①这里主要根据《元史》记有赐田顷亩数的材料作成。实际上元代历朝赐田的数字当不止于此。其次，当时的赐田，有被拘收还官的，有因犯罪而被籍没的。所以，这里所统计出来的历朝赐田数只能表示一个大概的情况。

②据本纪，文宗至顺元年（1330年）及顺帝至正7年（1347年）均曾拨山东闲田16,200,000+亩赐大承天护圣寺，所以两朝的寺院赐田数特大〔参看本表（4）〕。《续通考》怀疑先后两朝对护圣寺所赐，同系那一部分的田地，就是说，至顺元年赐了，后来曾拘收还官，到至正时又再重新拨赐。我们认为，这两次对护圣寺的赐田，本来是一回事，不过，至顺时皇帝下令拨赐，未及实行，直到至正时才完成这项工作。《续通鉴纲目》关于对护圣寺赐田1,600多万亩一事，仅系于至正7年。所以，我们对护圣寺的赐田数，只作1,600多万亩计，并且仅把它列入顺帝朝的寺院赐田内。

(2) 元代历朝所赐诸王公主田地数

年　月	公元	受赐田者	赐田数 （亩）	所在地 及田地种类	资料来源 （元史）
武宗至大2年	1309	鲁国大长公主祥哥剌吉	150,000	平江稻田	卷118 特薛禅传
泰定帝泰定3年五月	1326	寿宁公主 （泰定帝伯姊）	10,000		卷30 泰定帝2

（续上表）

年　　月	公元	受赐田者	赐田数（亩）	所在地及田地种类	资料来源（元史）
文宗天历元年十一月	1328	西安王阿剌忒纳失里	30,000	平江没官田	卷 32 文宗 1
至顺元年九月	1330	鲁国大长公主祥哥剌吉	50,000	平江官田	卷 34 文宗 3
顺帝至元元年十二月	1335	宣让王帖木儿不花	11,000	庐州、饶州牧地	卷 38 顺帝 1
2 年十二月	1336	宗王南忽里		甘肃白城子屯地	卷 39 顺帝 2
3 年三月	1337	郯王彻彻秃	20,000	平江没官田	卷 39 顺帝 2
至正 9 年七月	1349	公主不答昔尔（明宗之女）	5,000	平江田	卷 42 顺帝 5
合　　计			275,000		

（3）　元代历朝所赐功臣百官田地数

年　　月	公元	受赐田者 人名	受赐田者 官品	赐田数（亩）	所在地及田地种类	资料来源
宪宗时	1251—1259	不怜吉带		107,300	归德府亳州地	①
世祖中统 2 年六月	1261	子聪（刘秉忠）	子聪名为僧人，但早在世祖左右，"参帷幄之谋"。至元元年复姓刘氏，易名秉忠。参领中书省事。	10,000	怀孟路、邢州田各 50 顷	②
八月	1261	窦默王安仁	翰林侍讲学士太医副使		大名路、顺德路田	③
10 年八月	1263	刘整	南宋降将，仕元为潼川都元帅。	2,000	京兆路田	④
至元 3 年六月	1266	刘整		5,000	畿内地	⑤
16 年	1279	阿尼哥	大司徒，兼领将作院	15,000	京畿良田	⑥
18 年	1281	郑温	江淮行省参知政事	3,000	常州官田	⑦
21 年	1284	土土哈	同知卫尉院事，兼领群牧司		大都近郊田	⑧
22 年	1285	李昶	曾任吏礼部尚书，时已致仕。	1,000		⑨
22 年	1285	徐世隆	曾任吏部尚书，时已致仕。	1,000		⑩

年　　月	公　元	受　賜　田　者		賜田数（亩）	所在地及田地种类	资料来源
		人　名	官　品			
25 年二月	1288	叶李	尚书左丞	400	平江路、嘉兴路田	⑪
25 年	1288	王积翁子都中		8,000	平江路田	⑫
29 年	1292	高兴	福建行省右丞	1,000	大都良田	⑬
成宗大德 9 年	1305	陈益稷	安南国王陈日烜之弟，至元 22 年降元。世祖封为"安南王"，令居汉阳府，遥授湖广行省平章政事。	50,000	汉阳府田	⑭
11 年九月	1307	塔刺海	中书右丞相	10,000	江南田	⑮
十一月	1307	月赤察儿	太师	4,000	江南田	⑯
武宗至大元年十一月	1308	乞台普济	太保、中书左丞相	20,000+	大都路固安州田	⑰
2 年	1309	铁哥	度支院使	5,000	江州路稻田	⑱
2 年	1309	近幸为人奏请		123,000	江南	⑲
仁宗皇庆元年十月	1312	李孟	翰林学士、中书平章政事	2,000	晋宁路潞州田	⑳
延祐元年五月	1314	李孟		2,800	荆门州孝感县地	㉑
5 年三月	1318	丑驴	征政使	10,000	平江路	㉒
英宗至治 2 年七月	1322	拜住	中书左丞相	10,000	平江路	㉓
泰定帝泰定 2 年一月	1324	观音保、锁咬儿、哈的迷失妻子	三人皆故监察御史，至治元年谏造佛寺被杀。	3,000		㉔
3 年	1325	伯颜	赐田年月不详，受赐时所任官职亦不能确定。	500,000	河南省	㉕
文宗天历元年九月	1328	燕铁(帖)木儿	太平王、知枢密院事	50,000	平江路官地	㉖

（续上表）

年　　月	公元	受　赐　田　者		赐田数（亩）	所在地及田地种类	资料来源
		人　名	官品			
2 年三月	1329	笃麟帖木儿		10,000	平江路田	㉗
八月	1329	史惟良	御史中丞	5,000	沛县地	㉘
至顺 2 年三月	1331	燕帖木儿			嘉兴、平江、松江、江阴芦场、荡、山、沙涂、沙田等。	㉙
顺帝至元元年二月	1335	伯颜			大都路蓟州宝坻县稻田提举司所辖田土	㉚
2 年七月	1336	伯颜		500,000		㉛
至正 4 年六月	1344	脱脱			松江田	㉜
13 年八月	1353	脱脱	中书右丞相	1,200	东泥河田	㉝
22 年六月	1362	阿都温	司徒。阿都温系察罕帖木儿之父，时察罕为起义军田丰所杀。	20,000		㉞
合　计				1,479,700		

资料来源　①《元史》卷 24（以下凡见于《元史》的材料，但记卷数）。《仁宗纪》云："皇庆元年（1312 年）三月，以宪宗所赐不怜吉带地还其子孙。"按：此事《宪宗纪》未载。　②卷 4《世祖》1。按：刘秉忠死于至元 11 年，以无子故，收其田还官。至元 28 年五月，秉忠妻窦氏上言，秉忠曾鞠养侄儿兰章为嗣子。世祖令以地百顷还其家。　③卷 4《世祖》1；卷 158《窦然传》。原文无顷亩数，只云赐田以为永业。　④卷 5《世祖》2。　⑤卷 6《世祖》3。按：至元 8 年再赐刘整邓州田 500 顷，整辞，改赐民田三百户，科调如故。　⑥程钜夫《雪楼集》7《凉国敏慧公神道碑》。按：赏其建圣寿万安寺浮图（佛塔）之功。　⑦卷 154《郑温传》。　⑧卷 128《土土哈传》。《续通考》卷 6《田赋》6 误作相威。　⑨卷 160《李旭传》。《元史安童传》亦记此事，唯年份作至元 23 年。　⑩卷 160《徐世隆传》。　⑪卷 15《世祖》12。　⑫卷 184《王都中传》。《续通考》系于至元 22 年。《世祖纪》不载。按：积翁于至元 21 年正月使日本，为舟人所害。时都中"生三岁"。赐田时，都中七岁，应为至元 25 年。其田后没入官，文宗至顺 2 年（1331 年）复给还其家。　⑬卷 162《高兴传》。《续通考》误作高典。　⑭卷 21《成宗》4。原作"湖广地 500

项"，此处汉阳田乃据《仁宗纪》1。卷 209《安南传》云："武宗朝，赐田二百顷"；《续通考》系赐田年于至元 22 年；均有误。　　⑮卷 22《武宗》1。原文云："塔剌海言：'比蒙圣恩，赐臣江南田百顷，今诸王公主附马赐田还官，臣等请还所赐。'从之。仍谕诸人赐田悉令还官。"似乎武宗在即位之初，有取消赐田之意；实则武宗朝，仍不时赐与臣下田地。当然，对某些人的赐田拘收还官，也是有的。　　⑯卷 22《武宗》1。　　⑰同上。按：这是乞台普济向武宗乞请得来。　　⑱卷 125《铁哥传》。　　⑲卷 23《武宗》2。按：是年九月，"御史台臣言：'比者近幸为人奏请，赐江南田1,230 顷，为租 50 万石，乞拘还官。'从之。"　　⑳卷 24《仁宗》1。　　㉑卷 25《仁宗》2。　　㉒卷 26《仁宗》3。　　㉓卷 28《英宗》2。按：本传系于至治 2 年六月。《续通考》则作至治 3 年，当有误。　　㉔卷 29《泰定帝》1。按至治 2 年十二月宣政院使八思吉思坐受刘夔冒献田地伏诛，仍籍其家。至是，以籍八思吉思地赐观音保等妻子。　　㉕卷 138《伯颜传》。原文云："〔泰定〕3 年，迁河南行省平章政事，旧所赐河南田五千顷……"据此，赐田年份不详。《续通考》系于至治 3 年，未知所本。　　㉖卷 32《文宗》1；卷 138《燕帖木儿传》。《续通考》作"拨赐江东道太平路地 500 顷"，误。太平路乃其食邑，非赐地所在。　　㉗卷 33《文宗》2。原文云："旧赐笃麟帖木儿平江田百顷，官尝收其租米，诏特予之。"赐田年份不详。

㉘卷 33《文宗》2。　　㉙卷 35《文宗》4。　　㉚卷 38《顺帝》1。　　㉛卷 39 顺帝 2。原文云："以公主奴伦引者思之地赐伯颜。"　　㉜卷 41《顺帝》4。　　㉝卷 43《顺帝》6。按至正 15 年正月，安置脱脱于亦集乃路，收所赐田土。　　㉞卷 46《顺帝》9。

注意　1. 元代自世祖至元 13 年占领江南以后，由于这一地区自南宋以来就有不少官田、公田，加上元政府新籍没宋宗室大臣的田土，直接归政府掌握的土地更多了。根据本表材料，自世祖至元 16 年迄顺帝至正年间止，记有赐田所在地的凡 24 次，其中坐落在江淮以南的占了 15 次，即占 60% 强。在江南的赐田，又集中在平江路(即苏州)，计凡 6 次，即占至元 16 年以来赐田次数(记有地区的)1/4。而且，另有三次泛指"江南田"，很可能也包括平江路的田土在内。赐田只是官僚获得土地诸方式中的一种。但从上述赐田的不完全统计，也可以看出元代江南的官田又陆续地大量转入官僚地主手中。

2. 根据上表材料，可见元代对百官赐田，其对象以中央的大官为主，行省的高级官吏(右丞以上)只是很少数。世祖至元年间，曾先后赐予江淮行省参知政事郑温及福建行省右丞高兴田土。对高兴的赐田，是因为派遣他帅师渡海出征。至于省以下的地方官不见有赐田记载，他们是领有职田的收入的。

(4) 元代历朝所赐各寺田地数

年　月	公元	寺　名	所在地	建置年度	赐田数（亩）	所在地	资料来源（元史）
世祖中统2年八月	1261	庆寿寺、海云寺			50,000		卷4世祖1
至元25年二月	1288	江南新建五寺			15,000		卷15世祖12
成宗大德5年二月	1301	兴教寺		至元20年建	10,000		卷20成宗3
大德5年二月	1301	乾元寺	上都	至元11年建	9,000		卷20成宗3
大德5年二月	1301	万安寺	大都	至元16年建,25年成	60,000		卷20成宗3
大德5年二月	1301	南寺	大都	至元17年建	12,000		卷20成宗3
武宗至大4年十月	1311	普庆寺			80,000		卷24仁宗1
仁宗皇庆元年三月	1312	上方寺	汴梁路		10,000		卷24仁宗1
六月	1312	崇福寺		至大3年建	10,000	河南官地	卷24仁宗1
延祐3年正月	1316	开元寺	上都		20,000	江浙田	卷25仁宗2
延祐3年正月	1316	华严寺			10,000	江浙田	卷25仁宗2
七月	1316	普庆寺			17,000	益都路田	卷25仁宗2
泰定帝泰定2年正月	1325	永福寺		延祐2年建	10,000		卷29泰定帝1
3年二月	1326	殊祥寺	五台山	本年	30,000		卷30泰定帝2
十月	1326	大天源延圣寺			100,000	吉安、临江	卷30泰定帝2
文宗天历2年十一月	1329	大龙翔集庆寺　大崇禧万寿寺 }建康			15,000	平江官田	卷33文宗2
至顺元年十月	1330	大承天护圣寺		天历2年建	40,000		卷34文宗3
至顺元年十月	1330	大承天护圣寺			16,209,000	益都、般阳、宁海闲田	卷34文宗3
顺帝至正7年十一月	1347	人承天护圣寺			16,200,000	山东地	卷41顺帝4
合计					16,707,000*		

编者注　＊至顺及至正所赐大承天护圣寺田土,亩数及所在地均同(按:益都路、般阳府路及宁海州俱属山东东西道宣慰司辖下),请参阅本表中第(1)表说明②。

乙表26　元代屯军屯民人户数及屯田亩数*

（起世祖中统3年三月迄文宗至顺元年十二月，即公元1262—1331年）

屯田机构及其隶属关系	屯军 户	屯军 人（名）	屯民 户	田数（亩）	建置年月	屯田地点
总计	28,946	85,166	103,999 12,339①	17,485,573		
枢密院所辖						
左卫屯田		2,000		131,065	世祖中统3年三月	东安州南永清县东。
右卫屯田		2,000		131,065	中统3年三月	永清、益津等处。
中卫屯田		2,000		103,782	世祖至元4年	原在武清、香河等处。后迁于河西务荒庄、杨家口、青台、杨家白等处。
前卫屯田		2,000		100,000	至元15年九月	霸州、保定、涿州。
后卫屯田		2,000		142,814	至元15年九月	原在永清等处。后迁于昌平县太平庄。泰定3年又迁回原地。
武卫屯田		3,000		180,445	至元18年	涿州、霸州、保定、定兴等处。英宗至治元年以一部分耕地与左卫军府忙古鞴屯田户户所互易。
左翼屯田万户府		2,051		139,952	至元26年二月	霸州及河间等处。
右翼屯田万户府		1,540		69,950	至元26年二月	成宗大德元年于武清县崔黄口增置屯。
中翊侍卫屯田		4,000		200,000	至元29年十一月	燕只哥赤斥地面及红城周回。仁宗延祐2年迁红城屯军于古北口太平庄。7年，复还屯红城。
左右钦察卫屯田		1,942		65,000	至元24年	清州等处。
左卫率府屯田		3,000		150,000	武宗至大元年六月	大都路涿州武清县及保定路保定新城县。

（乙表 26 续）

屯田机构及其隶属关系	屯军 戶	屯军 人（名）	屯民 户	屯民 人	田数（亩）	建置年月	屯田地点
宗仁卫屯田		2,000			200,000	英宗至治2年八月	大宁等处。
宣忠扈卫屯田		②			②	文宗至顺元年十二月	
合计		27,533	6,467		1,614,673		
大农司所辖							
永平屯田总管府			3,290		1,161,449	世祖至元24年八月	滦州。
营田提举司	253		1,947③		350,293		大都路漷州之武清县。
广济署屯田			1,230		1,260,038	至元22年一月	清州,沧州等处。
合计	253		6,467		2,771,780		
宣徽院所辖							
淮东淮西屯田打捕总管府			11,743		1,519,339	世祖至元16年	涟海州。
丰润署屯田			837		34,900	至元22年	大都路蓟州丰润县。
宝坻屯田			300		45,000	至元16年	大都路之宝坻县。
尚珍署屯田			456		971,972	至元23年	济宁路之兗州。
合计			13,336		2,571,211		
腹里所辖							
大同等处宣慰司总管府屯田	4,020	3,000	5,945		500,000	成宗大德4年	西京黄华岭等处。
虎贲亲军都指挥使司屯田			79④		420,279	世祖至元28年	天津桂土赤纳高州忽兰若班等处。

（乙表 26 续）

屯田机构及其隶属关系	屯 户	屯军 人（名）	屯民 户	田 数（亩）	建置年月	屯 田 地 点
岭北行省屯田	4,648			640,000	至元 21 年	五条河，称海。
合计	8,668	3,000	6,024	1,560,279		
辽阳行省所辖						
大宁路海阳等处打捕田屯所			122	23,050	世祖至元 23 年	瑞州。
浦峪路屯田万户府			190⑤	40,000	至元 29 年十月	咸平府。
金复州屯田万户府	3,641			252,300	至元 21 年五月	忻都察，哈思罕。
肇州蒙古屯田万户府	352⑨		300⑥	315,350	成宗元贞元年七月	肇州旁近。
合计	3,993		612			
河南行省所辖						
南阳府民屯			6,041	1,066,207	世祖至元 2 年一月	孟州之东，黄河之北，南至八柳树，枯河等处。后复于唐、邓、申、裕州等州立屯。
洪泽屯田万户府		15,994		3,531,221	至元 23 年	淮安路之白水塘，黄家疃等处。
芍陂屯田万户府		14,808		1,000,000+	至元 21 年二月	安丰县勾陂。
德安等处军民屯田总管府		5,965	9,375⑦	887,996	至元 18 年	德安路。
合计	6,041	36,767	9,375⑧	6,485,424		
陕西行省所辖						

（乙表26续）

屯田机构及其隶属关系	屯军 户	屯军 人（名）	屯民 户	田数（亩）	建置年月	屯田地点
陕西屯田总管府	2,684⑩		7,354⑨	585,368⑩	世祖至元11年一月	凤翔、镇原、栎阳、泾阳、彭原、安西、平凉、终南、渭南。
陕西等处万户府屯田				80,808⑪	至元19年二月	鳌屋之杏园庄、宁州之大昌原、文州之亚柏镇、德顺州之威戎。
贵赤延安总管府屯田			2,027	48,600	至元19年	延安路之探马赤草地。
合计	2,684		9,381	714,776		
甘肃行省所辖						
宁夏等处新附军万户府屯田	2,340			149,833	世祖至元19年三月	宁夏等处。
管军万户府屯田	2,290			116,664	至元18年一月	甘州之黑山子、满峪、泉水渠、鹏子翅等处。
宁夏营田司屯田			2,700⑪	180,000	至元8年一月	中兴。
宁夏路放良军屯田			904	44,650	至元11年	本路。
亦集乃屯田		200		9,150	至元22年	本路。
合计	4,630	200	904〔2,700⑪〕	500,297		
江西行省所辖						
赣州路南安寨兵万户府屯田	3,265		3,038⑫	52,468	成宗大德2年一月	信丰、会昌、龙南、安远等处。
合计	3,265			52,468		
江浙行省所辖						
汀漳屯田				47,500⑫	世祖至元18年	汀州、漳州。

（乙表 26 续）

屯田机构及其隶属关系	屯　民		军　屯		田　数（亩）	建置年月	屯　田　地　点
	户		人（名）	户			
合计	3,038				47,500		
四川行省所辖							
广元路民屯	87				960	世祖至元 13 年	本路。
叙州宣抚司民屯	4,444					至元 11 年	本州。
绍庆路民屯	91					至元 19 年	本路。
嘉定路民屯	12					至元 19 年	本路。
顺庆路民屯	5,016					至元 12 年	本路。
潼川府民屯	2,412					至元 11 年	本府。
夔路总管府民屯	5,083					至元 11 年	本路。
重庆路民屯	3,566					至元 11 年	本路。
成都路民屯	9,061					至元 12 年	本路。
保宁万户府军屯			1,329		11,827	至元 26 年	本府。
叙州等处万户府军屯			239		4,183	成宗元贞 2 年	叙州宣化县喎口上下。
重庆五路守镇万户府军屯			1,200		42,000	仁宗延祐 7 年	本路三堆、中嘴、赵市等处。
夔路万户府军屯			351		5,670	世祖至元 21 年	
成都等路万户府军屯			299		4,270	至元 21 年	本路崇庆州义兴乡楠木园。
河东陕西等路万户府军屯			1,128		20,807	至元 21 年	灌州之青城，陶坝，及崇庆州之大栅头等处。
广安等处万户府军屯			150		2,625	至元 21 年	成都路崇庆州之七宝坝。
保宁万户府军屯			564		7,595	至元 16 年	重庆州晋源县之金马。

（乙表 26 续）

屯田机构及其隶属关系	屯军 户	屯军 人（名）	屯民 户	田数（亩）	建置年月	屯　田　地　点
叙州万户府军屯		221		3,867	至元21年	灌州青城县。
五路万户府军屯		1,161		20,317	至元21年	崇庆州之大栅镇、孝感乡及灌州青城县之怀仁乡。
兴元金州等处万户府军屯		344		5,600	至元21年	崇庆州晋源县孝感乡。
随路人都万户府军屯		832		16,257	至元21年	灌州青城县、温江县。
旧附军等屯		1,002		12,950	至元21年	青城县及崇庆州。
炮手万户府军屯		96		1,680	至元21年	青城县龙池乡。
顺庆万户府军屯		565		9,887	至元21年	晋源县义兴乡、江源县将军桥。
平阳军屯		398		6,965	至元21年	青城县及崇庆州大栅头。
遂宁万户府军屯		2,000		35,000	至元21年	崇庆州、青城等处。
嘉定万户府军屯		13		227	至元21年	沿江下流汉初等处。
顺庆万户府等处		656		11,480	至元26年	
广安万户府军屯等处		118⑭		2,065	至元27年	新州、明州等处。
合计		12,666	29,772	226,232		
云南行省所籍						
威楚提举司屯日	600		33	825△	世祖至元15年	
大理金齿等处宣慰司都元帅府军民屯			3,741	110,525△	至元12年	

（乙表 26 续）

屯田机构及其隶属关系	军屯 户	军 人(名)	屯民 户	田数（亩）	建置年月	屯田地点
鹤庆路军民屯田	152		100	5,040△[14]	至元 12 年	
武定路总管府军屯	187			3,740△	至元 27 年	
威楚路军民屯田	399		1,101	35,505△[15]	至元 15 年	
中庆路军民屯田	709		4,197	112,295△[16]	至元 12 年	
曲靖等处宣慰司兼管军万户府军民屯田	495[17]		3,580[18]	25,200△[19]	至元 12 年	曲靖,澂江,仁德府。
乌撒宣慰司军民屯田	114		86		至元 27 年	
临安宣慰司兼管军万户府军民屯田	288[21]		2,300[22]	25,760△[23]	至元 12 年	
梁千户翼军屯	700			18,945△	至元 30 年	乌蒙,后迁新兴路。
罗罗斯宣慰司兼管军万户府军民屯田	300		167		至元 27 年	
乌蒙等处宣抚司总管府军屯		5,000		125,000	仁宗延祐 2 年	
合计	3,944	5,000	15,305	462,835		
湖广行省所辖						
海北海南道宣慰司都元帅府民屯			8,428[24]	56,361[25]	世祖至元 30 年	琼州、雷州、高州、化州、廉州等路。

（乙表 26 续）

屯田机构及其隶属关系	军 屯（户）	军 人（名）	民 屯（户）	民 人（户）	田数（亩）	建置年月	屯田地点
广西两江道宣慰司都元帅府兵屯田	1,509②		4,691②		75,326②	成宗大德 2 年	上浪、忠州、那获、雷留、水口、藤州等处。
湖南道宣慰司衡州等处屯田田			13,119		31,061②	世祖至元 25 年	衡州、永州、武冈等处。
合计	1,509		13,119		162,748		

资料来源　*原书系《元史》卷 100《志》第 48《兵》3《屯田》。

编者注　*原书序文云："国初用兵征讨，遇坚城大敌，则必屯田以守之。海内既一，于是内而各卫，外而行省，皆立屯田，以资军饷。或因古之制，或以地之宜，其为虑盖详密矣。大抵芍陂、洪泽，甘肃、瓜（州）、沙（州），因昔人之制，其地利盖不减于旧。和林、陕西、四川等地则因地之宜而肇为之，亦未尝不因其利焉。至于云南、八番、海南、海北虽非古屯田之所，而以为镇边夷腹心之地，则又因制兵屯戍以控扼之。由是而天下无不可屯之兵，无不可耕之地矣。今故著其建置增损之概，而内外所辖军民屯田，各以次列焉。"

又，根据本表计算，元代军、民屯田数的比重大约如下：

	军屯	民屯	军民屯杂者
屯田亩数	8,304,369	7,682,683	1,498,521
占屯田总数的%	47	44	9

又《元史兵志屯田》，所记四川云南的屯军户数单位，亦有一大部分原文作"为户（若干）名"或"为户（若干）人"者，今概以军人数计。

△原系"双"数。"双"，乃云南地区度田的单位，《南村辍耕录》卷 29"称地为双"。双者，两牛一日所耕之地也。

①原书夫军屯户数单位，其面积相当于五亩之地，今折为亩数（按：亦有以为双，约合中原四亩地。"双"，今称为亩。参看《南村辍耕录》卷 29"称地为双"）。

②原书夫千屯民户数的记载有两处或系以人数或系丁数计者（河南省德安等处及甘肃省宁夏营司）。又大夫司所辖营司提举司（河南省德安等处及甘肃省宁夏营司）对屯民的登记，亦有一部分系以口数计者。以上三处起 12,399 人。

②原文不记实亩，但云聚地一万斡罗斯给地一百顷。斡罗斯（Oros），《蒙古秘史》作鲁速潬（Oros 之复数 Orust），就是俄罗斯。

③大农司营田提举司所管屯民户数 1,947 户，内包括：民户 1,235；析居、放良 480；不兰奚 232。此外，另有以单丁计者：火者 170 口；独居不兰奚 12 口；黑瓦木丁 82 名。按，元代奴婢有自愿纳财以求脱免收籍，即发付有司，收系当官差。"不兰奚"或译"孛兰奚"。"孛兰奚"或译"阑遗"，又有所谓"阑遗监"，主收亡之奴如无主认领之异泽。自无以后，名曰"火者"，多有乞觅他人之子、阉割驱使，此处当为犯罪诃发宫官之称（见《大清律例增修统纂集成》。

④"佃户"数。

⑤"女直户"。按，初建屯时，另有"蛮军"300 户，嗣于仁宗大德 2 年拨归肇州蒙古万户府。

⑥屯军包括：乃颜不薯古赤，即捕盗人 220 户，水达达 80 户。按蒙古军制，国人男子十五以下，七十以上，尽金为兵；该幼稚长，又籍之曰渐丁军，见《元史兵志》。水达达，或作水鞑靼，原名乞剌速益律军子，当为未来蒙古族之一，见宋彭大雅撰徐霆疏证《黑鞑事略》。

⑦原文作"为民 9,375 名，不足以户计。

⑧人数。

⑨陕西屯田总管府所属屯田处见所：

地区别	原有屯民户数	后存屯民户数	田数（亩）
凤翔	1,127	1,127	9,012
镇原	913	913	42,685
栒阳	786	650	102,099
泾阳	696	658	102,099
彭原	1,238	1,238	54,568
安西	724	262	46,778
平凉	288	288	11,520
终南	771	713	94,376
渭南	811	766	122,231

⑩陕西等处万户府屯田处见所：

屯别	户	田（亩）
孝子林屯	301	2,380

张马村屯	313	7,380
杏园庄屯	233	11,830
大昌原屯	474	15,879
亚柏镇屯	900	26,859
威戎屯	463	16,480

⑪系"丁"数,包括"渐丁"300人。按,世祖至元八年正月金发己未年(完宗九年)随鄂州投降人民1,107户往中兴诸庄,十一年(1274年)编为屯田户。

⑫屯军赴民"相参耕种"。世祖至元八年立屯,拨军老镇守士卒114人,又蔡南安等县居民1,825户,依腹里例置立。成宗时再扩大。

又:汀州与漳州分计数如下:

汀州	户 1,525	田 22,500 亩
漳州	户 1,513	田 25,000 亩

⑬"旧附汉军"(四川广安万户府)。

⑭云南行省鹤庆路军民屯田,其中分为:民屯400双(即2,000亩),军屯608双(即3,040亩)。俱已业。

⑮云南行省威楚路军民屯田包括:民屯官给荒田21,650亩,自备己业田5,875亩,合计共27,525亩;军屯官给荒田300+亩,自备己业田7,680亩,合计共7,980亩。

⑯同省中庆路军民屯田包括:民屯官给荒田85,110亩,自备己业田13,010亩,合计共98,120亩;军屯官给荒田1,170亩,自备己业田13,005亩,合计共14,175亩。

⑰曲靖等处宣慰司屯军、屯民及田数分计如下:

	户	官给田(亩)	自备己业田(亩)	田数合计(亩)
民屯:曲靖	2,240	7,400	15,000	22,400
澄江	1,260			
仁德府	80	800		800
军屯:澄江	295			
仁德府	100		2,000	2,000

⑱临安宣慰司：

		户	田(亩)
宣慰司所管	民屯	300	3,000
本路所管	民屯	2,000	17,000
	军屯	288	5,760

⑲海北海南宣慰司各路屯田亩计数：

路别	户	田(亩)
琼州	5,011	29,298
雷州	1,566	16,551
高州	948	4,500
化州	843	5,524
廉州	60	488

⑳广西两江道宣慰司都元帅府撞兵屯田民户数中包括：(按，"撞"当为僮字，即壮族人民。以下各地屯民包括瑶族、壮族民丁。)

上浪	1,282 户	雷留	187 户
忠州	614 户	水口	1,599 户
那扶	1,009 户		

㉑同上撞兵屯田亩数中包括：上浪、忠州等处水田 54,507 亩；藤州田 20,819 亩。

㉒湖南道宣慰司屯田处所计如下：

屯别	户	田(亩)
清化屯	509	12,019
乌符屯	500	10,350
白仑屯	500	8,692

又：本道屯户数系包括军、民在内。

乙表 27　元至元二十年至天历二年每年海运粮米数及耗损率

（公元 1283—1329 年）

年　　度	公　元	起运总数 （石）	实到总数 （石）	途中耗损总数 （石）	耗损数占起运数 的百分比（%）*
世祖至元 20 年	1283	46,050	42,172	3,878	8.4+
21 年	1284	290,500	275,610	14,890	5.1+①
22 年	1285	100,000	90,771	9,229	9.2+
23 年	1286	578,520	433,950②	144,570	24.9+
24 年	1287	300,000	297,546	2,454	0.8+
25 年	1288	400,000	397,655	2,345	0.5+
26 年	1289	935,000	919,943	15,057	1.6+
27 年	1290	1,595,000	1,513,856	81,144③	5.0+
28 年	1291	1,527,250④	1,281,615	245,635⑤	16.0+⑥
29 年	1292	1,407,400	1,361,513	45,887⑦	3.2+
30 年	1293	908,000	887,591	20,409	2.2+
31 年	1294	514,533	503,534	10,999	2.1+
成宗元贞元年	1295	340,500	340,500⑧	0	0
2 年	1296	340,500	337,026	3,474	1.0+
成宗大德元年	1297	658,300	648,136	10,164	1.5+
2 年	1298	742,751	705,954	36,797	4.9+
3 年	1299	794,500	794,500⑧	0	0
4 年	1300	795,500	788,918	6,582	0.8+
5 年	1301	796,528	769,650	26,878	3.3+
6 年	1302	1,383,883	1,329,148⑨	54,735⑩	3.9+
7 年	1303	1,659,491	1,628,508	30,983	1.8+
8 年	1304	1,672,909	1,663,313	9,596	0.5+
9 年	1305	1,843,003	1,795,347	47,656	2.5+
10 年	1306	1,808,199	1,797,078	11,121⑪	0.6+
11 年	1307	1,665,422	1,644,679	20,743	1.2+
武宗至大元年	1308	1,240,148	1,202,503	37,645	3.0+
2 年	1309	2,464,204	2,386,300	77,904	3.1+
3 年	1310	2,926,532⑫	2,716,913	209,619	7.1+
4 年	1311	2,873,212	2,773,266	99,946	3.4+
仁宗皇庆元年	1312	2,083,505	2,067,672⑬	15,833	0.7+
2 年	1313	2,317,228	2,158,685	158,543⑭	6.8+
仁宗延祐元年	1314	2,403,264	2,356,606	46,658	1.9+
2 年	1315	2,435,685	2,422,505	13,180	0.5+
3 年	1316	2,458,514	2,437,741	20,773	0.8+
4 年	1317	2,375,345	2,368,119	7,226	0.3+⑮
5 年	1318	2,553,714⑯	2,543,611	10,103	0.3+
6 年	1319	3,021,585	2,986,017	35,568	1.1+⑰
7 年	1320	3,264,006	3,247,928	16,078	0.4+

年　　　度	公　元	起运总数 （石）	实到总数 （石）	途中耗损总数 （石）	耗损数占起运数 的百分比(%)＊
英宗至治元年	1321	3,269,451⑱	3,238,765	30,686	0.9＋
2 年	1322	3,251,140	3,246,483	4,657	0.1＋
3 年	1323	2,811,786	2,798,613	13,173	0.4＋
泰定帝泰定元年	1324	2,087,231⑲	2,077,278	9,953	0.4＋
2 年	1325	2,671,184	2,637,051	34,133	1.2＋
3 年	1326	3,375,784⑳	3,251,362㉑	124,422㉒	3.6＋
4 年	1327	3,152,820	3,137,532	15,288	0.4＋
明宗天历元年	1328	3,255,220	3,215,424	39,796	1.2＋
2 年	1329	3,522,163	3,340,306	181,857	5.1＋

资料来源　《元史》卷93《食货》1《海运》；丘濬《大学衍义补》(以下简称《衍义补》)卷34《制国用漕挽之宜》下；《续文献通考》(以下简称《续通考》)卷31《国用考漕运》。按曹溶《学海类编》中有《元海运志》1卷，旧题明初危素撰，实丘氏《大学衍义补》之《海运》一条，前书乃伪作。

编者注　＊本栏系根据《衍义补》及《续通考》二书所载"细分之，每石〔所〕欠"之数，经核算后作出。清阮元《海运考》上(载贺长龄辑：《皇朝经世文编》卷48《户政》23)云："通计上下47年中，每石所失，除三斗四升九合者一年(今按表中至元23年之数为二斗四升九合，未知孰是？)，一斗六升者一年(按即至元28年之数)，其余至九升二合而止，则其明效亦可睹矣。"阮元于嘉庆10年(1805年)为浙江巡抚时是主张恢复海运的。

①《续通考》作"五升一合"，《衍义补》"合"字之后尚有"余"字，经核算，后书较为精确。

②此据《衍义补》及《续通考》。《元史》作433,905 石。

③《衍义补》作83,144 石，较起运总数减去实到总数所得之余数多 2,000 石，误。今从《续通考》。

④此据《元史》及《衍义补》所载数字，《续通考》作 1,527,150 石。

⑤此据《衍义补》。《续通考》作 245,535 石。

⑥《续通考》作"一斗六升"，《衍义补》"升"字之后尚有"余"字，后者较确。

⑦《衍义补》作"四万五千八百八石七斗"，误。

⑧《续通考》作"至如〔起运〕数"，《衍义补》未列实到总数。

⑨此据《元史》及《衍义补》。

⑩此据《元史》及《衍义补》。《续通考》作 44,735 石，误。

⑪此据《续通考》。《衍义补》作 90,491 石，误。

⑫此据《续通考》。《元史作2,926,533 石；《衍义补》写作"二百九千二万六千五百三十二石"，第一个"千"字乃"十"之误。

⑬《衍义补》写作"二百六万七十六百七十二石"，第一个"十"乃"千"之误。

⑭《衍义补》作 150,833 石，《续通考》作 358,543 石，据起运及实到两项数字校核，应为 158,543 石。

⑮《衍义补》及《续通考》均作"每石欠三勺余"，实应为"每石欠三合余"。两书俱误。

⑯《衍义补》作 2,552,714 石，误。此据《元史》及《续通考》，因与实到总数及途中损耗总数校核相符。

⑰《衍义补》作"每石欠一升一合余"；《续通考》作"每石欠一升二合余"，"二合"乃"一合"之误。

⑱《衍义补》作 3,268,765 石，误。此据《元史》及《续通考》，因与实到总数及途中损耗总数校核相符。

⑲《衍义补》写作"二百八万七十二百三十一石"，第一个"十"乃"千"之误。

⑳《衍义补》写作"三百三十七万五十七百八十四石"，第二个"十"乃"千"之误。

㉑《元史》及《续通考》均作 3,351,362 石。此据《衍义补》。后者所载的数字与同书及《续通考》所载"细分之每石所欠"项的数字，经我们校核是相符的。

㉒《续通考》作 24,422 石，《衍义补》作 124,432 石，据起运与实到两项数字来计算，应为 124,422 石。

乙表 28　明实录中关于洪武朝增垦田亩数的记载

年　度	公　元	田地种类及所在地*	垦田数（亩）	资料来源（太祖实录）
元年	1368	天下州县垦田	77,000+	卷 37
2 年	1369	天下州郡县垦田	89,800	卷 47
3 年	1370	山东、河南、江西府州县垦田	213,520	卷 59
4 年	1371	天下郡县垦田	10,662,242	卷 70
6 年	1373	天下垦田	35,398,000+	卷 86
7 年	1374	天下郡县垦荒田	92,112,400	卷 96
8 年	1375	直隶宁国诸府，山西、陕西、江西、浙江各省垦地	6,230,828	卷 102
9 年	1376	天下垦田地	2,756,027	卷 110
10 年	1377	垦田	151,379	卷 116
12 年	1379	开垦田土计	27,310,433	卷 128
13 年	1380	天下开垦荒闲田地	5,393,100	卷 134
16 年	1383	垦荒田	126,544	卷 158
		内：直隶应天、镇江、太平、常州四府	73,833	
		山西平阳府	52,712	
合　计			180,647,818+	

编者注　＊本栏中记载均照录原文。

乙表 29　明洪武、弘治、嘉靖三

直隶及布政使司别	洪　武　26　年① （1393 年）					弘　治	
	户	口	田土（百亩）	夏税麦（石）	秋粮米（石）	户	口
总计	10,652,789③ 10,651,789④	60,545,812	8,804,624③ 8,804,627④	4,691,520③	24,729,450	9,691,548	61,416,375
北直隶⑤	334,792	1,926,595	582,500	353,280	817,240	427,144	4,205,347
南直隶	1,911,833③	10,755,938	1,566,275	969,061	6,244,379	1,909,227	10,179,252
十三布政使司	8,405,164	47,863,280	6,655,852	3,369,179	17,667,831	7,355,177	47,031,776
浙江	2,138,225	10,487,567	517,052	85,520	2,667,207	1,501,304	5,277,862
江西	1,553,923	8,982,481	431,186	79,050	2,585,256	1,385,138	6,895,293
湖广	775,851	4,702,660	2,202,176	138,766	2,323,670	517,674	4,173,285
福建	815,527	3,916,806	146,260	665	977,420	508,649	2,062,683
山东	753,894	5,255,876	724,036	773,297	1,805,620	858,557	7,621,210
山西	595,444	4,072,127	418,642	707,367	2,093,570	588,962	4,870,965
河南	315,617	1,912,542	1,449,470	556,059	1,642,850	550,973	4,989,320
陕西	294,526	2,316,569	315,252	676,986	1,236,178	362,051	3,934,176
四川	215,719	1,466,778	112,033	325,550	741,278	257,357	2,668,791
广东	675,599	3,007,932	237,341	5,320	1,044,078	471,862	1,858,257
广西	211,263	1,482,671⑥	102,404	1,869	492,355	182,422	1,005,042
云南	59,576	259,270	⑦	18,730	58,349	126,874	1,410,094
贵州⑧						43,354	264,798

资料来源　明章潢《图书编》卷 90《民数丁粮》(参照《四库全书》文津阁写本及北京大

编者注　＊本表内田土之数,以百亩为单位;米、麦之数,以石为单位;四舍五入。

　　明嘉靖 28 年(1549 年)重修《后湖志》(中国人民大学藏抄本,据南京图书馆藏刻

黑点的表示互异的数字):

　　洪武 26 年　　户　数:南直隶　1,912,833　　　　　　弘治 15 年

　　　　　　　　口　数:北直隶　1,926,395

　　　　　　　　　　　广西　　1,482,672

　　　　　　　　田　土:山东　　　724,036

　　　　　　秋粮米:浙江　2,667,207

朝分区户口、田地及税粮数 *

| 15　年　（1502 年） | | | 户 | 口 | 嘉　靖　21　年　（1542 年） | | |
田土②（百亩）	夏税麦②（石）	秋粮米②（石）			田土（百亩）	夏税麦（石）	秋粮米（石）
4,292,311	5,184,297 5,284,296④	24,488,224 24,491,223④	9,972,220 9,972,219④	62,530,195	4,360,563 4,360,825④	4,992,134 5,008,795④	24,198,473 24,197,938④
274,033	435,827	1,017,506	448,061	4,568,259	276,327	435,853	1,019,665
696,720	1,327,714	6,236,184	2,015,646	10,402,198	716,298	1,257,245	6,130,292
3,321,558	3,520,755	17,237,533	7,508,512	47,559,738	3,368,200	3,315,697	17,047,981
473,896	254,239	2,366,386	1,528,157	5,108,855	473,171	153,952	2,368,169
402,465	87,913	2,559,706	1,357,048	6,098,931	401,739	117,313	2,527,905
209,027	130,910	2,036,995	542,915	4,436,255	249,594	101,000	2,032,601
135,260	877	841,353	519,878	2,111,027	135,775	877	842,072
555,867	898,679	2,098,700	837,342	7,718,202	555,884	899,422	2,099,556
391,554	682,292	2,026,922	592,890	5,069,515	391,567	681,412	2,034,340
416,294	622,103	1,782,108	603,871	5,278,275	416,322	621,117	1,807,799
263,718	744,445	1,200,542	395,607	4,086,558	263,786	664,717	1,045,920
107,937	55,593	715,346	260,885	2,809,170	109,907	35,207	684,872
255,788	6,008	1,018,377	492,961	2,051,243	256,968	4,398	1,013,603
92,473	3,381	436,988	209,164	1,093,770	92,869	1,093	439,525
17,279	34,062	105,776	123,537	1,431,017	17,666	34,950	106,593
⑨	253	48,334	44,257	266,920	2,952	239	45,026

学图书馆藏天启 3 年刻本）。

本抄）卷2"黄册户口"及"黄册事产"两条所记各该年数字与本表有出入者，摘出如下（有

口　数：湖广　4,173,285　　　　　嘉靖21年　户　数：山东　　837,345

田　土：山东　　555,867　　　　　　　　　　　　　　　广东　　492,962

　　　　四川　　107,957　　　　　　　　　　　口　数：广东　2,052,343

　　　　　　　　　　　　　　　　　　　　　　　田　土：福建　　135,475

夏税麦：浙江　　154,239　　　　　　　　　　夏税麦：南直隶　1,357,245

　　　　四川　　145,593　　　　　　　　　　　　　　广西　　　1,099

秋粮米：浙江　2,363,386　　　　　　　　　　秋粮米：北直隶　1,019,666

　　　　　　　　　　　　　　　　　　　　　　　　　　浙江　　2,368,369

　　又按：皇甫录《皇明纪略》引《后湖志》所记明初及弘治15年全国户口、田土、税粮
① 原作"明初"(《后湖志》作"国初"),今据《明会典》核之,知为洪武26年之数,但其户数
本编表30及表35各该项总计及合计数),今表中以③标明之。　　②本表(弘治15
户口,乃弘治4年数字(见甲编表69),与本书所记年份不同,今不用以核对。
有 出入者。　　⑤洪武26年,原属北平布政使司。　　⑥原书及《后湖志》卷2作
未成立,至永乐11年(1413年)始置。　　⑨原注："自来原无丈量顷亩田土。"

之数,其中明初秋粮作"24,729,250 石",与今本异。

总 计、田土总计及夏税麦总计三项,和南直隶户数一项,均与《会典》有出入(详见甲编表69、年)本栏下列各数与《会典》所载同年之数完全不同(详参本编表30及表35)。又按《会典》所载③参见注①。　　④据本表十三布政使司、南直隶、北直隶各数核算,其得数与原载数目1,482,672,今据《明会典》校正。　　⑦原注:"原无数目。"　　⑧贵州布政使司,洪武时尚

乙表 30 明洪武、弘治、万历三朝分区田地数*

直隶府州及布政使司别	洪武 26 年（亩）	弘治 15 年（亩）	万历 6 年（亩）
总计	850,762,368①	622,805,881②	701,397,628②
北直隶府州			
顺天府		6,872,014	9,958,300
永平府		1,484,458	1,833,947
保定府		3,552,951	9,709,551
河间府		2,422,072	8,287,220
真定府		3,898,065	10,267,506
顺德府		1,382,256	1,420,405
广平府		2,023,814	2,023,839
大名府		5,199,363	5,619,661
延庆州		105,942	105,942
保安州		30,458	30,473
合计	58,249,951③	26,971,393	49,256,844
南直隶府州			
应天府	7,270,125	6,997,408	6,940,514
苏州府	9,850,671	15,524,998	9,295,951
松江府	5,132,290	4,715,662	4,247,703
常州府	7,973,188	6,177,776	6,425,595
镇江府	3,845,270	3,272,235	3,381,714
庐州府	1,622,399	2,543,046	6,838,911
凤阳府	41,749,390	6,126,267	6,019,197
淮安府	19,333,025	10,107,373	13,082,637
扬州府	4,276,734	6,229,707	6,108,500
徽州府	3,534,977	2,527,752	2,547,828
宁国府	7,751,611	6,068,297	3,033,078
池州府	2,284,445	891,963	908,923
太平府	3,621,179	1,624,383	1,287,053
安庆府	2,102,937①	2,189,066	2,190,531
广德州	3,004,784	1,540,430	2,167,245
徐州	2,834,154	3,001,223	2,016,716
滁州	315,045	291,284	280,996
和州	425,228	1,189,170	621,580
合计	126,927,452	81,018,040	77,394,672
十三布政使司			
浙江	51,705,151	47,234,272	46,696,982

（乙表 30 续）

直隶府州及布政使司别	洪武 26 年（亩）	弘治 15 年（亩）	万历 6 年（亩）
江西	43,118,601	40,235,247	40,115,127
湖广	220,217,575	223,612,847	221,619,940
福建	14,625,969	13,516,618	13,422,501
山东	72,403,562	54,292,938	61,749,900
山西	41,864,248	39,080,934	36,803,927
河南	144,946,982	41,609,969	74,157,952
陕西	31,525,175	26,066,282	29,292,385
四川	11,203,256	10,786,963	13,482,767
广东	23,734,056	7,232,446	25,686,514
广西	10,240,390	10,784,802	9,402,075
云南	④	363,135	1,799,359
贵州	⑤	⑥	516,686⑦
合计	665,584,965	514,816,453	574,746,115

资料来源　明《万历会典》卷 17《户部》4《田土》。（正德、万历两朝《会典》原文具载顷、亩、分、厘、毫之数。本表亩以下之数值，四舍五入。又北直、南直及十三布政使司等三项合计数，原书本无，我们据各府、州及各布政使司的分计数分别相加得来。）

编者注　＊查傅维鳞《明书》、查继佐《罪惟录》、王鸿绪《明史稿》及张廷玉等修的《明史》等书所记明代田地之数字，基本上与《明会典》相同，似皆取材于《会典》。《明史稿志》第 59《食货》1《田制》及《明史》卷 77《志》第 53《食货》1《田制》所载最略，仅节录洪武 26 年、弘治 15 年及万历 6 年等三年总额，而无各地分计。《明书》卷 67《土田志》载有洪武 26 年、万历 6 年两年的田地总额以及南直、北直（无各府、州分计）和各布政使司的分计，弘治 15 年则只有总额。由于《明书》尽舍去亩以下的数值，因此有一些布政使司的田地数字较本表数字少一亩或两亩。只有洪武 26 年南直隶的田地数，《明书》作 126,927,352 亩，其百位数之"3"显然系"4"之误；又同年广西的田地数，《明书》作 10,220,390，其万位数之"2"亦显然系"4"之误。又《明书》于每年总额之前冠以"实耕在民者"等字样，未知是否有所根据。《罪惟录志》第 9《土田志》所载的田数与《明书》同，惟以顷作单位，连亩的数值也略去。其数字也有一些错误的地方，不一一列举了。

①《皇明制书诸司职掌户部民科州县田土》（《玄览堂丛书》第 1 集第 45 册）所记，田地总数为 849,652,300 亩，较《会典》数字少 1,100,068 亩；安庆府田地数为 1,102,937 亩，较《会典》少 1,000,000 亩。其余 12 布政使司及南直隶各府州田地数均与《会典》同。

②总计系《会典》所记原数。据各府州数字相加得出的实计数为：弘治 15 年 622,805,886 亩（尾数多了 5）；万历 6 年为 701,397,631 亩（尾数多了 3）。差额的造成，是由于小数的舍与入（参资料来源括号内文字）。

③永乐 19 年始建都北京，洪武时北直隶府州原名北平布政使司，故但有布政使司而无各府州分计之数。

④原文作"云南布政使司田土原无数目"。

⑤贵州布政使司，洪武时尚未成立，至永乐 11 年始置。

⑥原文作"贵州布政使司田土自来原无丈量顷亩，每岁该纳粮差，俱于土官名下总行认纳，如洪武年间例"。

⑦原文作"贵州布政使司田土，除思南、石阡、铜仁、黎平等府，贵州宣慰司、清平凯里安抚司额无顷亩外，贵阳府、平伐长官司、思州、镇远、都匀等府，安顺、普安等州，龙里、新添、平越三军民卫，共五千一百六十六顷八十六亩三分零"。

附记　上表所列田地数中一些数字，各种史书记载出入甚大。最显著的：

（1）洪武 26 年田地总数。表中 850,762,368 亩系引自《万历会典》。这一数字源出洪武 26 年三月刊行的《诸司职掌》。（原书共 10 卷，北京图书馆藏有明刻本。《玄览堂丛书》第 1 集载有《皇明制书》卷 3 至卷 6，题曰：《诸司职掌》，可能是节本。）但是，《洪武实录》所记：洪武 14 年"天下官民田计"仅 366,771,549 亩；24 年"官民田地"亦不过 387,474,673 亩（参看乙编表 28）。这是一个问题。

（2）弘治 15 年田地总数，表中引用了《万历会典》所记的 622,805,881 亩。但是，《正德会典》却作 422,805,889 亩，差了 2 亿亩。章潢《图书编》所记是年田地总数与《正德会典》相接近。为了便于读者考核，我们把上述三书所记弘治 15 年各区田地分计数，综合作成一表（乙编表 31）。大体说来，《万历会典》与《正德会典》所差去的 2 亿亩。主要出在湖广布政使司的田地数上。

万历及嗣后至清初的史籍，对于弘治田地总数的记载，大多数同于《万历会典》。这些书包括了刊行早于《万历会典》的《万历会计录》，和刊行较后的《皇明世法录》，及清初所著《明书》、《罪惟录》、《春明梦余录》等。清乾隆时官修的政书及《明史》，关于弘治田地数亦所据不一：如《续通考》作 622 万余顷，系引自《万历会计录》；但《续通典》及《明史食货志》则采用《正德会典》所记的 422 万余顷。

《弘治实录》所记弘治 15 年田地总数作 835,748,500 亩（参看甲编表 59），又多于《万历会典》数 2 亿余亩。但《弘治实录》所记这一数字很少为后来史家所引。

总之，历来史籍所记弘治 15 年田地数出入甚大，这又是一个值得注意的问题。

（3）在上举洪武、弘治两朝田地总数的各种记载中，《诸司职掌》所记洪武 26 年的 8 亿多亩及《正德会典》所记弘治 15 年的 4 亿多亩，往往被后人引用作为说明明初和明中叶的社会经济状况分野的标志。查这两年田地数之间的差额，主要是出在下列各地区的分计数上：

地区别	《诸司职掌》所记 洪武 26 年田地亩数	《正德会典》所记 弘治 15 年田地亩数
总计	850,762,368	422,805,889
湖广	220,217,575	23,612,847
河南	144,946,982	41,609,968
广东	23,734,056	7,232,446
凤阳府	41,749,390	6,126,267

早在明嘉靖 8 年(1529 年)霍韬奉命修《会典》时已指出：

"窃见洪武初年天下田土 8,496,000 项有奇，弘治 15 年荐额 4,228,000 项有
奇，失额 4,268,000 项有奇，是宇内额田存者半，失者半也。赋税何从出，国计何
从足耶！臣等备查天下额数。若湖广额田 220 万，今存额 23 万，失额 196 万(按：
以上湖广额田数与失、存额之和相差 1 万，原书如此)；河南额田 144 万，今存额 41
万，失额 103 万；失额极多者也。不知何故致此！非拨给于藩府，则欺隐于猾民，
或册文之讹误也。不然，何故致此也。若广东额田 23 万，今存额 7 万，失额 16
万，又不知何故致此也。盖广东无藩府拨给，而疆里如旧，非荒据于寇贼，则欺隐
于猾民也。由洪武迄弘治百四十年耳，天下额田已减强半；再数百年，减失不知又
何如也！"(《霍文敏公全集》卷 3《上修书疏》)

霍韬认为，洪武、弘治两朝田地数都是属于性质相同的"额田"，而弘治年间田
地数的激减，如果不是册籍错误的话，那就是贵族、豪家兼并民田并隐漏逃税，或
为"寇贼"盘据而抛荒所造成的结果。《明史食货志》记述明代田制时基本上沿袭
了霍韬的说法。

近数十年来，许多人对洪、弘两朝田地数的比较，作了更具体的考察。日本清
水泰次在 1921 对洪武 8 亿多亩和弘治 4 亿多亩一问题提出新的说法，主要认
为两者的统计性质不同，前者指的是"田、地、山、荡"四类土地的总数，后者仅指
"田、地"数。

日本藤井宏认为清水氏的解释不确切。他引证多种明代方志，说明弘治 15
年所会计的田地数，亦包含"田、地、山、荡"在内。藤井氏认为，明洪武时政府对总
田地数的登记有两个不同的系统。其一，乃在赋役黄册上所登记并据以征收田赋
的田地额数，换言之，就是"额田"或"赋田"的登记数。明《洪武实录》所记洪武 14
年及 24 年，《正德会典》所记弘治 15 年的田地数，都属于这类性质。因此，从明初
至万历 8 年张居正清丈总田粮以前，黄册上的田地数是渐次增加的：

洪武 14 年	3,667,715+ 项	《实录》
洪武 24 年	3,874,746+ 项	《实录》

弘治 15 年	4,200,000⁺ 顷	《正德会典》、《南京户部志》

弘治 15 年　　　　4,200,000[+] 顷　　　《正德会典》、《南京户部志》

嘉靖 21 年　　　　4,360,562[+] 顷　　　《南京户部志》

万历 6 年　　　　 5,106,127 顷　　　藤井氏据《万历会典》修正

（按：万历 6 年田数，《万历会典》原作 7,013,976[+] 顷，其中湖广 2,216,199 顷；

据藤井氏引证，湖广应改作 20 余万顷，即减少 200 万顷。）

　　黄册登记数外，另一系统的田地数乃系兼把"赋田"以外的荒芜土地也计算在内。这是明太祖为了推行垦荒、移民政策，因而对于待垦的可耕地也进行了调查的结果。《诸司职掌》所记洪武 26 年田土总数 8 亿多亩，就是属于这类性质的登记数。至于《弘治实录》所记弘治 1—18 年历年田地数，都在 8 亿 2 千余万亩上下，藤井氏认为纯系出于当时官僚机构的因袭旧文，架空虚构，并无实际意义。

　　我国一些社会科学工作者对明代田地数字的歧异，亦提出了一些看法。

　　杨开道《明代户口土地统计正误》(1956 年油印稿) 一文，对比了明代史籍所记载的户口数与田地数，认为在明代落后的生产力水平下，即使耕作粗放些，但每户或每人可能开垦与耕种的面积，应该有一定限度。如果说湖广的田地面积是 223 万多顷，"则每户平均有 430 多亩，每人有 53 亩多，这是绝对不可能的"。因此，杨氏认为，当时史籍所记洪武 26 年、万历 6 年的湖广田地数 200 余万顷及洪武 26 年的河南田地数 140 余万顷，是由于"在统计计算中定位错误"(如湖广)，或由于在登记时多写了"一个一字头"(如河南) 所造成。据杨氏意见，湖广田地数应修正为 20 多万顷，河南应修正为 40 多万顷，这样，洪武和万历的田地总数也相应修正为 500 多万顷。

　　杨氏的论据最为薄弱。因为他把明代的田地数字认为就是耕垦田地的数字，且又把册报的户口数字认作实际的户口数字，从而得出来户、每口平均亩数偏高的结论，这是完全不明了我国历代户口田地登记数字的性质的原故。我们试看本书甲编表 1，可知历代每户平均亩数多在六七十亩以上，每口平均亩数多在十三四亩以上；如果依照杨氏修改后的数字计算，则湖广的每户、每口平均亩数又未免过低了。(按杨氏修改后的洪武 26 年田地数计算：湖广每户平均 28.4 亩，每口平均 4.7 亩。)

　　我认为造成明代册籍登记数字分歧的主要原因之一是各地亩法不同的关系，这一点今后似应值得更多注意。原本是明中央政府规定了以 5 尺为 1 步，240 步为 1 亩。但在实际上，各地方的亩法是备极参差的：除了尺、步各有大小之分这一点不谈外，或则以 360 步 (按即 1 亩 5 分)，或 720 步 (即 3 亩)，或 1,200 步 (即 5 亩) 为 1 亩；甚至有用 8 亩以上折合为 1 亩的情形。因此，当时人把这些亩数都称作"大亩"，以别于法定的 240 步为一亩的"小亩"。州县编造黄册，使用经过折合后的数字 (即大亩) 上报"朝廷"，但向民间征收赋役则仍用一亩是一亩的小亩来计算。所以填报给朝廷的亩数是远低于实际的亩数的。这一情形，顾炎武的《日知录》卷 10 "斗斛丈尺"及"地亩大小"两条，已略述其大概。我们检阅明清各地方志

的记载，知道折亩的办法至迟到万历年间已几乎普遍实行，除川、云、贵、桂西南四省还未找到折亩实例以外（注意：这四省是亩制最紊乱的省份，所属州县往往以种子或收获量来估计折算）；其余各省皆已盛行折亩，如安徽全省各县几乎没有例外地都已折亩，河南除怀庆一府外，似亦已全省折亩，至如南北两直隶、山东、山西、陕西、浙江、福建折亩的事例亦多。江西、广东虽有折亩实例，然广东的田亩数字离事实最远，上引霍韬疏已如此说法；及清代阮元《广东通志》所载，亦作"田地税"若干顷亩，足证所谓顷亩是纳税单位，而非面积单位。

折亩的原因甚多，其中主要原因之一是因为土地有肥瘠之分，而历代的田赋制度多数是按亩起征一定的赋额。最初，折亩法之出现，本具有调剂赋役之意；但后来便成为地方官吏、里胥舞弊营私的方便法门了，明清两代的情形大半就是如此，故时人有"人得以〔任〕意长短广狭其间"的感喟。

其实，折亩法之起源甚早，古代的易田、代田、倍田，早已开折田之先声；但折地之流行，则自宋元开始，而盛于明清，这又无非是荒地田亩日益开辟的反映。

总之，自明代以后，各地的亩法不同，对于中央与地方以及各地彼此之间的记录互异所发生的影响愈形广泛和重要，册报亩数与实际面积不符至此已成为普遍存在的情况。至于由豪强欺隐和吏胥舞弊所造成的册籍种种失实的情况更为严重，则又当别论了。

乙表 31　图书编等三书关于明弘治十五年分区田地数字之对照

（公元 1502 年）

南北直隶及布政使司别	弘治 15 年（1502 年）亩数		
	图书编*	正德会典	万历会典
总计	429,231,100	422,805,889	622,805,886
北直隶			
顺天府		6,872,014	6,872,014
永平府		1,484,458	1,484,458
保定府		3,552,951	3,552,951
河间府		2,422,072	2,422,072
真定府		3,898,066	3,898,065
顺德府		1,382,256	1,382,256
广平府		2,023,814	2,023,814
大名府		5,199,362	5,199,363
延庆州		105,942	105,942
保安州		30,458	30,458
合计	27,403,300	26,971,393	26,971,393
南直隶			
应天府		6,997,408	6,997,408
苏州府		15,524,997	15,524,998
松江府		4,715,662	4,715,662
常州府		6,177,776	6,177,776
镇江府		3,272,235	3,272,235
庐州府		2,543,046	2,543,046
凤阳府		6,126,267	6,126,267
淮安府		10,107,373	10,107,373
扬州府		6,229,707	6,229,707
徽州府		2,527,752	2,527,752
宁国府		6,068,297	6,068,297
池州府		891,963	891,963
太平府		1,624,383	1,624,383
安庆府		2,189,066	2,189,066
广德州		1,545,430	1,540,430
徐州		3,001,223	3,001,223
滁州		291,294	291,284
和州		1,189,169	1,189,170
合计	69,672,000	81,018,048	81,018,040

（乙表 31 续）

南北直隶及布政使司别	弘治 15 年（1502 年）亩数		
	图书编 *	正德会典	万历会典
十三布政使司			
浙江	47,389,600	47,234,272	47,234,272
江西	40,246,500	40,235,247	40,235,247
湖广	20,902,700	23,612,847	223,612,847
福建	13,526,000	13,516,618	13,516,618
山东	55,586,700	54,292,937	54,292,938
山西	39,155,400	39,080,934	39,080,934
河南	41,629,400	41,609,968	41,609,969
陕西	26,371,800	26,066,282	26,066,282
四川	10,793,700	10,786,962	10,786,963
广东	25,578,800	7,232,446	7,232,446
广西	9,247,300	10,784,801	10,784,802
云南	1,727,900	363,135	363,135
贵州	—	—	—
合计	332,155,800	314,816,449	514,816,453

资料来源　根据本编表 29、30 及表 40 作。

编者注　＊《图书编》没有记载南直隶、北直隶各府州的分计数。

乙表 32　明洪武、弘治、万历

直隶府州及布政使司别	洪　武　26　年　（1393 年）					弘　治	
	户	口	田地（亩）	每户平均田地（亩）	每口平均田地（亩）	户	口
总计	10,652,870	60,545,812	850,762,368	79.86	14.05	9,113,446	53,281,158
北直隶							
顺天府						100,518	669,033
永平府						23,539	228,944
保定府						50,639	582,482
河间府						42,548	378,658
真定府						59,439	597,673
顺德府						21,614	181,825
广平府						27,764	212,846
大名府						66,207	574,972
延庆州						1,787	2,544
保安州						445	1,560
合计	334,792	1,926,595	58,249,951	173.99	30.23	394,500	3,430,537
南直隶							
应天府	163,915	1,193,620	7,270,125	44.35	6.09	144,368	711,003
苏州府	491,514	2,355,030	9,850,671	20.04	4.19	535,409	2,048,097
松江府	249,950	1,219,937	5,132,290	20.53	4.21	200,520	627,313
常州府	152,164	775,513	7,973,188	52.40	10.28	50,121	228,363
镇江府	87,364	522,383	3,845,270	44.01	7.36	68,344	171,508
庐州府	48,720	367,200	1,622,399	33.30	4.41	36,548	486,549
凤阳府	79,107	427,303	41,749,390	527.76	97.71	95,010	931,108
淮安府	80,689	632,541	19,333,025	239.60	30.56	27,978	237,527
扬州府	123,097	736,165	4,276,734	34.74	5.81	104,104	656,547
徽州府	125,548	592,364	3,534,977	28.16	5.97	7,251	65,861
宁国府	99,732	532,259	7,751,611	77.72	14.56	60,364	371,543

三朝每户每口平均田地数

4 年* （1491 年）			万历 6 年(1578 年)				
田地（亩）	每户平均田地（亩）	每口平均田地（亩）	户	口	田地（亩）	每户平均田地（亩）	每口平均田地（亩）
622,805,881	68.34	11.69	10,621,436	60,692,856	701,397,628	66.04	11.56
6,872,014	68.37	10.27	101,134	706,861	9,958,300	98.47	14.09
1,484,458	63.06	6.48	25,094	255,646	1,833,947	73.08	7.17
3,552.951	70.16	6.10	45,713	525,083	9,709,551	212.43	18.49
2,422,072	56.93	6.39	45,024	419,152	8,287,220	184.06	19.77
3,898,065	65.58	6.52	74,738	1,093,531	10,267,506	137.38	9.39
1,382,256	63.95	7.60	27,633	281,957	1,420,405	51.40	5.04
2,023,814	72.89	9.50	31,420	264,898	2,023,839	64.41	7.64
5,199,363	78.53	9.04	71,180	692,058	5,619,661	78.95	8.12
105,942	59.29	41.68	2,755	19,267	105,942	38.45	5.50
30,458	68.45	19.53	772	6,445	30,473	42.21	4.73
26,971,393	68.37	7.86	425,463	4,264,898	49,256,844	115.79	11.55
6,997,408	48.47	9.84	143,597	790,513	6,940,514	48.33	8.78
15,524,998	28.99	7.58	600,755	2,011,985	9,295,951	15.47	4.62
4,715,662	23.51	7.52	218,359	484,414	4,247,703	19.45	8.77
6,177,776	123.26	27.05	254,460	1,002,779	6,425,595	25.25	6.41
3,272,235	47.88	19.08	69,039	165,589	3,381,714	48.98	20.42
2,543,046	69.58	5.23	47,373	622,698	6,838,911	144.36	10.98
6,126,267	64.48	6.58	111,070	1,203,349	6,019,197	64.19	5.00
10,107,373	361.26	42.53	109,205	906,033	13,082,637	119.80	14.44
6,229,707	59.84	9.49	147,216	817,856	6,108,500	41.49	7.47
2,527,752	348.60	38.38	118,943	566,948	2,547,828	21.42	4.49
6,068,297	100.50	16.33	52,148	387,019	3,033,078	58.16	7.84

直隶府州及布政使司别	洪 武 26 年 (1393 年)					弘 治	
	户	口	田地(亩)	每户平均田地(亩)	每口平均田地(亩)	户	口
池州府	35,826	198,574	2,284,445	63.77	11.51	14,091	69,478
太平府	39,290	259,937	3,621,179	92.17	13.93	29,466	173,699
安庆府	55,573	422,804	2,102,937	37.84	4.97	46,050	606,089
广德州	44,267	247,979	3,004,784	67.88	12.11	45,043	127,795
徐州	22,683	180,821	2,834,154	124.95	15.67	34,886	354,311
滁州	3,944	24,797	315,045	79.88	12.71	4,840	49,712
和州	9,531	66,711	425,228	44.62	6.37	7,450	67,016
合计	1,912,914	10,755,938	126,927,452	66.35	11.80	1,511,843	7,983,519
十三布政使司							
浙江	2,138,225	10,487,567	51,705,151	24.18	4.93	1,503,124	5,305,843
江西	1,553,923	8,982,481	43,118,601	27.75	4.80	1,363,629	6,549,800
湖广	775,851	4,702,660	220,217,575	283.84	46.83	504,870	3,781,714
福建	815,527	3,916,806	14,625,969	17.94	3.73	506,039	2,106,060
山东	753,894	5,255,876	72,403,562	96.04	13.78	770,555	6,759,675
山西	595,444	4,072,127	41,864,248	70.31	10.28	575,249	4,360,476
河南	315,617	1,912,542	144,946,982	459.25	75.81	436,843	2,614,398
陕西	294,526	2,316,569	31,525,175	107.04	13.61	306,644	3,912,370
四川	215,719	1,466,778	11,203,256	51.93	7.64	253,803	2,598,460
广东	675,599	3,007,932	23,734,056	35.13	7.89	467,390	1,817,384
广西	211,263	1,482,671	10,240,390	48.47	6.91	459,640	1,676,274
云南	59,576	259,270	—	—	—	15,950	125,955
贵州	—	—	—	—	—	43,367	258,693
合计	8,405,164	47,863,279	665,584,965	79.18	13.91	7,207,103	41,867,102

资料来源　根据甲编表 69 及本编表 30 作。

编者注　＊田地数系弘治 15 年的记录。

4 年* (1491 年)			万历 6 年(1578 年)				
田地(亩)	每户平均田地(亩)	每口平均田地(亩)	户	口	田地(亩)	每户平均田地(亩)	每口平均田地(亩)
891,963	63.30	12.84	18,377	84,851	908,923	49.46	10.71
1,624,383	55.13	9.35	33,262	176,085	1,287,053	38.70	7.31
2,189,066	47.53	3.61	46,609	543,476	2,190,531	47.00	4.03
1,540,430	34.20	12.05	45,296	221,053	2,167,245	47.85	9.80
3,001,223	86.03	8.47	37,841	345,766	2,016,716	53.29	5.83
291,284	60.18	5.86	6,717	67,277	280,996	41.84	4.18
1,189,170	159.62	17.74	8,800	104,960	621,580	70.64	5.92
81,018,040	53.59	10.15	2,069,067	10,502,651	77,394,672	37.41	7.37
47,234,272	31.42	8.90	1,542,408	5,153,005	46,696,982	30.28	9.06
40,235,247	29.51	6.14	1,341,005	5,859,026	40,115,127	29.91	6.85
223,612,847	442.91	59.13	541,310	4,398,785	221,619,940	409.41	50.38
13,516,618	26.71	6.42	515,307	1,738,793	13,422,501	26.05	7.72
54,292,938	70.46	8.03	1,372,206	5,664,099	61,749,900	45.00	10.90
39,080,934	67.94	8.96	596,097	5,319,359	36,803,927	61.74	6.92
41,609,969	95.25	15.91	633,067	5,193,602	74,157,952	117.14	14.28
26,066,282	85.01	6.66	394,423	4,502,067	29,292,385	74.27	6.51
10,786,963	42.50	4.15	262,694	3,102,073	13,482,767	51.33	4.35
7,232,446	15.47	3.98	530,712	2,040,655	25,686,514	48.40	12.58
10,784,802	23.46	6.43	218,712	1,186,179	9,402,075	43.00	7.93
363,135	22.77	2.88	135,560	1,476,692	1,799,359	13.27	1.22
—	—	—	43,405	290,972	516,686	11.90	1.78
514,816,453	71.43	12.29	8,126,906	45,925,307	574,746,115	70.72	12.52

乙表 33　明洪武、弘治、万历三朝各区田地占其总数的百分比

直隶府州及布政使司别	洪武 26 年(%)	弘治 15 年(%)	万历 6 年(%)
总计	100.00	100.00	100.00
北直隶府州			
顺天府		1.10	1.42
永平府		0.24	0.26
保定府		0.57	1.38
河间府		0.39	1.18
真定府		0.63	1.46
顺德府		0.22	0.20
广平府		0.32	0.29
大名府		0.83	0.80
延庆州		0.02	0.02
保安州		0.01	0.01
合计	6.85	4.33	7.02
南直隶府州			
应天府	0.85	1.12	0.99
苏州府	1.16	2.49	1.33
松江府	0.60	0.76	0.61
常州府	0.94	0.99	0.92
镇江府	0.45	0.53	0.48
庐州府	0.19	0.41	0.98
凤阳府	4.91	0.98	0.86
淮安府	2.27	1.63	1.87
扬州府	0.50	1.00	0.87
徽州府	0.42	0.41	0.36
宁国府	0.91	0.97	0.43
池州府	0.27	0.14	0.13
太平府	0.43	0.26	0.18
安庆府	0.25	0.35	0.31
广德州	0.35	0.25	0.30
徐州	0.33	0.48	0.29
滁州	0.04	0.05	0.04
和州	0.05	0.19	0.09
合计	14.92	13.01	11.04
十三布政使司			
浙江	6.08	7.58	6.66

直隶府州及布政使司别	洪武 26 年(%)	弘治 15 年(%)	万历 6 年(%)
江西	5.07	6.46	5.72
湖广	25.88	35.90	31.59
福建	1.72	2.17	1.91
山东	8.51	8.73	8.80
山西	4.92	6.27	5.25
河南	17.04	6.68	10.57
陕西	3.70	4.19	4.18
四川	1.32	1.73	1.93
广东	2.79	1.16	3.66
广西	1.20	1.73	1.34
云南	—	0.06	0.26
贵州	—	—	0.07
合计	78.23	82.66	81.94

资料来源　根据本编表 30 作。

乙表 34　明洪武、弘治、万历三朝分区田地数的升降百分比

(以洪武 26 年作 100)

直隶府州及布政使司别	洪武 26 年(%)	弘治 15 年(%)	万历 6 年(%)
总计	100.00	73.21	82.44
北直隶府州	100.00	46.30	84.56
南直隶府州	100.00	63.83	60.98
应天府	100.00	96.25	95.47
苏州府	100.00	157.60	94.37
松江府	100.00	91.88	82.76
常州府	100.00	77.48	80.59
镇江府	100.00	85.10	87.94
庐州府	100.00	156.75	421.53
凤阳府	100.00	14.67	14.42
淮安府	100.00	52.28	67.67
扬州府	100.00	145.67	142.83

(乙表 34 续)

直隶府州及布政使司别	洪武 26 年(%)	弘治 15 年(%)	万历 6 年(%)
徽州府	100.00	71.51	72.07
宁国府	100.00	78.28	39.13
池州府	100.00	39.05	39.79
太平府	100.00	44.86	35.54
安庆府	100.00	104.10	104.17
广德府	100.00	51.27	72.13
徐州	100.00	105.89	71.16
滁州	100.00	92.46	89.19
和州	100.00	279.65	146.18
十三布政使司	100.00	77.35	86.35
浙江	100.00	91.35	90.31
江西	100.00	93.31	93.03
湖广	100.00	101.54	100.64
福建	100.00	92.42	91.77
山东	100.00	74.99	85.29
山西	100.00	93.35	87.91
河南	100.00	28.71	51.16
陕西	100.00	82.68	92.92
四川	100.00	96.28	120.35
广东	100.00	30.47	108.23
广西	100.00	105.32	91.81
云南	*	*	*
贵州	*	*	*

资料来源 根据本编表 30 作。

编者注 *洪武时云南布政使司田土数不详,贵州布政使司至弘治年间仍无丈量项亩,所以该两布政使司的升降百分比无法计算。

乙表 35　明洪武、弘治、万历三朝分区实征麦米数 ＊

直隶府州及	麦	（石）		米	（石）	
布政使司别	洪武 26 年	弘治 15 年	万历 6 年	洪武 26 年	弘治 15 年	万历 6 年
总计	4,712,900	4,625,594	4,605,243	24,729,450	22,166,666	22,033,171
北直隶府州	353,280	179,524	178,642	817,240	422,107	419,986
顺天府	—	19,603	18,803	—	47,134	45,205
永平府	—	9,996	9,996	—	23,353	23,353
保定府	—	18,794	18,794	—	42,980	42,980
河间府	—	19,801	19,718	—	46,281	46,087
真定府	—	34,733	34,733	—	82,347	82,349
顺德府	—	12,537	12,538	—	30,461	30,461
广平府	—	17,842	17,842	—	41,480	41,480
大名府	—	44,096	44,096	—	103,081	103,081
隆庆州	—	1,714	1,714	—	3,937	3,937
保安州	—	408	408	—	1,053	1,053
南直隶府州	990,441	942,303	943,707	6,244,379	4,999,952	5,068,154
应天府	11,260	11,654	11,655	320,616	215,160	215,160
苏州府	63,500	53,664	53,665	2,746,990	2,038,323	2,038,895
松江府	107,496	92,259	92,260	1,112,400	939,226	939,226
常州府	119,320	154,387	154,393	533,515	606,954	606,954
镇江府	80,896	54,959	54,959	243,750	134,877	143,252
庐州府	15,830	9,872	9,885	75,360	66,837	67,046
凤阳府	93,315	99,359	99,837	137,160	113,509	113,503
淮安府	201,220	228,872	228,872	153,490	166,424	166,424
扬州府	57,710	39,922	39,926	240,096	206,604	206,604
徽州府	48,750	51,499	51,785	116,654	120,134	120,602
宁国府	62,610	29,052	29,061	182,050	74,263	74,192
池州府	17,016	6,825	6,906	111,945	61,373	62,154

(乙表 35 续)

直隶府州及布政使司别	麦　（石）			米　（石）		
	洪武 26 年	弘治 15 年	万历 6 年	洪武 26 年	弘治 15 年	万历 6 年
太平府	21,390	16,277	16,753	46,290	33,637	91,419
安庆府	19,478	18,909	18,909	112,158	112,863	112,863
广德州	6,070	3,632	3,636	24,500	14,066	14,066
徐州	62,300	67,158	67,158	79,340	79,858	79,858
滁州	1,405	2,578	2,611	4,106	5,893	5,985
和州	875	1,425	1,436	3,959	9,951	9,951
十三布政使司	3,369,179	3,503,765	3,482,889	17,667,831	16,744,609	16,545,032
浙江	85,520	152,773	152,864	2,667,207	2,357,527	2,369,764
江西	79,050	87,636	88,072	2,585,256	2,528,270	2,528,270
湖广	138,766	131,400	131,976	2,323,670	2,036,102	2,030,208
福建	665	707	707	977,420	850,448	850,448
山东	773,297	855,246	855,172	1,805,620	1,995,881	1,995,765
山西	707,367	578,890	591,951	2,093,570	1,695,133	1,722,851
河南	556,059	618,645	617,323	1,642,850	1,769,132	1,763,437
陕西	676,986	725,797	690,747	1,236,178	1,203,261	1,044,943
四川	325,550	309,594	309,892	741,278	717,078	718,653
广东	5,320	5,978	6,123	1,044,078	1,010,786	993,825
广西	1,869	3,391	2,495	492,355	426,636	369,203
云南	18,730	33,708	35,567	58,349	106,913	107,123
贵州	—	—	—	—	47,442	50,542

资料来源　明《万历会典》卷 24—25《户部》11—12《税粮》1—2。

编者注　《明书》卷 68《志》第 12《赋役志》记有洪武、弘治、万历三朝的税粮数，其中关于麦、米的数额（只有总计，无各地区的分计数）与本表所引《万历会典》的数字同。但《明书》所记的年份除"国初洪武 26 年"亦是相同的以外，其他两年则作："中叶弘治 16 年"及"末年万历中"，与《会典》年份稍异。

乙表 36　明洪武、弘治、万历三朝分区平均亩田征粮额

南北直隶府及布政使司别	洪武 26 年(1393 年)			弘治 15 年(1502 年)			万历 6 年(1578 年)		
	田地（亩）	米麦（石）	每亩平均米麦数（升）	田地（亩）	米麦（石）	每亩平均米麦数（升）	田地（亩）	米麦（石）	每亩平均米麦数（升）
总计	850,762,368①	29,442,350	3.46	622,805,881②	26,792,260	4.30	701,397,628②	26,638,414	3.80
北直隶府州									
顺天府				6,872,014	66,737	0.97	9,958,300	64,008	0.64
永平府				1,484,458	33,349	2.25	1,833,947	33,349	1.82
保定府				3,552,951	61,774	1.74	9,709,551	61,774	0.64
河间府				2,422,072	66,082	2.73	8,287,220	65,805	0.79
真定府				3,898,065	117,080	3.00	10,267,506	117,082	1.14
顺德府				1,382,256	42,998	3.11	1,420,405	42,999	3.03
广平府				2,023,814	59,322	2.93	2,023,839	59,322	2.93
大名府				5,199,363	147,177	2.83	5,619,661	147,177	2.62
延庆州				105,942	5,651	5.33	105,942	5,651	5.33
保安州				30,458	1,461	4.80	30,473	1,461	4.79
合计	58,249,951①	1,170,520①	2.01	26,971,393	601,631	2.23	49,256,844	598,628	1.22
南直隶府州									
应天府	7,270,125	331,876	4.56	6,997,408	226,814	3.24	6,940,514	226,815	3.27
苏州府	9,850,671	2,810,490	28.53	15,524,998	2,091,987	13.48	9,295,951	2,092,560	22.51
松江府	5,132,290	1,219,896	23.77	4,715,662	1,031,485	21.87	4,247,703	1,031,486	24.29

（乙表 36 续）

南北直隶及布政使司别	洪武 26 年(1393 年)			弘治 15 年(1502 年)			万历 6 年(1578 年)		
	田地(亩)	米麦(石)	每亩平均麦数(升)	田地(亩)	米麦(石)	每亩平均麦数(升)	田地(亩)	米麦(石)	每亩平均麦数(升)
常州府	7,973,188	652,835	8.19	6,177,776	761,341	12.32	6,425,595	761,347	11.85
镇江府	3,845,270	324,646	8.44	3,272,235	189,836	5.80	3,381,714	198,211	5.86
庐州府	1,622,399	91,190	5.62	2,543,046	76,709	3.02	6,838,911	76,931	1.12
凤阳府	41,749,390	230,475	0.55	6,126,267	212,868	3.47	6,019,197	213,340	3.54
淮安府	19,333,025	354,710	1.83	10,107,373	395,296	3.91	13,082,637	395,296	3.02
扬州府	4,276,734	297,806	6.96	6,229,707	246,526	3.96	6,108,500	246,530	4.03
徽州府	3,534,977	165,404	4.68	2,527,752	171,633	6.79	2,547,828	172,387	6.77
宁国府	7,751,611	244,660	3.16	6,068,297	103,315	1.70	3,033,078	103,253	3.40
池州府	2,284,445	128,961	5.65	891,963	68,198	7.65	908,923	69,060	7.60
太平府	3,621,179	67,680	1.87	1,624,383	49,914	3.07	1,287,053	108,172	8.40
安庆府	2,102,937①	131,636	6.26	2,189,066	131,772	6.02	2,190,531	131,772	6.02
广德州	3,004,784	30,570	1.02	1,540,430	17,698	1.15	2,167,245	17,702	0.82
徐州	2,834,154	141,640	5.00	3,001,223	147,016	4.90	2,016,716	147,016	7.29
滁州	315,045	5,511	1.75	291,284	8,471	2.91	280,996	8,596	3.06
和州	425,228	4,834	1.14	1,189,170	11,376	0.96	621,580	11,387	1.83
合计	126,927,452	7,234,820	5.70	81,018,040	5,942,255	7.33	77,394,672	6,011,861	7.77
十三布政使司									
浙江	51,705,151	2,752,727	5.32	47,234,272	2,510,300	5.31	46,696,982	2,522,628	5.40

（乙表36续）

南北直隶及布政使司别	洪武26年（1393年）			弘治15年（1502年）			万历6年（1578年）		
	田地（亩）	米麦（石）	每亩平均米麦数（升）	田地（亩）	米麦（石）	每亩平均米麦数（升）	田地（亩）	米麦（石）	每亩平均米麦数（升）
江西	43,118,601	2,664,306	6.18	40,235,247	2,615,906	6.50	40,115,127	2,616,342	6.52
湖广	220,217,575	2,462,436	1.12	223,612,847	2,167,502	0.97	221,619,940	2,162,184	0.98
福建	14,625,969	978,085	6.69	13,516,618	851,155	6.30	13,422,501	851,155	6.34
山东	72,403,562	2,578,917	3.56	54,292,938	2,851,127	5.25	61,749,900	2,850,937	4.62
山西	41,864,248	2,800,937	6.69	39,080,934	2,274,023	5.82	36,803,927	2,314,802	6.29
河南	144,946,982	2,198,909	1.52	41,609,969	2,387,777	5.74	74,157,952	2,380,760	3.21
陕西	31,525,175	1,913,164	6.07	26,066,282	1,929,058	7.40	29,292,385	1,735,690	5.93
四川	11,203,256	1,066,828	9.52	10,786,963	1,026,672	9.52	13,482,767	1,028,545	7.63
广东	23,734,056	1,049,398	4.42	7,232,446	1,016,764	14.06	25,686,514	999,948	3.89
广西	10,240,390	494,224	4.83	10,784,802	430,027	3.99	9,402,075	371,698	3.95
云南	④	77,079		363,135	140,621	38.72	1,799,359	142,690	7.93
贵州	⑤	⑤		⑥	47,442⑦		516,686⑧	50,542⑦	9.78
合计	665,584,965	21,037,010	3.16	514,816,458	20,248,374	3.93	574,746,115	20,027,921	3.48

资料来源　田地亩数根据《皇明制书诸司职掌户部民科州县民科田土》所载；米麦数根据《万历会典》卷17《户部》4《田土》、表24—25《户部》11—12《税粮》1—2。

编者注　①与《户部》4《田土》所载数据同书表24—25《户部》11—12《税粮》米麦数据有出入（参看乙表30注①）。

②参看乙表30注①。

③永乐19年始建都北京，洪武时北直隶府州原名北平布政使司，故但有布政使司而无各府州分计之数。

④原文作"云南布政使司田土原无数目"。

⑤贵州布政使司，洪武时尚未成立，至永乐11年（1413年）始置。

⑥原文作"贵州布政使司田土自来原无大量项亩,每岁该纳粮差,俱于土官名下总行认纳,如洪武年间例"。

⑦仅系未数。

⑧原文作"贵州布政使司田土,除思南、石阡、铜仁、黎平等府、贵州宣慰司、清平凯里安抚司额无项亩外,贵阳府、平伐长官司、思州、龙里、新添、平越三军民卫,共五千一百六十六项八十六亩三分零"。

乙表 37　明洪武、弘治、万历三朝分区实征麦米数占其总数的百分比

直隶府州及布政使司别	麦（%）			米（%）		
	洪武 26 年	弘治 15 年	万历 6 年	洪武 26 年	弘治 15 年	万历 6 年
总计	100.00	100.00	100.00	100.00	100.00	100.00
北直隶府州	7.50	3.89	3.88	3.30	1.90	1.91
顺天府	—	0.42	0.41	—	0.21	0.21
永平府	—	0.22	0.22	—	0.11	0.11
保定府	—	0.41	0.41	—	0.19	0.19
河间府	—	0.43	0.43	—	0.21	0.21
真定府	—	0.75	0.75	—	0.37	0.37
顺德府	—	0.27	0.27	—	0.14	0.14
广平府	—	0.39	0.39	—	0.19	0.19
大名府	—	0.95	0.95	—	0.46	0.47
隆庆州	—	0.04	0.04	—	0.02	0.02
保安州	—	0.01	0.01	—	*	*
南直隶府州	21.01	20.37	20.49	25.26	22.56	23.00
应天府	0.24	0.25	0.25	1.30	0.97	0.98
苏州府	1.35	1.16	1.17	11.11	9.20	9.25
松江府	2.28	1.99	2.00	4.50	4.24	4.26
常州府	2.53	3.34	3.35	2.16	2.74	2.75
镇江府	1.72	1.19	1.19	0.99	0.61	0.65
庐州府	0.34	0.21	0.21	0.30	0.30	0.30
凤阳府	1.98	2.15	2.17	0.55	0.51	0.52
淮安府	4.27	4.95	4.97	0.62	0.75	0.76
扬州府	1.22	0.86	0.87	0.97	0.93	0.94
徽州府	1.03	1.11	1.12	0.47	0.54	0.55
宁国府	1.33	0.63	0.63	0.74	0.34	0.34
池州府	0.36	0.15	0.15	0.45	0.28	0.28
太平府	0.45	0.35	0.37	0.19	0.15	0.41
安庆府	0.41	0.41	0.41	0.45	0.51	0.51
广德州	0.13	0.08	0.08	0.10	0.06	0.06
徐州	1.32	1.45	1.46	0.32	0.36	0.36
滁州	0.03	0.06	0.06	0.02	0.03	0.03
和州	0.02	0.03	0.03	0.02	0.04	0.05
十三布政使司	71.49	75.74	75.63	71.44	75.54	75.09
浙江	1.81	3.31	3.32	10.79	10.64	10.76
江西	1.68	1.89	1.91	10.45	11.41	11.47

直隶府州及	麦(%)			米(%)		
布政使司别	洪武 26 年	弘治 15 年	万历 6 年	洪武 26 年	弘治 15 年	万历 6 年
湖广	2.94	2.84	2.87	9.40	9.19	9.21
福建	0.01	0.02	0.02	3.95	3.84	3.86
山东	16.41	18.49	18.57	7.30	9.00	9.06
山西	15.02	12.51	12.85	8.47	7.65	7.82
河南	11.80	13.37	13.40	6.64	7.98	8.00
陕西	14.36	15.69	15.01	5.00	5.43	4.74
四川	6.91	6.69	6.73	3.00	3.23	3.26
广东	0.11	0.13	0.13	4.22	4.56	4.51
广西	0.04	0.07	0.05	1.99	1.92	1.68
云南	0.40	0.73	0.77	0.24	0.48	0.49
贵州	—	—	—	—	0.21	0.23

资料来源　根据本编表 35 作。

编者注　* 数值在 0.005 以下。

乙表 38　明洪武、弘治、万历三朝分区实征麦米数的升降百分比

（以洪武 26 年作 100）

直隶府州及	麦数升降百分比(%)			米数升降百分比(%)		
布政使司别	洪武 26 年	弘治 15 年	万历 6 年	洪武 26 年	弘治 15 年	万历 6 年
总计	100.00	98.15	97.72	100.00	89.64	89.10
北直隶府州	100.00	50.82	50.57	100.00	51.65	51.39
南直隶府州	100.00	95.14	95.28	100.00	80.07	81.16
应天府	100.00	103.50	103.46	100.00	67.11	67.11
苏州府	100.00	84.51	84.51	100.00	74.20	74.22
松江府	100.00	85.83	85.83	100.00	84.43	84.43
常州府	100.00	129.39	129.39	100.00	113.77	113.77
镇江府	100.00	67.94	67.94	100.00	55.33	58.77
庐州府	100.00	62.36	62.44	100.00	88.69	88.97
凤阳府	100.00	106.48	106.99	100.00	82.76	82.75
淮安府	100.00	113.74	113.74	100.00	108.43	108.43
扬州府	100.00	69.18	69.18	100.00	86.05	86.05
徽州府	100.00	105.64	106.23	100.00	102.98	103.38
宁国府	100.00	46.40	46.42	100.00	40.79	40.75

（乙表 38 续）

直隶府州及	麦数升降百分比（%）			米数升降百分比（%）		
布政使司别	洪武 26 年	弘治 15 年	万历 6 年	洪武 26 年	弘治 15 年	万历 6 年
池州府	100.00	40.11	40.59	100.00	54.82	55.52
太平府	100.00	76.10	78.32	100.00	72.67	197.49
安庆府	100.00	97.08	97.08	100.00	100.63	100.63
广德州	100.00	59.84	59.90	100.00	57.41	57.41
徐州	100.00	107.80	107.80	100.00	100.65	100.65
滁州	100.00	183.49	185.84	100.00	143.52	145.76
和州	100.00	162.86	164.11	100.00	251.35	251.35
十三布政使司	100.00	103.99	103.38	100.00	94.77	93.64
浙江	100.00	172.59	178.75	100.00	88.39	88.85
江西	100.00	110.86	111.41	100.00	97.80	97.80
湖广	100.00	94.69	95.11	100.00	87.62	87.37
福建	100.00	106.32	106.32	100.00	87.01	87.01
山东	100.00	110.60	110.59	100.00	110.54	110.53
山西	100.00	81.84	83.68	100.00	80.97	82.29
河南	100.00	111.26	111.02	100.00	107.69	107.34
陕西	100.00	107.21	102.03	100.00	97.34	84.53
四川	100.00	95.10	95.19	100.00	96.74	96.95
广东	100.00	112.37	115.09	100.00	96.81	95.19
广西	100.00	181.43	133.49	100.00	86.65	74.99
云南	100.00	179.97	189.89	100.00	183.23	183.59
贵州	—	—	—	—	—	—

资料来源　根据本编表 35 作。

乙表 39　明洪武二十六年分区实征税粮数

（公元 1393 年）

直隶府州及	夏税			秋粮		
布政使司别	麦*（石）	钱钞（锭）	绢（匹）	米（石）	钱钞（锭）	绢（匹）
总计	4,712,900	39,800	288,487	24,729,450	5,730	59
十三布政使司	3,722,459	39,800	255,488	18,485,071	86	59
浙江	85,520	20,690	139,140	2,667,207	86	59
江西	79,050	6,450	15,477	2,585,256	—	—
湖广	138,766	—	26,478	2,323,670	—	—

(乙表 39 续)

直隶府州及 布政使司别	夏税			秋粮		
	麦*（石）	钱钞（锭）	绢（匹）	米（石）	钱钞（锭）	绢（匹）
福建	665	12,705	273	977,420	—	—
山东	773,297	—	23,932	1,805,620	—	—
山西	707,367	—	—	2,093,570	—	—
河南	556,059	—	17,226	1,642,850	—	—
陕西	676,986	—	—	1,236,178	—	—
四川	325,550	—	—	741,278	—	—
广东	5,320	—	—	1,044,078	—	—
广西	1,869	—	—	492,355	—	—
云南	18,730	—	—	58,349	—	—
北平	353,280	—	32,962	817,240	—	—
直隶府州	990,441	—	32,999	6,244,379	5,644	—
应天府	11,260	—	1,406	320,616	—	—
苏州府	63,500	—	14,157	2,746,990	2,321	—
松江府	107,496	—	666	1,112,400	3,072	—
常州府	119,320	—	1,394	533,515	—	—
镇江府	80,896	—	357	243,750	—	—
庐州府	15,830	—	—	75,360	—	—
凤阳府	93,315	—	1,447	137,160	—	—
淮安府	201,220	—	—	153,490	—	—
扬州府	57,710	—	—	240,096	251	—
徽州府	48,750	—	9,718	116,654	—	—
宁国府	62,610	—	311	182,050	—	—
池州府	17,016	—	27	111,945	—	—
太平府	21,390	—	217	46,290	—	—
安庆府	19,478	—	—	112,158	—	—
广德州	6,070	—	157	24,500	—	—
徐州	62,300	—	3,142	79,340	—	—
滁州	1,405	—	—	4,106	—	—
和州	875	—	—	3,959	—	—

资料来源　《明会典》卷 24《户部》11《会计》1《天下粮草等项税粮》1。

编者注　　＊除江西为米，湖广为米麦外，余皆为麦。

乙表 40 明弘治十五年分区官、民田数及其百分比

(公元 1502 年)

直隶府州及布政使司别	官田(亩)	民田(亩)	官民田共计(亩)	官田(%)	民田(%)
总计*	59,845,692	362,960,197	422,805,889	14.15	85.85
北直隶					
顺天府	83,556	6,788,458	6,872,014	1.22	98.78
永平府	10,069	1,474,389	1,484,458	0.68	99.32
保定府	40,862	3,512,089	3,552,951	1.15	98.85
河间府	12,936	2,409,136	2,422,072	0.53	99.47
真定府	51,004	3,847,062	3,898,066	1.31	98.69
顺德府	7,922	1,374,334	1,382,256	0.57	99.43
广平府	11,689	2,012,125	2,023,814	0.58	99.42
大名府	5,173,962	25,400	5,199,362	99.51	0.49
延庆州	—	105,942	105,942	—	100.00
保安州	—	30,458	30,458	—	100.00
合计	5,392,000	21,579,393	26,971,393	19.99	80.01
南直隶					
应天府	1,996,439	5,000,969	6,997,408	28.53	71.47
苏州府	9,778,635	5,746,362	15,524,997	62.99	37.01
松江府	3,985,634	730,028	4,715,662	84.52	15.48
常州府	904,156	5,273,620	6,177,776	14.64	85.36
镇江府	1,035,686	2,236,549	3,272,235	31.65	68.35
庐州府	56,876	2,486,170	2,543,046	2.24	97.76
凤阳府	158,556	5,967,711	6,126,267	2.59	97.41
淮安府	503,986	9,603,387	10,107,373	4.99	95.01
扬州府	793,457	5,436,250	6,229,707	12.74	87.26
徽州府	82,157	2,445,595	2,527,752	3.25	96.75
宁国府	977,188	5,091,109	6,068,297	16.10	83.90
池州府	182,357	709,606	891,963	20.44	79.56
太平府	445,563	1,178,820	1,624,383	27.43	72.57

直隶府州及布政使司别	官田(亩)	民田(亩)	官民田共计(亩)	官田(%)	民田(%)
安庆府	49,762	2,139,304	2,189,066	2.27	97.73
广德州	103,936	1,436,494	1,540,430	6.75	93.25
徐州	20,335	2,980,888	3,001,223	0.68	99.32
滁州	24,066	267,228	291,294	8.26	91.74
和州	604,813	584,356	1,189,169	50.86	49.14
合计	21,703,602	59,314,446	81,018,048	26.79	73.21
十三布政使司					
浙江	5,478,194	41,756,078	47,234,272	11.60	88.40
江西	2,687,043	37,548,204	40,235,247	6.68	93.32
湖广	18,589,624	5,023,223	23,612,847	78.73	21.27
福建	1,129,085	12,387,533	13,516,618	8.35	91.65
山东	289,290	54,003,647	54,292,937	0.53	99.47
山西	1,195,792	37,885,142	39,080,934	3.06	96.94
河南	380,446	41,229,522	41,609,968	0.91	99.09
陕西	686,295	25,379,987	26,066,282	2.63	97.37
四川	213,412	10,573,550	10,786,962	1.98	98.02
广东	1,796,196	5,436,250	7,232,446	24.84	75.16
广西	284,154	10,500,647	10,784,801	2.63	97.37
云南	20,556	342,579	363,135	5.66	94.34
贵州	△	△	△		
合计	32,750,087	282,066,362	314,816,449	10.40	89.60

资料来源　据弘治修《大明会典》(正德初刻本,及万历重刻本)卷 17《户部田土》作(原文具载顷、亩、分、厘、毫、丝、忽之数,本表亩以下之数值四舍五入)。按万历初年重修之《大明会典》已将此文删去。

编者注　*此总计数系《会典》原记数,非分计相加之和,如依后者来计算,则应得的总数如下:官田 59,845,689 亩,民田 362,960,201 亩,官民田共计 422,805,890 亩。

　　　　　△原文作"田土自来原无丈量顷亩,每岁该纳粮差,俱于土官名下总行认纳,如洪武年间例"。

乙表 41　明嘉靖初年分区户口、钱粮数

（公元 1522—1529 年）

			钱粮									钞	
直隶及布政使司别	户	口	夏秋二税米麦共（石）	丝①（斤）	绢（匹）	麻布（匹）	洞蛮麻布②（条）	苎（斤）	布（匹）	丝棉（斤）	棉花（斤）	（贯）	（锭）
总计	9,351,965	58,517,738	26,906,231	214,909	206,198	2,077	259	65	130,870	318	246,562	184	81,025
北直隶	418,789	3,413,254	601,152	224	45,135	2,077	—	—	—	—	103,748	9	—
南直隶	1,962,818	9,967,439	5,995,340	6,869③	38,452	—	—	—	—	—	—	—	8,770
十二布政使司	6,970,358	45,137,045*	20,309,739*	207,816	122,611	—	259	65	130,870	318	142,814	175	72,255
浙江	1,242,135	4,525,471	2,510,299	169,017⑤	3,574	—	—	—	9	—	—	—	51,293
江西	1,363,629	6,549,800	2,616,006	8,203	11,516	—	—	—	1,341	—	—	—	9,979
湖广	531,686	4,233,590	2,167,559④	—	27,977	—	—	—	750	—	—	175	—
福建	509,200	2,082,677	883,115	2,110	600	—	—	65	—	12③	—	—	10,779
山东	770,550	6,759,675	2,851,119	—	54,990	—	—	—	—	—	52,449	—	—
山西	589,959	5,084,015	2,274,022	50	4,777	—	—	—	—	—	—	—	—
河南	589,296	5,166,107	2,414,477	22,103③	9,959	—	—	—	—	—	342	—	—
陕西	362,051	3,934,176	1,929,057	—	9,218	—	—	—	128,770	306	17,172	—	—
四川	164,119	2,104,270	1,026,669	6,333	—	—	—	—	—	—	—	—	—
广东	483,380	1,978,022	1,017,772	—	—	—	—	—	—	—	72,851	—	—
广西	186,090	1,045,767	431,359	—	—	—	—	—	—	—	—	—	204
云南	132,958	1,433,110	140,588	—	—	—	259	—	—	—	—	—	—
贵州	45,305	231,365	47,667	—	—	—	—	—	—	—	—	—	—

资料来源　根据黄训《皇明名臣经济录》卷12,页1—18,引桂萼等《各直隶府州布政使司图叙》作。按《图叙》表上于嘉靖8年(公元1529年)。

编者注　※表中系明书所记数。十三布政司数,其余各省全为丝。

①浙江数内有丝棉,其余各省全为丝。　②原文作"洞蛮席布","席"字据《大明会典》诸书的相关记载核之,应为"麻"字。表中已更正。　③原文作两数,今折合成斤数。　④内有豆及芝麻。

附记　明陈全之《蓬窗日录》卷3《世务》1《户口》云:

"我朝洪武之兴,当元乱残毁之后,户口尚耗,至嘉靖中,户9,351,907、口58,557,738,亦可谓盛矣。然今制军、匠等户不分析(析),民间口之入籍者十漏六七。"

与表内"总计户、口数"比较,口数差4万,户数仅差58户。

值得注意的是,《日录》指出明代嘉靖时民户口漏籍的情况很严重。关于军户、匠户,匠户的户籍登记制度,《日录》说得不够明确。根据现存明代黄册和一些县志的户口记载来看,明代军、匠户虽与民户各隶籍不同,但均计入地方户口的总数内。《日录》所说"军、匠户不分析(析)",系指:当时州县造册,对于军、匠户只按旧籍原额登记,而不管这些户的人口已有增加,或父子兄弟析居者的情况,法律之所以有如此的规定,其目的在于保证军、匠户数之不至减少,同时也造成了册籍户数的意漏报得多的现象;它与民户之有意漏报户口低得多的情况是不相同的。

乙表 42 明嘉靖中年后分区里数及户口、田赋数

直隶及布政使司别	里	户	口	米 麦（石）
总计*	69,556	9,352,015	58,550,800+	26,085,916
北直隶	3,200+	418,789	3,413,154	601,152
南直隶	13,743	1,962,818	9,967,439	5,995,034
山东	6,400	770,555	6,759,675	2,851,119①
山西	4,440②	589,999	5,084,015	2,274,022②
河南	3,880.5	589,296	5,106,117	2,414,477
陕西	3,597	363,027	3,934,176	1,929,057
四川	1,250	164,1□9③	2,104,270	1,206,660③
湖广	3,476.5④	531,686	4,525,590	2,167,599⑤
江西	9,956.5	1,583,097	7,925,185	2,616,414⑥
浙江	10,899	1,242,135	4,525,471	2,510,299⑦
福建	3,797	509,300	3,082,877	883,115⑧
广东	4,028	483,380	1,978,022	1,017,771⑨
广西	1,182.5⑩	186,090	1,054,767	431,359⑩
云南	624	132,959	1,433,100	140,588⑪
贵州	7,009⑫	148,957⑫	512,289⑫	148,948⑫

资料来源 据顾祖禹《舆图要览》卷1—2作。原书卷1《舆地总图》记云："以上系嘉靖30年(1551年)十月前数。"

按明郑晓《皇明地理述》上下卷(是书成于嘉靖43年[1564年]，我们根据的是万历26年[1598年]重梓本)所记明南、北直隶及十三布政使司的户、口数及田赋数，基本与本表数字相同，但郑书不录千位以下的细数；又其中有个别数字与本表出入颇大者，则为立注说明之。

又顾祖禹《读史方舆纪要》(卷9、10、19、30、39、46、52、66、75、83、89、95、100、106、113、120)亦记有总计数、南、北直隶及十三布政使司的里数及米麦数，其中有

些数字与《舆图要览》所记颇有出入。根据《纪要》卷9，知该书所记为嘉靖末年情况，兹亦据以与《要览》作校对，并作注说明。

编者注　*这是原书(《舆图要览》，下同)所记总数。如据各地区分计数相加，所得为：里 78,483，户 9,676,187，口 61,406,147，米麦 27,187,614。

①《纪要》卷30作"2,850,953$^+$ 石"。　　②《纪要》卷39，里数作"4,400$^+$"；米麦数作"2,314,800$^+$ 石"。　　③原书户数作"一十六万四千一百□十九"，脱一字，今姑以"□"代入。《皇明地理述》所记户数作"1,164,000"，则每户平均不到2口，与明代情况不符，当系讹误。又《纪要》卷66所记米麦数作"1,028,550$^+$ 石"。　　④《纪要》卷75作"3,480$^+$"。　　⑤原书记明系"米、麦、豆、芝麻"数。又《纪要》卷75作"2,200,000$^+$ 石"。　　⑥原书记云："米麦 88,059 石 5 升 8 合 3 勺；秋粮官民米 2,528,355 石 8 斗 2 升。"又《纪要》卷83作"2,616,369$^+$ 石"。　　⑦《纪要》卷89作"2,522,827$^+$ 石"。　　⑧《纪要》卷95作"883,725$^+$ 石"。　　⑨《纪要》卷100作"1,017,772$^+$ 石"。　　⑩《纪要》卷106，里数作"1,183"；米麦数作"431,360$^+$ 石"。　　⑪《纪要》卷113作"140,589$^+$ 石"。　　⑫贵州里数、户口数及米麦数，《舆图要览》所记与其他两书出入甚大，兹将该两书所记贵州数字列下：

	里	户	口	米麦(石)
《皇明地理述》	—	45,000	231,000	47,000
《读史方舆纪要》	79	—	—	30,700

乙表 43　明天顺年间各府州粮额数

直隶府州及布政使司别	粮（石）	直隶府州及布政使司别	粮（石）	直隶府州及布政使司别	粮（石）
总计	26,560,220	衢州府	92,200	福建布政使司	
北直隶府州		处州府	64,000	福州府	166,000
顺天府	14,000	绍兴府	338,900	泉州府	109,000
永平府	45,000	宁波府	174,400	建宁府	163,000
保定府	11,000①	台州府	125,800	延平府	86,000
河间府	65,000	温州府	105,100	汀州府	33,780
真定府	117,000	合计	2,407,600	兴化府	60,000
顺德府	42,000	江西布政使司		邵武府	63,000
广平府	59,000	南昌府	500,000	漳州府	116,000
大名府	148,000	饶州府	213,000	福宁州	28,500
延庆州	3,900	广信府	133,000	合计	825,280
保安州	1,800	南康府	70,000	山东布政使司	
合计	506,700	建昌府	100,000	济南府	851,600
南直隶府州		抚州府	310,000	兖州府	450,300
应天府	205,600	临江府	230,000	东昌府	318,500
苏州府	2,502,900	吉安府	440,000	青州府	670,000
松江府	959,000	瑞州府	225,000	登州府	236,000
常州府	764,000	袁州府	230,000	莱州府	323,100
镇江府	315,000	赣州府	70,000	合计	2,849,500
庐州府	93,900	南安府	20,000	山西布政使司	
凤阳府	205,700	九江府	40,000	太原府	570,000
淮安府	402,800	合计	2,581,000	平阳府	1,109,000
扬州府	246,700	湖广布政使司		大同府	126,000
徽州府	200,000	武昌府	160,300	潞安府	203,800
宁国府	103,300	汉阳府	75,900	汾州	151,000
池州府	61,900	承天府	211,800	辽州	26,000
太平府	49,000	襄阳府	63,700	沁州	48,200
安庆府	131,800	郧阳府	12,400	泽州	46,600
广德州	1,800	德安府	41,000	合计	2,280,600
徐州	148,200	黄州府	252,000	河南布政使司	
滁州	2,100	荆州府	194,000	开封府	719,300
和州	2,800	岳州府	170,000	归德府	77,600
合计	6,396,500	长沙府	98,000	彰德府	252,000
浙江布政使司		宝庆府	50,050	卫辉府	245,600
杭州府	234,200	衡州府	224,700	怀庆府	330,600
嘉兴府	618,000	常德府	69,000	河南府	481,300
湖州府	470,000	辰州府	51,300	南阳府	114,400
严州府	11,000	永州府	68,000	汝宁府	121,700
金华府	174,000	合计	1,742,150	汝州	147,700

直隶府州及布政使司别	粮(石)	直隶府州及布政使司别	粮(石)	直隶府州及布政使司别	粮(石)
合计	2,490,200	广州府	320,000	广南府	1,000
陕西布政使司		韶州府	50,000	广西府	2,170
西安府	865,000	南雄府	35,000	镇沅府	100
凤翔府	190,000	惠州府	67,000	永宁府	③
汉中府	30,000	潮州府	164,000	顺宁府	④
平凉府	150,000	肇庆府	160,000	曲靖军民府	3,300
巩昌府	159,000	高州府	66,000	姚安军民府	3,800
临洮府	44,000	廉州府	26,000	鹤庆军民府	4,000
庆阳府	130,000	雷州府	55,000	武定军民府	2,500
延安府	410,000	琼州府	80,000	寻甸军民府	3,790
合计	1,978,000	合计	1,023,000	丽江军民府	2,100
四川布政使司		广西布政使司		元江军民府	1,930
成都府	166,000	桂林府	125,000	永昌军民府	8,300
保宁府	20,000	柳州府	52,000	合计	139,870
顺庆府	72,000	庆远府	14,000	贵州布政使司	
叙州府	100,000	平乐府	62,000	贵阳府	6,500
重庆府	350,000	梧州府	100,000	贵州宣慰使司	1,800
夔州府	20,000	浔州府	36,000	思州府	800
马湖府	2,000	南宁府	47,000	思南府	1,800
龙安府	②	太平府	3,000	镇远府	800
镇雄府	③	合计	439,000	石阡府	850
潼川州	20,000	云南布政使司		铜仁府	1,170
眉州	30,000	云南府	34,200	黎平府	1,600
嘉定州	40,000	大理府	22,800	普安府	2,800
泸州	20,000	临安府	16,000	永宁府	2,200
雅州	8,000	楚雄府	8,900	镇宁府	2,600
邛州	20,000	澂江府	9,080	安顺府	5,000
合计	868,000	蒙化府	4,800	都匀府	4,900
广东布政使司		景东府	11,100	合计	32,820

资料来源　李贤等撰《大明一统志》(天顺5年〔公元1461年〕奉敕撰,万寿堂刊本)。原书无总计及各布政使司分计之数字,本表内这些数字乃据各府相加之和得来。

编者注　①原清华大学藏万寿堂本及中山大学藏万寿堂本均页内各有残缺,此据前历史语言研究所藏本补之。　　②原无记载。据清道光22年刻邓存咏等纂《龙安府志》卷3所载"明季实征税粮八千七百余石"。　　③原无记载。　　④原无记载。据万历初年李元阳修《云南通志》卷6《赋役》关于顺宁府的记事云:"夏税,本地多种杂粮,无税科收。秋粮,照田段数征谷供差,亦无粮数。"至清乾隆元年靖道谟纂《云南通志》卷10记顺宁府"万历33年额征税粮四千六百余石"。

乙表 44　明崇祯(?)年间各府州粮额数 *

直隶府州及布政使司别	粮(石)	直隶府州及布政使司别	粮(石)	直隶府州及布政使司别	粮(石)
总计	26,396,260	处州府	64,000	福州府	166,000
北直隶府州		绍兴府	338,900	泉州府	119,000
顺天府	14,000	宁波府	174,400	建宁府	163,000
永平府	45,000	台州府	125,800	延平府	86,000
保定府	11,000	温州府	105,100	汀州府	33,780
河间府	65,000	合计	2,407,600	兴化府	60,000
真定府	117,000	江西布政使司		邵武府	62,000
广平府	59,000	南昌府	500,000	漳州府	116,000
大名府	148,000	饶州府	213,000	福宁府	28,500
延庆府	3,900	广信府	133,000	合计	834,280
保安州	1,800	南康府	70,000	山东布政使司	
合计	464,700	建昌府	100,000	济南府	851,600
南直隶府州		抚州府	310,000	兖州府	450,300
应天府	205,600	临江府	230,000	东昌府	318,500
苏州府	2,502,900	吉安府	440,000	青州府	670,000
松江府	959,000	瑞州府	225,000	登州府	236,000
常州府	764,000	袁州府	230,000	莱州府	323,100
镇江府	315,000	赣州府	70,000	合计	2,849,500
庐州府	93,900	南安府	20,000	山西布政使司	
凤阳府	205,700	九江府	40,000	太原府	570,000
淮安府	402,800	合计	2,581,000	平阳府	1,119,000
扬州府	246,700	湖广布政使司		大同府	126,000
徽州府	200,000	武昌府	160,300	潞安府	203,800
宁国府	103,300	汉阳府	75,900	汾州	151,000
池州府	61,900	承天府	211,800	辽州	2,600
太平府	49,000	襄阳府	63,700	沁州	48,200
安庆府	131,800	郧阳府	12,400	泽州	46,600
广德州	1,800	德安府	41,000	合计	2,254,600
徐州	148,200	黄州府	252,000	河南布政使司	
滁州	2,300	荆州府	194,000	开封府	719,300
和州	8,200	岳州府	170,000	归德府	77,600
合计	6,402,100	长沙府	98,000	彰德府	252,000
浙江布政使司		宝庆府	55,000	卫辉府	245,600
杭州府	234,200	衡州府	224,700	怀庆府	330,600
嘉兴府	618,000	常德府	69,000	河南府	481,200
湖州府	470,000	辰州府	93,300	南阳府	114,400
严州府	11,000	永州府	68,000	汝宁府	121,700
金华府	174,000	合计	1,789,100	汝州	147,700
衢州府	92,200	福建布政使司		合计	2,490,100

直隶府州及布政使司别	粮(石)	直隶府州及布政使司别	粮(石)	直隶府州及布政使司别	粮(石)
陕西布政使司		南雄府	35,000	广西府	2,170
西安府	865,000	惠州府	67,000	镇沅府	100
凤翔府	190,000	肇庆府	160,000	曲靖军民府	3,300
汉中府	30,000	高州府	66,000	姚安军民府	3,600
平凉府	150,000	廉州府	26,000	鹤庆军民府	4,000
巩昌府	159,000	雷州府	55,000	武定军民府	2,500
临洮府	44,000	琼州府	80,000	寻甸军民府	3,790
庆阳府	130,000	合计	859,000	丽江军民府	2,100
延安府	420,000	广西布政使司		元江军民府	1,930
合计	1,988,000	桂林府	125,000	永昌军民府	8,300
四川布政使司		柳州府	52,000	合计	140,370
成都府	166,000	庆远府	14,000	贵州布政使司	
顺庆府	72,000	平乐府	62,000	贵阳府	6,500
叙州府	100,000	梧州府	100,000	贵州宣慰司	6,800
重庆府	350,000	浔州府	36,000	思州府	800
夔州府	20,000	南宁府	47,000	思南府	1,800
马湖府	2,000	太平府	3,000	镇远府	800
潼川府	30,000	合计	439,000	石阡府	850
眉州	30,000	云南布政使司		铜仁府	1,170
嘉定州	40,000	云南府	34,200	黎平府	2,600
泸州	20,000	大理府	22,800	普安州	2,800
雅州	8,000	临安府	16,000	永宁州	2,200
邛州	20,000	楚雄府	8,900	镇宁州	2,600
合计	858,000	澂江府	9,080	安顺州	5,000
广东布政使司		蒙化府	4,800	都匀府	4,900
广州府	320,000	景东府	11,800	合计	38,820
韶州府	50,000	广南府	1,000		

资料来源　吕毖辑著《明朝小史》卷 17《崇祯纪各府州钱粮》(《玄览堂丛书》第 1 集第 92 册)。

编者注　＊原书系于《崇祯纪》内,并云:"帝以历年钱粮不足以供内外军需,发该部 (户部)查实报来。今据册[各府州钱粮]该",似为崇祯间的钱粮数。但是,与乙表 43 核对,除了十几个府州的数字互有出入外,其余各处数字尽同。又,《明朝小 史》漏记一部分地区,如北直隶缺记顺德府,广东缺记潮州府等。这里我们只是把 它当作旧籍钱粮原额来看待。

　　又:原书未记总数及南、北直隶与 13 布政使司的各使司合计数。表中数字系 据各府州数字相加得出。

乙表 45　明末各府州粮额数①

直隶府州及布政使司别	粮（石）	直隶府州及布政使司别	粮（石）	直隶府州及布政使司别	粮（石）
总计	28,270,343	衢州府	92,200	郴州	③
北直隶府州		处州府	64,000	施州卫军民指挥使司	2,142
顺天府	66,730	绍兴府	338,900	永顺军民宣慰使司	1,610
永平府	33,490	宁波府	174,400	保靖军民宣慰使司	1,155
保定府	61,790	台州府	125,800	合计	2,083,360
河间府	61,128	温州府	105,100	福建布政使司	
真定府	106,100	合计	2,366,400	福州府	166,500
顺德府	43,000	江西布政使司		泉州府	119,000
广平府	59,320	南昌府	482,800	建宁府	163,000
大名府	149,280	饶州府	262,600	延平府	86,300
延庆州	5,650	广信府	143,960	汀州府	33,780
保安州	1,460	南康府	82,680	兴化府	67,000
合计	587,948	建昌府	100,000	邵武府	62,000
南直隶府州		抚州府	308,800	漳州府	116,000
应天府	226,800	临江府	330,000	福宁州	28,500
苏州府	3,502,980	吉安府	447,638	合计	842,080
松江府	1,031,460	瑞州府	225,000	山东布政使司	
常州府	761,340	袁州府	238,900	济南府	851,600
镇江府	189,830	赣州府	71,000	兖州府	450,300
庐州府	76,709	南安府	28,015	东昌府	308,500
凤阳府	312,860	九江府	50,200	青州府	670,000
淮安府	395,290	合计	2,771,593	登州府	236,000
扬州府	246,500	湖广布政使司		莱州府	323,100
徽州府	131,630	武昌府	174,450	合计	2,839,500
宁国府	103,310	汉阳府	29,005	山西布政使司	
池州府	68,200	承天府	106,617	太原府	570,000
太平府	49,910	襄阳府	54,025	平阳府	1,119,000
安庆府	131,800	郧阳府	14,535②	大同府	126,000
广德州	17,690	德安府	45,949	潞安府	223,800
徐州	147,016	黄州府	256,637	汾州府	151,000
滁州	8,470	荆州府	152,681	辽州	2,600
和州	11,370	岳州府	185,940	沁州	48,200
合计	7,413,165	长沙府	587,014	泽州	46,600
浙江布政使司		宝庆府	55,070	合计	2,287,200
杭州府	166,000	衡州府	223,309	河南布政使司	
嘉兴府	616,000	常德府	71,528		
湖州府	470,000	辰州府	51,564		
严州府	40,000	永州府	70,129		
金华府	174,000	靖州	③		

直隶府州及布政使司别	粮(石)	直隶府州及布政使司别	粮(石)	直隶府州及布政使司别	粮(石)
开封府	807,900	韶州府	50,000	楚雄府	8,921
归德府	77,600	南雄府	35,000	澂江府	9,083
彰德府	257,600	惠州府	67,000	蒙化府	4,820
卫辉府	245,600	潮州府	164,000	景东府	11,115
怀庆府	331,100	肇庆府	160,000	广南府	1,500
河南府	539,000	高州府	66,000	广西府	2,179
南阳府	214,400	廉州府	63,000	镇沅府	100
汝宁府	131,070	雷州府	55,000	永宁府	②
汝州	147,700	琼州府	80,000	顺宁府	④
合计	2,751,970	罗定州	②	曲靖军民府:	
陕西布政使司		合计	1,060,000	霑益州	3,329
西安府	865,000	广西布政使司		陆凉州	797
凤翔府	190,000	桂林府	120,400	马龙州	957
汉中府	30,000	柳州府	58,630	罗雄州△	454
平凉府	163,000	庆远府	10,679	姚安军民府	3,620
巩昌府	159,000	平乐府	29,220	鹤庆军民府	4,000
临洮府	44,000	梧州府	92,063	武定军民府	2,500
庆阳府	150,000	浔州府	41,735	寻甸军民府	3,790
延安府	410,000	南宁府	39,761	丽江军民府	4,700
合计	2,011,000	太平府	3,000	元江军民府	1,930
四川布政使司		思明府	75	永昌军民府	8,300
成都府	166,000	思恩军民府	14,458	合计	145,095
保宁府	20,000	镇安府	678	贵州布政使司	
顺庆府	75,000	田州	4,865	贵阳府	6,500
叙州府	100,000	利州	100	贵州宣慰使司	1,800
重庆府	150,000	奉议州	286	思州府	800
夔州府	20,000	向武州	868	思南府	1,800
马湖府	2,000	都康州	240	镇远府	800
龙安府	②	龙州	462	石阡府	851
潼川州	30,000	江州	120	铜仁府	1,170
眉州	8,000	思陵州	30	黎平府	2,600
嘉定州	40,000	上林长官司	400	普安州	2,800
泸州	20,000	安隆长官司	141	永宁州	2,200
雅州	8,000	合计	418,211	镇宁州	2,600
邛州	20,000	云南布政使司		安顺州	5,000
合计	659,000	云南府	34,200	都匀府	4,900
广东布政使司		大理府	22,800	合计	33,821
广州府	320,000	临安府	16,000		

资料来源　潘光祖汇辑《舆图备考全书》18 卷(崇祯 6 年[公元 1633 年]刊本)。

编者注　①表内总计与各布政使司合计均系编者根据各府之分计相加作成,原书所载各布政使司粮额与其所领各府分计之和不符,今录其原数如下:

区　域	粮额(石)	区　域	粮额(石)	区　域	粮额(石)
浙　江	2,522,627	山　西	2,274,022	广　西	407,588
江　西	2,659,048	河　南	2,414,477	云　南	140,588
湖　广	2,169,140	陕　西	1,929,057	贵　州	50,807
福　建	882,675	四　川	1,028,545	南直隶	5,995,340
山　东	2,851,119	广　东	996,258	北直隶	601,152

②原书万位数字残缺,今据本编表43郧阳府万位数字"1"补入。　③原无记载。
④原无记载。请参看本编表43注③。　　△万历15年四月更名罗平州。

乙表 46　明永乐初至成化末屯田子粒数 *

（公元 1403—1486 年）

年　度	公元	屯田子粒(石)	资料来源	附　注
永乐元年	1403	23,450,799	明太宗实录卷25	
2 年	1404	12,760,300+	卷 32	
3 年	1405	22,467,700	卷 39	
4 年	1406	19,792,050	卷 47	
5 年	1407	14,374,270	卷 54	
6 年	1408	718,400	卷 60	原书十万位以上数字残阙。
7 年	1409	12,229,600	卷 67	
8 年	1410	10,368,550	卷 73	
9 年	1411	12,660,970	卷 80	
10 年	1412	11,781,000	卷 86	
11 年	1413	9,109,110	卷 90	
12 年	1414	9,738,690	卷 94	
13 年	1415	10,358,250	卷 99	原书"田"上缺一"屯"字。
14 年	1416	1,970	卷 103	原书千位以上数字缺。
15 年	1417	9,282,180	卷 108	
16 年	1418	8,119,670	卷 112	
17 年	1419	7,930,920	卷 115	
18 年	1420	5,158,040	卷 118	
19 年	1421	5,169,120	卷 121	
20 年	1422	5,715,315	卷 124	
21 年	1423	5,171,218	卷 127	

年　度	公元	屯田子粒(石)	资料来源	附　注
22 年	1424	—	明仁宗实录卷 5 下	原书无记载。
洪熙元年	1425	6,130,699⁺	明宣宗实录卷 12	
宣德元年	1426	7,221,858	卷 23	
2 年	1427	4,600,092	卷 35	
3 年	1428	5,552,057	卷 49	
4 年	1429	6,826,847	卷 60	
5 年	1430	8,430,217	卷 74	
6 年	1431	9,366,420	卷 85	
7 年	1432	8,570,542⁺	卷 97	
8 年	1433	7,209,461	卷 107	
9 年	1434	2,307,807	卷 115	
10 年	1435	1,776,141	明英宗实录卷 12	
正统元年	1436	—	卷 25	原书无记载。
2 年	1437	2,791,009	卷 37	
3 年	1438	2,786,046⁺	卷 49	原书"屯田子"下缺一"粒"字。
4 年	1439	2,792,146⁺	卷 62	
5 年	1440	2,693,776⁺	卷 74	
6 年	1441	2,796,046	卷 87	
7 年	1442	2,791,852⁺	卷 99	原书"屯田子"下多一"田"字。
8 年	1443	2,762,777⁺	卷 111	
9 年	1444	2,789,845	卷 124	原书"五"字后作"万有奇","万"当为"石"字之误。
10 年	1445	2,804,020	卷 136	
11 年	1446	2,776,439⁺	卷 149	
12 年	1447	2,765,336⁺	卷 161	
13 年	1448	2,723,630⁺	卷 173	
14 年	1449	2,792,250⁺	卷 186	
景泰元年	1450	2,660,673⁺	卷 199	即景泰附录卷 17。
2 年	1451	2,580,455⁺	卷 211	即景泰附录卷 29。
3 年	1452	2,878,214	卷 224	即景泰附录卷 42。
4 年	1453	2,879,569	卷 236	即景泰附录卷 54。
5 年	1454	2,760,563⁺	卷 248	即景泰附录卷 66。
6 年	1455	2,779,341⁺	卷 261	即景泰附录卷 79。
7 年	1456	2,795,359⁺	卷 273	即景泰附录卷 91。
天顺元年	1457	2,85	卷 285	原书万位以下数字缺,共空六格;其下作"石有奇"。

年　　度	公元	屯田子粒(石)	资料来源	附　注
2 年	1458	2,852,920	卷 298	
3 年	1459	2,966,139⁺	卷 310	
4 年	1460	2,856,585⁺	卷 323	
5 年	1461	2,957,475	卷 335	
6 年	1462	2,974,990⁺	卷 347	
7 年	1463	3,056,919⁺	卷 360	
8 年	1464	—	明宪宗实录卷 12	是年屯田项下各数原书漏列未载。
成化元年	1465	3,812,180	卷 24	
2 年	1466	3,888,911⁺	卷 37	
3 年	1467	3,876,193⁺	卷 49	
4 年	1468	3,899,084⁺	卷 61	原作"三百八十九万九斤千八十四石有奇",斤字衍。
5 年	1469	3,948,610⁺	卷 74	
6 年	1470	3,953,740⁺	卷 86	
7 年	1471	3,957,180⁺	卷 99	
8 年	1472	3,957,390⁺	卷 111	
9 年	1473	3,958,180⁺	卷 123	
10 年	1474	2,958,190⁺	卷 136	原书百万位数字作"二",当为"三"字之误。
11 年	1475	3,958,319⁺	卷 148	
12 年	1476	3,958,320⁺	卷 160	
13 年	1477	3,958,359	卷 173	
14 年	1478	3,958,180	卷 185	
15 年	1479	3,957,390⁺	卷 198	
16 年	1480	3,828,393	卷 210	
17 年	1481	3,837,601	卷 222	
18 年	1482	3,463,611	卷 235	
19 年	1483	3,699,325	卷 247	
20 年	1484	3,699,940⁺	卷 259	
21 年	1485	3,699,956	卷 273	
22 年	1486	3,7□9,960⁺	卷 285	原书"万"字前空一格。

编者注　＊ 本表及以下二表均据 1940 年影印江苏图书馆传钞本《明实录》作,未与其他钞本校勘。

乙表 47　明成化末至正德末及万历中屯田顷数及子粒石数

（公元 1487—1521 年，及 1602 年）

年度	公元	屯田（顷）	屯田子粒（石）	资料来源	附注
成化 23 年	1487	285,480.09	2,932,070	明孝宗实录卷 8	
弘治元年	1488	289,481.09	2,936,070	卷 21	
2 年	1489	289,481.09	2,936,070	卷 33	
3 年	1490	289,481.09	2,936,070	卷 46	
4 年	1491	289,481.09	2,936,070	卷 58	
5 年	1492	289,895.09	2,939,470	卷 70	
6 年	1493	289,895.09	2,939,470	卷 83	
7 年	1494	289,895.09	2,939,470	卷 95	
8 年	1495	289,895.09	2,939,470	卷 107	
9 年	1496	289,895.09	2,939,470	卷 120	
10 年	1497	289,895.09	2,939,470	卷 132	
11 年	1498	289,895.09	2,939,470	卷 145	
12 年	1499	289,895.09	2,939,470	卷 157	
13 年	1500	289,795.09	2,939,970	卷 169	
14 年	1501	289,998.09	2,989,585	卷 182	
15 年	1502	294,159	—	卷 194	屯田子粒数失记。
16 年	1503	296,763.09	2,944,159	卷 206	
17 年	1504	308,191.09	2,974,078	卷 219	
18 年	1505	161,327.18[①]	1,040,158[①]	明武宗实录卷 8	
正德元年	1506	161,327.18	1,040,158	卷 20	
2 年	1507	161,327.18	1,040,158	卷 33	
3 年	1508	161,327.18	1,040,158	卷 45	
4 年	1509	—	—	卷 58	原书缺页，无记载。
5 年	1510	161,327.18	1,040,158	卷 70	原文有缺字，今据前后诸年之数补足。
6 年	1511	161,327.18	1,040,158	卷 82	同上。
7 年	1512	161,327.18	1,040,158	卷 95	
8 年	1513	—	—	卷 107	原书缺行，无记载。
9 年	1514	161,317.18	1,040,158	卷 119	屯田千位数字"1"当为"2"字之误。
10 年	1515	161,327.18	1,040,158	卷 132	
11 年	1516	161,327.18	1,040,158	卷 144	
12 年	1517	161,327.18	1,040,158	卷 157	
13 年	1518	161,327.18	1,040,158	卷 169	

年度	公元	屯田(顷)	屯田子粒(石)	资料来源	附注
14 年	1519	161,327.18	1,040,158	卷 181	原文有缺字及笔误,今据前后诸年之数补正。
15 年	1520	161,327.18	1,040,158	卷 194	同上。
16 年	1521	—	—	明世宗实录卷 9	原书无记载。
万历 30 年	1602	635,343.07		明神宗实录卷 379	原书作"屯田子粒地"。

编者注　①自本年起,原书关于屯田的记载自顷、亩以下,又备开分、厘、毫、丝、忽等细数;子粒一项改称为"粮",自石以下,亦分为斗、升、合、勺、抄、撮等细数。表中一律删去。从表中历年数字看来,变化极小,殆已成为具文,这是当时屯田制度已趋向没落的明显的反映。

乙表 48　明嘉靖初至天启末屯田子粒及屯牧地银与屯折银数

年　度	公元	屯田子粒(石)	屯牧地银①(两)	屯折银(两)	资料来源	附注
嘉靖元年	1522	3,742,550+	148,145+		明世宗实录卷 21	原注:"钞依天一阁藏本,此依抱经阁藏本校补。"
11 年	1532	3,742,550+	148,145+		卷 145	
21 年	1542	3,742,550+	148,145+		卷 269	
31 年	1552	3,742,550+	148,145+		卷 392	
41 年	1562	3,710,581+	147,765+		卷 516	原书又载:新增牧地银11,053两+。
隆庆元年	1567	1,864,369+	24,116+		明穆宗实录卷 15	
2 年	1568	3,728,739+			卷 27	
3 年	1569	3,728,739+	48,243+		卷 40	
4 年	1570	3,728,739+	48,266+		卷 52	
5 年	1571	3,728,739+	48,883+		卷 64	
6 年	1572	—	—		明神宗实录卷 8	无记载。
泰昌元年	1620		28,604+	24,822+	明光宗实录泰昌元年十二月(不分卷)	
天启元年	1621		28,604+	24,822+	明熹宗实录卷 12	

（乙表 48 续）

年　度	公元	屯田子粒（石）	屯牧地银①（两）	屯折银（两）	资料来源	附注
2 年	1622				卷 24	无记载。
3 年	1623		28,604⁺	24,822⁺	卷 37	
4 年	1624		—	—	卷 49	本卷据三朝要典等书补录,非实录原书,故无记载。
5 年	1625		28,604⁺	24,822⁺	卷 61	
6 年	1626		—	—	卷 74	无记载。
7 年	1627				是年十二月,不分卷数	无记载。

编者注　①嘉靖朝作"牧地银";隆庆朝作"屯牧地银"(唯隆庆元年误作"屯收地银",
　　　4 年作"牧地银");天启朝作"牧地子粒银"。天启元年亦误作"收地子粒银"。

乙表 49　明代各都司卫所屯田及其粮银额数

卫所都司别	屯　　田			现额粮米（石）	现额银（两）	现额田平均每亩出粮数(升)
	原额①（亩）	现额②（亩）	现额较原额增(+)或减(一)(亩)			
总计	89,319,450	64,424,331	−24,895,119	4,351,209.7	11,300.8	6.75
在京锦衣等五十四卫并后军都督府	633,852	505,286③	−128,566	28,002.7	—	5.54
北直隶各卫所	1,006,426	4,367,846④	+3,361,420	219,781.6	—	5.03
南京锦衣等四十二卫	936,879	2,269,666	+1,332,787	151,525.8⑤	10,266.5	6.68
南直隶各卫所	2,704,105	4,881,836	+2,177,731	427,437.5	6.4	8.76
浙江都司	227,420	239,061⑥	+11,641	68,296.4	—	28.57
江西都司	562,341	547,138	−15,203	21,546.4	—	3.94
湖广都司并留守司行都司	1,131,525	5,074,973	+3,943,448	387,545.4	—	7.64
福建都司并行都司	538,137	869,322	+331,185	151,804.9	—	17.46
山东都司	206,000	1,848,749	+1,642,749	80,348.5	—	4.35
河南都司	3,639,017	5,559,823	+1,920,806	333,589.4	—	6.00
广东都司	7,234	633,880	+626,646	150,129.5	—	23.68

（乙表 49 续）

卫所都司别	屯　　田			现额粮米（石）	现额银（两）	现额田平均每亩出粮数（升）
	原额①（亩）	现额②（亩）	现额较原额增（＋）或减（－）（亩）			
广西都司	51,340	461,035⑦	＋409,695	55,054.3⑦	—	11.94
四川都司并行都司	65,954,527	4,880,410⑧	－61,074,117	294,339.5	—	6.03
山西都司⑨	1,296,309	3,371,489	＋2,075,180	101,098.2	1,027.9⑩	3.00
山西行都司⑪	1,011,821	2,859,034⑫	＋1,847,213	122,438.2		4.28
万全都司⑬	1,906,573	4,789,247	＋2,882,674	198,061.7		4.14
陕西都司并行都司	4,245,672	16,840,404	＋12,594,732	823,204.7⑭		4.89
云南都司	1,087,743	1,117,154	＋29,411	389,992.3		34.91
贵州都司	933,929	392,112	－541,817	93,811.7		23.92
辽东都司	1,238,600	2,915,866	＋1,677,266	253,201.0		8.68

资料来源　明《万历会典》卷18《户部》5《屯田》。按：原书不记总计数。表中总计系据各分计统计得出。又茅元仪《武备志》卷135《军资乘饷屯田今制》所记明代各卫所都司屯田及其粮银额数与表中总计颇有出入，今附见如下：屯田原额89,317,248亩，现额65,501,208亩；现额粮米4,335,285.9石，现额银97,050.9两。另有，见额草2,599,692束，钞56,940贯。

编者注　①原额指永乐以后额数。　②现额指万历初年查报册数。　③嘉靖41年清查数。又："新增并勘出还官首地银二万一千七百九十一两二钱三分六厘六毫三丝，钞五万六千九百四十贯（万历7年屯田御史册报数）。"　④又："新增并勘出首地银四万四百六十二两七钱二分二厘九毫零，秋青草二十二万一千四百五十三束，谷草一百八十七束。"　⑤其四十二卫每卫分别应纳的现额粮数，请参考本编表50。　⑥此数包括"地山园池荡兜娄潭塘滩沟"在内。　⑦原注："内除民里征收及荒铲停征田，实在屯田二千九百一十三顷三十七亩零，粮三万四千六百九十五石四斗四升一合零。"　⑧又："花园仓基一千九百三十八所。"　⑨现额系"山西镇"之数。　⑩草(1,240束)折银二十六两二钱。　⑪现额系"大同镇"之数。　⑫又有"牛具地一万二千八百六十六顷二十九亩九分一厘零，征银八千三百二十二两五钱一分一厘零"。　⑬现额系"宣府镇"之数。　⑭又有"草折粮一千九百七十二石五斗五升九合零；抛荒粮草折银一百一十九两五钱八分零；草二百三十七万八千五十二束零；草价银二百五十八两五钱九分三厘零；地亩粮二千四百六十二石六斗四升一合二勺零；地亩银一万七百七十九两四钱七分六厘零"。

附记　茅元仪对于明代屯法的破坏原因及其补救办法，曾有一番议论，今摘录如下："……屯法之坏，……一坏于余粮之免半，……再坏于正粮之免盘。……［补救之道在]复正、余粮 24 石之额,复上仓交盘之制。即以今田等之,可得米 31,464,576 石。除正粮以食其十之三,尚可得余粮 15,732,288 石。今京军不过 12 万;南京军额不满 4 万;尽补天下失伍之额不过 146 万,除屯军外,不过 98 万余。用其米三之二足以养矣。"

乙表 50   明洪武及万历年间南京各卫屯粮数

卫别	原额*(石)	现额*(石)	现额较原额增(+)或减(一)(石)
总计	138,593.75	151,525.37	+12,931.62
水军左卫	8,489.03	8,124.19	−364.84
留守左卫	1,630.76	1,677.35	+46.59
龙虎左卫	2,804.47	2,638.15	−166.32
龙骧卫	3,534.95	4,041.84	+506.89
龙虎卫	810.51	861.08	+50.57
应天卫	3,410.54	3,396.57	−13.97
府军卫	411.99	425.62	+13.63
府军左卫	2,304.71	3,093.50	+788.79
府军右卫	586.46	486.09	−100.37
虎贲左卫	1,737.20	2,916.63	+1,179.43
羽林左卫	745.17	854.84	+109.67
鹰扬卫	3,248.05	3,253.37	+5.32
广洋卫	7,363.84	8,807.13	+1,443.29
留守中卫	1,295.20	941.67	−353.53
虎贲右卫	3,767.07	4,307.48	+540.41
水军右卫	5,580.73	6,151.83	+571.10
龙江右卫	1,192.52	2,896.84	+1,704.32
骁骑右卫	1,661.44	2,078.10	+416.66
留守后卫	998.51	950.80	−47.71
羽林右卫	1,165.51	1,551.41	+385.90
留守右卫	2,009.48	2,102.49	+93.01
横海卫	7,295.24	9,391.12	+2,095.88
豹韬左卫	1,872.00	1,881.73	+9.73
豹韬卫	1,704.46	1,925.86	+221.40
和阳卫	6,752.06	6,230.27	−521.79
龙江左卫	10,776.02	12,226.01	+1,449.99
兴武卫	4,585.23	5,260.74	+675.51
镇南卫	7,423.14	7,048.39	−374.75

（乙表 50 续）

卫别	原额*（石）	现额*（石）	现额较原额 增（＋）或减（一）（石）
江阴卫	5,021.73	5,754.95	＋733.22
金吾前卫	448.47	477.96	＋29.49
旗手卫	898.97	973.79	＋74.82
金吾后卫	374.62	109.05	－265.57
沈阳右卫	3,222.55	2,978.29	－244.26
留守前卫	3,043.76	2,955.12	－88.64
锦衣卫水军亲军驯象 千户三所	8,199.41	8,697.56	＋498.15
神策卫	886.57	1,163.56	＋276.99
天策卫	4,459.89	5,174.53	＋714.64
府军后卫	1,112.83	1,050.53	－62.30
武德卫	648.92	724.87	＋75.95
飞熊卫	5,209.04	5,288.84	＋79.80
广武卫	5,346.45	5,975.30	＋628.85
英武卫	4,564.25	4,679.92	＋115.67

资料来源　《明会典》卷 42《户部》29《南京户部各卫屯粮数目》。

编者注　*"原额"指洪武年间，"现额"指万历初年。原书粮额具载"石、斗、升、合、勺、抄、撮、圭"之数，本表升以下之数值四舍五入。

乙表 51　明永乐初至正德末漕粮数及减免天下税粮数

（公元 1409—1521 年）

年度	公元	漕运京师偿 运过粮①（石）	各处运纳粮 （石）	减免天下税粮		资料来源*
				粮②（石）	草③（束）	
永乐 7 年	1409	1,836,852				明太宗实录卷 67
8 年	1410	2,015,165＋④				卷 73
9 年	1411	2,255,543				卷 80
10 年	1412	1,487,188⑤				卷 86
11 年	1413	2,421,907				卷 90
12 年	1414	2,428,535				卷 94
13 年	1415	6,462,990				卷 99
14 年	1416	2,813,462				卷 103
15 年	1417	5,088,544				卷 108
16 年	1418	4,646,530				卷 112

年度	公元	漕运京师偿运过粮①(石)	各处运纳粮(石)	减免天下税粮		资料来源*
				粮②(石)	草③(束)	
17 年	1419	2,079,700				卷 115
18 年	1420	607,328				卷 118
19 年	1421	3,543,194				卷 121
20 年	1422	3,251,723				卷 124
21 年	1423	2,573,583				卷 127
22 年	1424	2,573,583				明仁宗实录卷 5 下
洪熙元年	1425	2,309,150		62,059⑥		明宣宗实录卷 12
宣德元年	1426	2,399,997		68,402		卷 23
2 年	1427	3,683,436		104,879+		卷 34
3 年	1428	5,488,800		11,806+		卷 49
4 年	1429	3,858,824		21,579+		卷 60
5 年	1430	5,453,710		746,144		卷 74
6 年	1431	5,488,800+		60,591		卷 85
7 年	1432	6,742,854		797,552		卷 97
8 年	1433	5,530,181		182,378+		卷 107
9 年	1434	5,213,330		7,393+		卷 115
10 年	1435	4,500,000	1,043,685	217,388+		明英宗实录卷 12
正统元年	1436	—	—	—		卷 25
2 年	1437	4,500,000	666,610	121,793+		卷 37
3 年	1438	—	—	83,436+		卷 49
4 年	1439	4,200,000	615,102	20,353		卷 62
5 年	1440	4,500,000	729,005	590,692+		卷 74
6 年	1441	4,200,000	615,120	1,029,502		卷 87
7 年	1442	4,500,000	1,176,131⑦	1,351,410+		卷 99
8 年	1443	4,500,000	—	541,640+		卷 110
9 年	1444	4,465,000	1,180,374	737,821+		卷 124
10 年	1445	4,645,000	1,115,033	149,410+		卷 136
11 年	1446	4,300,000	960,612	587,298+		卷 148
12 年	1447	4,300,000	950,890	229,990+		卷 161
13 年	1448	4,000,000	794,670	748,408+		卷 173
14 年	1449	4,305,000	1,539,870	279,412		卷 186
景泰元年	1450	4,035,000	928,350	1,159,650+		卷 199
2 年	1451	4,235,000	2,574,497	—		卷 211
3 年	1452	4,235,000	1,337,519	136,716+		卷 224

（乙表 51 续）

年度	公元	漕运京师傩运过粮①（石）	各处运纳粮（石）	减免天下税粮		资料来源*
				粮②（石）	草③（束）	
4 年	1453	4,255,000	2,147,049	48,977		卷 236
5 年	1454	4,255,000	2,439,470	1,307,381⁺		卷 248
6 年	1455	4,384,000	2,220,446	1,761,865⁺		卷 261
7 年	1456	4,437,000	1,110,960	2,454,270⁺		卷 273
天顺元年	1457	4,350,000	1,173,405	90,543⁺		卷 285
2 年	1458	4,350,000	173,230	136,027		卷 298
3 年	1459	4,350,000	1,147,437	2,721,674⁺		卷 309
4 年	1460	4,350,000	1,019,600	439,556⁺		卷 323
5 年	1461	4,350,000	1,116,065	392,942⁺		卷 335
6 年	1462	4,350,000	1,011,920	7,496,819⁺		卷 347
7 年	1463	4,000,000	819,702	842,166⁺		卷 360
8 年	1464	3,350,000	3,762,051⁺	564,894		明宪宗实录卷 12
成化元年	1465	3,350,000	4,082,441	2,528,061		卷 24
2 年	1466	3,350,000	4,428,982⁺	2,497,396		卷 37
3 年	1467	3,350,000	4,223,790⁺	1,205,580⁺		卷 49
4 年	1468	3,350,000	4,263,840⁺	1,015,879⁺		卷 61
5 年	1469	3,350,000	4,658,124⁺	540,362⁺		卷 74
6 年	1470	3,700,000	4,479,650⁺	312,660⁺		卷 86
7 年	1471	3,350,000	4,710,865⁺	290,060⁺		卷 99
8 年	1472	3,700,000	4,501,000⁺	815,000⁺		卷 111
9 年	1473	3,700,000	5,054,308⁺	677,050⁺		卷 123
10 年	1474	3,700,000	—	346,230⁺		卷 136
11 年	1475	3,700,000	5,070,420⁺	319,740⁺		卷 148
12 年	1476	3,700,000	5,070,100⁺	194,840⁺		卷 160
13 年	1477	3,700,000	6,119,700⁺	1,073,040⁺		卷 173
14 年	1478	3,700,000	5,054,380⁺	677,055⁺		卷 185
15 年	1479	3,700,000⑧	4,501,015	815,038⁺		卷 198
16 年	1480	3,700,000	5,528,780⁺	201,085⁺		卷 210
17 年	1481	3,700,000	5,078,290	937,100⁺		卷 222
18 年	1482	3,700,000	5,873,710	480,336		卷 235
19 年	1483	3,700,000	4,851,154	694,170⁺		卷 247
20 年	1484	3,700,000⑨	4,183,699	569,028⁺		卷 259
21 年	1485	3,700,000	4,185,995	1,085,900⁺		卷 273
22 年	1486	3,700,000	5,416,916	160,960		卷 285

（乙表 51 续）

年度	公元	漕运京师偿运过粮①（石）	各处运纳粮（石）	减免天下税粮		资料来源*
				粮②（石）	草③（束）	
23 年	1487	4,000,000⑩	15,021,075+	7,896,339+	7,730,310	明孝宗实录卷 8
弘治元年	1488	4,000,000	15,021,075+⑪	7,989,729+	8,742,450	卷 21
2 年	1489	4,000,000	15,021,075+	8,794,859+	8,943,430	卷 33
3 年	1490	4,000,000	15,021,075+	8,933,568+	8,932,750	卷 46
4 年	1491	4,000,000	15,021,075+⑫	6,973,983+	9,843,560	卷 58
5 年	1492	4,000,000	15,021,075+	7,984,897+	9,635,670	卷 70
6 年	1493	4,000,000	15,021,075+	8,796,789+	8,945,760	卷 83
7 年	1494	4,000,000	15,021,075+	7,687,698+	8,675,850	卷 95
8 年	1495	4,000,000	15,021,075+⑬	7,878,769+	7,964,960	卷 107
9 年	1496	4,000,000	15,021,075+	8,749,659+	7,843,870	卷 120
10 年	1497	4,000,000	15,021,075+⑬	8,946,768+	8,634,080	卷 132
11 年	1498	4,000,000	15,021,075+	8,785,896+	7,896,700	卷 145
12 年	1499	4,000,000	15,021,075+	9,995,687+	8,945,600	卷 157
13 年	1500	4,000,000	15,021,075+	9,876,597+	8,766,700	卷 169
14 年	1501	4,000,000	15,021,075+	8,967,968+	7,989,800	卷 182
15 年	1502	4,000,000	15,021,075+	8,966,896+	98,900	卷 194
16 年	1503	4,000,000	15,021,075+	8,798,797+	8,987,800	卷 206
17 年	1504	4,000,000	15,021,075+	8,989,899+	8,898,900	卷 219
18 年	1505	4,000,000	11,075,619+	665,498+	468,687	明武宗实录卷 8
正德元年	1506	4,000,000	11,075,619+	224,031+		卷 20
2 年	1507	4,000,000	11,075,619+	170,111+		卷 33
3 年	1508	4,000,000	11,075,619+	2,175,313		卷 45
4 年	1509	—	—	—		卷 58
5 年	1510	4,000,000	11,075,619+	618,178+		卷 70
6 年	1511	4,000,000	11,075,619+	1,310,678+	613,062	卷 82
7 年	1512	8,000,000	11,075,619+	705,886+	—	卷 95
8 年	1513	—	—		27,470	卷 107
9 年	1514	4,000,000	11,075,619+	161,060+	39,003	卷 119
10 年	1515	—	11,075,619+	573,733+	39,400	卷 132
11 年	1516	4,000,000	11,075,619+	1,246,414+	69,729	卷 144
12 年	1517	4,000,000	11,075,619+	1,271,082+	337,024	卷 157
13 年	1518	4,000,000	11,075,619+	907,414+		卷 169
14 年	1519	4,000,000	11,075,619+	2,568,923+	510,000	卷 181
15 年	1520	4,000,000	11,075,619+	1,487,015+	260,000	卷 194
16 年	1521	—	—	—	—	明世宗实录卷 9

编者注　本表及以下二表均据 1940 年影印江苏图书馆传抄本《明实录》作，未与其

他抄本校对。

①永乐朝作"攒运北京粮"；洪熙朝及宣德朝(宣德10年除外)作"漕运北京米豆(其中有作"米麦豆"的)"。按攒运之名始于元。《元史》卷85《百官志》1《左司》载："粮房之科有六：一曰海运，二曰攒运，……"攒字别写作"儹"，音纂，言积聚而运之。　　②洪宣两朝指明系"米麦"，其他各朝但作"粮"。　　③弘治18年及正德朝各年纳草数，原书改以"包"作单位(其中正德6年及12年则作"束包")。

④永乐8年原作2,015,165余石。又，自成化23年以下各年"各处运纳量"及"减免天下税粮(或作"米麦")"两栏数字，原书具载至"斗"数，今不录，但代以"+"号。　　⑤《实录》原文作"攒运□□□百四十八万七千一百八十八石"，所脱三字当为"北京粮"，对数字无影响。　　⑥洪熙、宣德两朝"减免天下税粮"数中，除"米麦"数已入表外，《实录》还记有其他的减免项目，附见于下：

	绵花(或作"绵")(斤)	绵布(匹)	丝(斤)	绢(匹)	钞(锭)
洪熙元年	—	—	—	5+	—
宣德元年	622	—	—	—	—
5 年	102+	—	—	—	498
6 年	—	—	173+	—	—
7 年	155	298+	—	—	—

⑦原文作"一百一十百二十七万六千一百三十一石"，其中可能衍"十百二"三字或"一十百"三字。按景泰以前各处运纳粮没有超过120万石的，今姑删去"十百二"三数字入表。　　⑧原文作"三百七万石"，"万"字前当脱一"十"字。　　⑨原文作"三百七十石"，"石"字前当脱一"万"字。　　⑩《明史》卷79《食货》3云："初运粮京师，未有定额。成化8年始定四百万石，自后以为常。"今按《实录》所记，则四百万石之常额，当自成化23年始实行。　　⑪原文作"15,022,075石"，"2"当为"1"之误。　　⑫原文作"一十五百二万……"，"十"当为"千"字之误。　　⑬原文作"一千五百二万一千七百五石"，"百"字当为"十"之误。

乙表 52　明嘉靖初至隆庆末漕粮的额运、
改折、实运等数及各处运纳粮数

年度	公元	漕运京师粮米(石)			各处运纳粮(石)	资料来源
		额运	内改折①	实运		
嘉靖元年	1522	4,000,000	440,000	3,560,000	—	明世宗实录卷21②
11年	1532	4,000,000	2,100,000	1,900,000		卷145
21年	1542	4,000,000	1,383,884⁺③	2,614,115⁺③		卷269
31年	1552	4,000,000	1,667,163	2,332,837		卷392
41年	1562	4,000,000	1,367,389⁺	2,632,610⁺	—	卷516
隆庆元年*	1567	—	—	3,522,982	5,183,021⁺	明穆宗实录卷15
2年*	1568	4,000,000	—	—	10,366,043⁺	卷27
3年	1569	4,000,000			10,366,043⁺	卷40
4年	1570	4,000,000	1,231,901⁺	2,768,098⁺	10,366,413④	卷52
5年	1571	4,000,000	292,934⁺	3,707,265⁺⑤	10,366,043	卷64
6年	1572					明神宗实录卷8

编者注

①隆庆4年及5年，原文作"内除旧例并灾伤改折"。

②原文注："钞依天一阁藏本，此依抱经楼藏本校补。"

③本年"改折"数与"实运"数相加，其和为 3,997,999⁺ ，与额运数差 2,000
　石。疑"改折"数"1,383,884⁺"中之"三千"当为"五千"之误。

④"413"或系"043"之误。

⑤本年"改折"数与"实运"数相加，其和为 4,000,199⁺ 石，较额运数多 199⁺
　石(即 200 石)。

* 这两年《实录》另记有"奉诏蠲免天下存留田粮"数：

　　　　　　隆庆元年　　9,098,609⁺ 石

　　　　　　2 年　　　2,349,352 石

乙表53　明泰昌元年至天启末年额运及实该进京通二仓漕粮数

年度	公元	额运漕米(石)	内				除			实该进京通二仓兑改粮(石)
			支运德州仓粮(石)	新旧例永折(石)	灾伤改折(石)	原派天津昌平蓟州密云各边仓兑改粮[1](石)	皇城四门仓并新添惠桂二府粮(石)	截派天津[2](石)	截派毛帅[3](石)	
泰昌元年	1620	4,000,000	60,000	455,131[4]		434,583	34,689	504,255	—	2,631,341+
天启元年	1621	4,000,000	—	344,347	226,809	437,583	34,536	482,000	—	2,474,723+[5]
2年	1622	4,000,000	—	360,188+	161,399+[6]	454,947+	34,536	200,000	100,000	2,688,928+
3年	1623	4,000,000	—	360,188+	161,399+	454,947+	34,536	200,000	100,000	2,688,928+
4年	1624	[7]								
5年	1625	4,000,000	—	327,497+	24,778+	454,947+	34,536	160,000	100,000	2,998,240+
6年	1626	[7]								
7年	1627	[7]								

资料来源　泰昌元年：《明光宗实录》泰昌元年十二月(不分卷)。

天启元年至6年：《明熹宗实录》卷12，卷24，卷37，卷49，卷61，卷74。

天启7年：《明熹宗实录》天启7年十二月(不分卷)。

编者注

[1] 天启各年原书作"锦衣卫等总各卫所指挥千户等官守官五世臣(或作"未邦等")运纳原派天津昌平蓟州密云各界(或作"边")兑改粮"。

[2] "截派"或作"截留"。

[3] "毛帅"指当过去未江(即皮岛)镇守毛帅文龙。参看《明史》卷259《袁崇焕传》附。

[4] 原书两项不分，总作"灾伤改折"，暂折"改粮"。

[5] "内未阻河西务钞关上下"，"续运记"粮：(按，河西务在通州属武清县东北二十里，自元以来，皆为漕运要道。明设户部分司驻此，距通州约一百二十里。)

⑥包括"运黔粮"。按，天启元年九月贵州永宁宣抚使奢崇明起兵反明；2年二月水西土司知安邦彦亦起兵。
⑦是年各栏原书均无记载。

| | | 天启元年 | 50⁺万石（按原文误作"五千余万石"） |

天启元年　50⁺万石（按原文误作"五千余万石"）
2年　80⁺万石
3年　不载
4年　160⁺万石

乙表 54　明成化八年以后分区漕运正粮及改兑米、预备米额数*

直隶府州及布政使司别	漕运正粮额数（石）			改兑米运往仓名及额数（石）				预备米（石）	预备米运往仓名及额数（石）	
	总计①	兑运米②	改兑米	淮安府常盈仓	徐州广运仓	临清广积仓	德州德州仓		临清广积仓	德州德州仓
总计	4,000,000	3,300,000	700,000	298,100	196,300	70,600	135,000	190,400	110,400	80,000
南运										
浙江	630,000	600,000	30,000		30,000					
江西	570,000	400,000	170,000	170,000						
湖广	250,000	250,000④								
应天府	128,000	100,000	28,000	28,000						
苏州府	697,000	655,000	42,000	42,000						
松江府	232,950	203,000	29,950	29,950						
常州府	175,000	175,000								
镇江府	102,000	80,000	22,000	10,000	12,000					
庐州府	10,000	10,000								
凤阳府	60,300	30,000	30,300		30,300					
淮安府	104,150	25,000	79,150	10,150	69,000					
扬州府	97,000	60,000	37,000		37,000					
安庆府	60,000	60,000								

(乙表 54 续)

直隶府州及布政使司别	漕运正粮额数(石)			改兑米运往仓名及额数(石)				预备米③(石)	
	总计①	兑运米②	改兑米	淮安府常盈仓	徐州广运仓	临清广积仓	德州德州仓	临清广积仓	德州德州仓
宁国府	30,000	30,000							
池州府	25,000	25,000							
太平府	17,000	17,000							
徐州	48,000	30,000	18,000		18,000				
广德州	8,000		8,000	8,000					
合计	3,244,400	2,750,000	494,400	298,100	196,300				
北运									
山东	375,600	280,000⑤	95,600			20,600	75,000	110,400	50,400
河南	380,000	270,000⑤	110,000			50,000	60,000	80,000	60,000
合计	755,600	550,000	205,600			70,600	135,000	190,400	110,400

资料来源　《万历会典》卷 27《户部》14《会计》3《漕运总数》。原文云:"凡漕运,先车俱民运适安、瓜洲,补给脚价,兑与军船领运,兑为兑运,名为支运;······成化 11 等年,······令各军赴水次领兑,名为改兑,支运法亦名转搬法,改兑法又名长运法或直运法。"

关于明代兑运法中每年每石漕米加征脚耗参看本书表18。

编者注　*原书(《万历会典》卷 27《户部》14《会计》3《漕运总数》)记成化 11 年(1475 年)······755,600石,南粮3,244,400石,是为正额,嗣后改兑,改为岁运米4,000,000石。其中北粮《明书》卷 68《赋役志》《明史》稿志6《食货》3《漕运》及《明史》卷 79《食货》3《漕运》均记有明代漕粮岁运正额之数及北粮,南粮和额,改兑等四项之总数(但无总数的分计表),额数与《会典》同。但是,关于漕粮岁额《明书》(1472 年)、《明史》录。必须注意,虽然漕运书于"天顺中"(1457—1464 年),其他两书则系于"成化 8 年"(1472 年),关于制定漕粮岁额年份的事,参看乙表 51 及该表注⑩。

①《罪惟录》10《贡赋志》记崇祯(1628—1644 年)中"漕粮米额数"共3,592,265石(按:原作"3,562,265"石。盖万

位数之"6"乃"9"之误），较成化原额4,000,000石之数少了407,735石。这是由于江西额减300,000石，湖广额减37,735石，河南额减70,000石所造成的。其余浙江，山东两布政使司及南直隶十五府，州的漕额数没有改变。②内包括支运米644,083.3石，其中：天津仓本色米60,000石；蓟州仓色米140,000石；密云镇米154,810.8石；昌平镇米189,272.5石。③原注云："凡有灾伤府分停免，就于邻近府分照数拨补，候成熟征色还；如遇各府俱有灾伤，务不失〔漕运〕四百万石〔正〕额数。"④内折色37,735石。⑤内折色70,000石。

乙表 55　明代各卫所官军转运漕粮额数 *

运粮官军别	漕额(石)①	运粮官军别	漕额(石)①	运粮官军别	漕额(石)①	运粮官军别	漕额(石)①
总计	4,040,934②	湖广把总		金华所	7,829	庐州卫	52,457
南京把总		武昌卫	36,474	衢州所	15,965	六安卫	29,167
锦衣卫	10,469	武昌左	34,335	严州所	30,856	合计	793,109⑧
府军卫	5,991	蕲州卫	43,136	湖州所	19,649	江南把总	
金吾卫	5,035	黄州卫	26,772	海宁所	10,429	建阳卫	41,448
豹韬左	61,186	沔阳卫	32,411	合计	665,303⑦	宣州卫	15,781
骁骑右	11,022	岳州卫	19,289	中都把总		新安卫	35,307
府军右	3,131	荆州卫	33,886	凤阳卫	39,658	安庆卫	55,601
神策卫	4,145	荆州左	22,382	凤阳中	30,088	九江卫	60,360
虎贲左	7,184	荆州右	23,713	凤阳右	31,316	水军左	20,571
留守左	5,895	襄阳卫	22,597	留守左	24,356	龙江左	17,991
鹰扬卫	11,483	承天卫	⑤	留守中	17,724	龙江右	13,142
镇南卫	14,430	显陵卫	⑤	怀远卫	28,461	广洋卫	20,571
留守中	4,912	德安所	22,342	长淮卫	47,282	江阴卫	18,000
龙江右	45,654	合计	317,337④	宿州卫	10,746	镇江卫	73,623
广洋卫	36,198	江西把总		武平卫	14,346	苏州卫	59,071
江阴卫	24,409	南昌前	37,948	颍州卫	6,140	太仓卫	46,975
羽林右	10,991	袁州卫	70,860	洪塘所	6,048	镇海卫	56,675
龙虎卫	15,251	赣州卫	20,693	颍上卫	1,530	松江卫	15,251
旗手卫	6,816	吉安所	34,294	合计	257,695⑨	嘉兴所	11,281
横海卫	14,326	安福所	18,759	江北把总		水军右	17,142
武德卫	11,022	永新所	16,978	淮安卫	68,319	应天卫	10,185
留守右	11,202	建昌所	17,285	大河卫	102,790	横海卫	104,578
金吾前	4,575	抚州所	21,302	邳州卫	40,864	合计	693,553⑧
沈阳卫	2,425	广信所	16,948	徐州卫	77,146	山东把总	
府军后	4,544	铅山所	19,526	徐州左	41,632	临清卫	79,580
豹韬卫	11,882	饶州所	14,101	寿州卫	45,969	平山卫	31,207
虎贲右	18,124	合计	288,694⑥	泗州卫	93,365	东昌卫	23,272
水军右	23,671	浙江把总		归德卫	23,579	济宁卫	68,957
应天卫	4,000	杭州前	68,465	扬州卫	47,404	兖州护	18,421
水军左	51,948	杭州右	74,606	通州所	17,377	东平所	8,535
龙虎左	44,180	绍兴卫	85,045	泰州所	14,890	濮州所	7,829
兴武卫	11,882	宁波卫	95,330	盐城所	24,276	合计	237,801⑩
羽林左	2,702	台州卫	88,759	高邮卫	44,856	洋遮把总	
龙江左	31,930	温州卫	89,957	兴化所	12,496	通州左	4,089
府军左	5,987	处州卫	62,939	仪真卫	33,772	通州右	3,043
合计	538,602③	海宁卫	15,474	滁州卫	22,750	神武中	2,459

运粮官军别	漕额(石)[①]	运粮官军别	漕额(石)[①]	运粮官军别	漕额(石)[①]	运粮官军别	漕额(石)[①]
定边卫	2,612	德州卫	15,422	淮安卫	27,438	长淮卫	30,856
天津卫	4,458	德州左	15,402	大河卫	47,142	合计	248,840[⑫]
天津左	3,043	徐州左	12,895	高邮卫	21,428		
天津右	3,013	泗州卫	24,684	扬州卫	30,856		

资料来源　明陈组绶辑《皇明职方川海地图表》(以下简称《川海地图表》)卷下《漕河列表》(《玄览堂丛书》第 3 集第 12 册)。按此书成于崇祯 9 年(1636 年),其《漕河列表》主要参考了邵宝《漕政录》一书及嘉靖初年陆钺、霍韬、何孟春诸人之议论,故所述应为嘉靖年间的情况。

编者注　＊顾祖禹《舆图要览》卷 4 第 16《漕运图说》亦记有明代各卫所官军漕运额数,多与本表同,但亦颇有出入,今仅将该书所载各"把总"的合计数附列以下各注中,其"把总"属下各卫所的漕额不一一列举。

又《川海地图表》所记各"把总"的运粮数,与各该"把总"属下各卫所运粮数相加起来所得出的合计数不符;运粮总数又与各"把总"运粮数相加起来所得出的合计数不符。本表"总计"及各"把总合计"等项均据表中各分计分别相加得出,其与原书所载有出入者,附见以下各注。

①表内石以下的数值均四舍五入。　　②《川海地图表》原作"四万八千九百九十八石九斗九升二合","四万"两字之间掉了一个"百"字。《舆图要览》作 4,008,988 石 9 斗 9 升 2 合。　　③《川海地图表》原作 501,881 石 6 斗 1 升 6 合。《舆图要览》作 551,881 石 6 斗 1 升 6 合。　　④《川海地图表》原作 328,634 石 2 斗 8 合。《舆图要览》作 300,695 石 3 斗 8 升。　　⑤原无记载。　　⑥这里江西运粮总数,《川海地图表》作 300,695 石 3 斗 8 升 8 合,此数与《舆图要览》所载湖广运粮总数一点不差;复据后书所载江西运粮总数原作:"三十万六百□□□石□斗□升□合",文字虽有残缺,但与同书所载的湖广运粮总数(300,695 石 3 斗 8 升 8 合,见注④)又是几乎完全相同。《舆图要览》的江西总数似误。　　⑦《川海地图表》原作 665,312 石 3 斗 4 升。《舆图要览》作 267,598 石 6 斗 3 升 2 合(按:《舆图要览》此数乃后一区中都的运粮总数,大概传抄时误列于浙江项下)。　　⑧《川海地图表》原把江南分别为"上江"及"下江"两项:上江运粮总数作 472,473 石零 7 升;下江运粮总数作 54,029 石 6 斗 6 升(两者合计约为 526,502 石 7 斗 3 升)。《舆图要览》作:"上江"472,743 石零 7 升;"下江"54,329 石 6 斗 6 升(两者合计为 527,072 石 7 斗 3 升)。按:本表据江南属下各卫所的分计数所统计起来的合计数 693,553 石,与两书原载的江南合计数相差约 16 万余石。考《川海地图表》所记横海卫的运粮数为 104,577 石 6 斗,而《舆图要览》所记该卫的运粮数为 14,577 石 6 斗,一作"十万……",一作"万……",相差 9 万石。如果把横海卫的运粮数改从《舆图要览》所记,则江南合计数应为 603,553 石,与本表统计的数字比较接近了一些,但仍约差 9 万石。　　⑨《川海地图表》原作 267,598 石 6 斗 3 升 2 合,《舆图要览》同(只"二合"作

"三合")。　　⑩《川海地图表》原作 889,774 石 1 斗 2 合,《舆图要览》同。　　⑪《川海地图表》原作 238,401 石 3 升。《舆图要览》作 248,402 石零 3 升。　　⑫《川海地图表》原作 240,000 石,《舆图要览》同。

附记　《川海地图表》及《舆图要览》两书在记录明代各卫所运粮数外,还载有各年岁运总数(两书基本相同),今并附列于下,以供参考:(因《川海地图表》一书所载的数字有不少脱漏,此据《舆图要览》录。)

洪武	30 年	公元 1397 年	海运粮 700,000 石于辽东。
永乐	6 年	1408 年	海运粮 651,620 石于北京。卫河潜(儹)运粮 452,776 石于北京。
	12 年	1414 年	接运海运粮 414,800 于通州。
宣德	8 年	1433 年	儹运粮 500 余石,通仓收 2 分,京仓收 1 分。
	10 年	1435 年	会通河儹运粮——淮安等处常盈等仓4,646,530 石于北京。
正统	2 年	1437 年	儹运粮 4,235,000 石。
景泰	2 年	1451 年	儹运粮 2,939,500 石:支运 126,020 石 3 斗;兑运 2,823,480 石。
	7 年	1456 年	儹运粮 4,235,000 石。
天顺	4 年	1460 年	儹运粮 4,000,000 石。
成化	8 年	1472 年	儹运粮 4,350,000 石——支运 721,800 石。
弘治	2 年	1489 年	儹运粮 4,000,000 石:支运 700,000 石,兑运 3,300,000 石。
正德	6 年	1511 年	儹运粮 4,000,000 石:支运仓粮 6,070 石,改兑 633,000 石,兑运 3,300,000 石。
嘉靖	元年	1522 年	儹运粮 5,000,000 石:支运仓粮 70,600 石,改兑 639,400 石,兑运 3,300,000 石。

宣德 10 年《舆图要览》原作"十六年"。按宣德朝只有 10 年,原书误衍"六"字。

乙表 56　明万历六年分区起运存留米麦数及其百分比①

（公元 1578 年）

南北直隶及布政使司别	起运存留合计（石）	起　运		存　留	
		额数（石）	百分比（%）	额数（石）	百分比（%）
总计	26,638,460	15,286,738②	57.39	11,351,722②	42.61
南直隶	6,008,479	4,984,525	82.96	1,023,954	17.04
江西	2,616,342	2,254,000	86.15	362,342	13.85
山东③	2,898,161	1,759,285	60.70	1,138,876	39.30
浙江	2,522,628	1,695,739	67.22	826,889	32.78
河南	2,380,759	1,519,044	63.81	861,715	36.19
湖广	2,162,183	914,399	42.29	1,247,784	57.71
山西	2,314,802	752,830	32.52	1,561,972	67.48
四川	990,906	397,253	40.09	593,653	59.91
北直隶	598,640	380,946	63.64	217,694	36.36
福建	850,848	314,400	36.95	536,448	63.05
广东	993,826	314,317	31.63	679,509	68.37
陕西	1,735,690	—	—	1,735,690	100.00
广西	371,698	—	—	371,698	100.00
云南	142,690	—	—	142,690	100.00
贵州	50,808	—	—	50,808	100.00

资料来源　明张学颜编《万历会计录》卷 1—5 及卷 7—16（北京图书馆藏万历刻本，原书卷 6《山东布政使司田赋》已佚）。本表各布政使司排列顺序，以起运额大小为准。

编者注　①按张学颜编的《万历会计录》，成书于万历 10 年（1582 年），所记各布政使司夏税、秋粮的起运、存留数，大多数是万历 6 年（1578 年）各地所册报的，但也有例外，如福建即为万历 8 年九月的册报数。又本表总计及十三个布政使司的数字，均为原书所记的总计的及各司的起运总数或存留总数；但南、北直隶的数字，则由编者分别根据原书南直 18 府、州及北直 10 府、州的分计数相加得来，因为原书没有作出南直和北直的起运总数及存留总数。　②按弘治 15 年（1502 年）起运总数为 15,034,476 石，存留总数为 11,764,865 石，见万历年间邹泉辑《古今经世格要》卷 6《地官部》3《食货格皇明经制》所录弘治 15 年户部尚书韩文《会计存留起运钱粮以足国裕民疏》。其后，崇祯陈子壮《昭代经济言》卷 5，清乾隆敕选《明臣奏议》卷 10，光绪孙桐生《明臣奏议》卷 2，均节录此文。乾隆《明臣奏议》改题曰

《会计天下钱粮奏》，他二书均题曰《会计足国裕民疏》，然三书均删去关于弘治15年起运、存留的数字。 ③因原书卷6缺佚，表中本司的起运和存留数，系据原书所记总计数减去两直及其他十二司的合计数所得出的。按：《万历会典》卷26《户部》13《会计》2《起运》所记"弘治十五年起运数目"，其中山东布政使司夏税、秋粮各项应起运的麦米，计共：

1,928,297$^+$ 石

内包括：应折银的 10,902$^+$ 石

布（或绵花、钞等）准折麦、米的 872,451$^+$ 石

乙表 57 明代各镇军马额数

各 镇		军数		马数*	
		永乐年间原额	万历初年现额	永乐年间原额	万历初年现额
蓟镇：	蓟州	39,339	31,658	10,700	6,399
	密云	9,605	33,569	2,032	13,120
	永平	22,307	39,940	6,083	15,080
	昌平	14,295	19,039	3,015	5,625
辽东		94,693	83,340	77,001	41,830
保定		29,308	34,697	1,199	4,791
宣府		151,452	79,258	55,274	33,147
大同		135,778	85,311	51,654	35,870
山西		25,287	55,295	6,551	24,764
延绥		80,196	53,254	45,940	32,133
宁夏		71,693	27,934	22,182	14,657
固原		126,919	90,412	32,254	33,842
甘肃		91,571	46,901	29,318	21,660
四川		14,822	10,897①		
云南		63,923②	62,593		
贵州			28,355③		
广西		121,289	38,951④		
湖广			68,829		
广东			65,215⑤		

各　　镇	军数		马数 *	
	永乐年间原额	万历初年现额	永乐年间原额	万历初年现额
南直隶	102,167	7,149⑥		
浙江	130,188⑦	78,062		
江西	39,893	20,848		
南赣		20,076⑧		
福建	125,381	38,475		
山东	45,848⑨			
河南	51,197⑩			
各镇总计	1,587,151	1,120,058	343,203	282,918

资料来源　明《万历会典》卷 129—131《镇戍》4—6《各镇分例》1—3(参阅吴晗《读史札记明代的军兵》页 94—105)。

编者注　＊马数原额一栏:大同、山西、固原三镇,并与驴、羸(骡)或驼、牛合记。现额一栏:除蓟州一镇纯为马数以外,其他各镇均把驴、羸或驼、牛合记在内。　①内:马军 1,489、步军 9,408。　　②包括"汉、土官军"。　　③内:马军 2,382、步军 23,036。按,马、步两军合计为 25,418,与表中现额官军总数不符。　④内:"见额官军"13,097,其中马军 825,步军 12,275;"见在操募"25,854。按:马、步军合计为 13,100,较"见额官军"数多了 3。　⑤内:"见在"29,947,"召募"35,268。　　⑥系"召募"额数。　⑦此为浙江兵、壮原额。隆庆 4 年题准全省额设民壮 16,290 名。　　⑧内:江西官军 9,148,福建官军 8,171,广东官军 829,湖广官军 1,928。按,原书云:"江西当吴、楚之交……赣州诸山尤为盗薮,往往籍外兵。成化间籍福建,嘉靖间籍浙江,今广东、福建、湖广,各以其卒戍守。"　　⑨内:"原额官军"43,631,"直隶沂、莒二卫改属班军"2,217。　　⑩内:"原额官军"31,177,"军舍、操余"20,020。按将校的子弟为舍人或官舍、军舍;在卫军士本身为正军,其子弟则称余丁或军余,又每与舍人合称"舍余"。

乙表 59　明万历四十八年分区加派地亩银数①

（公元 1620 年）

直隶府州及布政使司别	皇明世法录卷34 记载的实收数（两）	朱庆永明末辽饷问题一文的统计数（两）	李文治晚明民变的统计数（两）	据万历 6 年田数每亩加派九厘的应征额（两）
总计	5,016,474.49	5,046,595	5,001,167	6,307,928.52
十三布政使司	3,903,309.37	3,903,304	3,903,305	5,168,064.82
浙江	420,272.84	420,272	420,272	420,272.84
江西	361,036.14	361,036	361,036②	361,036.14
湖广	742,476.16	742,476	742,476	1,994,579.46*
福建	120,802.56	120,802	120,803③	120,802.50
山东	555,749.10	555,749	555,749	555,749.10
山西	318,589.10	318,589	318,589	331,235.34*
河南	667,421.57	667,421	667,421④	667,421.56
陕西	263,631.47	263,631	263,631	263,631.47
四川	121,338.91	121,338	121,338	121,344.90*
广东	231,178.62	231,178	231,178	231,178.62
广西	84,618.67	84,618	84,618	84,618.67
云南	16,194.23	16,194	16,194	16,194.22
贵州	⑤	⑤	⑤	⑤
北直隶府州	432,746.98	466,371*	456,144*⑥	443,311.60*
八府⑦	431,519.24	465,144*		442,083.86*
二州⑧	1,227.74	1,227		1,227.74
南直隶府州	680,418.14	676,920*⑨	641,718*⑥	696,552.10*
应天府	62,464.62	62,464⑩		62,464.63
安庆府	19,714.77	19,714		19,714.77
徽州府	24,752.05	24,752		22,930.45*
宁国府	27,297.70	27,297		27,297.70
池州府	8,180.30	8,180		8,180.30
太平府	13,252.03	13,252		11,583.48*
广德州	19,505.20	16,015*⑨		19,505.20
苏州府	83,663.55	83,663		83,663.55
松江府	38,229.33	38,229		38,229.33
常州府	57,830.35	57,830		57,830.36
镇江府	30,435.42	30,435		30,435.43
庐州府	61,550.19	61,550		61,550.20
凤阳府	54,172.77	54,172		54,172.77

(乙表 59 续)

直隶府州及布政使司别	皇明世法录卷34记载的实收数(两)	朱庆永明末辽饷问题一文的统计数(两)	李文治晚明民变的统计数(两)	据万历6年田数每亩加派九厘的应征额(两)
淮安府	98,119.78	98,119		117,743.73*
扬州府	54,976.49	54,976		54,976.50
徐州	18,150.45	18,150		18,150.44
滁州	2,528.92	2,528		2,528.96
和州	5,594.22	5,594		5,594.30

编者注

①按《明史》卷78《食货》2 载:"至(万历)46 年骤增辽饷三百万,……户部尚书李汝华乃援征倭播[州]例,亩加三厘五毫,天下之赋增二百万有奇。明年(47年)复加三厘五毫。明年(48年)以兵、工二部请,复加二厘。通前后九厘,增赋五百二十万,遂为岁额。"朱庆永《明末辽饷问题》(南开大学《政治经济学报》第 4 卷第 1 期)及李文治《晚明民变》(页 22—23)对万历 48 年"九厘加派"均曾列表统计(按,李文所作的统计表,完全没有注明材料来源)。但是,不仅它们之间的数字互有出入,而且和《皇明世录》据天启初年户科钱粮总册转录的万历原额实收"加派地亩银数"也有互异之处。又,我们根据万历 6 年全国及各区(原无加派之贵州除外)的田亩数按每亩加派九厘而计算出来的应征银额,与《皇明世法录》所载的实收银数亦有出入。这可能是在万历 48 年征收九厘加派时,有些地区的田亩额数已经有了变迁;或由于豁免、新升科及逋欠、抛荒等等因素的影响。总之,我们认为《皇明世法录》的记载是比较可以征信的,其他三栏备列于此,供读者参考而已。

②李文原作"331,036",可能是排印时误植所致,兹代改正。

③按李文两以下之数值均不计入,独此处按四舍五入法进位,恐尾数之"3"亦系"2"之误植。

④李文原作"667,412",可能是排印时误植所致,兹代改正。

⑤贵州原无加派。

⑥李文南直、北直各府州原无分计数。

⑦顺天、永平、保定、河间、真定、顺德、广平、大名等八府。

⑧延庆、保安二州。

⑨朱文南直隶十八府州中,独广德州作 16,015 两,与《皇明世法录》异。考《皇明世法录》卷36《理财新饷入数》载天启初年实收加派地亩银,其中南直隶十八府州及北直隶延庆、保安二州(其余八府在天启 2 年全部蠲免)共收 678,155.70 两。如果把这个数字减去延、保二州的银数(1,227.70 两),剩下的 676,928 两即为天启初年南直隶实收的加派地亩银,与朱文的数字相合(按:朱文两以下之

数值不计入,故尾数相差 8 两)。换言之,朱文似误把天启初年的实收数作为万历 48 年数。

⑩朱文原作"64,264",可能是排印时误植所致,兹代改正。

＊凡与第一栏《皇明世法录》的数字有出入者(两以下之数值不计),均以此符号表示之。

乙表 60　明万历、天启、崇祯三朝田赋加派占辽饷总数的百分比

年度	公元	(1) 辽饷合计 (两)	(2) 田赋加派 (两)	(3) 杂项增加 (两)	(4) 盐课加派 (两)	(5) 关税加派 (两)	(6) 田赋占合计 百分比(%)
万历 47 年	1619	2,000,031	2,000,031	—			100
48 年	1620	5,200,062①	5,200,062	—	—	—	100
天启元年	1621	4,456,186②	4,251,513	116,006	59,425	29,242	95
2 年	1622	2,916,096	1,810,525	689,383	363,716	52,472	62
3 年	1623	4,659,376③	3,515,712	1,010,000	68,424	65,240	75
4 年	1624	4,245,355④	3,610,000	500,100	70,015	65,240	85
5 年	1625	4,992,680⑤	3,610,000	1,200,000	117,440	65,240	72
6 年	1626	5,497,240⑥	3,610,000	1,150,000	537,000	200,240	66
7 年	1627	5,450,120	3,610,000	1,100,000	540,000	200,120	66
崇祯元年	1628	3,910,000⑦	3,000,000	600,000	210,000	100,000	77

资料来源　本表第(2)至第(5)栏系引录朱庆永《明末辽饷问题》所载的数字,并据此作成第(1)及第(6)两栏。朱文原载的辽饷"实收总数"有七项与田赋、杂项、盐课、关税等加派的合计的总数不符(朱文"实收总数"与田赋加派等分计的总数有出入者见下注),可能因为田赋加派等四栏系额征数,亦可能由于计算或排印错误所致。

编者注

①原文作"5,200,060"。

②原文作"5,500,186"。

③原文作"4,763,376"。

④原文作"4,110,100"。

⑤原文作"4,993,600"。

⑥原文作"5,587,420"。

⑦原文作"3,900,000"。

乙表 61　清代各朝各省直省田地数*

直省别②	顺治18年(1661年)(亩)	康熙24年(1685年)(亩)	雍正2年(1724年)(亩)	乾隆18年(1753年)(亩)	嘉庆17年(1812年)(亩)	咸丰元年①(1851年)(亩)	同治12年(1873年)(亩)	光绪13年(1887年)(亩)
总计	549,357,640②	607,843,001③	723,632,906	735,214,536	791,525,196	756,386,244	756,631,857	911,976,606
直隶	45,977,245	54,343,448	70,171,418	66,162,185	74,143,471	72,726,354	73,045,863⑮	86,651,512
奉天⑤	60.933	311,750	580,658	2,524,321	21,300,690	11,524,171	11,524,171	28,495,912
吉林	—				1,492,251	1,439,556	1,439,556	1,497,914
黑龙江	—			81,600	81,600			81,600
江苏	}95,344,513⑦	67,515,399	69,332,409	70,109,995	72,089,486⑧	64,754,727	64,754,727	75,127,538
安徽		35,427,433	34,200,121	35,019,797	41,436,875	34,078,633	34,078,633	41,114,341
山西	40,787,125	44,522,136	49,242,560	33,979,419	55,279,052⑫	53,285,401	53,285,401	56,609,070
山东	74,133,665	92,526,840	99,258,674	99,347,263	98,634,511	98,472,846	98,472,846	125,941,301
河南	38,340,397	57,210,620	65,904,537	73,028,405	72,114,592	71,820,864	71,820,864	71,685,359
陕西	}37,328,588⑩	29,114,906	30,654,547	29,212,761	30,677,522	25,840,212	25,840,212	30,592,953
甘肃		10,308,767⑪	21,791,254⑪	28,534,736	23,684,135⑬	23,536,621	23,536,621	16,775,160
新疆	—	—			1,114,057			11,480,191
浙江	45,221,601	44,856,576	45,885,288	46,182,951	46,500,369	46,412,026	46,388,126	46,778,169
江西	44,430,385	45,161,071	48,552,851	48,571,128	47,274,107	46,218,727	46,220,099	47,343,012
湖北	}79,335,371⑬	54,241,816	55,404,118	58,745,029	60,518,556	59,443,944	59,443,944	59,220,195
湖南		13,892,381	31,256,116	32,009,996	31,581,596	31,304,273	31,340,273	34,730,825
四川	1,188,350	1,726,118	21,503,313	45,957,449	46,547,134	46,381,939	46,383,462⑭	46,417,417
福建	10,345,754	11,199,548	31,307,100⑮	13,620,688	13,653,662	13,065,652	12,848,285⑯	13,452,111
台湾	—	—				738,183	746,393⑯	⑱
广东	25,033,987	30,239,255	31,757,472	32,898,409	32,034,835	34,390,309	34,390,309	34,730,825
广西	5,393,865	7,802,451	8,157,782	8,953,129	9,002,579⑲	8,960,179	8,986,743⑱	8,993,043
云南	5,211,510	6,481,766	7,217,624	7,543,005	9,315,126⑳	9,399,929	9,399,929㉑	9,319,360
贵州	1,074,344	959,711	1,454,569	2,573,594	2,766,007	2,685,400	2,685,400	2,765,006

资料来源　顺治18年，据《清朝文献通考》卷1《田赋》1《田赋之制》。康熙24年，据前书卷2《田赋》2《田赋之制》。雍正2年，据前书卷3《田赋》3《田赋之制》；卷10《田赋》10《屯田》；卷12《田赋》12《官田》；卷12《官田》。乾隆18年，据前书卷4《田赋》4《田赋之制》；卷10《田赋》10《屯田》；卷12《屯田》12《官田》。嘉庆17年，据《嘉庆会典》卷11《户部》。咸丰元年，据《中国近代农业史资料》第1辑页60所引《户部则例》（咸丰元年则例）《户部》卷5的材料。同治12年，据《户部则例》（同治13年校刊）《田赋》1上《直省田赋》。光绪13年，据《光绪会典》卷17《户部》；卷84《八旗都统》；卷94《内务府》。

编者注　＊本表中各年所包括的田地项目不尽相同：顺治18年包括民田、屯田及学田三项；嘉庆17年，光绪13年包括民田、屯田及户田、学田，屯田及户田、退滩地、沙涂地、旗地、官庄地、马厂灭牧厂地、开垦及报垦地等项官田。咸丰元年，该书不载项以下的数字。原书中作“各项田地”数。①咸丰元年数字系转引自《中国近代农业史资料》第1辑，该书不载项以下的数值。承季支治根据原材料进行审核、校正了《农业史资料》中奉天、吉林、台湾、江苏、安徽、山西、山东、河南、甘肃、陕西、湖北、湖南、四川等省的数字。今据季核正后的数字入表。按本表数字与同治12年比较，有13省（奉湖南、四川等省的数字亦很近似。②咸丰年及同治12年因原书不载各省的总数，表中这两年的总计数系各省分计相加之和。其他各年均系原书所载总数。但和各省分计的总数不和有出入。这几年的各省合计数定，顺治18年:519,257,633 亩；康熙24年:607,841,992亩；雍正2年:723,632,411亩；乾隆18年:734,974,260亩；嘉庆17年:792,106,023 亩；光绪13年:849,802,814亩。③据《清实录》及《东华录》两书所记，顺治18年田地数为 5,265,028 顷。④据《清实录》及《东华录》两书“直隶省各项田地共5,891,623顷。⑤据原书由《同治户部则例》所载同治12年，“直隶省各项田地共688,410顷24亩有奇；八官旗（旗官）地38,755顷余亩；又屯庄地97顷90余亩，又畦地2,771筒（每筒合50亩,2,771筒合138,550亩）；咸丰10年至同治11年昌平等州县续垦荒地478顷续垦黑地1,331顷5亩有奇”等项田地合计得出。⑥顺治、康熙、雍正三朝仪指奉天、锦州二府。⑦顺治朝同属江南省，康熙6年（一作8年）始分设江苏、安徽两省。⑧江苏省田数据《嘉庆会典》所记苏州、江宁两省布政使司各合田地统计得出。⑨原书《嘉庆会典》记山西民田数后，又记有“又地三十六顷，山地一座”，“今按每顷合6亩之数（36顷共合 216 亩）作山西田地数。⑩顺治朝同属陕西省，康熙6年始分设陕西、甘肃两省。⑪原书《清通考》作处纳昌等处田地数。⑫另有番地216,514段未计在内。按甘肃“番户”，其所种番地，皆计户纳粮，免其查丈。⑬顺治朝同属湖广省，康熙6年始分设湖北、湖南两省。⑭包括“邓州淤出沙地15项22亩7分0,作为公地,听入书院公地,听入。

佃收租，以作师生膏火等项……"。

⑮此数与前后各年数字比较，显然过大，疑原文"三千一百万"乃"一千三百万"之误，未有史料可凭校正，暂仍不改。

⑯原书(同上)作"福建省各项田地共128,482顷85亩有奇；台湾府属田园共48,013甲有奇(合542,547亩)，又田2,029顷88亩有奇；又道光30至同治元年续垦田8顷58亩有奇"。

⑰原书(同上)作"台湾府国园2,097顷21亩有奇，又57,884甲"。按每甲合11.3亩，据此折算入(57,884甲合654,089亩)。

⑱光绪25年(1899年)台湾省水田数为211,949甲(合2,331,439甲)，旱田151,341甲(合1,664,751亩)，合计363,290甲(合3,996,190亩)；光绪33年(1907年)水田328,540甲(合3,613,940亩)，旱田345,982甲(合3,805,802亩)，合计674,522甲(合7,419,742亩)。(见《台湾的租佃制度》，1931年版，页2。)

⑲其中包括"田白合"22白(合)田亩清丈之数。另有膳田339户，计户纳粮，无田亩清丈。

⑳内包括"6,641埠"折合26,564亩之数。按折算户之数。另有膳田339户。

㉑另民田中有麦田882段，又田中有麦田2段，又学田中有麦田1段，其麦田885段。按云南麦户所种麦地，计户纳粮，免其查丈。

㉒另麦田883段。

乙表 62　清代各朝各直省田地占其总计的百分比

直省别	顺治18年(1661年)(%)	康熙24年(1685年)(%)	雍正2年(1724年)(%)	乾隆18年*(1753年)(%)	嘉庆17年(1812年)(%)	咸丰元年(1851年)(%)	同治12年(1873年)(%)	光绪13年*(1887年)(%)
各直省总计	100.00	100.00	100.00	100.00	100.00	100.00	100.00	100.00
直隶	8.37	8.95	9.69	9.00	9.37	9.65	9.65	9.50
奉天	0.01	0.05	0.08	0.34	2.69	1.53	1.52	3.12
吉林	—	—	—	—	0.19	0.19	0.19	0.16
黑龙江	—	—	—	—	0.01	—	—	0.09
江苏	17.36 }	11.10	9.58	9.54	9.11	8.57	8.56	8.23
安徽		5.83	4.73	4.77	5.24	4.50	4.50	4.51
山西	7.42	7.33	6.81	4.62	6.99	7.04	7.04	6.21
山东	13.49	15.23	13.71	13.51	12.46	13.61	13.01	13.81

（乙表 62 续）

直省别	顺治 18 年(1661 年)(%)	康熙 24 年(1685 年)(%)	雍正 2 年(1724 年)(%)	乾隆 18 年*(1753 年)(%)	嘉庆 17 年*(1812 年)(%)	咸丰元年(1851 年)(%)	同治 12 年(1873 年)(%)	光绪 13 年*(1887 年)(%)
河南	6.98	9.42	9.11	9.93	9.11	9.50	9.50	7.86
陕西	} 6.80	4.79	4.23	3.97	3.88	3.41	3.41	3.35
甘肃		1.69	3.01	3.88	2.99	3.11	3.11	1.84
新疆	—	—	—	—	0.14	—	—	1.26
浙江	8.23	7.38	6.34	6.28	5.87	6.13	6.13	5.13
江西	8.09	7.43	6.71	6.61	5.97	6.11	6.11	5.19
湖北	} 14.44	8.92	7.66	7.99	7.65	7.86	7.86	6.50
湖南		2.28	4.32	4.36	3.99	4.14	4.14	3.81
四川	0.22	0.28	2.98	6.25	5.88	6.13	6.13	5.09
福建	1.88	1.85	4.33	1.85	1.73	1.72	1.70	1.47
台湾	—	—	—	—	0.11	0.09	0.09	—
广东	4.57	4.98	4.39	4.47	4.05	4.56	4.56	3.81
广西	0.98	1.28	1.13	1.21	1.14	1.16	1.19	0.99
云南	0.95	1.06	0.99	1.03	1.18	1.24	1.24	1.02
贵州	0.20	0.15	0.20	0.35	0.25	0.35	0.36	0.31

资料来源 根据本编表 61 作。

编者注 *原书所记各直省总计数与表中根据各区分计相加所得之和，两者之间存有差额（参看本编表 61 注②），因此，这几栏各分区百分比之和也不可能刚好等于 100%。

乙表 63　清代各朝各直省田地数的升降百分比*

直省别	顺治18年(1661年)(%)	康熙24年(1685年)(%)	雍正2年(1724年)(%)	乾隆18年(1753年)(%)	嘉庆17年(1812年)(%)	咸丰元年(1851年)(%)	同治12年(1873年)(%)	光绪13年(1887年)(%)
各直省总计	—	—	100.00	101.60	109.38	104.53	104.56	126.03
直隶	—	—	100.00	94.27	105.66	103.64	104.10	123.49
奉天	—	—	100.00	434.73	3,668.37	1,984.68	1,984.67	4,907.52
江苏	—	—	100.00	101.12	103.98	93.40	93.40	108.36
安徽	—	—	100.00	102.39	121.16	99.65	99.65	120.22
山西	—	—	100.00	69.00	112.26	108.21	108.21	114.96
山东	—	—	100.00	100.09	99.37	99.21	99.21	126.88
河南	—	—	100.00	110.81	109.42	108.98	108.98	108.77
陕西	—	—	100.00	95.30	100.07	84.29	84.29	99.79
甘肃	—	—	100.00	130.95	108.69	108.01	108.01	129.66①
浙江	—	—	100.00	100.65	101.34	101.15	101.10	101.95
江西	—	—	100.00	100.04	97.37	95.18	95.20	97.51
湖北	—	—	100.00	106.03	109.23	107.29	107.29	106.89
湖南	—	—	100.00	102.41	101.04	100.15	100.27	111.12
四川	—	—	100.00②	213.72	216.45	215.69	215.70	215.86
福建	—	—	100.00	43.51	43.61	41.73	41.04	42.97
台湾	—	—	—	—	100.00	85.46	86.15	—
广东	—	—	100.00	103.59	100.87	108.29	108.29	109.34
广西	—	—	100.00	109.75	110.35	109.84	109.84	110.24
云南	—	—	100.00	104.51	129.07	130.24	130.24	129.12
贵州	—	—	100.00	176.93	190.16	184.62	184.62	190.09

资料来源　根据本编表 61 作。

编者注　* 顺治、康熙两朝，由于省区的划分以及所包括的田地类别差异颇大，故不作比较。

① 包括新疆的田地数在内。按：光绪 10 年，始由甘肃省分设新疆省（参见《光绪朝东华录》卷 66）。

② 是年福建省的基数见本编表 61 注①。

乙表 64　清光绪十三年各直省各项田地数及其百分比

（公元 1887 年）

直省别	田　　地（亩）					各项田地占总计的百分比（%）			
	总计	民田①	屯田②	学田	其他官田③	民田	屯田	学田	其他官田
各直省合计	849,946,244④	740,070,896	50,929,041	356,099	58,590,208	87.07	5.99	0.04	6.90
直隶	86,651,512	57,448,373△⑤	10,883,658△		18,319,481⑥	66.41	12.54		21.05
奉天	28,495,912	6,498,231			21,997,681⑩	22.80			77.20
吉林	1,497,914	1,429,214			68,700⑦	95.41			4.59
黑龙江	81,600				81,600⑧				100.00
江苏	75,127,538	65,757,338	4,256,216⑯		5,113,984⑰	87.53	5.67		6.80
安徽	41,114,341	34,063,630	4,170,289	18,387	2,862,035⑪	82.85	10.14	0.01	7.00
山西	56,609,070	47,969,851	3,267,792⑫	27,798	5,343,629⑬	84.76	5.77	0.04	9.43
山东	125,941,301	123,600,758	2,288,905	41,742	9,896⑭	98.14	1.82	0.033	0.007
河南	71,685,359	64,751,686	6,000,839	199,904	732,930⑮	90.32	8.37	0.28	1.03
陕西	30,592,953⑯	26,597,219	3,993,244		2,490⑰	86.94	13.052		0.008
甘肃	16,775,160	10,357,977	6,272,956	25,524	118,703⑱	61.75	37.39	0.15	0.71
新疆	11,480,191⑲	11,480,191⑲				100.00			
浙江	46,778,169	44,713,511	224,130		1,840,528⑳	95.59	0.48		3.93
江西	47,343,012	46,176,300	582,464	6,735	577,513㉑	97.536	1.23	0.014	1.22
湖北	59,220,195	54,831,568△㉒	3,271,192△㉓		1,117,435㉔	92.59	5.52		1.89
湖南	34,874,255	31,304,200	3,238,741	7,380	323,934㉕	89.76	9.29	0.02	0.93

（乙表 64 续）

直省别	田　地　（亩）					各项田地占总计的百分比（%）			
	总计	民田①	屯田②	学田	其他官田③	民田	屯田	学田	其他官田
四川	46,417,417	46,402,402	13,496		1,519④	99.967	0.03		0.003
福建	13,452,111	12,601,238	786,513	9,070	55,290㉓	93.68	5.84	0.07	0.41
台湾	7,419,742㉔								
广东	34,730,825	34,193,764	521,944	15,117		98.45	1.50	0.05	
广西	8,993,043	8,813,935△㉕	179,108△			98.02	1.98		
云南㉖	9,319,360㉗	8,394,238	914,398		10,724㉘	90.07	9.82		0.11
贵州㉙	2,765,006	2,685,272㉚	63,156	4,442	12,136㉛	97.12	2.28	0.16	0.44

资料来源　《光绪会典》卷 17《户部》；卷 84《八旗都统》；卷 94《内务府》。

编著注　△原书仅载民田与屯田的合计数，但未记明各有若干。本表直隶、湖北、广西三省屯田额，系采用《道光户部则例》所载数字；民田额系由原记光绪数字，此外尚包括更名田、退圈地、恩赏地、民余地、监地等项民田。　　②本栏除屯田外又包括赡军地。

①本栏以民田为主，此外尚包括更名田、马厂地、牧厂地，开垦及报垦地，及"光圣贤庙墓祭田，并一切祠墓祭田等地不科赋"等项官田。

③本栏除屯田，学田已分见前两栏外，又包括芦田、退滩地、沙漆地、旗余地、民典旗余地、监地等项。

④原书记云："凡各省庙墓田，为数 9,119,766 项 6 亩有奇"，但不载各省各项田地分计的总数。今分了与民田以下各栏的总计的计算相联得一致，本栏各省总计数均据各省各项分计数相加之和得来。　⑤内包括：旗地 15,917,918 亩；

官庄地 1,858,211 亩；八旗庄地 538,494 亩；庙墓祭田 1,964 亩。其中旗地又包括：旗产地 431,404 亩；入旗宗室园地 14,053,371 亩（据前书前卷所载入旗营兵初次，二次，三次给地数合计得出）。　⑥内包括：旗

旗地 14,349,959 亩；八旗宗室园地 14,053,371 亩（据前书前卷所载入旗营兵初次，二次，三次给地数合计得出）；官庄地 265,124 亩；内务府盛京及锦州民田 287,669 亩；民典旗余地 130,900 亩；东边开垦地 2,278,000 亩；园地 26,532 亩；庙墓祭田 141 亩。另有"伯都讷，五常，宾州，双城等厅，敦化县，伊通州共〔计〕荒地 991,098 晌 9 亩〕有奇"，未计入内。

⑦内包括:打牲乌拉庄田14,700亩;公田54,000亩。

⑧系公田数。

⑨江苏江宁布政使司屯田,原书作"396,763项51亩",数字过大,当有误,今改作"3,967,635亩",再加上苏州布政使司屯田数288,581亩,合计4,256,216亩入表。

⑩内包括:户田5,103,100亩;庙墓祭田10,884亩。

⑪包括:户田2,860,722亩;归化城及驻马口外两地官庄128,400亩;太原府属基地6,944亩;大同、朔平二府田76,752亩;大同清出地11,752亩;庙墓祭田3,867亩。

⑫包括:赡军地554,992亩。

⑬内包括:拨厂额外地5,115,914亩;庙墓祭田1,313亩。

⑭庙墓祭田及寺观学地等地不科赋者。

⑮内包括:睢州、鹿邑、柘城(均属归德府)及大康(属陈州府)四州县共地722,756亩有奇;庙墓祭田10,174亩。

⑯原书"作民田、学田"数,两关田地数字未分列。

⑰内包括:退滩地867亩;庙墓祭田1,623亩。

⑱内包括《光绪会典》作镇西(镇西厅)、阿克苏、喀什噶尔三道所属熟地(9,339,666亩),未垦荒地(2,127,639亩),则本年新疆田地数当包括民、屯两项田地。

⑲原书《光绪会典》作镇西府备地40,817亩(另备迪化厅迪(迪化府)迪三项田地(12,886亩)。据《嘉庆会典》卷11所载新疆田地数内,有民地、有屯田,则本年新疆田地数1,743,796亩;马厂营地89,078亩;庙墓祭田7,654亩。

⑳内包括:沙涤地1,431亩。

㉑内包括:户田576,082亩;庙墓祭田7,654亩。

㉒湖北民田屯田共58,102,760亩;其中荒田占702,326亩;垦熟田57,400,434亩。

㉓系户田数。

㉔内包括:民田中有麦田9,081亩。

㉕此光绪33年数字,清参见乙表。

㉖其中有29,260亩,畮数不详。

㉗此光绪22句(合2亩)、田畮7,303(畮4亩)折成亩数得出。

㉘另民田中有麦田885段,每段亩数不详。

㉙记明该省田额系嘉庆17年册报数。

㉚原书《光绪会典》记明云南田额系咸丰3年数字不详。

㉛内包括:民田"民嘉庆17年册载25,988项76亩,但与《嘉庆会典》所载嘉庆17年贵州田地数2,766,007亩比较,少了1,001亩。

㉜系赈田数。

2-5,559段未计入)系廉地77,886亩。

南澳,云霄澳3,085亩,紫菜屿田150亩;庙墓祭田52,055亩。

其中有:义学田215亩;学田90亩。

义田1,336段;义学田2段;义学田中有麦田1段,共麦田885段,每段亩数不详。

又地863项96亩。另"又地192分",每分不详该分不详合若干亩,未计入内。

61注⑱。

乙表 65　清初十四省原额田及实额田数

省　　　别*	原　额　田(亩)	实　额　田(亩)
安　徽	—	38,802,583①
山　西	43,472,972②	37,763,117③
山　东	96,546,125④	2,182,943④
河　南	96,028,841	96,126,478
陕　西	66,517,861⑤	38,984,377
浙　江	34,043,005⑥	34,062,926⑥
江　西	47,791,807⑦	—
湖　南	75,875,863⑧	74,626,376⑧
四　川	—	45,815,194⑨
福　建	—	13,654,015⑩
广　东	33,638,344⑥	—
广　西	9,236,613⑪	9,347,639⑪
云　南	3,376,089⑪	2,765,678⑪
贵　州	2,641,174⑪	2,062,645⑪

资料来源　根据《中国农田统计》(载《中国经济学社社刊》第 1 卷《中国经济问题》页 23—26)作成。

编者注　﹡刘氏原文据称录自明清赋役全书及清黄册。然仅有一部分注明系见赋役全书者外,其余皆未注明出处,想或根据清黄册。又,奉天、直隶、甘肃、湖北、江苏五省原文无记载,故亦不见于本表。

①雍正间额。

②见清顺治 14 年(1657 年)赋役全书。

③雍正 13 年(1735 年)赋役全书。另有屯军等地计 3,421,950 亩。如加入此数,则实额田数应为 41,185,067 亩。

④见顺治 14 年赋役全书,原额系明万历间数。编者按,山东实额田数如此之少,显有错误。

⑤见顺治 14 年赋役全书。按当时陕西辖境为八府一州:西安、延安、平凉、庆阳、临洮、巩昌、凤翔、汉中等八府及兴安州;即相当于康熙以后的陕西、甘肃二省。当日甘肃尚未设省。

⑥顺治间额。

⑦明万历 39 年(1611 年)赋役全书。

⑧据刘氏原文说此是湖南的实额与原额,又云见顺治 14 年赋役全书。然顺治时湖广尚未分为湖南、湖北,则"湖南"必系湖广之误。且从七千多万亩的数字看来,亦可证系湖广无疑。

⑨雍正 13 年实额。

⑩顺治 15 年实额。

⑪康熙间额。

乙表 66　清顺治、康熙、雍正、乾隆四朝各直省田赋数

直省别	银（两）					粮（石）				
	顺治 18 年	康熙 24 年	雍正 2 年	乾隆 18 年	乾隆 31 年	顺治 18 年	康熙 24 年	雍正 2 年	乾隆 18 年	乾隆 31 年
各直省总计	21,576,006	24,449,724	26,362,541	29,611,201	29,917,761	6,479,465	4,331,131	4,731,400	8,406,422	8,317,735
直隶	1,824,191	1,824,191	2,088,612	2,411,286	2,463,708	19,591	19,591	117,178	101,229	95,219
奉天	1,827	9,352	—	38,110	45,544	—	—	38,070	76,206	76,944
江苏	⎱4,602,739	3,680,192	3,719,942	3,371,334	3,255,236	⎱2,788,517	365,570	276,838	2,155,021	2,085,451
安徽	⎰	1,441,325	1,387,596	1,688,000	1,707,123	⎰	166,427	179,972	845,248	694,316
山西	2,205,545	2,368,831	2,277,327	2,970,266	3,069,325	45,931	59,737	45,770	169,246	123,546
山东	2,380,091	2,818,019	3,007,946	3,346,257	3,332,879	395,400	506,965	508,784	507,680	506,095
河南	1,800,943	2,606,004	2,943,452	3,303,080	3,322,216	237,441	170,922	901,086	248,865	202,313
陕西	⎱1,436,033	1,315,012	1,355,245	1,530,907	1,555,513	61,851	47,617	23,074	168,453	31,948
甘肃	⎰	153,520	196,343	257,723	287,486	—			503,476	521,746
浙江	2,572,592	2,618,416	2,695,432	2,812,049	2,821,483	1,361,367	1,345,772	1,369,258	1,130,481	1,366,700
江西	1,726,970	1,743,245	1,179,476	1,879,810	939,126	938,753	925,423	127,452	899,632	899,836
湖北	⎱1,088,597	923,288	988,656	1,108,153	1,121,043	⎱460,691	138,197	157,080	286,554	286,537
湖南	⎰	517,092	1,092,634	1,163,063	1,178,357	⎰	65,366	149,601	277,641	277,949
四川	27,094	32,211	225,535	659,075	660,801	928	1,215	57,119	14,329	13,440
福建	750,862	762,706	1,174,445	1,177,899	1,278,570	109,661	104,829	127,080	168,453	313,913
广东	847,961	2,027,793	865,927	1,257,286	1,260,933	27,668	30,643	247,804	348,095	348,174
广西	199,654	293,604	308,124	382,597	391,352	94,299	221,718	120,726	130,375	130,420
云南	61,748	99,182	91,257	153,750	105,784	123,917	203,360	142,980	230,848	167,938
贵州	53,150	53,512	57,788	100,156	121,282	76,660	59,482	110,610	154,590	155,250

资料来源　根据本编表 70—74 作。

乙表 67　清顺治、康熙、雍正、乾隆四朝每年平均亩数及每亩平均银粮数的升降百分比

（以顺治 18 年作 100）

直省省别	每人平均亩数升降百分比(%)					每亩平均银数升降百分比(%)					每亩平均粮数的升降百分比(%)				
	顺治18年	康熙24年	雍正2年	乾隆18年	乾隆31年	顺治18年	康熙24年	雍正2年	乾隆18年	乾隆31年	顺治18年	康熙24年	雍正2年	乾隆18年	乾隆31年
各直省总计	100.00	99.58	103.72	26.43	13.54	100.00	102.56	100.00	107.69	102.56	100.00	60.17	58.47	100.85	94.92
直隶	100.00	105.66	114.17	43.57	25.42	100.00	85.00	82.50	92.50	90.00	100.00	100.00	475.00	375.00	350.00
奉天	100.00	108.39	125.43	103.74	35.19	100.00	100.00	—	50.00	56.67	100.00	100.00	—	—	—
江苏 安徽	100.00	94.82	90.18	35.02	7.88	100.00	100.00	101.04	103.10	100.00	100.00	17.29	16.44	96.40	86.64
山西	100.00	101.09	90.52	23.90	19.18	100.00	98.15	98.15	166.67	105.56	100.00	118.18	100.00	463.64	209.09
山东	100.00	104.04	100.83	18.04	8.95	100.00	93.75	96.88	106.25	106.25	100.00	103.77	100.00	98.11	98.11
河南	100.00	95.64	76.99	24.33	10.58	100.00	97.87	95.74	97.87	95.74	100.00	—	—	54.84	48.39
陕西	100.00	83.59	76.83	42.15	22.72	100.00	118.42	136.84	160.53	157.89	100.00	347.06	2,052.94	394.12	70.59
甘肃	—					—					—				
浙江	100.00	98.08	99.58	31.93	16.84	100.00	101.75	103.51	107.02	107.02	100.00	99.67	99.67	81.73	99.67
江西	100.00	92.99	96.45	41.51	17.47	100.00	100.00	64.10	100.00	107.69	100.00	97.16	12.80	89.10	92.42
湖北 湖南	100.00	80.51	99.92	9.39	4.93	100.00	192.86	192.86	203.57	207.15	100.00	62.07	67.24	120.69	119.83
四川	100.00	126.32	70.96	45.47	21.06	100.00	82.61	47.83	60.87	60.87	100.00	87.50	337.50	37.50	37.50
福建	100.00	112.94	300.42	38.26	24.05	100.00	93.15	52.05	126.03	127.40	100.00	88.68	39.62	123.58	216.04
广东	100.00	108.74	95.29	33.03	19.39	100.00	197.06	82.35	111.76	108.82	100.00	90.91	718.18	963.64	936.36
广西	100.00	93.28	84.17	9.48	4.55	100.00	102.70	105.41	118.92	105.41	100.00	162.29	86.86	85.14	74.86
云南	100.00	92.24	99.59	15.64	8.75	100.00	125.00	116.67	183.33	108.33	100.00	131.93	93.70	139.50	84.45
贵州	100.00	90.26	74.02	2.33	1.00	100.00	114.29	95.92	79.59	91.84	100.00	86.83	126.05	84.31	70.87

资料来源　根据本编表 70—74 作。

乙表 68　清顺治、康熙、雍正、乾隆四朝各直省田赋占其总数的百分比

直省别	银 (%)					粮 (%)				
	顺治18年(1661年)	康熙24年(1685年)	雍正2年(1724年)	乾隆18年(1753年)	乾隆31年(1766年)	顺治18年(1661年)	康熙24年(1685年)	雍正2年(1724年)	乾隆18年(1753年)	乾隆31年(1766年)
各直省总计	100.00	100.00	100.00	100.00	100.00	100.00	100.00	100.00	100.00	100.00
直隶	8.45	7.46	7.92	8.14	8.23	0.30	0.45	2.48	1.20	1.14
奉天	0.01	0.04	—	0.13	0.15	—	—	0.80	0.91	0.93
江苏	}21.33	15.05	14.11	11.39	10.88	}43.04	8.44	5.85	25.64	25.07
安徽		5.90	5.26	5.70	5.71		3.84	3.80	10.05	8.35
山西	10.22	9.69	8.64	10.03	10.26	9.71	1.38	0.97	2.01	1.49
山东	11.03	11.53	11.41	11.30	11.14	6.10	11.71	10.75	6.04	6.08
河南	8.35	10.66	11.17	11.15	11.10	3.66	3.95	—	2.96	2.43
陕西	}6.66	5.38	5.14	5.17	5.20	}0.95	1.10	10.94	2.00	0.38
甘肃		0.63	0.74	0.87	0.96			0.49	5.99	6.27
浙江	14.92	10.71	10.22	9.50	9.43	21.01	31.07	28.94	13.45	16.43
江西	8.00	7.13	4.47	6.35	3.14	14.49	21.37	2.69	10.70	10.82
湖北	}5.05	3.78	3.75	3.74	3.75	}7.11	3.19	3.32	3.41	3.44
湖南		2.11	4.14	3.93	3.94		1.51	3.16	3.30	3.34
四川	0.13	0.13	0.86	2.23	2.21	0.01	0.03	1.21	0.17	0.16
福建	3.48	3.12	4.45	3.98	4.27	1.69	2.42	2.69	2.00	3.77
广东	3.93	8.29	3.28	4.25	4.21	0.43	0.71	5.24	4.14	4.19
广西	0.93	1.20	1.17	1.29	1.31	1.46	5.12	2.55	1.55	1.57
云南	0.29	0.41	0.35	0.52	0.35	1.91	4.70	3.02	2.75	2.02
贵州	0.25	0.22	0.22	0.34	0.41	1.18	1.37	2.34	1.84	1.87

资料来源　根据本编表 66 作。

乙表 69　清顺治、康熙、雍正、乾隆四朝各直省田赋的升降百分比

（以顺治 18 年作 100）

直省省别	银数升降百分比（%）					粮数升降百分比（%）				
	顺治 18 年	康熙 24 年	雍正 2 年	乾隆 18 年	乾隆 31 年	顺治 18 年	康熙 24 年	雍正 2 年	乾隆 18 年	乾隆 31 年
各直省总计	100.00	113.32	122.18	137.24	138.66	100.00	66.84	73.02	129.74	128.37
直隶	100.00	100.00	114.50	132.18	135.06	100.00	100.00	598.12	516.71	486.03
奉天	100.00	511.88	—	2,085.93	2,492.83	—	—	—	—	—
江苏 安徽	100.00	111.27	110.97	109.92	107.81	100.00	19.08	16.38	107.59	99.69
山西	100.00	107.40	103.25	134.67	139.16	100.00	130.06	99.65	368.48	268.98
山东	100.00	118.40	126.38	140.59	140.03	100.00	128.22	128.68	128.40	128.00
河南	100.00	144.70	163.44	183.41	184.47	100.00	—	—	104.81	85.21
陕西 甘肃	100.00	102.26	108.05	124.55	128.34	100.00	353.33	1,494.17	1,086.37	895.21
浙江	100.00	101.78	104.77	109.31	109.67	100.00	98.85	100.58	83.04	100.39
江西	100.00	100.94	68.30	108.85	54.38	100.00	98.58	13.72	95.83	95.86
湖北 湖南	100.00	132.32	191.19	208.64	211.23	100.00	44.19	65.70	122.47	122.58
四川	100.00	118.89	832.42	2,432.55	2,438.92	100.00	130.93	6,155.06	1,544.07	1,448.28
福建	100.00	101.58	156.41	156.87	170.29	100.00	95.59	115.88	153.61	286.26
广东	100.00	239.14	102.12	148.27	148.70	100.00	107.52	895.63	1,258.11	1,258.44
广西	100.00	147.06	154.33	191.63	196.02	100.00	235.12	128.02	138.26	138.30
云南	100.00	160.62	147.79	249.00	171.32	100.00	164.11	115.38	186.29	135.52
贵州	100.00	100.68	108.73	188.44	228.19	100.00	77.59	144.29	201.66	202.52

资料来源　根据本编表 66 作。

乙表 70　清顺治十八年各直省人丁、田地、田赋及其平均数

（公元 1661 年）

直省别	人丁（口）	田地①（亩）	田　赋①		平　均　数		
			银（两）	粮（石）	每人亩数（亩）	每亩银数（分）	每亩粮数（升）
总计*	21,068,609	549,357,640	21,576,006	6,479,465	26.07	3.9	1.18
直隶②	2,857,692	45,977,245	1,824,191	19,591④	16.09	4.0	0.04
奉天③	5,557	60,933	1,827	—	10.97	3.0	—
江南	3,453,524	95,344,513	4,602,739	2,788,517⑤	27.61	4.8	2.92
山西	1,527,632	40,787,125	2,205,545	45,931	26.70	5.4	0.11
山东	1,759,737	74,133,665	2,380,091	395,400⑥	42.13	3.2	0.53
河南	918,060	38,340,397	1,800,943	237,441	41.76	4.7	0.62
陕西	2,401,364	37,328,588	1,436,033	61,851	15.54	3.8	0.17
浙江	2,720,091	45,221,601	2,572,592	1,361,367⑦	16.63	5.7	3.01
江西	1,945,586	44,430,385	1,726,970	938,753	22.84	3.9	2.11
湖广	759,604	79,335,371	1,088,597	460,691⑧	104.44	1.4	0.58
四川	16,096	1,188,350	27,094	928⑦	73.83	2.3	0.08
福建	1,455,808	10,345,754	750,862	109,661⑦	7.11	7.3	1.06
广东	1,000,715	25,083,987	847,961	27,668⑦	25.07	3.4	0.11
广西	115,722	5,393,865	199,654	94,299⑦	46.61	3.7	1.75
云南	117,582	5,211,510	61,748	123,917	44.32	1.2	2.38
贵州	13,839	1,074,344	53,150	76,660	77.63	4.9	7.14

　　资料来源　《清朝文献通考》卷1《田赋》1；卷19《户口》1。

　　编者注　*表中总计数系据原书所载填入，如据各省分计相加，其和应为：人丁 21,068,582；田地549,257,633；银 21,579,997；粮 6,742,675。粮数包括米、麦、豆、谷等在内。

①原书作"是年总计天下田土……田赋银……粮……"，按文中所谓"田土"实指"民田"，屯田、学田等各项"官田"数不包括在内。又各省田地、赋银、粮分计数字之后，原文尚载有"有奇"或"各有奇"等字，今皆省去。

②所属顺天、永平、保定、河间、正定、顺德、广平、大名八府及延庆、保安二州。

③奉天、锦州二府。

④米 12,210 石，籽粒 43 石，豆 7,338 石。

⑤米 2,745,113 石，麦 19,472 石，豆 23,932 石。

⑥麦 28,611 石，米 366,058 石，谷 731 石。

⑦米数。

⑧南粮 238,582 石，漕米 222,109 石。

乙表 71　清康熙二十四年各直省人丁、田地、田赋及其平均数

（公元 1685 年）

直省别	人丁 （口）	田地① （亩）	田赋②		平均数		
			银①（两）	粮①（石）	每人亩 数（亩）	每亩银 数（分）	每亩粮 数（升）
各直省总计*	23,411,448	607,843,001③	24,449,724	4,331,131	25.96	4.0	0.71④
直隶	3,196,866	54,343,448	1,824,191	19,591⑤	17.00	3.4	0.04
奉天⑥	26,227	311,750	9,352	—	11.89	3.0	—
江苏	2,657,750	67,515,399	3,680,192	365,570⑦	25.40	5.5	0.54
安徽	1,314,431	35,427,433⑧	1,441,325	166,427	26.95	4.1	0.47
山西	1,649,666	44,522,136	2,368,831	59,737	26.99	5.3	0.13
山东	2,110,973	92,526,840⑨	2,818,019	506,965⑩	43.83	3.0	0.55
河南	1,432,376	57,210,620	2,606,004	—	39.94	4.6	—
陕西	2,241,714	29,114,906	1,315,012	170,922	12.99	4.5	0.59
甘肃⑥	273,292	10,308,767	153,520	47,617	37.72	1.5	0.46
浙江	2,750,175	44,856,576	2,618,416	1,345,772⑪	16.31	5.8	3.00
江西	2,126,407	45,161,071⑫	1,743,245	925,423⑬	21.24	3.9	2.05
湖北	443,040	54,241,816	923,288	138,197⑬	122.43	1.7	0.25
湖南	303,812	13,892,381	517,092	65,366⑬	45.73	3.7	0.47
四川	18,509	1,726,118	32,211	1,215⑬	93.26	1.9	0.07
福建	1,395,102	11,199,548	762,706	104,829⑬	8.03	6.8	0.94
广东	1,109,400	30,239,255	2,027,793	30,643⑬	27.26	6.7	0.10
广西	179,454	7,802,451	293,604	221,718⑬	43.48	3.8	2.84
云南	158,557	6,481,766	99,182	203,360⑬	40.88	1.5	3.14
贵州	13,697	959,711	53,512	59,482⑭	70.07	5.6	6.20

资料来源　《清朝文献通考》卷 2《田赋》2；卷 19《户口》1。

编者注　＊表中各直省总计数字系据原书所载填入，如据各省分计相加，其和应为：
人丁 23,401,448；田地 607,841,992；田赋银 25,287,495；粮 4,432,834。
①按原书虽云"总计天下田土"，实仅指"民田"而言，但包括"卫所田土归入州县征
粮者"（即一部分屯田）在内。又各省田地、赋银、粮分计数字之后，原文尚载有"有

奇"或"各有奇"等字,今皆省去。　②又田赋项下尚有纳草数如下:山西 5,708 束,陕西 5,983 束,甘肃 334 束,三省合计 12,025 束。按原书载纳草总计数为 98,721 束,但于各省分计中,仅上列山西等三省载有纳草数,且三省合计仅为 12,025 束。又每束为 15 斤。　③原文注:"卫所田土归入州县征粮者并载于内。"　④如果以实际纳粮的田地面积 550,320,631 亩(即总计亩数减去无粮石记载之河南、奉天两省的亩数)作为除数,则这个平均数应为 0.79 升。　⑤米 12,210 石,籽粮 43 石,豆 7,338 石。　⑥奉天:原书作"奉天、锦州二府"。甘肃:原书作"巩昌等府",按即后来甘肃省境内地。康熙 6 年(1667 年)于陕西省分设甘肃省。　⑦米 359,810 石,麦 521 石,豆 5,239 石。　⑧原文注:"草山荒山在外。"　⑨原文注:"屋基地在外。"　⑩麦 35,546 石,米 470,688 石,谷 731 石。　⑪原文作:"米一百三十三万七千五百一十二石各有奇,又征银买漕米八千二百六十石。"　⑫原文注:"官湖房屋在外。"　⑬完全是米。　⑭粮 58,535 石。荞折米 853 石,谷折米 94 石。

乙表 72　清雍正二年各直省人丁、田地、田赋及其平均数

（公元 1724 年）

直省别	人丁（口）	田地①（亩）	田赋②		平均数		
			银①（两）	粮①（石）	每人亩数（亩）	每亩银数（分）	每亩粮数（升）
各直省总计*	25,284,818	683,791,427	26,362,541	4,731,400	27.04	3.9	0.69③
直隶④	3,406,843	62,594,316	2,088,612	117,178⑤	18.37	3.3	0.19
奉天⑥	42,210	580,658	—	38,070⑦	13.76	—	6.56
江苏	2,673,208	68,129,127	3,719,942	276,838⑧	25.49	5.5	0.41
安徽	1,357,573	32,998,684	1,387,596	179,972⑨	24.31	4.2	0.55
山西	1,768,657	42,741,388	2,277,327⑩	45,770	24.17	5.3	0.11
山东	2,278,305	96,774,146	3,007,946	509,592⑪	42.48	3.1	0.53
河南	2,049,417	65,888,443	2,943,452	—	32.15	4.5	—
陕西	2,164,656	25,844,280	1,355,245	901,086⑫	11.94	5.2	3.49
甘肃⑥	302,763	11,770,663	196,343	23,074	38.88	1.7	0.20
浙江	2,758,713	45,690,343	2,695,432	1,369,258⑦	16.56	5.9	3.00
江西	2,172,587	47,863,166	1,179,476	127,452⑦	22.03	2.5	0.27

直　省　别	人　丁（口）	田　地①（亩）	田　赋② 银①（两）	田　赋② 粮①（石）	平　均　数 每人亩数（亩）	平　均　数 每亩银数（分）	平　均　数 每亩粮数（升）
湖北	453,007	53,574,111	988,656	157,080⑬	118.26	1.8	0.29
湖南	341,300	30,527,664	1,092,634	149,601⑦	89.45	3.6	0.49
四川	409,310	21,445,616	225,535	57,119⑦	52.39	1.1	0.27
福建	1,429,203	30,527,664	1,174,445	127,080⑦	21.36	3.8	0.42
广东	1,307,866	31,247,464	865,927⑭	247,804⑮	23.89	2.8	0.79
广西	202,711	7,953,271	308,124	120,726⑯	39.23	3.9	1.52
云南	145,240	6,411,495	91,257	142,980⑰	44.14	1.4	2.23
贵州	21,388	1,229,043	57,788	110,610⑱	57.46	4.7	9.00

资料来源　《清朝文献通考》卷3《田赋》3；卷19《户口》1。

编者注　＊表中各直省总计数字系据原书所载填入，如据各省分计相加，其和应为：人丁25,284,957；田地683,791,542；田赋银25,655,737；粮4,700,482。

①原书虽云"总计天下田土"，实仅指"民田"，不包括屯田、学田等"官田"。又各省田地、赋银、粮分计数字之后，原文尚载有"有奇"或"各有奇"等字，今皆省去。

②又田赋项下尚有纳草数如下：

	三省合计	直隶	陕西	甘肃
纳草（束）	105,112	85,988	15,542	3,582

按原书载纳草总计为105,491束，较上开三省合计纳草数多379束。又草每束为15斤。　③如果以实际纳粮的田地面积617,910,984亩（即各直省田地总计减去无粮石记载之河南省的亩数）作为除数，则这个平均数应为0.77升。　④原文顺天府另列，兹合并于直隶项内。　⑤米105,442石；麦42石；豆11,256石；粟米380石；籽粒58石。　⑥奉天：原书作"奉天、锦州二府"。甘肃：原书作"巩昌等府"，按即后日甘肃省境。　⑦完全是米数。　⑧米豆数。　⑨内折粮35,213石有奇。　⑩原文载："又地差课程等项银一十万六千七百九十八两。"　⑪米474,037石；麦34,747石；谷808石，各有奇。　⑫本色粮31,942石；折色粮869,144石，各有奇。　⑬米157,027石；豆53石。　⑭遇闰加征银19,319两有奇。　⑮遇闰加征米154石有奇。　⑯米数，内折色米38,927石有奇，每石折银八钱，共31,142两有奇。　⑰米141,378石；杂征粮1,602石，各有奇。　⑱米109,855石；豆755石，各有奇。

乙表 73　清乾隆十八年各省直省人丁、民田、赋银粮及其平均数和赋粮的起运存留米数

（公元 1753 年）

直省别	人丁（口）	民田△（亩）	赋① 银②（两）	赋① 粮②（石）	平均 每人亩数（亩）	平均 每亩银数（分）	平均 每亩粮数（斗）	赋粮起运存留数▽ 岁漕京师②（石）	赋粮起运存留数▽ 留存本省经费②（石）	赋粮起运存留数▽ 岁漕占赋粮总数的%
各直省总计*	102,750,000	708,114,288	29,611,201	8,406,422	6.89	4.2	1.19	4,744,834	3,661,584	56
直隶	9,374,217	65,719,187	2,411,286	101,229	7.01	3.7	0.15	—	101,229	0
奉天	221,742	2,524,321	38,110	76,206	11.38	1.5	3.02	—	76,206	0
江苏	12,628,987	68,908,445	3,371,334③	2,155,021	5.46	4.9	3.13	1,716,889	438,132	80
安徽	2,435,361	33,812,093	1,688,000	845,248	13.88	5.0	2.50	566,276	278,971	67
山西	5,162,351	32,958,621	2,970,266	169,246	6.38	9.0	0.51	—	169,246	0
山东	12,769,872	97,105,407	3,346,257	507,680	7.60	3.4	0.52	348,778	158,902	69
河南	7,114,346	72,282,036	3,303,080④	248,865	10.16	4.6	0.34	219,874	28,991	88
陕西	3,851,043	25,237,103	1,530,907	168,453	6.55	6.1	0.67	—	168,453	0
甘肃	2,133,222	17,783,133	257,723	503,476	8.34	1.4	2.83	—	503,476	0
浙江	8,662,808	45,978,770	2,812,049⑤	1,130,481	5.31	6.1	2.46	856,739	273,742	76
江西	5,055,251	47,920,762	1,879,810⑥	899,632	9.48	3.9	1.88	770,132	129,499	86
湖北	4,568,860	56,691,349	1,108,153⑦	286,554	12.41	2.0	0.51	132,403	154,150	46
湖南	4,336,332	31,228,798	1,163,063⑧	277,641	7.20	3.7	0.89	133,743	143,897	48
四川	1,368,496	45,941,667	659,075	14,329	33.57	1.4	0.03	—	14,329	0
福建	4,710,339	12,827,087	1,177,899	168,453	2.72	9.2	1.31	—	168,453	0
广东	3,969,248	32,883,293	1,257,286	348,095	8.28	3.8	1.06	—	348,095	0
广西	1,975,619	8,740,060	382,597	130,375	4.42	4.4	1.49	—	130,375	0
云南	1,003,058	6,949,980	153,750	230,848	6.93	2.2	3.32	—	230,848	0
贵州	-,418,848	2,569,176	100,156	154,590	1.81	3.9	6.02	—	154,590	0

资料来源　《清朝文献通考》卷 4《田赋》4《田赋之制》；卷 19《户口》1。

编者注　~ 表中"人丁"、"民田"及"赋"等栏均据原书所载填入。如据各省分计相加,其和应为:人丁……请参看乙表 87。

92,760,000；民田 708,061,288，赋银 29,610,801；粮 8,416,422。"岁漕京师"及"留存本省经费"二栏的各省总计则为各省分计相加之和（原书未载各直省总计数）。公原书各直省分计处写作"天下土田"，但于各省分计中，则写明系"民田"。（参看本编表 87）。公本表所载"岁漕京师"总数及各省分计与《乾隆会典》所记同年的漕运数不符，可能已经改折，因此两书所记不尽符合。

① 又田赋项下纳草数如下：直隶 94,404 束，甘苏 5,051,174 束，二省合计 5,145,578 束。按原书所载是各直省纳草数与上开二省合计数同。又，草每束为 15 斤。
② "赋银"、"岁漕京师"及"留存本省经费"等栏，原书尚载有"草各省斤"等字，今删去。
③ 原文注："雍正 3 年（1725 年）题准四十五万两，乾隆 2 年（1737 年）题除二十万两，实征三百二十四两。"
④ 原文注："乾隆 3 年题除四万六千两，实征三百八十万三千六百三十八两。"
⑤ 原文注："雍正 5 年题除八万七千二百两，乾隆 3 年题除四万五千四十两，乾隆 3 年题除三万七千七百四十两，实征二万一千三百十九两。"
⑥ 原文注："雍正 3 年题除五万二千二百两，今删去。"
⑦ 原文注："节年题除十有八万六千三百两，实征一百十有六万三千六十三两。"
⑧ 原文注："节年题除十有八万五千两，实征一百六十万八千一百八十一两。"

乙表 74　清乾隆三十一年各直省人丁、民田、赋银、赋粮及其平均数和赋粮的起运存留米数
（公元 1766 年）

直省省别	人丁①(口)	民田②(亩)	赋③ 银②(两)	赋③ 粮②(石)	平均数 每人亩数	平均数 每亩银数(分)	平均数 每亩粮数(升)	赋粮起运存留数 岁漕京师②(石)	赋粮起运存留数 留存本省经费②(石)	赋粮起运存留数 岁漕占赋粮总数的%
各直省总计*	209,839,546	741,449,550	29,917,761	8,317,735	3.53	4.0	1.12	4,787,763	3,529,970	58
直隶	16,690,573	68,234,390	2,463,708	95,219	4.09	3.6	0.14	—	95,219	0
奉天	713,485	2,752,527	45,544	76,944	3.86	1.7	2.80	—	76,944	0
江苏	23,779,812	65,981,720	3,255,236	2,085,451	2.77	4.9	3.16	1,762,601	322,850	85
安徽	23,355,141	36,468,080	1,707,123	694,316	1.56	4.7	1.90	525,936	168,380	76

（乙表74续）

直省别	人丁①（口）	民田②（亩）	赋③		平均			赋粮起运存留数		
			银②（两）	粮②（石）	每人占亩数	每亩银数（分）	每亩粮数（斗）	岁漕京师②（石）	留存本省经费②（石）	岁漕占赋粮总数的%
山西	10,468,349	53,548,135	3,069,325	123,546	5.12	5.7	0.23	——	123,546	0
山东	25,634,566	96,714,003	3,332,879	506,095	3.77	3.4	0.52	347,907	158,187	68
河南	16,562,889	73,173,563	3,322,216	202,313	4.42	4.5	0.30	173,177	29,136	86
陕西	7,348,565	25,957,947	1,555,513	31,948	3.53	6.0	0.12	——	31,948	0
甘肃	11,537,539	23,633,095	287,486	521,746	2.05	1.2	2.21	——	521,746	0
浙江	16,523,736	46,240,000	2,821,483	1,386,700	2.80	6.1	3.00	941,683	445,016	68
江西	11,540,369	46,100,620	1,939,126	899,836	3.99	4.2	1.95	770,310	129,526	86
湖北	8,399,652	56,844,390	1,121,043	286,537	6.77	2.0	0.50	132,396	154,141	46
湖南	8,907,022	31,308,342	1,178,357	277,949	3.52	3.8	0.89	133,753	144,196	48
四川	2,958,271	46,007,126	660,801	13,440	15.55	1.4	0.03	——	13,440	0
福建	8,094,294	13,804,703	1,278,570	313,913	1.71	9.3	2.29	——	313,913	0
广东	6,938,855	33,696,253	1,260,933	348,174	4.86	3.7	1.03	——	348,174	0
广西	4,706,176	9,975,244	391,352	130,420	2.12	3.9	1.31	——	130,420	0
云南	2,148,597	8,336,351	105,784	167,938	3.88	1.3	2.01	——	167,938	0
贵州	3,441,656	2,673,062	121,282	135,250	0.78	4.5	5.06	——	155,250	0

资料来源　*《清朝文献通考》卷4《田赋》4；卷19《户口》1。

编者注　表中"人丁"、"民田"、"赋"及"留存"等栏的各省总计系据原书所载填入。如据各省分计数相加，则其和应为：人丁209,749,547；民田741,449,551（"赋银"与"赋粮"，皆无出入）。"岁漕京师"及"留存本省经费"系各省分计相加之和（原书不载各直省总数）。

① 系乾隆 32 年（公元 1767 年）人丁数。

② 原文所载数字之后均作"有奇"，今从略。

③ 又田赋项下之纳草数如下：直隶 94,436 束，陕西 6,051 束，甘肃 5,044,170 束，三省合计 5,144,657 束。按原书所载足年纳草数为"5,144,658"，比上开"三省合计"多一束。

附记《清通考》卷 40《国用考》2《赋额》录有乾隆 29 年（1764 年）奏销册所载各直省《地丁之赋》，今转记于下：

直省别	地丁银（两）	直省别	地丁银（两）
各直省合计	29,381,935+	浙江	2,914,946+
直隶	2,488,648+	江西	1,878,682+
盛京	38,708+	湖北	1,174,110+
江苏	3,116,826+	湖南	882,745+
安徽	1,718,824+	四川	631,094+
山西	2,990,675+	福建	1,074,489+
山东	3,376,165+	广东	1,264,304+
河南	3,164,758+	广西	416,399+
陕西	1,658,700+	云南	209,582+
甘肃	280,652+	贵州	101,628+

直隶地丁银数：内包括顺天府 154,173+ 两。

乙表75 清乾隆四十九年各直省人丁、田地及额征田赋数（公元1784年）

直省别①	府	州	厅	原额人丁④	滋生人丁⑤	田地⑥(亩)	额征地丁银③(两)	米⑧(石)	省略细数之项目⑨	乾隆大清一统志总卷次
各直省合计⑩	185	65	22	54,671,497	80,057,683	718,331,436	29,637,014	4,820,067		
直隶	11	6	6	3,260,075	243,963	68,058,150⑩	2,445,300	64,990	高粱、小麦、榛栗、屯米折谷。谷折米、改折银、草（以上各项小额数）。	3
盛京⑪	2	3△		95,929		3,616,128	57,329	44,100	官庄（若干处及田亩、壮丁，征粮之数）、盐庄（处、盐数）、棉花庄（处、棉数）、八旗田亩（征豆、草数）。	37
江苏	8		1	3,917,707	25,049,528	64,921,762	3,294,666	384,614	屯田地亩数、杂办银数。	49
安徽	8	5		1,350,131	87,892	32,845,507	1,592,214	413,648	屯田地亩数、杂办银数。	75
山西	9	10	6	1,792,329	68,487	55,139,041	3,098,349	135,476	谷、米、草数（均为小量数额。出于田赋正供之外）。	95
山东	10	2		25,447,633	617,881	92,491,670	3,390,379⑫	471,500⑫	谷、麦（同上）。	125
河南	9	4		2,005,088		73,090,596	3,373,690⑬	⑬	麦（同上）。	148
陕西	7	5		2,140,809	16,895	26,034,640⑭	1,533,988	32,836	屯丁（滋生数）、河滩地（额征银数）、紫阳县山坡地（银、米）、屯田、更名地及其额征地丁银、粮。	177
甘肃	9	6		311,972	28,114	11,460,490	233,249	24,688	屯丁、更名丁、投诚番民（及滋生数）、屯田、更名田、番地（及其额征地丁银、粮）。	197

（乙表 75 续）

直省别①	府	州	厅	户口 原额人丁④	户口 滋生人丁⑤	田地⑥（亩）	田赋 额征地丁银②（两）	田赋 米⑧（石）	省略细数之项目③	乾隆大清一统志卷次
浙江	11			2,710,649	16,264,455	44,937,946	2,841,462	1,372,819	棚丁、客丁、屯丁及其滋生丁，屯田及其额征地丁银。	215
江西	13	1		5,528,499	393,661	46,225,046	1,901,917	770,266	额外开垦田地、屯田及其额征地丁银。	237
湖北	10			460,927	14,134,442	56,224,561	1,121,514	⑪	屯田及其额征地丁银、粮。	257
湖南	9	4△		375,782	8,722,228	31,304,779	1,162,834	143,946⑩	屯田及其额征地丁银、粮。	275
四川	11	9	6	144,154	7,789,782	46,191,339	663,055		台湾田园（甲、顷数）、杂项租税银，屯田及所征银、米。	291
福建	10	2		1,468,145	216,383	12,830,646	938,177	101,698		324
广东	10	3		1,148,918	342,353	33,548,210	1,273,354	347,915	屯田及额征米。	338
广西	11	1△		205,995	2,363,523	8,945,649	392,445	122,764	屯丁、屯田及其额征地丁银、官米，遗田开垦田及其额征地丁银、官米。瑶夫役工食工资田及额征田赋、米。	354
云南	14⑫	4△		2,255,666	827,793	8,360,311	199,597	233,433	屯田数、夷田数。	368
贵州	13		3	51,089	2,890,303	2,104,965	123,495	155,374		391

编者注　①原书《乾隆一统志》载有各府、州户口、田赋细数，本表从略。之分计，而无合计（参看原书卷 414—419 之 4），今亦从略。"米""两"两栏，原书记有两，石以下之数值，今四舍五入。灶丁、棚丁、客丁、番民），特种田地（如屯田、官庄、盐庄、棉花庄，以及在田赋正供"额征地丁银、米"两项以外别见之少数项目（如直表之高粱、小麦、番地、麦田）及其收入（如屯丁、盐丁、以及其既不常见，且额数无多，故本表中不记其数，唯于本栏内仍存其名目。　②"田地"一栏，原书以顷数，今化作亩数。　③原书所载各省中之特种人丁（如屯丁、盐丁、番地、麦田）。按直隶、奉京、安徽、山西、河南五省共征豆。新疆时尚未建省，故仅有伊犁、哈密诸地。

140,215 石 7 斗余，数额较大，今附记于此。又，漕粮收入，应为田赋中之一部分，且其收数较多，故为分列注出（参注⑫—⑬、⑮—⑯）。

④本栏据原书各直省均题作"原额丁"（或"原额丁"），山东只记"丁"字，无"原额"或"滋生"等字样；云南作"原额军民人丁"，奉天锦州吉林宁古塔白都讷三姓人丁共，其数字具见本表中。

⑤本栏据原书各直省均题作"滋生丁"（或"滋生人丁"），唯四川作"现在人丁"，则四川滋生丁数应改作 7,789,782。户 1,765,899；云南作"滋生人丁"7,645,628。

⑥本栏据原书各直省均作"田地山塘"，见上注。如从现在人丁即为滋去原额人丁之数，唯江西、湖北、湖南、广东作"民田地"；浙江作"田地山塘湯河等共"；广西作"民田地"，云南作"民田地"；田地，吉林等处无见在民田。

⑦本栏据原书各直省均作"额征地丁银"，唯直隶作"额征地丁并杂税银"；山西作"额征丁并杂税银"，又云"遇闰加派，征银"；浙江作"额征地丁等银"；福建作"实征银"；广东作"额征地丁并杂税银"；四川作"额征地丁并杂税银"，系 23,053 两 5 钱 4 分 6 厘；安徽、山东、浙江、江西、福建、广西七省，作"银"；其次，作"粮"第五省（山西、陕西、甘肃、广东、贵州）；直隶作"糙米粮米根共"；江苏作"米麦豆"；湖南作"额粮米"，云南作"夏税秋粮麦米豆杂根共"。

⑧本栏多数省份作"米"（盛京、贵州），直隶作"糙米粮米根共"。

⑨右列诸本各项合计，系根据原书各直省直省分计之数相加而得。

⑩原书记："内除征解河工军等项银 105 项 18 亩，实征民粮等地共 680,476 顷 30 亩零。"

⑪府尹统辖之府 2：奉天、锦州辖之地 3：奉天、吉林、黑龙江。

⑫又，正兑改耗米 121,301 石 6 斗，随漕轻赍等项行报折色等银 85,160 两 3 钱，似即地丁银，计入该省地丁银（河南）。

⑬正兑随漕润耗行粮等米 396,163 石 5 斗。

⑭原作"一千六万三百四十六顷四十二亩二分七厘零"，"千"字必为"十"字之误（陕西）。

⑮又，南粮根米 154,015 石 3 斗，漕粮米 151,266 石。（湖北）

⑯又，漕粮米 19,111 石 3 斗，本色豆 3 斗，本色米豆 17,724 石 1 斗；漕粮米 130,914 两。

注，可知山东、河南、湖南、湖北、湖南四省漕运根米合计 859,581 石 8 斗；漕粮 130,914 两。（云南）。

△直隶州。

乙表 76　清嘉庆十七年各直省人口、田地及其平均数

（公元 1812 年）

直　省　别	人　口　数	田　地①（亩）	每人平均亩数（亩）
各直省合计	361,693,179	792,024,423	2.19
直隶	27,990,871	74,143,471	2.65
奉天	942,003	21,300,690	22.61
江苏	37,843,501	72,089,486	1.90
安徽	34,168,059	41,436,875	1.21
山西	14,004,210	55,279,052	3.95
山东	28,958,764	98,634,511	3.41
河南	23,037,171	72,114,592	3.13
陕西	10,207,256	30,677,522	3.01
甘肃	15,354,875②	24,798,192②	1.62
浙江	26,256,784	46,500,369	1.77
江西	23,046,999	47,274,107	2.05
湖北	27,370,098	60,518,556	2.21
湖南	18,652,507	31,581,596	1.69
四川	21,435,678	46,547,134	2.17
福建	14,779,158③	14,517,472③	0.98
广东	19,174,030	32,034,835	1.67
广西	7,313,895	9,002,579④	1.23
云南	5,561,320	9,315,126	1.67
贵州	5,288,219	2,766,007	0.52
吉林	307,781	1,492,251	4.85

资料来源　《嘉庆会典》卷 11《户部尚书侍郎职掌》2。

本表及本编表 79、80 所列各省的次序，对于原书原来的次序有所变动，以便与以前各表相校对。

编者注

① 原书记有黑龙江"公田"81,600 亩，但无该处（按光绪 33 年设行省，以前则设"镇守黑龙江等处将军"）人口数，故本表不列入。各直省合计如加上黑龙江上项田数，则应为 792,106,023 亩。又，原书所记各直省总计为 791,525,196 亩，与各直省合计稍有出入。请参看本编表 61 及其附注①及②。

② 内包括迪化州、镇西府等处口数 161,750 人，田数 1,114,057 亩。按光绪 10 年（1884 年）建新疆行省，改甘肃迪化州、镇西府及哈密、吐鲁番等隶新疆省。

③ 内台湾府口数 1,748 人，田园数 863,810 亩。

④ 已将田白、田埒等数折成亩数，计算入内。

乙表 77　清嘉庆二十五年各直省府州厅户口、田地及额征田赋数[1]

（公元 1820 年）

直省府州厅别	户	丁 原额[3]	口[2] 滋生[4]	田地(亩)	地丁正杂银(两)	米[6](石)	其他粮[6](石)
总计(一)	48,962,335	29,525,066	358,720,453	746,612,711	30,206,144.46	7,404,091.09	1,567,590.04
(二)	49,722,844	24,964,217	347,166,298	779,321,984	30,228,896.62	7,163,615.24	1,657,567.57
直隶(一)	3,951,477	3,266,015	19,164,733	70,260,979	2,462,865.88	2,111.59	21,235.40[17]
(二)	3,956,950[8]	3,266,015	19,355,679[8]	69,860,981	2,447,560.00	15,482.46[19]	7,752.23[18]
顺天府	530,336	136,254	2,934,449	6,212,147	150,800.58		3,234.93
保定府	399,627	418,499	1,705,163	4,522,800	218,069.34	23.64[20]	157.97
永平府	111,504	123,870	670,849	2,417,350	69,176.40		16,378.13
河间府	315,143	234,362	1,615,955	7,153,171	206,353.17	1,041.90	
天津府	370,152	32,435	1,600,822	5,272,838	112,899.74		467.59
正定府	254,057	435,995	1,255,247	3,660,506	261,697.17		
顺德府	255,017	190,708	952,310	5,211,391	199,750.44		
广平府	287,717	354,215	1,225,408	7,246,368	324,207.47		
大名府	442,515	417,628	1,964,872	6,586,777	330,834.13		84.26
宣化府	162,467	59,385	838,537	6,937,122	75,818.22[11]	101.82	
承德府	144,646	—	783,867	2,280,760	20,018.00		
遵化州	109,701	12,644	702,316	1,889,787	25,643.00	917.74	
易州	41,207	50,876	220,952	434,303	22,527.97		
冀州	233,071	313,605	1,289,218	4,036,997	155,934.57		
赵州	168,954	152,347	766,999	2,781,778	110,460.90		
深州	55,309	198,618	266,458	2,542,443	95,979.95	26.49	
定州	70,054	134,574	371,311	1,074,441	82,694.83		
盛京(一)	331,326	183,245	2,491,438	7,206,567	199,333.99	91,690.87	73,697.39
(二)	[12]	179,051	2,491,438	23,174,869[13]	321,965.16[14]	93,559.21	180,387.74[16]

（乙表 77 续）

直省府州厅别	户	丁额　原额[1]	口[2]　滋生[4]	田地（亩）	额征田赋　地丁正杂银（两）	米[9]（石）	其他粮[10]（石）
兴京	—	4,194	8,151	472,173	437.65	253.86	1,192.15
奉天府	129,653	23,444	1,314,971	2,128,394	72,062.17	30,194.05	49,307.79
锦州府	61,361	23,680	434,126	1,536,864	29,045.48	13,612.96	23,197.45
吉林	111,847	131,927	566,574	1,559,848	93,993.69	—	23,197.45
黑龙江[16]	28,465	—	167,616	1,509,288	3,795.00	47,630.00	
江苏（一）	—	2,637,994	26,457,991	65,241,209	3,083,413.37	2,395,099.45	5,142.88[17]
（二）	—	2,821,146	26,457,991	65,160,944	3,173,333.28	2,395,502.54	5,143.87[18]
江宁府		198,518	1,874,018	5,233,949	253,728.33	104,999.43	2,935.50
苏州府		438,830	5,475,980	6,256,186	564,408.05	883,318.78	640.42
松江府		209,904	2,645,871	4,048,871	447,421.68	428,148.15	
常州府		593,786	3,895,772	5,579,264	571,962.34	355,170.23	
镇江府		137,637	2,234,875	5,200,023	309,478.35	213,251.62	1,347.84
淮安府		270,106	1,637,591	7,320,591	144,922.61	50,447.29	
扬州府		266,794	3,267,522	7,045,025	228,824.30	97,820.17	
徐州府		209,529	1,840,194	11,864,224	223,235.46	62,912.13	
太仓州		173,037	1,777,835	3,962,671	275,027.01	158,132.30	219.12
海州		36,977	585,480	2,967,534	55,559.64	22,951.02	
通州		62,066	982,974	5,240,046	5,237.06	17,848.71	
海门厅		40,810	239,879	522,825	3,608.54	99.62	
安徽（一）	—	5,145,194	28,354,122	33,202,732	1,628,676.60	415,211.16	33,296.62[19]
（二）	—	1,438,023	34,100,980	37,371,310	1,785,730.77	415,289.83	33,296.62[20]
安庆府		3,817,063[20]	1,760,094	2,151,721	176,493.66	110,853.04	
徽州府		214,390	2,474,839	2,055,973	188,815.29	29,338.08	1,624.80
宁国府		58,061	3,433,321	2,779,747	196,968.57	62,109.00	9,101.13

（乙表77续）

直省府州厅别	户	丁 原额①	丁 滋生②	田 地（亩）	地丁正杂银（两）	征 田 米③（石）	其他粮④（石）
池州府	—	37,084	2,754,622	713,493	92,864.74	51,909.05	7,801.26
太平府	—	60,037	1,479,440	1,460,807	124,131.01	36,962.41	2,208.21
庐州府	—	277,207	3,547,579	6,647,807	198,203.54	41,192.84	804.97
凤阳府	—	175,733	4,355,566	9,053,749	191,362.30	31,467.25	4,547.15
颍州府	—	202,357	3,967,593	3,946,046	150,214.78	13,499.81	1,016.62
滁州	—	13,129	599,511	583,244	56,257.31	617.57	896.81
和州	—	104,053	428,215	484,001	52,930.33	5,233.74	—
广德州	—	70,773	551,118	1,031,406	59,979.66	13,764.81	1,553.03
六安州	—	46,662	1,433,357	1,663,573	57,753.12	10,404.50	762.28
泗州	—	68,645	1,568,867	631,165	82,702.29	7,859.06	2,980.36
山西（一）	2,394,603	1,781,476	14,627,128	52,551,106	3,036,791.71	—	110,900.99④⑳
（二）	2,394,903	1,781,476	14,597,428	52,551,105	3,036,791.68	—	110,900.99㉑
太原府	331,785	323,717	2,086,640	5,957,256	404,782.54	—	24,633.12
平阳府	257,113	217,636	1,397,546	4,898,137	441,346.78	—	4,018.21
蒲州府	177,812	82,891	1,398,811	3,461,643	293,903.49	—	4,794.04
潞安府	222,089	207,546	940,514	3,798,970	265,203.31	—	2,457.87
汾州府	231,766	198,313	1,807,377	5,109,405	304,634.01	—	—
泽州府	175,997	153,336	899,698	2,795,931	204,276.63	—	407.63
大同府	133,655	45,222	764,923	5,128,219	112,630.83	—	14,907.81
宁武府	30,219	16,922	238,692	1,666,998	8,209.42	—	22,589.75
朔平府	112,782	20,658	530,066	2,683,704	28,391.55	—	1,540.50
平定州	134,333	97,155	640,484	1,063,895	76,827.86	—	2,808.52
忻州	53,137	78,213	366,146	1,547,326	81,230.50	—	2,991.64
代州	72,896	57,514	513,135	2,108,112	83,106.87	—	9,442.80

（乙表 77 续）

直省府州厅别	户	丁 原 额①	口② 滋 生④	田 地（亩）	额 地丁正杂银（两）	征 田 米⑧（石）	赋 其他粮⑧（石）
保德州	22,741	6,389	140,769	94,740	9,441.55	—	3,230.89
霍州	57,167	29,747	351,147	893,210	78,085.06	—	50.00
解州	116,428	69,741	799,521	2,337,218	210,506.35	—	273.45
绛州	156,416	98,392	1,017,312	3,428,793	268,645.37	—	333.55
隰州	26,499	11,869	134,045	592,355	39,932.46	—	—
沁州	46,728	37,535	266,811	1,075,461	45,002.47	—	853.07
辽州	35,040	28,680	212,715	885,562	33,757.30	—	35.91
归化城六厅	—	—	120,776	3,024,171	46,877.36	429,743.70	15,532.23
山东（一）	4,548,817	2,514,399	28,930,930	88,359,528	3,344,061.44	345,130.37㉓	2,335.19㉒
（二）	4,982,191	2,278,982	29,170,919	88,359,529	3,344,061.43	149,745.25	—
济南府	735,766	382,009㉑	4,014,819	10,995,903	582,701.98	24,733.65	2,122.82
兖州府	379,273	226,232	2,617,871	9,046,949	291,863.33	84,415.89	—
东昌府	334,386	360,245	1,696,656	9,327,580	296,678.46	12.00	—
青州府	544,051	232,058	3,318,763	10,358,276	451,170.15	3,337.55	—
登州府	326,196	138,121	1,912,501	6,831,229	220,712.17	45,704.15	—
莱州府	174,127	230,182	3,374,017	2,664,743	305,771.74	417.42	212.37
武定府	373,881	277,956	2,191,389	7,088,340	309,371.48	29,309.91	—
沂州府	390,671	107,384	2,181,379	7,050,844	183,875.46	42,019.36	—
泰安府	353,801	133,150	2,473,415	4,137,682	180,117.81	11,425.07	—
曹州府	557,340	218,376	3,177,027	14,459,073	336,544.11	38,623.45	—
济宁州	173,303	92,315	889,350	3,327,586	69,030.65	—	—
临清州	206,022	116,371	1,083,743	3,071,323	116,224.10	—	—
河南（一）	4,772,097	2,289,920	23,598,085	77,759,170	3,479,388.93	50,735.80	169,970.90㉔
（二）	4,732,097	2,289,875	23,598,089	77,549,117	3,479,014.00	50,731.70	168,812.90㉕

（乙表 77 续）

直省府州厅列	户	丁 原额③	丁 滋生④	口②	田 地（亩）	地丁正杂银（两）额	征田 米⑤（石）	其他粮⑥（石）赋
开封府	718,371	333,841	3,427,660		12,855,073	621,298.14	6,600.50	48,484.70
陈州府	445,364	163,935	2,209,535		5,694,968	220,360.82	759.20	5,106.40
归德府	652,110	212,398	3,287,886		8,827,656	354,524.13	133.50	11,024.80
彰德府	285,040	260,350	1,367,793		5,740,732	347,226.55	12,822.70	29,619.40
卫辉府	350,094	202,827	1,519,765		5,049,596	372,290.67	13,946.10	20,969.00
怀庆府	316,273	118,731	1,802,761		4,787,613	348,927.45	14,233.80	39,446.00
河南府	308,064	94,172	1,711,415		4,398,923	216,928.25	1,391.20	9,069.10
南阳府	477,554	377,478	2,316,877		14,902,472	298,923.70	—	—
汝宁府	366,609	118,851	1,934,957		5,804,304	237,100.11	—	—
许州	274,127	101,855	1,298,515		3,974,843	153,949.32	848.80	6,251.50
陕州	106,948	36,180	537,403		1,138,182	121,694.23	—	—
光州	299,988	199,507	1,352,321		2,519,528	109,705.63	—	—
汝州	171,555	69,795	831,197		2,065,280	76,459.93	—	—
陕西（一）	—	2,403,321	11,976,079		30,590,007	1,612,524.32	—	213,323.00⑩
（二）	—	2,403,321	11,976,079		30,637,951	1,612,036.03	—	200,057.86⑪
西安府	—	1,108,752	2,962,547		12,878,075	701,787.72	—	120,092.96
延安府	—	22,096	638,352		440,158	13,837.27	—	9,165.55
凤翔府	—	262,735	1,348,428		4,352,710	197,357.96	—	18,845.28
汉中府	—	108,656	1,541,634		1,112,975	85,846.76	—	10.56
榆林府	—	196,876	515,264		424,073	9,808.20	—	8,640.49
兴安府	—	27,738	1,214,239		180,858	11,173.35	—	1,077.52
同州府	—	519,546	1,805,219		7,413,554	432,323.25	—	10,387.85
商州	—	15,147	752,483		272,797	16,377.19	—	0.52
乾州	—	70,040	342,642		2,080,631	72,854.86	—	29,626.70

（乙表 77 续）

直省府州厅别	户	丁 原额③	口② 滋生④	田　地（亩）	额　征　田　赋 地丁正杂银（两）	米⑤（石）	其他粮⑥（石）
邠州	—	37,033	257,719	928,205	40,624.49	—	461.14
鄜州	—	17,497	313,840	285,307	18,788.94	—	7,940.04
绥德州	—	17,205	283,712	220,664	11,744.33	—	7,074.39
甘肃（一）	2,175,754	444,536	17,277,785	24,662,139⑫	324,783.35	557,857.57⑭	—
（二）	2,338,160	446,437	15,423,019	24,661,738⑯	310,816.91	571,824.45⑮	—
兰州府	429,973	136,728	2,694,991	2,313,113⑱	44,213.86	—	63,038.24
巩昌府	319,690	67,113	3,795,260	1,603,411⑲	58,226.86	—	19,528.06
平凉府	268,079	36,207	2,340,323	3,824,613	46,060.05	—	14,695.87
庆阳府	132,236	18,265	1,272,823	1,552,710	34,746.39	—	6,774.71
宁夏府	214,992	21,236	1,392,815	2,331,707	14,733.62	—	141,133.29
甘州府	79,841	5,850	813,615	1,267,904	881.16	—	71,888.27
凉州府	182,862	24,335	1,504,498	2,913,247	965.15⑳	—	80,876.96
西宁府	92,857	27,902	708,829	619,306⑪	38,095.47	—	38,095.47
镇西府	5,382	—	35,759	256,001	6,625.63㉒	—	15,807.92㉑
泾州	173,956	30,003	837,730	1,595,204	34,300.40	—	9,306.21
秦州	160,563	39,984	868,948	4,776,603	35,153.67	—	15,032.05
阶州	74,664	30,005	379,206	259,708⑳	16,031.69	—	2,791.73
肃州	22,537	6,908	452,063	375,708	112.92	—	20,572.17
安西州	6,094	—	77,873	275,704	13,966.89	—	—
迪化州	12,028	—	103,052	697,200	18,765.06㉔	—	58,316.62㉕
浙江（一）	4,823,524	2,939,928	26,422,380	45,909,884	2,952,410.09	1,352,459.23	—
（二）	5,066,553	2,710,649	27,411,310	46,416,874	2,816,545.99	1,360,970.48	—
杭州府	507,934	322,003	3,196,778	4,284,327	338,006.68	176,749.38	—
嘉兴府	515,923	567,905	2,805,120	4,356,442	569,255.69	555,190.96	—

（乙表77续）

直省府州厅剘	户	丁　额③ 原	口② 滋　生④	田　地（亩）	额 地丁正杂银（两）	征　田 米⑤（石）	赋 其他粮⑥（石）
湖州府	596,857	321,565	2,567,922	6,846,104	314,945.03	388,764.11	——
宁波府	561,809	409,688	2,356,157	4,066,059	216,991.23	36,700.15	——
绍兴府	692,269	269,748	5,391,530	6,765,514	418,566.71	44,876.33	——
台州府	375,092	176,514	2,773,895	3,506,198	158,091.13	41,617.64	——
金华府	567,657	238,688	2,549,816	6,828,816	334,981.29	14,073.65	——
衢州府	166,847	158,609	152,224⑳	2,731,322	188,324.61	11,997.69	——
严州府	227,368	110,843	1,461,073	2,760,302	167,506.71	3,134.37	——
温州府	371,292	221,085	1,934,827	2,195,115	121,181.12	45,558.41	——
处州府	227,213	123,664	1,151,286	1,477,088	124,559.89	8,931.87	——
玉环厅	13,263	19,616	81,752	92,597	——	24,864.67㉑	——
江西（一）	4,379,629	1,474,343	23,651,735	46,566,553	1,920,182.21	962,886.51	——
（二）	4,378,354	1,308,725	23,652,029	46,721,988	1,749,703.98	770,266.20	——
南昌府	718,271	371,504	4,676,156	6,997,659	240,444.23	236,995.37	——
饶州府	331,440	148,362	1,832,090	6,969,648	186,423.88	125,315.13	——
广信府	312,024	91,342	1,457,829	4,582,808	128,566.17	52,260.03	——
南康府	207,621	52,421	1,292,483	1,848,329	73,883.56	41,639.67	——
九江府	224,275	28,871	1,234,935	1,429,952	81,038.84	4,405.16	——
建昌府	282,339	76,673	1,473,953	1,712,130	99,462.95	40,750.46	——
抚州府	373,327	142,377	1,554,025	4,984,894	216,386.42	83,464.54	——
临江府	254,312	56,208	1,279,210	2,889,641	156,959.47	92,722.69	——
瑞州府	189,888	85,821	1,030,915	3,680,852	84,291.24	69,185.91	——
袁州府	166,338	36,338	784,995	2,389,644	93,983.54	8,025.56	——
吉安府	645,608	298,216	3,066,881	4,971,132	314,896.46	164,020.90	——
赣州府	402,029	59,889	2,513,237	2,044,317	137,634.16	29,801.48	——

（乙表 77 续）

直省府州厅别	户	丁	口②	田地（亩）	额征田赋		
		原额③	滋生④		地丁正杂银（两）	米⑩（石）	其他粮⑪（石）
南安府	140,628	8,650	620,575	747,462	54,936.56	—	—
宁都州	131,529	17,671	834,511	1,318,085	51,274.73	14,299.61	—
湖北（一）	4,314,737	471,995	29,072,246	56,418,467	1,292,657.02	262,276.57⑰	—
（二）	4,314,837	454,417	29,063,179	61,659,626	1,295,623.44	266,900.22㉟	—
武昌府	790,667	142,857	6,872,955	5,528,357	270,570.33	68,842.92	—
汉阳府	591,445	38,124	3,682,518	9,118,293	185,664.35	37,693.35	—
黄州府	490,887	81,560	3,621,415	5,946,116	283,256.43	88,370.03	—
安陆府	506,277	69,352	3,325,215	6,256,899	163,682.67	14,691.07	—
德安府	435,953	52,991	2,242,062	3,581,734	79,337.08	13,211.55	—
荆州府	640,212	35,714	4,156,203	8,739,628	172,998.64	26,298.25	—
襄阳府	332,968	26,136	2,122,923	8,317,288	101,802.06	—	—
郧阳府	74,925	5,403	587,141	4,926,908	13,615.39	5,240.14	—
宜昌府	106,402	2,049	733,625	1,888,434	9,385.59	—	—
施南府	174,362	233	919,981	494,409	2,660.96	—	—
荆门州	170,639	17,576	808,208	1,620,401	9,683.52	7,929.26	—
湖南（一）	3,235,317	443,027	18,548,714	31,447,361	1,172,440.14	163,044.44㊳	283.36㊵
（二）	3,234,517	368,008	18,523,735	31,448,212	1,172,340.15	163,044.39㊴	283.36㊵
长沙府	699,082	75,179	4,290,086	9,535,692	332,642.11	80,777.50	—
岳州府	303,571	9,691	1,778,159	2,254,910	87,111.42	25,020.04	—
宝庆府	299,864	54,138	1,624,155	2,768,602	84,092.39	11,637.90	—
衡州府	369,542	120,890	2,321,431	3,845,169	160,708.97	39,787.68	—
常德府	204,112	35,754	1,219,755	3,057,203	100,776.57	—	—
辰州府	131,680	13,675	898,954	801,012	59,048.15	—	—
沅州府	83,856	6,064	537,396	690,903	26,507.21	—	—

（乙表 77 续）

直省府州厅列	户	丁 原额③	口② 滋生④	田地（亩）	地丁正杂银（两）	征田 米⑤（石）	赋 其他粮⑥（石）
永州府	304,254	52,524	1,629,946	2,534,283	110,642.25	—	—
永顺府	131,368	352	643,095	107,819	826.01	—	—
澧州	213,547	12,928	1,033,980	2,897,293	74,591.08	221.70	—
桂阳州	165,798	17,674	773,353	925,468	47,802.46	—	—
靖州	104,871	13,803	608,463	695,073	26,526.59	5,599.62	—
郴州	187,584	30,355	997,021	1,167,492	59,246.13	—	—
乾州厅	7,278	—	35,604	10,635	149.96	—	52.82
凤凰厅	14,959	—	74,755	61,131	162.25	—	157.70
永绥厅	4,399	—	25,396	54,237		—	72.84
晃州厅	9,552	—	57,165	40,442	1,606.59	—	—
四川（一）	7,066,267	307,909	28,019,672	46,606,474	674,910.51	12,833.05⑫	1,733.32⑫
（二）	7,100,816	147,154	28,048,795	53,667,029	667,227.73	13,518.93⑬	1,295.13⑬
成都府	1,706,958	35,416	5,484,272	6,818,828	95,751.24	—	—
重庆府	958,028	14,592	3,017,957	11,200,205	58,068.08	—	—
保宁府	287,552	15,232	962,702	2,514,714	27,791.62	—	—
顺庆府	312,906	10,024	2,055,493	2,452,729	54,647.73	—	—
叙州府	517,340	15,003	1,735,814	2,810,065	52,038.02	227.63	—
夔州府	260,651	7,644	861,059	840,988	11,229.75	—	—
龙安府	130,445	5,053	833,168	562,061	8,775.72	104.87	—
宁远府	206,200	12,500	1,266,273	79,333	3,902.86	11,557.58⑭	—
雅州府	154,643	5,281	857,044	387,345	18,165.96	—	—
嘉定府	438,721	10,405	2,065,421	1,522,628	45,553.07	—	—
潼川府	409,100	10,490	1,801,863	2,607,785	80,121.20	—	—
绥定府	287,031	38,098	1,124,850	2,246,860	36,742.15	—	—

（乙表 77 续）

直省府州厅别	户	丁 额③ 原	口② 滋生④	田 地（亩）	额 地丁正杂银（两）	征 田 米⑤（石）	赋 其他粮⑥（石）
眉州	150,711	3,296	763,518	1,034,393	22,459.15	—	—
邛州	112,453	6,301	612,046	1,463,164	28,675.96	—	—
泸州	148,470	5,417	446,055	1,535,217	24,477.43	—	—
资州	186,555	12,311	953,738	3,052,634	34,555.85	—	—
绵州	209,608	14,892⑯	1,103,625	2,892,225	37,429.29	—	—
茂州	58,903	4,071⑯	396,999	3,520	715.32	90.51	—
忠州	172,728	24,988⑯	496,648	1,582,639	16,146.72	—	—
酉阳州	159,490	19,397⑯	461,579	496,220	9,732.71	—	200.30
叙永厅	70,156	10,866⑮	203,088	257,845	5,934.40	184.91	—
松潘厅	16,083	10,024	79,258	6,118	184.85	—	—
石砫厅	27,029	10,634⑮	93,569	1,880	553.27	—	237.89
杂谷厅	50,856	5,974	261,437	—	90.32	667.55	—
太平厅	26,368	—	82,196	52,805	1,167.84	—	—
懋功厅	7,282	—	—	184,273	—	—	1,295.13
福建（一）	3,377,525	1,489,533	18,546,446	14,181,776⑫	1,248,379.44	126,055.53	188,484.21⑬
（二）	3,377,525	1,487,442	18,546,446	⑫	⑫	⑫	⑫
福州府	454,442	180,436	2,589,611	2,775,430	216,490.18	17,286.00	—
兴化府	105,331	115,289	530,990	1,431,161	89,735.26	13,607.42	—
泉州府	457,084	127,779	2,448,512	1,433,179	129,323.95	11,408.12	—
漳州府	726,357	190,376	3,397,762	1,083,963	145,740.19	11,604.77	—
延平府	201,453	223,728	853,607	982,388	108,314.19	15,968.73	—
建宁府	518,222	251,890	3,227,905	2,134,219	202,216.96	16,277.19	—
邵武府	119,558	119,577	638,479	951,729	83,352.77	12,297.19	—
汀州府	252,011	193,336	1,494,835	1,315,322	135,892.24	14,651.20	—

（乙表77续）

直省府州厅别	户	丁 原额③	口② 滋生④	田地（亩）	地丁正杂银（两）	额征田 米（石）	其他粮⑥（石）赋
福宁府	162,091	31,240	763,481	543,716	50,802.10	9,366.74	—
台湾府⑫	224,646	18,827	1,786,883	745,381⑬	14,036.93	—	188,484.21⑭
永春州	111,818	15,249	482,547	479,968	40,446.96	3,105.67	—
龙岩州	44,512	16,806	331,834	305,320	32,027.71	482.50	—
广东（一）	—	1,178,130	21,558,239	34,300,709	1,026,287.74⑮	334,821.30	—
（二）	—	1,153,991	21,558,239	34,410,245	1,026,287.20⑯	348,248.26	—
广州府	—	385,649	5,878,501	10,825,901	300,300.50	110,341.31	—
韶州府	—	86,584	1,028,202	1,713,697	70,692.94	14,834.77	—
惠州府	—	59,463	2,264,790	4,056,089	90,517.60	39,060.60	—
潮州府	—	199,798	2,210,925	3,228,305	115,088.45	46,309.47	—
肇庆府	—	135,576	2,549,948	4,096,372	142,583.35	43,296.80	—
高州府	—	47,023	2,351,078	1,925,230	64,997.98	24,881.18	—
廉州府	—	23,443	444,870	737,349	23,282.49	634.50	—
雷州府	—	14,754	682,445	810,103	27,958.42	2,548.95	—
琼州府	—	109,348	1,383,261	3,015,237	78,485.48	16,282.18	—
南雄州	—	17,605	340,668	1,085,029	37,072.66	6,441.59	—
连州	—	24,139⑰	301,696	593,039	12,569.56	4,532.66	—
嘉应州	—	52,180	1,333,220	1,203,724	31,271.24	14,386.90	—
罗定州	—	22,568	681,824	870,475	26,367.16	10,318.55	—
佛冈厅	—	—	52,299	94,565	2,944.55	644.26	—
连山厅	—	—	54,512	45,594	2,155.36	307.58	—
广西（一）	1,279,015	206,136	7,416,287	8,981,229	393,545.47⑱	403,187.64	—
（二）	1,279,020	206,104	7,429,120	8,981,228	393,545.57⑲	403,185.34	—
桂林府	196,114	55,970	1,040,573	1,863,670	68,833.51	95,486.76	—

（乙表 77 续）

直省府州厅别	户	丁 额① 原	丁 额①	口② 滋 生④	田 地（亩）	额 地丁正杂银（两）	额 米⑤（石）	赋 其他粮⑥（石）
柳州府	153,454	11,459		939,399	598,382	19,584.36	23,028.46	—
庆远府	84,731	7,264		480,856	325,828	9,838.42	13,462.62	—
思恩府	84,441	14,586		496,928	889,253	42,013.61	38,278.20	—
泗城府	65,174	——		326,617	29,283⑨	7,005.77	1,627.99	—
平乐府	130,118	11,933		858,238	739,223	37,207.06	35,620.28	—
梧州府	126,302	26,255		687,308	1,175,936	53,075.27	55,165.76	—
浔州府	90,702	16,955		640,754	930,230	32,718.87	40,774.35	—
南宁府	123,965	23,325		795,214	1,104,226	52,126.50	43,784.62	—
太平府	59,250	4,475		301,544	72,877⑤	8,113.06	5,112.40	—
镇安府	46,271	——		287,421	147,397⑯	11,202.24	2,268.78	—
郁林州	118,493	33,914		561,435	1,099,924	51,826.80	48,577.42	—
云南（一）	1,118,174	170,478		6,925,610	9,476,452⑰	198,459.80	239,444.08	—
（二）	1,041,522	185,865		6,048,116	9,317,733⑰	192,901.40	233,548.01	—
云南府	260,947	26,794		1,334,005	1,031,652	32,341.81	38,469.82	—
大理府	123,330	52,411		748,304	1,089,678	24,268.87	31,805.02	—
临安府	135,119	19,914		532,430	993,430	23,919.08	18,341.65	—
楚雄府	74,798	13,070		514,440	873,632	23,702.79	22,821.42	—
澂江府	73,155	8,403		565,349	612,178	13,327.47	13,695.07	—
广南府	⑱	⑲		⑳	6,142	166.36	2,169.43	—
顺宁府	32,563	9,795		114,165	246,055	3,455.74	5,784.65	—
曲靖府	114,856	15,152		582,198	861,676㉑	16,922.40	18,611.42	—
丽江府	61,107	2,344		350,636	449,565	6,630.16	12,768.87	—
普洱府	㉒	㉓		㉔	176,072㉕	4,665.45	5,643.09	—
永昌府	41,756	10,531		251,557	249,525	8,955.47	10,518.65	—

（乙表 77 续）

直省府州厅别	户	丁原额①	口②　滋生④	田　地（亩）	地丁正杂银（两）〔额〕	米（石）〔征田〕	其他粮⑥（石）〔赋〕
开化府	55,923	—	259,216	81,269	624.76	8,421.98	—
东川府	⑧	⑧	⑧	224,203	2,479.08	4,959.75	—
昭通府	⑧	⑧	⑧	561,379	4,027.45	11,035.96	—
广西州	21,990	378	984,633	813,071⑪	3,699.93	4,402.94	—
武定州	23,626	630	119,042	406,001⑫	6,463.60	4,914.38	—
元江州	⑧	⑧	⑧	36,156⑬	4,535.86	4,520.13	—
镇沅州	13,439	542	63,200	55,931	1,389.83	1,180.08	—
景东厅	43,487	8,085	155,197	60,321⑭	2,095.67	2,694.81	—
蒙化厅	13,228	2,429	83,028	295,830	5,415.16	6,540.49	—
永北厅	28,850		268,210	194,014	3,927.33	4,249.01	—
腾越厅	⑧	⑧	⑧	158,672	5,445.53	5,895.46	—
贵州（一）	1,118,884	177,487	5,348,667	2,767,041	93,821.45	162,490.17	—
（二）	1,118,884	37,536	5,351,541	2,767,034	93,821.46	162,181.77	—
贵阳府	151,251	8,024	741,009	267,603	16,365.29	25,660.15	—
安顺府	138,210	1,835	769,775	252,738	8,616.87	32,186.00	—
都匀府	51,794	415	243,011	99,188	4,001.76	13,065.59	—
镇远府	120,435	5,504	573,300	206,148	3,996.82	12,997.05	—
思南府	82,842	1,815	335,882	104,367	8,386.88	1,246.50	—
石阡府	21,595	1,606	95,164	59,494	3,773.69	1,149.45	—
思州府	22,580	1,020	126,191	57,202	3,611.60	2,470.38	—
铜仁府	37,378	583	131,261	55,786	3,090.97	6,736.88	—
黎平府	69,677	137,435	286,157	155,520	1,612.61	5,540.06	—
大定府	117,741	1,472	553,791	230,591		27,488.66	—
兴义府	61,006	3,155	309,481	86,826	7,202.09	11,815.57	—

（乙表77续）

直省府州厅别	户	丁 原额[3]	口[2] 滋生[4]	田地（亩）	额征田赋 地丁正杂银（两）	征田 米[5]（石）	其他粮[6]（石）
遵义府	115,769	12,179	591,598	896,874	21,426.90	8,693.89	—
平越州	77,392	917	367,608	210,023	9,731.85	8,049.10	—
松桃厅	26,001	—	115,453	22,303	[6]	2,349.69[6]	—
普安厅	16,214	1,527	74,705	39,112	1,461.70	2,829.89	—
仁怀厅	8,999	—	34,281	23,566	542.42	211.31	189,328.21
新疆（一）	75,189	—	342,166	122,695	61,211.00	—	100,351.28[17]
（二）	—	—	—	—	—	—	—
伊犁	6,477[17]	—	38,365[18]	57,109	106.50[19]	—	—
库尔喀喇乌苏	—	—	228[20]	6,996	—	—	3,080.10[20]
塔尔巴哈台	4,328[21]	—	35,211[22]	17,000	[23]	[24]	[25]
哈密	1,950[26]	—	3,293[27]	11,300	[25]	[25]	—
吐鲁番	759[28]	—	8,709[29]	14,700	[30]	[31]	16,214.27[32]
喀喇沙尔	7,147[33]	—	28,011[34]	7,440	—	—	—
库车	1,976[35]	—	12,148[36]	—	—	—	3,228.40
阿克苏	8,424[37]	—	34,607[38]	150	1,642.00[39]	—	3,945.24
乌什	856[40]	—	5,083[41]	8,000	—	—	2,010.00
喀什噶尔	14,056[42]	—	66,413[43]	—	26,000.00[44]	—	25,193.05
叶尔羌	15,574[45]	—	65,495[46]	—	25,150.00[47]	—	21,371.07
和阗	13,642[48]	—	44,603[49]	—	8,312.50[50]	—	13,934.80

资料来源　①本表总计及各省合计的计算方法如下：各省合计（一），系根据原书所载各该省属下各府、州、厅的分计数相加而得；总计（一），则为各省合计（一）相加的总和。各省合计（二），系据原书所载原省各省户口、田地、田赋的总数相加入；总计（二），则为各省合计（二）相加的总和。新疆、福建、盛京三省的户口、田地、田赋总数，原书或完全不记，或部分分项目不记。在统计其总计（二）时，则分别以各该省份的"合计（一）"代入。又：有些省份及其属下各府、

编者注　《嘉庆重修一统志》。

州，原书不记户、口数或额征田赋数者，列率如下：(1)原书缺记户、口数的：江苏、安徽、陕西、广东等四省；(2)原书缺记原额、口数的：新疆；(3)原书缺记额征田赋数的：山西、陕西、湖北、云南、贵州等五省。

②原书把民丁所包括的屯丁、灶丁等数目——注出。倒如甘肃，"滋生民丁"共 11,145,352 名，而"屯丁男妇大小"共 4,277,667 名，又如云南，屯民人口总数占人口总数1/3。

同时，为了节省篇幅，我们把各省区所占丁、灶丁及丁等分列——注出。但有些省区在丁等包括在(一)内。我们合并起来统计。

③康熙 52 年(1713 年)审编"人丁"。

④原书但云"今滋生男妇大小"若干口，未本系年。惟接省《凡例》云："旧志原成于乾隆 8 年，续成于乾隆 49 年，今纂至嘉庆 25 年"，则书中所记滋生人口数，当记以足年为限。

系"人丁"数，"滋生丁"为"男妇大小"口数。

⑤凡原书所载或卓地等地，估种等地写以产一"粮"字均计入此栏。

⑥凡原书所载豆、麦、高粱、榛粟、青稞（系以产豆、麦、米、谷、南粮、甘肃漕粮等为主的省份）均计入此栏。

⑦内包括豆 7,710.09 石；小麦 42.13 石；粟米 13,399.73 石；高粱 47.45 石；榛粟 36 石。

⑧内包括通州，天津，青县，静海等地屯丁 293 户，740 口；长户，天津，蓟，永等地分司灶丁 5,180 户，191,206 口。

⑨原书似乎把米教过小。

名等三府的粟米数共 13,399.73 石计入米数。

⑩原系灶各数。

⑪内包括粟米数共 61,519.67 石，改折银 15,555.77 两。

奉天、锦州、吉林等处民丁共 5,104,814 名。

以上各项田地共计 23,174,869 亩，与合计(一)相较，约多 1,597 万亩。

⑫原书缺载。

锦州、吉林三处民丁共 5,104,814 名；吉林、黑龙江二地灶二屯，官庄共 1,629,579 亩。

据田赋民地租银 133,023.27 两；应征草豆米地各项租银 2,256.00 两；其他田地各项杂税共 12,648.11 两。

⑬据原书开载总教内包括：盛京内务府应征草豆米地，2,617,676 亩；盛京十五仓额征地，14,488,076 亩；盛京户部官庄应征草豆米地，265,124 亩；盛京内务府应征草豆米地，699,168 亩。按：本省官地合计(一)的数字包括：奉天、兴京各项田地共 472,173 亩。盛京

户部额征地银 186,685.88 两；其他田地未在本省各区分列。

⑭内包括：民田未折银 186,685.89 两；盛京户部额银折交银 28,992 石，盛京内务府官庄岁征银 20,849 石；吉林各项官庄岁征银 47,630 石。

⑮内包括：盛京户部官庄岁征粮 23,197 石 4 斗 5 升；黑龙江各城官庄岁征粮 47,630 石。

省或各区分列——具列。

⑯《黑龙江外记》卷 3；嘉庆 13 年(1806 年)编审户口：

	户	口
黑龙江全省总计	26,217	136,228
齐齐哈尔旗营站也	9,702	48,311
墨尔根入旗营屯也	1,855	7,969
黑龙江入旗营屯也	4,199	19,388
呼伦入旗	4,769	29,713
布特哈入旗	4,033	18,933
呼兰入旗营屯也	1,659	11,914

⑰豆数。⑱原书本作5,143.87石，麦10,592.33石。但苏省各分计俱不载麦数，兹把10,592.33石合并于"米"栏内。这样，"及""其他"两栏相加的数字就比较接近。⑲内包括：豆23,185.24石，麦10,111.38石。⑳安徽省衢州府原额人丁作152,224，不但低于原额人丁数(158,609)，为当时全国各府所仅见，且与该省其他各府的滋生人口比较，姑照原书数计入各该省及该省合计数内，并志疑于此，俟考。㉑原书但作"济南、兖州、曹司、武定、泰安、济宁、临清二州共额漕额"数，盖将全省数系于首府。按统经3年纂《山东通志》卷82《田赋志》第5记济南府原额人丁数为382,009，今从之(河南)。㉒麦数(山东)。㉓原书作"济南、兖州、曹"。㉔原书作"2,278,982"；与山东全省原额人丁数相同，盖将全省数系于首府。㉕内包括：麦47,990.20石；豆120,822.70石(河南)。㉖另番地49,029段。㉗另番地8,116段。㉘另番地49,029段。㉙无额征。㉚内包括：南根125,678.86石，漕粮5,240.14石。㉛另番地161,373段。㉜无额征。㉝原系谷数(浙江)。㊱内包括：南根125,678.86石，漕粮5,240.14石。㊲内包括：南根126,695.65石，漕粮125,678.86石，荆安、德安、荆州六府开荆门直隶州共额征漕粮9,863.80石有奇"(在各府分计中，除郧阳府有额征米5,240.14石外，安、襄、荆都没有分别开载。)㊴内包括：南根126,695.65

⑰豆数。⑱原书本作5,143.87石，麦10,592.33石。但苏省各分计俱不载麦数，兹把10,592.33石合并于"米"栏内。这样，"及""其他"两栏相加的数字就比较接近。⑲内包括：豆23,185.24石，麦10,111.38石。㉚额征银共825.06两有奇，额外收房地租银140.09两有奇。㉛另番地233,916段(由此至㊱皆甘肃)。㉜原额征革3,052.05两。㉝挂畜税4,967.83两。㉞原额征革，折半税。㉟原额府额征5,240.14石。米(郧阳府征)5,240.14石。按：原书与各分计的漕粮征数相同)；(2)"武昌、汉阳、黄州、安陆、德安、荆州六府开荆门直隶州共额征漕粮9,863.80石有奇"(在各府分计中，除郧阳府有额征米5,240.14石外，安、襄、荆都没有分别开载。)
13,797.23两。125,678.87石；漕粮125,678.86石，漕粮5,240.14石。141,221.36两；挂畜税3,573.58两，挂畜税3,052.05两。131,357.56石；豆120,962.80石(由此至㉟皆甘肃)。131,357.561石有奇"(此数与各分计的漕粮总数相同)；(2)"又安、襄、郧、荆道额征漕粮各府分计中，除郧阳府有额征米5,240.14石外，安、襄、荆都没有分别开载。)

㊵额征民杂粮。

㊶内包括"米豆"（由此至注㊸原系"米豆"数）。

㊷原作"米豆"数。

㊸内包括"米豆"200.30 石；"佃种"237.89 石。

㊹《台湾通史·户役》的

㊹《台湾通史·户役》载道光 23 年（1843 年）编审户口，造报人数共达 3,500,000+。

㊺柔教（福建）。

㊻此处系绵州等六州厅，原书俱作"原额户"数，疑误，密并作人丁计。

㊼同上书《户役志》载光绪 13 年（1877 年）续报升课田园 612 甲 1 分 3 厘有奇。

㊽原书作：田园 47,345 甲 8 分有奇，又 2,029 项 88 亩有奇；续报升算 745,381 亩。

㊾遇闰加征银 25,447.19 两。

㊾遇闰加征银 12,585.31 两。

㊿此估计，全台湾包括高山族人口共约 2,500,000。

51雍正 5 年编审额。

52遇闰加征 38 项 8 分有奇，又于报田 22

53原作田

54原书作：田园 292 项 38 亩。

55另新出膳田 39 户。

56按每伯＝2 亩（见《同治户部则例》卷 5）。

57按每垾＝4 亩，每伯＝2 亩，每伍＝0.5 亩（见《同治户部则例》卷 5）。

58原作田

59原书作田地 8,616 顷 8 亩 8 分有奇，新垦地 67 亩，麦田 14

60另麦田 90

61内包括回户 6,406，民户 71（由此至注㊼皆新疆）。

62另麦田 41 段。

63另麦田 90

63额征地丁正杂银 1,332.52 两，均改征新疆。

64内包括回户 17,267 口为驻防满兵，防伯尔克，索伦达尔乌

65额征地丁正杂银 308.40 石（贵州）。

66额征地丁

67内包括回户 6,406，民户 71（由此至注㊼皆新疆）。

68额征回户赋。

69额征回户数。

70内包括：回塔尔巴哈

71内包括回户 4,020 口。

72民户数。

73内包括"除屯营兵外，无土著，不备载。"

74原书注："除屯营兵外，无土著，不备载。"

75回民户口数。

76额征粮 11,649.27 两，土贡银 4,565.00 两。

77回民户口数。

78按"新疆红铜钱名"若干腾格，乾隆 26 年规定以一百普尔普尔钱

79原均指普尔"新疆红铜钱名"若干腾格。

石；漕粮 19,111.27 石；本色米 17,237.52 石（由此至注㊸皆湖南）。

126,695.57 石；皆四川）。

⑪内包括：南根 126,695.57 石；漕粮 19,111.30 石；本色米 17,237.52 石（由此至注㊸皆湖南）。

原书作：田 883 段（由此至注64皆云南）。

按麦田 67 亩，麦田 90

另麦田 126 段。

另麦田 27 段。

原书额征地丁正杂银 25,513.68 两。

遇闰加征银 12,585.40 两。

按每伯＝2 亩，又田 6,204 垾 1 伯 1 伍小半 1 伯小半 1 分，以上共折算 147,397 亩。

地 1,225 项 78 亩 5 分有奇，又田 6,204 垾 1 伯 1 伍小半 1 伯小半 1 分。

段。

另麦田 585 段。

回民户 20,356 口，民 209 口，屯兵 533 口，其余 17,267 口为驻防满兵，防伯尔克，索伦达尔乌

351.28 石。

特 3,384 户，31,191 口；土未息特部 944 户，4,020 口，均于乾隆 43 年自伊犁移驻。

回民户口数。

回民人 1,377 户，11,912 口。

为一腾格，以一腾格相当于银一两。

乙表 78 清康熙初年各直省地丁银数

（公元 1662—1695 年）

直 省 别	地 丁 银（两）		各直省正额占 其总数百分比
	正 额	遇 闰 加 征	
总计	29,013,306.75①	160,065.92①	100.00
直隶	2,445,010.70	—	8.43
江苏	3,996,176.36	26,593.04	13.77
安徽	1,698,960.40	418.30	5.86
山西	3,018,946.83	2,363.60	10.41
山东	3,296,906.00	—	11.36
河南	2,723,895.10	34,345.30	9.39
陕西	1,589,594.30	23,527.60	5.48
甘肃	283,070.79	—	0.97
浙江	2,939,882.97	22,596.70	10.13
江西	2,028,289.73	19,866.47	6.99
湖北	1,127,966.60	—	3.89
湖南	793,429.75	—	2.73
四川	63,337.69	1,834.90	0.22
福建	1,248,344.30	—	4.30
广东	1,272,519.10	16,631.10	4.39
广西	338,607.15	11,402.51	1.17
云南	84,835.88	—	0.29
贵州	63,533.10	486.40	0.22

资料来源 清刘献廷《广阳杂记》卷 2。

按 一般记载说刘献廷生于清顺治 5 年，卒于康熙 34 年（1648—1695 年）。今查是
书所记有迟至康熙 34 年春间的事数条。本表所录的地丁银数，似为康熙 20 年
（1681 年）前后之额数，请与本编表 71"田赋银"一栏参看。

编者注 ①这是根据各省分计相加得来的总计，与原书所载"天下钱谷总数，每岁所
进：……内地丁银 29,068,062 两，遇闰加 204,607 两 1 钱"之数，出入颇大。

乙表 79　清道光朝各直省额征及实征地丁银数

省　别（直省）	额征地丁银（两）①		实征地丁银（两）①			
	旧　额	今　额	道光21年(1841年)	道光22年(1842年)	道光25年(1845年)	道光29年(1849年)
各直省总计*	32,724,702	33,348,037	29,431,765	29,575,722	30,213,800	32,813,304
直隶	2,009,113	2,556,866	2,621,912	2,546,746	2,516,872	2,611,079
奉天	249,584	43,865	37,628	43,865	49,066	49,119
江苏	3,627,016	3,625,814	3,563,686	2,531,320	2,891,023	1,879,614
安徽	1,930,256	1,807,563	1,877,285	1,798,800	1,797,332	1,630,191
山西	3,141,800	3,158,890	3,140,203	3,123,879	3,109,909	3,098,336
山东	3,434,752	3,589,694	3,034,151	2,940,293	2,795,576	2,108,334
河南	3,534,023	4,354,543	2,925,524	3,569,294	3,730,213	2,824,703
陕西	1,659,265	1,674,935	1,691,635	1,691,648	1,675,931	1,679,768
甘肃	369,819	324,724	330,443	324,724	327,414	333,829
浙江	2,952,194	2,808,718	1,887,046	2,160,861	2,320,222	1,608,401
江西	2,158,216	2,249,330	2,292,360	2,249,330	2,237,133	2,163,282
湖北	1,181,334	1,144,208	528,486	640,765	743,203	334,179
湖南	1,204,002	912,643	871,377	885,631	899,864	825,748
四川	807,966	1,062,380	1,089,176	1,062,380	1,057,381	1,097,149
福建	1,380,360	1,421,544	1,451,362	1,421,544	1,460,221	1,394,043
广东	1,076,991	1,119,066	1,136,889	1,107,920	1,107,658	1,130,165
广西	481,375	694,984	960,221	694,984	686,393	778,105
云南	384,005	669,144	862,929	669,144	682,683	653,125
贵州	147,323	130,307	129,431	130,307	125,806	123,502

资料来源　王庆云《石渠余记》卷 3《直省地丁表》。按此书又名《熙朝纪政》。

编者注　*这是原书所记总计数。如据各省分计数相加，其和应为：额征地丁银，旧额 31,729,394，今额 33,349,218；实征地丁银，道光 21 年 30,431,744，道光 22 年 29,593,435，道光 25 年 30,213,900，道光 29 年 26,322,672。　①原书两以后均作"有奇"。

乙表 80　清光绪十一年至二十年各直省实收田赋数

（公元 1885—1894 年）

光绪年	公元	地丁（两）	杂赋（两）	租息（两）	粮折（两）	耗羡（两）	合计	
							两	升降百分数（以11年作100）
11	1885	23,022,687.00	1,644,581.00	775,464.00	4,006,716.00	2,907,320.00	32,356,768.00	100.00
12	1886	23,209,243.95	1,544,475.72①	707,017.80	4,370,576.11	2,973,819.95	32,805,133.53	101.39
13	1887	23,228,140.40	1,604,751.87②	795,644.98	4,120,056.31	3,044,033.43	32,792,626.99	101.35
14	1888	23,385,889.18	1,642,406.00	1,024,958.00	4,165,948.00	3,005,146.00	33,224,347.18	102.68
15	1889	22,822,508.18	1,545,118.35③	851,945.46	3,942,456.21	2,920,805.23	32,082,833.43	99.15
16	1890	23,737,114.41	1,820,362.26④	908,826.06	4,257,138.19	3,012,583.04	33,736,023.96	104.26
17	1891	23,666,911.97	1,810,144.11	841,672.57	4,262,928.15	3,004,887.45	33,586,544.25	103.80
18	1892	23,433,883.97	1,809,377.11⑤	841,620.57	4,200,537.15	2,994,922.45	33,280,341.25	102.85
19*	1893	23,329,533.95	1,732,318.73⑥	721,503.75	4,447,763.68	3,036,735.90	33,267,856.01	102.82
20	1894	23,168,393.55	1,440,793.08⑦	698,245.31	4,361,192.17	3,000,462.10	32,669,086.21	100.97

资料来源　据刘岳云《光绪会计表》卷1《入项总表》作。

编者注　*19 年地丁、杂赋等项的各省分计数，见本编表 81。

①又"金二十一两九钱九分"。

②又"金二十二两二钱零"。

③又"金二十一两一钱三分九厘"。

④又"金二十一两六钱"。

⑤又"金二十一两四两"。

⑥又"金二十一两四两"。

⑦又"金二十三两三钱九分"。

乙表 81　清光绪十九年各省实收田赋数
（公元 1893 年）

省别	地丁(两)*	杂赋(两)*	租息(两)*	粮折(两)*	耗羡(两)*	合计 两	合计 各区占全国的百分比(%)
总计△	23,329,533.96	1,732,318.73	721,503.75	4,447,763.68	3,036,735.90	33,267,856.01	100.00
直隶	2,150,838.05	102,506.81	329,527.15	18,632.74	274,266.00	2,875,770.75	8.64
盛京①	31,240.64	133,271.94	41,545.98	8,151.75	—	214,210.31	0.64
奉天①	75,496.42	387,748.03	84,950.90	1,001.36	52,474.66	601,671.37	1.81
吉林	127,892.74	99,949.25	111,134.79	1,052.99	6,179.55	346,209.32	1.04
黑龙江	—	32,425.20		5,335.06		37,760.26	0.11
江苏	1,700,214.44	193,492.85	30,269.65	786,785.73	180,104.10	2,890,866.77	8.69
安徽	984,009.77	40,333.12	287.76	517,578.03	120,607.36	1,662,816.04	5.00
山西	2,751,792.75	67,540.00	26,984.18	6,058.71	344,315.71	3,196,691.35	9.61
山东	2,986,895.20	14,946.10		87,139.71	429,567.55	3,518,548.56	10.58
河南	2,813,414.90	154,897.33	3,653.14	439,897.01	353,729.85	3,765,592.23	11.32
陕西	1,314,130.93	30,755.19	12,417.43	15,918.07	193,889.72	1,567,111.34	4.71
甘肃	204,180.37	22,164.69	4,995.23	—	30,749.65	262,089.94	0.79
浙江	1,958,683.62	68,852.59	15,488.79	743,922.67	124,070.70	2,911,018.37	8.75
江西	1,291,288.15	69,809.31	1,100.49	880,510.22	145,422.08	2,388,130.25	7.18
湖北	862,673.16	16,880.79	1,147.92	512,318.12	98,409.32	1,491,429.31	4.48
湖南	1,064,531.47	7,333.14	513.64	286,221.19	109,573.41	1,468,172.85	4.41
四川	669,101.00	194,593.51	10,666.51	754.77	175,220.32	1,050,336.11	3.16
福建	1,006,727.74	51,130.08	8,738.75	②	145,052.49	1,211,649.06	3.64
台湾	②	②	②	②	②		—
广东	916,788.37	10,431.50	25,356.22	—	198,808.12	1,151,384.21	3.46
广西	334,308.44	31,328.93	1,449.47	33,090.37	32,481.77	432,658.98	1.30

（乙表 81 续）

直省别	地丁(两)*	杂赋(两)*	租息(两)*	粮折(两)*	耗羡(两)*	合计 两	合计 各区占全国的百分比(%)
贵州	49,418.01	1,928.37		28,135.01	20,932.45	100,413.84	0.30
绥远城	35,907.79		81,175.75	75,260.18	1,437.75	193,781.47	0.58

资料来源　李希圣《光绪会计录》卷上。各表相校对。

编者注　*分以下乙数值，四舍五入。　△这是本书及本编表 83 所列各省的次序，对于原书所记的数字。如据各分计相加，租息应为 33,338,312.69 两。①按乾隆 12 年（1747 年）改镇守盛京等处将军为盛京将军，将军守盛京等处将军及府尹所属曰奉天省，而合称将军及府尹所属曰盛京京省《光绪大清会典事例》卷 544）。②缺资料。

乙表 82　清光绪二十九年各直省征收田赋数

（公元 1903 年）

直省别	地丁(两) 应征额	地丁(两) 实征额	耗羡(两)	漕 本色(石)	漕 折色(两)	粮 折色(两)	漕项(两)	学租芦课等(两)	粮折(两)
总计	31,745,943①	28,086,771②	4,645,310③	112,966		1,490,000	1,607,000	894,306④	464,411
直隶	2,6□6,273⑤	2,259,574	302,266					423,991	—
奉天	37,290	36,960	9,378					36,960	3,500
吉林	90,112	90,112						182,030	—
黑龙江	38,335							302,500⑥	—
热河	38,335	38,335							—
江苏	2,570,400	2,001,998	478,480	69,503⑦		190,000	480,000	90,510	—
安徽	1,741,248	1,271,973	238,273				122,000	21,711	104,579

（乙表 82 續）

直省 省別	地丁 銀（兩）應征額	實征額	耗羨（兩）	漕 本色（石）	折色（兩）	漕項（兩）	學租蘆課等（兩）	糧折（兩）
山西	3,387,144	3,052,575	369,254	—	—	—	80,373	—
山東	3,918,354	3,712,060	473,134			90,000	6,490	—
河南	3,595,479	3,401,152	421,117		240,000	80,000	5,680	13,455
陝西	1,845,197	1,792,965	234,174				2,770	
甘肅	326,547	240,758	152,830				6,876	
新疆								
浙江	1,945,755	1,949,478	162,362	43,463⑧	700,000	620,000	3,641	2
江西	1,269,083	1,024,119	233,032		170,000	137,000	5,729	
湖北	1,267,559	1,202,178	285,908		190,000	41,000	13,350	172,216
湖南	769,237	769,201	158,946			37,000	2,851	4
四川	1,381,109	1,185,658	292,900				476	5,104
福建	⑨	⑨	226,697				4,254	24,515
台灣	⑨	⑨		⑨	⑨	⑨	⑨	⑨
廣東	1,544,179	1,252,855	232,763				⑨	⑨
廣西	470,804	425,717	43,107					
雲南	323,704	258,742	180,000				6,614	141,036
貴州	147,290	118,529	62,861					

資料來源　《中國財政論綱》第 4 章《地方收入》。

編者注　①如根據表內數字合計，僅得 29,275,099 兩。相差 2,470,844 兩。當由于黑龍江、新疆、浙江三省缺數所致。按浙江省歷年收數皆在二百萬兩上下。②如根據表內數字合計，僅得 26,084,939 兩。③如根據數據表內數字合計，僅得 4,557,482 兩。④另有 302,500 串（原書誤作 202,500 串）。⑤原書作"一、六□六、二七三"，萬位數脫字，惜頭本有其他材料校勘，姑以□代入。⑥單位"串"。⑦又白糧經費 235,858 兩。⑧又白糧經費 76,691 兩。⑨缺資料。

乙表 83　清光绪年间各直省地丁及耗羡银数

直省别	地丁银(两)	耗羡银(两)	合计(两)	耗羡银对地丁银之%
总计*	29,781,693*	3,490,577*	33,272,270	14.08
直隶	2,535,540	305,391	2,840,931	12.45
奉天	36,400	3,640	40,040	10.00
吉林	85,350	8,530	93,880	10.00
黑龙江	—	—	—	—
江宁	1,223,245	109,082	1,332,327	8.92
江苏	2,183,570	126,832	2,310,402	5.81
安徽	1,739,158	150,374	1,889,532	8.65
山西	3,025,540	370,302	3,395,842	12.24
山东	3,439,619	480,462	3,920,081	13.97
河南	3,249,586	421,117	3,670,703	12.96
陕西	1,612,700	239,864	1,852,564	14.87
甘肃	287,600	42,900	330,500	14.92
新疆	—	—	—	—
浙江	2,436,800	168,700	2,605,500	6.92
江西	1,919,980	233,032	2,153,012	12.14
湖北	1,140,498	125,461	1,265,959	11.00
湖南	1,138,284	113,751	1,252,035	9.99
四川	667,955	103,516	771,471	15.69
福建	1,230,000	140,000	1,370,000	11.38
台湾	①	①	①	—
广东	1,091,900	177,000	1,268,900	16.21
广西	400,000	38,845	438,845	9.71
云南	1,996,890	109,364	2,106,254	5.48
贵州	1,237,500	24,111	1,261,611	1.95

资料来源　《度支辑略》(清陈澧借抄本)卷1《总纲》,卷2—5《分记》1—4。陈氏题卷首云:"此从张宾崌处抄得,恐有错字,宜细校之。"表中地丁、耗羡两项银数系据原书所记填入,"合计"及"耗羡银对地丁银之%"两栏乃据前两项数字计出。

编者注　* 这是原书所记数字。如据各直省分计相加,其和应为:地丁银 32,678,115两;耗羡银 3,492,274 两。

　①缺资料。

乙表 84　　清雍正二年、乾隆十八年、

（公元 1724 年、

直省别	屯田（亩）			屯银（两）		
	雍正 2 年①	乾隆 18 年②	乾隆 31 年②	雍正 2 年①	乾隆 18 年②	乾隆 31 年②
各直省总计*	39,452,800	25,941,648	39,279,567	436,446	503,557	784,902
直隶	7,449,928	—	—	43,367		
江苏	1,159,773	1,159,692	1,442,124	38,412	37,035	35,655
安徽	1,185,560	1,185,686	4,221,190	40,506	45,860	109,933
山西	6,473,619	993,000	999,930	52,325	59,121	59,121
山东	2,442,705	2,200,084	2,200,955	49,680	56,018	50,610
河南	—	725,298	6,550,275	—	17,991	202,897
陕西	4,804,803	3,923,638	4,007,270	36,101	70,426	13,177
甘肃	9,989,465	10,720,478	11,459,760	19,975	28,575	37,521
浙江	177,381	174,164	173,913	18,630	17,897	17,913
江西	682,881	643,566	643,566	13,031	14,903	14,903
湖北	1,821,228	2,041,623	2,047,338	48,921	52,700	52,763
湖南	724,167	51,118	3,088,148	23,753	3,248	98,689
四川	57,333	13,482	—	1,451	100	—
福建	770,786	784,531	786,645	38,219	44,316	44,423
广东	494,891	—	527,957	88,997	—	1,877
广西	190,956	199,662	199,662	8,225	8,516	8,519
云南	806,129	591,537	917,351	1,109	44,974	36,796
贵州	221,196			2,740		

资料来源　《清朝文献通考》卷 10《田赋》10《屯田》。

编者注　* 各省分计之和与原书所载各直省总计有出入，附列如下：雍正 2 年(1724
501,680。乾隆 31 年(1766 年)屯田 39,266,084；银 784,797；粮 1,098,060。
①亩、两、石等单位以下之数值均从四舍五入。　　②原文所载数字之后均作

	全国总计	山西
雍正 2 年	4,871,345	83,432
乾隆 31 年	5,050,620	—

按每束为 15 斤。各省纳草之和雍正 2 年应为 4,863,885 束，乾隆 31 年应为 5,050,612
33,109,547 亩作为除数，则每亩平均数应为 3.22 升。　　⑤仅安徽一省有屯粮，
作为除数，则每亩平均数应为 4.32 升。

三十一年各直省屯田、屯赋及其平均数

（1753 年、1766 年）

屯粮③（石）			每亩平均银数（分）			每亩平均粮数④（升）		
雍正 2 年①	乾隆 18 年②	乾隆 31 年②	雍正 2 年	乾隆 18 年	乾隆 31 年	雍正 2 年	乾隆 18 年	乾隆 31 年
1,064,592	373	1,097,064	1.11	1.94	2.00	2.70④	⑤	2.79⑥
84,734	—	—	0.58	—	—	1.14		—
23,488	—	56,727	3.31	3.19	2.47	2.03		3.93
4,482	373	99,917	3.42	3.87	2.60	0.38	0.03	2.37
57,549	—	—	0.81	5.95	5.91	0.89		—
—	—	—	2.03	2.55	2.30	—		—
—	—	—	—	2.48	3.10	—		—
195,237	—	156,678	0.75	1.79	0.33	4.06		3.91
476,409	—	502,069	0.20	0.27	0.33	4.77		4.38
—	—	—	10.50	10.28	10.30	—		—
—	—	—	1.91	2.32	2.32	—		—
—	—	93,163	2.69	2.58	2.58	—		4.55
—	—	—	3.28	6.35	3.20	—		—
8,986	—	—	2.53	0.74	—	15.67		—
26,388	—	25,281	4.96	5.60	5.65	3.42		3.21
—	—	92,739	17.98	—	0.36	—		17.57
975	—	—	4.31	4.27	4.27	0.51		—
55,478	—	71,486	0.14	7.60	4.01	6.88		7.79
39,066	—	—	1.24	—	—	17.66		—

年）屯田 39,452,801；银 525,442；粮 972,792。乾隆 18 年（1753 年）屯田 25,407,559；银

"有奇"。　　③屯粮之外，又有纳草（束）数如下：

陕西	甘肃（巩昌）
—	4,780,453
9,532	5,041,080

束，与原书所载各直省总计略有出入。　　④如把今年有纳粮的省份的屯田面积
没有作各直省平均数的必要。　　⑥如把今年有纳粮的省份的屯田面积 25,409,635 亩

乙表85　清雍正二年、乾隆十八年各直省学田及田租数

（公元1724年，1753年）

直省别	雍正2年①					乾隆18年①				
	学田（亩）	征租②		平均数		学田（亩）	征租		平均数	
		银（两）	粮（石）	每亩银数（分）	每亩粮数（升）		银（两）	粮（石）	每亩银数（分）	每亩粮数（升）
总计*	388,679	23,458	15,746	6.04	4.05	1,158,600	19,069	19,801④	1.65	1.71
直隶	127,124	2,750	1,616	2.16	1.27	442,988	2,776	1,916	0.63	0.43
江苏	43,509	5,716	—	13.14	—	41,858	5,491	—	13.12	—
安徽	15,877	1,638	590	10.32	3.72	22,018	1,640	16	7.45	0.06
山西	27,553	299	1,182	1.09	4.29	27,798	257	—	0.92	—
山东	41,823	1,423	—	3.40	—	41,772	1,329	—	3.18	—
河南	16,094	885	1,122	5.50	2.05	21,071	965	—	4.58	—
陕西	5,464	154	—	2.82	—	52,020	154	1,249	0.30	2.40
甘肃	31,126	27	1,453	0.09	4.67	31,125	89	1,294	0.29	4.16
浙江	17,564	4,013	—	22.85	—	30,017	3,050	—	10.16	—
江西	6,804	19	8,418	0.28	123.72	6,800	18	8,417	0.26	123.78
湖北	8,779	644	185	7.34	2.11	12,057	832	192	6.90	1.59
湖南	4,285	418	97	9.75	2.26	730,080	29	4,358	0.004	0.60
四川	364	5	240	1.37	65.93	2,300	⑤	⑤	—	—
福建	8,650	2,150	—	24.86	—	9,070⑩	154	1,249	1.70	13.77
广东	15,117	1,931	—	12.77	—	15,116	1,930	32	12.77	0.30
广西	13,555	1,058	100⑧	7.81	—	13,407	1,073	—	8.00	—
云南	⑦	70⑨	—	—	—	1,488	36	591	0.02	39.72
贵州	4,330	236⑥	661	5.45	15.27	4,418	246	487	5.57	11.02

资料来源 《清朝文献通考》卷12《田赋》12《官田》。

编者注 ＊各省分计之和与原书所载各直省总计有出入，附列如下：雍正2年（1724年）学田388,018；银23,436；根15,664。乾隆18年（1753年）：学田1,505,403；银20,069。

①亩、两，石等单位以下之数值均从四舍五入。 ②征银之外，另有钱；各直省总计62,460文；顺天府40,240文；江苏21,600文。 ③原文所载各项数字之后均作"有奇"。 ④原书未载此栏各直省总计数。这是各直省分计数相加之和。 ⑤原文："田不起租，以赋给资士。" ⑥原文未载各直省计数。 ⑦原文："山国池屋不计亩。""云南学田不计顷亩。" ⑧原文："谷一百石，租谷折银三十六两六钱七分有奇。" ⑨内未分银125两。

表86　清乾隆十八年八省漕运米麦豆实数①

（公元1753年）

省　别	米麦豆等合计②（石）	正兑米（石）	改兑米（石）	白粮（石）	粆（石）正兑	粆（石）改兑	麦（石）正兑	麦（石）改兑	黑豆（石）正兑	黑豆（石）改兑
八省合计	3,430,459	2,715,586	501,488	100,000	5,086	3,033	—	—	73,178	32,088
山东	284,471	157,994	69,473	—	—	—	—	—	40,504	16,500
河南	177,920	81,628	39,911	—	5,086	3,033	—	—	32,674	15,588
江苏	1,237,884	1,076,393	92,044	69,447	—	—	—	—	—	—
安徽	425,861	307,016	118,845	—	—	—	—	—	—	—
江西	503,353	351,503	151,850	—	—	—	—	—	—	—
浙江	610,865	550,947	29,365	30,553	—	—	—	—	—	—
湖北	94,574	94,574	—	—	—	—	—	—	—	—
湖南	95,531	95,531	—	—	—	—	—	—	—	—

资料来源　①《乾隆会典》卷13《户部漕运》。按：本表所记乃乾隆18年（1753年）漕运实数，是年各省赋粮中应起运之数，见本编表73。

编者注　①表内所省有各项数字之后，除秈米折麦各数（见下）以外，原书均作"有奇"。又《清朝文献通考》卷43《国用》5《漕运》亦引录乾隆18年各直省实征各项漕粮总数（但无各省分计数），其中一些数字与《会典》所记有出入者，附列于后：正兑米合计2,751,283石有奇；改兑米合计501,490石有奇；黑豆正兑改兑合计105,323.35石奇（据本表中黑豆数合计应为105,266石）。又《清通考》无"粆麦"一项，只记"小麦，河南正兑改兑小麦共1,819.40石"。

②另有秈米折麦360,185石，《清通考》作360,186.66石，每石连耗折银0.5—0.8两；改折麦石米34,439石。

《清通考》作34,440石），每石连耗折银1.68两。兹附列《会典》所记各直省实征永折米数及改折灰石米数如下（《清通考》无各省分计数）：

直省别	永折米（石）	改折灰石米（石）
合　计	360,185	34,439
山　东	70,000	——
河　南	70,000	——
江　苏	106,492	21,116
安　徽	75,961	——

直省别	永折米（石）	改折灰石米（石）
江　西	——	——
浙　江	——	13,323
湖　北	32,520	——
湖　南	5,212	——

乙表 87　清康熙二十四年、雍正二年、乾隆十八

（公元 1685 年、

直 省 别	起 运 存 留 银 总 计 （两）			起 运 银 （两）		
	康熙 24 年	雍正 2 年	乾隆 18 年	康熙 24 年	雍正 2 年	乾隆 18 年
总计	28,190,260	30,280,130	30,133,068	21,938,628	23,252,007	23,734,447
直隶①	2,407,608	2,561,824	2,401,059	1,881,108	1,939,942	1,913,491
金吾等六卫②	4,651	—	—	4,651		
盛京③	13,939	2,466	41,686	4,755④	—	26,032
江苏	3,978,516	4,010,780	3,144,529	2,836,593	2,564,729	1,898,991
安徽	1,689,859	1,627,625	2,337,565	1,153,291	1,194,915	1,879,512
山西	3,017,289	3,030,576	3,042,470	2,678,779	2,702,286	2,593,518
山东	3,191,415	3,421,877	3,408,799	2,504,209	2,730,736	2,781,648
河南	2,709,157	3,067,734	3,320,492	2,268,602	2,441,111	2,738,250
陕西⑤	1,575,752	1,610,047	1,608,852	1,277,096	1,344,548	1,356,305
甘肃⑥	211,092	254,919	284,690	105,969	182,645	191,593
浙江	2,920,629	2,974,624	2,314,142	2,188,575	2,287,347	2,145,083
江西	1,960,556	2,143,137	2,013,213	1,525,638	1,602,432	1,577,320
湖北	1,044,827	1,109,717	1,173,907	831,754	776,174	823,103
湖南	637,994	1,209,803	1,193,986	487,419	944,424	902,518
四川	41,996	329,397	657,584	12,461	316,367	490,364
福建	1,069,853	1,262,462	1,248,739	866,448	1,054,209	1,037,619
广东	1,146,095	1,058,450	1,257,914	1,006,377	719,307	841,372
广西	332,522	365,506	390,982	243,211	278,560	296,036
云南	174,818	172,525	209,986	—	118,928	166,202
贵州	61,692	66,661	82,453	61,692	53,347	75,490

资料来源　清《康熙会典》卷 24，《雍正会典》卷 32《户部赋役》2《起运存留》，《乾隆会
编者注　①《康熙会典》及《雍正会典》均作"直隶八府二州"。

②按明代以二十六卫为天子亲军，其中有金吾前卫，金吾后卫，金吾左卫，金吾右

③《康熙会典》及《雍正会典》均作"奉天、锦州二府"。

④由奉天、锦州二府起解盛京户部。

⑤《康熙会典》及《雍正会典》均作"陕西西安等处"。

⑥《康熙会典》及《雍正会典》均作"巩昌等处"。

⑦内拨本省兵饷银 46,010 两（云南）。

年各直省地丁钱粮起运存留银数及其百分比

1724 年、1753 年）

存　留　银（两）			起运银占总数的百分比（%）			存留银占总数的百分比（%）		
康熙 24 年	雍正 2 年	乾隆 18 年	康熙 24 年	雍正 2 年	乾隆 18 年	康熙 24 年	雍正 2 年	乾隆 18 年
6,251,632	7,028,123	6,398,621	77.82	76.79	78.77	22.18	23.21	21.23
526,500	621,882	487,568	78.13	75.73	79.69	21.87	24.27	20.31
—	—	—	100.00					
9,184	2,466	15,654	34.11	—	62.45	65.89	100.00	37.55
1,141,923	1,446,051	1,245,538	71.30	63.95	60.39	28.70	36.05	39.61
536,568	432,710	458,053	68.25	73.41	80.40	31.75	26.59	19.60
338,510	328,290	448,952	88.78	89.17	85.24	11.22	10.83	14.76
687,206	691,141	627,151	78.47	79.80	81.60	21.53	20.20	18.40
440,555	626,623	582,242	83.74	79.57	82.47	16.26	20.43	17.53
298,656	265,499	252,547	81.05	83.51	84.30	18.95	16.49	15.70
105,123	72,274	93,097	50.20	71.65	67.30	49.80	28.35	32.70
732,054	687,277	169,059	74.94	76.90	92.69	25.06	23.10	7.31
434,918	540,705	435,913	77.82	74.77	78.35	22.18	25.23	21.65
213,073	333,543	350,804	79.61	69.94	70.12	20.39	30.06	29.88
150,575	265,379	291,468	76.40	78.06	75.59	23.60	21.94	24.41
29,535	13,030	167,220	29.67	96.04	74.57	70.33	3.96	25.43
203,405	208,253	211,120	80.99	83.50	83.09	19.01	16.50	16.91
139,718	339,143	416,542	87.81	67.96	66.89	12.19	32.04	33.11
89,311	86,946	94,946	73.14	76.21	75.72	26.86	23.79	24.28
174,818⑦	53,597	43,784	—	68.93	79.15	100.00	31.07	20.85
—	13,314	6,963	100.00	80.03	91.56	—	19.97	8.44

典则例》卷 36《户部田赋》3。

卫等。清初仍用此名，后改不用。

乙表 88　清嘉庆及光绪年间各直

直省别	起运存留总计(两)		起　　运(两)					
			合　　计		正　银①		耗　银①	
	嘉庆年间	光绪年间	嘉庆年间	光绪年间	嘉庆年间②	光绪年间②	嘉庆年间②	光绪年间②
总计	31,470,106	29,968,804	25,667,041	25,667,041	23,722,795	23,722,795	1,944,246	1,944,246
直隶	2,767,730	2,592,999	1,920,377	1,920,377	1,708,521	1,708,521	211,856	211,856
盛京	40,048	29,468	20,319	20,319	20,319	20,319		
吉林	36,280	35,399	35,255	35,255	31,957	31,957	3,298	3,298
江苏③	2,757,161	2,656,303	2,341,162	2,341,162	2,231,264	2,231,264	109,898	109,898
安徽	1,754,945	1,640,097	1,334,308	1,334,308	1,220,310④	1,220,310④	113,998	113,998
山西	3,345,774	3,317,093	2,918,351	2,918,351	2,645,504	2,645,504	272,847	272,847
山东	3,555,072	3,375,383	3,001,269	3,001,269	2,772,630	2,772,630	228,639	228,639
河南	3,369,832	3,260,567	2,991,350	2,991,350	2,747,240	2,747,240	244,110	244,110
陕西	1,850,996	1,856,697	1,407,814	1,407,814	1,341,362	1,341,362	66,452	66,452
甘肃	326,940	326,375	225,031	225,031	214,495	214,495	10,536	10,536
浙江	2,515,978	2,455,863	2,205,335	2,205,335	2,121,751	2,121,751	83,584	83,584
江西	2,251,722	2,076,807	1,868,260	1,868,260	1,781,608	1,781,608	86,652	86,652
湖北	1,242,692	1,142,358	1,033,032	1,033,032	961,769	961,769	71,263	71,263
湖南	1,288,714	1,116,058	1,011,584	1,011,584	936,648	936,648	74,936	74,936
四川	755,320	741,206	586,199	586,199	541,502	541,502	44,697	44,697
福建⑨	1,473,054	1,372,000	1,168,373	1,168,373	1,037,993	1,037,993	130,380	130,380
广东	1,235,596	1,151,546	990,471	990,471	864,211	864,211	126,260	126,260
广西	467,008	434,207	343,000	343,000	330,846	330,846	12,154	12,154
云南	325,260	274,098	194,642	194,642	147,000	147,000	47,642	47,642
贵州	109,984	114,280	70,909	70,909	65,865	65,865	5,044	5,044

资料来源　《嘉庆会典事例》卷142—143《户部田赋》;《光绪会典事例》卷169—170《户部
编者注　①嘉庆年间与光绪年间的起运正银及耗银完全相同。　　②两以下之数值,
　　州布政使司嘉庆年间的起运正银及存留正银,光绪年间的起运正银,江宁布政使
　　④原书"两"字之后作"有奇",未记明钱分等细数。　⑤有闰之年正银325,074
　南光绪年间)。　　⑦有闰之年215,993两(江西光绪年间)。　　⑧原书作"五万
　之数,福建为10分银,台湾为7分银。　⑩另存留米折银469两,台湾新赋存留
　97,167两(广西光绪年间)。

省起运存留正耗银数及其百分比

| 存留（两） | | | | | | 起运占总数的百分比（%） | | 存留占总数的百分比（%） | |
| 合　计 | | 正　银 | | 耗　银 | | | | | |
嘉庆年间	光绪年间	嘉庆年间②	光绪年间②	嘉庆年间②	光绪年间②	嘉庆年间	光绪年间	嘉庆年间	光绪年间
5,803,065	4,301,763	4,304,196	3,715,159	1,498,869	586,604	81.56	85.65	18.44	14.35
847,353	672,622	745,300	672,622	102,053		69.38	74.06	30.62	25.94
19,729	9,149	16,088	9,149	3,641		50.74	68.95	49.26	31.05
1,025	144	1,025	144			97.17	99.59	2.83	0.41
415,999	315,141	320,333	291,026	95,666	24,115	84.91	88.15	15.09	11.86
420,637	305,789	365,586	250,419④	55,051	55,370④	76.03	81.36	23.97	18.64
427,423	398,742	329,389	312,541⑤	98,034	86,201⑤	87.22	87.98	12.78	12.02
553,803	374,114	345,854	328,172	207,949	45,942	84.42	88.92	15.58	11.08
378,482	269,217	204,762	232,945⑥	173,720	36,272⑥	88.77	91.74	11.23	8.26
443,182	448,883	269,402	278,123	173,780	170,760	76.06	75.82	23.94	24.18
101,909	101,344	69,531	71,442	32,378	29,902	68.83	68.95	31.17	31.05
310,643	250,528	245,014	239,797	65,629	10,731	87.65	89.80	12.35	10.20
383,462	208,547	287,018	208,547⑦	96,444		82.97	89.96	17.03	10.04
209,660	109,326	159,544	98,403	50,116	10,923	83.13	90.43	16.87	9.57
277,130	104,474	234,910	94,976	42,220	9,498	78.50	90.64	21.50	9.36
169,121	155,007	114,210	100,107	54,911	54,900⑧	77.61	79.09	22.39	20.91
304,681	203,627	210,424	198,763⑩	94,257	4,864	79.32	85.16	20.68	14.84
245,125	161,075	192,460	161,075⑪	52,665		80.16	86.01	19.84	13.99
124,008	91,207	97,157	91,207⑫	26,851		73.45	78.99	26.55	21.01
130,618	79,456	66,816	46,771	63,802	32,685	59.84	71.01	40.16	28.99
39,075	43,371	29,373	28,930	9,702	14,441	64.47	62.05	35.53	37.95

田赋》。本表所列各省的次序,对于原书原来的次序有所变动,以便与以前各表相校对。四舍五入。　③原书分为苏州布政使司及江宁布政使司,本表将二者合并作江苏;又苏司嘉庆年间及光绪年间的起运正银,原书“两”字之后,俱作“有奇”,未记明钱分等细数。两,耗银86,202两(山西光绪年间)。　⑥有闰之年正银248,773两,耗银36,272两(河四千九百余两”(四川)。　⑨据《大清会典事例》(嘉庆)卷139载,每正赋银一两带征耗银正银25,034两(福建)。　⑪有闰之年171,569两(广东光绪年间)。　⑫有闰之年

乙表 89　明、清两代每口平均负担粮银数

年　度	公　元	口　数	实征粮银数		每口平均负担	
			粮(石)	银(两)	粮(升)	银(分)
明太祖朝(洪武 14 及 24 年)	1381—1391	58,323,933	28,734,250	—	49.27	—
成祖朝	1403—1424	53,165,705	31,824,023	—	59.86	—
仁宗朝	1425	52,083,651	31,800,243	—	61.06	—
宣宗朝	1426—1434	51,468,284	30,182,233	—	58.64	—
英宗朝(正统)	1435—1449	52,730,601	26,871,152	—	50.96	—
代宗朝(景泰)	1450—1456	53,578,081	25,665,311	—	47.90	—
英宗朝(天顺)	1457—1463	54,325,757	26,363,318	—	48.53	—
宪宗朝	1464—1486	62,361,424	26,469,200	—	42.44	—
孝宗朝	1487—1504	51,152,428	27,707,885	—	54.17	—
武宗朝	1505—1520	60,078,336	26,794,024	—	44.60	—
世宗朝	1522—1562	62,594,775	22,850,535	—	36.51	—
穆宗朝	1567—1571	62,537,419	24,068,189	—	38.49	—
神宗朝(万历 30 年)	1602	56,305,050	28,369,247	—	50.38	—
熹宗朝	1620—1626	51,655,459	25,793,645	—	49.93	—
清顺治 18 年	1661	21,068,609	6,479,465	21,576,006	30.75	102.41
康熙 24 年	1685	23,411,448	4,331,131	24,449,724	18.50	104.43
雍正 2 年	1724	25,284,818	4,731,400	26,362,541	18.71	104.26
乾隆 18 年	1753	102,750,000	8,406,422	29,611,201	8.18	28.82
乾隆 31 年	1766	209,839,546	8,317,735	29,917,761	3.96	14.26

资料来源　根据本书甲编表 51—64 及本编表 70—74 作。

编者注

(一)明代各朝的口数及粮数皆为各该朝的历年平均数。

(二)清代雍正以后"丁随地起",户口之多寡已与负担粮银之重轻无关,故乾隆 31 年以后的每口平均负担粮银数从略。

附

编

说　明

1.本书"正编"各分区统计表中的分区记录只是至第二级行政区（府、州）为止。本编选择出几个在我国经济发展历程中曾占重要地位的府,作成分县户口统计,起自南宋迄于清代晚年,共计表24份（本编表7—14,17—28,33—36）。其中,属于长江流域的有苏、松、常、杭、嘉五府,黄河流域的有开封、济南、顺天三府,珠江流域的为广州府。

2.关于府属分县田地、田赋的统计,本编仅采广州府为例,作成明代广州府分县田地、税粮数（本编表34）,及清代该府分县田地、地丁银、屯田、屯米数（本编表35、36）。又承中山大学地理系徐俊鸣教授的盛意,将其所作关于唐、宋、元三代在今广东省境内各府路州的户口比较表4份（见本编表29—32）惠予在本书发表,谨此鸣谢。该4份表均以现今广东省境为范围,目的在于由此可以看出唐、宋、元三代在现今广东省境内各府路州的户口的变化。

3.苏、松、常、镇、杭、嘉、湖七府尤其是前二者田赋之重,系明、清两代田赋史中一突出问题。由于史料及时间所限,本编仅把南直隶四府在明代初、中、晚三个时期的户口、田地及田赋数汇集在一起,并作出各项统计指标,或者有助于对明代江南经济的发展的研究（参看本编表3—6）。

4.明代户口各表，一般以民户为主，但本编表18注②记有成化8年昌化县民、军、匠户的分计数。

5.清代人丁各表，一般以实在人丁为主。但一些表的附注中并记有当差、优免、滋生等人丁数（本编表12、14）。

6.各表所着重分析的事项，除"每户平均口数"栏与"正编"诸表相同外，有一些专栏是本编表中所独有的。例如："男、女各占总口数的百分比"（本编表9、11、12），"乡民数对市民数的百分比"（本编表21），"男、女、大小丁口及其百分比"（本编表23、24、27），"旧管、逃亡、开除、新收各项丁数及其百分比"（本编表25）等栏均是。

7.本编所取资料，以地方志为主，又以清代修的居多；这因为它们成书较晚，取材较广，记录较备的缘故。由于方志数量太多，而粤中所藏庋的种数却寥寥无几，在这样的工作条件之下，只好作为选样，用简单的方法处理之，更无法遍取各种本子来作校证，读者谅之。

8.不同朝代田赋剥削量的比较，本编只选出江南三省作为典型（本编表2、15、16）。本书使用者可利用本编所收的基本材料，按需要自行比较。

附表 1　自隋至清杭州、苏州、松江三府的户口数及其升降百分比

年度	公元	户　数			口　数			户数升降百分比*			口数升降百分比*		
		杭州府	苏州府	松江府	杭州府	苏州府	松江府	杭州府	苏州府	松江府	杭州府	苏州府	松江府
隋大业 5 年	609	15,380	18,377										
唐贞观年间	627—649	30,571	11,859		153,720	54,471							
开元 28 年	740	86,258	76,421		585,963	632,650							
元和年间	806—820		100,808										
宋太平兴国	976—987	70,457	35,195										
雍熙间													
大中祥符 4 年	1011		66,139										
元丰府	1078—1080	202,816	173,969	97,753		379,487	212,417						
绍圣年间	1034—1097			97,000									
崇宁元年	1102	203,574	152,821		296,615	448,312							
乾道年间	1135—1173	261,692			552,607								
淳熙 11 年	1184		173,042			298,405							
淳祐年间	1241—1252	381,335			767,739								
咸淳年间	1265—1274	391,259			1,240,760								
德祐元年	1275		329,603	234,471									
元至元 13 年	1276			163,936						100.00			
至元 27 年	1290	360,850	466,158	163,931	1,834,710		888,051	100.00	100.00	100.00	100.00		100.00
至顺年间	1330—1332												
至正年间	1341—1368			177,348						108.18			
明洪武元年	1368	193,485			720,567			53.62			39.27		
4 年	1371		473,862			1,947,871			101.65			100.00	
9 年	1376	216,165	506,543		700,792	2,160,463		59.90	108.66		38.20	110.91	
24 年	1391			227,136			1,094,666			138.55			123.27
26 年	1393			249,950			1,219,937			152.47			137.37

（附表 1 续）

年度	公元	户数			口数			户数升降百分比*			口数升降百分比*		
		杭州府	苏州府	松江府	杭州府	苏州府	松江府	杭州府	苏州府	松江府	杭州府	苏州府	松江府
永乐 10 年	1412	204,390	—	214,769	684,940	—	825,497	56.64	—	131.01	37.33	—	92.96
20 年	1422	205,940	—	—	659,883	—	—	57.07	—	—	35.97	—	—
宣德 7 年	1432	199,437	—	210,249	652,753	—	727,429	55.27	—	128.25	35.58	—	81.91
正统 7 年	1442	200,327	—	211,484	651,637	—	757,833	55.52	—	129.00	35.52	—	85.34
景泰 3 年	1452	199,027	—	213,882	698,994	—	746,262	55.16	—	130.47	38.10	—	84.03
天顺 6 年	1462	193,212	—	200,606	674,786	—	663,569	53.54	—	122.37	36.78	—	74.72
成化 8 年	1472	194,781	—	196,528	698,642	—	643,348	53.98	—	119.88	38.08	—	72.44
18 年	1482	199,348	—	—	629,794	—	—	55.24	—	—	34.33	—	—
23 年	1487	—	—	210,519	—	—	656,313	—	—	128.42	—	—	73.90
弘治 4 年	1491	—	535,409	—	—	2,048,097	—	—	114.86	—	—	105.15	—
5 年	1492	200,441	—	—	637,139	—	—	55.55	—	—	34.73	—	—
15 年	1502	200,558	—	204,098	547,420	—	593,423	55.58	—	124.50	29.84	—	66.82
正德 7 年	1512	204,985	—	—	535,456	—	—	56.81	—	—	29.18	—	—
嘉靖元年	1522	218,818	—	—	396,473	—	—	60.64	—	—	21.61	—	—
11 年	1532	222,584	—	—	377,575	—	—	61.68	—	—	20.58	—	—
21 年	1542	223,312	—	—	488,215	—	—	61.88	—	—	26.61	—	—
31 年	1552	223,449	—	—	520,521	—	—	61.92	—	—	28.37	—	—
41 年	1562	225,970	—	—	521,125	—	—	62.62	—	—	28.40	—	—
嘉靖年间	1522—1566	220,427	600,755	218,359	545,591	—	—	61.09	—	—	29.74	—	—
隆庆年间	1567—1572	226,492	—	—	508,000	—	—	62.77	—	—	27.69	—	—
万历 6 年	1578	—	600,755	218,359	—	2,011,985	484,414	—	128.87	133.20	—	103.29	54.55
清顺治初年	1644—1649	—	610,054	—	—	1,378,381	209,904	—	130.87	—	—	70.76	23.64

（附表1续）

年度	公元	户数 杭州府	户数 苏州府	户数 松江府	口数 杭州府	口数 苏州府	口数 松江府	户数升降百分比* 杭州府	户数升降百分比* 苏州府	户数升降百分比* 松江府	口数升降百分比* 杭州府	口数升降百分比* 苏州府	口数升降百分比* 松江府
14年	1657	—	—	—	281,851	—	210,247	—	—	—	15.36	—	23.68
康熙13年	1674	—	634,255	—	—	1,430,243	—	—	136.06	—	—	73.43	—
21年	1682	—	—	—	292,042	—	—	—	—	—	15.92	—	—
40年	1701	—	—	—	292,243	—	—	—	—	—	15.93	—	—
51年	1712	—	—	—	—	—	238,606	—	—	—	—	—	26.87
60年	1721	—	—	—	217,227	—	—	—	—	—	11.84	—	—
雍正4年	1726	—	—	—	319,005	—	—	—	—	—	17.39	—	—
9年	1731	—	—	—	322,003	—	—	—	—	—	17.55	—	—
13年	1735	—	—	—	—	—	243,898	—	—	—	—	—	27.46
29年	1764	—	—	—	—	—	215,196	—	—	—	—	—	24.23
乾隆49年	1784	445,943	—	—	2,075,212	—	—	123.58	—	—	113.11	—	—
嘉庆15年	1810	—	—	—	—	3,198,489	1,591,539	—	—	—	—	—	179.22
21年	1816	—	—	—	—	—	2,484,727	—	—	—	—	—	279.80
25年	1820	—	—	—	—	5,908,435	—	—	—	—	—	303.33	—
道光10年	1830	—	—	—	—	3,412,694	—	—	—	—	—	175.20	—
同治3年	1864	—	—	—	—	—	2,629,786	—	—	—	—	—	296.13
光绪7年	1881	—	—	—	—	—	2,907,093	—	—	—	—	—	327.36

资料来源　咸淳《临安府志》卷58《户口》，乾隆《杭州府志》卷44《户口》。同治《苏州府志》卷13《田赋》2《户口》。康熙《松江府志》卷5《户口》，嘉庆《松江府志》卷28《田赋志户口》，光绪《松江府续志》卷14《田赋志户口》。（由隋至元数字经与《二十四史地理志》校对，凡《户志》与《地理志》有出入者，均以《地理志》。）

编者注　*元代以前各府疆域变动较大，所以隋、唐、宋三朝的户口数不作升降比较。自元代以后，各府户口升降皆以至元27年为基期；唯苏州府缺元代口数记载，姑以明洪武4年作"口数升降百分比"的基期。关于表中三府的辖境，其变动程度各不相同，情况大致如下：杭州府；隋大业六县，唐贞观间并为五县，天宝以后领县数虽增为九，然增设之临安等县皆从原有之县析置。自宋至清，府属各县名称虽间有改易，但大体上仍因天宝之制，变动还不太大。苏州府：辖境在隋唐时特大，宋元迄清反而小了。这是因为宋时把原属苏州改并为平江府（宋嘉兴府领有嘉兴、华亭、海盐、崇德四县）。松江府：唐天宝 10 载始割昆山、嘉兴、海盐三县地置华亭县，属苏州。五代时，吴越有其地，改属嘉兴府。宋庆元初，属嘉兴府。元至元 14 年升为华亭府，15 年改名松江，领华亭、上海两县。明嘉靖时以新泾巡检司并析华亭、上海二县地置青浦县。清雍正以后松江府领县数由三增而为八。然新设的县分俱由原有三县析置，变动也不大。

附表 2 明、清两代南直隶①各府州田赋数及征麦米数

府别	明万历 6 年(1578 年)				清雍正 13 年(1735 年)				清代征麦米数对明代征麦米数的百分比(%)
	麦(石)	米(石)	麦米合计(石)	银(两)	豆(石)	麦(石)	米(石)	麦米合计(石)	
总计	942,161	5,066,368	6,008,529	5,142,101	28,439	74,382	2,896,492	2,970,874	48.21
应天府③	11,658	214,957	226,615	255,144	2,948	—	105,891	105,891	46.73
苏州府	53,664	2,038,893	2,092,557	668,393	662	1,766	910,071	911,837	51.30
太仓州④	—	—	—	329,166	230	612	160,998	161,610	
松江府	92,261	939,226	1,031,487	525,247	—	—	443,296	443,296	42.98
常州府	154,393	606,953	761,346	580,072	—	7,976	356,033	364,009	47.81
镇江府	54,011	143,252	197,263	313,121	1,348	6,277	217,005	223,282	113.19
庐州府⑤	9,886	67,045	76,931	199,205	—	804	41,186	41,990	69.84
六安州	—	—	—	58,793	—	998	10,742	11,740	
凤阳府	99,236	113,502	212,738	197,201	—	5,336	33,386	38,722	28.72
颍州府⑥	—	—	—	151,035	—	998	11,954	12,952	
泗州⑦	—	—	—	75,993	—	2,486	6,937	9,423	
淮安府⑧	228,873	166,423	395,296	186,723	—	6,009	69,291	75,300	27.42
海州	—	—	—	63,367	—	9,928	23,147	33,075	

（附表 2 续）

府　别	明万历 6 年(1578 年) 麦(石)	米(石)	麦米合计(石)	银(两)	清雍正 13 年(1735 年) 豆(石)	麦(石)	米(石)	麦米合计(石)	清代征麦数对明代征米数的百分比(%)
扬州府⑨	39,925	206,329	246,254	268,176	—	6,629	111,897	118,526	} 56.55
通　州	51,785	120,574	172,359	99,737	—	4,849	15,875	20,724	
徽州府	51,785	120,574	172,359	188,208	1,625	—	29,346	29,346	17.03
宁国府	29,061	74,192	103,253	196,702	9,125	—	62,237	62,237	60.28
池州府	6,906	62,154	69,060	92,792	7,846	—	52,302	52,302	75.73
太平府	16,753	91,419	108,172	119,534	2,212	—	37,027	37,027	34.23
安庆府	18,909	112,040	130,949	173,064	1,553	—	111,546	111,546	85.18
广德州	3,637	14,066	17,703	59,869	—	—	13,763	13,763	77.74
徐　州⑩	67,156	79,858	147,014	235,338	890	19,921	66,716	86,637	58.93
滁　州	2,612	5,985	8,597	54,715	—	—	617	617	7.18
和　州	1,435	9,500	10,935	50,503	—	—	5,232	5,232	47.85

资料来源　《万历会计录》卷 16《南直隶田赋》;《江南通志》(乾隆元年纂)卷 67—73《食货志田赋》1—7。

编者注　①明南直隶地区,清初名江南省,康熙 6 年(1667 年)始分设江苏、安徽两省。　②万历 6 年各府的麦、米数系根据各该府属下各县的分计数相加而得;麦数总计及米数总计系根据各府的分计数相加而得。《会计录》原作 943,709 石。　③清代易名为江宁府。　④清雍正 2 年(1724 年)析苏州府置。　⑤清雍正 2 年析庐州府置。　⑥清雍正 2 年自凤阳府分置,为直隶州,升为州。　⑦清雍正 2 年析扬州府置。　⑧清雍正 2 年析淮安府置。　⑨清雍正 13 年析亳州于颍州,升为府。　⑩顺治(1644—1661 年)初为直隶州。雍正 11 年(1733 年),并邳州、宿州于徐州,升为徐州府。

附表 3　明洪武、弘治、万历三朝苏、松、常、镇四府的户口田地及实征米麦数

府　别	户			口			田　地(亩)			实　征　米　麦(石)		
	洪武26年	弘治4年	万历6年	洪武26年	弘治4年	万历6年	洪武26年	弘治15年	万历6年	洪武26年	弘治15年	万历6年
总计①	10,652,870	9,113,446	10,621,436	60,545,812	53,281,158	60,692,856	850,762,368	622,805,881	701,397,628	29,442,350	26,792,260	26,638,414
苏州府	491,514	535,409	600,755	2,355,030	2,048,097	2,011,985	9,850,671	15,524,998	9,295,951	2,810,490	2,091,987	2,092,560
松江府	249,950	200,520	218,359	1,219,937	627,313	484,414	5,132,290	4,715,662	4,247,703	1,219,896	1,031,485	1,031,486
常州府	152,164	50,121	254,460	775,513	228,363	1,002,779	7,973,188	6,177,776	6,425,595	652,835	761,341	761,347
镇江府	87,364	68,344	69,039	522,383	171,508	165,589	3,845,270	3,272,235	3,381,714	324,646	189,836	198,211

资料来源　根据甲编表 69，乙编表 30 及表 35 作。

编者注　①这里指各布政使司及南北直隶的总计。附表 4,5,6 同。

附表 4　明洪武、弘治、万历三朝苏、松、常、镇四府户口田地及实征米麦数的升降百分比

府　别	户(%)			口(%)			田　地(%)			实　征　米　麦(%)		
	洪武26年	弘治4年	万历6年	洪武26年	弘治4年	万历6年	洪武26年	弘治15年	万历6年	洪武26年	弘治15年	万历6年
总计	100.00	85.55	99.70	100.00	88.00	100.24	100.00	73.21	82.44	100.00	91.00	90.48
苏州府	100.00	108.93	122.23	100.00	86.97	85.43	100.00	157.60	94.37	100.00	74.43	74.46
松江府	100.00	80.22	87.36	100.00	51.42	39.71	100.00	91.88	82.76	100.00	84.56	84.56
常州府	100.00	32.94	167.23	100.00	29.45	129.31	100.00	77.48	80.59	100.00	116.62	116.62
镇江府	100.00	78.23	79.02	100.00	32.83	31.70	100.00	85.10	87.94	100.00	58.47	61.05

资料来源　根据本编表 3 作。

附表 5　明洪武、弘治、万历三朝苏、松、常、镇四府户口口田地及实征米麦数占全国总数的百分比

府别	户(%)			口(%)			田地(%)			实征米麦(%)		
	洪武26年	弘治4年	万历6年	洪武26年	弘治4年	万历6年	洪武26年	弘治15年	万历6年	洪武26年	弘治15年	万历6年
总计	100.00	100.00	100.00	100.00	100.00	100.00	100.00	100.00	100.00	100.00	100.00	100.00
苏州府	4.61	5.87	5.66	3.89	3.84	3.32	1.16	2.49	1.33	9.55	7.81	7.86
松江府	2.35	2.20	2.06	2.01	1.18	0.80	0.60	0.76	0.61	4.14	3.85	3.87
常州府	1.43	0.55	2.40	1.28	0.43	1.65	0.94	0.99	0.92	2.22	2.84	2.86
镇江府	0.82	0.75	0.65	0.86	0.32	0.27	0.45	0.53	0.48	1.10	0.71	0.74

资料来源　根据本编表 3 作。

附表 6　明洪武、弘治、万历三朝苏、松、常、镇四府户口口田地及实征米麦数的平均数

府别	每户平均口数			每户平均亩数			每口平均田地数(亩)			每苗平均米麦数(升)		
	洪武26年	弘治4年	万历6年	洪武26年	弘治4年	万历6年	洪武26年	弘治15年	万历6年	洪武26年	弘治15年	万历6年
总计	5.68	5.85	5.71	79.86	68.34	66.04	14.05	11.69	11.56	3.46	4.30	3.80
苏州府	4.79	3.83	3.35	20.04	28.99	15.47	4.19	7.58	4.62	28.53	13.47	22.51
松江府	4.88	3.13	2.22	20.53	23.51	19.45	4.21	7.52	8.77	23.77	21.87	24.29
常州府	5.10	4.56	3.94	52.40	123.26	25.25	10.28	27.05	6.41	8.19	12.32	11.85
镇江府	5.98	2.51	2.40	44.01	47.88	49.00	7.32	19.08	20.42	8.44	5.80	5.86

资料来源　根据本编表 3 作。

附表 7　明初苏州府分县户口数及每户平均口数

县　别*	洪武 4 年			洪武 9 年		
	户数①	口数①	每户平均口数	户数	口数	每户平均口数
全府合计	473,862②	1,947,871②	4.11②	506,543③	2,160,463③	4.27③
吴县	60,335	245,112	4.06	61,857	285,247	4.61
长洲县	85,868	356,486	4.15	86,178	380,858	4.42
昆山县	88,918	357,623	4.02	99,790	390,364	3.91
常熟县	62,285	247,104	3.97	61,211	263,414	4.30
吴江县	80,384	361,686	4.50	81,572	368,288	4.51

资料来源　同治《苏州府志》卷 13《田赋》2《户口》。

编者注　* 明太祖吴元年(1367 年)九月改平江路为苏州府,沿元之旧,领县二(吴、长洲)、州四(昆山、常熟、吴江、嘉定)。洪武 2 年(1369 年),四州复为县。8 年(1375 年),以扬州府崇明县来属。弘治 10 年(1497 年),割昆山、常熟、嘉定三县地置太仓州,仍属苏州府,凡领州一、县七。原书(《苏州府志》)洪武 4 年不载嘉定县户口数;洪武 9 年不载嘉定、崇明两县户口数,盖清代两县不属于府。　　①原注:"抄籍数"。　　②这是原书所记本府"抄籍"户口数,但按各县相加之实计数为户 377,790,口 1,568,011,全府每户平均口数 4.15。　　③这是原书所记"本府实在"户口数,但按各县相加之实计数为户 390,608,口 1,688,171,全府每户平均口数 4.32。按两年的户口数均大于各县相加之和,因府志不载嘉定、崇明两县户口之故。

附记　洪武《苏州府志》所记各县田地数:

县别	田地(亩)	县别	田地(亩)
吴县	438,354+	吴江	1,125,376+
长洲	1,113,896+	嘉定	1,418,672+
昆山	1,254,143+	崇明	226,063+
常熟	1,172,502+	合计	6,749,006+

按　卢熊纂《苏州府志》刊于洪武 12 年,即在明代第一次攒造黄册洪武 14 年之前。

附表 8　清代苏州府分县实在人丁数

县　别*	嘉庆 15 年(丁口)	嘉庆 25 年①(丁口)	道光 10 年(丁口)	同治 4 年(丁口)
全府合计	3,198,489	5,908,435②	3,412,694③	1,288,145④
吴县	1,170,833	2,110,159	1,441,753	86,976
长洲县	266,944	479,184	296,384	264,722
元和县	217,837	385,970	232,331	260,665
昆山县	192,895	404,871	206,384	28,416
新阳县	130,398	260,663	148,565	29,430
常熟县	364,216	652,438	188,037	213,532
昭文县	248,998	461,994	270,562	185,571
吴江县	299,889	572,083	315,363	118,588
震泽县	306,479	581,443	313,215	100,245

资料来源　同治《苏州府志》卷 13《田赋》2《户口》。

编者注　* 明代苏州府凡领州一、县七(参看本编表 7 注 *)。清代顺、康间领州县如故。雍正 2 年(1724 年)以苏州赋重事繁,升州增县,以分其任,因升府属之太仓州为直隶州,割镇洋(分州地置)、嘉定、宝山(分嘉定地置)、崇明四县属之。复析长洲地置元和县,昆山地置新阳县,常熟地置昭文县,吴江地置震泽县,共领县九。

①嘉庆 25 年一栏各县数字据原书所载各县男丁及女口数相加得出,是年各县男丁、女口数及其百分比请参看本编表 9。

②按各县相加之实计数为 5,908,805。

③按各县相加之实计数为 3,412,594。

④内优免人丁计:吴县 407,长洲县 547,元和县 566,昆山县 291,新阳县 285,常熟县 463,昭文县 358,吴江县 382,震泽县 444。九县计共优免人丁 3,743,占全府丁口 0.29%。

附表 9　清嘉庆二十五年苏州府分县男丁数和女口数的比较

(公元 1820 年)

县　　别	男丁女口总计①	男　丁　数	女　口　数	男丁占总计的百分比(%)	女口占总计的百分比(%)
全府合计	5,908,435②	3,387,856③	2,520,579	57.34	42.66
吴县	2,110,159	1,283,411	826,748	60.82	39.18
长洲县	479,184	285,140	194,044	59.51	40.49
元和县	385,970	218,960	167,010	56.73	43.27
昆山县	404,871	203,339	201,532	50.22	49.78
新阳县	260,663	141,354	119,309	54.23	45.77
常熟县	652,438	377,918	274,520	57.92	42.08
昭文县	461,994	260,839	201,155	56.46	43.54
吴江县	572,083	304,057	268,026	53.15	46.85
震泽县	581,443	313,208	268,235	53.87	46.13

资料来源　同治《苏州府志》卷 13《田赋》2。

编者注

①本栏各数除"全府合计"系据原书所载外,其他诸县总计均按各该县男丁及女口数相加而得。

②按各县相加之实计数为 5,908,805。

③按各县相加之实计数为 3,388,226。

附表 10　明代松江府分县户口数及每户平均口数

年度	全府合计			华亭县			上海县		
	户　数	口　数	每户平均口数	户　数	口　数	每户平均口数	户　数	口　数	每户平均口数
洪武 24 年	227,136①	1,094,666	4.82①	122,810	561,863	4.58	114,326	532,803	4.66
永乐 10 年	214,769	825,497	3.84	113,845	447,069	3.93	100,924	378,428	3.75
宣德 7 年	210,249	727,429	3.46	109,891	396,931	3.61	100,358	330,498	3.29
正统 7 年	211,484②	757,833	3.58②	115,000	437,863	3.81	100,984	319,970	3.17
景泰 3 年	213,882	746,262	3.49	113,050	440,805	3.90	100,832	305,457	3.03
天顺 6 年	200,606	663,569	3.31	111,206	392,642③	3.53	89,400	270,927	3.03
成化 8 年	196,528	643,348	3.27	105,237	385,696	3.67	91,291	257,652	2.82
23 年④	210,519	656,313	3.12	117,730	395,168	3.36	92,789⑤	261,145⑥	2.81
弘治 15 年⑦	203,826⑧	583,207⑧	2.86	110,803⑧	322,386⑧	2.91	93,023	260,821⑨	2.80

注　本表示两书数字相同，如两书数字互异或其中一书缺载者均加注说明。

资料来源　清康熙《松江府志》卷 5《户口》，及嘉庆《松江府志》卷 28《田赋志户口》。（户数及口数栏内的数字，凡未加编者注者，均表示两书数字相同，如两书数字互异或其中一书缺载者均加注说明。）

编者注：

①按各县相加之实计数为：户数 237,136，每户平均口数 4.62。

②按各县相加之实计数为：户数 215,984，每户平均口数 3.51。

③此据嘉庆《松江府志》（以下简称《嘉志》）；康熙《松江府志》（以下简称《康志》）作 393,642。《嘉志》数恰与全府合计口数减去上海县口数所得之差相符，故用《嘉志》数。

④《嘉志》成化二十三年"脱一"三"字。按成化 18 年应为大造黄册之年，此处作成化 23 年当系本府编审脱期，迟后补造之故。

⑤此据《嘉志》；《康志》作 82,789。《嘉志》数恰与全府合计户数减去华亭县户数所得之差相符。

⑥此据《康志》；《嘉志》作 161,100。《康志》数恰与全府合计口数减去华亭县口数所得之差相符，故用《康志》数。

⑦表中所列弘治 15 年数字均系"实在"户口数，据《康志》所载，全府合计户 204,098，口数 593,423；《嘉志》合计户 204,098，口数 593,423。华亭县户 111,214，口数 324,329；上海县户 93,884，口数 269,094。可见是年本府及各属县的实在户口数

均小于原额数。

⑧此据《康志》、《嘉志》。

⑨此据明弘治《上海志》（《嘉志》同），《康志》缺。

⑧此据《康志》、《嘉志》；《嘉志》载谱与合计与全府合计口数减去华亭县口数所得之差相符。《嘉志》载作 260,820。

男子妇女总计口数减去华亭县口数所得之差相符。

附表 11　明代松江府分县男子数和妇女数的比较

年度	合　计（全府）					华　亭　县					上　海　县				
	男子妇女总计	男子数	妇女数	男子占总计的百分比(%)	妇女占总计的百分比(%)	男子妇女总计	男子数	妇女数	男子占总计的百分比(%)	妇女占总计的百分比(%)	男子妇女总计	男子数	妇女数	男子占总计的百分比(%)	妇女占总计的百分比(%)
洪武 24 年	1,094,666	571,433	523,233	52.20	47.80	561,863	292,559	269,304	52.07	47.93	532,803	278,874	253,929	52.34	47.66
永乐 10 年	825,497	433,045	392,452	52.46	47.54	447,069	233,264	213,805	52.18	47.82	378,428	199,781	178,647	52.79	47.21
宣德 7 年	727,429	411,997	315,432	56.64	43.36	396,931	229,019	167,912	57.70	42.30	330,498	182,978	147,520	55.36	44.64
正统 7 年	757,833	460,901	296,932	60.82	39.18	437,863	267,680	170,182①	61.13	38.87	319,970	193,221	126,749	60.39	39.61
景泰 3 年	746,262	479,233②	267,029②	64.22	35.78	440,805	285,118⑧	155,687	64.68	35.32	305,457	194,117⑦	111,340②	63.55	36.45
天顺 6 年	663,569	445,930	217,639	67.20	32.80	392,642②	264,533	128,109	67.37	32.63	270,927	181,397	89,530	66.95	33.05
成化 8 年	643,348	450,790⑧	192,558	70.07	29.93	385,696	273,651	112,045	70.95	29.05	257,652	177,139	80,513	68.75	31.25
弘治 15 年	583,207②	435,253③	147,954⑧	74.63	25.37	322,386③	255,729⑧	66,657①	79.32	20.68	260,821②	179,524④	81,297②	68.83	31.17

资料来源　清康熙《松江府志》卷 5《户口》，及嘉庆《松江志》卷 28《田赋志户口》。（男子妇女总计，男子数及妇女数各栏内的数字，凡未加注者表示两者相同，如两书载示数字五异或其中一书中缺载者均加注说明。）

编者注　①此数较华亭县男子妇女总计减去男子数所得之差少 1，故疑为 170,183 之误（正统 7 年）。②此数较华亭县男子妇女总计减去男子数所得之差少 1，亦较全府合计妇女数减去上海县妇女数所得之差少 1。（男子妇女总计，男子数及妇女数各栏中一书缺载者均加注说明。）

②此据嘉庆《松江府志》(以下简称《嘉志》);康熙《松江府志》(以下简称《康志》)作479,133。《嘉志》数恰与全府合计的男子妇女总数减去数减去女数所得之差相符。然华亭县男子数与上海县男子数合计之和实际为479,235,比《嘉志》全府男子合计数尚多2(景泰3年)。

③同年华亭县与上海县男,女数合之和之实际为267,027。比两《志》原载全府妇女合计数少2。查这一错误的产生,是出在上海县男,女数字的末一位上面。请看注⑤。

④此据《康志》;《嘉志》作285,128。

⑤此据《康志》;《嘉志》男子数作164,114,妇女数作114,342。数恰与华亭县男子妇女总计减去妇女数所得之差相符。然以据《康志》男数之和恰与上海县男子妇女总计相符。《康志》两数之和及全府合计减去上海县的男子妇女总计减去华亭县男子妇女总计,为合。

⑥此据明弘治《上海志》作393,642。《嘉志》卷3《田赋志户口》:景泰3年人口305,457,男194,115口,妇111,342口,为合。

⑦据《康志》所载,表中本年数字之差相符(天顺6年)。

⑧此据《康志》;《嘉志》缺。

⑨此据《嘉志》数,与弘治《上海志》同;《康志》缺。

⑩此据《嘉志》,弘治《上海志》同;《康志》缺。

附表 12　清代松江府

县　　别	实在男妇总计（总丁口数）						男　丁	
	顺治 2 年①	顺治 14 年②	雍正 13 年③	嘉庆 21 年④	同治 3 年	光绪 7 年	嘉庆 21 年	同治 3 年
全府合计	209,904⑤	210,247⑥	243,898	2,484,728⑥	2,629,786	2,907,093	1,307,614⑥	1,446,195
华亭县	96,419	49,916	29,599⑦	302,529	269,429	296,023	167,780	150,586
上海县	81,560	81,960	48,209	529,249	544,357	545,036	281,244	285,966
青浦县	31,525	31,965	14,781	210,350	375,047	374,886	82,898⑧	209,788
娄县		46,406	31,473	260,523	264,708	303,890	146,005	151,554
奉贤县			29,855	261,898	264,166	283,554	103,447⑩	135,291
金山县			25,386⑦	391,220	274,375	277,871	241,183	160,097
南汇县			45,474	416,497	515,318	700,771	224,461	285,679
福泉县			19,111					
川沙抚民厅				112,462	122,386	125,062	60,596	68,234

资料来源　顺治 2 年(1645 年)至嘉庆 21 年(1816 年)据嘉庆《松江志》卷 28《田赋志户

编者注　①据原书所记，顺治 2 年作"人丁"；顺治 14 年(1657 年)至嘉庆 21 年作"实
置娄县。　③(一)雍正 2 年(1724 年)于华亭县分置奉贤县；娄县分置金山县；上
书)又分为优免人丁、当差人丁及滋生人丁三项，细数如下：

县　　别	优　免　人　丁	当　差　人　丁	滋　生　人　丁
全府合计	2,262	236,344	5,293
华亭县	420	29,179	10
上海县	198	46,725	1,286
青浦县	279	14,422	80
娄县	396	29,802	1,275
奉贤县	265	29,117	473
金山县	330	24,190	867
南汇县	183	44,102	1,189
福泉县	191	18,807	113

④(一)福泉县于乾隆 8 年合并于青浦县。又川沙抚民厅于嘉庆 10 年分上海县
县为 209,094(包括幼童、幼女)；金山县为 391,224。这与原书(《嘉庆志》)所载该三
及嘉庆 21 年的全府总丁口数、男丁总数及女口总数《嘉庆志》不载。此系据各县丁、
名(参看注⑧至注⑪)。　　⑦参看注③(二)备考栏中关于华亭、金山二县的核算
⑩另有幼童 40,832 名(嘉庆 21 年奉贤县)。　　⑪另有幼女 24,387 名(同上)。

分县实在男妇数①

数	女　口　数			男丁占总计的百分比(%)			女口占总计的百分比(%)		
光绪7年	嘉庆21年	同治3年	光绪7年	嘉庆21年	同治3年	光绪7年	嘉庆21年	同治3年	光绪7年
1,579,892	1,056,799⑥	1,183,591	1,327,201	52.63⑥	54.99	54.35	42.53⑥	45.01	45.65
165,230	134,749	118,843	130,793	55.46	55.89	55.82	44.54	44.11	44.18
286,033	247,503	258,391	259,003	53.14	52.53	52.48	46.76	47.47	47.52
209,552	72,854⑨	166,259	165,334	39.41⑧	55.67	55.90	34.63⑨	44.33	44.10
175,051	114,518	113,154	128,839	56.04	57.25	57.60	43.96	42.75	42.40
151,472	93,232⑪	128,875	132,082	39.50⑩	51.21	53.42	35.60⑪	48.79	46.58
163,118	150,041	114,278	114,753	61.65	58.35	58.70	38.35	41.65	41.30
359,902	192,036	229,639	340,869	53.89	55.44	51.36	46.11	44.56	48.64
69,534	51,866	54,152	55,528	53.88	55.75	55.60	46.12	44.25	44.40

口");同治3年(1864年)及光绪7年(1881年)据光绪《松江府续志》卷14《田赋志户口》。在人丁";同治3年及光绪7年作"实在男妇",今用后一标题。　②顺治13年于华亭县分海县分置南汇县;青浦县分置福泉县。(二)本栏所载雍正13年各数,据嘉庆《府志》(下称原

备　　考
三项人丁合计比原书所载的全府总丁口数多1丁。
三项人丁合计为29,609,较原书所载的该县总丁口数29,599口多了10口。据全府总丁口数来核算,本县总丁口数应以29,609口为是。
三项人丁合计与原书所载的全县总丁口数同。以下各县,除实计数与原载数不符者外,均不作注。
三项人丁合计为25,387,较原书所载该县总丁口数25,386多了1口。据全府总丁口数来核算,应以25,387口为是。

高昌乡、南汇县长人乡置。(二)据男丁、女口数相加:上海县总丁口数应为528,747;青浦县的总丁口数稍有出入。　⑤顺治2年各县数守相加的总和为209,504。　⑥顺治14年口数相加所得的总和。又嘉庆21年,全府合计男丁、女口数外,另有幼童81,288名,幼女37,273数字。　⑧另有幼童40,456名(嘉庆21年青浦县)。　⑨另有幼女12,886名(同上)。

附表 13　元、明两代常州府分县户口口数及每户平均口数

| 县别① | 元 | | | 明② | | | | | | | | |
| | 至正 10 年③(1350 年) | | | 洪武 10 年(1377 年) | | | 成化 18 年(1482 年) | | | 万历 41 年(1613 年) | | |
	户数	口数	每户平均口数	户数	口数	每户平均口数	户数	口数	每户平均口数	户数	口数	每户平均口数
全府合计	265,777④	1,403,835④	5.28	143,096	623,202⑤	4.36	234,355	992,376	4.23	260,324	1,030,034	3.96
晋陵县	35,150	257,018	7.31									
武进县	21,728	109,510	5.04	42,761	178,013	4.16	66,285	271,462	4.10	76,295	294,651	3.86
录事司	5,857	27,040	4.62									
无锡县	72,162	355,754	4.93	33,398	138,056	4.13	57,021	276,489	4.85	59,175	253,607	4.29
宜兴县	76,755	349,841	4.56	37,809	173,188	4.58	53,237	176,653	3.32	65,010	191,819	2.95
江阴县	54,125	304,672	5.63	29,128	133,645	4.59	50,091	227,841	4.55	51,013	256,974	5.04
靖江县							7,721	39,931	5.17	8,831	32,983	3.73

资料来源　康熙《常州府志》卷 8《户口》。

编者注

①常州府元时称常州路。又无锡、宜兴、江阴三县元时均称州。晋陵县明初入武进县。录事司乃至元 14 年(公元 1277 年)所置,属常州路,"以涖城内之民",明初撤销。又靖江县系明成化 7 年(公元 1471 年)析江阴县马驮沙置。

②明代各款俱为"实在"户口数。

③原书作"至正庚寅",按即至正 10 年(公元 1350 年)。

④原书合计户数 211,652,口数作 1,099,163。经核算后,乃知原书未将江阴州的户口数计入全府合计。考江阴于元至正初年已改为直隶州,直隶浙江省。

⑤各县相加之实在口数为 622,902,此数以户数除之得每户平均口数 4.35。

附表 14　清代常州府分县实在当差人丁数

县　别	顺治 2 年(丁)① (1645 年)	康熙 20 年(丁) (1681 年)	康熙 25 年(丁) (1686 年)	康熙 30 年(丁)② (1691 年)
全府合计	591,786	604,736	629,212③	634,651
武进县	147,733	156,134	157,258	157,327
无锡县	133,364	134,850	140,304	142,209
宜兴县	146,748	148,440	155,232	156,236
江阴县	135,460	136,391	147,017	149,030
靖江县	28,481	28,921	29,801	29,849

资料来源　康熙《常州府志》卷 8《户口》。

编者注

①原书记云："顺治 2 年照明季旧册当差人丁。"

②本栏各数"内除府属乡绅举贡监生员优免人丁"计：全府 2,906,武进县 807,无锡县 758,江阴县 359,宜兴县 621,靖江县 361。

③按照各县相加,实计数为 629,612。

附表 15　明、清两代福建各府田赋数及征米数的比较

府　别	明万历 6 年(1578 年)		清道光 10 年(1830 年)		清代征米数对明代征米数的百分比(%)
	麦(石)	米(石)	米(石)	银(两)	
全省总计	707	850,359	99,825	785,646	11.74
福州府	—	139,091	14,662	151,630	10.54
泉州府	—	109,736	5,884	104,676	5.36
建宁府	707	158,907	16,277	155,865	10.24
延平府	—	83,945	15,968	78,740	19.02
汀州府	—	84,600	14,651	13,910	17.32
兴化府	—	67,295	10,120	68,609	15.04
邵武府	—	62,356	12,277	62,037	19.69
漳州府	—	115,916	2,752	110,150	2.37
台湾府	—	—	*	*	
福宁府	—	28,513	7,234	40,029	25.37

资料来源　《万历会计录》卷 5《福建布政司口赋》,《福建通志》(道光年间重纂)卷 50《田赋》。

编者注　*嘉庆 25 年(1820 年)台湾府额征地丁银为 14,036.93 两,额征粮为 188,484.21 石。

附表 16　明、清两代浙江各府田赋数及征米数的比较

府别	明万历 6 年(1578 年)		清雍正 13 年(1735 年)		清代征米数对明代征米数的百分比(%)
	麦(石)	米(石)	米(石)	银(两)	
全省总计	152,866	2,369,764	1,350,653	2,611,185	57.00
杭州府	5,573	234,072	169,751	291,944	72.52
嘉兴府	27,629	629,211	591,462	399,468	94.00
湖州府	13,597	469,119	391,414	343,102	83.44
宁波府	16,971	174,558	33,335	189,548	19.10
绍兴府	12,826	319,819	42,669	387,892	13.34
台州府	31,484	126,065	38,621	139,841	30.64
金华府	15,514	173,910	14,274	316,338	8.21
衢州府	—	92,260	12,103	174,673	13.12
严州府	—	11,482	3,272	150,655	28.50
温州府	22,319	81,477	43,958	105,084	53.95
处州府	6,953	57,782	9,793	112,641	16.95

资料来源　《万历会计录》卷 2《浙江布政司田赋》,《浙江通志》(雍正 13 年纂)卷 67—70《田赋》1—4。

附表 17　南宋临安府分县户口数及每户平均口数

县别	乾　道　年　间* (1165—1173 年)			淳　祐　年　间 (1241—1252 年)			咸　淳　年　间 (1265—1274 年)		
	户数	口数	每户平均口数	户数	口数	每户平均口数	户数	口数	每户平均口数
全府合计	261,692	552,607①	2.11①	381,335②	767,739②	2.01②	391,259③	1,240,760③	3.17③
钱塘县	46,521	68,951	1.48	47,631	98,368	2.07	87,715	203,551	2.32
仁和县	57,548	76,857	1.34	64,105	222,121	3.46	98,615	228,495	2.32
余杭县	19,817	29,911	1.51	26,550	140,282	5.28	26,581	141,400	5.32
临安县	24,261	44,743	1.84	25,651	127,899	4.99	25,907	126,996	4.90
于潜县	20,295	46,292	2.28	20,751	112,291	5.41	20,803	111,970	5.38
富阳县	19,923	36,017	1.81	30,063	155,369	5.17	29,985	149,898	5.00
新城县	12,483	30,651	2.46	17,908	87,528	4.89	18,071	79,816	4.42
盐官县	50,831	59,344	1.17	57,303	140,527	2.45	56,904	139,870	2.46
昌化县	10,013	14,033	1.40	12,794	68,481	5.35	13,678	59,160	4.33

资料来源　　元潜说友撰咸淳《临安志》卷 58《户口》。按潜氏于咸淳 6 年(1270 年)知临安军府事,越四年罢,《志》当撰于此时期中。宋亡后,潜氏降元为臣。

编者注　　＊在《咸淳志》之前,宋乾道间周淙撰临安志,原书凡 15 卷,现存残本 3 卷,此 3 残卷中复有脱佚文字,故现存之卷 2《户口》条中仅载有乾道年间临安全府总户数及总口数(具见本表),而府属各县户、口数均佚。清光绪初年钱保塘校乾道临安志》,成《札记》一卷,其中《户口》条为补《乾道志》佚文,曾引用《咸淳志》中所载乾道年间临安各县户、口数(所引与表中数字尽同,仅临安县口数较本表少 1口)。钱氏按语云:"惟九县户数合计之,适合 261,692 之数,口数合计止 465,959(按:此数有误,请参看注①),较总数尚少 86,648(按:应为 145,808)。即昌化县口数依《成化志》作 5 万(按,清黄士珣《咸淳临安志札记》云:"一[万],《成化志》作五[万],是也。"),亦少 46,648(按,当作 95,808)。以盐官户口计之,口仅多[于户数]六分之一,是一县有 50,800 余家单丁也,其为脱误显然。以此推之,诸县口数,亦尚有误处。"

①按照各县相加,实计数为:口 406,799,每户平均口数 1.55。

②按照各县相加,实计数为:户 302,756,口 1,152,866,每户平均口数 3.81。

③按照各县相加,实计数为:户 378,259,口 1,241,156,每户平均口数 3.28。

附记　　宋吴自牧《梦粱录》卷 18《户口》引录《乾道志》、《淳祐志》、《咸淳志》所载临安府总户数和总口数,及钱塘、仁和两县合计的户数和口数,其中有三项数字与本表数字有出入,分列如下:

　　1. 淳祐年间全府合计:户数,《梦粱录》作 381,035,较本表少 300 户。

　　2. 乾道年间钱塘、仁和两县合计户数,《梦粱录》作 104,669,据本表数字应为104,069。

　　3. 淳祐年间钱塘、仁和两县合计户数,《梦粱录》作 111,336,据本表数字应为111,736。

　　关于《梦粱录》的著作年代,《自序》末仅署"甲戌岁中秋日"。考甲戌为宋度宗咸淳 10 年(1274 年),其时宋尚未亡。《四库全书总目提要》卷 70《史部》26《地理类》3《杂记之属》认为此书当作于宋亡以后,"意甲戌字传写误欤"? 清卢文弨作《梦粱录跋》(《抱经堂文集》卷 9),以为此一甲戌当在元顺帝元统 2 年(1334 年)。1956 年上海古典文学出版社重印此书,在"出版说明"中,把最初的成书年代论断在宋德祐 2 年(1276 年)临安失守以前。

附表 18　明代杭州府分县

年度	全　府　合　计①			钱　塘　县			仁　和　县			海　宁　州			富　阳	
	户数	口数	每户平均口数	户数	口数	每户平均口数	户数	口数	每户平均口数	户数	口数	每户平均口数	户数	口数
洪武24年	216,165	700,792	3.24	—	—	—	67,965	229,805	3.38	72,699	299,555	4.12	12,823	55,019
永乐10年	204,390	684,940	3.35	—	—	—	61,292	199,748	3.26	73,318	245,701	3.35	12,585	48,710
宣德7年	199,437	652,753	3.27	33,045	96,015	2.91	61,290	196,685	3.21	71,570	234,381	3.27	11,689	39,144
正统7年	200,327	651,637	3.25	34,049	96,490	2.83	59,348	186,645	3.14	71,766	231,696	3.23	11,924	41,517
景泰3年	199,027	698,994	3.51	33,377	96,445	2.89	56,202	199,833	3.56	71,100	268,709	3.78	11,871	43,987
天顺6年	193,212	674,786	3.49	32,645	88,081	2.70	59,662	198,925	3.33	—	—	—	10,584	43,921
成化8年	194,781	698,642	3.59	32,908	89,080	2.71	59,326	190,218	3.21	66,826	236,669	3.54	10,051	40,655
18年	199,348	629,794	3.16	40,336	60,994	1.51	59,435	199,525	3.36	66,511	236,151	3.55	—	—
弘治5年	200,441	637,139	3.18	40,330	60,994	1.51	59,526	199,814	3.36	66,433	236,051	3.55	—	—
正德7年	204,985	535,456	2.61	40,285	60,878	1.51	59,717	109,832	1.84	66,254	225,330	3.40	—	—
嘉靖元年	218,818	396,473	1.81	—	—	—	72,560	104,582	1.44	66,289	88,972	1.34	—	—
11年	222,584	377,575	1.70	39,688	62,069	1.56	72,850	105,271	1.45	66,272	88,752	1.34	11,386	20,875
21年	223,312	488,215	2.19	39,578	62,089	1.57	74,974	127,378	1.70	66,274	227,872	3.44	—	—

资料来源　乾隆《杭州府志》卷44《户口》。

编者注

①本栏全府的户、口合计数系原书所载,但与按照原载各县相加得到的全府实计数

全府实计数	洪武24年	永乐10年	宣德7年	正统7年	景泰3年	天顺6年
户数	177,152	170,682	199,408	200,331	195,909	125,916
口数	669,605	584,904	658,603	651,379	707,612	426,077
每户平均口数	3.78	3.43	3.30	3.25	3.61	3.38

②原书于成化8年昌化县户、口数后加按语云:"按成化《旧[府]志》军民匠籍户口外,清楚,惟据所开载民户、军户及匠户三项合计为1,331户,较表中数字少6户(按:知成化《府志》所记者原为民、军、匠户分列之数;迨乾隆间重修《府志》时将其合并计算,所记,除上举民、军、匠户各数之外,尚有诸籍户口数若干也。

户口数及每户平均口数

县		余杭县			临安县			于潜县			新城县			昌化县	
每户平均口数	户数	口数	每户平均口数	户数	口数	每户平均口数	户数	口数	每户平均口数	户数	口数	每户平均口数	户数	口数	每户平均口数
4.29	11,621	40,261	3.46	5,660	22,932	4.05	1,636	6,883	4.21	2,298	7,011	3.05	2,450	8,139	3.32
3.87	11,616	40,636	3.50	5,820	29,274	5.03	1,673	7,308	4.37	2,168	7,099	3.27	2,210	6,428	2.91
3.35	10,543	39,574	3.75	6,153	32,715	5.32	1,535	7,931	5.17	2,160	7,356	3.41	1,423	4,802	3.37
3.48	11,635	38,058	3.27	6,422	33,923	5.28	1,562	9,654	6.18	2,047	8,056	3.94	1,578	5,340	3.38
3.71	11,550	37,840	3.28	6,608	35,834	5.42	1,648	10,311	6.26	1,999	8,740	4.37	1,554	5,913	3.81
4.15	11,663	34,520	2.96	6,387	34,817	5.45	1,584	10,318	6.51	1,991	9,109	4.58	1,400	6,386	4.56
4.04	12,118	32,074	2.65	6,522	34,032	5.22	1,636	10,461	6.39	2,050	9,296	4.53	1,337②	6,585②	4.93
—	12,121	32,115	2.65				1,684	17,786	10.56				1,641	5,240	3.19
—	12,131	39,817	3.28				1,753	12,269	7.00				1,645	5,209	3.17
—	14,179	40,145	2.83	7,962	33,028	4.15	2,082	11,052	5.31				1,667	5,240	3.14
—	14,201	40,160	2.83	7,973	33,092	4.15	2,181	11,815	5.42	3,537	10,807	3.06	1,741	5,449	3.13
1.83	16,324	38,799	2.38	8,527	33,129	3.89	2,229	12,424	5.57				1,771	5,449	3.08
—	17,440	38,949	2.23	—	—	—	2,229	12,652	5.68				1,781	5,515	3.10

互有出入。兹列记如下：

成化 8 年	成化 18 年	弘治 5 年	正德 7 年	嘉靖元年	嘉靖 11 年	嘉靖 21 年
192,774	181,725	181,818	192,146	168,482	219,047	202,276
649,070	551,811	554,154	485,505	294,877	366,768	474,455
3.37	3.04	3.05	2.53	1.75	1.67	2.35

又有民户1,280，口6,086；军户41，口356；匠户10，口143。"编者按，此条按语文义不够乾隆《府志》原文末一字为"七"，可能系"一"之误）；其口数合计为6,585口，与乾隆《府志》全同。仅举总数，而刻书时仍留此条草稿未加刊落，且复为按语云云，遂令读者以为成化《府志》

附表 19　清代杭州府分县人丁数

县别	康熙 60 年(丁) (1721 年)	雍正 4 年(丁) (1726 年)	雍正 9 年(丁) (1731 年)	乾隆 49 年(丁口)[①] (1784 年)
全府合计	317,227[②]	319,005[③]	322,003[④]	2,075,212
钱塘县	57,547	57,828	58,098	309,081
仁和县	93,159	93,757	94,844	555,297
海宁州	98,830	99,139	99,448	571,934
富阳县	10,606	10,707	11,302	137,119
余杭县	22,676	23,783	23,203	132,474
临安县	21,692	21,795	21,816	75,071
于潜县	4,984	5,035	5,137	86,427
新城县	5,333	5,344	5,449	108,956
昌化县	2,600	2,615	2,733	98,853

资料来源　乾隆《杭州府志》卷 44《户口》。

编者注

①本年各县户数及每户平均丁口数见本编表 20；各县乡民、市民数及其百分比见本编表 21。

②本年全府合计数系原书所载，若据各县相加，其实计数为 317,427。

③本年全府合计数系原书所载，若据各县相加，其实计数为 320,003。

④本年全府合计数系原书所载，若据各县相加，其实计数为 322,030。

附表 20　清乾隆四十九年杭州府分县户数、丁口数及每户平均丁口数

(公元 1784 年)

县　　别	户　　数	丁　口　数	每户平均丁口数
全府合计	445,943	2,075,212	4.65
钱塘县	102,705	309,081	3.01
仁和县	103,209	555,297	5.38
海宁州	85,680	571,934	6.68
富阳县	34,360	137,119	3.99
余杭县	33,535	132,474	3.95
临安县	20,808	75,071	3.61
于潜县	20,481	86,427	4.22
新城县	20,180	108,956	5.40
昌化县	24.985	98,853	3.96

资料来源　乾隆《杭州府志》卷 44《户口》。

附表 21　清乾隆四十九年杭州府分县乡民数和市民数的比较

县别	乡、市民总数（丁口）	乡民数（丁口）	市民数（丁口）	乡民数占总数的百分比(%)	市民数占总数的百分比(%)
全府合计	261,573①	234,656②	26,917②	89.41	10.26
钱塘县	49,621	38,397	11,224	77.38	22.62
仁和县	80,700	71,958	8,742	89.17	10.83
海宁州	93,523	88,645	4,878	94.78	5.22
富阳县	8,060③	6,964	1,096	86.40	13.60
余杭县	19,398④	④	④		
临安县	17,818	17,455	363	97.96	2.04
于潜县	4,710	4,460	250	94.69	5.31
新城县	4,677	4,430	247	94.72	5.28
昌化县	2,464⑤	2,347	117	95.25	4.75

资料来源　乾隆《杭州府志》卷 44《户口》。

编者注

①这是据各县乡、市民实计数相加得出的全府合计总数。原书总丁口数作 281,851，乃系把未分记乡、市民的余杭县丁口数及富阳、昌化 2 县乡、市民以外的丁口数（参注③及⑤）全部计入。

②全府乡、市民的合计数原书没有分别记载，此系据各县相加得到之实计数。

③按本县（富阳）乡、市民二数相加得到的实计数。原书记全县总丁口为 8,921。

④原书关于余杭县的记载未分列为乡民及市民，仅列上丁 7,919 丁口，中丁 5,600 丁口，下丁 5,879 丁口。

⑤昌化县按乡、市民二数相加得到的实计数。原书记全县总丁口为 2,483。

附表 22　明、清两代嘉兴府分

年度	全府合计①			嘉兴县			秀水县			嘉善	
	户数	口数	每户平均口数	户数	口数	每户平均口数	户数	口数	每户平均口数	户数	口数
明宣德年间	245,751	833,150	3.39	62,532	176,138	2.82	39,164	165,700	4.23	27,534	105,518②
景泰年间	240,384	838,186	3.49	59,329	180,513	3.04	37,813	165,745	4.38	25,757	102,377
天顺年间	237,722	728,467	3.06	57,049	175,721	3.08	37,822	125,976	3.33	—	—
成化年间	238,979	735,194	3.08	57,282	125,382	2.19	32,949	128,426	3.90	29,742	74,396
嘉靖年间	273,990④	797,170④	2.91	57,300	125,203	2.19	37,865	127,548	3.37	38,467	111,810
清乾隆34年⑤	463,211	2,313,583	4.99	89,022	463,760	5.21	63,063	306,817	4.87	54,394	272,676
54 年	467,159	2,416,105	5.17	89,596	474,126	5.29	63,660	327,552	5.15	56,096	326,521
嘉庆 4 年	474,031	2,533,530	5.34	91,671	491,980	5.37	64,597	372,777	5.77	55,875	354,063
道光 18 年	541,386	2,933,764	5.42	100,741	619,577	6.15	78,934	502,860	6.37	68,049	277,013
同治 12 年	253,447	953,053	3.76	42,122	158,714	3.77	19,169	133,973	6.99	16,379	96,478

资料来源　光绪《嘉兴府志》卷20《户口》。

编者注

①本栏全府的户、口合计数系原书所载,与原载各县相加得出的全府实计数多有

全府实计数	明宣德年间	景泰年间	天顺年间	成化年间
户数	270,232	206,626	210,965	235,091
口数	811,064	742,284	626,100	617,080
每户平均口数	3.00	3.59	2.97	2.62

②原书记宣德年间嘉善县口数附有按语云:"《嘉善》杨《志》,男丁62,654,女口42,864。"

③此系"除分平湖县外"之户口数。按宣德5年(1430年)三月以海盐县之当涂镇

④原书记云:"案旧《浙江通志》作府:户270,500,口782,979。"查清乾隆元年(1736年)

⑤清代各年口数,原书均分列"大小口"及"大小丁"二项。表中数字系根据大小口

县户口数及每户平均口数

县	海盐县			平湖县			石门县			桐乡县		
每户平均口数	户数	口数	每户平均口数	户数	口数	每户平均口数	户数	口数	每户平均口数	户数	口数	每户平均口数
3.83	20,073③	81,496③	4.06	18,933	44,279	2.34	68,345	145,806	2.13	33,651	92,127	2.74
3.97	26,605	81,557	3.08	20,467	74,757	3.65	36,655	137,335	3.75	—	—	—
—	26,518	75,771	2.86	20,000	59,579	2.98	36,932	105,335	2.85	32,644	83,718	2.56
2.50	26,654	75,810	2.84	19,737	59,124	3.00	38,890	107,522	2.76	29,837	46,420	1.56
2.91	25,584	77,191	3.02	19,358	56,835	2.94	36,713	106,273	2.89	—	—	—
5.01	86,897	392,150	4.51	67,870	266,421	3.93	48,954	358,411	7.32	53,011	253,348	4.78
5.93	87,497	393,909	4.50	68,520	271,317	3.96	48,972	358,911	7.33	53,818	263,769	4.90
6.34	88,320	402,793	4.56	69,338	283,663	4.09	49,055	360,107	7.34	55,175	274,826	4.98
4.07	97,232	523,461	5.38	73,889	304,306	4.12	54,440	379,422	6.97	68,151	327,125	4.80
5.89	51,967	180,849	3.48	30,753	109,390	3.56	42,500	158,376	3.73	50,557	114,273	2.26

出入。兹列记如下(凡下列诸项未记数字者表示原书数字与实计数相符):

嘉靖年间　清乾隆34年　乾隆54年　嘉庆4年　道光18年　同治12年

215,287

604,860　　2,314,583　2,416,505　2,540,209　　　　　952,053

2.81　　　　5.00　　　　　　　5.36

二数相加,恰与表中所录原总数(105,518口)相符。《嘉善》杨《志》为康熙16年杨廉纂修。
置平湖县。

嵇曾锡等修《浙江通志》卷71《户口》1引明嘉靖《浙江通志》所记,知光绪《府志》无误。

及大小丁二数相加而得,详见本编表23。

附表 23　清代嘉兴府分县大小丁口数

年度	全府合计		嘉兴县		秀水县		嘉善县		海盐县		平湖县		石门县		桐乡县	
	大小丁	大小口	大小丁	大小口	大小丁	大小口	大小丁	大小口	大小丁	大小口	大小丁	大小口	大小丁	大小口	大小丁	大小口
乾隆 34 年	1,342,682	970,901	263,914	199,846	164,308	142,509	153,719	118,957	235,079	157,071	173,674	92,747	195,114	163,297	156,874	96,474
54 年	1,394,306	1,021,799	269,321	204,805	177,336	150,216	179,075	147,446	236,572	157,337	176,941	94,775	195,616	163,643	159,464	103,558
嘉庆 4 年	1,465,233	1,074,976	280,717	211,263	201,023	171,754	193,000	161,063	242,157	160,636	186,685	96,978	196,084	164,023	165,567	109,259
道光 18 年	1,665,948	1,267,816	316,713	302,864	276,230	226,630	157,483	119,530	319,678	203,783	194,422	109,884	206,893	172,529	194,529	132,596
同治 12 年	546,160	406,893	84,958	73,756	79,116	54,857	53,499	42,979	100,587	80,262	64,323	45,067	94,113	64,263	68,564	45,709

资料来源　光绪《嘉兴府志》卷 20《户口》。

附表 24　清代嘉兴府分县大小丁口数的百分比

年度	全府合计		嘉兴县		秀水县		嘉善县		海盐县		平湖县		石门县		桐乡县	
	大小丁 (%)	大小口 (%)	大小丁 (%)	大小口 (%)	大小丁 (%)	大小口 (%)	大小丁 (%)	大小口 (%)	大小丁 (%)	大小口 (%)	大小丁 (%)	大小口 (%)	大小丁 (%)	大小口 (%)	大小丁 (%)	大小口 (%)
乾隆 34 年	58.03	41.97	56.91	43.09	53.55	46.45	56.37	43.63	59.95	40.05	65.19	34.81	54.44	45.56	61.92	38.08
54 年	57.71	42.29	56.80	43.20	54.14	45.86	54.84	45.16	60.06	39.94	65.12	34.88	54.45	45.55	60.62	39.38
嘉庆 4 年	57.68	42.32	57.06	42.94	53.93	46.07	54.51	45.49	60.12	39.88	65.81	34.19	54.45	45.55	60.24	39.76
道光 18 年	56.79	43.21	51.12	48.88	54.93	45.07	56.85	43.15	61.07	38.93	63.89	36.11	54.53	45.47	59.47	40.53
同治 12 年	57.31	42.69	53.53	46.47	59.05	40.95	55.45	44.55	55.62	44.38	58.80	41.20	59.42	40.58	60.00	40.00

资料来源　根据本编表 23 作。

附表 25　清康熙三十年开封府分县旧管、开除、新收及实在人丁数*

（公元 1691 年）

县　别	康　熙　30　年　以　前				康　熙　30　年				
	原额人丁	逃亡(故绝)人丁	旧管人丁	逃亡占原额的%	开除老故人丁	新收人丁	实在人丁	开除占旧管的%	新收占实在的%
全府合计	653,564①	218,956	453,491①②	33.50	26,308	63,632	490,815①	5.80	12.96
祥符县	90,164	28,462	61,702	31.57	733	4,509	65,478	1.19	6.89
陈留县	13,714	3,944	9,770	28.76	563	1,717	10,924	5.76	15.72
杞　县	40,364	16,233	24,131	40.22	531	3,717	27,317	2.20	13.61
通许县	11,352	—	11,532③	—	752	961	11,741	6.52	8.18
太康县	26,167①	—	26,167①	—	—	—	26,167①	—	—
尉氏县	10,987	274	10,713	2.49	1,576	1,698	10,835	14.71	15.67
洧川县	16,502	8,633	7,869	52.31	641	1,731	8,959	8.15	19.32
鄢陵县	14,710	—	14,865④	—	3,694	4,445	15,616	24.85	28.46
扶沟县	22,199	—	24,041⑤	—	1,106	3,802	26,737	4.60	14.22
中牟县	7,360⑥	—	18,478⑦	—	1,903	4,751	21,326	10.30	22.28
阳武县	25,133	6,464	18,669	25.72	259	2,280	20,690	1.39	11.02
原武县	17,398	6,985	10,413	40.15	624	992	10,781	5.99	9.20
封丘县	22,863	12,795	10,068	55.96	423	1,395	11,040	4.20	12.64
延津县	11,403	7,065	4,338	61.96	188	287	4,437	4.33	6.47
兰阳县	19,789	5,572	14,217	28.16	83	1,463	15,597	0.58	9.38
仪封县	12,076	910	11,166	7.54	226	444	11,384	2.02	3.90
新郑县	4,547	1,023	3,524	22.50	1,193	1,453	3,784	33.85	38.40
陈　州	21,323	13,633	7,690	63.94	402	1,554	8,842	5.23	17.58
西华县	33,971	17,491	16,480	51.49	121	2,164	18,523	0.73	11.68
商水县	19,650	4,580	15,070	23.31	1,374	4,193	17,889	9.12	23.44
项城县	13,391	1,326	12,065	9.90	2,460	3,644	13,249	20.39	27.50
沈丘县	11,594	804⑧	10,790	6.93	548	928	11,170	5.08	8.31
许　州	12,041	1,415	10,626	11.75	485	643	10,784	4.56	5.96
临颍县	38,914	20,492	18,422	52.66	538	955	18,839	2.92	5.07
襄城县	16,156	8,182	7,974	50.64	322	681	8,333	4.04	8.17
郾城县	19,364	2,629	16,735	13.58	147	843	17,431	0.88	4.84
长葛县	10,723	4,499	6,224	41.96	307	1,147	7,064	4.93	16.24
禹　州	26,667	14,529	12,138	54.48	974	2,527	13,691	8.02	18.46
密　县	13,469	7,242	6,218	53.80	1,774	2,744	7,188	28.53	38.17
郑　州	1,552	—	5,621⑨	—	719	1,110	6,012	12.79	18.46
荥泽县	4,360	—	5,879⑩	—	234	912	6,557	3.98	13.91
荥阳县	17,344	9,851	7,493	56.80	575	1,505	8,423	7.67	17.87
河阴县	7,557	1,594	5,963	21.09	468	1,023	6,518	7.85	15.69
汜水县	18,769	12,329	6,440	65.69	365	1,414	7,489	5.67	18.88

资料来源   康熙《开封府志》卷 13《户口》。

编者注

　　*(一)"原额人丁",原书虽未指明年份,然察其前后文义,当系指明末旧册之"人丁"数。自明末至康熙 30 年止的"五十余年"间,因人丁逃亡,原额已不足数。

$$旧管人丁＝原额人丁－逃亡人丁＋新收人丁$$

　　全府属下 34 处州、县的旧管人丁数,只有通许、扶沟、中牟、郑州、荥泽 5 处较原额人丁还有"逾额",其余 29 处均失额甚多。"逾额"的州县,即新收人丁多于逃亡人丁;失额的州县即逃亡大于新收,或只有逃亡而无新收的人丁。

　　(二)清康熙 30 年编审"实在人丁"数:

$$实在人丁＝旧管人丁－开除老故人丁＋新收人丁$$

①原书"丁"字之后尚有厘、毫、丝等细数,今均舍去。由此可见:这里的"丁",只能是丁银,并不是真正的人丁。

②内通许、鄢陵、扶沟、中牟、郑州、荥泽逾额人丁共 18,883 丁。

③内通许逾额人丁 180 丁。

④内鄢陵逾额人丁 155 丁。

⑤内扶沟逾额人丁 1,842 丁。

⑥原书未载中牟县的原额人丁数(据所述的理由云:"原额人丁于万历年间申允派入地内丁地一条鞭派征,不显人丁则例后。"),表中这一数字系按下列方法算出:将通许、鄢陵、扶沟、中牟、郑州、荥泽六州县逾额人丁总数(见注②)减去通许等五县的逾额人丁数(见注③、④、⑤、⑨、⑩),得出中牟县逾额人丁数(11,118 丁);再将中牟县康熙 30 年以前旧管人丁数减去本县逾额人丁数,即得如表中所载的原额人丁数。经核算,此数与全府合计原额人丁减去本府其他各州县原额人丁所得的差数相符。

⑦中牟县康熙 30 年以前的旧管人丁数系据原书所载该县顺治 3 年见在活丁和顺治 12 年、14 年,康熙 1 年、6 年、11 年、16 年、21 年、25 年,递年的开除老故人丁数及新添人丁数迭相加减而得。此数曾经用来与康熙 30 年开除老故人丁数相减并与新收人丁数相加,其得数证明了是与同年实在人丁数恰等。

⑧原书作 840,误。

⑨内郑州逾额人丁 4,069 丁。

⑩内荥泽逾额人丁 1,519 丁。

附表 26　清道光十七年济南府分县户口数及每户平均口数

（公元 1837 年）

县别	户数	口数②					每户平均口数
		总口数	男大口	女大口	男小口	女小口	
全府合计①	743,431	4,202,510	1,399,461	1,284,303	814,874	703,872	5.65
历城县	144,520	603,177	188,854	180,469	124,543	109,311	4.17
济南卫③	15,374	127,717	35,475	22,647	34,194	35,401	8.31
章丘县	69,397	463,879	169,528	139,123	88,278	66,950	6.68
济南卫	112	16,364	5,241	4,670	3,457	2,996	146.11
邹平县	25,358	322,156	94,925	95,027	68,022	64,182	12.70
淄川县	16,540	132,216	42,500	41,679	24,435	23,602	7.99
长山县	29,829	191,517	68,605	58,629	35,368	28,915	6.42
新城县	29,374	164,553	51,941	50,472	33,359	28,781	5.60
齐河县	68,051	338,675	122,993	115,402	52,579	47,701	4.98
齐河卫	8,677	83,436	30,699	23,368	17,241	12,128	9.62
齐东县	30,024	130,472	50,961	38,082	24,625	16,804	4.35
济阳县	43,448	200,194	73,750	69,625	32,954	23,865	4.61
济南卫	384	3,251	1,074	924	604	649	8.47
禹城县	30,183	232,072	69,507	63,245	52,751	46,569	7.69
临邑县	17,134	115,278	38,490	37,465	20,994	18,329	6.73
长清县	63,282	292,284	93,707	88,822	59,737	50,018	4.62
济南卫	8,204	27,335	6,204	6,264	7,442	7,425	3.33
陵　县	17,170	126,010	42,810	40,446	24,026	18,728	7.34
德　州	22,010	118,063	34,476	32,626	27,749	23,212	5.36
德平县	34,192	209,889	74,481	77,415	28,937	29,056	6.14
平原县	33,947	187,973	64,752	62,790	32,338	28,093	5.54
德州卫	36,221	115,999	38,488	35,113	21,241	21,157	3.20

资料来源　道光《济南府志》卷 15《户口》。

编者注

①原书共载有两项全府合计数字：一为"济南府十六州县并济南、齐河、德州三卫"
的全府合计各数，如本表所列。另一为"济南府十六属并济南卫齐河卫"，但少
去德州卫，其全府合计各数为：户数 707,210，总口数 4,086,511，男大口
1,360,973，女大口 1,249,190，男小口 793,633，女小口 682,715；又据上列各数
计算每户平均口数应为 5.78。按德州卫原属平原县；雍正 7 年（1729 年）以平
原县往属高唐直隶州；雍正 12 年，平原县还属济南府。故有两项数字。

②男女大小口的百分比请参看本编表 27。

③本表济南卫凡四见，由于该卫分驻于历城、章丘、济阳、长清四县境内。

附表 27　清道光十七年济南府分县男女大小口的百分比

县别	总口数（%）	男大口（%）	女大口（%）	男小口（%）	女小口（%）
全府合计	100.00	33.30	30.56	19.39	16.75
历城县	100.00	31.31	29.92	20.65	18.12
济南卫	100.00	27.78	17.73	26.77	27.72
章丘县	100.00	36.55	29.99	19.03	14.43
济南卫	100.00	32.03	28.54	21.13	18.30
邹平县	100.00	29.47	29.50	21.11	19.92
淄川县	100.00	32.14	31.52	18.48	17.85
长山县	100.00	35.82	30.61	18.47	15.10
新城县	100.00	31.56	30.67	20.27	17.49
齐河县	100.00	36.32	34.07	15.52	14.08
齐河卫	100.00	36.79	28.01	20.66	14.54
齐东县	100.00	39.06	29.19	18.87	12.88
济阳县	100.00	36.84	34.78	16.46	11.92
济南卫	100.00	33.04	28.42	18.58	19.96
禹城县	100.00	29.95	27.25	22.73	20.07
临邑县	100.00	33.39	32.50	18.21	15.90
长清县	100.00	32.06	30.39	20.44	17.11
济南卫	100.00	22.70	22.92	27.23	27.16
陵　县	100.00	33.97	32.10	19.07	14.86
德　州	100.00	29.20	27.63	23.50	19.66
德平县	100.00	35.49	36.88	13.79	13.84
平原县	100.00	34.45	33.40	17.20	14.96
德州卫	100.00	33.18	30.27	18.31	18.24

资料来源　根据本编表 26 作。

附表 28　明万历朝、清光绪朝顺天府分县户口数及每户平均口数

县别	户数			口数			每户平均口数		
	明万历年间		清光绪年间[①]	明万历年间		清光绪年间	明万历年间		清光绪年间[①]
	原额	实在		原额	实在		原额	实在	
全府合计[②]	85,876	82,462	676,543	574,172	562,113	3,375,660	6.69	6.82	4.99
大兴县	15,163	15,163	19,625	71,797	71,007	180,184	4.74	4.68	9.18
宛平县	14,441	14,441	45,123	61,215	62,067	206,456	4.24	4.30	4.58
良乡县	2,900	2,901	7,306	13,707	14,806	35,233	4.73	5.10	4.82
固安县	4,335	4,335	19,998	44,135	35,135	100,619	10.18	8.10	5.03
东安县	1,838	3,681	36,400	12,054	13,248	105,138	6.56	3.60	2.89
永清县	1,310	1,310	26,400	12,994	13,248	82,338	9.92	10.11	3.12
香河县	1,361	1,361	8,710	8,931	9,194	35,408	6.56	6.76	4.07
通　州	3,896	3,687	47,559	18,507	12,954	270,895	4.75	3.51	5.70
三河县	2,832	1,412	25,829	18,702	14,152	192,023	6.60	10.02	7.43
武清县	3,330	1,673	62,423	27,697	20,183	372,939	8.32	12.06	5.97
漷县[③]	1,100	1,100		4,148	4,280		3.77	3.89	
宝坻县	3,678	3,720	78,515	32,345	36,684	326,591	8.79	9.86	4.16
蓟州[④]	2,398	2,254	62,403	17,875	16,790	208,260	7.45	7.45	3.34
平谷县	1,203	1,087	7,098	8,096	5,344	39,973	6.73	4.92	5.63
昌平州	3,680	2,990	21,248	16,946	15,473	120,713	4.60	5.17	5.68
密　云	1,647	1,647	16,207	16,447	17,051	116,651	9.99	10.35	7.20
顺义县	1,247	1,247	19,056	12,477	12,966	84,077	10.01	10.40	4.41
怀柔县	1,020	1,020	5,177	6,642	7,316	50,263	6.51	7.17	9.71
涿　州	5,464	5,464	18,480	38,869	39,430	87,072	7.11	7.22	4.71
房山县	1,829	1,348	11,601	10,297	10,647	79,356	5.63	7.90	6.84
霸　州	3,720	3,072	22,756	65,122	65,356	140,109	17.51	21.27	6.16
文安县	3,630	3,630	59,139	20,489	25,695	200,194	5.64	7.08	3.39
大城县	3,199	3,199	22,590	31,180	31,973	114,221	9.75	9.99	5.06
保定县	655	720	2,796	3,500	7,114	14,295	5.34	9.88	5.11
宁河县[⑤]			30,104			212,652			7.06

资料来源　光绪《顺天府志》49《食货志》1《户口》。读此表可知清末顺天府户口之激增。

编者注

①大兴、宛平、固安、三河、涿州、大城、宁河等七州县系光绪 8 年汇报数；良乡、东安、永清、香河、通州、武清、宝坻、蓟州、平谷、昌平、密云、顺义、怀柔、房山、霸州、文安、保定等十七州县系光绪 9 年(1883 年)汇报数。

②原书无全府总户、口数的记载。本项各数字系据各县分计相加得出。

③清初裁入通州。

④《明史》卷40《地理志》1"顺天府"条下："蓟州……领县四：玉田、丰润、遵化、平谷。"《顺天府志》无玉田、丰润、遵化三地户口数。按遵化，于清康熙15年(1676年)升为州，并改丰润县归属之；乾隆8年(1743年)再升遵化为直隶州。玉田，于雍正4年(1726年)改隶永平府；后再改隶遵化直隶州。所以，乾隆8年以后，顺天府领5、县19，不包括遵化直隶州(及其所领丰润、玉田二县)在内。

⑤清雍正9年(1731年)析宝坻县置。

附表29　唐、北宋、元三代在今广东省境内各府路州户数比较表

唐开元户		唐天宝户	北宋初户		北宋元丰户		元　　户	
广州府	43,230	42,235	广州府（主户 16,059）		143,261 8,019 （或 3,019）		广州路 英德州	170,216 △
			英 州	4,979				
韶　州	21,000	31,00	韶 州	10,154	57,438		韶州路	19,584
			南雄州	8,363	20,337		南雄路	10,792
潮　州	1,800	4,420	潮 州	5,831	74,682		潮州路	63,650
			梅 州	1,568	12,372 （或 21,370）		梅 州	2,478
循　州	12,000	9,525	循 州	8,339	循 州	47,192	循 州	1,658
					惠 州	61,121	惠 州	19,803
连　州	△	32,210	连 州	△	36,940		连 州	4,154
恩　州	287	9,000	南恩州	780			桂阳州	6,356
春　州	11,218	11,218	春州（主户 392）				南恩州	19,373
勤　州	682	682			南恩州	27,214		
端　州	9,500	9,500	端 州	843	25,130		肇庆路	33,338
新　州	250	9,500	新 州	6,208	13,647		新 州	11,316
康　州	8,000	10,510	康 州	1,040	8,979		德庆路	12,705
泷　州	714	3,627						
封　州	900	3,900	封 州	1,132	2,739		封 州	2,077
高　州	5,852	12,400	高 州（主户 2,494）		高 州	11,766	高州路	14,675
潘　州	△	4,300						
窦　州	388	1,019	窦 州（主户 638）					
辩　州	142	4,858	化 州	644	9,273		化州路	19,749
罗　州	95	5,460						
雷　州	4,700	4,320	雷 州	108	13,784		雷州路	89,535

（附表 29 续）

唐开元户		唐天宝户	北宋初户		北宋元丰户		元　户	
钦　州	2,700	2,700	钦　州	2,847		10,522	钦州路	13,559
陆　州	494	494						
廉　州	3,013	3,032	太平军	（丁 4,712）	廉　州	7,492	廉州路	5,998
					（或 7,500）			
琼　州	649	649	琼　州（丁 3,515）			8,966	乾宁军民	75,837
崖　州	6,649	819					安抚司	
振　州	819	819	崖　州	351	朱崖军	351	吉阳军	1,439
儋　州	3,300	3,309	儋　州	（丁 685）	昌化军	835	南宁军	9,627
					（或 833）			
万安州	121	2,997	万安州	289	万安军	217	万安军	5,341
合　计	94,776*	224,503			602,280		613,260	
					（或 597,184）			

资料来源　唐开元户和北宋初户均见《太平寰宇记》；唐天宝户见《新唐书地理志》；北宋元丰户见《元丰九域志》；元户见《元史地理志》。

编者注　△户数未详。　　*合计数不包括连州、潘州。

说明　(1)由开元初到天宝末，时间相距不过三四十年，户数的增加当非由于人口的繁殖或迁移，而是户籍整理的结果。(2)以元丰户和天宝户比较，可见北宋在今广东省境内户口有大量的增加，其原因一方由于当地经济的繁荣，人口自然的繁殖；一方由于北方有大量人口的迁入，北宋主客户的比例可为佐证。(3)元统治集团进入中原之初，曾执行残酷的屠杀政策，致人力、物力遭受严重的破坏，但进兵江南以后，政策略有转变，故当时在今广东省境内的总户数尚和北宋相若，惟有许多受战争破坏较甚的路州，其户数比北宋为少。

附表 30　唐代在今广东省境内各府州户口比较表

府州别	土地面积（平方公里）	户　数	户数次序	人户密度（每平方公里）	人户密度次序	口　数	每户平均口数	人口密度（每平方公里）
连　州	6,843	32,210	2	4.7	1	143,523	4.4	20.9
高　州	4,875	21,400	4	3.4	2—3	△		
潘　州		4,300	15			8,967	2.0	
端　州	3,814	9,500	8	2.4	4	21,120	2.2	5.5
辩　州	2,077	4,858	12	2.3	5	16,209	3.3	7.8
泷　州	1,560	3,627	17	2.3	6	9,439	2.6	6.1
康　州	4,642	10,510	6	2.2	7	17,219	1.6	3.7

府州别	土地面积 （平方公里）	户　数	户数次序	人户密度（每 平方公里）	人户密度次序	口　数	每户平均口数	人口密度（每 平方公里）
韶　州	14,919	31,000	3	2.1	8	168,948	5.4	11.3
春　州	6,484	11,218	5	1.8	9—10	△		
勤　州		682	25			1,933	2.8	
封　州	2,365	3,900	16	1.6	11	11,827	3.0	5.0
罗　州	3,679	5,460	11	1.5	12	8,041	1.5	2.2
恩　州	5,824	9,000	10	1.5	13	△		
广州府	41,777	42,235	1	1.2	14—15	221,500	5.2	
新　州		9,500	9			△		
雷　州	8,599	4,320	14	0.5	16	20,572	4.7	2.4
万安州	5,483	2,997	20	0.5	17	△		
廉　州	7,339	3,032	19	0.4	18	13,029	4.3	1.8
钦　州	7,064	2,700	21	0.4	19	10,146	3.7	1.4
窦　州	3,534	1,019	22	0.3	20	7,339	7.2	2.1
儋　州	9,319	3,309	18	0.3	21	△		
循　州	38,567	9,525	7	0.2	22	△		
潮　州	21,801	4,420	13	0.2	23	26,745	6.0	1.2
振　州	4,595	819	24	0.2	24	2,821	3.4	0.6
陆　州	3,417	496	27	0.1	25	2,674	5.4	0.8
崖　州	14,160	819	23	0.1	26—27	△		
琼　州		649	26			△		
合　计	222,737	224,505		1.0			4.3	

资料来源　户口数字根据《新唐书地理志》。土地面积则从解放初期各县面积推算
而得。由于古今州县界线不尽一致，故各州土地面积及由此求出的人户密度均不
大准确，仅能表示相对的关系。

编者注　△口数未详。

说明　由本表可见当时各处人户分布的疏密状况和现代有很大的差异。现代广东
省人口最密的在珠江和韩江三角洲一带（即唐代的广州府和潮州），而粤北和南路
一带均较稀。唐代恰相反，原因大概是：（1）唐代在今广东省境内的人民有不少新
自北方移来，而粤北正当大庾、骑田等山隘之冲，移入最便；（2）唐代对于珠江、韩
江三角洲等低地尚未充分利用（由宋代始有筑堤记载可为佐证）；（3）广东省南路
一带（即唐代高州、潘州等地）系高爽的台地，开发利用较之卑湿的三角洲为易，而
由湘江、桂江、南流江和北流江谷地，亦便于进入；（4）粤东一带人口密度统计数字
很低，除当时韩江三角洲尚未充分利用人口稀少外，对居住山中的少数民族人口，
当时史书未有统计，也是一个因素。

附表 31　北宋在今广东省境内各府州主客户比较表

府州别	土地面积（方公里）	户　数	户数次序	主户数	客户数	主户：客户（%）	人户密度（每方公里）	人户密度次序
韶　州	10,376	57,438	4	53,501	3,937	93：7	5.5	1
连　州	6,843	36,942	6	30,438	6,504	82：18	5.4	2
新　州	32,812	13,647	11	8,480	5,167	62：38	4.8	3—4
广州府		143,261	1	64,796	78,465	45：55		
潮　州	16,462	74,682	2	56,912	17,770	76：24	4.5+	5
循　州	10,303	47,192	5	25,634	21,558	54：46	4.5	6
南雄州	4,543	20,339	9	18,686	1,653	92：8	4.5	7
端　州	7,224	25,103	8	11,269	13,834	45：55	3.4	8
南恩州	8,884	27,214	7	5,748	21,466	21：79	3.0	9
梅　州	5,340	12,372	12	5,824	6,548	47：53	2.3	10
惠　州	28,264	61,121	3	23,365	37,756	38：62	2.1	11
雷　州	8,599	13,784	10	4,272	9,512	31：69	2.0	12
化　州	5,756	9,273	15	6,018	3,255	65：35	1.7	13
高　州	8,409	11,766	13	8,737	3,029	75：25	1.4	14
廉　州	7,339	7,500	18	6,601	899	88：12	1.0	15
钦　州	10,481	10,552	14	10,295	257	97：3	1.0	16
封　州	2,365	2,739	20	1,726	1,013	63：37	1.0	17
康　州	9,525	8,979	16	8,979	0		0.9	18
英　州	5,555	3,019	19	1,690	1,329	56：44	0.8	19
琼　州	15,859	8,963	17	8,433	530	94：6	0.6	20
昌化军	7,585	835	21	745	90	90：10	0.1	21
朱崖军	4,595	251	22	240	11	96：4	0.05	22
万安军	5,483	217	23	120	97	55：45	0.05	23
合　计	222,602	597,189		362,509	234,680	60：40		

资料来源　北宋各府州户数根据《元丰九域志》。各府州土地面积则由解放初期的
　　各县面积推算而得。由于古今州县界线不尽一致，故土地面积以及由此求出的人
　　户密度均不大准确，仅能表示相对的关系。

说明　北宋在今广东省境内缺乏分州的人口数字,故只能借助于人户密度的分析。北宋有主客户之分,今亦一并列入表内。从这个表可以看出以下几种情况:(1)粤北当时韶、连二州的人户密度和唐代类似,仍然很高,居全省首位。(2)广、潮、循等沿海各府州的人户已大大地增加,因此粤北和沿海人户疏密的差异大为缩小,北宋在珠江、韩江三角洲等地开始修筑堤围,是则广东省沿海低地已逐渐利用,此当为广、潮等府州人户增加的主因,而对外贸易的继续发展,亦有关系。(3)粤东北宋各州(无论沿海与内地)的人户均比唐代有显著的增加。增加的原因,除上述低地的开发利用外,而客户的大量移入,相邻的地区(今闽赣两省南部)的逐渐开发亦有关系。(4)琼州各部人户分布的疏密已和现代类似,北部台地较密,其余各方较稀。(5)客户(主要是外来的人)已不局限于粤北一隅,而更多地移居沿海和较偏远的各州,例如南恩州、雷州、广州府、端州、梅州的客户均较主户为多。而韶、连二州反甚少,因此,使北宋在今广东省境内人户的分布比唐代为均衡。

附表 32　元代在今广东省境内各路州户口比较表

路州别	土地面积 (方公里)	户　数	户数 次序	口　数	口数 次序	每户平 均口数	人户密度 (每方公里)	人户密 度次序	人口密度 (每方公里)	人口密 度次序
广州路 新　州	}29,706	170,216 11,316	1 13	1,021,296 67,896	1 8	6.0 6.0	}6.1	2—3	36.6	1—2
潮州路	16,461	63,650	4	445,550	2	7.0	3.9	6	27.0	3
韶州路	8,137	19,584	8	176,256	3	9.0	2.4	8	21.6	4
雷州路	8,599	89,535	2	125,310	5	1.4	10.4	1	15.7	5
南雄路	4,543	10,792	14	53,960	11	5.0	2.4	9	11.9	6
南恩州	8,884	19,373	9	96,865	7	5.0	2.2	11	10.9	7
化州路	5,550	19,749	7	52,317	12	2.6	3.6	7	9.4	8
乾宁军民 安抚司	15,894	75,837	3	128,184	4	1.6	4.8	4	8.0	9
肇庆路	7,224	33,338	5	55,429	10	1.6	4.6	5	7.7	10
钦州路	10,481	13,559	11	61,393	9	4.5	1.3	13	5.9	11
高州路	8,615	14,675	10	43,493	13	3.0	1.7	12	5.0	12
桂阳州	5,157	6,356	16	25,655	15	4.0	1.2	15	5.0	13
封　州	2,365	2,077	21	10,742	19	5.1	0.9	17	4.5	14
连　州	1,686	4,154	19	7,141	22	1.7	2.5	10	4.2	15

（附表 32 续）

路州别	土地面积 （方公里）	户 数	户数 次序	口 数	口数 次序	每户平 均口数	人户密度 （每方公里）	人户密 度次序	人口密度 （每方公里）	人口密 度次序
惠州路	28,264	19,803	6	99,015	6	5.0	0.7	19	3.5	16
德庆路	9,626	12,705	12	32,997	14	2.6	1.3	14	3.4	17
南宁军	7,585	9,627	15	23,652	16	2.5	1.3	16	3.1	18
梅 州	5,340	2,478	20	14,865	17	6.0	0.5	21	2.8	19
廉州路	7,339	5,998	17	11,686	18	1.9	0.8	20	1.6	20
万安军	5,483	5,347	18	8,686	20	1.6	1.0	18	1.6	21
吉阳军	4,595	1,439	23	5,735	23	3.9	0.8	22	1.2	22
循 州	10,303	1,658	22	8,290	21	5.0	0.2	23	0.8	23
英德州	7,794	△		△						
合　计*	211,837	613,266		2,576,413		4.2	2.8		12.2	

资料来源　本表中各路、州户口数字根据《元史地理志》。土地面积则由解放初期的
各县面积推算而得。由于古今州县界线不尽一致，故土地面积以及由此求出的户
口密度均不大准确，仅能表示相对的关系。

编者注　△未详。　　　※各种合计数都不包括英德州。

说明　从本表中人户和人口两种密度次序看来，口数似比户数为合理。例如依人户
密度次序，则雷州路超越广、潮等路州之上，居全省首位；乾宁军民安抚司亦高于
韶州路等地，均有偏高之嫌；若依人口密度次序，则适相反。元代在今广东省境内
各路州户口分布有下列情况值得注意：(1)广、潮二路州户口密度已高于韶、连二
路州，这种情况已和唐、北宋不同，而和现代类似。可见广东省当时沿海经济已有
进一步的发展。(2)粤东在北宋时的惠、循、梅三州，户口本已比唐代大有增加，而
元代忽又大减，原因可能由于这些地区乃南宋末文天祥等抵抗元兵的活动地区，
受战争的破坏较大。(3)雷州路户口的突然增加，如数字可靠的话，则可能与元代
在此进行屯垦有关。(4)乾宁军民安抚司等地户口增加较多，主要由于当时对岛
上山区的统治力量加强，新附的黎峒不少。

附表 33　清康熙、雍正、道光三朝广州府分县丁数

县　　　　别	康熙元年至 11 年* （丁）	雍正 9 年至嘉庆 23 年* （丁）	道　光　朝 （丁口）
全府合计	224,216[①②]	3,403,966[①②]	
南海县	57,148	830,666	1,114,483[③]

(附表 33 续)

县　　　别	康熙元年至 11 年 * （丁）	雍正 9 年至嘉庆 23 年 * （丁）	道　光　朝 （丁口）
番禺县	28,956	399,826	—
顺德县	20,474	488,965	1,033,478④
东莞县	24,888①	321,285	—
从化县	3,458	39,635	—
龙门县	4,337	141,867	247,468⑤
			256,212⑥
增城县	17,445	124,946	—
新会县	16,066①	332,876	—
香山县	6,825①	176,289	—
三水县	9,231	68,456	—
新宁县	7,885	127,323	196,972⑦
清远县	4,466	137,046	—
新安县	3,972	146,922	—
花　县	—	67,564⑧	—

资料来源　光绪《广州府志》卷 70《经政略》1《户口》。

编者注　＊原书没有指明某一年份，当系这段时期内的编审额数。

①"丁"字下，原书尚记有分、厘、毫等细数（请参看附表 25 注①）。

②据各县数字相加的总和，全府实计丁数：康熙元年至 11 年（1662—1672 年）为 205,151；雍正 9 年至嘉庆 23 年（1731—1818 年）为 3,403,666，均较原记之数少些。

③道光 10 年（1830 年）南海县数。内包括男丁 657,009 丁；妇女 457,474 口。

④道光 29 年（1849 年）顺德县数。内包括男丁 577,820 丁；妇女 455,653 口。

⑤道光 15 年（1835 年）龙门县丁数。

⑥道光 27 年（1847 年）龙门县丁数。

⑦道光 18 年（1838 年）新宁县数。内包括保甲民丁 128,863 丁；妇女 68,109 口。

⑧嘉庆 23 年（1818 年）花县丁数。

附表 35　清嘉庆二十二年广州府分县田地、地丁银数、起运存留驿传银数及其百分比

（公元 1817 年）

县别	田地（亩）	地丁银征收数					地丁银起运存留驿传数*					
		合计（两）	地税（两）	丁银（两）	地税占合计数的百分比（%）	丁银占合计数的百分比（%）	起运（两）	存留（两）	驿传（两）	起运占合计数的百分比（%）	存留占合计数的百分比（%）	驿传占合计数的百分比（%）
全府合计	10,623,170	300,291	263,839	36,453	87.86	12.14	251,359	40,521	8,411	83.71	13.49	2.80
南海县	1,263,590	40,191	32,925	7,266	81.92	18.08	30,542	6,735	2,914	75.99	16.76	7.25
番禺县	1,278,212	38,504	32,783	5,721	85.14	14.86	30,119	6,944	1,441	78.22	18.03	3.74
顺德县	859,837	27,671	23,087	4,584	83.43	16.57	24,928	2,505	237	90.09	9.05	0.86
东莞县	1,428,549	30,100	26,227	3,873	87.13	12.87	25,273	4,327	500	83.96	14.38	1.67
从化县	193,653	4,637	3,761	876	81.11	18.89	3,249	1,294	94	70.07	27.91	2.03
龙门县	231,857	8,486	8,023	464	94.54	5.47	7,324	1,093	70	86.31	12.88	0.82
增城县	636,713	26,460	24,567	1,892	92.85	7.15	23,761	2,599	100	89.80	9.82	0.38
新会县	971,673	26,751	23,294	3,457	87.08	12.92	22,605	3,903	243	84.50	14.59	0.91
香山县	1,253,758	31,065	28,639	2,426	92.19	7.81	28,308	2,456	300	91.13	7.91	0.97
三水县	555,970	21,696	19,915	1,781	91.79	8.21	18,380	2,372	944	84.72	10.93	4.35
新宁县	551,721	10,408	9,480	928	91.08	8.92	8,835	1,474	100	84.89	14.16	0.96
清远县	619,767	15,157	14,332	825	94.56	5.44	12,223	1,857	1,077	80.64	12.25	7.11
新安县	339,812	11,265	10,285	981	91.30	8.71	9,276	1,943	46	82.34	17.25	0.41
花　县	238,058	7,900	6,521	1,379	82.54	17.46	6,536	1,019	345	82.73	12.90	4.37

资料来源 道光《广东通志》卷162《经政略》5《田赋》2《经政略》2（光绪《广州府志》卷70《经政略》1《田赋》所载除番禺县驿传银误作2,441两余，东莞县丁银误作3,813两余外，余均同）。

编者注 ＊遇闰加征：

县别	合计（两）	起运（两）	存留（两）	驿传（两）
全府合计	7,500	4,805	2,633	63
南海	1,315	781	498	37
番禺	1,066	541	524	1
顺德	926	763	163	0
东莞	766	450	312	4
从化	170	77	91	2
龙门	158	90	68	0
增城	487	315	170	2
新会	533	313	219	1
香山	627	510	116	0
三水	467	304	161	2
新宁	141	96	45	0
清远	319	187	125	8
新安	293	221	72	0
花县	232	157	69	6

附表 36 清嘉庆二十二年广州府分县屯田及屯米数

（公元 1817 年）

县别	现额屯田（亩）①	实征米（石）①	每亩屯田平均实征米数（升）
全府合计	197,789②	25,590③	12.94
南海县	④	④	
番禺县	65,626	10,003	15.27
顺德县	25,859	3,196	12.36
东莞县	25,689	4,358	16.96
从化县	④	④	
龙门县	4,449	656	14.74
增城县	④	④	
新会县	1,971	175	8.88
香山县	49,794	4,463	8.96
三水县	278	43	15.47
新宁县	1,991	177	8.89
清远县	17,936	1,943	10.83
新安县	4,296	576	13.41
花 县	④	④	

资料来源 光绪《广州府志》卷 70《经政略》1《田赋》。

编者注

①原书记有亩、石以下的分、厘、毫及斗、升、合、勺等细数,今均从四舍五入。

②原无记载,此据各县屯田数相加得出。

③原书作 26,132 石余。表中数字据各县实征米数相加得出。这样,可以较切实地反映出每亩现额屯田平均实征米数。

④原无记载。

附表 37　清道光九年福建全省分县人口数

（公元 1829 年）

县别	户数	人口总数	土著民户人数		流寓民户人数		土著灶户人数		土著屯户人数	
			成丁男妇	幼丁男女	成丁男妇	幼丁男女	成丁男妇	幼丁男女	成丁男妇	幼丁男女
总计	3,393,143	19,081,872	9,431,006	5,919,207	769,194	409,119	110,043	61,468	297,507	175,749
闽侯①	113,131	937,350	498,455	342,646	45,152	34,163	—	—	10,625	6,309
长乐	32,312	132,855	99,142	33,091					372	250
福清	129,864	764,333	284,784	96,489	242,221	62,515	44,388	22,054	8,187	3,695
连江	33,425	174,406	96,682	63,231	4,406	5,791	—	—	3,331	965
罗源	23,134	129,865	62,027	43,633	3,977	1,959			10,706	7,563
古田	38,430	143,127	40,865	48,781	37,534	10,183			4,390	1,374
屏南	11,087	56,602	29,690	20,456	2,929	1,026			1,622	879
闽清	27,185	105,826	47,019	32,763	5,026	3,436			11,199	6,383
永泰②	54,383	262,281	147,330	61,988	3,674	4,810	—	—	28,849	15,630
莆田	84,263	394,997	230,641	75,660	7,048	6,407	35,793	18,914	12,285	8,249
仙游	24,826	167,175	125,662	16,633	2,356	1,544	—	—	14,995	5,985
晋江	168,135	791,026	365,464	412,082	—	—	9,592	2,685	854	349
南安	49,501	334,087	161,101	165,447			—	—	3,333	4,206
惠安	17,015	482,797	228,659	176,734			10,544	6,472	33,115	27,273
同安	169,600	659,009	412,479	222,683			9,726	11,343	1,271	1,507
安溪	54,242	254,765	116,398	131,165					2,954	4,248
龙溪	222,000	1,496,138	867,120	622,408	—	—			4,883	1,727
漳浦③	72,051	303,661	198,555	92,196	193	77			8,441	4,199
海澄	105,222	460,291	142,156	310,288	3,808	3,166	—	—	577	296
南靖	176,499	662,422	399,802	228,369	—	—			25,185	9,066
长泰	30,977	156,803	64,576	87,668	486	1,260			1,300	1,513
平和	37,963	156,357	93,235	58,445					2,736	1,941
诏安③	85,250	368,499	221,343	134,946	10,055	121	—	—	1,536	498
南平	18,888	123,004	78,665	33,099	6,188	5,052			—	—
顺昌	24,940	88,752	52,577	32,890	913	2,372			—	—
将乐	44,709	196,502	133,604	48,678	8,484	5,736			—	—
沙县	25,033	77,423	45,981	30,092	824	526			—	—
尤溪	44,507	194,263	107,513	71,445	7,993	7,312				

（附表 37 续）

县别	户数	人口总数	土著民户人数		流寓民户人数		土著灶户人数		土著屯户人数	
			成丁男妇	幼丁男女	成丁男妇	幼丁男女	成丁男妇	幼丁男女	成丁男妇	幼丁男女
永安	44,869	188,925	152,341	33,763	1,492	1,030	—	—	211	88
建安	44,138	227,134	104,074	84,926	21,688	15,643	—	—	493	310
建瓯	52,698	306,940	190,675	104,545	6,783	4,628	—	—	202	107
建阳	314,799	2,163,829	1,229,329	628,028	169,709	106,574	—	—	23,154	7,035
崇安	27,279	109,264	57,643	29,509	13,605	7,322	—	—	658	527
浦城	30,734	239,476	160,999	71,846	771	3,064	—	—	1,551	1,245
松溪	26,525	90,148	54,327	29,805	3,357	2,659	—	—	—	—
政和	25,724	113,510	75,822	18,721	12,467	6,500	—	—	—	—
邵武	49,182	280,629	150,670	100,377	19,768	9,579	—	—	114	121
建宁	20,904	108,021	57,311	42,865	905	724	—	—	3,165	3,051
泰宁	21,544	88,041	33,881	51,393	893	1,874	—	—	—	—
长汀	60,541	494,157	445,461	14,944	20,361	13,391	—	—	—	—
宁化	67,111	379,240	204,075	167,153	4,229	3,330	—	—	204	249
清流	19,551	93,032	59,746	33,268	—	—	—	—	6	12
明溪④	29,482	115,664	72,136	43,528	—	—	—	—	—	—
连城	1,736	104,394	54,425	49,969	—	—	—	—	—	—
上杭	37,925	153,319	102,841	50,383	—	—	—	—	56	39
武平	15,577	121,679	57,767	44,271	4,007	3,404	—	—	7,252	4,978
永定	24,187	85,499	49,326	36,173	—	—	—	—	—	—
霞浦	28,817	112,313	72,500	36,141	1,371	651	—	—	980	670
福鼎	28,399	183,147	76,572	52,538	24,704	19,517	—	—	6,076	3,740
福安	53,839	250,279	108,951	78,072	40,929	27,327	—	—	—	—
宁德	30,397	116,201	82,024	28,754	1,504	2,707	—	—	366	846
寿宁	22,878	131,438	53,945	63,397	9,743	4,353	—	—	—	—
永春州	73,764	297,341	110,221	109,042	—	—	—	—	52,839	25,239
德化③	12,761	109,130	32,222	52,648	2,752	5,423	—	—	4,753	11,332

县别	户数	人口总数	土著民户人数		流寓民户人数		土著灶户人数		土著屯户人数	
			成丁男妇	幼丁男女	成丁男妇	幼丁男女	成丁男妇	幼丁男女	成丁男妇	幼丁男女
大田	32,455	99,787	50,841	42,130	3,528	2,306			620	362
龙岩州③	19,917	167,324	91,452	63,492	4,974	3,652			2,061	1,693
漳平	11,818	132,315	70,632	56,112	2,256	3,315				
宁洋	12,777	43,247	23,372	13,054	4,131	2,690				
台湾县⑤	28,145	341,624								
凤山县	19,120	184,551								
嘉义县	126,628	818,659								
彰化县	40,407	342,166								
淡水厅	17,943	214,833								

资料来源　道光 9 年纂修《福建通志》卷 48《户口》。

原注

①闽侯包括闽县、侯官二县。

②永泰原名永福。

③《福建通志》所载漳浦、诏安、德化、龙岩四县州之人口总数,与各该县州各类人口(土著民户,流寓民户,土著灶户,土著屯户)之总数不符,本表已加改正。

④明溪原名归化。

⑤台湾县户数及总口数为清嘉庆 16 年数字,其中包括"澎湖厅归并本县人户共3,169户;男妇大小户口总共41,002名口"。

别

编

小　序

本编共载表说20份,俱分为表与说两部分,唯内容较简单者有表无说。本编的编制目的,取便于与正编互相为用,互相参考。正编所着重的在数字的计算,本编则为各种制度之概括及其说明。自西晋迄唐中叶,田赋额数并无记录。同时,关于这一段时期里田制和赋役制度的文献记载,不是过于简略,便是含混不清,以致造成学者聚讼纷纭的现象,所以本编对于这一阶段的史料整理和解释较为着重。除了简略地介绍各家的论点以外,有时也不揣浅陋,把个人不成熟的意见写出来,作为问题提出,向同志们请教。至于明、清两代,田制、田赋的历史记述本来较明白易晓,故仅作税目分类,输纳地区之分布,及税率各表,以补正编各表之未备。

表说1　历代男女法定年龄与赋役课免的规定

年代	公元	黄	小	中	丁	老	赋役课免的规定	资料来源
汉高祖 4年	前203			7—14	15—56		民年7至14岁出口赋20钱,15以上至56岁出算赋120钱,男子23(景帝初2年,公元前155年,改定为20岁)始应兵役及徭役,年56乃免。按汉代的徭役制度,又以6岁以下为未使男,未使女,15岁以上为大男,大女。其未使男,未使女可统称之为小男,小女。此种称谓,为当时户籍中登记之通用语,今存汉简文即依此意使用。	汉书1高帝纪1。西汉会要卷47民政2,卷51算赋。通考10户21。
西晋武帝太康 15年	后280		12—	13—15 61—65	16—60 66+	66+	"男女年16[岁]以上[至60]为正丁;15以下至13,61以上至65为次丁;12以下,66以上为老,为小,不事(免课役)。"	晋书26食货志16。
东晋元帝建武元年以后	317以后				16—60	66	"男女年16以上至60为丁。男年16亦半课,年18岁正课,66免课。女以嫁者为丁。若在室(未嫁)者,年22乃为丁。"按"课"指户调言。*	隋书24食货志19。
孝武帝太元 14年	389			16—19	20		范甯上言:"今以16为全丁,13为半丁,所任复童稚之事,岂不伤天理,困百姓乎?谓宜以20为全丁,16至19为半丁,则无天折,生长繁滋矣,帝多纳用之。	晋书75列传45范汪传附。资治通鉴107晋纪29。
刘宋文帝元嘉 6年以后	429以后			15—16	17		王弘上言:"旧制:民年13半役,16全役。今以十五至十六宜半,十七为全[丁],从之。按通典7,通考10,均误记为王敬弘,且系刘宋孝武帝大明(457—464年)年间。	宋书42王弘传。

（表说 1 续）

年　代	公元	黄	小	中	丁	老	赋役课免的规定	资料来源
北魏孝文帝太和 9 年	485			11—14	15+		"下诏均给天下民田,诸男夫 15 以上受露田 40 亩,妇人 20 亩。……各授以半夫田。年逾 70 者,不还所受。"按魏中、小、老之制,史无明文,姑据上文推定其中、丁之年,余详表说 8 说明四项第 3 项下。	魏书 110 食货志 6 第 15。
西魏恭帝 3 年	556				18—64	65	时宇文泰为相,定制:"凡人自 18 以至 59 皆任于役。"又"自 18 以至 64 与轻徭者皆赋之。"明年(557 年)宇文氏代西魏,赋役国北同,仍用此制。	隋书食货志。
北齐武成帝河清 3 年	564		15—	16—17	18—65	66	"令男子 18 以上、65 以上为丁,16 以上、17 以下为中,66 以上为老,15 以下为小。率以 18 受田输租调,20 充兵,60 免力役,66 退田,免租调。"又诏男女 15 以上皆营蚕桑,男女孟冬布田亩。	隋 24 食货志 19。通典 2 食货 2 田制下,卷 7 丁 2;通鉴中;通鉴 169。
隋文帝开皇 2 年	582	1—3	4—10	11—17	18—59	60	"男女 3 岁以下为黄,10 岁以下为小,17 岁以下为中,18 以上为丁,丁从课役,60 为老,乃免。"	同上(年份据册府元龟 495)。
开皇 3 年	583				21		"初令军人(民)以 21 为成丁(成)。"又令:"百姓年 50 者输庸停防。"(590 年)又"最后四字隋书 2 高帝纪下及通鉴 177 同作"免役收庸",盖免兵役之年又早于免力役也。	同上。参看通鉴 175;唐律疏议 3 名例"除名者"条。
炀帝大业 元年	605				22		"诏:男子以 22 成丁。"其他各项年龄似应无变动。	同上。参看隋书 3 炀帝纪上。

（表说 1 续）

年　代	公元	黄	小	中	丁	老	赋役课免的规定	资料来源
唐高祖武德 6 年	623	1～3	4～15	16～20	21～59	60	"男女始生者为黄,4 岁为小,16 为中,21 为丁,60 为老。"按通典 7 丁中作武德 7 年。至高宗开耀元年(681 年敕,百姓志 50 者免课役(参看唐大诏令集卷 11 大帝遗诏)。	唐六典、通典 3 户部。唐会要 85 团貌,唐书 48 食货上,新唐书 51。
中宗神龙 元年	705				22～58		时韦皇后上表,请天下百姓年 22 成丁,58 免役。制从之。景云元年(710 年)韦皇后敕诛后复旧。	通典 7 食货 7 丁中。
玄宗开元 26 年	738	1～3	4～15	16～20			"诏:民 3 岁以下为黄,15 以下为小,20 以下为中。"按此不过重申武德之今而已。原文末记丁、老之年。	新唐书 51 食货志 41。
天宝 3 年	744			18～22	23		敕文:"自今以后,百姓宜以 18 以上为中男,23 以上成丁。"按各书皆未记老、似 23 以下制仍旧制不变。	同上。通典 7。唐会要 85 团貌。
代宗广德 元年七月	763				25～54	55	诏:"天下男子宜 25 岁成丁,55 入老。"	唐大诏令集卷 9"广德元年册尊号赦""广德纪误作"五十人老"。同书卷 11代宗纪误作"五十人老"。通典卷 7、旧唐书卷 48 食货上作"天下宜 23 成丁,58 为老",亦误。
宋太祖乾德 元年	963				20～59	60	"始令诸州岁所奏户帐,其口,男夫 20 为丁,60 为老,女口不须通勘。"	续资治通鉴长编 4;通考 11。
太宗雍熙 元年	984				20～59	60	"今江浙湘广南民输丁钱;以 20 成丁,60 入老,并身有废疾者免之。"	通考 11 历代户口口丁中赋役。

（表说1续）

年　代	公元	黄	小	中	丁	老	赋役课免的规定	资料来源
孝宗淳熙 5年	1178				20—59	60	臣僚言："20岁以上则输[丁税]60则止。残疾者以病丁、20以下者以'幼丁'而免,此租宗之法也,盖南末时犹仍北之制及'次丁'之名。"	宋会要册161食货69版籍;皇宋中兴两朝圣政卷56孝宗16。
金	1115—1234	1—2	3—15	16	17—59	60	"男女2岁以下为黄,15以下为小,16为中,17为丁,60为老,无夫为寡妻,诸笃废疾不为丁。"	金史46志27食货1户口,续通考12户口参户口丁中。
明	1368—1644				16—59	60	"丁曰成丁,曰未成丁,凡二等。籍其名,曰未成丁,年16曰成丁,成丁而役,60而免。"	明史78食货2赋役。
清世祖顺治 5年	1648				16—59	60	"责成州县印官察照[明]旧制制造[黄]册。民任年60以上开除,16以上增注[黄]册。""民年16以上成丁,60以上除之。"	清通考19户口考1。乾隆会典卷9户部户口。

说明　将男女人口年龄划分为黄、小、中、丁、老五个组别,这只是隋、唐、金三朝的办法。北齐时虽已有小、中、丁、老之别,唯尚不用"黄"之名称。其他各朝皆不用五分法,且各有不同的称谓,如西晋时作"正丁"、"次丁"、"东晋刘宋均作"全丁"、"半丁",宋有"次丁"、"幼丁"之分。本表但依其性质相近之相近者分记于黄、小、中、丁、老各栏中,且尽量转录原文,以便省览。

表中第一栏下所记各朝年份,系定役或成役制之年,然其划分年龄组别是通用于各该朝者。

在行均田制这段时期内,北齐北周两朝,人民免役年龄都早于还田年龄;北周承旧制,民年18—59皆任役,18—64皆力役,66免组调。隋、唐两朝虽已记老,免之年龄,又云"老,免及身没则还田"一语,免之年龄,唯其明言还田之年龄。北魏的记载只有"老,免之年龄",免及身没则还田之年龄,即如老,免之年龄,受田年龄却相继提高。但自北齐以来,受田年龄却相继降低;而自北齐以来,受田年龄却相继提高,这无非是政府所掌握的足供授田之用的公田日见减少的反映。

* 据近人研究,以为北朝后期[梁、陈]的公田日见减少的制度[唐长孺:《魏晋南北朝史论丛》,页72;柳春藩《关于东晋南朝的田租户调问题》,载《史学月刊》1957年第7期)。陈寅恪先生亦以为梁、陈之制有异于东晋、宋、齐。

表说 2　西晋户调式及"边远夷人"纳布米额

	课税单位	租（斛）	绢①（匹）	绵（斤）	賨布②（匹）	义米③（斛）	算钱（文）	晋书食货志原文
丁男	每户	[4]	3	3				"平吴之后，……制户调之式：丁男之户岁输绢三匹，绵三斤；
女及次丁男	每户	[2]	1$\frac{1}{2}$	1$\frac{1}{2}$				女及次丁男为户者半输。
边郡：近者	每户		2	2				其诸边郡，或三分之二，
远者	每户		1	1				远者三分之一。
夷人：近者	每户				1			夷人输賨布，户一匹，
远者	每户				$\frac{1}{4}$			远者或一丈。……
远夷不课田：较近者	每户					3		远夷不课田者，输义米，户三斛。
远者	每户					$\frac{1}{2}$		远者五斗，
极远者	每人						28	极远者输算钱，人二十八文。"

说明　租粟四斛，系据《晋故事》补入，《晋书》卷 26《志》16《食货》脱去未载，故于表中以 [ ] 为记。唐徐坚等撰《初学记》卷 27《宝器部绢》第 9 引《晋故事》云："凡民丁，课田五十亩，收租四斛，绢三匹，绵三斤。"上文虽仅记"民丁"二字，未有明言是户课，然既载有课田五十亩，且其绢、绵之数均与《晋书》所记"丁男之户"的数额相同。故可推定租粟一项，亦是随户征收。观于《晋书》下文："远夷不课田者输义米，户三斛"，更可推证租粟之征收是以户为单位。按十六国时，成与后赵皆行户调制，皆以绢或布为主，且亦有租粟，额数与晋相差无几。成李雄时（304—334 年），"其赋，男丁岁谷三斛。女丁半之。户调，绢不过数丈，绵数两"（《晋书》卷 121《李雄载记》）。石勒在称赵王（319 年）之前，"以幽冀渐平，始下州郡阅实人户。户资二匹，租二斛"（《晋书》卷 104《载记》4《石勒》上）。上文户资一项未有明言是绢或是布。按资绢一名东魏亦有之（《北齐书》卷 28《元孝友传》），就是户调绢的别名，资布一名后世更常见。唐天宝（742—756 年）以后，河南府、泗州、密州、北庭都护府、沔州、楚州，仍贡资布（见《通典》卷 9《食货》6《赋税》下，《通考》卷 22《土贡考》1）。李成时明言租赋按丁征收，唯不记有课田；调则按户。石勒时则租调皆按户征收。故知西晋时必应有租粟，《晋书食货志》特漏去未载而已。然晋户调制与北魏以后均田制下之租调制亦颇有不同，则以晋时田赋和户赋尚有一定程度上之分立，非若北魏以后两者之完全合一。所应注意：自太康元年（280 年）定制后，不十余年

而有八王之乱,继而永嘉南渡,晋室东迁,所以占田、课田制不可能很认真地实行。但以户作为剥削对象的户调制,则东晋时仍而不改,南北朝以迄隋唐大体上皆然。它构成封建主义政权的最主要财源,几达五百年之久。虽自唐建中元年(780 年)租庸调改为两税法后,户税之地位已慢慢地相形降低,然此后一千余年直至清代中叶,户税还占有相当重要的位置。

①按晋时绢、布皆以匹计。匹的官定长度,历朝都是四丈。但宽度(幅广)则有所不同:汉及北魏为二尺二寸,刘宋为二尺七寸,唐为一尺八寸。

②賨布——这是秦汉以来,对川、黔、湘西一带少数民族地区所课之税。或为布,或为钱不定。《后汉书》卷 86《列传》76《南蛮》:"秦昭王使白起伐楚,略取蛮夷,始置黔中郡。汉兴,改为武陵(今湖南沅陵县西)。岁令:大人输布一匹,小口二丈,是为賨布。"据晋常璩《华阳国志》卷 1《巴志》载,两汉时,巴蜀诸"賨夷",每口出賨钱四十文,免徭役。《晋书音义》:"巴人呼赋为賨(读如丛),因谓之賨人。"可见汉代賨布是以口起征,西晋时始改用户。

③有人认为在内地行计丁授田法,在边远少数民族地区则听任自由开垦,故输义米。其实,授田之说既嫌证据不足;而义米之输较少,则又以边远少数民族地区经济发展较为落后,且中央统治力量较薄弱的缘故。义米规定中的主要特点是随户起征而与按田课征毫不发生关系,这种因陋就简的办法又无非是中枢力量薄弱的反映。

表说 3　西晋平民男女丁占田课田额数

田　别 男 女 丁 别	占田(亩)	课田(亩)	占田课田合计(亩)
丁男	70	50	120
次丁男	(70)	(25)	(95)
丁女	30	20	50
次丁女	(30)	0	(30)
1 丁男 1 丁女合计	100	70	170

　　说明　占田、课田和户调制,都是晋武帝太康元年(280 年)平吴以后建立的制度。关于占田、课田的办法,《晋书》卷 26《食货志》16 云:"男子一人,占田七十亩,女子三十亩。其外,丁男课田五十亩,丁女二十亩;次丁男半之,女则不课。男、女年十六以上为正丁,十五以下至十三、六十一以上至六十五为次丁,十二以下、六十六以上为老、小,不事(按即既不受课田亦不课调之意)。"对于这一段文字的解释。学者意见分歧甚大:首先是,占田和课田都是同为政府所授的吗? 其次是,课田是在占田额数之内,抑或在它以外呢? 在内之说,主张男子一人占田七十亩,其中以五十亩为课田;在外之说,主张占田七十亩外,又有课田五十亩,合共一百二十亩。

依前一说，则每丁税田占本人总共田数的 5/7，一男一女合计的税田为其总数的
7/10；依后一说，则每丁税田为个人总额的 5/12，一男一女的税田为合计总额的
7/17。我的看法，占田是一种限田的制度，它只规定了私人土地占有的最高限额，
并非由政府授田。课田是政府课耕和征收户调的强制办法，但如耕种者已有的占
田还没有达到课田的规定亩数时，则得由政府授予，同时也得按课田的固定额数
来征收租调。我所根据的理由，不光是从史籍上所惯用的文义来理解占田和课田
的区别；最明显不过的，是由于占田的规定，只分男女性别，不论年龄老幼，同时它
也不是作为租调额量的根据。课田和它不同，不只要分别男女，且依年龄之大小，
亦即劳动力之强弱，而分为正丁、次丁、老、小等，从而他们的课田多寡各有不同，
租调的轻重亦异。此外，还有种种其他理由，请参看拙作《户调制与均田制的社会
经济背景》(提要)，中山大学 1954 年铅印本。

　　为了读者参考便利起见，表中仍辟载"占田课田合计"一栏，但以虚线划出之，
表示我有不同的意见。

表说 4　西晋品官占田及荫客限额

官品	占田 (顷)	衣食客 (人)	佃客 (户)	备　　　考
1	50	3	50	晋书卷 26 志 16 食货载："其官品第一至于第九，各以贵贱占田：品第一者占五十顷，第二品四十五顷，第三品四十顷，第四品三十五顷，第五品三十顷，第六品二十五顷，第七品二十顷，第八品十五顷，第九品十顷。而又各以品之高卑荫其亲属，多者及九族，少者三世；宗室、国宾、先贤之后，及士人子孙亦如之。而又得荫人以为衣食客及佃客：品第六以上得衣食客三人，第七、第八品二人，第九品，及举辇、迹禽、前驱、由基、强弩司马，羽林郎，殿中冗从武(虎)贲，殿中武贲，持锥斧武骑、武贲，持钑冗从武贲、命中武贲、武骑一人。其应有佃客者：官品第一、第二者佃客无过五十户，第三品十户，第四品七户，第五品五户，第六品三户，第七品二户，第八品、第九品一户。"
2	45	3	50	
3	40	3	10	
4	35	3	7	
5	30	3	5	
6	25	3	3	
7	20	2	2	关于品官应有佃客户数，据册府元龟卷 495 邦计部田制作："其应有佃客者，官品第一、第二者，佃客无过十五户。"其以下文字全与晋书同。由于晋书所载第一、第二品与第三品以下所占佃客户数过于悬殊，且结合表说 6 所载东晋南朝所定限额来看，似以元龟所记较为合理。
8	15	2	1	
9	10	1	1	

　　说明　百官占田顷数，每品相差五顷。至第九品时，《志》文又备开各武官之名，意即
通文武官言之。从上可知，最低级的九品小官也可以占田十顷，即一千亩，超过平
民占田(七十亩)十四倍多。但问题还不在数量方面，更重要的是两者性质之不
同：一般平民占田(同时也包括课田在内)，是他们借以生存和作为劳动的对象的，

也就是说作为向统治阶级提供劳动力及被剥削的基础;官僚地主的占田则是借以剥削他人劳动和提供自己生活资料的物质基础。所以尽管名称上同是占田,性质是截然不同的。又从上段记载,亦不难看出自三国以后部曲转化为私属之痕迹。

佃客——按自三国曹魏时,已有"租牛客户"及"田客"之称,《晋书》卷93《外戚王恂传》云:"魏氏给公卿以下租牛客户数各有差。自后小人惮役,多乐为之,贵势之门,动有百数。又太原诸部亦以匈奴胡人为田客,多者数千。武帝下诏禁募客。"唐长孺先生解说:"租牛客户就是向政府租牛的屯田户,屯田户的身份本来是政府的佃农,此时由政府赐给公卿以下,他们就变为私家的田客。由于屯田户不服[一般民户所服的]徭役,他们被赏赐给私家时仍望保存这权利,从而又扩展到私家所有的客户,于是害怕服役的小民很多投身于大地主之门,充当田客以求免役。"(唐氏著:《魏晋南北朝史论丛》页41)唐先生对于佃客的历史来源的解释是正确的。但应注意,政府得任意处置他们,将他们赐给达官贵人,则这一班人的原有身份并不是完全"自由"的了。他们和自动投身于大地主之门以求免役的小民是有分别的。

衣食客——战国时四公子收养了大量的食客,是我国历史上著名的事件,但这批食客中多数是贵族中最低一级的"士",也有社会各阶层里的知识分子,以至流氓等,他们的身份绝大多数是"自由"的。食客的风气,入两汉后仍然存在,但逐渐变为需要参加主人家庭生产事业的"役属"了(参看吕思勉:《秦汉史》,下册,页515)。到了两晋时的衣食客,其社会地位更为降低(吕著:《两晋南北朝史》,下册,页1022)。

按东晋南朝未立占田制,仅宋孝武帝大明(457—464年)初年,议订品官及百姓占山之限(《宋书》卷54《羊玄保传附羊希》),今附记于此:

官品	占山(项)
1,2	3
3,4	$2\frac{1}{2}$
5,6	2
7,8	$1\frac{1}{2}$
9(及百姓)	1

表说 5　西晋高级官员食俸及赐绢、菜田额数

官	品秩	日俸（斛）	太康 2 年(281 年)始赐			元康元年(291 年)始给		附注
			春绢（匹）	秋绢（匹）	绵（斤）	菜田（顷）	田驺（人）	
诸公及开府位从公者	第一	5	100	200	200	10	10	"立夏后不及[种]田者食俸一年。"
特进	第二	4	50	150	150	8	8	同上。
光禄大夫	第三	3	50	100	100	6	6	
太子太傅少傅	第三	3	50	100	100	6	6	同上。
尚书令	第三	1.66+	30	70	70	6	6	同上。

说明　本表根据《晋书》卷24《志》14《职官》作。《晋志》唯载以上五官俸禄。凡食俸、赐给与五官相同之他官名，表中不载。按太子太傅少傅及尚书令二官，《晋志》未记其品秩，今据《通典》卷37《职官》19《秩品》2 记入。

田驺——田场中役隶之属。《梁书》卷2《武帝纪》中，天监17年(518 年)八月诏："兵、驺、奴、婢，男年登六十，女年登五十，免为平民。"可知其身份低于平民。

按自诸公以至太子少傅食禄皆以日计，唯尚书令以月计，《晋志》原文作"食奉(俸)月五十斛"，本表折合为日俸 1 斛 6 斗 6 升余，以便与以上诸官比较。

北魏时对平民种菜地的规定，每一成年男女仅得1/5亩。《魏书食货志》6，太和9年《均田诏》中云："诸民有新居者，三口给地 1 亩，以为居室；奴婢五口给 1 亩。男女十五[岁]以上，因其地分，课种菜五分亩之一。"(参看表说8，"园宅地"项下)这不只是面积小得可怜，而且必须亲自种植，谈不上有代耕的人——如"田驺"可供驱使。

表说 6　东晋南朝品官荫客限额

官品	佃客（户）	典计（人）	衣食客（人）	备　　　考
1	40	3	3	隋书卷 24 志 19 食货载："都下人多为诸王公贵人左右，佃客，典计，衣食客之类，皆无课役。官品第一、第二佃客无过四十户，第三品三十五户，第四品三十户，第五品二十五户，第六品二十户，第七品十五户，第八品十户，第九品五户。其佃谷皆与大家量分。其典计：官品第一、第二置三人，第三、第四置二人，第五、第六及公府参军，殿中监、监军、长史、司马、部曲督、关外侯、材官、议郎以上一人，皆通在佃客数中。官品第六以上，并得衣食客三人，第七、第八二人，第九品及舆辇、迹禽、前驱、由基、强弩司马，羽林郎，殿中冗从武贲，殿中武贲，持锥斧武骑，武贲，持钺冗从武贲，命中武贲，武骑一人。客皆注家籍。"
2	40	3	3	
3	35	2	3	
4	30	2	3	
5	25	1	3	
6	20	1	3	
7	15		2	
8	10		2	
9	5		1	

说明　按上引《隋书食货志》文，谓是东晋渡江以后的制度，但似亦通宋齐梁陈言之。

唐长孺先生根据《南齐书》卷14《州郡志南兖州序》文推论这种给客制度可能就是晋元帝太兴4年(321年)诏中所颁布的办法(唐著:《三至六世纪江南大土地所有制的发展》页81—82),足供参考。由上表可知,东晋给客之制:"佃客"户数与西晋时相比,仅第一、二品官名下稍有减省——由50户及45户降为40户;自第三品以下至第九品则皆有显著之增加。但东晋时须将"典计"人数归并入佃客户数内计算,故曰"皆通在佃客数中"。衣食客人数,两晋制皆同。总而言之,东晋时大多数之官僚已取得法令之许可,得荫庇更多之佃户,从而更便于占有更多之田地。

典计的意义不详,据《新唐书》卷47《百官志》37所载,尚功局有司计、典计、掌计各二人,给衣服、饮食、薪炭,内有女史二人。《唐六典》卷12《宫官尚功局》,并记"典计二人,正七品",其职掌除《新唐书》所述的以外,又有"支度"一事。复据李焘《续资治通鉴长编》卷227载宋神宗熙宁4年(1071年)曾布言乡户免役法中有云:"弓手试武艺,典吏试书计",则典吏所担任的事务为书计事项。以彼例此,则东晋时的典计可能是官僚私家的"账房"或"管家"、"勤务"一类人物。

又按典计、衣食客,均以人计,佃客则以户计,前二者不只是对主家尽的义务较为轻松,且其身份亦应较"自由"一些,而后者则须以全家承担主家的生产劳动。

被荫的人户,对国家不承担赋役义务,——"皆无课役"。佃客耕种的所得的谷子,必须分给主人(即"大家")——"其佃谷皆与大家量分"。换言之,他们有私有经济。客人的姓名都登记在主人的户籍内,不能单独立户,故曰"客皆注家籍",这里明确地表示了客的私属地位。

关于东晋初年地方长官课佃的顷数,据江州都督应詹上疏所云:"都督可课佃20顷,州10顷,郡5顷,县3顷,[佃人]皆取文武吏、医、卜,不得扰乱百姓。三台九府,中外诸军,有可减损,皆令附农。市息末工,道无游人(民),不过一熟,丰穰可必。然后重居职之俸,使禄足以代耕。"(《晋书》卷70《列传》40)这是关于禄田的筹议,其事当在明帝太宁2年(324年)前后。

表说7　北魏地方官公田额数

官别	公田(顷)	备　　考
刺史	15	魏书卷113官氏志9第19,载世宗宣武帝初(500年)班行百官职次令:上州刺史第三品,中州刺史、上郡太守内史相第四品,中郡太守内史相第五品,下郡太守内史相、上县令相第六品,中县令相第七品,卜县令相第八品。又云:"前世职次,皆无从品。魏氏始置之,亦一代之别制也。"(参看通典卷38职官20秩品3)复按此制定于太和9年(485年)。通典卷35职官17职田公廨田云:"后魏孝文太和5年州刺史、郡太守并官节级给公田",误记年份。
太守	10	
治中、别驾	8	
县令、郡丞	6	

说明　按后魏初百官不给俸禄(参看赵翼《廿二史札记》卷14"后魏百官无禄"条),孝文帝太和8年(484年)六月始增户调帛粟之数以班禄(《魏书》卷7上《高祖纪》上)。9年,均田诏云:"诸宰民之官,各随地给公田:刺史十五顷,太守十顷,治中、别驾各八顷,县令、郡丞各六顷,更代相付,卖者坐如律。"(《魏书》卷110《食货志》6)这种公田,即为禄田,亦即隋唐时之职分田。《通典》卷2杜佑引此条注云:"职分田起于此",亦可为证。但按东晋初已有设立禄田的规划(见表说6说明最后一段)。宋大明元年(457年)二月己亥又有"复亲民职公田"之令(《宋书》卷6《孝武帝本纪》),知南北朝地方亲民官之授公田来源已久,并不自后魏始。太和诏所谓"更代相付",即原任官于离任前必须交代给继任官之意。贺昌群先生说:"更代相付"其意义与唐均田制的"皆许传子孙"相同,即"世业田不得买卖"(贺氏著:《汉唐间封建的国有土地制与均田制》,页52)。他把公田误解作许传之子孙的世业田,又说唐代世业田不得买卖,都值得商榷。唐代订有种种法令条文,允许在一定情况下可以买卖世业田,比起北魏的规定放宽得多了(详见表说8)。特别是对于高级的官僚更毫无禁止,《唐律疏义》卷12《户婚》上"卖口分田"条疏义云:"其五品以上,若勋官永业地,亦并听卖",可证。

表说 8　北魏迄唐均田制下平民受田额数

单位:亩

	露田			桑田或麻田			露田桑田合计				园宅地		
	北魏	北齐及隋①	唐	北魏	北齐及隋①	唐	北魏	北齐及隋①	北周②	唐	北魏及隋	北周②	唐
丁男	40(或80)	80	80③	桑20(或麻10)	桑20(或麻10)	桑20③	60(或100)	100	100	100③			
中男	20		80			桑20				100			
丁女	20(或40)	40		麻5									
丁妇共	60(或120)	120				桑20	80(或140)	140	140				
寡妻妾	20	30③											

(表说 8 续)

	露田			桑田或麻田			露田桑田合计				园宅地		
	北魏	北齐及隋①	唐	北魏	北齐及隋①	唐	北魏	北齐及隋①	北周②	唐	北魏及隋	北周②	唐
寡妻当户者			30③			桑20③				50③			
全家老小者	20												
老男			40③			桑10				50			
废疾笃疾	20		40③										
工商业者			40			桑10							
道士或僧			30										
女冠或尼			20										
官户			40										
奴	40（或80）	80		麻10									
婢	20（或40）	40		麻5									
丁牛	30（或60）	60											
良民3口											1	2④	1
奴婢5口											1		1

编者注　①《隋书食货志》记隋授田制云："其丁男、中男，永业、露田，皆遵后齐之制"，故今以北齐及隋合为一栏。

②北周制原文没有丁男女及露桑田之分别记载，故今只据原文所记数字分别填入"露桑田合计"及"园宅地"两栏中，而不再作男女分计细数，详见

　　　　说明"桑田"项下最后一段。

　　③唐代各项数字之后有"③"注码者,系根据《唐会要》卷83《租税》上能确定
　　　其为高祖武德7年(624年)三月二十九日"始定均田赋税"时所颁布的。
　　　其余各项为武德7年以后至玄宗开元25年(737年)间陆续制订的。

　　④北周宅地唯照口数分给,未作良民、奴婢的差别,表中所列之数字系以良
　　　民3口以上,5口以下,亦即平均每2人受宅地一亩为准,与原记文字上
　　　虽稍有出入,但这是为了便于与各朝相比较而作的变通方式,理由详见
　　　说明"园宅地"项下。

　说明　本表以《魏书》、《隋书》、新旧《唐书》四史《食货志》及《通典》为主,并参照其他
史籍作成,对于诸书记载的异同及各种版本文字的出入,经过考订审查后采用。
但为节省篇幅起见,除有较重大关系者以外,不在下面一一注出。又,诸书原文往
往有费解的地方,而今人的注释与本表内容有关而为编者所不敢苟同的,凡遇着
这种情形,才稍为申述一下,否则从略。同时编者亦试为提出若干新的问题来,它
们只代表个人很不成熟的意见,希望读者教正。以下综合了魏、齐、周、隋、唐五代
的历史发展过程,并加以比较,分作四大节来说明:

一、定制年代

　北魏　孝文帝太和9年(485年)。冬十月丁未,下诏均给天下民田。

　北齐　武成帝河清3年(564年)。定受田,及输租、调、兵役、力役之令。

　北周　授田与赋役之政令创建于西魏恭帝3年(556年)宇文泰为相时。翌年,
　　　　周代西魏后,仍用其制。

　隋　　文帝开皇3年(583年)三月,于庸调方面有新规定,然其他制度多尚依
　　　　周末之旧。至开皇12年(592年)又"发使四出,均天下之田"。

　唐　　高祖武德7年(624年)三月二十九日始定均田赋役之法。至玄宗开元
　　　　25年(737年)又令删辑旧日格、式、律、令及敕,成书多种(见《通典》卷
　　　　165《刑制》3下)。《通典》卷2《食货》2《田制》下据这些资料遂作"开元
　　　　25《年令》"云云,所载条文特为详备;然其实乃是自武德7年后历次颁
　　　　布至《六典》成书时(开元26年)仍有时效的诸敕令之结集,并非同时定
　　　　于开元25年的。今因无法确定各条的制订年代,姑暂仍杜佑之说,以
　　　　下简称为开元令,取便讨论。

二、田目

　露田:是均田制中的最主要部分,规定种植粮食作物的土地。杜佑说:"不栽树者
　　　谓之露田。"近人有引《南齐书》卷46《陆慧晓》附《顾宪之传》中"露户役民"一
　　　语,说是露户乃对"隐户"、"复荫之家"而言。露"是荫冒之反义",换句话说,
　　　政府要将豪强荫冒的户口土地清豁出来,使其"属诸公上,故曰露田"。我认
　　　为还是杜说较胜。西欧中古时期的庄园制中open field亦是指不植树的广

田。这份田地,人老或死时要还给政府,不准买卖。北魏、北齐、隋时都名曰露田,唐名"口分田"。

桑田及其买卖:桑田面积较小,规定用来植桑树及榆、枣等树。可以继承和买卖,通常不授予女子,不需还官。

　　桑田在北魏时已有世业之名(见下),至北齐及隋更正式名之曰"世业田"。唐避李世民讳,改称"永业田"。晚近西北各地出土的唐代帐籍中,每于"永业田"项下,分别记明"常田"、"部田"各若干,偶亦分记有"潢田"或"秋潢田"若干。经过时代的递嬗,尤其是由于法令的废弛,所谓桑田往往并不如法课种,因此它和露田的分别,主要是土地占有形态的不同,而不是种植物的差别了。

　　关于买卖桑田之条件,北魏规定得相当严格。唐代大为放松,这是土地私有制日益发展的反映。北魏规定,桑田只有在超额时才可以卖出,不足额时才可以买入。《魏书》卷110《食货志》6 原文云:"诸桑田皆为世业(《通典》改作"代业",乃避李世民讳),身终不还,恒从见(现)口,有盈者无受无还,不足者受种如法。盈者得卖其盈,不足者得买所不足,不得卖其分。亦不得买过所足。"这一段话指出了一家的桑田额数如因户内人口有变动而发生了不合于法定标准的情况时才允许买卖。例如原来父子各有桑田二十亩。今父死而归之于子,子的桑田便多出了二十亩,在这个限度("分")以内是可以出卖的,但最多不能超过二十亩之数。又如父死之后,有两个儿子已达到成丁之年。按规章应共受桑田四十亩,但因所居住的是"狭乡"(田地不够分配),只受到三十五亩,还欠五亩,这个不足之数是可以买进补足的,但最多亦以 5 亩为止。总之,桑田的额数系依据现有人口作准,故曰:"恒从见口。"如有多余,便不再授,但亦无须退还;如有不足,可以依法受足。

　　唐代对于土地买卖的限制比北魏时放松得多。在一定条件下,不只是桑田(永业田),并且露田(口分田)都允许买卖。今存大历 4 年(769 年)沙州敦煌县悬泉乡宜禾里《手实》中所记户主李大娘买田亩数多过她的永业田或口分田的亩数,足供参考。从土地买卖的"自由"来说,买主所享受的程度比卖主多得许多,而高级官僚享受得最多。允许出卖桑田的场合是:家中遇有亲丧大故,或家内有流移外地不返的人。若从狭乡迁往田多人少之"宽乡",或为取得生活资料(如住宅)和生产资料(如邸、店、碾、硙①之类)起见,则连口分田亦允许出卖。从买入方面而言,则"诸买地者虽居狭

――――――――――

　　① 《唐律疏义》卷 4《名例》"平赃"条云:"居物之处为邸(按即今之货栈),沽卖之所为店。"碾、硙是用于粮食加工的石磨,《释文》云:"碾,磨上转石也;硙,磨下定石也。"

乡亦听依宽[乡之]制"。这一规定,对于买主进行土地兼并时自然是提供了有利的条件。此外,又规定了五品以上官员和勋官若要出卖或典押自己的永业田和赐田,可不受任何限制(上述大致见于高宗永徽4年〔653年〕长孙无忌等所进的《唐律疏义》卷12《户婚》上"卖口分田"条,但《通典》卷2所记尤为详备。以上规定多半是太宗朝已订下来的了)。

关于北周均田制的记载非常简略,《隋书食货志》仅云:"有室者,田百四十亩;丁者,田百亩。"上文既不作口分、世业之区分,且亦不分别男女记载,未免过于笼统。魏齐妇女皆计口授露田,周则将妇女附入"有室者"之中计算,似应与齐制相同,即妇人受露田40亩,男夫受露田80亩、桑田20亩,夫妇共受桑露田140亩。然为慎重起见。所以仍依照原文处理,表中只列周代丁男及夫妇所受"桑露田合计"亩数。

麻田:不适宜种桑的地方,另给麻田。亩数,北魏规定为桑田之一半,其他朝皆不见明文规定。所征麻布额数,魏周两朝皆定为与绢同为一四。隋唐时始规定布匹的长度比绢加长一丈,剥削率相对提高了。因为布的价值比绢低,而织布所用的劳动量是较小的。麻田于身没后要还官,桑田则否,为什么呢?我的粗浅的解释,是因为麻是草本植物,当年便可收割;桑树和果树则不只需要较长的栽培时间,且可以连年收获,如一旦收回归公,不免影响到生产者的积极性,对剥削者也是不利的。且华北地区,桑树在丘陵小山上亦可种植;种麻则需要平坦之地和较佳的土壤,它的供给量是较为有限的,因此北魏规定丁男受麻田亩数仅为桑田之半,但丁女和奴婢也可受麻田;桑田是不授给妇女和婢的,因为她们没有继承"世业"的权利。

北齐对麻田的规定,史书记载甚为简略。据《隋书食货志》所载:"每丁给永业二十亩为桑田,其中种桑五十根,榆三根,枣五根,不在还受之限。非此田者,悉入还受之分。土不宜桑者,给麻田,如桑田法。"韩国磐先生大约是根据"如桑田法"一语,说是北齐麻田和桑田为永业,不须还官(韩著:《北朝经济试探》,页121)。我认为值得商讨,因为《隋志》前行的文句分明说道:"非此(桑)田者,悉入还受之分。"麻田既非桑田,怎能说不须还官呢?据《通典》、《通志》皆云:"北齐给授田令,仍依魏朝。"我们且看《魏书食货志》的话:"诸初受田者,男夫一人给[桑]田二十亩,课莳余[果](此字据《通志》卷61《食货略》1《田制》补入),种桑五十树,枣五株,榆三根。非桑之土,夫给一亩,依法课莳榆枣……。诸麻布之土,男夫及课,别给麻田十亩,妇人五亩,奴婢依良,皆从还受之法。"由此可见魏制麻田是必须还受的,而《隋志》承袭《魏志》之迹亦至为显然,盖《隋志》所谓"如桑田法",不过是承上文种植榆枣之法而言,亦即为《魏志》"依法课莳"一语的改编,并不是不须还官的意思。韩氏又说北齐所授麻田与桑田同为二十亩,即比北魏增加了十亩,这一论断,恐亦由于对"如桑田法"一语的误解得来,因为当时人口分布,东多西少(见甲编表13)。齐承东魏之后,疆域缩小了,但人口仍然是相当稠密的,何以能够忽然增加麻田的授额? 更重要的是麻田税率的记载,历朝皆全,惟齐独缺(参看表说9)。如麻田受额真有增加,更不会如此。因此本表从《通典》诸书之说,将齐每丁的麻田额数仍作十亩,与北魏同。至于齐制奴婢及牛是否也受桑田或麻田,史无明文,故亦从略。(《通典》:"非桑之土,夫给一亩,依法课莳"以下一段,据《魏志》校之,夺二十六字,今不暇举。这种非桑之土一亩之地,是用来种植榆枣果的,男奴亦受一亩,似可不还,但与必须还受的十亩麻田是有严格的区别的。)

园宅地:北魏名曰"居室",北周简称曰"宅",隋唐均名"园宅"。这一种地是作住宅之用,不须还官。亦不计入永业、口分田数之内。魏、隋、唐三朝的规定,都是每良人3口,或奴婢5口,各给地一亩。《六典》记唐制"良口三人以上给一亩",《通典》作"良人三口以下",日本玉井是博言"下"字方合(玉井氏著:《敦煌户籍残简考》),其说是也。实则唐制以三口为一单位,观于下文"每三口加[授]一亩。贱口每五口加一亩"亦可知。魏又有以五分之一亩种菜的规定(参看本表)。

　　北周授宅地额数,高于三朝。这点似和周处在西方,地多人少不无关系。《通典》记周制:"凡人口十以上,宅五亩;口七(《隋书》作"九",必误)以上,宅四亩;口五以下,宅三(《隋书》作"二",似合)亩。"从上可知周制基本上每二口授地一亩,且起码以五口来作计算。周制未记良民与奴婢的区别,故本表但于良民项下作受宅地二亩。这样的处理方法,虽未尽依照原文,但相信是与规定的基本原则是相符合的。

　　又按,各朝宅地的授受,皆以口计算,意即没有性别及年龄的限制。

三、易田、倍田与宽乡、狭乡的关系

　　上述各项田地名目,系以作物种类或用途为划分标准。此外,更根据土壤之肥瘠,或人地对比关系,于分配时作分别不同的处理:

易田和倍田:古代因肥料缺乏,地力容易枯竭,若今年耕种甲田,明年便转耕乙田,使甲田休耕,藉以恢复地力,这种轮种耕作方法,名曰易田。此名词初见于《周礼地官大司徒》中,虽未可信为西周时已成为一种制度,但至迟到春秋、战国时颇为流行,是没有疑问的。由于土地有易地休耕的必要,所以有加倍授田的办法,名曰"倍田",北魏及唐时都有明文规定,唯齐、周、隋无之。北魏制:男夫年十五以上,受露田40亩,是为"正田";通常皆按倍加给,因为当时荒地较多,是为"倍田",亦名"二易之田";两倍加给的,名"三易田"或"再倍田"。"倍田"添给40亩,连正田合计共80亩,这是魏时的通行办法。故本表于北魏露田40亩数之后又记作"(或80)",他处亦仿此例。"再倍田"是添给 80 亩,连正田合计应为 120 亩,万国鼎先生释作 160 亩,似误(万氏著:《中国田制史》上册,页 169)。再倍田办法不甚通行,故不于表中表达出来。《魏书食货志》原文云:"所授之[露]田,率倍之,三易之田,再倍之,以供耕休(原误作"作"字,今据《通典》改正),及还受之盈缩。"可见设置倍田的目的,除了为休耕以外,也具有调剂还受时有多余或不足情况的用意。唐制虽有"其给口分田(露田)者,易田则倍给"的规定(见《通典》),实则很少执行,根据近年西北出土唐代户籍,知授田多不足额,更谈不上倍给了。又杜佑注云:"宽乡三易以上者,仍依乡法易给。"所谓"乡法",是指各地风土、时节异宜,不可作"一准令文"的硬性规定(《唐律疏义》卷 27《杂律》下)。但据《新唐书食货志》:"宽乡三易以上者,不倍授。"即最多不能超过两倍。

　　倍田于人死后要随同正田(露田)还官。桑田例无倍田,既不须还官,且对于新进丁授倍田时得将桑田折合为倍田数计算。例如某甲今届受田之年,照章应授予露田、倍田各 40 亩,桑田 20 亩。但因某甲继承了父祖两代遗留下来的桑田已达 40 亩之数,故不但不需再给桑田,且应将多余的 20 亩划入倍田数来计算。换句话说,政府除照章给露田(正田)40 亩外,关于倍田部分只新给 20 亩[1],再加上某甲的超额桑田 20 亩。两者合计起来,便算已给足了倍田 40 亩的额数。下节引《通典》记唐开元令中所说的"先永业者通充口分之数",也就是与此相同的办法。同时另有规定,如某甲死时,这个曾充倍田之数的 20 亩桑田,不得视同露田,收归官有[2]。《魏书食货志》记这些规定的原文如下:"诸桑田不在还受之限,但通入倍田分:于分虽盈,没则还田(《通典》卷 1《田制》上,及《册府元龟》卷 495《邦计部》"田制"均无此四字),不得以充露田之数;不足者,以露田充倍。"所应注意,《魏书》这一段话乃专指一家之中有新进丁的情况来说的,此时,家内人口有了新的变动,随而田额也发生了盈缩的问题,因而新进丁所受的田数就需要根据新的具体情况依法来作调整与安排。所以这一个规定,是与太和诏中一开头所载的一般通行规定有所不同,那只是对全家第一次受田("诸初受田者")的情况而说的。韩国磐先生对于两者的区别,似乎注意不够,所以他对于"通入倍田分"一语的解释,认作"丁男的(倍田)四十亩中就有 20 亩为桑田,因此,一夫一妇之家合有田地仍

---

　　[1]　这就是下引《魏志》"不足者,以露田充倍"的释文,即超额桑田如尚没有达到倍田的额数,便由政府加给露田 20 亩以为倍田。

　　[2]　这就是下引"于分虽盈,没则还田,不得以充露田之数"的释文。"没则还田"四字疑衍;如"则"字为"时"字之误,则文义更无扞格。

（仅？）为 120 亩"（《北朝经济试探》，页 104）。其实，倘真如韩氏说的一样，那就倒不如索性不给丁男的倍田——如齐、周、隋都是如此；唐代在狭乡的情况下也是如此。或径作规定，丁男所受倍田仅为正田额数之半（即 20 亩），也直截了当得多。何必像韩氏说的那样迂回曲折！

宽乡和狭乡：两者在法律上的区分，系以境内居民能否依法受田足额来定。《唐六典》云："凡州县界内所受田悉足者为宽乡，不足者为狭乡。"《唐律疏义》卷 13《户婚》中"占田过限"条所记，文字略同。关于宽乡狭乡授田的规定，北魏及唐均见明文，而唐代条文之传世者尤为详备，北齐天保 8 年（557 年）及隋开皇 12 年（592 年）虽有徙民就宽乡之议，然其具体布置已不详。关于露田（口分田）之授额：北魏的一般通行办法是每一男夫给正田 40 亩外，加授倍田 40 亩，共 80 亩；若在狭乡则不给倍田。唐代的办法：每一丁男受口分田 80 亩，只以宽乡为限；若在狭乡，则减受一半，即 40 亩。《通典》记此云："应给宽乡，并依所定数。若狭乡所受者，减宽乡口分之半。"从法律的形式看来，两朝的规定可以说是基本上相同的；但实际上两朝有很大的差别，因为北魏授倍田是通常的办法，故史文云："率倍之"，换言之，一丁所受以 80 亩为常额。唐代虽亦有倍田的规定，然实际不常授，甚至是口分、永业也很少给足，史籍记载和出土文书都共同证明了这一点。所以唐代所授的口分田，是以"狭乡减半"之数为常，和北魏"率授倍田"的实际情况基本是不相同的，唐制"诸宽乡，田不足者听于宽乡遥受"这一规定，只见于《通典》，未知是否对于一般农户也适用的通令？但不论如何，它只能有利于贵族、官僚，直接生产者和小生产者实际上难以沾得好处。另一方面，封建政府对官僚、贵族有特别的优待，如虽有"所给五品以上永业田，皆不得狭乡受"的限制，但又"任于宽乡隔越射无主荒地充（杜佑注云："即买荫赐田者，虽狭乡亦听"，这都有利于永业田之买卖）。其六品以下，……愿于宽乡取者亦听"，皆可见对于官僚世代相传的私产——永业田之获得，法律上给以种种有利的条件和明文保障，这就大力地扶助了后来庄园制的发展。同时又规定："诸以工商为业者，永业、口分田各减半给之（按即为良民之一半）；在狭乡者并不给。"这一规定自然是对小生产者不利的。总之，唐代对于宽乡、狭乡授田的规定，其详细程度远过于前朝，这是土地日益集中、均田制日趋没落所提出的客观要求。

　　最后，还需要解释《魏书食货志》一段在字面上不难解释、但实际上难以正确理解的文字，太和 9 年《均田诏》中有云："诸地狭之处，有进丁受田而不乐迁者，则以其家桑田为正田分；又不足，不给倍田；又不足，家内人别减分。无桑之乡（按即如麻地），准此为法。"应该首先指出，这是在狭乡里对新丁减授田数的办法：凡是达到成丁年龄而不愿意迁往宽乡受田的新丁

（进丁），则他或她所受之田，止以露田（正田）为限，并应先将其家中原有的桑田亩数划入新丁应受之正田额数内来计算①；如有不足，便将该户原有的倍田挪来作补充②；如仍不足数，则核减家内人已有的正田数来作补充。如果我的试释不误，则还可作以下的推论：有时在政府方面也可能再拨出一小部分田地来补足新丁应受的正田额（分）；但也可能完全不授新田，而只将家中诸成员原有的正倍田分作相适应的调配，并明确每个人名下各占有若干而已。

四、各项户口及其受田额数

1. 丁男是受田的标准单位

丁有丁男、丁女之分。历朝法定的成丁年龄，高低虽不一致；但男女皆以同一年岁为他们的成丁年龄，这点却是一致的。

"成丁受田，老死还田。"受田额数，以丁男所受的做标准。他项户口的受额各为这个标准单位的几分之几。这几点也是各朝一致的。

魏、齐、隋三朝的规定，皆见明文：丁女受露田之数是丁男之一半——魏时名曰"半夫田"。

北周条文过于简略，仅云："有室者田百四十亩，丁［男］者田百亩。"女子是否受田，且所受若干，无法确定。如认为成家后增受之四十亩尽属妇田，则未婚之丁女亦可能受田四十亩，齐、隋制便是如此。

唐代男、女皆以二十岁为丁。然据现存之敦煌户籍残卷考察，知妇女虽已年届三四十岁以上，仍名"中女"，而无"丁女"之称。唐制妇女除寡妻妾及为户主者外，皆不受田。自武德7年（624年）至天宝3年（744年），男、女皆以十六岁至二十岁为"中"。"中男"年十八岁以上者（又名次男），亦依丁男之例，给口分、永业田合共一项。这一唐代独有的规定，《六典》《通典》《新唐书》《旧唐书》俱载之，唯《会要》未载，似是武德7年以后所增定的。

2. 户是担承租调的基本单位

魏、齐、周、隋四朝的租、调制度，都有明文规定，以"一夫一妇"或"一床"作一单位；唯唐制则以"每丁"作一单位。实则唐制基本上亦以户为提供租、调的标准单位。理由如下：首先，据《六典》所记租、调、庸之税额原文

---

①　按这个办法与前述魏代"桑田通入倍田分"正相似。但前述办法是对于户有进丁授倍田时的一般规定；这一办法则为在狭乡进丁授正田的规定，所以又更紧密了一步。

②　这是我对于原文"又不足，不给倍田"的试释，因为狭乡原已有不给倍田的规定；如果将原文理解为对新丁停止给倍田，实在没有多大意义。至于该户原有的倍田，乃是本乡尚未成为狭乡时所得来的。也正是由于该乡各户不一定都有倍田，所以才把倍田划入第二补充线上。

作:"课户:每丁租粟二石;其调,随乡土所产,绫、绢、绝各二丈,布加五分之一,……(原注:若当户,不成匹、端、屯、缍者,皆随近合成……)。凡丁,岁役二旬。"按唐《户令》:"户内有课口者为课户,无课口者为不课户",可见丁是随户输课的。还有以下两点理由亦证明租、调是随户起税的:其一,唐代丁男所受之田一顷,事实上就是一夫一妇所受之额数,因为唐代一般妇女是不受田的。其二,寡妻妾虽只受田三十亩;但寡妻妾之为户主者则加授二十亩(详下),其税额虽不见于明文,但从其受田数为丁男之一半推之,则其租调数当亦为丁男户之一半。总之,政府授田只是一种手段,榨取赋役则为主要的目的。在当时作为社会制度的一个重要组成部分是大家族聚居,统治政权为了顺利取得赋役之提供,自必然需要通过对家长(即户主)的责成和命令,而不可能是对个体生产者直接发号施令,所以户就成为提供赋役的基本单位,从下面有关唐代的法令条文也可以看得出来。

3. 老、小、笃病、残废、寡妻妾受田之规定

老、小、笃病、残废、寡妻妾是一些劳动力较差的户口。对于他们授田的规定,北魏及唐两朝的文献较为完备,而唐代的资料,更为丰富。

北魏太和诏:"诸有举户(全家)老、小、癃、残无受田者,年十一以上及癃者,各授以半夫田。"按《汉律》以身"高不满六尺二寸以下为疲癃"。《史记平原君传》注:"罢(疲同)癃、背疾,言腰曲而背癃高也。"以今言释之,即驼背。诏文又云:"寡妇守志者,虽免课,亦授妇田。"对于全家老、小、癃、疾者授田的理由,主要是不能完全不维持他们最低的生活,以免造成社会问题;对于年十一以上及癃者的授田,因为他们还是有一点劳动力可供榨取。对于守节寡妇的授田,则除了上述两种理由之外,也具有旌奖贞节的意义,故免其课役。按北魏丁、中、老、小的法定年龄,史无明文。然太和元年(477年)三月诏:"一夫制治田四十亩,中男二十亩"(《魏书》卷7上《高祖纪》上),结合到太和9年《均民田诏》中"诸男夫十五以上受露田四十亩,……年十一以上授半夫田,年逾七十者不还所受",及太和10年李冲上言:"民年十五以上未娶者,四人出一夫一妇之调"等语来看,则似以十五岁以上为丁,十一至十四岁为中,十岁以下为小,七十以上为老。但"年十一以上受半夫田"只能是指男子,不会是女子,因为丁女也,不过受半夫田而已。所以魏时这一规定和唐代中男年十八以上者亦受一丁男之田,是颇相接近的。

唐代关于老男、笃残疾、寡妻妾等人户的授田规定,诸书所载,有互相矛盾之处,兹先移录各书原文,排比如下,以便讨论:

1.《会要》卷83："(武德)7年三月二十九日,始定均田赋税:凡天下丁男,给田一顷。笃疾、废疾给四十亩。寡妻妾三十亩;若为户者加三十亩。所授之田,十分之二为世业,余以为口分。"	2.《六典》卷3:"凡给田之制有差:丁男、中男以一顷(原注:中男年十八以上者,亦依丁男给)。老男、笃疾、废疾以四十亩。寡妻妾以三十亩;若为户,则减丁之半。凡田分为二等:一曰永业,一曰口分。丁之田:二为永业,八为口分。"	3.《旧唐书食货志》上:"武德7年始定⋯⋯丁男、中男给一顷。笃疾、废疾给四十亩。寡妻妾三十亩;若为户者加二十亩。所授之田,十分之二为世业,八为口分。"	4.《新唐书食货志》1:"授田之制:丁及男年十八以上者人一顷,其八十亩为口分,二十亩为永业。老及笃疾者,人四十亩。寡妻妾三十亩,为户者增二十亩,皆以二十亩为永业,其余为口分。"	5.《通典》卷2:"大唐开元25年令:丁男给永业田二十亩,口分田八十亩。其中男年十八以上,亦依丁男给。老男、笃疾、废疾各给口分田四十亩。寡妻妾各给口分田三十亩。先永业者通充口分之数。黄、小、中、丁男子及老男、笃疾、废疾、寡妻妾当户者,各给永业田二十亩,口分田二十亩。"

"笃疾,废疾,给四十亩,寡妻妾三十亩",这个规定,五书所记相同,不存在疑问,故即据以入表。按《唐律》规定:"腰脊折,一支废,为废疾;笃疾者,两目盲,二支废。"(《唐律疏义》卷22《斗讼》2)后来金代户口之制,兼采隋唐辽宋旧法,作明文规定云:"无夫为寡妻妾,诸笃废疾不为丁。"(《金史》卷46《志》27《食货》1《户口》)可作上文的补充注释。所谓"不为丁",即虽及成丁之年龄,然不视作丁,不供丁役。

《通典》一书所载各项户口受田之规定,视他书特详。

据《通典》所记"寡妻妾当户者各给永业田二十亩,口分田二十亩",后一个二十亩的数字是错误的,因为根据同书前面的记载,寡妻妾(非当户者)原本是给口分田三十亩,今则反减为二十亩,岂非怪事?且如《通典》此说,则当户寡妻妾增受之田数仅为十亩,这一点既与他书"当户者加二十亩"之说不符,亦与《六典》"为户者减丁之半"(按即永业、口分合计五十亩)不合,故知《通典》口分田二十亩之"二"字,必为"三"字之误。

也应附带一提,《旧唐书》及《会要》所记:"所授之田,十分之二为世业,[十分之]八为口分",像这样的广泛说法,是颇容易引起误会的。诸书中自以《六典》的说法最为正确,因为二、八的比率只适用于丁男百亩之田,而不适合于寡妻妾当户者的田数。

4. 工商业者

　　工商业者之户籍掌握于户部及其所在之州县。他们得授田，是唐代特有之规定。《通典》卷 2 记开元 25 年令云：“诸以工商为业者，永业、口分田各减半给之。在狭乡者并不给。”关于工商之划分，据《六典》卷 3《户部》载：“凡工作贸易(二字《旧唐书食货志》作“器用”)者为工，屠沽兴贩者为商。”原注云：“工商皆为家专其业，以求科(近卫本校正作‘利’字)，其织纴组绁之类非也。”末二语殊堪注意，因为它明言，只以谋利为目的的专业工商者为限，至如作为副业而存在的如织布、编绳一类的家庭劳动是不在内的。又如前引唐田令(见本表说明二“桑田及其买卖”项下)，对于卖充住宅、邸、店、碾、硙者，特别允许他们卖永业和口分田，亦是优待工商业者的措置之一。由此可见唐代为市场而生产的工商业有了一定程度的发展。

　　《六典》又记：“工商之家不得预于士；食禄之人不得夺下人之利。”但这仅为一纸条文，不能贯彻执行。从史籍看来，唐代和其他朝代一样，官商之间，本无鸿沟界限可言；相反地，他们往往勾结一起，最昭著的例子，莫过于中宗景龙 2 年(708 年)，安乐公主等公主府所置的“斜封官”，皆出自“屠贩”，用钱三十万便得封授。当时员外官及试官凡数千人，两都铨选者每年数万人(《新唐书》卷 83《诸公主传安乐公主》；《通鉴》卷 209《唐纪》25)①。至于官吏经营商业以谋私利的更不可枚数。如德宗时王锷为岭南节度使，“日发十余艇，重以犀、象、珠、贝，称商货而出诸境，周以岁时，循环不绝，凡八年”，又吞没西南大海诸国市舶之利，全入私囊，故其家财“富于公藏”②。

5. 僧、尼及道士、女冠

　　僧道授田，也是唐朝特有规制之一。《六典》卷 3 记：“凡道士给田三十亩，女冠二十亩；僧、尼如之。”唐代僧、道隶属的机构，屡有改易，且分合不一，但以同属鸿胪寺之时期较长，中间曾几次改隶祠部。僧、道之名籍，一本留于州县，一本送鸿胪或祠部。僧、道之势力，互为消长。此不备述。据《新唐书》卷 48《志》38《百官》3 所载：中叶以后，天下道士、女冠、僧、尼共计 127,864 人。武宗会昌 5 年(845 年)诏废佛法，还俗僧、尼收充为两税户者

---

① 《通鉴》又载：“[用]钱三万则度为僧尼。”
② 《旧唐书》卷 151，《新唐书》卷 170《王锷传》。又参看《旧唐书》卷 177，《新唐书》卷 182《卢钧传》。

达二十六万五千余人,计收回膏腴上田数千万顷;又收奴婢为两税户,计十五万人(《唐会要》卷47《议释教》上;卷84《户口杂录》)。如所收之僧、尼及奴婢,皆以每一人为一税户,则这个数目便几乎达到总户数的十分之一,按会昌5年总计只4,955,151户。

宪宗元和6年(811年)李吉甫奏:"国家自天宝以来,宿兵常八十万,其去为商贩,度为佛、老,杂入科役者,率十五以上。天下常以劳苦之人三,奉坐待衣食之人七。"(《新唐书》卷146《李栖筠传》附;《通鉴》卷238)可见坐食人口之众。

按工商业者及僧、道,均为特种户,与一般良民户不同。然以其亦有授田,故附载本表中。

又按,僧徒人数之多,以魏、齐、周三朝为最。因为他们游手可得衣食,又可托名三宝,经营私利,或侵夺民屋,或广占田宅,或放高利贷,或规避租税徭役,故政治愈黑暗时,则出家者愈众。三朝僧徒人数,各达二三百万不等:北魏文成帝和平(460—465年)初,以民犯重罪者及官奴为"佛图户",以供诸寺洒扫,每岁兼营田输粟。又以所平诸国之俘虏有能岁输谷六十斛入僧曹者,即为"僧祇户",粟为僧祇粟;至荒年,用以赈给饥民。于是僧祇户、粟,及寺户(即佛图户)遍于州镇。孝明帝正光(520—525年)以后,编民假称入道,以避调役,略而计之,僧、尼大众二百万人(《魏书》卷114《释老志》)。北周武帝建德3年(524年)毁法,僧人还俗者三百万(隋费长房撰:《历代三宝记》或称《开皇三宝录》或《房录》卷11)。北齐刘昼上书言:"佛法诡诞,避役者以为林薮。又诋诃淫荡,有尼,有优婆夷,实是僧之妻妾,损胎杀子,其状难言。今僧、尼二百许万,并俗女,向有四百余万。六月一损胎,如是则年族(灭)二百万户矣。"(唐释道宣撰:《广弘明集》卷6《叙列代王臣滞惑解》)

南朝僧道人数以梁为最盛。武帝时郭祖深上言:"都下(金陵)……僧、尼十余万,资产丰沃。所在郡县不可胜言。道人又有白徒,尼则皆蓄养女。皆不贯人(民)籍,天下户口,几亡其半。"(《南史》卷70《循吏传郭祖深》)由于僧、尼人口不包括在民户之内,故略记其数于此。

6. 官户

唐代官户是贱民之一种,其来源是"蒙恩赦宥"的没官奴婢。凡官奴婢"蒙恩"降罪一等者为番户,亦总称作"官户",降罪二等者为杂户,三等者为良民。换言之,官户的社会身份低于良民二等。《六典》卷6《刑部》

"都官"条云："凡反逆相坐,没其家为官奴婢:一免为番户,再免为杂户,三免为良人。"又注云："官户者是番户之总号,非谓别有一色。"官户的户籍,由其所隶属之官司掌握,州县无其户贯(《唐律疏义》卷3《名例》3)。《六典》卷3《户部》"郎中、员外郎"条云："凡官户受田,减百姓口分之半。"按即口分田四十亩,似无永业田。

　　杂户和官户不同之点甚多,今只举出两点:1. 杂户附州县户贯;2. 杂户受田依良民例,唯赋役不同良民(《唐律疏义》卷3,《名例》3;卷12、14,《户婚》上、下)。

　　按官户、杂户的原来身份同是官奴婢,与私奴婢不同。今为便于参考起见,只将官户之受田数载入表中,杂户则不列入。

7. 奴婢

　　政府对奴婢(及牛)之授田,并非直接分给他们,而是给予占有他们的主人。他们丝毫没有独立的人格,只是作为占有者的私有财产而存在。他们受田的额数,多半是与主人相同,而租调额却低得很多,但这并非对他们优待,而是优待他们的主人,好让政府自己也便于对剩余生产量的瓜分。

　　关于奴婢受田的规定条文,只有魏齐两代保留得多一些。《魏书食货志》载:"露田,奴婢依良,随有无以还受","桑田,……非桑之土,夫给一亩,奴各依良","麻田,奴婢依良,皆从还受之法"。首先所谓"奴婢依良",应理解为奴照丁男例,婢照丁女例,各受等额之露田和麻田。魏制,桑田不授给妇女,故此下但云"奴各依良",而无"婢"字。其次所谓"皆从还受之法",就是依照露田还受之法办理。按北魏良民年届十五岁时受田与课调,年老免课及死后还田——惟老免年龄未见明文,我们姑从西魏制假定为65岁(见表说1)。至于奴婢课调,则以胜任耕织起计(见表说9),可能受田之年龄更早于良民。至云:"随有无以还受",则因奴婢与良民不同,可以买卖,且亦有释放、逃亡等情形发生,故田之还受,随奴婢之有无而定。魏制男奴亦受桑田,学者几无异词。然查《魏志》原文"奴各依良"一语,其出现并非紧接于桑田条文之后,中间尚隔有一段及"非桑之土,夫给一亩,依法课莳榆枣"等语,很可能男奴所受的只以这一亩种果树的田为限。但如"奴各依良"一语原意确系径承桑田而言,则男奴受桑田之说自可成立。唯亦不能无疑,因田之还受,既随奴婢之增减有无来定,然桑田不须还官,这一矛盾应如何解决? 学者亦有认为男奴所受的桑田是需要还官的,但奴婢的露田和麻田,皆依良民之法还受,而桑田独否,这里又发生了矛盾。为存疑起见,故于表中北魏奴项下只记其受麻田10亩,桑田20亩未记。

　　魏时对受田奴婢人数不加限制,与齐不同。

　　齐奴婢露田受额,与良民同;唯不授桑(麻)田。齐制,奴婢受露田者人数的多寡,随主人的官品之高下及身份而定,如下所列:

主人官品	奴婢受露田者人数
亲王	300
嗣王	200
第二品、嗣王以下及庶姓王	150
正三品以上及皇宗	100
七品以上	80
八品以下至庶人	60

以上系最高限额,限外的奴婢既不给田,亦不输课。

　　隋代奴婢受田之规定,史文失载。惟奴婢五口给园宅一亩,与北魏唐制相同。又,"仆隶"租调为丁男之半,未受地者不课,皆见于《隋志》。其受田之数,疑应与北齐同,因无明文,故不列入表中。

　　北周奴婢受田若干,有无纳课,皆不见记载。

　　至唐,奴婢受田及纳课之制遂废不行。开元25年《户令》又重申奴婢、部曲皆为"不课户"之旧制。

8. 丁牛

　　五朝中唯魏齐以露田授给丁牛。魏制:丁牛一头,受露田三十亩,通常得受倍田,故表中于正田30亩后,另以(或60)作记。齐制:丁牛一头亦受露田六十亩,惟不授倍田。两朝皆以四牛为限(《隋志》及《通鉴》胡注均作四年,非)。

　　魏制:"牛随有无以还受",与奴婢同。齐制不见明文。

　　"丁牛"的意义,据《通鉴》卷169胡三省注:"丁牛者,胜耕之牛,牧牛者得受其田。"胜耕即堪耕之谓,其说良是。岑仲勉先生提出不同的意见说:丁牛连读,于文义难通,"于文,丁字应作一逗。成丁之人方可役牛,故规定属于成丁者之牛乃能受田,如未成丁,虽有牛亦不受也。苟以胜耕为标准,势必多生争执,窒碍难通"(岑著:《隋唐史》,页330)。鄙意,农民十二三岁多已能使牛，毋须等至成丁之年。且魏制年十一岁以上的男子已受半夫田，又全家老、小、癃、残及守节寡妇亦各授田不等，如此等人户有"丁牛"，独禁不予田，于事理似更多窒碍。盖我国古代财产制度，本以家庭为主，而不属于个人，岑氏之说，似未谛。再则，我国牛马登记，来源甚早，且颇详备，如《居延汉简甲编》载"□牛一，黑犗，先斩首，八岁齿，七尺八寸"（1846；又 2071、2118 等枚亦可参看），下逮敦煌侯老生等户籍亦开载"牛一头，黑，特大"等语（《敦煌资料》第 1 辑，页 101、106）。

　　复按：唐制，驿马亦有给地。《通典》卷 2《田制》下云："诸驿封田，皆随近给：每马一匹，给地四十亩；若驿侧有牧马之处，匹各减五亩；其传送马，每匹给田二十亩。"《新唐书》卷 46《百官志兵部》"驾部郎中员外郎"条载："凡驿马给地四顷，莳以苜蓿"，似就每驿平均面积而言，非按匹计算也。

表说 9　北魏迄唐
(1)一夫一妇的户调田

定制之年	租	调			
	露　田	桑　　田		麻　　田	
	粟(石)①	绢②(匹)	绵(两)	布(匹)③	麻(斤)
北魏太和 10 年（486 年）十月	2	1		1	
北齐河清 3 年（564 年）	2④	1	8		
北周建国前 1 年⑤（556 年）	5	1	8	1	10
隋开皇元年⑥（581 年）	3	1	3	$1\frac{1}{4}$⑦	3
唐武德 7 年（624 年）三月二十九日	2	$\frac{1}{2}$	3	$\frac{5}{8}$⑧	3

　　说明　租调之供应，自北魏迄隋皆以一夫一妇为户者计，北齐及隋名曰人或丁男"一代对一夫一妇所课的户调、田租相当。未婚之男丁，隋代名曰"单丁"。

　　编者注　*本栏特意将所据材料原文录出，并适当加入注释，以供参校。关于未娶　①各朝皆作"石"，唯北周作"斛"，斛与石通。　②齐周皆作绢，隋作"绢、绝"，唐民间所织绢、布，皆幅广(宽阔度)二尺二寸，长四十尺为匹，六十尺为端"，然征收员外郎"条下所记："罗、绵(按此字应作锦或绢，不应与下"绵"字重见)、绫、段、纱、六两为屯，丝则五两为纩(据《通典》卷6当作"约")，麻乃(日本近卫本校云："乃，疑当以绵之税法例之，应作斤为合。　④这是"垦租"额，不包括"义租"在内。按《隋志》
　　⑤北周赋、役之征，随岁之收成以为上下，据《隋志》所记，赋："丰年则全赋(指之")；力役(庸)："丰年不过三旬，中年则以二旬，下年则一旬"，表中力役日数以唐纳布以端计，一端为五丈，今折合为一匹又四分之一。　⑧《六典》、《旧唐书志》、役违法"条及陆贽《陆宣公翰苑集》卷22"论两税之弊须有厘革"条皆直作"输布二丈佣"，以绢为代价，"每日三尺"。加役十五日者免调，三十日者租、调俱免。然加役

良民户调赋役额数

租及每丁男的力役额数

庸	备　　　　　考*
成丁男	
日数	
	魏书卷110食货6:"其民调,一夫一妇,帛一匹,粟二石。民年十五以上未娶者,四人出一夫一妇之调(按即丁未娶者每一人纳租、调四分之一)。奴任耕、婢任绩者,八口当未娶者四(按即每一个胜任耕织的奴婢纳八分之一,并没有年龄限制)。耕牛二十头当奴婢八(按即每一牛纳二十分之一)。其麻布之乡,一夫一妇布一匹;下至牛,以此为降。"
	隋书卷24食货志:"率人一床,调绢一匹,绵八两——凡十斤绵中折一斤作丝;垦租二石,义租五斗。奴婢各准良人之半(按即输纳二分之一,名"半床"。又,丁未娶者与奴婢同)。牛调二尺(通典通考均误记作"二丈");垦租一斗,义租五升(按即每牛纳租调二十分之一。义租与租调的性质不同,请参看注④)。"按隋志及通典等书皆不载牛调绵数,似不需纳。
20	隋志:"其赋之法,有室者岁不过绢一匹,绵八两,粟五斛。丁[未娶]者半之。其非桑土,有室者布一匹,麻十斤,丁[未娶]者又半之。"关于"庸",请参看注⑤。
30	隋志:"丁男一床,租粟三石,桑土调以绢、絁,麻土以布。绢、絁以匹,加绵三两。布以端,加麻三斤。单丁及仆隶各半之。未受地者皆不课。"
20⑨	旧唐书卷48志28食货上:"赋役之法,每丁岁入租粟二石。调则随乡土所产,绫[或]绢[或]絁各二丈,布加五分之一(按,这应理解为调布额数比调绢额数多1/5,即调布额为二丈五尺,比绢多五尺)。输绫、绢、絁者兼调绵三两,输布者麻三(六典误作"二")斤。凡丁岁役二旬。"先是,武德2年二月十四日制:"每丁租二石,绢二丈,绵三两"(唐会要卷83);至是,令制更为加详。

床",北周称为"有室者";至唐始以丁计。唐制妇女不受田,故丁男所输的租调,实即与前

丁男、奴婢、丁牛等应纳的租调,另作表(2),附见于后。

作"绫、绢、絁",唯北魏作"帛"。按帛为丝织物之总名。　　　③据《魏书食货》6,北魏"旧制,绢、布时均以匹计算。至隋唐时调布始以端计算。又唐制,据《唐六典》卷3《户部》"金部郎中、縠、絁、绸之属,以四丈为匹,布则五丈为端(绢、布阔度同规定为一尺八寸,见《通典》),绵则作则")三绩(《通典》及《旧唐书志》均作"斤")为绫。"按"绩"为长短之名,"斤"为轻重之称。若"垦租送台(中央),义租纳郡(地方),以备水旱。""义租"乃系附加税性质,并非租调正额。租、调而言),中年半之,丁二丈(即三分之一,《通典》、《通考》及《通鉴》卷175胡注均误记作"一"中年"为准。　　　⑥隋开皇3年减调绢为半匹,即二丈;力役为每年二十日。　　　⑦按隋《会要》皆作"布加五分之一"(请参看表内"备考"栏本条按语)。《唐律疏义》卷13《户婚》"差科赋五尺",即为半端,今折合为5/8匹。　　　⑨唐役法,闰年加二日。不亲应役者,"则收其佣正役合计每年不得超过五十日。

(2)未娶丁男及奴婢、

	租							
	粟(斗)				绢(尺)			
	1夫1妇	1未娶丁男	1奴或1婢	1丁牛	1夫1妇	1未娶丁男	1奴或1婢	1丁牛
北魏太和10年十月	20	5	2.5	1	40	10	5	2
北齐河清3年	20	10	10	1	40	20	20	2
北周建国前一年	50	25			40	20		
隋开皇元年	30	15	15		40	20	20	
唐武德7年三月二十九日	20				20			

　　说明　(1)本表所据材料见表(1)"备考"栏。(2)为便于比较起见,故仍将"一夫一妇"一岁成丁。然"中男"十八岁以上者,亦如丁男得授田一项,且不见有已娶、未娶的魏征力谏拣点中男十八以上(次男)入军(吴兢《贞观政要》卷2"直谏"),可为参证。

丁牛的租调额数

调									
绵（两）			布（尺）				麻（斤）		
1夫1妇	1未娶丁男	1奴或1婢	1夫1妇	1未娶丁男	1奴或1婢	1丁牛	1夫1妇	1未娶丁男	1奴或1婢
			40	10	5	2			
8	4	4							
8	4		40	20			10	5	
3	1.5	1.5	50	25	25		3	1.5	1.5
3			25				3		

的租、调额数列入本表中,且将租粟单位化为斗,绢、布单位均化为尺。(3)唐制男子二十
区别。可知中男所输租调必与丁男同,仅力役、兵役方面或有不同而已。贞观3年(629年)

表说10　唐代亲贵官勋永业田额数

爵	职事官（品）	勋	永业田（顷）	备　考
亲王			100	
	正一		60	
郡王	从一		50	
国公	正二		40	新唐书卷55食货志45记武德制未载此条，惟于卷末所记贞元制与此条全同。
郡公	从二		35	新唐书记武德制"郡公"二字误作"国公"，记贞元制顷数作"三十"。
县公	正三	上柱国	30	
		柱国	25	
	从三	上护军	20	
		护军	15	
侯	正四		14	新唐书记武德制作"十二顷"，记贞元制云："县公、职事官正四品田十四顷。"如所记不误则贞元减者唯县公田耳。
伯	从四		11	新唐书记武德制无此条，所记贞元制止此，又夺去"伯"字。顷数通典作10，今从六典及会要。
子	正五	上轻车都尉	10	
			8	
		轻车都尉	7	
男	从五	上骑都尉	6	
			5	凡"散官五品以上，同职事[官一体]给[予]。兼有官、爵及勋，俱应给者，唯从多，不并给"。
		骑都尉	4	"五品以上受田宽乡，六品以下受于本乡。"
	六、七		2.5	本条及下条唯见新唐书，他书均不载。
	八、九		2	
		骁骑尉、飞骑尉	0.8	按原作80亩。
		云骑尉、武骑尉	0.6	按原作60亩。

说明　唐代贵族和官僚所受永业田数，据《唐六典》卷3《户部》，《通典》卷2《食货》2《田制》下，《唐会要》卷92《内外官职田》，《新唐书》卷55《食货志》45所载，是基本相同的，其中小异之处于表内"备考"栏中指出。今比较以上几种记载，试为分析如下：

一、定制年代

《新唐书食货志》45于卷首、卷末皆有百官永业田之记载，然皆未明言其年份。卷首所记，系与高祖武德元年(618年)定职分田制记事同时；卷末所记，则在德宗建中3年(782年)复减百官料钱记事之后，并冠以"减王公以下永业田"一语，而止于"职事官从四品田十一顷"云云。据《会要》卷92《内外官职田》，知德宗贞元4年(788年)八月曾有此敕，所载之数，除"从二品三十五顷"与《新唐书》作三十顷一处有五顷之差异以外，其余全部相同，故可确定其为贞元4年。复核《会要》所载贞元4年之敕令，其品官受田额数，又几乎与武德制毫无差别，仅县公所受改作与从三品同，皆为二十顷，即比武德原额少五顷。而《新唐书》卷末自"从二品田三十顷"一语之后，未载正三品及从三品所受田数，便接云"县公、职事官正四品田十四顷"，可知"县公"二字以下，必有脱文。但如《新唐书》所记无误，则贞元间所减者亦只是县公之田数(由唐初之二十五顷减至十四顷)。

《六典》未记定制年代。《通典》则载明是玄宗开元25年(737年)令。然两书皆为纂录唐初以至开元年间历年法规程式之汇编，未可认为全部条文皆定于开元25年。

今试作推论如下：亲贵百官永业田之颁授，始定制于武德元年十二月或稍后，中间经过开元25年的申明和补充，与贞元4年的核减，始终极少变动，甚至可能毫无变动，而仅为各书传刻上之讹误而已。

按平民受永业田仅二十亩，亲王则为一百顷，为平民之五百倍。

二、职事官、散官、爵及勋

职事官为有实职之官。散官是闲散而无实职之官，但亦叙官阶——分为九品、三十阶，亦称散阶。其制始于汉，其名始于隋代，金元以后，又称阶官为散官。

唐制九等封爵：1. 王，正一品。2. 郡王。3. 国公，均从一品。4. 郡公，正二品。5. 县公，从二品。6. 县侯，从三品。7. 县伯，正四品。8. 县子，正五品。9. 县男，从五品。从他们所受之田额来看，可知不尽与其品秩相符，故亲王所得高于正一品官，而自郡王以至伯爵则又低于原秩应得之数，唯子、男所得恰如其原秩(参看《通典》卷40《职官》22《秩品》5大唐)。

勋官本以酬战士，其后朝官亦有授勋者。凡十二转：1. 上柱国，正二品。2. 柱国，从二品。3. 上护军，正三品。4. 护军，从三品。5. 上轻车都尉，正四品。6. 轻车都尉，从四品。7. 上骑都尉，正五品。8. 骑都尉，从五品。9. 骁骑尉，正六品。10. 飞骑尉，从六品。11. 云骑尉，正七品。12. 武骑尉，从七品(《通典》同上卷)。可知勋官受田数一律比原秩低。

三、附记齐隋两代之百官永业田

按百官永业田，齐隋间已设立，惟不详其额数。《隋书》卷24《志》19《食货》记齐河清3年(564年)定令："京城四面诸坊之外三十里内为公田，受公田者，三县代迁内(百衲本《隋书》及《通典》均作"户",于义较胜)①,执事官一品以下,逮于羽林、武贲各有差。其外畿郡,华人官第一品以下,羽林、武贲以上各有差。职事[官]及百姓请垦田者名为受田(百衲本《隋书》作"永田",《通典》作"永业田")。奴婢受田者:亲王止三百人,嗣王止二百人,第二品嗣王以下及庶姓王止一百五十人,正三品已上及皇宗止一百人,七品已上限止八十人,八品以下(《通典》误作"上")至庶人限止六十人。奴婢限外不给田者皆不输(租调)。"上载在京百官公田及永业田,均设立于京城四面及畿郡等处。京城方百里外及州,则通行对一般丁男适用的桑、露田法。

《隋书》卷24《志》19《食货》记隋文帝受周禅(581年)后所颁之新令:"自诸王以下至于都督,皆给永业田。各有差:多者至一百顷,少者至四十亩。"其最高额与唐代相同,最低额则比唐代少二十亩。

表说11　隋、唐内外官职分田额数

职田(顷)	隋京官(品秩)	唐			
		京官(品秩)	外州官(品秩)	镇戍及在外监官(品秩)	其他诸官
12		1	2		
10		2	3		
9		3			
8			4		
7		4	5		
6		5			三卫中郎将、上府折冲都尉。
$5\frac{1}{2}$					中府折冲都尉、亲王府典军。
5	1		6	5	下府折冲都尉、郎将。
$4\frac{1}{2}$	2				
4	3	6	7		上府果毅都尉、亲王府副典军。
$3\frac{1}{2}$	4	7		6	中府果毅都尉。
3	5		8	7	下府果毅都尉、上府长史别将、千牛备身左右、太子千牛备身。

① 代迁户,是北魏建都洛阳以后原居代郡奉令南迁的鲜卑家族,如《魏书》卷8《世宗纪》正始元年(504年)十二月"苑牧公田分赐代迁之户"便是。这里的"三县代迁户"就是原自代郡迁居北齐京都邺及临漳、繁阳二县的鲜卑贵族。

职 田 (顷)	隋京官 (品秩)	唐			
		京官(品秩)	外州官 (品秩)	镇成及在外 监官(品秩)	其 他 诸 官
$2\frac{1}{2}$	6	8	9		中府、下府长史,别将。
2	7	9		8	折冲上府兵曹。
$1\frac{1}{2}$	8			9	折冲中府、下府兵曹。
$1\frac{2}{10}$					外军校尉。
1	9				旅帅。
$\frac{8}{10}$					队正副。

说明　隋职分田制,《隋书》卷 24《志》19《食货》于均田法之后记云:"京官又给职分田:一品者给田五顷,每品以五十亩为差,至五品则为田三顷,六品二顷五十亩,其下每品以五十亩为差,至九品为一顷。外官亦各有职分田。又给公廨田以供公用。"据《玉海》卷 177,及《通鉴》卷 178《隋纪》2 文帝开皇 14 年(594 年)所载,知上制为是年六月丁卯日制定。外官顷数,诸书所载不甚清晰,意殆与京官定额相同。《通鉴》胡三省注云:"职分田起于后周,顷亩以品为差。下至隋、唐,代有增减。"按职分田自东晋刘宋北魏时早有建置,已见前(表说 7),后周制禄秩之数,史记颇详,然其职分田顷亩之数已无可考。复按《通典》卷 35《职官》171《禄秩》载,隋恭帝"义宁 2 年(618 年),唐王(李渊)为相国,罢外官给禄,每十斛给地二十亩"。然不旋踵而李渊取隋而自立,故此法实为唐代职田制之张本。

唐代职田制,《新唐书》卷 55 所记颇为简略。今以《通典》卷 35《职官》17《职田公廨田》及卷 2《食货》2《田制》下所载条文为主,另以《唐六典》卷 3《户部》,《唐会要》卷 92《内外官职田》及《通鉴》卷 224 代宗永泰元年(765 年)闰十月"丁未,百官请纳职田充军粮"条下胡三省注诸书校之,于作成上表之后,更综合为文如下:高祖武德元年(618 年)十二月制,内外官各给职分田:诸京官文武职事,一品十二顷,二品十顷,三品九顷,四品七顷,五品六顷,六品四顷,七品三顷五十亩,八品二顷五十亩,九品二顷,并去京城百里内给(按,此与齐河清定令基本相同),其京兆河南府及京县官人职分田亦准此,即百里内地少,欲于百里外给者,亦听之。雍州、诸外州及都护府、亲王府官人,二品至四品各以二顷为差:二品十二顷,三品十顷,四品八顷;五品七顷;六品至八品以一顷为差:六品五顷(原注:"京畿县亦准此。"),七品四顷,八品三顷;九品二顷五十亩。镇成、关津、岳渎及在外监官,五品五顷,六品三顷五十亩,七品三顷,八品二顷,九品一顷五十亩。三卫中郎将、上府折冲都尉各六顷,中府五顷五十亩,下府及诸郎将各五顷,皆以五十亩为差。上府果毅都尉四顷,中府三顷五十亩,下府三顷,亦各以五十亩为差。上府长史、别将各三顷,中府、下府各二顷五十亩。亲王府典军五顷五十亩(《通典》卷35《职田》夺"五十亩"三字),副典军四顷,千牛备身左右、太子千牛备身各三顷(《通典》卷35误作"二顷")。亲王府文武官随府出蕃者,于所在处给。诸军折冲府兵曹二顷。中府、下府各一顷五十亩。其外列军校尉一顷二十亩,旅帅一顷,队正、副各八十亩。皆于领所州县界内给。其校尉以下,在本县及去家百里内领者,不给。

唐代职分田废置不常,但停给之时较少。诸职分田分为陆田、麦田及稻田等,其耕、种、收成,各定有期限。百官受田以后,多不自家耕种,亦不雇人经营,而以出租方式坐分谷租,故《通典》注云:"其田亦借民佃植,至秋冬受谷而已。"每亩租额,最低二斗;虽有最高"无过六斗"的规定,事实上必多超过此数。且有于地租之外,更收桑课或丝课的。租谷指定由佃人输送主管机关,然后由机关分配给各官。这一笔运费是巨大的(参看《唐会要》卷92)。

按唐武德间中外官只给职分田,而无禄。太宗贞观2年(628年)制:有上考者,乃给禄。其后,遂定给禄俸之制,以民地租充之。自肃宗至德(756—758年)之后,不给京官禄。贞观时品官禄秩石数,具见《通典》卷35《职官》17《禄秩》,此不载。

表说12　唐代内外官府公廨田额数

在　京　诸　司	在　外　诸　司	公廨田(顷)
	大都督府	40
	中都督府	35
	下都督、都护府、上州各	30
司农寺		26
殿中省		25
少府监		22
太常寺	中州	20
京兆府、河南府各		17
太府寺		16
吏部、户部各	宫[①]总监、下州各	15
兵部、内侍省各		14
中书省、将作监各		13
刑部、大理寺各		12
尚书都省、门下省、太子左春坊各		11
工部	上县	10
光禄寺、太仆寺、秘书监各		9

（表说 12 续）

在　京　诸　司	在　外　诸　司	公廨田（顷）
礼部、鸿胪寺、都水监、太子詹事府各	中县	8
御史台、国子监、京县各		7
左右卫、太子家令寺各	中②下县	6
卫尉寺、左右骁卫、左右武卫、左右威卫、左右领军卫、左右金吾卫、左右监门卫、太子左右春坊各	上牧监、上镇各	5
太子左右卫率府、太史局各	下县及中牧③、下牧、司竹监、中镇、诸军折冲府各	4
宗正寺、左右千牛卫、太子仆寺、左右司御率府、左右清道率府、左右监门率府各	诸冶监、诸仓监、下镇、上关各	3
内坊、左右内率府、率更府各	互④市监、诸屯监、上戍、中关及津各	2⑤
	下关	$1\frac{1}{2}$
	中戍、下戍、岳渎各	1

说明　本表"在京诸司"栏，根据《通典》卷35《职官》17《公廨田》作；"在外诸司"栏；据《唐六典》卷3《户部》作（《六典》不载在京诸司田数），并据以校正《通典》错字数起，条列如下：

①《通典》误作"官"。　　②《通典》夺一"中"字。　　③《通典》省去此一"牧"字。

④《通典》误作"牙"。　　⑤顷字下，《六典》原注云："津隶都水则不别给"；《通典》注云："其津隶都水使者不给。"

　　按公廨田是指派给各机关作办公费用的田。隋文帝开皇初已"给公廨田以供公用"（《隋书》卷20《食货志》）。《新唐书》卷55《食货志》45云："京师及州县皆有公廨田，供公私之费"，此言官吏的私人费用亦取给于公廨田了。此外，又设公廨本钱，由官府出资，"于市肆贩易"，收取利钱，以补助公廨田收入之不足（《唐会要》卷93《诸司诸色本钱》）。

　　唐初至开元天宝间，重内官而轻外官："凡京文武正官，每岁供给俸食等钱，并防阁、庶仆及杂钱等；外官则［只］以公廨田收［谷］及息钱等，常食公用之外，分充月料"（《通典》卷35《禄秩》），故在外诸司公廨田额数较在京诸司略高。及肃宗代宗以后，京师凋蔽，俸、料寡薄，元载当国，乃制俸禄，厚外官而薄京官，京官不能自给，常从外官乞贷（《通鉴》卷225《唐纪》41代宗大历12年［公元777年］；赵翼《陔余丛考》卷17"唐制内外官轻重先后不同"条）。

表说 13　唐开元二十五年调赋绵绢麻布等物的区域分布[①]

道府州别	绵	绢	绝	绅	襧	丝	麻	麻布	火麻	火麻布	落麻布	纻布	葛布	资布	蕉布
关内道[②]	＋	＋					＋	＋							
京兆府	＋	＋													
华州	＋	＋													
同州	＋	＋													
岐州	＋	＋													
其余 18 州[③]							＋	＋							
河南道	＋	＋	＋				＋	＋							
陈州	＋		＋												
许州	＋		＋												
汝州	＋		＋												
颍州	＋		＋												
唐州[④]							＋	＋							
其余 24 州[④]	＋	＋													
河东道					＋		＋	＋							
蒲州					＋										
其余 18 州[⑤]							＋	＋							
河北道	＋	＋				＋									
相州	＋	＋				＋									
其余 24 州[⑥]	＋	＋													
山南道	＋	＋		＋			＋	＋							
梁州	＋	＋													
利州	＋	＋													
随州	＋	＋													
均州	＋	＋													
荆州	＋	＋													
襄州	＋	＋													
合州	＋			＋											
其余 25 州[⑦]							＋	＋							
陇右道							＋	＋							
淮南道	＋	＋	＋				＋	＋		＋		＋		＋	
寿州	＋		＋				＋	＋							
安州		＋	＋												
光州		＋	＋												
申州	＋	＋													
其余 10 州[⑧]										＋		＋		＋	

（表说 13 续）

道府州别	绵	绢	絁	紬	襧	丝	麻	麻布	火麻	火麻布	落麻布	纻布	葛布	资布	蕉布
江南道							+					+			
润州									+						
其余 50 州[9]												+			
剑南道	+	+										+	+		
滤州												+	+		
其余 32 州[10]	+	+										+			
岭南道											+	+			+
广州[11]												+			
端州															+
康州											+				
封州											+				

资料来源　《大唐六典》卷 3《户部》“郎中员外郎”条。《元和郡县[图]志》,《通典》卷 171—184《州郡》,《新唐书》卷 37—43 上《地理志》27—33 上及《通志》卷 61《食货略》1,均各有记载,且颇有异文,不一一作校勘。

说明　绵——丝之精细者曰绵(亦写作緜),粗者曰絮(亦写作絮)。

绢——厚而疏的丝织品。

絁——音 shī(施),本作“纏”。粗细经纬不同的丝织品。

紬——音 chóu(俦),今多假用“绸”字,非。《说文》:“大丝缯也”,段注:“大丝,较常丝为大也。”《急就篇》注:“抽引粗茧绪纺而织之曰紬。”

襧——即⿰衤黹,音 zhǐ(纸),针缕所缝制之衣料。

麻——古书上的麻,一般是指大麻。大麻属桑科,学名 Cannadis sativa。雌雄异株。古代人早就晓得分别利用它的方法:雄麻麻皮用作衣着原料;雌麻的麻子用作食粮,也作油料用。秦汉以前,大麻主要分布在黄河中下流,齐鲁似为它的集中生产地区,但在南方和四川也有栽培。南北朝以后,又曾经作过一些推广于南北各地的工作。自唐以来,主要的栽培区域似偏于黄河流域和长江流域及其以北的地区。这一局面,以后历代基本上没有什么改变(参看李长年《麻类作物》上编页 1—2)。

火麻——大麻的别名。明李时珍《本草纲目》卷 20《谷部》“大麻〔释名〕”项下载:“火麻,日用[名]。”又云:“大麻即今火麻,亦曰黄麻。”

落麻布——落亦作“洛”或“络”。落麻布亦名“都落布”。《太平寰宇记》卷 168《岭南道》12:“宜州有都洛麻,狭幅布,今语曰:多罗麻。”清吴其濬《植物名实图考》卷 14《隰草类》“苎麻”条云:“《广西志》:梧州出络布,以络麻织成,因名。……《志》称:蛮布织蕉竹、苎麻、都落等。麻有青、黄、白、络、火五种;黄、白曰苎,亦曰白绪,青、络曰麻,火曰火麻。都落即络也。马援在交阯,尝衣都布单衣。都布者,络布也。络者,言麻之可经、可络者也。"按《后汉书》卷24《马援列传》第14李贤注云:"《东观记》曰:都作答。《史记音义》曰:答布,白叠布也。"王先谦《后汉书集解》引钱大昕言:"都答声相近。"

绉布——取苎麻的皮茎为线而织成之布。苎麻,属荨麻科。学名 Boehmeria nivea。雌花雄花,生于同株。茎皮富于纤维。夏秋之间,剥取其皮部沤水中,待其腐脱,细劈为丝,经过漂白后,用以制线织布。先秦文献中,苎原作"纻",二字音同。秦汉之际,始用"苎"字。

　　苎麻主要分布在长江流域;黄河流域虽亦有之,但不很多。南朝时,曾推广于长江流域及其以南地区。唐宋时,苎麻的主要产区就在这里;宋代又在沿海地区有所发展。至元代,王祯《农书》卷22《农器图谱》20"麻苎门"意说:"南人不解刘[大]麻,北人不知治苎",这一局面,以后也没有多大改变。所以,苎布亦名南布(参看李长年《麻类作物》上编贰"苎麻"页 184—187)。

葛布——葛,豆科,学名 Pueraria thunbergiana。根可采淀粉,供食用。纤维可织布。葛藤采下,就挽成网,用紧火煮得烂熟,然后以长流水洗干净,这种用火煮熟烂取其纤维的方法,在《诗经周南》"葛覃"篇中就已提起。

　　葛在先秦,看来似"处处有之",不只黄河流域有它,春秋时吴越也有它的踪迹。从文献资料上看来,后来它在南方的发展似比在北方快。宋明之间,长江流域葛产很多。清代以闽广为甚(李长年《麻类作物》上编附录"葛"页 291—292)。

资布——《唐六典》原文载:淮南道"厥赋纯、绢、绵、布",其下双行小字云:"淮南道庸调杂有绉、资、火麻等布:……安光二州调以(后二字《通志略》作麻、资)绝、绢……。"又该道"厥贡"项下双行小字记滁、沔二州贡品中有"麻资布",黄州贡品中有"绉资布"。复据《新唐书地理志》所记,以资布为土贡者,有密州高密郡,江陵郡,巴州清化郡。按"资绢"一名,始见于《魏书》卷18《元孝友传》。据唐长孺先生的考证,自后汉魏晋以来,户调之征收恒以家资计算,南北朝时仍而未改。北朝户调所征收的是以绢、绵为主,故北魏时户调亦称"资调"或"资绢"。但南朝的户调,则一向以布为主,故编者疑"资布"一名,实起自南朝。《梁书》卷53《良吏传序》:"高祖[天监]元年(502 年)始去人资,计丁为布。"那种计资征布的制度虽已废除,但"资布"这个名词大约仍存留下去。(参看唐氏著《魏晋南北朝史论丛》中《魏晋户调制及其演变》一文。)

蕉布——刘宋沈怀远《南越志》云:"蕉布之品有三:有蕉布,有竹子布,又有葛焉。虽精粗之殊,皆同出而异名。"(《后汉书》卷49《列传》第39《王符传》李贤注引)晋嵇含《南方草木状》(《说郭》卷 87)云:"[蕉]其茎解散如丝,以灰练之,可纺织为绤、绤,谓蕉葛。"清李调元《南越笔记》(亦名《粤东笔记》)卷 5"葛布"条云:"……许慎云:'南方筒布之属皆为荃。荃,绤也。'蕉、竹之属皆荃也。蕉布黄白相间,以蕉丝为之,出四会[县]者良。唐时端潮[二州]贡蕉布,韶[州]贡竹布。……蕉类不一,其可为布者曰蕉麻,山生或田种,以蕉身熟踏之,煮以纯灰,水漂澼令干,乃绩为布。本蕉也,而曰蕉麻,以其用如麻,故葛亦曰葛麻也。厂人颇重蕉布,出高要[县]宝查、广利等村者尤美。每当墟日,土人多负蕉身卖之。长乐亦多蕉布……蕉布与黄麻布(按李氏亦称之为夏布)为岭外所重,常以冬布(据李氏文中言如松江之梭布,咸宁之大布来自吴楚者)相易云。"清郭柏苍《闽产录异》引宋《大观本草》:"闽人灰埋蕉皮,织以为布。今泉漳皆有织者,价廉。"(李长年《麻类作物》上编附录"葛"页 330)

编者注

①原书云:"凡天下十道,任土所出,而为贡、赋之差……开元 25 年(737 年)敕令中书门下对朝集使随便条革,以为定准,故备存焉。"本表所载,只为所赋之物,其贡品未载。原书各道项下均记"厥赋"何物,但诸州项下则作"调以"何物云云,可知其所谓"赋"者实与"调"字通用。原书载淮南道"厥赋绝、绢、绵、布",其下又云:"淮南道庸、调杂有纻、资、火麻等布",则知该道所赋调者,尚有"庸"在内。

②原书云:"开元 25 年敕关辅既寡蚕丝,每年庸调并宜折纳粟造米支用;其河南河北不通水运州宜折租造绢以替关中。"

③18 州为:邠、陇、泾、宁、坊、鄜、丹、延、庆、盐、原、会、灵、夏、丰、胜、绥、银。

④按唐州,初属河南道,至德(756—757 年)后割属山南东道。《六典》记河南道疆域作 28 州,除表中陈、许、汝、颍外,其余 24 州为河南府、陕、郑、汴、蔡、豫、亳、宋、曹、滑、濮、郓、济、齐、淄、徐、兖、泗、沂、青、莱、登、密、海;唐州不在内。但于记河南道调赋中则列有唐州。

⑤18 州为:太原、潞、泽、晋、绛、虢、汾、慈、隰、石、沁、仪、岚、忻、代、朔、蔚、云。

⑥24 州为:怀、卫、洺、邢、赵、恒、定、易、幽、莫、瀛、深、冀、贝、魏、博、德、沧、棣、妫、澶、营、平、安东。

⑦25 州为:邓、商、复、郢、峡、归、房、金、夔、万、忠、洋、集、通、开、璧、巴、蓬、渠、涪、渝、凤、兴、阆、果。

⑧10 州为:扬、楚、和、滁、濠、庐、舒、蕲、黄、沔。

⑨50 州为:常、苏、湖、杭、歙、睦、衢、越、婺、台、温、明、括、建、福、泉、汀、宣、饶、抚、虔、洪、吉、郴、袁、江、鄂、岳、潭、衡、永、道、邵、澧、朗、辰、锦、施、南、溪、叙、思、黔、费、业、巫、夷、播、溱、珍。

⑩32 州为:益、蜀、彭、汉、绵、剑、梓、遂、普、资、简、陵、邛、眉、雅、嘉、荣、戎、黎、茂、

龙、扶、文、当、松、静、柘、翼、悉、维、蔫、姚。

⑪原书作"广州等［州］调以纻布"。

表说 14　元世祖中统元年每户输纳丝料包银税率

	系官丝 （斤，两，钱）	五户丝 （两，钱）	包银 （两，钱）
元管户内：			
丝、银全科系官户	1，6.4		4
［丝、银］全科系官、五户丝户	1	6.4	4
减半科户	8	3.2	2
止纳系官丝户：			
上都、隆兴、西京等路，十户十斤者。每户	1		
大都以南等路，十户十四斤者，每户	1，6.4		
止纳系官、五户丝户	1	6.4	
交参户内：			
丝银户	1，6.4		4
漏籍户内：			
止纳丝户	1，6.4		
止纳钞户：			
第一年			1.5
第二年			2.0
第三年			2.5
第四年			3.0
第五年			3.5
第六年	1，6.4		4.0
协济户内：			
丝银户	10.2		4
止纳丝户	10.2		
摊丝户	4①		
储也速䚟儿所管户	4②		
复业户(渐成丁户同)：			
第一年	免		科
第二年	减		半
第三年	全		科(与旧户等)

资料来源　《元史》卷93《食货志》1《科差》；《新元史》卷68《食货志》1《科差》。此表
应与乙表23合看。

编者注　①摊丝。　　②细丝。

说明　元代榨取人民的方法，主要是：计户，计丁，计亩。丁税、亩税的税率，见下表。
本表所记，是供应科差(亦名差发)之各种民户每户所纳之数。

科差之名有二:曰丝料,曰包银,皆为户税,各验户等之高下而科征。这是一种分级定额税制,我们姑名之曰"税率",以下各表仿此。

丝料之法,成立较早。太宗(窝阔台)8年丙申岁(1236年)始为规定。它分作两部分:其一,每二户共出丝一斤,并随各路规定的颜色及丝线输之于官;故名"系官丝",这是民户输纳给政府的。其二,每五户共出丝一斤,并随本路丝线、颜色输于本地的贵族领主,名曰"五户丝";这一笔是朝廷划给诸王、后妃、公主、功臣等的名下(即"位下")的收入,故曰"本位",然不得自行科征,仍由当地有司代为征收然后发给(见乙表23)。

包银之法,施行较晚。宪宗(蒙哥)5年乙卯(1255年)始作划一的规定。其前,汉民(即居住黄河流域原受金朝统治之各族人及汉人)每户科纳包银六两;至是,止征四两:二两输银,二两折收丝线、颜色等物。

包银亦名"包垛银",见《元史》卷153,《新元史》卷132《王玉汝传》。元人编集的《居家必用事类全集》辛集卷16《吏学指南钱粮造作门》"包银"一条云:"谓民纳钞包,以充差发,即古之庸也。"又同卷"丝线"条云:"亦差发,古之调也。"这因为包银在后来得以钞折纳,故但云"包钞",而不称为"包银"。大约在最初之时,丝料为调而包银为庸这种区别是比较清楚的;但其后由于各种税户的划分,有丝、银全科之户,有止纳丝户,止纳钞户(均见表中),且自宪宗5年以后,每户征包银四两,其中以二两折丝,所以原有的分别也就模糊起来了。

本表所载,乃系元世祖(忽必烈)中统元年庚申岁(1260年)立十路宣抚司后,所定"户籍科差条格"中之规定。《新元史》、《元史》食货志均记此事于立十路宣抚司之后,惟未确定其时期。今据《元史》卷4《世祖纪》1,知十路宣抚司之建立,系在元年五月乙未;至二年十一月杪,诏罢十路宣抚司,止存开元路。其间,曾于二年四月乙卯,诏十路宣抚使宽免民间课程;六月,括漏籍、老幼等户协济编户课税,又诏谕十路宣抚司并管民官定盐、酒税课等法。则知"户籍科差条格"之规定,当在中统元年五月以后二年十一月之前,多半是二年六月之前已基本建立起来了(参看《元典章》卷25《户部》11《差发》)。

唐宋户等,大抵皆据丁产分为九等。元初之户籍无九等之名目,而是以括取著籍之先后来划分,与其征服各族各地的过程发生了密切的联系,但实际多仍宋金旧籍之制,对于原有户等之编排,基本上是没有很大变动的。

表中所列的户别,主要是以其纳税之科则来作标志。丝、银全科户系以丝一斤四两六钱,包银四两为一个整份,其他各户均准此不等。所谓"元管户",就是中统定制以前原已编定的户籍,据《新元史》卷68《食货志》1《户口》所载,此中以宪宗2年壬子年(1252年)"再籍汉地(中原地区)"的壬子年籍最为重要。其次,"交参户"是指新收之户,似为原属于诸主"投下人户"之一种,今则改为系官户,所纳丝、银与全科户同,但每年只纳一项:今年纳丝,明年纳银,这样轮流交参下去。"协济户"，是指纳税能力较差之户，大约系以数户合当一份比"全科户"低的科差额。"摊丝户"疑亦与此相同，大抵以系官丝四斤之数摊派之于众户。由于有这种情形存在，所以税册上的户数并不能代表真正的人户数。《元史世祖纪》1，中统2年六月癸巳，括漏籍、老幼等户协济编户赋税，可见这批纳税能力较差的人户是合并若干户来构成的。又据《世祖纪》6，至元13年正月所载："至于7年(1270年)新括协济合并户为数205,180"，这一个数字是相当巨大的。

以上元管户、交参户、漏籍户、协济户是税户中之四大类别。此外，尚有摊丝户，每户科摊丝四斤。储也速觲儿(《续通考》卷16《职役考》作"储伊苏岱尔"。《元史》卷133，《新元史》卷154，有《也速觲儿传》)所管户，每户科细丝四斤。逃亡后归来之"复业户"与"渐成丁户"，均于第三年始全科。

"渐成丁户"之界说，史文不详。然《元史》卷98《兵志》1《序文》中有云："若夫军士，则初有蒙古军、探马赤军；蒙古军皆国人，探马赤军则诸部族也。其法：家有男子[年]十五以上、七十以下，无众寡，尽佥为兵。……孩幼稍长，又籍之，曰渐丁军。"由此推之，民户中之渐成丁户，应与唐代之"中男"为户者颇相同。《元典章》卷17《户部》3《户计籍册》"户口条画"载至元8年的规定甚详，可以参考。

上述这些税户是由哪些户种来组成的呢？据《新元史食货志户口》所引世祖至元8年(1271年)的条画，"止纳丝户"是指定由以下户种来充当："军、站、急递铺、驾船、漏籍铁冶户下，人口析居，揭照各籍所无者；民、匠、打捕、鹰房诸色附籍、漏籍人等户下析居者；灶户下人口析居者，但充当丝料。"可见"人口析居"是一个共同的条件。又据《世祖纪》2，中统3年七月戊午，令农民包银征其半("减半科")；停户止令输丝。又可见"止纳丝户"中有一部分是停户。同年十二月丙辰，敕诸王塔察儿等所部猎户止收包银，其丝税输之有司(《世祖纪》2)。可知"系官丝户"中有一部分为诸王所领之猎户，而诸王亦得征收包银。

中统4年三月己亥，"诏诸路：包银以钞输纳；其丝料入本色，非产丝之地，亦听以钞输入。"今按本表中漏籍户内载有"止纳钞户"一目，可能就是此时才规定的，但修史者编纂史料时把它与前时所定之制一并记载下来而已。三月己亥诏中又规定了："凡当差户，包银钞四两，每十户输丝十四斤。"按即每户纳丝一斤六两四钱，这是行于大都(燕京)以南等路的税率，其所纳包银钞四两之数，亦与全科户之包银税率同，特改为纳钞罢了。同诏又云："漏籍、老幼[户]钞三两丝一斤。"这项税率比全科之税率较轻，可能是优待老幼户的关系，今不见于表中。

至元4年(1267年)又增加了"俸钞"一项的科征；五月壬子，敕诸路："官吏俸，令包银民户，每四两增纳一两以给之。"(《元史》卷6《世祖纪》3)其税率，"亦以户之高下为等：全科户输一两，减半户输五钱"。成宗大德6年(1302年)，又命止输丝户每户科俸钞中统钞一两，包银户每户科二钱五分，摊丝户每户科摊丝五斤八两(《元史食货志科差》)。

按包银之制，至江南平后，推行益广，于是有"江南户钞"。仁宗延祐7年（1320年）奏准："江南无田地的人户，……除与人作佃佣作、赁房居住、日趁生理、单丁贫下小户不科外，但是开解库铺席、行船做买卖、有经营殷实户，计依腹里百姓在前科差包银例：每一户额纳包银二两，折至元钞一十贯。本官司验各家物力高下，品答（搭）均科。"（《元典章》卷21《户部》7《钱粮收》"征科包银"）

关于豁免的规定，科差制与税粮不同。科差之征，"凡儒士及军、站、僧、道等户皆不与"。税粮对于这些户是在所不免；太宗8年（1236年）定丁粟科征之法，止有"老幼不与"；其余，则"工匠、僧道验地，官吏、商贾验丁"起征。世祖中统5年诏："僧道、也里可温（天主教徒）、答失蛮（伊斯兰教别派教徒）、儒人，凡种田者，白地每亩输税三升，水地每亩五升；军、站户除地四项免税，余悉征之。"

表说 15　元世祖至元十七年丁地税税率

	丁税粟（石）	地税粟（升）
全科户：		
每丁	3	
每驱丁	1	
地每亩		3[①]
减半科户每丁	1	
新收交参户每丁：		
第一年	$\frac{1}{2}$	
第二年	1[②]	
第三年	$1\frac{1}{4}$	
第四年	$1\frac{1}{2}$	
第五年	$1\frac{3}{4}$	
第六年	3	
协济户：		
每丁	1	
地每亩		3[③]

资料来源　《元史》卷93《食货志》1《税粮》；《新元史》卷68《食货志》1《税法》。

编者注　①《新元史》作3斗。

②原无记载，今据递年增加之比例推出。

③《新元史》作5斗。

说明　本表所载为世祖（忽必烈）至元17年（1280年）户部所定的丁地税诸例。元代行于内地州郡者曰丁税、地税。行于江南者曰秋税、夏税,其法本沿南宋之旧制,但征田税而无丁税。《元史食货志》谓元内郡之丁地税乃仿自唐之租庸调,江南之夏秋税乃仿唐之两税者,其实非也。

在至元17年户部大定诸例以前,太祖(成吉思汗)时已命诸色人等凡种田者依例出纳地税。太宗(窝阔台)元年(1229年)命汉人以户计出赋调,西域回人以丁计出赋调。以户赋调者,每户科粟二石;后以兵食不足,增为四石。至丙申年(8年,公元1236年,《新元史》误作9年)乃定科征丁税、地税之法:令诸路验民户成丁之数,每丁岁科粟一石,驱丁五斗(《元史》误作五升);新户的丁及驱丁各半之。老、幼不科。其间有耕种者,则或验其牛具之数,或验其土地之等以征。凡丁税少而地税多者纳地税,地税少而丁税多者纳丁税。工匠、僧道验地,官吏、商贾验丁。

至元世祖时,法制日趋详备。中统5年(1264年)诏:僧道、也里可温、答失蛮、儒人,凡种田者,白地(似即旱地)每亩输税三升,水地每亩五升。凡该纳丁税,蒙古回回河西汉人并人匠及诸投下各色人等依[向]例征纳地税外,蒙古汉人军站户减半输纳(见《元典章》卷24《户部》10《租税纳税》)。又诏,汉军站户贫富不等,每户限四顷免税,以为赡军田,余(《新元史》误作"除")悉征之(参看《元史》卷101《兵志》4《站赤》)。至元3年(1266年)诏窎(音鸟,远隔之意)户种田他所者,其丁税于附籍之郡验丁科之,地税于种田之所验地科之。漫散之户逃于河南等路者,依现居民户纳税。8年,又令西夏中兴路、西宁州、兀剌海三处,地税与前僧道同,即白地亩税三升,水地五升。总之,元在灭亡南宋以前,其丁口户籍与地亩税册,尚极混乱,税制自未能划一。世祖即位后,自中统至至元前期,亦仅能随时略事调整而已;迨至元17年户部重定诸科征例时,制度始告稳定,故作为本表。

"驱口",亦作"躯口"。蒙古初起时,对他部族进行战争,主将把俘得的人口留供自己使用,或赏赐其部下,名曰驱口。其后,俘到的男女匹配为夫妻,其所生的子孙亦永为奴婢,故蒙古色目人之奴婢,亦总名曰驱口。元人编《居家必用事类全集》辛集卷16《吏学指南良贱孳产门》"奴婢"条云:"《周礼》:男曰奴,女曰婢。王莽时曰私属,今(元)通称躯(躯字俗写)口。"据陶宗仪著《南村辍耕录》卷17"奴婢"条所载,买卖驱口时须上税,以取得官方盖印的红契。驱口男女止可互相婚嫁,不许聘娶良家。"[元]刑律,私宰牛马,杖一百;殴死驱口,比常人减死一等,杖一百[零]七。所以视奴婢与马牛无异。"然奴婢亦得有个人的私财,故有如下的情形:"奴或致富,主利其财,则俟少有过犯,杖而锢之,席卷而去,名曰抄估。亦有自愿纳财以求脱免奴籍,则主署执凭(按即于其卖身红契上签字证明)付之,名曰放良。"

所谓"驱丁",即指已成丁之男性驱口。蒙古初年亦有用驱丁为兵者。又定"奴得纵(放良)自便者,俾为其主贴军"。按蒙古"既平中原,发民为卒,是为汉军。或以贫富为甲乙(即等第和次序);户出一人,曰独军户;合二三[户]而出一人,则[其一]为正军户,余为贴军户"(《元史》卷98《兵志》1《序》)。

表说 16　明洪武、弘治、万历三朝夏税及秋粮项目分类比较

分　类　项　目			洪　武　朝	弘　治　朝	万　历　朝
夏	农作物	大小米麦	＋	＋	＋
		麦豉		＋	＋
		农桑并丝折米			＋
		红花		＋	
		土苎		＋	＋
	布	苎布		＋	
		绵花折布		＋	＋
		麻布		＋	＋
		洞蛮麻布			＋
	丝	税丝		＋	＋
		本色丝		＋	＋
		折色丝		＋	
		丝绵并荒丝		＋	＋
		农桑零丝		＋	
		农桑零丝并丝绵			＋
税	绢	绢	＋	＋	
		本色绢		＋	
		改科绢		＋	
		原额小绢		＋	＋
		农桑丝折绢		＋	＋
		人丁丝折绢		＋	＋
		税丝折绢		＋	＋
		丝绵折绢		＋	＋
		币帛绢		＋	＋
	钱钞	钱钞	＋		
		钞		＋	＋
		租钞		＋	＋
		税钞		＋	＋

（表说 16 续）

分　类　项　目			洪　武　朝	弘　治　朝	万　历　朝
秋	农 作 物	米	＋	＋	＋
		枣子易米		＋	＋
		枣株课米		＋	＋
		鱼课米		＋	＋
		改科丝折米		＋	＋
		牛租米		＋	＋
		牛租谷		＋	
		花利米			＋
		麻折米			＋
		课程苎麻折米		＋	＋
		绵花绒折米			＋
		地亩绵花绒		＋	＋
		苎麻			＋
		红花			＋
		桐油			＋
	布	绵布		＋	＋
		课程绵布		＋	＋
		租苎布		＋	＋
		租粗麻布		＋	＋
		僮人粗布			＋
	丝	租丝		＋	＋
	绢	绢	＋		
		租绢		＋	＋
粮	钱	钱钞	＋		
		租钞		＋	＋
		山租钞		＋	＋
		税钞			＋
		赁钞		＋	＋
	钞	麻钞			＋
		茶课钞			＋
		鱼课钞			＋
		椒课钞			＋
	牲口	差发马			＋

资料来源　明《万历会典》卷 24—25《税粮》1—2。　凡有＋符号者均为当时所有之项目。请与表说 17 参看。

表说 17　明洪武、弘治、万历三朝夏税及秋粮项目的输纳区域分配

	项　目	洪 武 26 年	弘 治 15 年	万 历 6 年
夏 税	大小米麦	十三布政使司及直隶府州	十三布政使司（贵州除外）及南北直隶府州	十三布政使司（贵州除外）及南北直隶府州
	麦荍		贵州	贵州
	农桑并丝折米			广东、广西
	红花		广西	
	土苧		福建	福建
	苧布		江西	江西
	绵花折布		湖广	湖广
	麻布		常州府	常州府
	洞蛮麻布			贵州
	税丝		山东、河南、宁国府、池州府、广德州	山东、河南、苏州府、宁国府、池州府、广德府
	本色丝		江西、山东、保定府	江西、山东、广西、保定府
	折色丝		广西	
	丝绵并荒丝		浙江、陕西、四川	浙江
	农桑零丝		浙江、福建、山西、广东、广西、扬州府、宁国府、池州府	
	农桑零丝并丝绵			浙江、福建、山西、陕西、扬州府、宁国府、池州府
	绢	浙江、北平、江西、湖广、福建、山东、河南、应天府、苏州府、松江府、常州府、镇江府、凤阳府、徽州府、宁国府、池州府、太平府、广德府、徐州	湖广	
	本色绢		广西	
	改科绢		广东	
	原额小绢		浙江	浙江
	农桑丝折绢		惟四川、云南、贵州、隆庆州、保安州、太平府、滁州无之	惟四川、广东、广西、云南、贵州、延庆州、保安州无之

	项　　目	洪　武　26　年	弘　治　15　年	万　历　6　年
夏税	人丁丝折绢		河南、顺天府、永平府、保定府、河间府、真定府、顺德府、广平府、大名府、徽州府	顺天府、永平府、保定府、河间府、真定府、顺德府、广平府、大名府、徽州府
	税丝折绢		凤阳府、池州府、徐州	湖广、苏州府、凤阳府、池州府、徐州
	丝绵折绢		江西、福建、山东、应天府、苏州府、松江府、常州府、镇江府、太平府	江西、福建、山东、应天府、松江府、常州府、镇江府、太平府
	币帛绢		浙江	浙江
	钱钞	浙江、江西、福建		
	钞		江西、福建、广西、大名府	江西、福建、大名府
	租钞		浙江	浙江
	税钞		广西、苏州府、松江府	苏州府、松江府
秋税	米	十三布政使司及直隶府州	十三布政使司及南北直隶府州	十三布政使司及南北直隶府州
	枣子易米		河南	河南
	枣株课米		河南、保定府、河间府、顺德府、大名府	保定府、河间府、顺德府、大名府
	鱼课米		福建	福建
	改科丝折米		广东	广东
	牛租米		山东、扬州府	山东、扬州府
	牛租谷		江西	江西、顺天府
	花利米			广西
	麻折米			广西
	课程苎麻折米		湖广	湖广
	绵花绒折米			湖广
	地亩绵花线		山东、河南、陕西、四川、顺天府、永平府、保定府、河间府、真定府、顺德府、广平府、大名府	山东、河南、陕西、四川、顺天府、永平府、保定府、河间府、真定府、顺德府、广平府、大名府
	苎麻			广西
	红花			广西
	桐油			广西
	绵布		陕西	陕西

(表说 17 续)

项　　　目		洪 武 26 年	弘 治 15 年	万 历 6 年
秋	课程绵布		湖广	湖广
	租苎布		浙江	浙江
	租粗麻布		浙江	浙江
	傜人粗布			湖广
	租丝		浙江	浙江
	绢	浙江		
	租绢		浙江	浙江
	钱钞	浙江、苏州府、松江府、扬州府		
	租钞		浙江、福建、广西、常州府、扬州府	浙江、福建、广西、常州府、扬州府、池州府
	山租钞		江西、池州府	江西
	税钞			广西
粮	赁钞		湖广	湖广
	麻钞			广西
	茶课钞			广西
	鱼课钞			广西
	椒课钞			广西
	差发马			四川

资料来源　明《万历会典》卷 24—25《税粮》1—2。

说明　根据上表,洪、弘、万三朝两税税目项数可总括如下:

年　度	夏税税目(项)	秋粮税目(项)
洪武 26 年	3	3
弘治 15 年	24	17
万历 6 年	21	31

可见税目的项数在明初不多,中叶以后却大为增加了。当然,《会典》对于明初的记载可能有意从简一些,但就三朝税物的种类来说,总不外以下五大类:(1)农作物;(2)布;(3)丝,(4)绢;(5)钱钞。农作物一类,在各朝都是夏税以麦,秋粮以米为主。这两项税物各区无不输纳,并且数量亦占绝对大宗。绢一类,亦为三朝所共有。钱钞一类,在洪武年是钱钞并载,在弘、万两年钞的项目陡增,却不见有钱。惟布、丝两类,只为弘、万两年所有,洪武年无之;这并不因为洪武时没有征收布丝,而是因为它们还没有正式地列入田赋项内。

明初,一般民田的赋税,夏税以麦,秋粮以米为正项,谓之"本色税粮"。另有桑林(麻、棉)地亩,及牧地,例征丝、绢(麻、棉、布)及马草等项。"太祖初立国,即下令:凡民田五亩至十亩者,栽桑、麻、木棉各半亩,十亩以上倍之。麻亩征八两,木棉亩四两,栽桑以四年起科。"所以,对于法定栽种桑麻等的民田,是各以丝、麻、棉等为"本色"。当然,这一部分征课,较诸米麦,比例不大。封建政府为了适应种种需要,对于税粮的征收,在洪武初年已有时"令民以银、钞、钱、绢代输",谓之"折色"。洪武30年,户部并订出金、银、绢、布等折米的比价。折征的原因与情况,相当复杂,这里不能缕述。总之,由于改折从最初权宜的措施(如由于天灾,或因运输不便,或为了追征逋赋,而"许任土所产"来折收)逐渐成为田赋中的一个固定的组成部分,是造成两税税目繁琐的一个原因。

另一个更重要的原因,是由于税法紊乱,制度败坏,以致一些原与民田之赋无关的杂项课程,逐渐也混入田赋内征收了。如上表所列的鱼课钞、茶课钞、牛租米等项,原属于不同的税源,结果也变成了两税的税目。又如,明初课栽桑麻的功令,很早就没有严格执行,于是"桑林地亩"的原额征课,"俱摊粮征派"了。甚至一些地方上的"岁办"、"额办"如表中差发马等项,或原属土贡范围的红花、偤人粗布等项,都混入田赋内征收。总之,封建统治者为了满足他们的需求,尽量榨取直接生产者的剩余劳动生产物,最简便而可靠的办法,就是把一些因制度破坏而没有着落的征课,随田额或粮额而摊派。

明代田赋,在万历年间实施一条鞭法以前,是以征收实物为主,而在实物中,农作物外兼包括手工业产品。当时的社会,虽然局部地区的商品、货币经济已有相当显著的发展,但自然经济依然占统治地位;同时,封建政府的赋税制度也加强了农村中的小农业与家庭手工业的互相结合。马克思在《资本论》第3卷(郭大力、王亚南译,人民出版社1966年6月第2版,页930)中对产品地租的性质及其作用作了精辟的论述,其中说到:

> "不过,纯粹的产品地租虽然也能残存在已经更进一步发展的生产方式和生产关系内,但它仍旧是以自然经济为前提……它还假定农村家庭工业和农业结合在一起;形成地租的剩余产品,是这个农工合一的家庭劳动的产品,而不管这个产品地租是像中世纪常见的情形一样,本来或多或少包括工业产品在内,还是只在真正土地产品的形式上供给,"

在我国十四至十七世纪时期的封建社会,赋税和地租虽然是两种不同的剥削形式,但归根结蒂同出自对直接生产者剩余劳动的榨取,因而马克思对生产物地租的论断同样适用于说明明代田赋的剥削本质。(关于本表说的详细说明,请参看编者著《明代两税税目》,载《中国近代经济史研究集刊》第3卷第1期,1935年5月。)

表说 18　明代南北分区兑运法中每石漕米加征脚耗轻赍率①

直隶府州及布政使司别	Ⅰ 每石漕米加征耗米②（升）	Ⅱ 每石漕米加征两尖米②（升）	Ⅲ（Ⅰ＋Ⅱ）共加征（升）	Ⅳ 随船作耗（升）	Ⅴ 余米（Ⅲ－Ⅳ）及余米折银（轻赍银）②				
					成化年间原额		万历年间现额		
					米数（升）	折银数（分）	米数（升）	折银数③（分）	扣留银（分）
南运									
浙江	66	10	76	40	36	18	34	17	2
江西	66	10	76	40	36	18	34	17	2
湖广	66	10	76	40	36	18	34	17	2
应天府	56	10	66	40	26	13	24	12	1
苏州府	56	10	66	40	26	13	24	12	1
松江府	56	10	66	40	26	13	24	12	1
常州府	56	10	66	40	26	13	24	12	1
镇江府	56	10	66	40	26	13	24	12	1
庐州府	56	10	66	40	26	13	24	12	1
宁国府	56	10	66	40	26	13	24	12	1
池州府	56	10	66	40	26	13	24	12	1
太平府	56	10	66	40	26	13	24	12	1
安庆府	56	10	66	40	26	13	24	12	1
凤阳府	46	10	56	30	26	13	24	12	1
淮安府	46	10	56	30	26	13	24	12	1
扬州府	46	10	56	30	26	13	24	12	1
徐州	46	10	56	30	26	13	24	12	1
北运									
山东⑥	31	10	41	25	16	8			
河南⑥	31	10	41	25	16	8			

资料来源　《万历会典》卷 27《户部》14《会计》3《漕运脚耗轻赍》。

编者注

① 事实上,明中叶以后"耗米"、"两尖米"、"轻赍银"都渐渐变成了变相的附加税;特别是"轻赍银"变成了明政府太仓银库收入中的经常项目。

② 按照表内脚耗轻赍加征率,各地漕运共计加:耗米 1,765,775.90 石;两尖米 312,226.53 石;轻赍银 445,257⁺ 两。

③ 原书无此项数字,本表按每升折银 0.5 分计算。

说明　明初漕粮,俱民运,并无脚耗等项运费。至宣德 6 年(1413 年),令各地民粮交兑军运,于漕米正项("正米")之外,加征耗米给运军作路费,名曰"脚耗"。按照原来规定,粮户自运交给政府的正米,只要高达与量米所用的斛面相平便够了;但交兑给运军时,例须高出于斛面才满足要求——这一部分高出来成锥形的米,即所谓"淋尖"。它对于正米而言,名曰"尖米";对耗米来说,则名曰"耗尖米";二者合称"两尖米"。最初,它们都不过是以陋规的形式而出现的。随后,政府把它们加以合法化而确定下来，且曾经屡次规定军民解纳诸仓的粮米，俱按每石以一尖、一平斛收；但放支仓粮时，则以两平斛来计算，所以连运军也被剥削到了。

各地兑运漕粮，依照离京的远近以为高下，每正粮一石各加征耗米若干（见表中第Ⅰ栏），又一律加征两尖米1斗（Ⅱ栏）。然后各于上二项收入总数内划出4斗，或3斗，或2斗5升作随船耗米，来抵偿途中鼠啮、水渍等损耗（Ⅳ栏）。剩下来的"余米"，俱照每斗折银5分的比率，折收"轻赍银"，以备运军沿途的"盘剥费用"（Ⅴ栏第二项）。这因为北上过徐州东南吕梁二洪入闸时，时常搁浅，需雇用扛帮及较小的"驳船"来盘运的缘故。

以上表中各栏的规定，《会典》原书并没有明记其年份，然据其上下文观之，是自宣德8年（1415年）以后，陆陆续续颁布的，中间曾经过多次的修改。大约到了成化年间，便比较固定下来了。

轻赍银亦名"脚价"。它根据各地余米的升斗数又有种种的称呼，如"三六轻赍"就是以3斗6升余米来折银的意思，"二六轻赍"、"一六轻赍"也是如此。成化12年（1476年）通惠河成后，浙江、江西、湖广三地皆将三六轻赍改为"三四轻赍"，即于3斗6升余米内，减去2升，止征3斗4升；又于"三四轻赍"内仍扣留银2分，这就是所谓"减扣法"。据《会典》云："扣留者，以备修理通惠河闸；量减［余米之征］者，以宽民力。"其余"南运"各地，亦各减征余米2升，但扣留银数止为1分。唯"北运"山东、河南二省，原目余米、轻赍二项，俱无减扣。且河南每石，再加耗米3升；山东府属县，在小滩（北直隶大名县在北卫河之滨）交兑者，亦再加耗米3升，俱折银1分5厘，给军以资盘费。这些规定一直到万历初年是仍然奉行的（Ⅴ栏"万历年间现额"）。

按通惠河，元至元间郭守敬所开，名大通河，又名里运河，或称闸河，自北京玉泉山导流，下抵通州，与白河、榆河、浑河合流，亦名潞河，号白漕。明成化11年（1475年）八月辛巳诏修浚之，12年六月丁亥河成，通漕，然不逾二年仍涩滞如旧（参看谈迁《国榷》卷37；《明史》卷86《河渠志》4《运河》下）。其后，屡修建闸坝以节水流，为明清以来分运京仓漕船必经的水道。

表说 19　清乾隆年间各直省各类田地每亩征科额数[①]

(1)民赋田每亩征科额数

直省别	民　赋　田　每　亩　征　科　额　数					
	银(分)	米(升)	豆(升)	麦(升)	粮(升)	草(分)
直隶	0.810－13.000	1.000－10.000	0.908－4.000			
奉天	1.000－3.000	2.080－7.500				
江苏[②]	0.900－14.110	1.470－19.260		0.002－0.030		
安徽[③]	1.500－10.600	0.210－7.100	0.080－0.910	0.050－0.080		
山西	0.107－10.000				0.150－27.000	
山东	0.320－10.910	0.020－3.060		0.010－0.430		
河南	0.140－22.700	0.070－2.200				
陕西[④]	238.170				5.250－5.850	
甘肃	0.020－15.040				0.030－8.110	3.000－4.600
浙江[⑤]	1.503－25.500	0.0003－19.000				
江西[⑥]	0.1336－11.7013	0.140－10.725				
湖北	25.450－297.410[⑦]				0.006－29.148	
湖南	20.338－184.040[⑦]				0.0294－14.690	
四川	0.159－8.491				[⑧]	
福建	1.690－16.250	0.019－2.470				
广东	0.810－22.320	0.650－2.290				
广西	2.040－21.220	3.700－5.350				
云南	0.550－4.650				1.940－15.000	
贵州[⑨]	1.000－65.000	0.501－45.000	10.000			

资料来源　《清朝文献通考》卷 1《田赋考》1。按,嘉庆《大清会典事例》卷 138 所记各省民赋田每亩科则与本表同,仅奉天省分作盛京与吉林。

编者注

①本表所列赋额,仅系民赋田"正课"。其他各类田地如更名田、屯田、学田、退圈地、农桑地等的科则,请参看以下(2)、(3)、(4)三表。在同一类田地中,科则亦有高下,"大抵视其土壤肥硗,户口多寡,以为赢缩",表中每项数字即表示亩田最低至最高的科则。

②江苏另有民赋地,每亩征科:银 0.900—33.030 分;米、豆 0.730—41.670 升;麦 0.001—0.080 升(原书作"麦一抄至八厘零不等","厘"系"勺"之误,据嘉庆《大清会典事例》卷 138 校改)。

③安徽另有民赋地,每亩征科:银 0.890—63.000 分;米 0.790—5.900 升;麦 0.080—0.220 升。

④原书作陕西西安。

⑤浙江另有民赋地,每亩征科:银 0.240—21.320 分;米 0.008—19.350 升。

⑥江西另有民赋地,每亩征科:银 0.0054—21.1128 分;米 0.052—5.128 升。

⑦系"每石征银"额数,两湖田赋,除湖南的归并卫所屯地外,一般都不是按亩起科。

⑧原文记云:"[四川民赋]粮每斗折银四分,估粮每石折征银七分一厘二丝至七钱一分二厘零不等。"这里赋仅记粮折银的比率,并非按亩起征,故不据以入表。

⑨贵州赋额系以"民苗田"科则为准。

(2)更名地等各类田地每亩征科额数

直省别	更名地每亩征科		塘地每亩征科		灶地每亩征科		官田每亩征科		学田每亩征米		土司地每亩征科	
	银(分)	粮①(升)	银(分)	米②(升)	银(分)	米②(升)	银(分)	米(升)	银(分)	米②(升)	银(分)	粮①(升)
直隶	0.530—11.730								1.000—26.780	6.000 (1) 6.000		
安徽			10.900—4.400	0.470—0.780 (1) 0.010—0.020								
山西	0.500—14.000	0.070—20.000										
山东	1.000—30.070	(1) 1.800 (2) 0.320			2.650—4.410	1.800—2.840 (1) 0.010—0.410			0.900—30.000			
河南	1.100—12.900											
陕西	0.690—7.510	4.350—14.800										

（续上表）

直省别	更名地每亩征科		塘地每亩征科		灶地每亩征科		官田每亩征科		学田每亩征米		土司地每亩征科	
	银(分)	粮①(升)	银(分)	米②(升)	银(分)	米②(升)	银(分)	米(升)	银(分)	米②(升)	银(分)	粮①(升)
甘肃③	0.480—1.710	0.220—1.420									7.500	2.425
浙江			0.020—12.450	0.0007—1.680	1.610—14.140	0.370—3.700						
江西			0.0054—27.0677	0.113—6.837								
湖北	46.600④	0.499—6.310										
湖南	37.350—92.440④	0.500—12.000										
四川											0.340—2.310	
福建									6.430—69.950			
广西							6.420—20.770		0.900	24.840		
贵州							25.000—50.000				0.800—10.000	(1)0.722—15.000

资料来源　同上第(1)表。

　　原书所载各省各种田地的名称，往往虽性质相同而详略互异。表中各栏所揭示者，皆以各省常用的名称为准，今作总括说明如下：

1. 更名地（直隶"更名田"项下原书注云："初以明代各藩所占田归民垦种，曰'更名田'。下仿此。"）：山西、河南、陕西、甘肃均作"更名地"。唯直隶、山东作"更名田"，湖北、湖南作"更名田地"。

2. 土司地：甘肃、四川均作"土司地"。唯贵州作"土司田"。

编者注

①本栏下各省的数字，其(1)为米，其(2)为麦，其余皆为粮。

②本栏下各省的数字，其(1)为麦，其余皆米。

③甘肃"更名地"栏下每亩又征科草1.000—9.200分。

④系"每石征银"额数。

(3)归并卫所屯地等各类田地每亩征科额数

直省别	归并卫所屯地①每亩征科		归并卫所屯田每亩征科		卫所管辖屯地每亩征科		屯地每亩征科	
	银(分)	粮②(升)	银(分)	粮②(升)	银(分)	粮②(升)	银(分)	粮(升)
直隶③	0.072—7.930	(1)0.897—9.702 (2)0.438—3.600						
江苏	0.900—14.110	(1)1.470—19.260 (2)1.470—19.260						
安徽			0.600—1.000		1.790—272.290	0.300—25.410		
山西	1.400						0.230—1.400	1.080—10.900
山东④	1.000—6.500							
河南	0.160—10.800							
陕西							0.200—9.800	1.500—30.000
甘肃⑤	0.120—0.600	5.000—6.000				4.187		
浙江	0.552—14.900	(1)15.750—24.000						
江西⑥		7.973—22.803⑦		3.959—27.300⑧				
湖北		1.500—9.960			30.000—131.660	1.200—18.000		
湖南⑨	0.190—10.430 17.740—125.310⑩	0.380—20.000						

（续上表）

直省别	归并卫所屯地① 每亩征科		归并卫所屯田每亩征科		卫所管辖屯地每亩征科		屯地每亩征科	
	银（分）	粮②（升）	银（分）	粮②（升）	银（分）	粮②（升）	银（分）	粮②（升）
四川	1.250—30.000	27.270 (1) 50.000—80.000⑪			1.250—2.000	(1) 1.929—80.000 (2) 1.929—80.000		
广东	⑫	(1)8.880						
云南		5.920—8.180						
贵州			1.410—23.400			(1)5.350—37.330 (2)3.000 (3)23.330—31.140		

资料来源 同上第(1)表。

编者注 ①归并卫所屯地：江西、湖北、湖南、四川、广东、云南均作此名。唯江苏、山东、河南、甘肃、浙江作"归并卫所地"，直隶作"归并卫地"，山西作"卫所屯地"。
②本栏下各省的数字，其(1)为米，其(2)为豆，其(3)为菽(同荞，即荞麦)，其余皆为粮。 ③直隶"归并卫所屯地"栏下每亩又征科草1.920—4.170分。
④山东另有卫所军屯粮田，每亩征科银1.000—5.380分，条银1.200—2.400分。
⑤甘肃"卫所管辖屯地"栏下每亩又征科草5.080分。 ⑥江西另有归并卫所余地，每亩征科余粮4.166分；自闽省改归屯田，每亩征科银9.0047—11.4245分。 ⑦原书又云："每石折银二钱。" ⑧原书又云："每石折银五钱，每石又摊余徭等银二厘九毫七丝五忽至四分八厘三毫八丝四忽零不等。"
⑨湖南另有岳州卫管辖屯地，每亩征科粮1.000—12.500升，每石征银56.000分。 ⑩系"每石征银"额数。 ⑪系"每石征米"额数。 ⑫原书云："科银照民地科则。"

(4)农桑地等各类田地征科额数

直　省　别	田　地　别	征科单位	征科银（分）	征科米①（升）
直隶	农桑地	每亩	0.168	
直隶	蒿草籽粒地	每亩	5.000—72.510	
直隶	苇课地	每亩	1.000—6.000	
直隶	河淤地	每亩	2.900—25.650	
奉天	退圈地	每亩	1.000—3.000	(3)4.300—10.000
江苏	山荡溇滩	每亩	0.900—14.050	0.340—16.520 (3)0.340—16.520 (4)0.010—0.030
江苏	城基仓基屋基	每间	5.700—10.240	5.050—12.630 (3)5.050—12.630 (4)0.010—0.020
安徽②	草山	每里	8.300	
山东	卫所更名籽粒等地	每亩	0.600—12.000	
甘肃	番地③	每亩		(1)0.400—3.000
甘肃	临牧地	每亩	0.600	
甘肃	户	每户	30.000	(1)10.000—25.000
浙江	山	每亩	0.005—19.630	0.006—5.370
浙江	荡	每亩	0.040—7.300	0.050—7.500
浙江	湖地	每亩	3.070	0.095
浙江	桑	每株	0.190—0.560	0.001
浙江	茶	每株	0.150	0.070
江西	山地	每亩	0.0005—6.272	0.017—1.478
湖南	苗疆地	每亩	0.150—3.679	
福建	官折田园地④	每亩	0.870—41.750	
广东	泥沟	每条	45.030	
广东	零车地	每方	39.400	
广西	徭田	每亩		3.000—5.350
广西	僮田	每亩	0.900—2.230	3.740—50.350

（续上表）

直　省　别	田　地　别	征科单位	征科银（分）	征科米①（升）
广西	狼田	每亩	0.900	4.280
云南	马场地	每亩	3.000	
云南	夷地	每亩		(1)1.000
贵州	租地	每亩	3.000—10.000	
贵州	山土	每亩	1.360—5.000	5.000 (5)10.000
贵州	学祭田	每亩	10.000—40.000	20.000—40.000 (2)20.000—110.780
贵州	旱祭田	每亩	10.000	(3)10.000
贵州	官庄赈恤田	每亩		14.900—50.000 (2)4.130—125.120

资料来源　同上第(1)表。

编者注

①本栏下各省的数字，其(1)为粮，其(2)为谷，其(3)为豆，其(4)为麦，其(5)为菽，其余皆为米。

②安徽另有桑丝每两折银3.200分。

③每亩又征科草2.150—3.000分。

④原书注云："自明代相沿，凡职田、没官田、官租田、废寺田不征粮米，止征折色，曰'官折田园地'。"

表说 20　清乾隆年间各直省人丁等每口科银额数①

直　　省　　别	人丁每口科 银额数（钱）②	盐钞小口每口 科银额数（钱）②	收并卫所每丁 科银额数（钱）②	更名屯丁每丁 科银额数（钱）②
直隶	0.300—26.570			
奉天	1.500—2.000			
江苏	0.140—1.000③			
安徽	0.500　5.190	0.074		
山西	1.000—40.536			1.000—3.000
山东	0.539—7.800		2.000—3.500	
河南	0.100—12.000		0.200—15.000	

(表说 20 续)

直 省 别	人丁每口科 银额数(钱)②	盐钞小口每口 科银额数(钱)②	收并卫所每丁 科银额数(钱)②	更名屯丁每丁 科银额数(钱)②
陕西	2.000④			
甘肃	2.000④			
浙江	0.010—5.725⑤			
江西	0.320—13.463	0.026—0.095		
湖北	1.544—6.438			
湖南	0.300—8.350			
四川	1.200—5.191			
福建	0.839—2.910	0.147—0.181		
广东	0.019—13.260			
广西	1.500—4.500			
云南	0.300—5.500			
贵州	1.500—40.000			

资料来源 《清朝文献通考》卷 19《户口考》1"户口丁中赋役"。

编者注

①表中数字表示最低额至最高额。

②原书科银数以两、钱、分、厘、毫表示,今简化为以"钱"作单位。

③江苏亦有每口"科[铜]钱五文零不等"的。

④康熙旧例,两省民丁科银数如下:

   "西安等处"(陕西)   0.449—73.890(钱)

   "巩昌等处"(甘肃)   0.326—87.785(钱)

 此外,"更名地、收并卫所地、监牧地,其丁银亦有多寡不同"。

⑤另科米 0.23—3.30 升。

历代户口、田地升降比较统计图

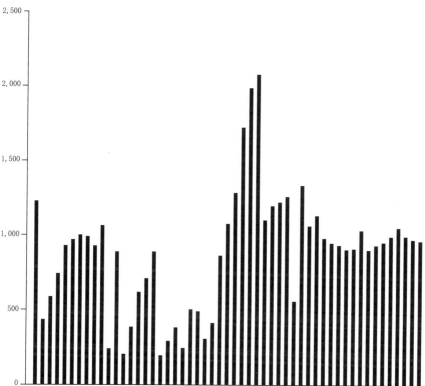

1　历代户数比较

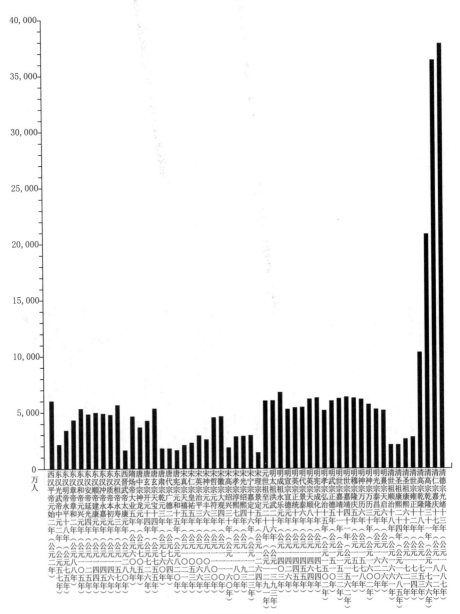

2　历代人口比较

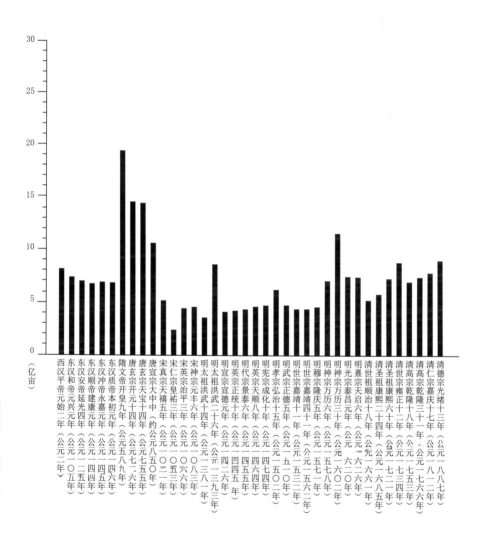

3　历代垦田比较

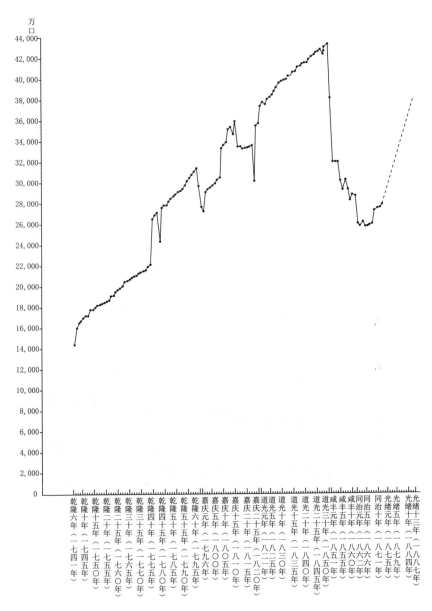

6　清乾隆至光绪六朝人口数的升降

一、中国历代度量衡之变迁及其时代特征

近数十年来，学者进行对存世古物的实测，并参考史籍记载，对于我国度量衡史的研究作出了一定的成绩。但是关于一器一物或断代、专门的论著居多，而全面性的综合分析则少；关于度量衡的量的变迁的著述居多，而对于质的变化的阐明则少。一般通论多数只是从官定的度量衡制度和对人民赋税剥削关系来论述，而不是从社会发展阶段和每一种社会经济形态内的两个基本敌对阶级的斗争来探讨问题，因而并没有接触到当时社会经济生活的主要矛盾方面，更没有很好地阐明问题的本质。

在已有的著述中，吴承洛《中国度量衡史》（商务印书馆1937年版）一书是较为全面的。但是由于他不大注意实测工作，而往往出之于推算，且态度不够严谨，往往满足于引用三四手的史料如《三通考辑要》等书，不能不说是有相当严重的缺点。

1957年程理濬同志对吴承洛书进行了修订的工作，仍由商务印书馆出版。程同志企图运用新的观点来改正吴著中若干错误之处，这个努力方向是应该肯定的。可惜似乎成书较为仓促，实际改动不大，而且往往有吴氏原著本来不误的地方，反由程同志搞成错误了。

后来，万国鼎同志根据古遗物的实测结果，并用积黍法来作校验，证明了吴承洛对于秦汉度量衡亩制以至唐尺的考证，都是错误的。万同志实事求是

的科学态度是值得我们学习的,他所得到的数值也大致比吴氏的推算较为准确。这些是可以肯定的成绩①。但可惜的是过于偏重实物之测定,却忽略了史籍的系统记载,未能把度量衡的变迁和当时的历史发展结合起来深入考察,所以有些结论也是值得商榷的。即如万同志只根据唐兰同志等对商鞅量尺和刘歆铜斛尺两件实物进行实测所得出长短相同的结果,就推论商鞅和王莽对前代的度量衡制并没有做过什么改革②。这就不只是将古代许多记载推翻,甚至对两件器物本身在形制上的差异(如鞅量为长方形,莽量为圆柱体等等,余详下Ⅱ.2.)也完全不加理会。他光注重尺度的长短相同这一点,从这种纯数量观点所做出来的论断,对于历史实际的说明自然是不十分切合的。谁都不会否认,南宋末年的斛的形式,由圆柱形改为截顶方锥形,这是我国度量衡史上的一大改革。这一改革对征收田赋的影响也曾经起过一定的作用。

本文分为两部分。纲目如下:

Ⅰ.历代度量衡之变迁

　1.历代度量衡单位量演变的总趋势

　2.度量衡不断增大的原因

　3.度量衡增率不一致的原因

　4.历代地亩的变迁

Ⅱ.度量衡的产生和发展过程及其时代特征

　1.度量衡的起源

　2.我国社会由奴隶制转入封建制过程中度量衡的发展

　3.我国封建时代度量衡制度的特征

---

①万国鼎:《秦汉度量衡亩考》,载《农业遗产研究集刊》第2册,中华书局1958年版,同人著:《唐尺考》;王达:《试评"中国度量衡史"中秦汉度量衡亩制之考证》,载《农史研究集刊》第1册,科学出版社1959年版。

②前注万文第1篇,页147。

    （1）官定的制度和民用的度量衡之对立和统一的关系

    （2）地方度量衡增大的无限制性及其剥削性质

    （3）封建时期度量衡制度和生产、制作、礼制等发展的关系

  4.半封建半殖民地时期度量衡制度的特征

    （1）帝国主义对我国度量衡制度破坏的过程

    （2）时代特征

    以上第一部分所讨论的，是以“历代度量衡不断增大”为总题目，但重点不放在增大率的准确数值这个问题上，而在于增大原因的探讨。

    第二部分的着重点，是在说明以下一系列的问题：自从阶级社会成立以后，度量衡作为剥削的工具是如何具体运用的？它们有哪些特点？它们和交换及生产的相互关系究竟怎样？在哪些方面，它们的增大率受到了技术性或上层建筑的限制？等等。

    由于我对我国度量衡史素乏研究，且理论水平太低，其中一定有许多幼稚和错误的见解，希望同志们多加指正。

（一）历代度量衡之变迁

1.历代度量衡单位量演变的总趋势

    本附录所载诸表已把我国历代各朝度量衡的单位量换算为公制或市制。虽然各人换算的数值不尽相同，但总的结果都共同说明了历代度量衡单位量的演变趋势。分别言之：度的演变是由短而长，量的演变是由小而大，衡的演变是由轻而重。合而言之，度量衡的单位量同是沿着增大的方向而发展。

    增大的程度是随着朝代的变迁而有所不同。如以新莽时的制度为基数，则历代度量衡单位量之总增率可以分作三个时期来说：第一期，从新莽期（亦即西汉末）开始，至三国西晋止。这三百年中，变化最小，度量衡三量的总增率约为百分之三。由东晋南北朝至隋，为第二期。这三百年中，变化最大，总

增率约为百分之一百四十,其中北朝的增率是历史上最高的,南朝低得多。自唐迄清,为第三期。这一千三四百年中,变化亦不甚大,总增率约为百分之七十。

度量衡三量的总变化,虽同为由小而大;然三量各别的增率是彼此不同的。量的增率最大,衡次之,度又次之①。

量(升、斗、斛)的增率:在第一期中约为百分之三,第二期中则由百分之百以至百分之二百,第三期约为百分之二百;整个的增率,约为百分之四百。

权、衡(两、斤、石)的增率:在第一期中并不明显,在第二期中则由百分之百以至百分之二百,在第三期中几无变化;整个的增率,约为百分之二百。

度(寸、尺、丈)的增率:在第一期中约为百分之五,第二期中约百分之二十五,第三期约百分之十;整个的增率,约为百分之四十。

以上三量的总增率及其各别增率,皆用吴承洛考订的数字;如据杨宽《中国历代尺度考》(商务印书馆1955年重印第1版)的推算,应与此稍异。万国鼎、王达等论文,更指出吴书错误甚多。但无论如何,用来作为一般趋势的概括说明是未尝不可的,因为诸家数值的差异,并不影响到历代度量衡不断增大这个结论。

2.度量衡不断增大的原因

为什么后代的度量衡总是比前代的加大呢? 前人多从政府赋税抽剥之加重来解答问题。清初顾炎武早已说过:“权、量之属,每代递增”,乃由于“取民无制”。近人王国维专就尺度的变迁来说:“尝考尺度之制,由短而长,殆为定例。其增率之速,莫剧于西晋后魏之间。三百年间几增十分之三。求其原因,实由魏晋以后,以绢、布为调。官吏惧其短耗,又欲多取于民,故代有增益。”他又指出:尺度之增长,“北朝尤甚。自金元以后,不课绢布,故八百年

---

① 顾炎武《日知录》卷11“权量”条早已指出:“今代之大于古者:量为最,权次之,度又次之。”

来,尺度犹仍唐宋之旧"[1]。王氏这两段话的大意,如果说得更确切一点,应该是:由于曹、魏、西晋以后,迄唐代中叶,五六百年间,政府征收的户调是绢、布,因此在这个时期内尺度不断地增长;尤以北朝的增率为甚——自东晋至北魏不满三百年内,尺度便增长了几乎十分之三,这是增率最速的一段时候。其后,至唐代中叶,朝廷殆不复以绢、布为户调正课。所以自宋、金、元迄清,八九百年来,尺度犹仍唐代之旧,没有多大的变动。王国维这个论点,在吴承洛和杨宽两书中得到了更充实和明确的论证。虽则在个别结论上,又有分歧的地方。

1957年出版的程理濬修订吴承洛著《中国度量衡史》书中《前言》(页10,又页48—49略同)说道:"度量衡器具的变大,和封建剥削的加强是分不开的,而且正是为了加强封建的剥削,才向大的方向演变的。因为在唐朝以前,封建剥削完全是以实物为对象,如粟、米、布、帛、丝、绵之类。放大度量衡可以在同一税率下多收些实物,达到加重剥削的目的。这样就无增税之名而有增税之实。自唐以后,不是减轻了剥削,而是用钱纳税代替了实物,只要压低物价,同样可以多收实物。"在这一段话中,程同志企图运用新的观点和浅近的理由来阐发前人的论说,这应当承认是前进了一步。但仍有几点似乎是不够切当的:第一,他把唐朝作为度量衡增率大小的分水界线,这是与历史事实不符的。他忘记了三量的增率并不是同时一致的。其实王、吴、杨诸人所已论证的,只是尺度方面。至于量的方面,则唐朝后至清代仍然增大至百分之二百。当时一部分的田赋和绝大部分的地租仍然是征收米粟等项实物。

其次,程同志把用钱纳税和用度量衡这两件事互相对立起来了。他没有考虑到,在古代征钱或征银的时候,是要过秤的,而过秤时,经手人员又总是五

---

[1]《观堂集林》卷19《史林》11,《宋三司布帛尺摹本跋》说是"莫剧于两晋后魏之间";然《记现存历代尺度》一文则谓"增率之速,莫剧于东晋后魏之间"。以各家推算的数字参验之,应以后一说为长。

花八门"上下其手"的。姑且置这些舞弊的情形不谈,但难道可以忘记官府另订有种种"合法"的加秤方法吗?即如明清时官府关于"火耗"、"平余"、"重戥"一系列的明文规定①,其目的就在于保证取得一定比例的"浮收"。它甚至很滑稽地美其名为"养廉",作为"合法"加秤的理论根据。所以,虽不必把秤锤放大也可以达到多收的实效;如果我们只是注意度量衡法定量的变迁而忽略了它们在实际运用时的情况,是不能明了真相的。

最后,程同志说:"自唐以后,……用钱纳税代替了实物,只要压低物价,同样可以多收实物",这一论断也是站不住脚的。在用钱来代替实物(例如粮食)纳税的情况下,钱的征收是作为实物的代价而出现的。这不过是税粮折合成钱的比率问题。政府为了要多收实物,它就得将钱对于税粮的比率降低,这也是把钱价压低同时把粮价抬高的办法,它是和"压低物价"的做法恰恰相反的②。简言之,政府还是要通过多收钱的方法才能够实现多收实物的目的;至于"压低物价",则所触及的阶级利益面(如商人及大地主等)必定广泛得多。两件事是不可混为一谈的。明乎此,便可晓得为什么王莽的"五均六筦"政策很快地宣布失败,但他所订的度量衡制却不失为后世取法的蓝本的理由了。政府为了要达到"无增税之名,而有增税之实"的目的,其做法是随着时代之不同而有所不同的:在征收实物租税时期,最简便的方法自然是在度量衡方面玩弄花招。在货币经济已有相当发达的时候,便可以采用增加货币发行额或通货膨胀的方法加以解决。至如在折价上抽剥的方法,可以说是在这两

---

①按"火耗"之名,始见《元史刑法志》,明清两代因之。"平余"、"羡余"及"重戥"、"养廉"等项,则分见《明史食货志》及清《东华录》、《清通考》等书。

②应当附带说明,税粮折价与当时粮食的市价未必一致。假定物价不变,则增加钱的折数,民间便须出卖更多的粮食换钱,这样便会引起市场粮价的低落,虽不用官府的力量来压低物价,而物价也会趋向低落。在这种情况之下,政府是一方面提高钱的折数,收取更多的钱,一方面又利用市场上粮价的降低,而收购得更多的粮食。

个时期中间的过渡方法,然而压低"折价"和压低"物价"是迥乎不相同的。

3.度量衡增率不一致的原因

第一节中已经指出,三量增率的大小是并不同时一致的:量为最甚,衡次之,度又次之。现在要说明为什么缘故?

量的增率最大,首先是因为量器的大小最难于判定。它不像尺度可以凭眼和手足做出适当的评验,故易于作弊。但最基本的理由,是由于我国田赋和地租一向征收的是农作物,它的历史最为长久,至少也有二千年以上。

衡的增率,在度、量二者之间。一方面,因为鉴定权衡的轻重比鉴别尺度之长短较为困难,因此,衡的增率较大于度。另一方面,权衡之成为官民出纳上的重要标准只是元明时银两已取得通货地位之后的事情。然而银的单位价值自非米、粟可比,它在重量上丝毫的增减也影响到所有者的经济利益,因此人民对于权衡的注意和检查自亦较为精细,所以衡的增率又较小于量。

度的增率最小。因为尺之长短,可以凭目测和手度,舞弊的情状较易于为对方所察觉。所以尺度的增长,比较和缓。如上述,尺度增率最甚的时期是在魏晋迄唐户调征收绢、布的五六百年中。应当附带指出,在这个时期里,绢、布已经担当起流通手段的职能,实际上已经取得了货币的地位。

从度量衡器具本身作考察,也可以证明上述的论点:度量衡三种,度器最简单,各地度器虽是不同,但是比起法定的尺来,还不算过于离奇。衡器就复杂得多了。除了各器不同以外,一杆秤上,常有几面秤星,大小常不相同;不过十六两一斤,还算是一个共同的标准;又因为用银子的关系,各地银秤的大小,也还不至于太过离奇。我国各地差异最大,和法定的器具相去最远的,要算是量器,因为升斗的本身,已经大有出入,再加以量的计算方法是比较复杂的。如有些地区又用秤来代斗,在实际上已是论斤,而名义上却还说是论斗的。如下述民国时山东、甘肃等地的情况,这就不只是名实不相符,而且也说明了斗、石的大小,各地是毫无一定,并且是最紊乱不过的。

　　清光绪34年（1908年）三月，农工商部及度支部会奏，拟订了划一度量衡制度等《总说》中指出："总而言之，则量之制莫先于《周礼》，尺之制莫备于《隋书》，权衡与法马之制莫详于宋太宗及明洪武、正德之时。"这一段话概括了历代史籍关于度量衡三者记载的先后和详略的情况，同时也指出了三者在历史上分别成为其中心问题的先后次序。

　　然而必须注意，所谓度量衡制度应当是包括两个方面来说的：总的来说，度量衡都是用来规定物品分量的多少；分开来说，度是定长短的，量是测容量的，衡是称轻重的。以上三者虽然表明各自不同的标准，但对于自然界来说，实则根据两种基本的物理现象：其一是对于地心所加于物体的吸力（重量）而言；另一是对于物质所占空间的位置（长度）而言；至于那面积和容量，只是由长度的平方和立方推算得来；而重量等于密度乘以容积。由此可知，度量衡三者的相互关系本来又是统一的，因为占有一定容积的米粟亦必有它的一定重量。所以不论是用斗来量，或用秤来称，在份量上是不应有很大差别的。然而在过去的历史条件之下，从地主阶级的利益出发，则自以使用量器为易于进行欺骗。所以用权衡来计算米粟轻重的方法只是后起的事——据说至南宋孝宗朝（十二世纪下半叶）以后才逐渐比较普遍起来的。从此，量制也借用了衡制中的名称。古代原以十斗为斛，一百二十斤为石，斛是量的最大单位，石是衡的最大单位，两者原各属于不同量纲的物理单位。至宋时官方法令始定以五斗为斛，两斛为石。这就是所谓"以权之极数，为量的极数"了[①]。又，北宋时四川的成都府及梓州两路已出现了"擔"这一权衡单位的名称。不过，当时这些地区仍以石（量制）作为米谷的计算单位，只有一些"杂色"的税物才以擔（衡制）来计算（参看乙编表8）。自清初以来，在很多省区，民间已通俗称衡

[①] 参看沈括：《梦溪笔谈》卷3《辩证》1"钧石"条（胡道静《校证》本页107—108）。按姚鼐《惜抱轩集笔记》卷4史部1"《汉书》"条云："古人（指西汉以来）大抵计米以石权，计粟以斛量。"此说从近代发现的汉简中似乎得到些有利的证据。

百斤为一擔（担），而量一石亦称作一擔。擔、石二名从此往往通用。但也有例外，如江苏等地，以一百四十斤或一百五十斤为一担。又如民国时，山东兖州和甘肃伏羌县竟有一百斤一斗的小麦；山东滕县居然一百五十斤算一斗，这些都是用秤代斗的地区，实际上是论斤，但名目上还说是斗[①]。所以尽管用权衡来计算米粟的方法自清代后已渐趋普遍，但直至民国时期在全中国范围内仍以量器计算米粟的方法居于主要的地位。

总之，二千年来，作为封建主义剥削工具的量器，它所发挥的剥削作用比之尺度和权衡更是巨大得多，广泛得多。它的种类、名称之庞杂，及其运用时的复杂性，都非度、衡所可比拟的。可惜的是，无论史籍记载或专题研究，一向都是详于度而略于量、衡，这固然是受了种种条件的限制；但是把量制的研究提到首位来，不能不是今后的努力方向吧。

还有，更重要的一点：过去诸家的研究方法，都是根据历代法定标准的变迁来作出结论的。但是官定的度量衡制以及官制的度量衡器具，实际上只是使用于官民双方间的收支方面，至于民间交易，和各行业所使用的，却往往另外各有一套。而且后一列的系统比前一个系统在整个社会经济活动上要重要得多。如果我们的研究只局限于官民对立一点，却没有从阶级对立的全部诸关系来作全面考察，那就基本上仍没有接触到问题的本质。关于这点，后面还要详细讨论。

最后一点，在某些情形之下，并不是将度量衡的单位量改变了，而是在实用单位或名称等方面做出若干改变，这些也是值得注意之点：

其一，由于计量的数量是比较巨大的，故有增设大单位之必要。即如度制方面，自汉代以后，历代计算长度，都是自尺以上，到丈为止。至清光绪34年（1908年）重定度量衡制时，始规定于丈之上加上"引"、"里"这两个单位。

[①] 林光澂、陈捷编：《中国度量衡》，商务印书馆1930年版，页49—50。

本来引、里两个名称,古代早已存在,但多半是用来计量面积。虽亦用来表达长度,但仍从面积这个概念引伸而来的,并不是正规的用法。到了光绪末年,才明文规定于尺制之外,另立里制:以"五尺为一步,二步为一丈,十丈为一引,十八引为一里"。所附《说略》把理由说出来:"长短度分二种。一曰尺制,以尺为单位,所以度寻之长短也。一曰里制,以一千八百尺为一里,用以计道路之长短也。里制即积尺制而成,盖道里甚长,若仅以尺计,则诸多不便,故必别为里制。"①同样的理由,明清计算煤铁等重量通常以斤,偶亦用引、担作单位。但自新式工业产生以后,便改用吨了。

其二,政府剥削程度之加深,有时表现为实用计量单位起点之由大至小和计量单位名称之任意增多。此事从表面看来,似乎是和度衡单位量之继续增大的趋势相反的。但其剥削的性质却是一致的。可用宋代权衡之改制为证。本来唐代重量之制,以一百黍为絫,二铢四絫为钱,十六两为斤。但在实用方面,黍絫只是徒具名称而已,一般砝码都是至钱为止,十钱即为一两。当时赋税的出纳,是以米粟布帛为主,故用斛、斗或丈、尺计量。唐中叶后,始行用钱纳粮。至宋代,用金银出纳之风渐盛,故以权衡来计量的方法亦日益普遍。但计算金银之重量,如仍以钱为最低的单位,未免失之过高了;且唐制从"铢、絫"进到"两"位不是用十进法,计算时又诸多不便。因此,北宋初年(十一世纪初),改唐代的絫黍为厘毫。其法:于"两、钱"之下,又定有"分、厘、毫、丝、忽"五个单位,俱以十退。当时改行新秤,算及厘毫为止;至于丝忽则仅为名目上的单位,在秤上是计量不出来的②。这一改制,在一定程度上是与当时的货币经济的发展情况相符合的。但后来又于丝忽之下,设立微、纤、沙、尘、埃、渺、漠、糊糊、逡巡、须臾、瞬息、弹指、刹那、六德、虚空、清净等十余位的

<hr>

① 刘锦藻:《清朝续文献通考》卷191《乐考》4"度量衡"。
② 《宋史》卷68《律历志》1。

小数①。这些名目,大半是借用佛经唯心主义的辞汇,它们只是代表一种虚构的数目系统。纵使放在今天五千分至万分之一公分的精细天平或一千万之一公分的微量天平上也是不易称出来的。然而在现存的明清赋役黄册和钱粮奏销册籍上,这些小数确是必须一一开列的。这无非是保证经征人员分肥的妙计。由此可见,"取之尽锱铢"(杜牧《阿房宫赋》)还只是代表唐人所能了解的程度。自宋以后直至明清封建政府剥削之深刻,真是无微不至了。

4.历代地亩的变迁

土地的面积,是以长度单位的平方来计算的。我国计算面积,亩制向来是用平方步计算,步又用尺计算。所以如果想计算各代亩量的面积大小,即用各该代尺的长度可以推算出来。但历代地亩,并不是完全依照实际面积的大小,而往往结合其他因素如收获、播种及劳动力等来作为亩量的折合,以便于统治阶级征税收租的估计。因此,用尺度来推算亩量是没有科学价值的,它并不能表明地亩的实际变迁标准。所以本附录表丁所表明的只是历代朝廷法令对步和亩这两个单位所规定的进位方法的变迁而已。

然而各地的实施情况,大多数是与中央规定不相符合的。即如自唐至清,尽管中央做了规定:五尺为一步(清代改步曰弓),二百四十平方步为一亩;实则各地的亩制极为参差不齐。拿清代的情况来说,苏、浙、皖、鄂、鲁、晋等省,在尺则有部尺、库尺、营造尺、鲁班尺之分;在弓则有三尺二寸、四尺五寸、六尺五寸、七尺五寸之别;在亩则有一百四十号、二百弓、三百六十号、六百九十号之分歧。至如河南省,有以二亩或三亩为一亩者;陕西宜川县,有以四亩为一亩者。奉天、吉林等省,则以"日"、"晌"、"单绳"、"双绳"为六亩、十亩的区分。所以亩量的大小宽狭,既有一和二、三、四的比例,亦有一和六、一和

---

① 明程大位:《算法统宗》卷1"量法"条。明末陈继儒:《白石樵真稿》卷12"查钱粮琐碎易眩之故"。

十的比例①。

此外值得一提的是,在古代我国境内少数民族聚居的地区,往往另有一套独特的计算土地面积的单位,而当时的统治者亦沿袭这些单位登记入赋役册内。上面所举的"晌"、"单绳"、"双绳"等就是我国东北等地满族人所习用的计算面积单位(参阅乙编表61注⑨)。云南白族人的习俗,双牛耕一日的田叫做"双",双的四分之一叫做"角",角的二分之一叫做"己",己的二分之一叫做"乏"。然据《新唐书南蛮列传》说,"凡田五亩曰双";而元末陶宗仪在所作《南村辍耕录》中则以为双"约有中原四亩地"(参看乙编表26附注)。可见西南少数民族虽用双来计算面积,但折算标准是随时代与地域而有所歧异的。直至清代,广西局部地区仍有以"臼"(合二亩)、"纬"(合四亩)作为计算面积单位,而台湾则通用"甲"(约合十一亩,参看乙编表61注⑰、⑱)。

由于土地有肥瘠之不同,也有位置上的差别,所以折亩的办法在上古时便已存在,但到宋元后更趋普遍。顾炎武论述明代的折亩情形和册报亩数的关系最值得注意。他说:自明开国以后,南北各省许多州县都实行了折亩,当时有所谓"小亩"和"大亩"的名称。凡是依照中央规定以240平方步作为一亩的名曰"小亩",以较多的平方步(以下简称曰步)折合成一亩的名曰"大亩"。于是各地有以360步(即一亩五分),或720步(即三亩),或1200步(即五亩)为一亩的,甚至有以八亩以上折合为一亩的。州县编造黄册时,便用大亩的数字来上报户部(中央财政部);但"下行征派"赋役时,则仍用一亩是一亩的小亩来计算。因此,填报的亩数远远低过实际的面积。这就当然是有利于官吏胥役的舞弊营私,从而更助长了各地"步尺参差,大小亩规划不一"和"赋役不均"的严重程度。其情况直至清代还是如此。例如扬州府属各州县,泰州和宝应县均用"大地"起税,高邮、兴化两县则用"小地"起税。但是在赋

---

① 参看晏才杰:《田赋刍议》。

役全书内,大小地的区别是不注明的①。

总之,历代所记的田亩数字,与其认为是开垦田地的面积,毋宁理解为税地单位的数量。这是在参看本书所载各表时必须注意的。

(二)度量衡的产生和发展过程及其时代特征

1.度量衡的起源

应当首先指出,度量衡的产生是与人类交换行为的产生和发展直接联系的。在原始社会后期,才开始有氏族与氏族之间的交换。最初的情况是,一个部落或氏族和另一个部落或氏族,以偶然剩余的生产品作为礼物而互相赠送。稍后,两个部落或氏族之间,偶尔也以不同的石器进行交换,如以石矛来换石斧等。但这样的交换只属于原始交换的范畴,是极为稀少,极为偶然的。在这里根本没有度量衡的必要。

随着人类历史上第一次和第二次大规模的社会分工——农业和畜牧业,手工业和农业,都相继有了分工以后,不同的氏族或部落就有了不同的产品,可以互相交换,如以谷易羊,或以陶器易黍麦等。但初时的交换方法还多半是停留在论堆计件的阶段,对于度量衡的需要仍是并不迫切的。交换更进一步的发展,就不仅在氏族之间进行,而且逐渐地也在氏族内部各成员间进行。这时,交换行为已经从偶然的现象转入正规化和经常化了。从此,成堆整件的交换方法便一天一天地显得过于粗略,它往往不适合于交换者双方的实际需要而容易引起争执。为了克服这些困难,于是便借助于最原始的度量衡方法或器具。这种情况的出现,应该是在面临原始社会的瓦解时期了。

---

① 顾炎武:《日知录》(黄汝成《集释本》)卷10"地亩大小"条。原书引万历《广平府志》说大小亩的起因,由于万历初年张居正执政时,通令全国清丈,该县丈出无粮地甚多,"有司恐亩数增,取骇于上〔从而起税〕,而贻害于民。乃以大亩该(折)小亩,取合(明初)原额之数。自是,上行造报,则用大地,以投黄册;下行征收,则用小亩,以取均平"。其言当不尽可信。

用什么东西来作度量衡的器具呢？最初就是人自己本身。人用自己的手足和动作可以测出一定的长度。《孔子家语》说："夫布指知寸，布手知尺，舒肘知寻（八尺），斯不远之则也。"[①]《小尔雅》释长度单位命名之由来云："跬，一举足也。倍跬，谓之步。四尺，谓之仞。倍仞谓之寻。寻，舒两肱也。倍寻谓之常。五尺，谓之墨。倍墨，谓之丈。倍丈，谓之端。倍端，谓之两。倍两，谓之匹。"又释容量单位之命名云："一手之盛谓之溢，两手谓之掬。"[②]《说文解字》亦说人体是度量衡的标准。其说云："寸，十分也。……尺，十寸也。人手却十分动脉为寸口，十寸为尺。……周制：寸、尺、咫、寻、常、仞诸度量，皆以人体为法。……中妇人手长八寸谓之咫。"[③] 以上的记载当然不能认为是信史，但把它们用来作为远古时度量衡原始状态的说明，却是未尝不可的。这种传说的来源，基本上是历史事实的反映。古代人对于度量衡可以取法于人身的粗略概念，是从交换的实践过程中获得的。但人身之不同，犹如其面；为了接近平均起见，所以又指明用"中妇人"的手为准，其长八寸名曰一咫，这一说法分明是后起之义。不消说，这样的度量衡方法是十分粗陋的。

较上略胜一筹的办法，就是选择一条平直的树枝来做度器，或借用日常用的盛器（如釜、豆、缶、桶等）去作量器等。但是，这些都不过是临时拿过来应用的，并非专作度量衡用途的器具。标准器的制作，这时期内还谈不上。人们对于度量衡的概念，仅为代表三种不同用途的东西，尚没有领会到三者本来相通的原理。

程理濬同志根据《史记夏本纪》"禹，声为律，身为度，称以出"数语，作出推论说："中国历史上所传说的夏代约当这个时候"（按指"氏族社会晚期"

---

① 《孔子家语》卷1《王言解》第3。此书为伪书之一，有说是魏王肃所撰。
② 《小尔雅》，亦伪书。今用胡承珙《义证》本，卷12。又，邹伯奇：《补小尔雅释度量衡三篇》（清同治刊本），可以参考。
③ 《说文解字》第8下"尺部"；第3下"寸部"略同。

言,见吴书修订本,页38),这似乎是不确切的。因为如果对上引文作全面考察而不断章取义的话,这几句话分明就是《尚书舜典》"同律度量衡"一语的另一说法。这是已经进入到用音律来制定度量衡标准的时代了,这样高度的文化水平并不是原始社会晚期所能达到的。再则,《史记》这段话特别标明以大禹的声音和躯干为律度衡的取法准则,这一虚构的系统颇与英码相传就是英王亨利第一(1068—1135年)的鼻端至大拇尖的长度这个传说相似,一样显著地盖下了阶级的烙印①。所以《史记》这段记载只能认为是在奴隶制或封建制早已确立后的情况,而不应理解为原始社会晚期的史影。

2.我国社会由奴隶制转入封建制过程中度量衡的发展

由于社会生产力的发展,社会劳动分工的扩大,财产私有制的产生,使得交换经济有了重大的发展。在交换形态上表现为以下一系列的变化:由直接的物物交换发展为扩大的交换形态,更进入于一般交换形态以至于间接交换的货币的交换形态。这时,生产中采取商品形态的成分逐渐增加了。于是出现了不从事生产,而只是经营生产物交换的商人。这是社会第三次大的分工,是已经在原始社会崩溃和奴隶社会形成的过渡时期了。

自从奴隶社会确立以后,随着私有制的发展,人们对于财产的计较愈来愈认真;随着商品——货币关系的发展,对于等价交换的要求愈来愈明确,因此对于度量衡的准确性不能不加以讲求,从而把计量的标准固定在一种制造的器具上,而有所谓专器的出现。制造的过程也由粗糙而渐趋精确,于是又有所谓标准器的出现,这是由国家明令颁布,令民人一体遵照使用的。

应当再次强调,度量衡三种器具之作为专器,初时只是由于人民在生产

①在我国历史上确实有过这样的事情发生。北宋崇宁元年(1102年)蜀人魏汉津为了巴结皇帝,请以宋徽宗的中指定律度。乐成,赐名《大晟乐》(《宋史》卷129《乐志》4)。有人替魏氏解脱说,他并不真是用徽宗的中指长度来定律度,他建议的主旨乃在钳制反对者之口。这件事情在当时传为笑话。

和交换上的需要而分别制定的。政府之明令规定,只是承认既成事实而把它制度化起来罢了。这里有一问题:它们发生的次序究竟哪一种在前,哪一种在后? 学者间尚无定论。即如吴承洛的说法,便有自相矛盾之处。《中国度量衡史》页6云:"量器之制,发生最早",页100亦云,"量制之兴最早",然页173却说:"量衡起于度。"页218亦云:"考中国度量衡之制,先定度,而后生量与衡,故籍载大多均详于度,而略于量衡。"按吴氏前后矛盾的原因,由于前说系据《周礼考工记》"稟氏为量"一段作出来的,其误在于轻信《考工记》所记确实是周朝行过的制度;后说则据《汉书律历志》所记黄锺之制立论,是从学理上言之。我以为无论在理论上或历史实际上,都应该是度器的发生最早,量器次之,衡器又次之。因为从理论上来说,如前部第三节所述,面积和容积、容量以至重量,均可由长度推算出来,可见度是最基本的。再则从器具制作之难易看来,也是如此。度器的制作,比较简单容易,量器次之,权衡器则不只是较为复杂,需要较高的手艺,而且它的出现,必定是在交换经济已经相当活跃的时候了。然而度量衡制度之完全建立的时候,不只是三者各自有其专器(及其标准器),而且这三种器都是同时根据同一标准而制定出来的。这时三者便共同构成了一个整体,然亦以度为基本量,如新莽嘉量便是。这一发展过程从我国度量衡的历史和文物方面也可以得到证实。

我国远古时期的度量衡器具至今仍传留下来的,只有相传是安阳出土的商代骨尺一把,今藏南京博物院(见本附录表甲)。商代的数字是十进制,故商尺分为十寸。此尺但有寸,不刻分,诸寸的长度亦不均等。尺中有一槽剖面作凹形。如果它真是商尺,可见作为奴隶制时期商代的度具还是相当粗糙的。此尺长合0.1695米,约等于一个手掌的长度,亦堪注意。

从甲骨文字方面,也可说明殷代已有计量长度的工具。见于甲骨文有彊字(《殷虚书契后编》下第4页7版),这个字就是疆字,从弓从田,据叶玉森的考证,两田相比,自有界限;从弓,知古代用弓纪步[1]。今天原始民族亦有拿弓作为丈量土地的尺度的。可见商人大概已经晓得丈量土地和划分疆界的方法。至于弓的长度如何,现时不得而知。因此,商代田亩面积的大小,也就无法晓得。

解放以后,我国田野考古工作有了飞跃的发展,出土文物甚多。然能确定其为西周以前的度量衡器似尚无之。至战国时代的度量衡器还不少,如长沙左家公山战国墓葬出土的木杆天平和砝码共大小九个。可惜我了解的情况很不充分。

我国秦汉时的传世遗物,经过学者的详细考订具有重大意义的,有以下三器[2]:①秦商鞅量,②秦始皇及二世的权器,③新莽嘉量。关于第一种,唐兰同志《商鞅量与商鞅尺》一文(刊1936年《国学季刊》5卷4号)可以参考。第二种,可参看吴大澂《权衡度量实验考》(清光绪自刊)一书。至于第三种,则古今来考订之者尤众,新莽嘉量,自三国曹魏时起,至清初,至少有过五次发现。今北京历史博物馆尚保存有完整的量一件,又残量一件。抗日战争前,在甘肃省又发现新莽衡附权数件,可惜都残缺不全。新莽嘉量迭经翁方纲、吴大澂及马衡、王国维、刘复诸人作过实物校验以后,其规制已比较清楚。吴承洛的书亦曾据此及《西清古鉴》所记试为推算,其约数与刘复略异。杨宽同志认为刘氏的推算,"自较精密,然犹不能无疑"。

吴承洛认为王莽所改变的,仅为恢复周代的小量,即只改革了秦汉以来的大量。至于从度量衡制度来说,新莽所用五法及其标准、命名、进位等,则仍承袭秦商鞅以来的法规。吴氏说:"《汉志》出刘歆之五法,歆为莽之国师,是

---

[1] 叶玉森:《说契》(《学衡》第31期,1924年7月,及单行本),按以弓纪步之说始于清吴大澂,见所著《古籀补疆字》。

[2] 此外,尚有公㪔半石铁权(见黄濬《尊古斋所见吉金图》卷3页28),街师子量(前书同卷页36),战国十三权(国别及朝代尚未考定,今藏北京历史博物馆)。其重要意义均不能与以下三器相比。

《汉志》言度量衡之制，即为莽制。而刘歆言五法，亦即秦汉之原制。故所变者，非其制，乃其量也。"[1]就是这个意思。杨宽同志据实测商鞅量之容积与新莽嘉量相同这点事实说道："从此亦可见莽歆之复古，非绝无根据。"[2]近人认为莽量同于秦量，是实测的结果，否定了吴氏所说的莽量小于秦量的说法。但如结合到具体的历史条件来看，则商鞅量、秦始皇权、新莽嘉量三者是各自代表社会发展过程中不同阶段的产物，理由如下：

我国社会，到了春秋（公元前770—前477年）时代，已经发展到奴隶制的末期。当时各国的阶级斗争是十分尖锐的，度量衡的情况也是非常紊乱和复杂的。统治阶级不只利用度量衡来作剥削工具，同时也运用它作政治斗争工具。最著名的例子莫过于公元前六世纪齐国世族陈成子企图夺取齐国政权所运用的策略。当时齐国公室的量制，是以四升为豆，四豆为区，四区为釜，十釜为锺。陈氏私室的量，则以五升为豆，五豆为区，五区为釜，十釜为锺。他对民人放贷时，用的是家量（大锺），收回贷物时则用公量（小锺）。用这种小恩小惠的方法，使民心归向自己。卒之，陈氏达到了夺取齐国统治权的目的[3]。其后，公元前479年白公胜在楚国发动政变时，也是用同样的方法来争取人心："大斗斛以出，轻斤两以纳。"[4]两个例子都说明一国之内统治阶层可以各用自己的度量衡制，谁也管不了谁。

到了战国（公元前476—前221年）有不少国家早已进入封建制的初期，但秦国是最晚的一个，直至秦孝公十二年（公元前350年）商鞅第二次变法

---

[1] 吴著：《中国度量衡史》，页146。"五法"，就是度量衡的单位名称各分为五，度量衡三者又各用不同之进位方法，即所谓"五度"、"五量"、"五权"。

[2] 杨宽：《中国历代尺度考》，商务印书馆1955年重印第1版，页32。

[3] 《左传》昭公三年（公元前539年）晏婴答叔向语。按陈氏三量器，即两釜一锺，见吴大澂：《愙斋集古录》24页1—5。三器今陈列于北京历史博物馆。

[4] 《淮南子人间训》。

时，才"坏井田，开阡陌"，废除了西周以来的井田制度①。统一度量衡的命令，也是同年颁布的。此后便是秦国由奴隶制转入封建制之正式开端，而商鞅量之制作就是这个时期的产物。当时秦国的经济情况是比较落后的。秦献公9年（公元前378年），"初行为市"，早于商鞅统一度量衡时还不满三十年；迨统一度量衡后再过十四年，至秦惠文王2年（公元前336年），才"初行钱"②，又可见交换经济仍未甚发达。货币之出现，是交换经济已相当活跃的标志。当物物交换已采取一般价值形式的时候，度量衡早已存在了；但仍需等待货币的诞生，才可以免除直接交换的困难而达到货币价值形式的阶段。从这点来看，货币的进步意义是应该肯定的；但度量衡在交易上的作用毕竟比货币还更基本，更重要。这是因为只有度量衡而无货币，交换还是可以进行的；若只有货币而无度量衡，则物品的单位数量及其价格均将无从确定，交换时的麻烦真不知有多少。

　　再则，商鞅量的制造似乎也比较粗糙。《史记商君列传》载："平斗、桶、权衡、丈、尺。"③《说文解字》云："桶，木方〔器〕，受六升。"段玉裁注云："疑当作方斛，受六斗。《广雅》曰：'方斛谓之桶'，《月令》斗甬注曰：'甬，今（秦汉时六斗）斛也。'甬，即桶。"④故知这个六斗容器以木为之。按秦量有木、匋、铜制三种，形式有长方、椭圆及正圆形。诏版四角有孔，以便钉于木量之上。故知其制作仍颇粗糙，且不尽划一。

　　今存世商鞅量为铜制之升，其旁刻有秦孝公18年鞅造量铭文和秦始皇26年诏书，应为特别精制之器，但与新莽量制作之精巧相比，仍不可同日而语。

　　商鞅在秦主持变法，前后共计十九年。他所颁布的一系列的变法令，其目的在富国强兵，建立一个中央集权的强有力的政权。秦国诸宗室的特权自

---

① 按秦废周百步为亩之制，增至二百四十步，这一改制似亦始自商鞅。
②《史记》卷6《秦始皇本纪》，卷15《六国年表》第3。
③《史记》卷68《商君列传》。
④《说文解字注》第6篇上。

然是他开刀的对象。度量衡制法之颁布的理由自然是要建立一个统一的制度，废除私室的度量衡制，但实行的范围最多只能限于秦国。到秦始皇26年统一全国后，便颁布了"一法、度、衡、石、丈尺"的诏令，亦不过沿用商鞅的制度标准来统一战国以来各国度量衡的紊乱状态，志在全中国范围内推行，这时已是封建主义进入中央集权制的时候了。

秦代的统一局面只维持了十五年。汉兴以后，度量衡未闻有定制的措施，当仍承秦遗制。然又经二百余年间，制度必又趋于紊乱。王莽的改制，便企图对此现象加以整齐划一。这时不仅是中央集权制已加强，而且封建经济也有了长足的进展，从新莽嘉制作之精巧亦可获得证明。我国度量衡制之完备而具著于书的，实自《汉书律历志》始。此乃当时社会发展实际的反映。

新莽嘉量不仅是古今学者考证的重要资料，而且也是三国以后历代封建王朝修订度量衡制度时的主要参考根据。为什么它如此的重要？因为它所代表的是一种空前完整的制度。按新莽嘉量的制度，正是与《汉书》卷21《律历志》第1上所说"用度数审其容"的原则相符。在这一原则之下，从尺度可以计算量的容积，并从而决定它的容量。新莽嘉量，具备斛、斗、升、合、龠五量。我们可以据此器测定尺的长度，并从器重二钧测定斤的重量。因此，它实际上构成了一个完整的度量衡总体而彼此之间又存在着相成相通的关系。这个度量衡标准器的制作，不消说需要相当高度的文化和技术水平。它应该是封建制度已经相当成熟时期的产物。所以王莽的度量衡制度，不但后汉沿用，而且它的影响直至清代仍未已。

不但如此，王莽在重订度量衡之前后，亦曾屡次改易货币制度。他初时便假托周钱子母相权的货币理论，最后定下来"宝货五物、六名、二十八品"一套最复杂的货币制度，结果固然是彻底失败了，但他屡次对币制实行改革，这就证明了当时交换经济之发达，已远非商鞅统一度量衡后之十四年才"初行钱"的落后状况可比。王莽所铸各种泉币，在汉时最为精良，其大小轻重，具载《汉书食货志》及《王莽列传》。古代泉学专家每用古币来验证古代度量衡制度，他们所用的，不外是王莽的大泉（铜钱）和唐代的开元钱两种。因为在古钱中，这两种钱的长度数是历史上比较精密的。

3. 我国封建时代度量衡制度的特征

由上节可知，民间的度量衡是先于官定的制度而存在的，地方的制度又是先于中央制度而存在的。从奴隶社会转入封建社会的历史过程中，双方斗争的结果，是中央制亦即官定制在法令上取得胜利了；但实际上，地方和民间的度量衡仍然保持着它们绝大部分的地盘，并且从全国的经济活动范围来说，它们比起中央制度还重要得多。不错，自从秦汉两大统一帝国相继建立以后，国家权力有了很大程度的提高，而中央集权的加强，则以财产私有制的发展为基础，而私有者的主体则由奴隶主阶级转变为封建主阶级。由于封建主义经济组织的割裂性是与中央集权制不相容的，两者之间既存在矛盾，也要合作，以便共同瓜分直接生产者的剩余生产品，所以彼此都不能不做一些让步。其结果是中央集权制无法贯彻。这就首先表现在作为中央集权制的主要条件之一的官僚制度，其所代表的利益与其说是中央的，毋宁说是地方的封建的罢了。因此，不只是秦始皇、王莽所作的统一全中国度量衡制的企图不能完全成功，就是其后历代封建王朝的企图也注定要失败。所以尽管中央颁布的度量衡法令，其首要目的是在于便利税收，但对于封建地主阶级的私有财产利益必需予以充分的照顾，否则不但税收任务无法完成，而政权也无法巩固。因此，地方上和民间所用的度量衡不能不落在各地封建地主阶级的掌握之中而归他们支配。所以，作为计量工具的度量衡，其本身原本是没有阶级性的，但在阶级社会里，它便为统治阶级、剥削阶级运用来作剥削工具了。今试将我国封建时代度量衡的特征表述如下：

（1）官定的制度和民用的度量衡之对立和统一的关系

应当首先指出，在我国漫长悠久的封建年代里，度量衡制度之不断更张是一个颇为特殊的现象。每当改朝换代以后,新建立的王朝照例必颁布新的制度,甚至在同一君主年号之内,有时也颁布新制。如隋文帝开皇年间尺度屡变,又诏以古斗三升为一升,古称三斤为一斤。至隋炀帝大业初,又恢复古制。总之,变来变去,徒然增加人民的痛苦,同时也助长了度量衡的复杂化。至于剥削率之提高体现于历史度量衡单位量之不断增大,这点在本文第一部分业已详述,今不复赘。

必须再次强调,上述的变化趋势是就官定的度量衡制度而言。但官定的度量衡只是用于政府收支方面,民间交易的却往往是另外的一套。两者各自有自己的使用范围,官用的不但不能排斥民间的,它往往反从旧日的民间标准转化过来。所以官民制两者的关系,是在空间上相对立,但在时间上却统一起来了。这种辩证的发展,乃由于它们都建立在同一的社会阶级基础上。因为官定度量衡制度之变革完全以官方利益为转移,而民间度量衡制度则控制在一些经济集团(如行会)或少数特权人物(如贵族或大地主)的手里,两者的合流自是早晚必然的趋势。

用前代的民用标准来作本朝的官用标准,在度量衡变动最急剧的南北朝时期充满着许多例证:即如,刘宋时民间所用的市尺(0.2456632米),传入齐、梁、陈后,便成为三朝的乐律尺(官尺);及后周平北齐后,此尺又成为后周的官用铁尺,当时周朝民间行用的市尺,其长度是0.2957656米。至隋开皇初,又令以周市尺为官尺,周铁尺来调音律[①]。以上一系列的嬗递变革,无非是要加长尺度,它是通过把前朝的市尺来作本朝官尺的特定方式而实现的。

(2)地方度量衡增大的无限制性及其剥削性质

关于地方和民间的情况,可分为以下几点来谈:

首先,由于自然经济在封建社会里占统治地位,各地区大半自给自足,闭

---

① 均见《隋书》卷16《律历志》"审度"。

关自守,与外界的联系非常薄弱。因此各地区间的度量衡表现为极端参差纷乱的现象。彼此距离较远的地方固不必提了,就是同一县及各市镇的度量衡亦往往不同;同是一市镇,各业的度量衡,又常不相同;同是一业,同是一家,买进和卖出,趸卖和零售,粗货用的和细货用的,亦常常不同。加以贵族、豪门、奸商、猾吏常常私自制造,至于使用私器更是司空见惯了。所以,对于地方或民间的度量衡要作量的变迁的分析,是十分困难的。但有两点似乎值得提出来讨论,一方面,各地的度量衡并无统一的标准可言,它们量的大小和器具制作之形式及特点,不外是由各该地区生产和交换的情况以及风俗习惯因素来决定的;另一方面,他们也不能不受官方法律的影响,即如为了供应政府的征求,如岁派、杂派、和买等项,便不得不采用与官方规定相符合的标准,因而地方度量衡的量也只能向大的方向而不能向小的方向演变。更由于私制的度量衡可以任从私制者之意增大,并不受法定标准之约束,所以它们的增率亦比官定度量衡之增率还要大得多。吴承洛论述旧中国当时的紊乱情形说:"民间应用之裁尺,有合现今市用尺一尺零五六分者;至织布用尺常有合一尺五寸以上者。""民间实际应用之升,其容量却有十倍此数(指市升)。""铺店零星卖出,大抵通用十四两上下之秤,其重量在现今市斤之八折至加五厘之间,有时水果秤不及市斤半斤。……店家大批向农家采集原料燃料等,其所用之秤,常合现今市斤一斤半上下,其超出二市斤者,亦间有之。"[1]都可以证明我上面的推论。

其次,由于官用和民用两者之并行,这里就发生了折算的问题,此中奥妙,并非一般平民所能掌握的。于是市面上就有一班专靠这来混饭吃的"市侩、牙行"人等出现,因为只有他们才能搞得明白,他们可以说是封建社会里商场中的专家。清乾隆末年(十八世纪末),赵翼说:"至市斗、市秤,则又有随

---

[1] 吴书,页299,页304,页307。

地不同者;如今川斛大于湖广,湖广斛又大于江南;称则有行称、官称之不同,库平、市平之各别,又非禁令所能尽一。而市侩、牙行,自能参校,锱铢不爽,则虽不尽一,而仍通行也。"①赵瓯北给这批市侩、牙行,以颇高的评价,他当然忘记了这批专家是需索相当代价的这个事实。他们的作用,颇与衙门里的粮房、书办相似,只是服务的对象有点不同罢了,前者为商家老板服务,后者则为官府服务,但皆以小生产者及一般消费者为剥削的对象。

再次,关于私秤的情况,除了市面公开的需索以外,暗中欺骗的情形亦为普遍,如制造或使用违法的私器。《武进县志》载:"(明代)毛给事中宪刻其家斛曰:'出以是,入以是,子孙守之,永如是!'盖不多取佃田者。"请看只要出入都用同一的"家斛",便可以称作"乡贤",则一般家斛的件数,岂有不是"不可有一,不可无二"吗? 从解放前的俗语中也得到反映:"北斗七星,南斗六星,加福禄寿三星。"这就是说,一斤应足十两称,如果少给一两折福,少给二两折禄,少给三两折寿。这是劳苦大众痛恨剥削阶级使用小秤的咒诅②。其实,早在封建制度刚成立的初期——战国时,憧憬于初民社会的庄子学派已提出过"剖斗折衡,而民不争"③的抗议。另一方面,则渴望大一统出现的法家把度量衡之权视作君权一部分,把它神圣化起来,如《韩非子》中所说:"上操度量,以割(裁)其下。故度量之立,主之宝也。"④

(3) 封建时期度量衡制度和生产、制作、礼制等发展的关系

度量衡的产生固然是交换的发展直接引导出来的结果,但交换的发展是由生产的发展来决定的。如果没有剩余生产品,便极少有交换的可能。所以生产发展和度量衡的发展也有很密切的关系,且愈到近、现代,关系愈为密切。

---

① 赵翼:《陔余丛考》卷30"斗称古今不同"条。

② 参看程理濬修订本,页126。

③《庄子胠箧》第10。

④《韩非子》第8篇《扬权》(参看梁启雄:《韩子浅解》页56—57)。

随着近、现代科学的发展,度量衡便主要为生产服务。在封建社会里,这两者的关系也是相当明显的。同时应该看到上层建筑对度量衡变化亦起一定的限制作用,可惜过去对这一方面的讨论很不充分,今试谈些浅见如下:

在前面屡次提及,历代度量衡制度是常常地变,而且总是沿着自小而大的方向来变。但这一结论,主要是指官方收支上和市场贸易上所用的而言。对于专为手工制造业用的度量衡来说,变动是不大的。这点可以从木工尺的变化情况来说明。这一种尺,是于官尺(法定尺)之外,自成为一系统的。木工尺,亦称鲁班尺,或营造尺,它包括旧式建筑业中木工、刻工、量地等所用的尺,也包括旧时车工、船工所用的尺。各地所用的木工尺,在实际上虽亦有长短不齐的情况,但相差并不大;至其规定的标准,据明韩邦奇、朱载堉,以至近人吴承洛诸家的考证,则自春秋末鲁班(或作公输般)将周尺的长度改定以后,根本上没有第二次的改变。姑且勿论这种说法是否绝对化了,看来木工尺长期变化甚微却是事实。为什么它不受后代官定尺度变化的影响而变化呢?吴承洛的解答是:“盖由于木工为社会自由工业,而在中国又系师徒传授,世代相承,少受政治混乱之影响。”[1]程理濬同志修改为:“人民为了自己工作的便利,也就有了自己一套传统的制度。”[2]两说皆有部分的理由。除此之外,似乎跟封建生产技术长期相对停滞性,也是不无关系的。考中国建筑乃是世界建筑中独树一帜的体系。我国建筑至汉代已经发展成为一个完备的体系。从那时起到半殖民地半封建社会为期二千余年,但建筑之基本结构及部署原则,并无遽变之迹。形成中国建筑之特点有两个方面的因素:其一,属于实物结构技术上之取法及发展者;其二,属于环境思想及历史背景者。前一方面的因素,如:1我国建筑皆以木料为主要构材。2以斗栱为结构之关键并为度量单位,

---

① 吴书,页59—61。

② 程本,页233。

全部建筑之权衡比例,以横栱之材为度量单位,等等。后一方面的因素,如:1.建筑活动受旧道德观点的制裁。古代统治阶级对于坛社宗庙、城阙朝市,认为宗法仪礼、制度之所依归,加以阶级等第严格的规定,遂使建筑活动以节约单纯为满足,崇伟新巧创作则受限制。2.建筑之术,师徒传授,唯赖口授实习,墨守成规,等等。由于以上种种原因,所以我国营造术遂凝固为一定的法式,表现为长期不变的倾向①。因之从鲁班尺分出来的营造尺,其度也是长期不变,这无非是受了技术成规和社会意识形态多方面的影响。更应指出,在古代营造业实际上是一种世代相承的职业,营造工匠的户籍及其身份至少自元明以迄清初是世袭的。

与木工尺的情况有点相类似的,是裁缝工匠所用的尺,叫做衣工尺,亦称裁尺,或布尺。它在历史上的变化情况较为复杂。吴承洛大约根据《周礼》的传说,说周代衣工原本亦用律用尺(即法定尺);其后始另自成一系统②。后面这个系统,是指民间衣工所用的尺而言,其长度的变化是很大的,而且各地的情况,参差紊乱不堪。吴氏对此的解释:"裁缝事业非代代相承不替,故日久则尺度并无标准。而后来民间通用之尺,亦与裁尺不分,故民俗凡通用尺均视为裁尺,而反以朝廷法定之尺,名之为官尺。"③吴氏所论民间通用的尺后来与裁尺不分,确是事实。造成这一现象的原因,是由于民间日用之尺主要是用来量布及裁衣。但造成尺度长短之不同,则由于交换或生产的关系,如国民党反动统治时期,因为在布匹交易上加尺之风气甚盛,故裁尺有合市尺一尺零五六分者。至织布用尺常有合一尺五寸以上者,则由织布机及技术上的理由来决定。

还应当注意,在古代,阶级意识和传统观念对裁尺之长短变迁亦起相当

_____

① 以上参看梁思成编:《中国建筑史》(高教部教材编审处1955年印)页3—9。
② 吴书,页59。按《周礼天官冢宰》:"缝人,掌王宫之缝线之事,以役女御,以缝王及后之衣服。"所述不一定真正是周代的事实。吴氏据此遂谓衣工尺其初亦本于律尺,不足深辩。
③ 吴书,页60。

巨大作用。如唐代度量衡制度分为大小两种。小制是古制，即隋大业中议复的古制，是以汉代的制度为依据；大制是依据北朝迭次增大最后之结果，亦即隋开皇中的制度。大小的比例是：大尺一尺是小尺（亦称黍尺，学者多数认为即后周之铁尺）的一尺二寸，大斗一斗是小斗的三斗，大秤一两是小秤的三两。开元间明文规定："〔小者〕，调钟律，测晷景，合汤药，及冠冕之制，则用之；内外官私悉用大者。"① 可知尽管都是用来裁制衣服的尺，但用于制官服或民服的便各不相同。朝廷冠冕用小尺，民间衣服以至课征绢布便全用大尺。为什么这样规定？理由倒是简单，因为朝服为礼仪所系，为了要保全古制，故以仍用古尺为便。但是"礼不下庶人"，民服就只能听其自便。至于官府征收的绢布，不用说是愈长愈有利，所以非用大尺不可。

在"合汤药"方面，因为一向用的是古方，如果改用新秤称量，恐怕容易出乱子，不如"依样画葫芦"，全盘不作改动为妙，所以唐代仍用小制（古制）配药就是这个缘故。早在三世纪末年，西晋惠帝元康（公元291—299年）中，已有过典型性的发言："裴頠以为医方人命之急，而称两不与古同，为害特重，宜因此改治权衡。"② 这一复古的主张，不知为什么原因当日并未见采用。

复古的倾向，在音乐（"调钟律"）方面表现得更为明显，其过程则比较曲折，且与度量衡标准之裁定有不可分割的关系，故有较详细申述的必要。我国历代封建王朝制礼作乐的目的，根本是由政治作用出发。为了维持封建社会等级和秩序，于是有提倡恢复古礼、古乐的必要。自秦汉后，历代制乐者都标榜以西周初年的古黄锺（"钟"同）律为典则，同时也常用来作为制定度量衡

①《唐六典》卷3《户部金部郎中员外郎》；林谦二著，郭沫若译，《隋唐燕乐调研究》附论《唐代律尺质疑》。
②《晋书》卷16《律历志》上"衡权"。《晋书》卷35《裴秀传》附："頠上言：'宜改诸度量。若未能悉革，可先改太医权衡。此若差违，遂失神农、歧伯之正。药物轻重，分两乖互，所可伤夭，为害尤深。古寿考而今短折者，未必不由此也。'卒不能用。"又参看《三国志魏书》卷23《裴潜传》注。

的标准。由古黄钟律来制定的乐,据说是代表西周的"雅乐"传统,亦即所谓"古乐",以别于后世的"俗乐"和"今乐"。黄钟,相沿说是十二律管之一,且为十二律中最低音。古代用长短不同的管子(或竹或铜或玉管)来审音。管子口径相同的,管长则声低,管短则声高。但周代黄钟这个实物谁也没有见过,谁也不晓得它的实长若干[①]。因此,所谓古黄钟律,只能根据古书记载并试制成器物来进行考订、检查的工作。至于古黄钟律管所发之音,其高低如何,亦即古黄钟律究竟如何?是无从推断和证实的。所以制乐诸家,莫不纷纭其说,纠缠不清。至其争论的焦点,大概是自汉至唐,集中于定律问题,亦即制器的问题。自宋以后,便转移到律吕配合工尺方面,亦即奏乐和乐谱方面——所谓工尺,就是五音、十二律的简号。关于定乐律方面的争论,又可以分为以下几个问题:1.用哪一种乐器来定律呢?西汉京房或后周王朴的"准"吗?晋荀勖的"笛"吗?梁武帝的"通"吗?还是用皇帝的手指(见前宋魏汉津请以徽宗的中指定律)?还是用"管"?总的说来,以管定律的学说占了压倒的优势[②]。2.黄钟之长若干?一尺?九寸?八寸一分?此三说中以九寸说为最占优势。3.用哪一种尺度来作计算?黄帝尺吗?夏尺?商尺?或周尺?不论是哪一种尺,都难得有真凭实据。于是4,又用积黍法来作参验。所谓积黍法(亦名"累黍法")就是把黍按照一定的方法来排列,然后实测它的长度,再来和乐律及度量衡制的标准做比较的方法。计分为纵累、横累及斜累三种。横累法,首见于《汉书律历志》。据载:是以横置之黍,其一粒的长度为一分,十粒为一寸,百粒为一尺(黄钟之长为九十分,即九寸)。《汉书律历志》又载,计度黄钟之长所用的黍子,是"以子谷秬黍中者"为之。光是以上几个字便有许多不同的注解,如"子谷秬黍",晋孟康解作:"子,北方,北方黑,谓黑黍也。"故

---

① 屈原《卜居》云:"黄钟毁弃,瓦釜雷鸣。"可知战国时黄钟便已无法考究了。

② 许之衡:《中国音乐小史》(商务印书馆1935年第二版)第十章《今古定律说之参差》。

秬黍应为黑黍。清吴大澂释为近世之高粱米,实误。所谓北方,有人说是山西上党郡羊头山,又有人说是河南。"中者",唐颜师古注:"不大不小也。"朱载堉则谓"中用之黍,非谓中号、中等之黍。"其实累黍造尺,不过是古时的粗简办法,因为黍有大小之不同,一个一个地累,决不能做到稀密始终致横直的度数绝对正确。宋仁宗景祐(1034—1038年)间丁度等说得好:"岁有丰俭,地有硗肥,就令一岁之中,一境之内,取以校验,亦复不齐。"[①]可见无论哪一种方法,都做不到十分正确。

由上可知,尽管历朝皆以恢复黄钟古乐为名,实际上没有一朝所考订出来的乐律以至乐尺(律用尺)是完全一致的,这是问题的一方面。另一方面,自两晋以来,尤其是南北朝隋唐以后,由于中亚细亚、波斯和印度的音乐(即所谓"胡乐")大量地输入,我国原有的雅乐和古乐,也受了深刻的影响而发生变化,其结果便创造性地"醇化出一个新的合成"[②]。这个新的合成,代表着古今中外音乐体系的融合贯通,代表着我国音乐新的创造,新的发展阶段。所以乐尺长度的争论,《晋书》及《宋史》的《律历》、《乐》两志所记特详;前书所记的是变化时期的前奏,后书所记的是变化时期的尾曲。但乐尺的变化幅度毕竟还不能不受传统乐律的限制;它的增率比起征收绢布的实用官尺来是小得多的。这就是唐代调钟律用小尺,征租调用大尺的原因。西晋武帝泰始10年(274年)后,用荀勖律尺(=0.2308864米)调音律,但民间则沿用曹魏尺(=0.2417381米),民间尺大于律尺4.7%,也是同一理由。

关于唐开元间测晷影用小尺的规定,应当指出当时在僧一行主持下,天文测量事业以至历法方面都取得了长足的进展。开元12年(724年)一行为了计算我国各地的昼夜时刻、太阳出没等项目,律议在十三个地点测量北极高

---

①《宋史》卷71《律历志》4。

②参看郭沫若:《历史人物隋代大音乐家万宝常》,新文艺出版社1953年版,页183—185。

度、冬夏至和春秋分的太阳影子的长。一行派遣了北宫说等在河南滑县、浚仪、扶沟和上蔡四个地点实测了晷影的相差。他据此推算,得出来著名的里差学说,地差351里80步,北极高度相差一度。这数据实质上即地球子午线上一度的长,与近代数据比较虽然差误相当大,但这个概念中已包含了"地球的大小"的意义。它彻底推翻了汉代流行的"地隔千里,影长差一寸"的旧说,较之宋元嘉20年(443年)何承天的推算又迈进了一大步。这是中国古代天文学中一个卓越的贡献。今天河南登封县告成镇所存的周公测景台的石表就是南宫说的手迹。石表的形式和夏至日中"没景"之理,可由推算而知;更以现存开元的尺来度它,则和推算结果相符合。一行起草的《大衍历》,于开元15年(727年)制定。这一律法由于系根据各地实测北极高度来定各地的时分,它确是比同时的其它各历优越[1]。

　　总之,使用于生产和技术方面的度量衡,除非在生产或技术方面有了相当大的变动,它们的变化率相对于用在交换支付方面的度量衡而言,是比较小的。有时,度量衡的变化率又受了上层建筑如礼仪、风俗习惯的影响和限制,而变化得比较迟缓,如唐代制朝服所用的尺是小尺,民间用的则为大尺。

　　附记:本文第二部分第四目《半封建半殖民地时期度量衡制度的特征》,作者梁方仲教授还来不及写出,便已与世长辞,只好从阙。

---

[1] 阮元:《畴人传》卷16唐4《一行》下。参看朱文鑫:《天文考古录》,商务印书馆1933年版,页10;陈遵妫:《中国古代天文学简史》,上海人民出版社1955年版,页46,页154;薄树人:《一行》,载《中国古代科学家》,科学出版社1959年版,页103—104。

二、中国历代度量衡变迁表

(甲)中国历代尺之长度标准变迁表
一、古今尺度的比较

朝代	尺　　名	当王莽货布尺①	当清营造尺②	当今米	备考
商	骨尺甲	0.608	0.44	0.141	传出河南殷虚(罗)
商	骨尺乙	0.733	0.53	0.1695	传出河南殷虚(罗);南京博物院藏(矩)
周	骨尺	0.949	0.689	0.2192	传出河南殷虚(罗)
周	铜尺甲	0.973	0.706	0.225	传出寿州古墓(罗)
周	铜尺乙	0.982	0.71	0.227	据墨本(罗);战国(矩)
	铜尺	0.997		0.230	上虞罗氏(矩)
	铜尺	0.982		0.227	尺尾稍残,长沙湖南文管会藏(矩)
	铜尺	0.997		0.230	北京历史博物馆藏(矩)
周	镂牙尺	0.997	0.717	0.230	传出洛阳(罗);番禺叶氏藏(矩)
周	铜尺	1	0.72	0.231	传出洛阳金村(罗);番禺叶氏藏(矩)
	铜尺	1		0.231	据拓本(矩)
周	周尺	1	0.72	0.231	隋志十五等尺之一(罗)
秦	商鞅量尺	1	0.72	0.231	据秦孝公量制(罗)
新莽	莽铜斛尺	1	0.72	0.231	据王莽铜斛制(罗)
新莽	莽货布尺	1	0.72	0.231	据王莽货泉制(罗);据货布(矩)
后汉	建武铜尺	1	0.72	0.231	隋志十五等尺之一(罗)
后汉	玉尺	1.007	0.725	0.2327	隋志十五等尺之二(罗);战国,当今米0.23261(矩)
后汉	骨尺	1.009	0.73	0.233	传出浚县(罗)
后汉	画彩牙尺	1.01	0.735	0.2338	日本嘉纳氏藏(罗);日本人藏(矩)
后汉	牙尺	1.009		0.233	北京历史博物馆藏(矩)
后汉	牙尺	1.009		0.233	据拓本(矩)
后汉	牙尺	1.009		0.233	据拓本(矩)
后汉	铜尺	1.009		0.233	
后汉	雕兽形花铜尺	1.009		0.233	
后汉	虑俿铜尺	1.016	0.74	0.235	曲阜孔氏藏(罗)
后汉	官尺	1.037	0.745	0.238	隋志十五等尺之四(罗);当今米0.23809(矩)
后汉	古铜尺	1.037	0.745	0.238	隋志十五等尺之四(罗)

朝代	尺　名	当王莽货布尺①	当清营造尺②	当今米	备考
后汉	建初 6 年铜尺	1.015		0.235	据拓本（矩）
后汉	雕鸟兽形花纹铜尺	1.019		0.235	北京历史博物馆藏（矩）
后汉	鎏金镂花铜尺	1.021		0.236	山东掖县出土（矩）
后汉	画彩牙尺	1.028		0.239	日本人藏（矩）
魏	杜夔律尺	1.047	0.759	0.242	隋志十五等尺之五（罗）；当今米 0.24185（矩）
魏	正始弩机尺	1.051	0.765	0.243	据家藏弩机（罗）；据弩机，当莽货布尺1.05（矩）
晋	荀勖律尺	1	0.72	0.231	隋志十五等尺之一（罗）
晋	后尺	1.062	0.77	0.2452	隋志十五等尺之六（罗）；当今米 0.24532（矩）
赵	土圭尺	1.05	0.76	0.2428	隋志十五等尺之十四（罗）；刘曜土圭尺，当今米 0.24255（矩）
赵	杂尺	1.05	0.76	0.2428	隋志十五等尺之十四（罗）
宋	宋氏尺	1.064	0.77	0.2458	隋志十五等尺之十二（罗）；当今米 0.24578（矩）
宋	浑天仪尺	1.064	0.77	0.2458	隋志十五等尺之十二（罗）
宋	残骨尺	1.07		0.247	陕西西安出土（矩）
宋	骨尺	1.07		0.247	北京历史博物馆藏（矩）
梁	法尺	1.007	0.725	0.2327	隋志十五等尺之十二（罗）
梁	表尺	1.0221	0.74	0.2361	隋志十五等尺之十三（罗）
梁	俗间尺	1.071	0.78	0.2474	隋志十五等尺之十五（罗）
梁	铜尺甲	1.078	0.785	0.2495	贞松堂藏（罗）；北京历史博物馆藏（矩）
梁	铜尺乙	1.088	0.79	0.2515	乌程蒋氏藏（罗）；鎏金铜尺，北京历史博物馆藏（矩）
梁	铜短尺	1.082	0.788	0.2505	日本嘉纳氏藏（罗）
梁	镂花铜尺	1.072		0.2485	上虞罗氏旧藏（矩）
梁	鎏金雕凤铜短尺	1.075		0.2490	日本人藏（矩）
北魏	前尺	1.207	0.873	0.279	隋志十五等尺之七（罗）；当今米 0.27881（矩）
		1.107	0.8	0.252	宋史引二寸作一寸（罗）；宋史引作 1.17尺，当今米 0.25581（矩）
北魏	中尺	1.211	0.88	0.280	隋志十五等尺之八（罗）；当今米 0.27974（矩）
	后尺	1.281	0.926	0.296	隋志十五等尺之九（罗）；当今米 0.29591（矩）

朝代	尺　　名	当王莽货布尺①	当清营造尺②	当今米	备　考
东魏	后尺	1.508	1.086	0.3475	隋志十五等尺之十（矩）
		1.308	0.942	0.3048	宋史引作一尺三寸八毫（罗）
北周	铁尺	1.064	0.77	0.2458	隋志十五等尺之十二（罗）
北周	铜籥尺	1.158	0.835	0.2675	隋志十五等尺之十一（罗）
北周	玉尺	1.158	0.835	0.2675	隋志十五等尺之十一（罗）；当今米0.26749（矩）
北周	市尺	1.281	0.926	0.296	隋志十五等尺之九（罗）
隋	开皇官尺	1.281	0.926	0.296	隋志十五等尺之九（罗）
隋	律吕冰尺	1.186	0.856	0.274	隋志十五等尺之十三（罗）；万宝常律吕冰尺，当今米0.27396（矩）
唐	白牙尺	1.281	0.926	0.296	日本奈良正仓院藏（罗）；日本正仓院藏（矩）
唐	红牙尺甲	1.283	0.929	0.297	日本奈良正仓院藏（罗）；红牙拨镂尺甲，日本正仓院藏（矩）
唐	绿牙尺甲	1.283	0.929	0.297	日本奈良正仓院藏（罗）；绿牙拨镂尺甲，日本正仓院藏（矩）
唐	镂牙尺	1.303	0.94	0.301	乌程蒋氏藏（罗）；据拓本（矩）
唐	铜尺	1.308	0.943	0.302	乌程蒋氏藏（罗）
唐	红牙尺乙	1.309	0.944	0.3025	日本奈良正仓院藏（罗）；红牙拨镂尺乙，日本正仓院藏（矩）
唐	绿牙尺乙	1.315	0.95	0.304	日本奈良正仓院藏（罗）；绿牙拨镂尺乙，日本正仓院藏（矩）
唐	铜尺	1.338	0.965	0.309	贞松堂藏（罗）
唐	牙尺	1.341	0.966	0.31	贞松堂藏（罗）
唐	牙拨镂尺	1.352	0.974	0.312	日本嘉纳氏藏（罗）
唐	雕花铜尺	1.36	0.982	0.3148	日本嘉纳氏藏（罗）
唐	开元泉尺	1.365	0.985	0.316	据开元泉制（罗）
唐	石尺	1.212		0.28	陕西西安出土（矩）
唐	鎏金铜尺	1.29		0.299	北京历史博物馆藏（矩）
唐	鎏金镂花铜尺	1.303		0.301	陕西西安出土（矩）
唐	鎏金镂花铜尺甲	1.315		0.304	陕西西安出土（矩）
唐	鎏金镂花铜尺乙	1.315		0.304	北京历史博物馆藏（矩）
唐	镂牙尺	1.345		0.311	日本人藏（矩）
唐	镂花铜尺	1.345		0.312	北京历史博物馆藏（矩）
唐	鎏金镂花铜尺	1.35		0.3135	北京历史博物馆藏（矩）
五代	周律准尺	1.021	0.74	0.237	律吕新书（罗）
宋	木矩尺甲	1.338	0.963	0.309	贞松堂藏巨鹿故城出土（罗）；北京历史博物馆藏（矩）

（续上表）

朝代	尺　名	当王莽货布尺①	当清营造尺②	当今米	备考
宋	玉尺	1.215	0.88	0.2815	福开森藏（罗）；金错玉尺，据拓本（矩）
宋	木矩尺乙	1.422	1.029	0.329	贞松堂藏巨鹿故城出土（罗）；北京历史博物馆藏（矩）
宋	三司布帛尺	1.166	0.84	0.2695	据金殿扬仿制石尺（罗）；金殿扬仿宋尺，北京历史博物馆藏（矩）
宋	影表尺	1.063	0.766	0.2451	见律吕新书（罗）
宋	丁度律尺	1.035	0.743	0.2378	见律吕古谊（罗）
宋	胡瑗律尺	1.063	0.766	0.2451	见律吕新书（罗）
宋	邓保信尺	1.215	0.88	0.2815	见律吕古谊（罗）
宋	李照律尺	1.35	0.982	0.311	见律吕新书（罗）
宋	鎏金铜尺	1.338		0.309	北京历史博物馆藏（矩）
宋	铜尺	1.368		0.316	北京历史博物馆藏（矩）
宋	镂花铜尺	1.368		0.316	北京历史博物馆藏（矩）
宋	木尺	1.424		0.329	北京历史博物馆藏（矩）
明	嘉靖牙尺	1.385	1.00	0.32	武进袁氏藏（罗）；故宫博物院藏（矩）
明	量地尺	1.41	1.02	0.3265	据朱氏律学新说，又名铜尺（罗）
明	钞尺	1.475	1.06	0.341	据朱氏律学新说，又名裁尺（罗）
明	骨尺	1.385		0.32	山东梁山出土（矩）
清	部颁铜尺	1.347	0.98	0.312	据家藏木尺（罗）
清	营造尺	1.385	1.00	0.32	据清官印制（罗），据牙尺，当今米 0.3195（矩）
清	量地藩尺	1.482	1.07	0.343	据家藏木尺，又名户部尺（罗）；据本尺（矩）
清	裁衣尺	1.52	1.11	0.352	据大清会典（罗）；北京历史博物馆藏，当莽货布尺 1.523（矩）
清	乐律用尺	1.118	0.81	0.2851	据大清会典（罗）；据清会典，当今米 0.259（矩）
清	部颁牙尺	1.341		0.31	上虞罗氏藏（矩）
清	裁衣铜尺	1.51		0.349	

资料来源　据罗福颐《传世古尺录》（1941 年刊）作，又以《文物参考资料》1957 年第 3 期矩斋《古尺考》补校之。按矩斋一文没有"当清营造尺"一栏的记录，仅载"当莽尺"及"当今尺"（"当今尺"一栏，现遵照 1959 年 6 月 25 日国务院颁布的《统一公制计算单位中文名称方案》规定，改用米制；以下各表中引用的度量衡单位旧称，亦一律照改）二栏。其中数值矩斋与罗氏不同者，则于表中"备考"一栏标出。前文以（罗）字作记，后文以（矩）字作记。

编者注　①王莽货布尺与晋前尺（即荀勖律尺）长度相同。②清营造尺亦即清河工尺。

二、吴承洛的推算

朝 代	公 元	一尺合厘米数	一尺合市尺数
前汉	前 206—后 8	27.65	0.8295
新莽(包括更始)	9—24	23.04	0.6912
后汉(章帝建初 6 年以前)	25—80	23.04	0.6912
后汉(章帝建初 6 年以后)	81—220	23.75	0.7125
魏	220—265	24.12	0.7236
西晋(武帝泰始 10 年以前)	265—273	24.12	0.7236
西晋(武帝泰始 10 年以后)	274—317	23.04	0.6912
东晋	317—420	24.45	0.7335
前赵	318—329	24.19	0.7257
南朝(宋元嘉 7 年迄陈亡)	430—589	24.51	0.7353
梁(天监元年前后民间用尺)	502	24.66	0.7408
梁(法定新尺)	502—557	23.20	0.6960
梁(测影用尺)	502—557	23.55	0.7065
陈(测影用尺)	557—589	23.55	0.7065
北魏(登国元年以后)	386 以后	27.81	0.8343
北魏(登国元年以后)	386 以后	27.90	0.8370
北魏至西魏	386—557	29.51	0.8853
北魏太和 19 年至东魏	495—550	29.97	0.8991
北齐	550—577	29.97	0.8991
北周(市尺)	557—566	29.51	0.8853
北周(天和改元颁用玉尺)	566—581	26.68	0.8004
北周(调钟律均田度地尺)	557—577	24.51	0.7353
北周(建德 6 年颁用铁尺)	577—581	24.51	0.7353
隋(炀帝大业 3 年以前)	581—606	29.51	0.8853
隋(炀帝大业 3 年以后)	607—618	23.55	0.7065
唐	618—907	31.10	0.9330
五代	907—960	31.10	0.9330
宋	960—1279	30.72	0.9216
元	1279—1368	30.72	0.9216
明	1368—1644	31.10	0.9330
清	1644—1911	32.00	0.9600

资料来源 吴承洛《中国度量衡史》(商务印书馆 1937 年初版及 1957 年修订重印第 1 版)。请参考本附录"附记"。

编者注 1 市尺＝1/3 米＝33.3334 厘米。

三、刘复和杨宽的推算

历 代 尺 名	一尺合米数	一尺合营造尺数	一尺合市尺数
刘复的推算：			
刘歆铜斛尺（即新莽尺）	0.2308864	0.72152	0.6926592
汉官尺	0.2379744	0.74367	0.7139232
魏尺	0.2417381	0.755431	0.725214
晋田父玉尺	0.2325027	0.72657	0.697508
晋后尺	0.2452015	0.76625	0.7356
前赵刘曜尺	0.2424308	0.7576	0.72729
宋氏尺	0.2456632	0.7677	0.73699
梁表尺	0.2359891	0.73747	0.70797
梁俗间尺	0.2472794	0.77275	0.74184
梁法尺	0.2325027	0.72657	0.697508
后魏前尺	0.27868	0.87087	0.83604
后魏中尺	0.2796036	0.87376	0.83881
后魏后尺	0.2957656	0.92427	0.88729
东魏尺	0.3003372	0.93855	0.90101
后周玉尺	0.2673666	0.83552	0.802099
后周市尺	0.2957656	0.92427	0.88729
后周铁尺	0.2456632	0.7677	0.73699
隋开皇初调钟律尺	0.2456632	0.7677	0.73699
隋开皇 10 年尺	0.2738304	0.85572	0.82149
隋开皇官尺	0.2957656	0.92427	0.88729
杨宽的推算：			
唐镂牙尺	0.3	0.94	0.9
唐红牙尺甲（日本奈良正仓院藏）	0.295	0.93[-]	0.885
唐红牙尺乙（日本奈良正仓院藏）	0.304	0.95	0.912
唐绿牙尺甲（日本奈良正仓院藏）	0.304	0.95	0.912
唐绿牙尺乙（日本奈良正仓院藏）	0.293	0.92[+]	0.879
唐白牙尺甲（日本奈良正仓院藏）	0.297	0.93	0.891
唐白牙尺乙（日本奈良正仓院藏）	0.297	0.93	0.891
庸小尺（据爪形开元钱推得）	0.25	0.8[-]	0.75
宋木尺甲（1921 年巨鹿出土）	0.329	1.02	0.987
宋木尺乙（1921 年巨鹿出土）	0.329	1.02	0.987
宋木尺丙（1921 年巨鹿出土）	0.309	0.97	0.927
宋三司布帛尺	0.311	0.97[+]	0.933
宋铜尺	0.314	0.98	0.942
宋浙尺	0.2743	0.857[+]	0.8229
宋淮尺	0.37	1.16	1.11
宋大晟乐尺	0.3[-]	0.93	0.9
明嘉靖牙尺	0.317	1[-]	0.951

资料来源　杨宽《中国历代尺度考》（商务印书馆 1955 年重印第 1 版）。

四、万国鼎对唐尺的推算

尺　　名	合　米　数	合大尺标准长度%
唐小尺	0.245784	
唐大尺的标准长度	0.2949408	100.000
现存唐尺:红牙尺甲	0.2956	100.237
红牙尺乙	0.3040	103.086
绿牙尺甲	0.3040	103.086
绿牙尺乙	0.2945	99.863
白牙尺甲	0.2976	100.916
白牙尺乙	0.2976	100.916
红牙尺	0.3008	102.035
镂牙尺	0.2987	101.288
牙尺	0.3098	105.053
牙拨镂尺	0.3123	105.900
鎏金雕花铜尺	0.3021	102.442
铜尺	0.3091	104.814
雕花鎏金铜尺	0.3142	106.545
唐墓出土铜尺	0.3105	105.290
唐开元钱尺	0.3106	105.327
日本今尺(沿用唐大尺)	0.3030	102.748

资料来源　万国鼎《唐尺考》(载《农史研究集刊》第 1 册)。

(乙)中国历代升之容量标准变迁表

朝　　代	公　　元	一升合今毫升数	一升合今升数
前汉	前 206—后 8	342.5	0.3425
新莽(包括更始)	9—24	198.1	0.1981
后汉	25—220	198.1	0.1981
魏	220—265	202.3	0.2023
晋	265—420	202.3	0.2023
南齐	479—502	297.2	0.2972
梁、陈	502—589	198.1	0.1981
北魏、北齐	386—577	396.3	0.3963
北周(武帝天和元年以前)	557—566	157.2	0.1572
北周(武帝天和元年以后)	566—581	210.5	0.2105
隋(炀帝大业 3 年以前)	581—606	594.4	0.5944
隋(炀帝大业 3 年以后)	607—618	198.1	0.1981

(续上表)

朝　　代	公　　元	一升合今毫升数	一升合今升数
唐	618—907	594.4	0.5944
五代	907—960	594.4	0.5944
宋	960—1279	664.1	0.6641
元	1279—1368	948.8	0.9488
明	1368—1644	1,073.7	1.0737
清	1644—1911	1,035.5	1.0355

资料来源　吴承洛《中国度量衡史》。

编者注　1升＝1市升。1毫升＝0.001市升。请参考本附录"附记"(二)。

(丙)中国历代两斤之重量标准变迁表

朝　　代	公　　元	一两合克数	一斤合克数	一斤合市斤数
前汉	前206—后8	16.14	258.24	0.5165
新莽(包括更始)	9—24	13.92	222.73	0.4455
后汉	25—220	13.92	222.73	0.4455
魏	220—265	13.92	222.73	0.4455
晋	265—420	13.92	222.73	0.4455
南齐	479—502	20.88	334.10	0.6682
梁、陈	502—589	13.92	222.73	0.4455
北魏	386—534	13.92	222.73	0.4455
东魏、北齐	534—577	27.84	445.46	0.8909
北周(武帝天和元年以后)	566—581	15.66	250.56	0.5011
隋(炀帝大业3年以前)	581—606	41.76	668.19	1.3364
隋(炀帝大业3年以后)	607—618	13.92	222.73	0.4455
唐	618—907	37.30	596.82	1.1936
五代	907—960	37.30	596.82	1.1936
宋	960—1279	37.30	596.82	1.1936
元	1279—1368	37.30	596.82	1.1936
明	1368—1644	37.30	596.82	1.1936
清	1644—1911	37.30	596.82	1.1936

资料来源　同上表。

编者注　1市斤＝1/2公斤＝500克。

(丁)中国步和亩的进位变迁表

朝　　代	公　　元	一步合尺数	一亩合平方步数	一亩合平方尺数
周以前	前 223 年以前	6	100	3,600
秦至隋	前 350—618	6	240	8,640
唐至清	618—1911	5	240	6,000

资料来源　同上表。请参考本附录"附记"(二)。

附记

(一)《农业遗产研究集刊》第 2 册载万国鼎先生的《秦汉度量衡亩考》一文,对于近代诸家有关古代度量衡的考订,详尽地加以比较研究。最后,在该文第 10 节考定秦汉度量衡亩合今制的折合率如下(其中市斤、市两,原文按 1 市斤合 16 市两折算,今改按十进制折算):

晚周及秦汉 1 尺＝0.231 米
　　　　　　＝0.693 市尺
秦汉 1 升＝199.7 毫升
　　　　＝0.1997 市升
秦汉 1 两约重 15 克,约等于 0.3 市两
　　1 斤约重 240 克,约等于 0.48 市斤或 4.8 市两
晚周亩及汉初"东亩"1 亩＝0.28815 市亩
秦亩及汉武帝以后 1 亩＝0.69156 市亩

万先生对于本附录引用到的吴承洛《中国度量衡史》一书所作的历代度量衡的折合率,认为"颇有错误"。对于吴承洛氏所考定的汉以前尺的长度的批评意见,见该文第 4 节(页 146—149),对于吴氏所考定的秦汉升的容积及两的重量的批评意见,则分别见该文第 5 节(页 150)及第 6 节(页 153),请读者自行参看,这里不赘引。

又:万先生一文中录有日本西山武一和熊代幸雄二氏的日译《齐民要术》上册页 339 所列的折合率,今转引于下,并供参考:

汉尺 1 尺＝今日本 0.72 尺＝0.654552 市尺
1 亩＝今日本 4.14 亩＝0.616032 市亩
1 升＝今日本 0.93 合＝0.1677627 市升
1 斤＝今日本 47.4 两＝3.555 市两＝0.3555 市斤
1 两＝11.103 克

(二)《农史研究集刊》第 1 册载王达《试评"中国度量衡史"中秦汉度量衡亩制之考证》一文,其第 3 节论述"吴承洛考定的错误及其原因",附有数表,兹引录于下,以供参考:

(1)　关于后汉以前的尺度

时　代	单　位	吴氏推定的折合率(合市尺)	正确的折合率(合市尺)	相差	
				绝对值	%
周	1尺	0.5973	0.693(晚周)	−0.0957	−13.81
秦	1尺	0.8295	0.693	+0.1365	+19.69
前汉	1尺	0.8295	0.693	+0.1365	+19.69
新莽	1尺	0.6912	0.693	−0.0018	−0.2597
后汉	1尺	0.6912	0.693	−0.0018	−0.2597

(2)　关于后汉以前的量值

时　代	单　位	吴氏所考折合率(合市升)	正确折合率(合市升)	相差	
				绝对值	%
秦	1升	0.3425	0.2	+0.1425	+71.3
前汉	1升	0.3425	0.2	+0.1425	+71.3
新莽	1升	0.1981	0.2	−0.0019	−0.95
后汉	1升	0.1981	0.2	−0.0019	−0.95

(3)　关于后汉以前的亩积

时代	按吴氏考定的诸数值计算					正确的计算				
	每亩步数	每步尺数	当时亩积(方尺)	尺度折合率	折合成市亩(亩)	每亩步数	每步尺数	当时亩积(方尺)	尺度折合率	折合成市亩(亩)
周	100	6	3,600	0.5973	0.2141	100	6	3,600	0.693	0.2882
秦	240	6	8,640	0.8295	0.9908	240	6	8,640	0.693	0.6916
前汉初(武帝前)	240	6	8,640	0.8295	0.9908	100*	6	3,600	0.693	0.2882
前汉	240	6	8,640	0.8295	0.9908	240	6	8,640	0.693	0.6916
新莽	240	6	8,640	0.6912	0.6876	240	6	8,640	0.693	0.6916
后汉	240	6	8,640	0.6912	0.6876	240	6	8,640	0.693	0.6916

＊指"东亩"。

三、引用书籍、论文目录

(一) 引用书籍目录

《资本论》第三卷　马克思著，郭大力、王亚南译，人民出版社1966年6月第2版。

《毛诗》　汉　毛亨传，郑玄笺，《四部丛刊》本。

《急就篇》　汉　史游撰，唐　颜师古注，《四部丛刊》本。

《说文解字》　汉　许慎撰，清　段玉裁注，《四部备要》本。

《史记》　汉　司马迁撰，百衲本，又开明书店铸版本——以下简称开明本。

《史记会注考证》　日本　泷川资言考证，文学古籍刊行社1955年版。

《史表功比说》　清　张锡瑜撰，光绪二十年广雅书局刻《广雅丛书》本。

《汉书》　汉　班固撰，百衲本，又开明本。

《汉书注校补》　清　周寿昌撰，光绪十七年广雅书局刻本。

《汉书补注》　清　王先谦补注，光绪二十六年庚子长沙王氏校刻本。

《汉书辨疑》　清　钱大昭撰，光绪二十年广雅书局刻《广雅丛书》本。

《汉书地理志校本》　清　汪远孙撰，《二十五史补编》开明本。

《新斠注地理志集释》　清　钱坫撰，徐松集释，《二十五史补编》开明本。

《汉书地理志稽疑》　清　全祖望撰，《二十五史补编》开明本。

《汉书窥管》　杨树达著，科学出版社1955年版。

《后汉书》　刘宋　范晔撰，光绪年间杭州竹简斋本，百衲本，又开明本。

《后汉书补注续》　清　侯康撰，光绪十七年广雅书局刻本。

《后汉书集解》　清　王先谦集解，民国四年乙卯长沙王氏校刻本。

《后汉食货志长编》　苏诚鉴著，商务印书馆1947年版。

《三国志集解》　卢弼集解，古籍出版社1957年版。

《三国食货志》　陶元珍著，商务印书馆1935年版。

《晋书》　唐　房玄龄等撰，百衲本，又开明本。

《晋书地理志新补正》　清　毕沅撰，《二十五史补编》开明本。

《宋书》　梁　沈约撰，百衲本，又开明本。

《宋州郡志校勘记》　清　成孺撰，光绪十四年广雅书局刻本。

《魏书》　北齐　魏收撰，百衲本，又开明本。

《魏书校勘记》　清　王先谦撰，光绪十七年广雅书局刻本。

《魏书地形志校录》　清　温曰鉴撰，《二十五史补编》开明本。

《隋书》　唐　魏征等撰，百衲本，又开明本。

《隋书地理志考证》（附补遗）　清　杨守敬撰，《二十五史补编》开明本。

《隋书求是》　岑仲勉著，商务印书馆1958年版。

《旧唐书》　后晋　刘昫等撰，百衲本，又开明本。

《旧唐书校勘记》　清　岑建功撰，同治十一年定远方氏重刊补。

《新唐书》　宋　欧阳修、宋祁撰，百衲本，又开明本。

《宋史》　元　托克托等撰，百衲本，又开明本。

《辽史》　元　托克托等撰，百衲本，又开明本。

《辽史证误三种》　冯家昇著，中华书局1959年版。

《辽史校勘记》　罗继祖著，上海人民出版社1958年版。

《金史》　元　托克托等撰，百衲本，又开明本。

《金史详校》　清　施国祁等撰，光绪二十年广雅书局刻《广雅丛书》本。

《元史》　明　宋濂等撰，百衲本，又开明本。

《新元史》　　柯劭忞撰，民国初年偶耕堂刻本，又开明本。

《明史稿》　　清　王鸿绪撰，康熙年间敬慎堂刻本。

《明史》　　清　张廷玉等撰，百衲本，又开明本。

《清史稿》　　赵尔巽等撰，关内本，又关外本。

《廿二史考异》　　清　钱大昕撰，光绪年间广雅书局刻本。

《考史拾遗》（三史拾遗及诸史拾遗两书合称）　　清　钱大昕撰，中华书局1958年版。

《廿二史札记》　　清　赵翼撰，乾隆年间湛贻堂刻本，又光绪年间广雅书局刻本。

《陔余丛考》　　清　赵翼撰，乾隆年间湛贻堂刻本，又商务印书馆1957年版。

《帝王世纪》　　晋　皇甫谧撰，清　顾尚之辑，道光年间钱熙祚辑《指海》第6集本。

《资治通鉴》　　宋　司马光撰，古籍出版社1956年标点本。

《汉纪》　　汉　荀悦撰，光绪二年岭南述古堂刻本，又《四部丛刊》初编影印明刊本。

《西汉年纪》　　宋　王益之撰，同治年间胡丹凤校梓本，又商务印书馆《国学基本丛书》本。

《后汉纪》　　晋　袁宏撰，光绪二年岭南述古堂刻本。

《贞观政要》　　唐　吴竞撰，《四部备要》本。

《宋太宗实录》　　《四部丛刊》三编影印宋馆阁写本。

《续资治通鉴长编》　　宋　李焘撰，光绪七年浙江书局校刻本。

《续资治通鉴纲目》　　明　商辂等撰，成化十二年刻本。

《续资治通鉴》　　清　毕沅撰，光绪七年番禺任氏寄螺斋校刻镇洋毕氏本。

《元史纪事本末》　　明　陈邦瞻撰，张溥论正，光绪十三年广雅书局刻本。

《明实录》　　北京图书馆藏钞本，并参校前中研院历史语言研究所藏钞本及江苏国学图书馆1940年影印钞本。

《国榷》　　明　谈迁著，古籍出版社1958年版。

《清实录》　　中山大学图书馆藏《清实录》影印本。

《十朝东华录》　　清　王先谦撰，光绪二十五年石印本。

《光绪朝东华录》　　清　朱寿朋撰，中华书局1958年版。

《东观汉纪》 汉 班固等撰,乾隆六十年镌,扫叶山房藏板。

《晋阳秋》 晋 孙盛撰,光绪年间广雅书局刻本。

《十六国春秋》 魏 崔鸿撰,商务印书馆《万有文库》第2集本。

《十六国春秋纂录校本》(附校勘记) 清 汤球辑,商务印书馆《丛书集成初编》本。

《十六国春秋辑补》 清 汤球撰,商务印书馆1958年重印《国学基本丛书》本。

《西魏书》 清 谢启昆撰,光绪二十五年广雅书局《聚珍版丛书》本。

《黑鞑事略》 宋 彭大雅撰,徐霆疏证,光绪三十四年排印《问影楼舆地丛书》第1集本。

《大金国志》 宋 宇文懋昭撰,嘉庆年间扫叶山房刻本。

《元史类编》 清 邵远平撰,乾隆六十年镌,扫叶山房藏板。

《函史》 明 邓元锡撰,万历刊本。

《皇明纪略》 明 皇甫录撰,《历代小史》本。

《明书》 清 傅维麟撰,《畿辅丛书》本。

《罪惟录》 清 查继佐撰,《四部丛刊》三编本。

《明朝小史》 清 吕毖撰,《玄览堂丛书》第1集本。

《石渠余记》(一作《熙朝政纪》) 清 王庆云撰,光绪十四年宁乡黄氏校刊本。

《初学记》 唐 徐坚等撰,明万历丁酉陈大科校刊本,并参古香斋本。

《太平御览》 宋 李昉等撰,中华书局1960年用上海涵芬楼影印宋本复制重印。

《册府元龟》 宋 王钦若等撰,中山大学图书馆善本室藏明崇祯刻本,又中华书局1960年影印崇祯刻本。

《玉海》 宋 王应麟撰,光绪九年浙江书局刻本。

《山堂群书考索》 宋 章俊卿撰,明正德十三年慎独斋本。

《古今图书集成》 中华书局影印本。

《辑佚丛刊》 陶栋辑,中华书局1948年版。

《居延汉简甲编》 中国科学院考古研究所编,科学出版社1959年版。

《敦煌资料》第1辑 中国科学院历史研究所资料室编,中华书局1961年版。

《西汉会要》　　宋　徐天麟撰，光绪二十五年广雅书局《聚珍版丛书》本。

《东汉会要》　　宋　徐天麟撰，光绪二十五年广雅书局《聚珍版丛书》本。

《大唐六典》　　《四库全书》文津阁本，又日本近卫藏板，京都帝国大学文学部昭和十
　　年印。

《通典》　唐　杜祐撰，光绪十三年浙江书局刻本，又商务印书馆《万有文库》第2集本。

《唐律疏义》　唐　长孙无忌等撰，《岱南阁丛书》本。

《唐大诏令集》　　宋　宋敏求撰，商务印书馆1959年版。

《唐会要》　　宋　王溥撰，光绪二十五年广雅书局《聚珍版丛书》本。

《五代会要》　　宋　王溥撰，光绪二十五年广雅书局《聚珍版丛书》本。

《宋会要辑稿》　　清　徐松辑，前北平图书馆1936年影印本。

《建炎以来朝野杂记》　　宋　李心传撰，武英殿聚珍版。

《三朝北盟会编》　　宋　徐梦莘撰，中山大学图书馆善本室藏清吴兰修守经堂影宋钞本。

《通志》　宋　郑樵撰，光绪十三年浙江书局刻本。

《文献通考》　元　马端临撰，光绪十三年浙江书局刻本。

《元经世大典序录》　　载《国朝文类》卷四十，《四部丛刊》初编本。

《元典章》　　中山大学图书馆善本室藏曾钊面城楼钞本，又光绪三十四年戊申修订法律
　　馆刻本。

《元典章校补释例》　　陈垣著，《励耘书屋丛刻》第1集本。

《通制条格》　元　完颜纳丹等撰，北京图书馆1920年影印本。

《居家必用事类全集》　　元　佚名撰，日本京都大学油印近卫藏本。

《皇明制书》　　北京图书馆藏明刻本。

《皇明制书诸司职掌》　　《玄览堂丛书》第1集本。

《古今经世格要》　明　邹泉辑，日本宫内省图书寮藏明刊本。

《皇明名臣经济录》　明　黄训辑，嘉靖年间刻本。

《昭代经济言》　明　陈子壮辑，道光十一年辛卯南海伍崇曜校刊《岭南遗书》第3集本。

《明臣奏议》 清 乾隆敕编,武英殿聚珍版。

《明臣奏议》 清 孙桐生辑,光绪年间刻本。

《正德会典》 明 正德年间初刻本,又万历年间重刻本及《四库全书》文津阁本。

《万历会典》 明 万历年间初刻本,重刻本及北京图书馆藏内府钞本。

《万历会计录》 明 张学颜撰,北京图书馆藏万历十年刻本。

《皇明世法录》 明 陈仁锡撰,明刻本。

《武备志》 明 茅元仪撰,天启元年刻本,日本宽文四年刊本。

《续文献通考》 明 王圻撰,万历三十一年刻本。

《续文献通考》 清 高宗敕撰,光绪十三年浙江书局刻本,又商务印书馆《万有文库》十通本。

《续通典》 清 高宗敕撰,光绪十三年浙江书局刻本,又商务印书馆《万有文库》十通本。

《续通志》 清 高宗敕撰,光绪十三年浙江书局刻本,又商务印书馆《万有文库》十通本。

《清朝文献通考》 清 高宗敕撰,光绪十三年浙江书局刻本,又商务印书馆《万有文库》十通本。

《清朝通典》 清 高宗敕撰,光绪十三年浙江书局刻本,又商务印书馆《万有文库》十通本。

《清朝通志》 清 高宗敕撰,光绪十三年浙江书局刻本,又商务印书馆《万有文库》十通本。

《清朝续文献通考》 刘锦藻撰,商务印书馆《万有文库》十通本。

《康熙会典》 刻本。

《雍正会典》 雍正十年刻本。

《乾隆会典》 光绪年间著易堂书局石印本,又图书集成印书局本。

《乾隆会典则例》 乾隆二十六年刻本。

《嘉庆会典》 刻本。

《嘉庆会典事例》 刻本。

《光绪会典》　　光绪二十五年京师京书局石印本。

《光绪会典事例》　　光绪三十四年商务印书馆石印本。

《嘉庆户部则例》　　嘉庆七年刻本。

《同治户部则例》　　同治十三年刻本。

《道光户部则例》　　刻本。

《皇朝经世文编》　　清　贺长龄辑，道光七年丁亥刻本。

《大清律例增修统纂集成》　　清　陶东皋、陶晓筼辑，光绪三十一年上海文渊山房刊本。

《光绪会计表》　　清　刘岳云撰，光绪二十七年教育世界社石印本。

《光绪会计录》　　清　李希圣撰，光绪年间上海会文学社石印本。

《度支辑略》　　清　陈澧借张宾峒钞本。

《广弘明集》　　唐　释道宣撰，《四部丛刊》本。

《陆宣公翰苑集》　　唐　陆贽撰，《四部丛刊》本。

《包孝肃奏议》　　宋　包拯撰，光绪元年合肥张氏毓秀堂刻本。

《韩魏公集》　　宋　韩琦撰，商务印书馆《国学基本丛书》本。

《范文正公集》　　宋　范仲淹撰，《四部丛刊》本。

《欧阳文忠集》　　宋　欧阳修撰，《四部备要》本。

《景文集》　　宋　宋祁撰，光绪二十五年广雅书局《聚珍版丛书》本。

《嘉祐集》　　宋　苏洵撰，《四部备要》本。

《南丰文集》　　宋　曾巩撰，《四部备要》本。

《栾城集》　　宋　苏辙撰，《四部备要》本。

《水心先生文集》　　宋　叶适撰，《四部丛刊》本。

《止斋先生文集》　　宋　陈傅良撰，《四部丛刊》本。

《后村先生大全集》　　宋　刘克庄撰，《四部丛刊》本。

《朱子大全》　　宋　朱熹撰，《四部备要》本。

《宋文鉴》　　宋　吕祖谦辑，《四部丛刊》本，又《万有文库》本。

《东斋记事》　宋　范镇撰,《墨海金壶》本。

《枫窗小牍》　宋　百岁寓翁撰,《稗海》本。

《梦溪笔谈校证》　宋　沈括撰,胡道静校注,中华书局1959年新1版。

《唐书直笔》　宋　吕夏卿撰,光绪二十五年广雅书局《聚珍版丛书》本。

《容斋随笔五集》　宋　洪迈撰,商务印书馆1959年重印第1版。

《困学纪闻》　宋　王应麟撰,清　翁元圻注,咸丰元年经纶堂藏板。

《梦粱录》　宋　吴自牧撰,《武林掌故丛编》第14集本,又上海古典文学出版社1956年版。

《牧庵集》　元　姚燧撰,《四部丛刊》本。

《雪楼集》　元　程钜夫撰,《湖北先正遗书》集部。

《秋涧先生大全文集》　元　王恽撰,《四部丛刊》本。

《南村辍耕录》　元　陶宗仪撰,中华书局1959年版。

《研北杂志》　元　陆友撰,《宝颜堂秘笈》第32册。

《大学衍义补》　明　丘濬撰,中山大学图书馆善本室藏弘治刊本。

《霍文敏公全集》　明　霍韬撰,同治元年重镌,石头书院藏板。

《蓬窗日录》　明　陈全之撰,嘉靖四十四年太原府刻本。

《驹阴冗记》　明　阚庄撰,《说郛》本。

《日知录集释》　清　顾炎武撰,黄汝成集释,《四部备要》本。

《广阳杂记》　清　刘献廷撰,中华书局1957年版。

《蛾术编》　清　王鸣盛撰,商务印书馆1958年版。

《抱经堂文集》　清　卢文弨撰,《四部丛刊》本。

《癸巳类稿》　清　俞正燮撰,商务印书馆1957年版。

《癸巳存稿》　清　俞正燮撰,商务印书馆1957年版。

《惜抱轩文集》　清　姚鼐撰,《四部丛刊》本。

《观堂集林》　王国维撰,上虞罗振玉氏刻本。

《书林清话》　　叶德辉撰,1920年观古堂刻本。

《四库提要辨证》　　余嘉锡著,科学出版社1958年版。

《南方草木状》　　晋　嵇含撰,《说郛》本。

《农书》　　元　王祯撰,中华书局1956年版。

《本草纲目》　　明　李时珍撰,商务印书馆1954年版。

《植物名实图考》　　清　吴其濬著,商务印书馆1957年第1版(修订本)。

《华阳国志》　　晋　常璩撰,《四部丛刊》本。

《洛阳伽蓝记校释》　　魏　杨衒之撰,周祖谟校释,科学出版社1958年版。

《洛阳伽蓝记校注》　　魏　杨衒之撰,范祥雍校注,上海古典文学出版社1958年版。

《元和郡县〔图〕志》　　唐　李吉甫撰,光绪二十五年广雅书局《聚珍版丛书》本,《畿辅丛书》本。

《太平寰宇记》　　宋　乐史撰,光绪八年金陵书局刻本,又中山大学图书馆善本室藏钞本。

《太平寰宇记补阙》5卷半　　清　杨守敬撰,商务印书馆《丛书集成初编》据《古逸丛书》影印本。

《元丰九域志》　　宋　王存等撰,同治七年刊《聚珍丛书》本,又光绪八年金陵书局刻本及光绪二十五年广雅书局重编校《聚珍版丛书》本。

《元海运志》　　(旧题)明　危素撰,民国九年涵芬楼影印清曹溶辑《学海类编》本。

《大明一统志》　　明　李贤等撰,原清华大学藏万寿堂本,又中山大学图书馆善本室藏万寿堂本及明弘治慎独斋本。

《舆图备考全书》　　明　潘光祖辑,崇祯六年刊本。

《皇明地理述》　　明　郑晓撰,万历二十六年重校本。

《图书编》　　明　章潢撰,《四库全书》文津阁本,又北京大学图书馆藏天启三年刊本。

《皇明职方川海地图表》　　明　陈祖绶辑,《玄览堂丛书》第3集本。

《读史方舆纪要》(附《舆图要览》)　　清　顾祖禹撰,中华书局1956年版。

《春明梦余录》　　清　孙承泽撰,古香斋本。

《乾隆大清一统志》　　光绪二十三年丁酉杭州竹简斋石印本,又光绪二十七年辛丑上海
　　宝善斋石印本。

嘉庆重修《大清一统志》　　涵芬楼影印清史馆藏进呈写本,收入《四部丛刊》续编。

《黑龙江外记》　　清　西清撰,《渐西村舍丛刊》本。

《西藏后记》　　清　魏源撰,《小方壶斋舆地丛钞》第3帙本。

《南越笔记》(亦名《粤东笔记》)　　清　李调元撰,《小方壶斋舆地丛钞》第9帙本。

《台湾通史》　　连横著,商务印书馆1947年版。

《台湾的租佃制度》　　瞿明宙著,前中研院社会科学研究所1931年版。

《台湾的开发》　　吴壮达著,科学出版社1958年版。

《中国历史地图集古代史部分》　　顾颉刚、章巽编,谭其骧校,地图出版社1955年版。

《中国疆域沿革史》　　顾颉刚、史念海著,商务印书馆1938年版。

《中国古方志考》　　张国淦编著,中华书局1962年版。

乾道《临安志》　　宋　周淙撰,《粤雅堂丛书》本,又《式训堂丛书》本,附清钱保塘撰《札
　　记》1卷。

咸淳《临安志》　　元　潜说友撰,道光十年钱唐振琦堂汪远孙氏仿宋本重雕本,附清黄
　　士珣撰《札记》3卷。

乾隆《江南通志》　　乾隆元年纂,尊经阁藏板。

雍正《浙江通志》　　乾隆元年刊,浙江布政使司藏板。

道光《福建通志》　　同治七年春镌,正谊书院藏板。

洪武《苏州府志》　　卢熊纂,北京图书馆藏明洪武十二年刊本。

同治《苏州府志》　　同治年间江苏书局刻本。

康熙《松江府志》　　康熙二年刻本

嘉庆《松江志》　　嘉庆二十二年刊行,府学明伦堂藏板。

光绪《松江府续志》　　光绪十年刻本。

康熙《常州府志》　　光绪十二年聚珍版翻印本。

乾隆《杭州府志》　　乾隆四十九年刊,八千卷楼藏板。

光绪《嘉兴府志》　　光绪三年开雕,鸳湖书院藏板。

康熙《开封府志》　　同治二年补刻本。

乾隆《临清直隶州志》　乾隆五十年刻本。

乾隆《西安府志》　　乾隆四十四年刻本。

道光《济南府志》　　道光二十年刻本。

光绪《顺天府志》　　光绪十年开雕本。

嘉靖《广东通志初稿》　中山图书馆藏,依北京图书馆藏明嘉靖年间刻本蓝图晒印本。

嘉靖《广东通志》　　中山图书馆藏明嘉靖三十七年刻本。

道光《广东通志》　　道光二年刻本。

光绪《广州府志》　　光绪五年粤秀书院刊本。

乾隆《清远县志》　　中山图书馆藏清末手抄残本。

光绪《清远县志》　　光绪六年刻本。

康熙《从化县志》　　宣统元年据康熙四十九年刻本排印。

道光《龙安府志》　　道光二十二年刻本。

万历《云南通志》　　明　李元阳修,万历四年刊本。

乾隆《云南通志》　　清　靖道谟修,乾隆元年刊本。

《中国财政纪略》　　日本　东邦协会纂,吴铭译,光绪二十八年广智书局排印本。

《中国财政论纲》　　周棠著,1911年排印本,晴天片云室藏板。

《中国近代经济史统计资料选辑》　严中平等编,科学出版社1955年版。

《中国近代农业史资料》第1辑　李文治编,生活·读书·新知三联书店1957年版。

《中国田制史》上册　万国鼎著,正中书局1934年版。

《中国农学史(初稿)》上册　中国农业科学院南京农学院中国农业遗产研究室编著,科
　　学出版社1959年版。

《麻类作物》上编　李长年主编,农业出版社1962年版。

《古尺图录》 日本 田中丰藏监修,谷信一编纂,日本东京堂印行。

《传世古尺录》 罗福颐编,1941年铅印本。

《中国度量衡史》 吴承洛著,商务印书馆1937年初版及1957年程理濬修订重印第1版。

《中国历代尺度考》 杨宽著,商务印书馆1955年重版。

《中国经济年鉴》 中国经济年鉴编纂委员会编,商务印书馆1934年承印。

《秦汉史》 吕思勉著,开明书店1947年版。

《两晋南北朝史》 吕思勉著,开明书店1947年版。

《魏晋南北朝史论丛》 唐长孺著,生活·读书·新知三联书店1955年版。

《三至六世纪江南大土地所有制的发展》 唐长孺著,上海人民出版社1957年版。

《北朝经济试探》 韩国磐著,上海人民出版社1958年版。

《汉唐间封建的国有土地制与均田制》 贺昌群著,上海人民出版社1958年版。

《隋唐史》 岑仲勉著,高等教育出版社1957年版。

《唐代文献丛考》 万斯年辑译,商务印书馆1957年新1版。

《宋元明经济史稿》 李剑农著,生活·读书·新知三联书店1957年版。

《辽代中国社会史(公元907—1125年)》(*History of Chinese Society Liao*〔907—1125〕)
   魏特夫格(Karl A. Wittfogel)、冯家昇著,美国纽约麦克米兰公司(Macmillan Co.)
   1949年版。

《辽金纠军及金代兵制考》 日本 箭内亘著,陈捷等译,商务印书馆1932年版。

《多桑蒙古史》 瑞典 多桑著,冯承钧译,中华书局1962年版。

《元朝制度考》 日本 箭内亘著,陈捷等译,商务印书馆1934年版。

《元朝怯薛及斡耳朵考》 日本 箭内亘著,陈捷等译,商务印书馆1933年版。

《晚明民变》 李文治著,中华书局1948年版。

《读史札记》 吴晗著,生活·读书·新知三联书店1956年版。

（二）引用论文目录

《秦汉度量衡亩考》　　万国鼎著，《农业遗产研究集刊》第2册，中华书局1958年版。

《唐尺考》　　万国鼎著，《农史研究集刊》第1册，科学出版社1959年版。

《试评"中国度量衡史"中秦汉度量衡亩制之考证》　　王达著，《农史研究集刊》第1册，
科学出版社1959年版。

《古尺考》　　矩斋著，《文物参考资料》1957年第3期。

《两汉州制考》　　顾颉刚著，《庆祝蔡元培先生六十五岁论文集》下册，《中研院历史语言
研究所集刊》外编第1种，1935年1月。

《两汉户籍与地理之关系》　　劳榦著，《中研院历史语言研究所集刊》第5本第2分，1935
年12月。

《两汉面积之估计及口数增减之推测》　　劳榦著，《中研院历史语言研究所集刊》第5本
第2分，1935年12月。

《宋代户口》　　袁震著，《历史研究》1957年第3期。

《关于"宋代户口"一文辽代部分的意见》　　费国庆著，《历史研究》1958年第8期。

《主客户对称与北宋户部的户口统计》　　陈乐素著，《浙江学报》第1卷第2期，1947年。

《关于宋代客户的问题》　　华山著，《历史研究》1960年第1—2期合刊。

《通典刻本私考》　　日本　仁井田陞著，《东洋学报》第22卷第4号。

《辽金乣军史料试释》　　谷霁光著，《中研院历史语言研究所集刊》第15本，1948年。

《辽史兵卫志"御帐亲军""大首领部族军"两事目考源辨误》　　邝又铭著，《北京大学学
报（人文科学）》1956年第2期。

《头下考》　　陈述著，《中研院历史语言研究所集刊》第8本第3分，1939年。

《户调制与均田制的社会经济背景》（提要）　　梁方仲著，中山大学1954年铅印本。

《明代两税税目》　　梁方仲著，《中国近代经济史研究集刊》第3卷第1期，1935年5月。

《明代户口田地及田赋统计》　　梁方仲著，《中国近代经济史研究集刊》第3卷第1期，
1935年5月。

《田赋史上起运存留的划分与道路远近的关系》　　梁方仲著,《人文科学学报》第1卷第
　　1期,1942年6月。

《近代田赋史中的一种奇异制度及其原因》　　梁方仲著,《大公报》史地周刊第23期,
　　1935年2月24日。

《明代户口土地统计正误》(油印本)　　杨开道著。

《关于明代田地面积的研究》(明代の田地面積について)　　日本　清水泰次著,日本《史
　　学杂志》大正10年7月号。

《关于明代田地统计的考察》(明代田土統計に關する一考察)　　日本　藤井宏著,日本
　　《东洋学报》第30卷第3、4号,1944年;又第31卷第1号,1947年。

《明末辽饷问题》　　朱庆永著,南开大学经济研究所《政治经济学报》第4卷第1期,1935
　　年10月及1936年1月。

《清代前期人口分布图说明》(油印本)　　黄盛璋著。

《关于绘制历史人口分布图的初步研究》(提纲,油印本)　　黄盛璋著。

《太平天国革命前的人口压迫问题》　　罗尔纲著,前中研院社会科学研究所《中国社会
　　经济史研究集刊》第8卷第1期,1949年。

《咸丰东华录人口考证》　　赵泉澄著,《齐鲁学报》第1期,1941年。

《同治东华录人口考证》　　赵泉澄著,《齐鲁学报》第2期,1941年。

《民政部户口调查及各家估计》　　王士达著,《社会科学杂志》第3卷第3期,1932年9月;
　　又第4卷第1期,1933年3月。

《中国农田统计》　　刘大钧著,《中国经济学社社刊》第1卷《中国经济问题》,1927年。